王利明学术文集

王利明学术文集
民法总则编

王利明 著

北京大学出版社

图书在版编目(CIP)数据

王利明学术文集. 民法总则编/王利明著. —北京:北京大学出版社, 2020.8

ISBN 978-7-301-31417-3

Ⅰ. ①王… Ⅱ. ①王… Ⅲ. ①民法—总则—中国—文集 Ⅳ. ①D923.04-53

中国版本图书馆 CIP 数据核字(2020)第 117109 号

书　　　名	王利明学术文集·民法总则编 WANG LIMING XUESHU WENJI·MINFA ZONGZE BIAN
著作责任者	王利明　著
责 任 编 辑	焦春玲　王建君
标 准 书 号	ISBN 978-7-301-31417-3
出 版 发 行	北京大学出版社
地　　　址	北京市海淀区成府路 205 号　100871
网　　　址	http://www.pup.cn　http://www.yandayuanzhao.com
电 子 信 箱	yandayuanzhao@163.com
新 浪 微 博	@北京大学出版社　@北大出版社燕大元照法律图书
电　　　话	邮购部 010-62752015　发行部 010-62750672　编辑部 010-62117788
印 刷 者	北京中科印刷有限公司
经 销 者	新华书店
	965 毫米×1300 毫米　16 开本　48.5 印张　788 千字 2020 年 8 月第 1 版　2020 年 8 月第 1 次印刷
定　　　价	168.00 元

未经许可,不得以任何方式复制或抄袭本书之部分或全部内容。
版权所有,侵权必究
举报电话:010-62752024　电子信箱:fd@pup.pku.edu.cn
图书如有印装质量问题,请与出版部联系,电话:010-62756370

编写说明

改革开放四十余年来,笔者结合我国不同时期民事立法、司法实践和社会经济发展的需要,撰写了近300篇学术论文。此次应北京大学出版社之邀,笔者按照民法体系对已发表和未发表的论文进行了筛选和整理,分为民法总则编、物权编、合同编、人格权编、侵权责任编五卷本出版。

本套文集也是对笔者近四十年学术研究的一个初步梳理和总结。本书主要收录民法总则相关主题的论文,大多是笔者自21世纪以来公开发表的,未发表的也注明了完稿时间,按照民法总则的体例加以编排。在编辑时,笔者结合立法和司法实践的发展,对部分已经发表的论文作出了一些必要的修改和补充。由于时间仓促,笔者能力有限,文中难免出现错误,敬请广大读者批评指正。

序

改革开放四十余年来,我国从一个贫穷落后的国家一跃而成为世界第二大经济体,走上了繁荣富强的现代化道路。四十余年来,伴随着改革开放的进程,我国民法学理论也从一片荒芜的园地逐步变成一个百花盛开、绿树繁茂的花园。我们是四十余年民法学理论发展的亲历者、见证者、参与者,我国民法典于2020年颁布,中国民法学也将迎来振兴、发展、繁荣的新时期。进入新时期,每个民法学人都需要思考,我们是否有必要创设中国民法学体系?如何创建这样一个体系?

中国民法学体系首先应当是对中国实践具有解释力的思想和知识体系,也就是说,它应当立足于中国实践、内生于中国文化传统、回应中国社会现实需求、展示民族时代风貌、具有浓厚的中国特色。它应以社会主义法治理论体系为基础,最充分地反映广大人民群众的利益和意愿,反映公平正义的法治理念,以全面保护公民权利、推进社会主义法治为重要目的。"道无定体,学贵实用",法学本身是一门实践之学,中国民法学体系植根于中国的实践,应当能够接受实践的检验。中国民法学体系应当与时俱进,市场经济的发展和改革开放的深化对民事立法提出了新要求,民法学也应积极回应实践的需要,迎接新挑战,解决新问题,不断满足社会主义市场经济制度建设和运行的法治需求;应当伴随民法典的编纂而不断深化和发展,真正成为一门治国安邦、经世济民、服务社会的实践之学。

中国民法学体系应当具有对世界优秀民法文化的开放包容性。构建以研究我国现实问题为中心的民法学体系并不意味着对异域法律文化的排斥。相反,在全球化背景下,中国民法学体系应当是一个包容世界民法文化精髓的体系,反映人类社会发展进程中面临的共同问题和应对智慧。对人类法律文明的优秀成果,应秉持鲁迅先生所说的,"我们要运用脑髓,放出眼光,自己来拿"。民法学的研究应当有广阔的视野和开阔的胸襟,广泛借鉴两大法系的先进经验,服务于我国民事立法和司法的需要。但是,必须立足中国,放眼世界。外国的制度、理论都只能是我们借鉴的素材,最重要的是要从中国的实际出发,绝不能"削中国实践之足,适西方理论之履",绝不能在外国学者设计的理论笼子中跳舞,绝不能单纯做西方理论的搬运工,而要做中国学术的创造者、世界学术的贡献者。

我们的民法学体系应当具有科学性。民法学之所以是一门科学,是因为民法本身具有科学的理论体系和科学的研究方法。一方面,经过两千多年的发展,民法学在自身独特研究对象的基础上,已经形成了一些具有共识性的概念、规则和制度,形成了富有逻辑的、体系严谨的理论体系。另一方面,民法学以私法自治等原则为基础,构建了自身独特的价值体系,并形成了自身的研究方法。民法学者通过运用这些方法,能够对同一问题进行相互交流,进而达成具有共识性的结论。民法学研究方法也需要不断创新,在注重解释方法的同时,也要注重实证研究,高度重视利用我国丰富的案例资源,并充分借鉴经济学、社会学等学科的研究方法。民法学也积极反映时代精神、体现时代特征。我们已经进入了大数据时代,科学技术的发展一日千里,民法学应当不断反映这个时代的特点,反映经济全球化的发展趋势。例如,网络技术和人工智能的发展,创造出了多项前所未有的权利类型;网络虚拟财产权、个人信息权、信息财产权等都亟须在民法中得到确认和保护;电子商务的快速发展使得电子合同的适用范围日益广泛,其订立、确认、履行等规则也需要深入研究。

我们之所以要有自己的民法学体系,是因为古老的中华法系源远流长,长久地傲然屹立于世界法制之林,为人类法制文明作出了重要贡献。作为一个拥有14亿人口的大国,我们应该有自信构建我们自己的民法学体系,并把它发扬光大。人生在天地间,贵在自立,国家民族贵在自强。特别是在当代,中国已经是世界第二大经济体,是崛起中的大国,改革开放以来社会主义市场经济的伟大实践和法治建设的巨大成就,都为民法学体系奠定了坚实的基础。我们正面临一个改革的时代,这是产生伟大法典的时代,也是产生民法思想的时代。在这个时代,我们会面临许多新情况、新问题,这些问题的解决无先例可遵循,需要我们去面对、去回答,去发出自己的声音,去讲好自己的故事。我们的民法也应当在世界民法之林中有自己的重要地位。作为民法学工作者,我们所做的一切,都应朝着这个目标而努力。

"路漫漫其修远兮,吾将上下而求索",构建中国特色社会主义民法学体系非一役而能毕其功,也非自吹自擂、自说自话就可以实现,而是要靠几代民法人"一棒接一棒"的努力。今天的民法学研究虽然已经取得了长足的进步,但我们也要清醒地看到,现有民法理论和相应民法制度还未能有效地回应诸多重大现实问题。我国民法学理论的国际影响尚不尽如人意,我国民法学理论的国际话语权仍然有限,某些理论领域仍然缺乏必要的自主意识和独立思考,广大民法学人任重道远,需要奋起直追、与时俱进、不断创新。

人类历史经验已经表明,法治是固根本、稳预期、利长远的制度保障。只有全面推进依法治国,中国的明天才能更加美好。我们已经从迷茫中醒来,选择市场经济这一发展道路,法治是中国前途的唯一选择,舍此别无他路。在这一过程中,法学工作者肩负着重大职责和光荣使命。仿佛涓涓细流汇入大海一样,学术繁荣也需要每个民法学人不断努力和积累。在建设法治中国这一伟大征途中,我愿意化作沧海一粟,汇入中国民法学文化的汪洋大海!我愿作为一粒石子,铺上法治中国的康庄大道!

王利明
2020 年 5 月

目 录

民法典体系及价值

我国民法在经济体制改革中的发展与完善 …… 003
民法的人文关怀 …… 022
民法典:国家治理体系现代化的保障 …… 047
全面深化改革中的民法典编纂 …… 071
何谓根据宪法制定民法? …… 091
民商合一与我国民商法的关系 …… 110
论中国民事立法体系化之路径 …… 132
论法典中心主义与我国民事立法的体系化 …… 148
《法国民法典》与《德国民法典》体系的比较 …… 167
总分结构理论与我国民法典的编纂 …… 187
民法上的利益位阶及其考量 …… 206
法律体系形成后的民法典制定 …… 222
负面清单管理模式与私法自治 …… 241
民法典的时代特征和编纂步骤 …… 259
编纂一部网络时代的民法典 …… 274
我国民法典分编编纂中的几个问题 …… 286

民法的发展

中国民法学七十年:回顾与展望 …… 303
改革开放以来的中国民法 …… 327
民法典编纂与中国民法学体系的发展 …… 348
民法学四十年之回顾 …… 367

民法总则

民法典总则设立的必要性及基本结构 …………… 381
民法总则的立法思路 …………… 397
我国《民法总则》的成功与不足 …………… 412
民商合一体制下的民法总则 …………… 436
论公序良俗原则与诚实信用原则的界分 …………… 451
论习惯作为民法渊源 …………… 465
试论民法中的一般条款 …………… 483
自然人民事责任能力制度探讨 …………… 502
论国家作为民事主体 …………… 519
公司的有限责任制度的若干问题 …………… 532
论股份制企业所有权的二重结构 …………… 554
论民法典对合伙协议与合伙组织体的规范 …………… 567
市场主体法律制度的改革与完善 …………… 585
法律行为制度的若干问题探讨 …………… 605
无效抑或撤销——对因欺诈而订立的合同的再思考 …………… 630
论授权行为 …………… 656
试论无权代理人对相对人的责任 …………… 671
表见代理构成要件之我见 …………… 687
建立取得时效制度的必要性探讨 …………… 702

民法的适用

民法案例分析的基本方法探讨 …………… 719

关键词索引 …………… 743
法律文件全简称对照表 …………… 747
《民法通则》《民法总则》与《民法典》对照表 …………… 751
后　记 …………… 759

民法典体系及价值

我国民法在经济体制改革中的发展与完善[*]

党的十一届三中全会以来,我国农村全面推行了以联产承包责任制为中心的经济体制改革,同时有步骤地展开了城市经济体制的改革。我国经济体制改革极大地促进了我国社会主义商品经济的发展,并将对我国民法的发展与完善产生深远的影响。本文拟就改革的需要和民法的发展与完善的问题,提出若干粗浅的见解,并希望得到大家的指正。

一、经济体制改革与民法的地位

法律都是建立在经济基础之上的上层建筑。法律部门的形成和法律规范的作用,都必然要反映既定的社会经济制度和经济管理体制的要求。民法部门,无论是从传统意义上还是从现代意义上说,都是与一定社会的商品关系紧密地联系在一起的。罗马私法、法国民法、苏俄民法尽管在体系和内容上存在着巨大的差别,但就其本质特征和主导方面来说,都是不同所有制所决定的特定历史时期的商品经济关系的反映。民法是为特定历史时期的商品经济服务的,并且也必然受特定历史时期的商品经济范围的制约。

自中华人民共和国成立以来,党和国家为了医治战争给国民经济带来的创伤,改革半封建、半殖民地的经济制度,反对帝国主义对我国实行的经济封锁,除对生产资料所有制实行了一系列变革措施以外,还对国民经济管理体制采取了必要的强化集中管理的行政手段,使国民经济迅速得到了恢复,并且顺利地完成了三大改造的历史任务,为社会主义大规模的经济建设创造了必要的前提。但是,由于对高度发达的商品经济是社会主义经济发展不可逾越的阶段认识不足,甚至把发展社会主义商品经济的种种措施当成资本主义的经济措施,结果不仅没有及时地改变过于

---

[*] 本文与佟柔教授合著,原载《中国法学》1985年第1期。

集中统一的问题,反而逐渐演变为一种同社会生产力发展要求不相适应的僵化模式。这样,在法律上必然导致主要由经济行政法调整整个国民经济的状况,使得指令性计划文件作用于整个经济领域,冠以"命令""指示""指令""通知"等名称的经济行政部门的规范性文件直接指挥生产和流通。民法对经济的作用几乎被人们遗忘。有些人已习惯于从语义学的角度,把民法理解为"调整人民内部关系的法"或调整公民之间关系的"公民法",认为其业已完成了历史使命并应被时代所淘汰。这些观点尽管偏颇,然而也似乎不无根据。因为很难设想,在一个忽视商品经济和价值规律的管理体制中,调整商品关系的民法和反映价值规律的民法方法究竟能够发挥出多大的作用。

党的十一届三中全会拨乱反正,党依据生产关系一定要适合生产力发展水平的要求,确立了对外开放和对内搞活经济的政策,同时提出了对我国经济体制实行改革的任务。近年来的经济体制改革有力地推动了社会主义商品经济的发展。农村的改革在稳定和完善生产责任制的基础上,出现了多种经营方式,农村正由自给、半自给经济向商品经济过渡,城市的改革也取得了初步的成效。在简政放权、政企分立中,国营企业普遍扩大了自主权,许多国营小型企业开始实行集体承包或个人承包、租赁经营,或按集体企业的办法向国家交纳税金。利改税第二步的推行,明确了国营企业的商品生产者的地位,多层次经济结构的发展进一步活跃了我国经济,流通体制的改革逐步繁荣了我国市场,经济特区和沿海城市的开放迅速发展了涉外民事关系。总之,社会主义商品经济的迅速发展是我国经济体制改革带来的重大变化之一。

党的十二届三中全会明确我国的经济性质为"在公有制基础上的有计划的商品经济",并且提出了发展社会主义商品经济的伟大任务。与此相适应,尽快完善规范商品经济活动的法制,成为经济体制改革中发展商品经济的必然要求。没有一个直接调整商品关系的法律部门,没有一套完备的商品经济活动的准则,经济改革就不可能顺利进行,商品经济就不可能正常发展。这项任务主要由民法承担。

人类社会已经经历了自然经济和商品经济两个阶段,民法也为了适应商品经济的发展而经历了漫长的演化过程。私的分工产生了私的交换,分工的扩大又发展了交换。交换过程在广度和深度上的变化对应商品经济不同阶段的交替,也产生了多种类型的与不同阶段相适应的民法典和民法规范。在原始社会末期,从未开发的部落中出现的剩余产品的交换,生长出了合同形式的萌芽。人类进入私有制社会,对土地和自然界的自然产物的占有必然要求国家和法律的保护,以及从以物易物的简单价值形态发展到以货币为中介的物物交换,标志着劳动在现实中得到了抽象。同时,关于买卖、租赁、承揽、借贷等规范也出现在最古老的法律之中。不凝结为物的复杂劳动和简单劳动的直接交换,是劳动的进一步抽象,同时也产生了代理、居间、仓储保管、客货运输、保险以及以服务为标的的第三产业的合同。大规模、远距离、高速度、细分工、多品种的商品交换要求发达的贸易中心以及其他第三产业的协助。当全社会形成普遍依存的独立的个人之间的交换关系,当交换已从生产的外部直接规定和影响生产过程时,民法制度(所有权、法人和合同制度)就开始对生产过程发生重大影响。历史告诉我们,哪里有商品关系,哪里就有民法规范。在简单商品经济高度发展的罗马社会产生了完备的罗马私法,而在资本主义高度发达的基础上,产生了为西方各国奉为经典的《拿破仑法典》。

　　历史还告诉我们,民法规范是商品关系稳定和发展的重要条件。如果说在罗马法时代,私法的主体仍然是没有摆脱宗法社会统治和人身依附关系的自然人,而自然经济又排斥生产资料的集聚和生产的社会结合,那么罗马私法只能稳定为实现生产者消费需要的简单商品交换,而很难促进商品生产的扩大和发展。在《拿破仑法典》的时代,高度发展起来的商品经济实现了梅因所说的"从身份到契约的运动"[①]。民法规范确认了从封建的、地域的、专制的直接羁绊下解脱出来的自由和平等的商品生产者的主体地位,主张私人在平等的、自由的领域用私人意志调整他们的相互关系,固定个人之间的生产和消费的普遍联系和全面依存关系,保障劳动的产品和劳动者成为资本家所占有的生产资料的奴役对象(并且可以不断占有超出对劳动者所支付的劳动力价值的那部分剩余价值),这无疑促使资本主义社会唤醒了沉眠在社会劳动里的巨大生产力,使得它在不到百年间创造的生产力比先前一切社会总共创造的生产力还要宏伟得多!

　　社会主义民法和资本主义民法的主要区别,并不在于反映一般商品关系和价值规律的平等、等价的民法方法,而在于民法规范本身所体现的社会主义公有制性质和反映社会主义的新型商品关系的特征。社会主义商品关系,是在公有制基础上消除了阶级对立和阶级剥削的商品关系,是

---

① 〔英〕梅因:《古代法》,沈景一译,商务印书馆1959年版,第97页。

真正按等量劳动相交换的原来意义上的商品关系,是在国家宏观调控指导下的以满足人民的需要为目的的商品关系,由此确定了我国社会主义民法的崭新性质和特征。

发达的商品经济是人类社会自身发展的不可逾越的阶段,而新型的社会主义商品经济的高度发展,则是实现我国社会主义现代化的必由之路。要使商品经济沿着良性循环的轨道正常发展,就必须按商品经济的内在要求,充分发挥价值规律的积极作用,并把这种作用表现为民法的规范,使之得到充分的遵守。同时,借助民法创造商品经济社会的正常秩序,有效地防止商品经济像在资本主义社会里那样出现的种种弊端,使商品经济沿着社会主义的轨道有条不紊地发展。

几乎整个民法的规范都在由它所调整的社会关系上反映了价值规律所要求的平等和等价的方法。在积极的法律责任上,民法以概括的方式确认各个民事主体的独立地位,确认各个主体对财产的支配权,确认主体在交换中的一定程度的自主自愿。权利可以由主体在法定的范围内依自身意志取得和转移。法律关系可以由主体在法定的范围内依自身意志产生、变更和消灭。任何主体不得凌驾于他方之上,限制他方权利和为他方设定义务,也不得依据经济上的优越地位指示和决定他方行为和不行为。在消极的法律责任上,民法坚持任何主体不得非法给他人造成物质损失的原则,一旦造成损害则必须用等量的财产作出补偿。这种为民法所特有的损害赔偿制度,实质上不过是价值的等量补偿或等量劳动的交换。任何主体非法侵犯他方的权利、无偿剥夺和占有他方的财产,皆为民法所禁止。形形色色的"一平二调"的歪风、平均主义和"吃大锅饭"的现象,一切不尊重自己和他人正当经济利益以及不讲究经济效益的行为,皆为民法所反对。借助民法使平等和等价的规律法律化,也就是用法律手段保障价值规律的作用和鼓励商品关系的发展。

几乎整个民法的规范都担负着保障正常的商品经济秩序的任务。民法规范是无数的、每日每时重复存在的商品经济活动在法律上的抽象,它是反映商品经济一般条件的法律。在对内搞活、发展商品经济中,需要有这样一个商品经济活动的准则;在对外开放、发展涉外民事关系中,同样需要民法这个涉外经济活动中的重要实体法。因为,我们要引进外国投资、开放沿海港口、发展对外贸易,都必然涉及法律的适用,而当事人在选择法律时也会选择适用我国民法,这就要求我们应有自己的社会主义的、民主的、科学的实体法,这就需要有我们自己的调整商品关系的民法。此外,我国民法禁止当事人行使权利违背公共道德,禁止当事人滥用权利违背国家整体利益,反对种种违反诚信原则和商业道德的行为,这必将有助于防止违反诚信、违背道德的经营行为,防止商品经济产生某些消极的作用。总之,民法规范是以基本法的形式,切实保障商品关系的正常发展。

彭真同志指出,民法是我国的重要基本法。在我国这样一个商品经济社会,确立民法的基本法地位并大力加强民事立法,是经济体制改革的客观需要,也是我国经济立法面向实际、面向世界、面向未来的重要标志。

二、经济体制改革与民法的体系

部门法体系都是该法律部门调整的同类社会关系的反映。民法的体系和商品关系具有内在的联系。列宁曾经指出:"商品生产是一种社会关系体系,在这种社会关系下各个生产者制造各种各样的产品(社会分工),而所有这些产品在交换中彼此相等。"①民法体系就是建立在商品关系体系之上,是这种体系在法律上的反映。

马克思谈到在交换过程中形成的商品关系时,曾经指出:"商品不能自己到市场去,不能自己去交换。因此,我们必须找寻它的监护人,商品所有者。……为了使这些物作为商品彼此发生关系,商品监护人必须作为有自己的意志体现在这些物中的人彼此发生关系,因此,只有符合另一方的意志,就是说每一方只有通过双方共同一致的意志行为,才能让渡自己的商品,占有别人的商品。可见,他们必须彼此承认对方是私有者。"②这就表明商品关系的形成必须具备三个条件:一是必须要有独立的商品"监护人"(所有者);二是必须要商品交换者对商品享有所有权;三是必须要商品交换者意思表示一致。这就是在交换过程中形成的商品关系的内在要求,与此相适应,形成了由民事主体制度、所有权制度、债和合同制度组成的具有内在联系的民法体系。

作为民法主体的当事人,是商品在静态中的所有者、在动态中的交换者,而不是婚姻家庭关系中的家庭成员、劳动关系中的劳动者以及行政管理关系中的管理者。这类主体的特征就在于他们的独立性。马克思在提及商品关系时所强调的"独立资格""独立的商品所有者"等即指这一类主体。他们之间是相互独立的、无血缘的、无行政隶属的关系。我国民事

---

① 《列宁选集(第二卷)》(第二版),人民出版社1972年版,第589页。
② 《资本论》(第一卷),人民出版社1975年版,第102页。

主体制度就是这些独立的主体(自然人或法人)所必备的权利能力和行为能力等方面的规定,是商品关系当事人在法律上的反映。

民法的所有权制度是直接反映所有制关系的,但它和商品关系有内在的联系。商品交换就其本质而言就是所有权的让渡。正如斯大林所指出的:"商品是这样的一种产品,它可以出售给任何买主。商品所有者在出售商品之后,便失去对商品的所有权,而买主则变成商品的所有者,他可以把商品转售、抵押或让它腐烂。"①所有权是商品生产和交换的前提,也是商品生产和交换的结果。所有权(在我国的国营企业中表现为经营管理权)在生产领域中的使用消费就是商品生产,在流通领域中的运动就是商品交换。商品生产者从事生产和交换的前提条件,就是要确认其对劳动对象、劳动工具和劳动产品的占有、使用和处分的权利,保障他们在交换中的财产所有权的正常转移。

民法的债和合同制度是商品交换在法律上的表现,是商品流通领域中的最一般的、普遍的法律规范。债是法律上可期待的信用,债权是直接调整商品交换的法律形式,债权本身也是现代社会最重要的财产权形式。债权制度的设立给商品交换带来了巨大的方便,使商品交换超出了地域、时间和个人的限制。而合同制度则是商品交换在法律上的直接表现,是媒介商品生产者彼此间的依存关系,确立正常的商品交换秩序的法律制度。

民事主体制度、所有权制度、债和合同制度是民法的核心和精髓。法律行为、物、代理、时效、损害赔偿等制度不过是配合这三项制度而发挥作用的。建立主要由这三项制度构成的民法体系,是我国社会主义商品关系的内在要求,也是当前在经济体制改革中搞活企业的迫切需要。

马克思曾多次把一个社会经济形态比喻为一个生命的有机体,这个有机体有其自身的结构和复杂的联系。我国国民经济这个肌体是僵化的还是充满生机与活力的,主要取决于构成这个有机体的经济细胞——企业的活力。也就是说,只有搞活企业才能搞活经济。搞活企业的关键是什么呢? 过去我们只是在中央和地方的权力分配上下功夫,在"条条"集权和"块块"集权上兜圈子,忽视了国营企业作为社会基本生产单位所应该具有的权能、权利和权限。实践证明,这只是把国营企业由一个行政机构的附属物变为另一个行政机构的附属物,国营企业只是国家这个大工

---

① 《斯大林选集》(下卷),人民出版社1979年版,第578页。

厂下的一个小车间,而不是一个相对独立的商品生产者。它们没有独立支配的财产,也没有相对独立的自身利益,必然形成企业吃国家的"大锅饭"和职工吃企业的"大锅饭"的弊端,也必然使企业和广大职工群众的积极性和创造性受到压抑,使本来应该生机盎然的社会主义经济在很大程度上失去了活力。

建立主要以所有权制度、民事主体制度、债和合同制度构成的民法体系,是商品关系客观的、内在的要求,是在社会化大生产的条件下一个商品生产单位从事经济活动必备的条件,也是当前搞活企业、发展商品经济的重要的法律措施。民法的这三项制度,要求国营企业从"条条"绳索的捆绑下解脱出来,从行政的附属物变为独立的民事主体;要求企业的经营管理权从国家的所有权中分离出来,使企业具有从事商品经济活动的必备的经营管理权限;要求改变统包统配、统收统支的状况,使企业在商品交换中具有一定程度的自主权。这三项制度的核心是给予企业对国家财产的经营管理权,这是企业作为法人从事各种民事流转的基础,也是企业在合同关系中享受权利和承担义务的条件。这三项制度只是从不同的角度来保护这种权利的实现。实践证明,建立民法的这三项基本制度,正是当前的经济体制改革中搞活企业的关键。

民法的这三项制度确认和保护企业的基本权利,使它成为相对稳定的法律制度,任何人都不得随意扩大和缩小这些权利。同时,法定的权利是和义务对称的,国营企业享受权利必然要承担对国家应尽的义务。法定的权利是明确具体的权利,是衡量企业经济活动合法与非法的标准和界限。法定的权利也是通过国家强制力保障的权利,任何企业和单位侵犯他方的权利都必然受法律的制裁。只有通过民法的这三项制度保障企业的基本权利,才能固定企业在经济体制改革中获得的权限,并不断使企业焕发应有的活力。

民法的这三项制度是紧密联系、互相制约的,缺少任何一个制度都不可能真正解决企业的活力问题。如果仅仅承认企业在商品交换中具有法人的身份,而不使它具有必备的财产权限,它就不可能真正依一定程度的自主自愿,让渡和取得财产,它的履约能力也必然是受限制的。如果企业的权利能力和行为能力受过多的行政命令的限制,其主体资格是不完备的,它就不可能享有独立的经营管理权和在商品交换中的一定程度的自主权。只有建立民法的这三项制度,才能从不同的角度真正解决企业的活力问题。

党的十二届三中全会通过的《中共中央关于经济体制改革的决定》明

确规定我国经济体制改革的中心环节就是增强企业的活力,并指出:"具有中国特色的社会主义,首先应该是企业有充分活力的社会主义。"从当前经济体制改革的需要和我国大力发展商品经济的长期任务出发,笔者认为,当前急需要建立民法的法人制度、所有权制度、债和合同制度,正确处理好围绕搞活企业的问题中所涉及的各类关系。

第一,建立法人制度,处理好企业和国家及企业内部的关系。法人是商品经济社会中的商品生产者和交换者在法律上的地位。赋予企业以法人地位对于增强企业活力有什么好处?其一,它使企业能够在法律的保护下独立地从事生产和经营活动,使企业成为一个具有强大生命力的能动的有机体;其二,它使企业能够明确自身的权利和义务,特别是对其独立经营的财产享有的权利和承担的义务;其三,它要求法人有一定规模的财产和严密科学的经营管理制度,使企业能够在国家的监督之下从事经济活动,并能取信于其他民事主体;其四,它使企业能够在资不抵债而破产的情况下,按照有限责任原则以自己的财产清产还债;其五,它使国家能够通过登记许可、税收、银行、会计、统计等方式,加强对企业的法律监督。所以,明确企业的法人地位,就是要求企业成为相对独立的经济实体,成为自主经营、独立核算、自负盈亏的商品生产者和经营者,这就要求简政放权、政企分开并确立国家和企业之间的正确关系。同时,明确企业的法人地位,就是要求企业全体职工的个人利益与企业的相对利益联系起来,把企业职工的劳动报酬与企业的经营成果挂起钩来,确立正确的企业和职工之间的关系,促使全体职工关心企业的经济效果,努力提高经济效益。

第二,建立所有权制度,处理好企业与国家的相互关系。国家的所有权制度靠企业的经营管理权才能实现。合理的经营管理权的内在结构是从达到全社会的统一领导与经济组织的相对独立的有机结合的需要出发的。搞活企业必须改变过去由国家直接经营管理企业的状况,从法律上确认和保护国有企业的经营管理权。所以,我国民法除了要用其特有的所有权保护方法以及债权的、时效的、损害赔偿的保护方法切实保护国家所有权,必须确认和保护企业的经营权。诸如保护企业的自留资金的处分权、完成计划任务后的产品销售权、对多余和闲置的固定资产的处分权等。企业的经营权属于物权性质,这种权利的行使不受法律以外的任何干预。民法在明确企业权利的同时,还必须明确企业对其经营管理的国家财产应负的义务。诸如按规定向国家纳税或以其他方式向国家提供积累,对国有资产的保值增值,等等。确立和保护企业合理的经营权,从而既能保证国家宏观的指导,又能充分发挥企业的积极性和创造性,以达到宏观和微观效果的统一,这就是经济体制改革所要求确立的国家与企业之间的正确关系。

第三,建立债和合同制度,处理好企业与企业之间的相互关系。企业的活力是企业内在的和外在的活力的统一。搞活企业,除要在企业内部搞活以外,还必须在企业的外部明确企业之间的商品货币关系以及按社会化大生产的要求建立起来的分工协作关系。这就要建立债和合同制度,以稳定企业之间的正常的关系。实践证明,企业通过合同的方式,自愿选择它们联系的伙伴,自愿接受它们通过协商一致达成的合同条款,并自愿承受这些条款的约束和监督,在等价交换的基础上交换各自的产品和劳务,可以改变以行政命令把当事人自主自愿的"婚姻"变成"拉郎配"的"捆绑夫妻"的现象。充分尊重企业的相对利益,可以改变过去只注重实物管理而不注重价值管理,结果实物越管越死、越管越紧的状况,使产销见面,货畅其流;可以改变过去条块分割、部门分割使经济内在的横向联系割裂的状况,建立合理的分工协作关系;可以改变过去不计成本、不讲效益的状况,促使企业改进技术、减少消耗,生产出价廉物美的产品。所以,建立债和合同制度,确认企业在签订合同中的一定程度的自由权,并保障它们在交换中的合法权益,对于发挥企业的积极性和创造性是十分必要的。

概言之,搞活企业、发展商品经济,已经对作为上层建筑的法律提出了迫切的要求,这就是要尽快建立和健全民法的法人制度、所有权制度、债和合同制度,完善民法的体系。经济体制的改革已走在经济立法的前面,我们的立法至今未提出一个明确的法人概念,所有权制度、债和合同制度也很不健全。这无疑说明我们的民事立法已对当前的经济体制改革欠了三笔账,现在已经到了必须偿付的期限了。

三、经济体制改革与民法作用的范围

商品经济是商品生产和商品交换的统一。在商品生产过程中,如何借助国家行政权力对生产领域实行干预,如何实现在协作劳动中产生具有权威性的管理和组织的职能,这些都不是民法所能担当的任务。但是在流通(即总体的交换)领域中,无论是单个的还是一连串的交换,无论是实物的还是劳务的交换，都形成了独立主体之间的平等和等价的联系，因而最典型地表现了民法所调整的商品关系的特征。民法是横向的交换关系的最直接的反映，民法规范在交换领域中作用的范围是十分广泛的。

第一，总体的交换要求适用民法的全部规范。总体的交换是由一连串的交换构成的流通。正如马克思所说："流通是商品所有者的全部相互关系的总和。"①流通把各个独立的生产者和交换者联结为一体。这里涉及主体在交换中的权利和义务、涉及财产的让渡和取得、涉及时间的效力和代理的行为，同时也涉及商品在地点和位置上的变化（运输）、商品使用价值的买卖（租赁）、商品使用价值和价值的保存（保管）等。民法债，像一把"法锁"一样约束着整个交换行为。法律行为制度严密控制着交换的秩序，使各种交换行为都在法律上有所依归。物的禁止和限制流转制度，则严格监督和控制着进入交换领域的商品。

第二，单个的交换要求体现为民法债的单元。典型的买卖合同（供应、农副产品和工矿产品的购销、特种买卖、消费品的购买等）是反映商品到货币或货币到商品，即 W—G 或 G—W 的形式的转化（这里 G 和 W 分别形成了买卖合同的价金和标的）。但是商品交换过程并不是表现为纯粹的买卖，还包括劳务的交换（诸如加工、承揽、劳动服务）以及信贷、租赁、技术转让等合同形式，以及票据的流转、财产的抵押、资金的偿付等债的形式。它们都是单个的交换，都要求表现为债的单元，并受到民法债权制度的确认和保护。

第三，交换的原则要求适用民法的等价有偿的方法。正如马克思所说："商品交换就其纯粹形态来说是等价物的交换。"②这就要求在等价的基础上以社会必要劳动量为尺度进行交换，这就要求适用民法的特有方法。

商品交换是川流不息的体系，也是不断发展的体系。新的交换形式的出现，必然要求受到民法的保护，同时也丰富和发展了民法的内容。正如马克思所指出的："每当工业和商业的发展创造出新的交往形式……法便不得不承认它们是获得财产的新方式。"③随着我国经济体制的改革和商品关系的发展，必将进一步拓宽我国民法的范围，突出我国民法在全面调整流通领域中的商品关系的地位和作用。

---

① 《马克思恩格斯全集》（第二十三卷），人民出版社 1972 年版，第 188 页。
② 《马克思恩格斯全集》（第二十三卷），人民出版社 1972 年版，第 181 页。
③ 《马克思恩格斯全集》（第三卷），人民出版社 1960 年版，第 72 页。

随着我国商品经济的发展,合同制度将会延伸到纵向的行政管理领域并在其中发挥重要作用。合同能够对计划工作的综合平衡提供必要的市场信息,也能够在落实各种形式的责任制中起到纽带的作用。合同也还将在沟通国家与地方的关系、中心城市与企业的关系中起到行政手段不可能达到的作用。在近几年来的改革中,国家对企业的投资开始试行由财政拨款改为银行贷款,企业的流动资金全部改由银行用贷款形式发放,这就使借贷关系代替了原有的行政管理关系。随着经济改革的发展,合同对于改善国家的行政领导、合理组织国家的管理活动等具有不可低估的意义。

随着我国商品经济的发展,各项经济活动都要以社会必要劳动量来衡量优劣和高低,因此,企业必须要考虑资金的消耗和占用情况,考虑商品的成本和销路情况,尽量缩短流通时间、加速资金周转、提高经济效益。这就要求发展代理、居间和行纪业务。代理能够解决商品生产者和经营者在时间和空间上的分离,解决他们因专业性和能力的限制所产生的交换中的困难。代理的出现避免了必须因人因事直接交换的麻烦。居间能够在大宗买卖中及时提供商品信息,促进产销挂钩、适销对路。行纪作为间接代理的形式,通过行纪人对货物以合理的价格推销,也可以促进产销见面、活跃市场。在近几年发展的统一市场中,各种贸易中心、贸易货栈、批发市场所经营的代购、代销、代储代运和加工订货等业务,主要是代理、居间和行纪业务。还应该看到,民法的时效制度对于加速商品的周转也是不无意义的。时效是在商品经济活动中,以消灭旧秩序并巩固对当前的社会经济生活有积极意义的新秩序的手段。确认时间的效力对于财产的占有和丧失的影响,必将促使权利人积极行使权利,加速企业的商品和资金的周转。

随着我国商品经济的发展,属于第三产业的交换活动将大量展开。这些活动除了上述的居间、代理、行纪,还包括承揽、运输、保管、财产租赁、保险等为生产服务的业务,以及客运、房屋租赁、加工承揽、社会服务等为生活服务的业务,它们都是必须以合同形式联系的交换。就租赁而言,租赁就是使用价值的买卖,租金就是商品(财产和房屋一定期限内的使用价值)的价格。第三产业大多数都不直接创造商品的价值,但能够为企业和社会提供产前产后服务和生活服务。如果没有这些行业大力组织资金流动、为商品交换提供方便和为消费提供服务,大力发展商品经济是不可能的。

随着我国商品经济的发展,投标招标制度将得到大力推广。投标和招标是竞争的一种方式,它有助于企业的自身改造,对于加强技术改造、提高经济效益是行之有效的办法。目前,建筑业已实行招标承包制。实践证明,这种办法对于缩短工期、降低造价、提高工程质量和投资效益,有着显著效果。招标、投标实际上是签订合同的一种方式。以招标方式签订合同是由招标人向不特定人声明,请求不特定人向招标人提出要约,而中标是对选定的要约的承诺并意味着合同的成立。以招标和投标方式签订合同,不仅要明确合同双方的权利义务,而且要明确投标的效力以及招标人在招标期限内应负的责任等问题,这些都必须适用民法债和合同制度的规定。事实证明,推行招标制度,对促进企业改善经营管理,提高生产技术,降低生产成本,增加经济效益,起到了良好作用。

随着商品经济的发展,国有企业要成为独立经营、自负盈亏的商品生产单位,企业与企业之间要展开合理的竞争。社会主义企业的竞争是企业在为社会主义现代化建设服务的前提下,让企业在市场上直接接受广大消费者的评判和监督。为了防止竞争中可能出现的某些消极现象和违法行为,必须加强民事立法以保护合理的竞争。同时,竞争必然会使长期经营性亏损的企业破产,企业的破产将带来一系列的问题,诸如清产还债、新旧厂的合并、人员的安置等,这就需要完备属于民法法人制度的破产制度,稳定正常的社会经济秩序。

随着商品经济的发展,商品交换活动日益频繁,内容也愈加丰富,单一的银行信用愈来愈难以适应经济生活的需求,这就要求运用票据形式并建立票据制度。票据本身是商品交换高度发展的产物,票据制度是从债的一般理论中演化出来的法律制度。近几年来,我国生产资料市场上已出现了需求单位因资金短缺无力购买急需的设备,而生产单位又因产品销路不畅造成开工不足的矛盾。为了解决这一矛盾,许多地区已大量采取赊购、赊销的信用方式,这就要求有步骤地将信用票据化以防止信用膨胀,稳定经济秩序,并保证国家的财政监督。因此,票据制度有进一步发展的必要。

随着商品经济的发展,必须大力发展保险事业。保险产生于中世纪的海上贸易,最初是以移转所有权的抵押贷款合同来实现保险法律关系的。以后,凡符合科学的商品经营活动都把保险费计入成本。保险在实际中具有防灾补损、支援社会生产、安定群众生活、聚集建设资金等多种社会功能。发展保险事业是发展商品经济的重要组成部分。自中国人民银行增设保险业务以来,个人人身险、财产险、责任险、各种交通运输险等已经设立并发展很快,因而需要尽快健全保险制度。

随着商品经济的发展,科技成果有偿转让合同在科技体制改革中也得到了发展,它改变了企业在科技成果上"吃大锅饭"、无偿占有科技成果的状况。近年来,各地区还出现了各种形式的科技市场,如科技商店、开发中心、交流洽谈会等,推广了科技成果有偿转让合同。发展这类合同,必将充分调动科技人员的积极性和创造性,促进企业重视科技创新,采用先进技术、改进产品性能和质量。由于这类合同是以等价有偿的形式出现的,适用民法的一般原则,因而也属于民法的范围。

随着我国商品经济的发展,在各种经济形式之间通过合同形式联系的合伙、联营等形式也大量产生。地区与地区、企业与企业之间的实物互易形式得到了发展,实物抵押和现金抵押的债的担保形式也大量出现,债和合同适用的范围也越来越广泛。从经济发展的趋势来看,民法的作用范围还将进一步扩大。

概言之,商品交换在哪里发展,民法规范就在哪里延伸,这是商品经济的内在要求和法律发展的必然趋势。深深植根于公有制基础上的商品经济生活,在我国经济体制改革中发展和完善起来的民法规范,将是具有中国特色的民法规范。它是我国社会主义商品经济的直接反映。它不是罗马法,不是法国民法,也不是苏俄民法。用外国的模式来看待它,都不是实事求是的。

四、经济体制改革与几个法学观点

经济管理体制不仅对法律调整的模式,而且对经济立法的理论也产生了直接的影响。匈牙利学者居拉·埃雾西在总结苏联、东欧的民法和经济法理论时认为,在"以整个公有制经济为中心控制的体制下"(也就是集中型体制),由于经济因素和行政因素的结合,产生了经济法理论;而在"计划调节的范围内由具有相对独立的组织构成的体制"中,产生了民法和行政法综合调整的理论。埃雾西把这两种理论概括为"内部综合说"和"外部综合说"。这种观点是很值得我们寻味和深思的。

笔者认为,管理体制是统治阶级的方针政策在组织和领导经济活动方面的体现,这种方针政策表现在规范性文件上就是经济法律规范。法律、法律理论与管理体制的内在结构是何种关系,本文对此将暂不作探讨。但是应该指出,苏联的经济法理论无疑受到了苏联的经济管理体制的直接影响。最初斯图契卡提出的"两种经济成分、两种法律学科"的经济行政法理论,不过是十月革命胜利后"军事共产主义"的经济管理体制的反映。而20世纪60年代初期产生的以拉普捷夫为代表的现代经济法理论,也不过是苏联高度集中的经济管理体制下的产物。在拉普捷夫的著述中,商品经济和价值规律似乎对社会主义组织已经不起作用了,当然也就不需要建立一个调整商品关系的民法部门。公民在所谓"统一连带的法律关系"中不能作为主体,所谓"个别性的法律调整"(即计划指令)和"规范性法律调整"(主要是经济部门的管理文件)是调整国民经济的主要法律形式。计划指令已经形成了一个所谓"纵横统一的法律关系"并需要建立一个经济法部门,还要制定一部经济法典以使国民经济各个环节都服从计划。凡此种种,都是从斯大林的产品经济理论(即认为生产资料不是商品,价值规律对全民所有制不起作用)出发的,都是按斯大林的理论建立起来的高度集中的管理体制的反映。

值得注意的是,拉普捷夫的理论竟然会对我国经济立法的理论产生一定的影响,甚至已经被苏联法学理论所摒弃了的斯图契卡的"两成分说",竟然也被我们的某些经济法理论所接受,而这必须要从我国的经济管理体制上去找原因。既然我们原有的管理体制在某种程度上受到了苏联的体制的影响,那么我们的经济法理论受苏联的经济法理论的影响,也在情理之中了。

几年来,我国民法和经济法的相互关系一直存在着争论。但是,实践是检验真理的唯一标准,经济体制改革的实践要求我们重新检验某些争论观点。

第一,是否存在"两类合同"。按照等价交换原则建立社会主义的统一市场,是发展商品经济的必然要求。而在原有的管理体制下,不承认生产资料是商品,企业生产的产品实行凭证供应或由计划统购包销,实行等价交换的商品仅限于满足公民日常生活需要的消费品。这就形成了产品直接分配和消费品等价交换的生产资料(产品)市场和消费资料(商品)市场。这种状况反映在我们的法学上,出现了所谓"两类合同"(即所谓经济合同和民事合同)的观点。

笔者认为,合同是商品交换的法律反映。合同的标的物是物化的或非物化的劳动,合同的履行是价值的补偿,合同依循的原则是平等和等价的交换。无论单个的合同是否受指令性计划或指导性计划的指导,都不改变合同内在的、受价值规律作用的商品关系属性。我国合同制度是统一的,统一的合同制度正是我国统一市场的反映。经济体制的改革,特别是流通体制的改革,就是要改变过去按行政办法统一收购和分配的封闭式的、少渠道和多环节的流通体制,要建立起以城市为依托的开放式的、多渠道和少环节的内外交流、纵横交错的流通网络,发展社会主义的统一市场。在城市中,要普遍建立各种形式的贸易中心,实行自营业务与代理业务相结合,大量批发与小宗买卖相结合,"地不分南北、人不分公私",产销直接见面,自由交易。农副产品要扩大自由购销的范围,进一步发展城市农贸市场,允许农民在保证完成国家收购计划的条件下,直接向城市大批量运销农副产品。生产资料要真正作为商品进入流通,逐步做到物资经营商业化、物资企业商店化、物资供应商品化。但这种情况绝不意味着国家对商品经济的发展失去了计划控制。所以,以计划或非计划、以法人或非法人、以商品或非商品(产品)划分民事合同和经济合同,并且片面强调经济合同的计划原则,否定合同的平等协商和等价有偿的特有原则,是和建立我国统一市场、发展社会主义商品交换的经济体制改革的实践相悖的。只有用统一的合同方法,鼓励和允许各个民事主体(不分公私)参与各类合法的民事流转,并保护其依自身行为取得的各种合法权益,以促进商品交换的发展,这才是我国经济体制改革所需要的。

第二,是否存在"纵横统一"的关系。在国家所有制基础上产生的国家所有权和企业的经营管理权是相互分离而又有机统一的。然而原有的经济管理体制把国家的所有等同于国家的直接经营,千百万个企业的经营管理活动都在国家的指令性计划管理之中,因而,企业之间的横向联系几乎丧失了其应有的商品货币性质,而具有明显的行政性特征。这种纵向和横向(生产和流通)的集中计划管理的体制,产生了所谓"纵横统一"的经济法理论。这种理论认为,纵向的经济管理关系和横向的经济协作关系已经在国家计划的统一管理下形成了一个整体,这是一种新的经济关系,理应建立一个经济法部门予以调整。

"纵横统一"的实质意味着企业的一切经济活动都要受指令性计划管理,统一的目的在于使一切经济活动都服从指令性计划。无疑,这种观点已经被经济体制改革的实践证明是脱离中国实际的。党的十二届三中全会通过的《中共中央关于经济体制改革的决定》已从我国的国情出发,提出了建立自觉运用价值规律的计划体制,发展社会主义商品经济的任务。随着指令性计划范围的缩小、指导性计划范围的扩大以及部分产品完全由市场调节,并且年度计划也在适当简化,企业之间的横向关系中的行政性质正在逐步减少。同时,经济体制改革的实践已经承认企业是相对独立的商品生产者,承认生产资料是商品,承认企业之间必须实行等价交换。一句话,承认企业之间的联系就是平等、等价的商品关系。那么,横向的平等和等价关系怎样和纵向的行政隶属关系统一起来?统一的目的何在?所以,一旦指令性计划不再直接指挥生产和流通,就根本不可能存在什么"纵横统一"的关系。

否定"纵横统一"关系,是否意味着横向的关系不受指令性计划指导呢?笔者认为,不仅宏观调控,而且指导性计划在我国都是必不可少的,但是它们主要是从外部对企业间的联系发挥作用,而且在此过程中,也必须依循价值规律,必须尊重各个企业的相对利益,不能搞无偿调拨和强行分配。也就是说,不能改变企业之间的平等和等价的内在属性。只有这样,才能达到宏观调控和计划指导的目的。

第三,是否能够依据主体划分法律部门。适应我国生产力的发展状况,必然产生在公有制基础上多种经济形式和多种经营方式并存的经济结构。然而,由于长期受"左"的思想指导,认为社会主义就是"一大二公",集体经济应该向全民所有制经济过渡,个体经济应该当作"资本主义尾巴"剪除,这就使经济形式趋向于单一,经营方式越来越僵化。在国民经济领域,生产和经营的主体只是公有制经济组织,公民个人不过是在消费市场上活动的消费者。公民之间、公民与公有制经济组织之间的联系只是为了获得消费品。这种状况反映在法学上,产生了所谓依主体划分民法和经济法部门的观点,即认为公民之间的消费关系由民法调整,而社会主义组织之间的关系则应由经济法调整。实践证明,这种观点和我国经济体制改革以来产生和日益发展的多种经济形式的现实,是完全相背离的。

坚持多种经济形式和经营方式的共同发展,是我们长期的方针,是社会主义前进的需要。从党的十一届三中全会以来,我国已迅速发展了多种经济形式,城镇个体从业人数到1983年年底由1978年的15万人增至231万人。1978年还没有的个体工业,到1983年已达到32万户。农村从事个体劳动的人数由1980年的60万人增至1983年的538万人,占农村劳动力总数的1.6%左右。在自愿互利基础上实行的全民、集体、个体经济相互之间的合作经营和经济联合,得到了广泛发展。许多小型全民所有制企业已经开始租给或包给劳动者个人经营。在对外开放中,一些港澳同胞、海外侨胞和外商也在内地开办了合资经营企业、合作经营企业和独资企业。多种经济形式构成了我国国民经济的总体。这也说明，我们在法律部门的划分上，不从这一总体需要和社会关系的本质属性出发，人分公私、人分中外，割裂多种经济形式的内在联系，并把公民驱逐出生产和经营活动领域，则是脱离实际、不符合经济发展方向的。

当然要看到，主体的不同成分和不同性质是客观存在的，在某些场合其法律地位也应有所不同。比如国家法人和集体法人，在注册登记、国家监督、税目税率、能否下达计划等方面都是有别的，但它们作为商品生产者和交换者来说，总的方面不应再有区别。在价值规律面前谁也不能享有特权，否则怎样开展竞争和竞赛？怎样建立统一市场？所以，在同一法律部门中的不同主体，在具体环节上的不同地位会产生不同的法律效果，但由于它们参加社会关系的性质相同，应依同一法律部门调整。比如公民个人和国营企业，在纳税的具体方法和税率等方面有些差别，但应统一受财政法（税法）的调整是不能改变的。

第四，是否存在"意志经济关系"。有计划按比例地分配社会必要劳动时间，必须以社会必要劳动时间决定商品价值的规律为依据。多年来，由于我们的经济管理体制排斥了商品经济的作用，由于我们的计划工作忽视了价值规律的作用，曾经产生过许多违背客观规律的、同实际严重脱节的计划和行政命令，给国民经济造成了不应有的损失。这种不正常的现象竟然由我们的法律理论给它披上了合法的外衣。有人提出了所谓"意志经济关系理论"，认为经济法的调整对象就是由国家意志为主导的经济关系；还有人把它表述为"权力经济关系"。这种否定经济规律特别是价值规律客观作用的"唯意志论"观点早已受到经济学界的清算，法学界对这种观点也不能漠然置之。

承认国家干预经济，不等于承认这种干预能够产生作为经济法调整对象的经济关系。国家干预经济，作为一种上层建筑反作用于经济基础的现象，只是表现为使经济关系由任意性变成相对稳定性，并成为有规则和有秩序的形式。国家干预经济既不能创造也不能形成经济关系。正如恩格斯在批判黑格尔的国家观时所指出的，"国家的愿望总的说来是由市民社会的不断变化的需要，是由某个阶级的优势地位，归根到底，是由生产力和交换关系的发展决定的"①。一切资产阶级学者"往往忘记他们的

---

① 恩格斯：《费尔巴哈与德国古典哲学的终结》，张仲实译，人民出版社1949年版，第42页。

法权起源于他们的经济生活条件,正如他们忘记了他们自己起源于动物界一样"①。其原因就在于他们不是从法产生的客观基础出发而是从意志或观念出发研究法的现象,从而把法看成了这种意志和观念的产物。所以,从国家意志中寻找经济法的调整对象,也就是从意志出发寻找经济关系。这是一种否定经济规律,特别是否定价值规律的客观作用的唯意志论观点。

孙冶方同志曾经指出:"价值规律是客观存在着的经济规律,它不是大观园中的丫头,可以让人随便'使唤'、'利用'。"②这句幽默风趣的话语中,包含着多少丰富的经验和沉痛的教训啊!党的十二届三中全会通过的《中共中央关于经济体制改革的决定》正是在总结这些经验教训的基础上,指出了"实行计划经济同运用价值规律,发展商品经济,不是互相排斥的,而是统一的",并提出计划、体制的改革就是要建立自觉运用价值规律的计划体制。这就进一步清算了认为计划可以无所不包、国家意志可以无拘无束的"左"的思想。所以,那种认为国家意志可以主导经济关系的唯意志论观点和我国经济体制改革的正确方向是背道而驰的。它只能给经济建设中的"长官意志"和"瞎指挥"披上合法的外衣,也会使那些企图以主观意志阻碍符合经济关系发展状况的改革的因循守旧势力找到借口,因此,在法学领域应彻底予以纠正。

以上几种观点,都直接或间接地受到了原有的经济管理体制的影响,因而不能不把它们拿出来接受经济体制改革的实践检验、接受经济体制改革的风暴洗礼,以使我们的经济法和民法理论适应改革的需要、顺应改革的潮流。这里,笔者决无意要否定整个经济法学,不过是要强调,我们的经济法学应该从我国的实际出发,特别是从我国经济体制改革的实际需要出发,摆脱外国模式的影响,摆脱原有的管理体制的束缚。只有这样,我们的经济法理论才有生命力,才能真正为我国经济立法提供科学的、可行的方案。

我们已经指出,确立民法部门、加强民事立法对于经济体制改革至关重要。但是,我们也要清醒地看到民法的作用是有特定范围的,而且民法作用的发挥必须要有经济行政法的密切配合。计划的指导、行政的监督、经济杠杆的运用是经济生活不可缺少的手段。民法和经济行政法是互相

---

① 《马克思恩格斯选集》(第二卷),人民出版社1972年版,第539页。
② 孙冶方:《价值规律的内因论和外因论——兼论政治经济学的方法》,载《中国社会科学》,1980年第4期。

补充、互相配合、并行不悖的。片面强调哪一个部门的作用,都不符合我国计划性与商品性相结合的经济本质,不利于在加强国家的领导下充分发挥企业的积极性的要求,从而不符合我国经济体制改革的方向。

经济体制改革是一场改革客观世界的深刻革命,这场革命给我们民法理论工作者提出了繁重的任务。我们"就是要解释现在已经到来的转变和用法律肯定这种转变的必要性"[1],也就是要密切注重经济体制改革以来的经济关系的发展变化,理顺各种民事关系,并从中抽象出法律(主要是民法)调整的原则和方法,认清我国民法的各项制度、各种规范在内容上的发展和变化。什么是民法学领域的实际?我国经济体制改革以来发展的商品关系及由此要求的法律秩序,这就是我国民法学所要联系的最大实际。联系了这个实际,我们的民法学就有前途、就有生机!就会为我国民事立法作出应有的贡献!让我们振奋精神,共同奋斗,尽快繁荣和发展我国民法学科,从而无愧于我们的现代化建设事业,无愧于我们这个伟大的改革的时代!

---

[1] 《列宁全集》(第二十七卷),人民出版社1958年版,第195页。

民法的人文关怀*

民法是市民社会的基本法,也是保障私权的基本规则。当前,中国民法典的制定已进入关键时期,要制定贴近实际、面向未来的民法典,不能仅局限于对具体制度和规则的设计,更应当关注其价值理念。"古典的民法图像以其抽象的概念和制度成为自我完结的学问体系,而民法的现代图像则很难从这种学问的体系来把握。"①也就是说,民法的研究,不能仅仅局限于外在体系或逻辑关联,而应从其价值理念着手,历史地考察其变迁,准确地把握其趋势,将民法建立在更为科学、完善的价值体系基础之上。本文围绕民法的人文关怀这一价值理念,阐释其含义及其对完善民法制度和民法体系的重大影响。

一、民法的人文关怀:从以财产法为中心到人法地位的提升

在近代民法中,财产的归属与流转关系是民法规范的主要对象。近代民法以财产权利为中心,主要体现为对外在财富的支配。这显然忽视了人的存在中的精神性的一面,人的内涵中的多样性被简单地物质化了。② 在这样的体制中,人格独立于财产而存在的价值并不明显。正是在这一背景下,耶林才提出其著名论断:"谁侵害了他人的财产,就侵害了他人人格。"③

从民法的发展历史看,罗马法曾被恩格斯称为简单商品生产者社会的第一个世界性法律。它对简单商品生产者的一切本质的法律关系进行

---

* 原载《中国社会科学》2011 年第 4 期。
① 〔日〕北川善太郎:《日本民法体系》,李毅多、仇京春译,科学出版社 1995 年版,第 115 页。
② 参见薛军:《人的保护:中国民法典编撰的价值基础》,载《中国社会科学》2006 年第 4 期。
③ 〔德〕鲁道夫·冯·耶林:《为权利而斗争》,郑永流译,法律出版社 2007 年版,第 21 页。

了周全细致的规定,达到了古代法发展的顶峰。罗马法最先采用抽象的方法,"发展和规定那些作为私有财产的抽象关系"①,规定了独立人格制度、债权制度和物权制度,并以此展开了整个私法的体系。在这一体系中,财产的流转与归属是调整的中心,对人格制度虽然有所规定,但更多着眼于权利能力等"身份法"方面,与现代法意义上的人格权并不相同。在罗马法中,persona 只是用来表明某种身份。② 当欧洲进入中世纪后,因罗马私法的制度与当时教会法、封建土地制度以及人身依附关系格格不入,罗马法陷入长期的沉寂状态,直到中世纪进入尾声,由于地中海沿岸商品经济的发展,财产的流转关系日益复杂,罗马法才寻找到其复兴的基础,也适应了后来欧洲资本主义萌芽时期的社会需要,其中有关独立人格的规定也不断对资本主义萌芽时期的立法产生影响。

在法典化时期,以《法国民法典》为代表的民法是以消灭封建社会对人的压迫、反对封建社会的贸易壁垒、促进市场经济的发展为目标的。《法国民法典》采纳了三编制模式,即人法、物法和取得财产权的方法。其人法的设计,主要着眼于肯定人人平等的观念和确定财产的归属,因此整部法典的核心仍是财产权。③ 正如法国学者萨瓦第埃指出:"与关于人的法相较而言,民法典(指《法国民法典》)赋予关于财产的法以支配地位。"④

以财产为中心的特征,在《德国民法典》中也没有太大的改变。《德国民法典》采五编制(总则、债权、物权、亲属、继承),但其核心仍是债权与物权二编。而总则部分关于主体的规定也仍是以财产的归属与流通为中心展开的。在《德国民法典》制定时,对人格尊严的保护并未被置于重要的位置。法律对自然人的规范过于简单,因此没有涉及一些重要的人格权。⑤ 另外,对于侵权责任,《德国民法典》仅考虑损害赔偿的一面,并据此将其置于债法之中,而且,对于精神损害赔偿,采取比较严格的限制立场。在《德国民法典》颁布不久,德国学者索姆巴特(Sombart,1863—1941)就提出《德国民法典》存在着"重财轻人"的偏向。⑥《德国民法典》

---

① 《马克思恩格斯全集》(第一卷),人民出版社1956年版,第280页。
② 参见周枏:《罗马法原论》(上册),商务印书馆1994年版,第106页。
③ 参见谢怀栻:《大陆法国家民法典研究》,载《外国法译评》1994年第3期。
④ [日]星野英一:《私法中的人》,王闯译,中国法制出版社2004年版,第29页。
⑤ 参见[德]迪特尔·梅迪库斯:《德国民法总论》,邵建东译,法律出版社2000年版,第25页。
⑥ Vgl. Schwab/Löhnig, Einführung in das Zivilrecht, Verlagsgruppe Hüthig Jehle Rehm, 2007, Rn. 42.

的体系是按照从事商业贸易的资产阶级的需求来设计构思的,它所体现的资产阶层所特有的"重财轻人"的特征正出自于此。这种"重财轻人"的特点使关于人的法律地位和法律关系的法远远退缩于财产法之后。①正是因为《德国民法典》没有规定人格权,所以,在第二次世界大战以后,德国法院只能借助宪法上基本权利的规定,而不能依据民法典发展出一般人格权,这从一个侧面也反映出《德国民法典》中的人格权法没有获得应有的地位。②

近代民法之所以以财产法为中心,或者说出现"泛财产化"倾向③,除了受传统民法制度的影响,更与其特定时期的社会经济背景密切关联。在自由资本主义时期和垄断时期,要扩大投资、鼓励财富的创造,包括民法在内的整个法律在这一时期都服务于这一目标。④ 若以当时的社会经济条件为背景来观察,这样的选择并无不当。时至今日,随着市场经济的发展和科技的进步,社会、经济的格局发生了重大变化。在这一过程中,民法的发展逐渐呈现出一种对个人人文关怀的趋势。

所谓人文关怀,是指对人自由和尊严的充分保障以及对社会弱势群体的特殊关爱。人文关怀强调对人的保护,应将其视为民法的价值基础。⑤ 笔者认为,"人身的保护"本身并不是最终目的,而只是实现人文关怀的手段,其最终目的是使人的自由及尊严得以实现。此处的"人",一方面是个体人,有其自由追求,应被具体地、历史地对待;另一方面也是伦理人,其尊严应得到尊重,基本的人格利益应得到保护。从这个意义上说,人文关怀就是将"使人享有良好的生存状态"作为法律的目标,实现马克思所说的"人的全面解放"。

民法的人文关怀并非当代的发明,而是具有深刻的社会与历史渊源。古希腊智者普罗泰戈拉曾提出:"人是万物的尺度。"罗马法上诸如人法、私犯等制度,虽不及现代法对人身、人格的全面保护,但已经或多或少地

---

① 参见〔德〕迪特尔·施瓦布:《民法导论》,郑冲译,法律出版社2006年版,第31页。
② 参见薛军:《揭开"一般人格权"的面纱——兼论比较法研究中的"体系意识"》,载《比较法研究》2008年第5期。
③ 参见薛军:《人的保护:中国民法典编撰的价值基础》,载《中国社会科学》2006年第4期。
④ 参见〔德〕马克斯·韦伯:《韦伯作品集 IV:经济行动与社会团体》,康乐、简惠美译,广西师范大学出版社2004年版,第37—39页及以下。
⑤ 参见薛军:《人的保护:中国民法典编撰的价值基础》,载《中国社会科学》2006年第4期。

体现出了对奴隶以外的自由人的关爱。当然,人文主义观念的真正出现,是到文艺复兴时期才开始的。启蒙运动的思想家提出的启蒙思想进一步丰富了近代民法人文主义的内涵。例如,伏尔泰、孟德斯鸠等思想家宣扬的人权、自由、平等理念,很大程度上促进了近代民法中人格平等、契约自由、私法自治等价值理念的形成。这一时期,资本主义民法人文主义的基本脉络已经形成。人文主义的基本特点就在于,它把焦点集中在人本身,强调人的尊严和精神自由。① 人文主义认为"每个人在他或她自己的身上都是有价值的——我们仍用文艺复兴时期的话,叫作'人的尊严'——其他一切价值的根源和人权的根源就是对此的尊重"②。

自 18 世纪后半期开始,康德的理性哲学对于确立人的主体地位作出了重要贡献。他认为,人类的绝对价值就是人的尊严,就是以人的所有能力为基础的。他曾提出,"人是目的而不是手段",并且"人只能被作为目的而不能被视为手段"。③ 按照李泽厚的解读,"康德强调,物品有价格,人只有人格,他不能因对谁有用而获取价格。人作为自然存在,并不比动物优越,也并不比动物有更高价值可言,但人作为本体的存在,作为实践理性(道德)的主体,是超越一切价格的"④。可以看出,理性哲学的兴起使维护人格独立和人格尊严成为社会的核心任务,进而也成为整个法律所要达到的目标。正是人文主义运动所确立的信念,使人相信法律可以建立在理性的基础上,这种理性的动机导致了法律的变革,加速了理性与民法传统的结盟,促成了官方法典的编纂。⑤《法国民法典》《德国民法典》《奥地利民法典》等民法典的诞生正是启蒙思想的产物,在一定程度上体现了人文主义的精神。在价值理念上,近代民法蕴含的人文主义理念取代了封建法以等级为中心的理念,封建等级体系被人格的独立平等所替代。但是,与本文所提倡的人文关怀价值观念相比,近代民法以财产权为中心的体系限制了以人为中心的体系在法典中的展开。以康德为代表的理性哲学仅注重对人的自由的普遍保护,而忽略了在社会生活中人与人之间因为能力、智力、财富等方面的差异,尤其是没有考虑到社会对

---

① 参见孟广林:《欧洲文艺复兴史·哲学卷》,人民出版社 2008 年版,第 27 页。
② 〔英〕阿伦·布洛克:《西方人文主义传统》,董乐山译,生活·读书·新知三联书店 1997 年版,第 234 页。
③ 〔德〕康德:《实用人类学》,邓晓芒译,重庆出版社 1987 年版,第 4 页。
④ 李泽厚:《批判哲学的批判——康德述评》,人民出版社 1979 年版,第 290 页。
⑤ 参见〔美〕艾伦·沃森:《民法法系的演变及形成》,李静冰、姚新华译,中国法制出版社 2005 年版,第 144 页。

弱者的特别保护。① 因此,彼时的人文主义与当下的人文关怀有着较大差异。第二次世界大战以后,尤其是近几十年来,民法人文关怀的内涵日益丰富,地位日益突出,不仅对民法的具体制度,而且对整个民法的外在体系也都产生了深刻影响。②

　　民法的终极价值是对人的关怀,民法的最高目标就是服务于人格的尊严和人格的发展。要认识我国当代民法,把握当代民法的精髓,妥善应对传统民法所面临的挑战,就必须正确理解和把握社会变革的趋势,并使法律适应这些变化。第一,对人的尊重和保护被提高到前所未有的高度,人权运动在世界范围内蓬勃发展。与此相适应,人类自尊自重和追求高质量物质精神生活的意愿在民法中得到了充分表达。第二次世界大战期间普遍发生了非人道行为,战后人们对战争非人道的反思以及20世纪60年代开始的人权运动,都推动和强化了现代民法对人格和尊严的关注。例如,第二次世界大战以后,《德国基本法》第1条开宗明义地提出"人的尊严不受侵害",把"人的尊严"规定在基本法中。进入21世纪后,尊重与保护人权已经成为国际社会的普遍共识。第二,工业化、市场化的发展使社会的两极分化日益严重。从全球范围来看,极少数人控制着绝大多数的财富,而社会实质不公平、不公正的现象也日益明显。在这一背景下,认为契约自由即可直接导向社会正义的传统观点已严重脱离现实。相反,私有财产的滥用、大企业对格式条款的操纵、经济上垄断一方不当利用强势地位等,造成了种种社会不公,这在很大程度上对民法中曾深信不疑的财产权的合理性提出了深刻质疑。如果现代民法中没有深刻的人文关怀价值理念加以弥补,将造成更严重的社会不公的问题。第三,现代社会科技的迅猛发展也对民法人文关怀提出了新的要求,成为推动民法人文关怀发展的新动力。基因技术的发展使得对个人隐私的保护显得尤为重要,试管婴儿的出现改变了传统上对生命的理解,人工器官制造技术、干细胞研究、克隆技术和组织工程学的发展为人类最终解决器官来源问题提供了可能。与此同时,上述科学技术也对生命权、身体权、健康权等人格权提出了新的挑战,民事权利(尤其是人格权)受到侵害的可能性不断增大,后果也较以往更为严重,民法应对人提供更充分的保护。第四,随着人们的基本物质需要的满足,精神上的需求就会突显出来。马斯洛提出的需求层次理论认为,人的需求可以分为五种,从低级到高级依次为生理需求、安全需求、社交

---

① Stamatios Tzitzis, Qu'est-ce que la personne? Armand Colin, 1999, p. 84.
② 参见朱岩:《社会基础变迁与民法双重体系建构》,载《中国社会科学》2010年第6期。

需求、尊重需求和自我实现需求,当人对生存的需要基本得到满足之后,对文化和精神的需要将越来越强烈,他把这种心理需要归纳为自尊需要。① 以上社会变化趋势使得民商法面临的挑战无疑是革命性的。在此背景下,需要以深刻的人文关怀价值理念对传统民法制度进行修正和弥补。

中华人民共和国建立后,我国实现了人民当家作主,人的价值得到了充分的尊重和体现。然而,由于在相当长的一段时间内"左"倾思想盛行,法治观念淡薄,以人为本的价值理念一度受到侵蚀。改革开放之后,党总结并吸取了"文革"的惨痛教训,加强了民主法制建设。随着改革开放的深入发展,社会主义市场经济体制逐步建立。为了实现全面建设小康社会以及构建和谐社会的宏伟目标,党和国家确立了"以人为本"的执政理念。"以人为本"体现在民法上,就是要充分保障公民的各项基本权利和利益,尊重和维护公民的人格独立与人格尊严,使其能够自由、富有尊严地生活。因此,我国民法中所体现的人文关怀精神在本质上不同于西方的人文主义,是社会主义核心价值观的集中体现,且与我国现阶段的社会经济文化发展相适应,尤其应当强化对弱势群体的关爱,充分注重人格的自由和发展,努力促进社会公平正义的实现。

在改革开放三十余年的发展中,1986 年的《民法通则》以及此后颁布的一系列法律,建立了财产的归属与流转规则,确立了中国市场经济体制发展所需的基本民商法框架,极大地促进了社会经济的发展。然而,在我国经济、社会建设取得了相当成就的背景下,不能仅局限于民法的经济功能,更应重视民法在实现人文关怀方面的重要作用。一方面,随着社会的高速发展和急剧转型,利益关系日益多元,社会矛盾愈发显著。在此背景下,强调民法的人文关怀价值,有利于实现构建和谐社会目标。另一方面,社会主义制度的根本目的就是实现人的全面解放和发展,建设法治国家以及和谐社会的最终目标也是为了实现人的全面发展。我国已经建成的社会主义法律体系全面体现了人文关怀价值取向。与其他部门法相较而言,民法的人文关怀价值更为全面,更注重协调不同利益之间的冲突。强调民法的人文关怀就是要将个人的福祉和尊严作为国家和社会的终极目标,而非作为实现其他目的的手段。现代化不是单纯的经济现代化,更主要是人本身的现代化。民法在某种意义上也被称为人法,作为保障人

---

① 参见〔美〕马斯洛:《动机与人格》,许金声、程朝翔译,华夏出版社 1987 年版,第 40—54 页。

全面发展的最重要法律形式,现代民法离不开人文关怀价值的保障。

二、以人文关怀构建民法的价值理念

传统民法以自由、平等为基本价值取向。但由于传统民法以财产权为中心而设计,这直接决定了意思自治是以经济上的自由为中心;而平等则以形式平等为其基本特征,至于在实际交易关系中因知识、社会及经济等方面的力量差异导致当事人间并未形成实质意义上的平等,并不是民法所关注的主要问题。自由和平等虽然是传统民法的基础性价值,但在现代社会中,面对人文关怀价值理念的冲击,自由和平等价值也不得不作出相应的变化与调整。在传统价值理念的积极因素得以延续的同时,人文关怀价值的考量正逐渐成为民法的基础价值体系。

从萨维尼奠定的德国民法体系的观念看,德国民法体系实际上是以人格尊严和自由作为中心而辐射的网状结构。拉伦茨在此基础上进一步提出,《德国民法典》的精神基础是伦理学上的人格主义。① 此理念的基本内涵就是以人为中心,尊重人的价值,尊重人的尊严,保护社会弱者利益,实现社会实质正义。确认人的尊严是世界的最高价值,是社会发展的最终目的。②

(一) 对人的自由和尊严的充分保障

民法上的自由不同于经济层面的自由,其核心是尊重人格层面的主体自决。民法上的尊严是不得转让和抑制的价值,是人之为人的基本条件。进入21世纪以来,尊重与保护人权已经成为整个国际社会的普遍共识。

一方面,对人的自由和尊严的强调,在人格权法中得到了集中体现。关于人的至上地位以及人格尊严的哲学思想,在国际公约以及许多国家的法律中都得到了体现。《世界人权宣言》第1条规定,"人人生而自由,在尊严和权利上一律平等"。第3条规定:"人人有权享有生命、自由和人身安全。"这些内容后来被许多国家的法律以不同形式所采用。1948年《德国基本法》第2条明确宣告要"保障人格的自由发展"。德国法官正是根据该条所确立的"人格尊严不受侵犯"原则发展出了一般人格权,将

---

① 参见〔德〕卡尔·拉伦茨:《德国民法通论》(上册),王晓晔等译,法律出版社2003年版,第45页。

② 参见杜宴林:《法律的人文主义解释》,人民法院出版社2005年版,第64页。

维护人的尊严和人格自由发展的价值体现在私法之中,通过一般人格权制度对隐私等权利或利益进行保护。① 近几十年来,不论是在新制定的民法典中,还是通过民法的修订和单行法的整合而实行的"再法典化"中,都更加注重提高对人格利益保护的程度,不断完善保护的方法。例如,许多国家新近颁布的民法典大都规定了不少有关人格权保护的法律规范,丰富了人格权的保护方式,并且在亲属法等章节中加强了对人身利益的保护。人格利益在民事权益中日益突出并占据优势地位。②

另一方面,在以侵权责任法为代表的各项具体制度中,充分保护自由和尊严的理念也得到了全面的贯彻。传统民法上的损害赔偿以财产赔偿为核心展开,从罗马法到《德国民法典》,都强调其中的财产给付内容,而都没有规定精神损害赔偿。20世纪以来,精神损害赔偿逐步被承认,这在一定程度上扩大了对人格尊严的尊重。此外,在法律保护的民事权益体系中,各种利益之间存在不同的位阶,而人格尊严、人身自由始终处于相对更高的位阶,尤其是生命、健康和身体利益,总是受到更为强化的保护。在权利的可克减性方面,原则上,财产权是具有可克减性的,而对人格权的克减则应比较谨慎,甚至有些人格权不能被克减,如生命权和健康权。侵权责任法发展了民法所保护权益的范围,而人格权益在这一过程中始终处于非常优越的受保护地位,特别是对人格尊严的非合同保护,日益受到关注。作为西方民主国家基本价值的人格尊严,当前逐渐被通过判例乃至成文立法确立为私法权利,进而可以在受侵害时直接寻求救济。③ 正是因为人格权法和侵权责任法体现了对人的关怀和保护,使得这两个民法部门的发展成为现代民法理论和制度新的增长点。

(二) 对弱势群体的特殊关爱

近代以来,民法以抽象人格为基础,强调形式平等。拉德布鲁赫认为,民法典并不考虑农民、手工业者、制造业者、企业家、劳动者等之间的区别。私法中的人就是作为被抽象了的各种人力、财力等的抽象的个人

---

① 参见〔德〕卡尔·拉伦茨:《德国民法通论》(上册),王晓晔等译,法律出版社2003年版,第170页。
② Cédric Girard, Stéphanie Hennette Vauchez, La dignité de la personne humaine, Recherche sur un processus de juridicisation, PUF, 2005, p.87.
③ 关于人的尊严条款在西方国家法律体系中的发展,参见 C. McCrudden, Human Dignity and Judicial Interpretation of Human Rights, European Journal of International Law, Vol.19, No.4, 2008, pp.655-667.

而存在的。① 之所以如此,是因为近代民法认定人与人之间具有"平等性"和"互换性"的特点。② 在此背景下,民法以调整平等主体之间的财产关系和人身关系为对象,原则上不考虑各个主体在年龄、性别、种族、经济实力、知识水平等各个方面的差异,一概承认其地位平等。每个人不仅应该享有基本权利,而且应该是平等的权利,才能构建一个和谐的社会。③ 19世纪的民法主要追求形式上的平等,表现在法典中就是承认所有自然人的权利能力一律平等。所谓"从身份到契约的运动",其实就是追求形式平等的过程。在合同法领域,形式平等只考虑当事人抽象意义上的平等,对于当事人实际谈判能力是否平等并不过多关注。在物权领域,民法也只抽象规定了取得物权资格的平等,平等地保护物权性权利,并不注重财产的分配问题和对弱者的关怀。虽然这种形式的平等至今仍是民法的基本价值,但自20世纪开始,基于保障社会的公平正义、维护交易安全秩序等价值考虑,民法已经开始注入越来越多的实质平等的因素。这不仅体现在劳动保护、消费者权益保护、工伤保险等领域因大幅增加了注重实质平等的内容,而逐渐与民法典相分离形成独立的法律部门,而且,即便在传统民法典中,一些国家也因应社会需求的变化,增加了实质正义的内容。例如,在《德国债法现代化法》通过以后,《德国民法典》新增了第312、355条,对特定的消费品买卖规定了无因退货期等特殊的合同效力中止规则。

强调对弱势群体的保护,在于没有对弱者的保护就无法从根本上实现实质正义。英国学者威尔金森(Wilkinson)等研究发现,在注重平等的国家,无论是经济增长质量、社会稳定、居民幸福指数、犯罪率等都优于贫富差异过大的国家。④ 这一点对民法立法具有重要意义。孟德斯鸠说过,"在民法的慈母般的眼里,每个个人就是整个国家"⑤。这句话表达了民法虽然奉行形式平等,但绝不排斥实质平等。一方面,维护正常的市场经济秩序,需要强调实质正义。因为市场交易中的主体是具体的人而不是

---

① 参见〔日〕星野英一:《私法中的人》,王闯译,中国法制出版社2004年版,第34—35页;〔德〕拉德布鲁赫:《法学导论》,米健、朱林译,中国大百科全书出版社1997年版,第66页。

② 参见梁慧星主编:《从近代民法到现代民法》,中国法制出版社2000年版,第169—170页。

③ 参见王海明:《平等新论》,载《中国社会科学》1998年第5期。

④ See Richard Wilkinson and Kate Pickett, The Spirit Level: Why Greater Equality Makes Societies Stronger, Bloomsbury Press, 2009.

⑤ 〔法〕孟德斯鸠:《论法的精神》(下册),张雁深译,商务印书馆1963年版,第190页。

抽象的人。尽管形式平等具有普适性,反映了人类社会的基本需要,但是由于实际生活中交易当事人的谈判能力和经济实力等条件并不相同,实际上与立法者预设的当事人的平等状态有较大出入。进城打工的农民工与资本雄厚的建筑商之间的谈判能力差异甚远,一个普通的消费者和一个巨型的垄断企业之间也缺乏对等的谈判能力,如果一味地追求形式平等,将会使民法的价值体系僵化,不能体现对弱者的特别关爱,反而损害其公平正义。在经济、社会上拥有稳定优势地位的人,在博弈中会获得更有利的地位,实际上享受了比弱势的一方更多的利益,造成了实质不平等。法律需要对这种实质不平等加以适当限制。另一方面,民法在化解社会矛盾,维护社会稳定中也发挥着基础性作用。实际上,社会生活中绝大多数的纠纷和矛盾,都属于民法的调整范围。这些矛盾和纠纷的化解,需要借助民事手段来完成。例如,集体土地的征收和房屋拆迁,如果强调通过农民和政府之间的协商机制来解决补偿争议,就能够产生相对公平的征地补偿价格,极大地减少因拆迁引发的各种社会矛盾。[①]

当然,对弱者的关爱,并不是要否定形式正义,而只是在一定程度上弥补形式正义的不足。我国未来民法典只能适当兼顾实质平等,而不能以追求实质平等为主要目的。鼓励竞争、推进创新是社会进步的重要保障,民法乃至社会法对实质平等的强调,都只能将这种平等限制在一定范围之内,否则将与民法的固有性质发生冲突。近代以来,之所以将劳动法、消费者权益保护法等法律从民法中分离出来,很大程度上是因为民法强调形式平等和抽象人格,而这些法律主要强调实质平等和具体人格。因此,实现实质平等主要应借助民法之外的其他法律,特别是社会法来完成。虽然从整个发展趋势来看,实质平等也越来越受到民法的重视,但是只有在形式平等发生严重扭曲,采取直接弥补形式正义的方法不足以解决实际问题的情形下,民法才有必要恢复实质平等。例如免责条款的效力规范等。还需指出的是,在正常的商事交易中,商事主体通常被推定为理性的"经济人",法律基于实质正义的直接干涉并不多。即便如此,诸如"显失公平""禁止暴利""错误""情事变更""实际损害赔偿"等规则,已为商事交易划定了基本的公平正义界限。

以人文关怀构建民法的价值理念并非意味着要否定以意思自治为核心的民法价值理念。人文关怀不仅没有否定民事主体在交易中的意思自

---

① 参见《让农民享有集体土地合理溢价收益》,载《新京报》2011年2月1日。

治,相反,在一定程度上通过弥补具体民事主体在意思自治上可能存在的不足,更加完整地实现民事主体的意思自治。所谓意思自治,即私法自治,是指在私法的范畴内,当事人有权自由决定其行为,确定参与市民生活的交往方式,而不受任何非法的干涉。① 民法通过"私法自治给个人提供一种受法律保护的自由,使个人获得自主决定的可能性。这是私法自治的优越性所在"②。然而,意思自治也是存在缺陷的。一方面,过分强调意思自治,会伴生一系列社会问题,如所有权滥用、经济垄断加剧、环境污染等。意思自治既不能自然地导向社会公正,也无法自然地实现社会和谐。因此,意思自治应当受到限制,这种限制常常来自国家干预。另一方面,意思自治虽然是行为自由的基础,但其核心是对财产的处分,一般不会延伸到人格领域。意思自治所包含的自由主要是经济上的处分自由,其和人格权中所提及的自由存在重大差异。例如,个人肖像、个人隐私、个人信息资料等的处分,应主要着眼于对个人自决权的保护与尊重,是个人人格不可分割的组成部分,原则上不允许像经济性权利那样被"自由"处分。如果过分强调意思自治,很可能将人格利益的处分仅看作交易行为,但事实上,人格利益的处分并不是简单的交易,而是自主决定权在人格利益上的体现。在引入人文关怀的理念之后,首先,要在法律上确立对于生命健康权益的保障优位于意思自治的规则;其次,基于意思自治而从事的交易活动因损坏人格尊严和人格自由而归于无效。从这个意义上可以看出,人文关怀理念应当置于意思自治理念之上的位阶。③ 但这并非要抛弃意思自治的理念,而是要弥补意思自治因不能充分实现对人的尊重和保护而产生的缺陷。

对人的自由和尊严的充分保障以及对弱势群体的关爱,构成了民法人文关怀的核心内容。我国未来民法典的基本价值取向就是要在坚持意思自治原则的同时,强化法典对人的关怀,并以此弥补意思自治的不足。民法以"关心人、培养人、发展人、使人之为人"作为立法的基本使命,必然要反映人的全面发展。这种发展不仅体现为对人主体属性的全面弘扬与保护,以及对权利的彰显与保障,也体现为人的自由的全面实现。我国未

---

① 参见苏号朋:《民法文化:一个初步的理论解析》,载《比较法研究》1997 年第 3 期。
② 〔德〕迪特尔·梅迪库斯:《德国民法总论》,邵建东译,法律出版社 2000 年版,第 143 页。
③ See Basil S. Markesinis, Foreign Law and Comparative Methodology: A Subject and a Thesis, Hart Publishing House, 1997, p. 235.

来的民法典是否科学合理,很大程度上体现在其是否反映了人的主体性。一部充分关爱个人的民法,才是一部具有生命力的高质量的民法,才能得到人民的普遍遵守和拥护。①

三、民法的人文关怀与民法制度的发展

如果仅停留在价值层面讨论人文关怀的理念,而不将其转化为具体的制度,该理念将将处于"悬空"的状态,民众无法从中直接受益。因此,除在价值层面有充分体现外,人文关怀的理念也必须渗透到民法制度的各个方面。

(一) 主体制度

如前所述,出于交易的需要,传统民法的主体制度主要建立在交易主体高度抽象化的基础上,其主体概念是抽象的、一般的人,而不是具体的、独立的人。这种主体制度强调人的平等和独立,是反封建斗争的重要成果。但随着民事主体的进一步分化,这一将民事主体设计为"抽象的人"的主体制度便难以体现对现实市民社会中弱者的关怀。为充分实现人文关怀的价值理念,现代民法的主体制度开始面向具体的民事主体,并且已经发生了一系列的变化。第一,通过对个人人格的保护,现代民事主体制度进一步强调了个人的自主、独立和尊严,逐步发展出人格权体系,并且丰富了主体权利能力的内容。其中,人格权以维护和实现身体完整、人格尊严、人身自由为目标。虽然人格权不同于人格,但充分保护人格权,有助于实现个人的独立人格。第二,民事主体制度经历了从"抽象人"到"具体人"的发展。正如我妻荣所指出的,现代法律"诚应透过各个人抽象的人格(die Persönlichketi)而更进一步着眼于有贫富、强弱、贤愚等差别之具体人类(der Mensch),保障其生存能力,发挥其既有主体,且有社会性之存在意义"②。《德国民法典》将"消费者"(der Verbraucher)的概念引入主体制度之中,表面上看,是对传统的以"抽象人"为标志的主体制度的重大冲击,但是多年的司法适用,表明这两种主体制度是可以相互衔接、相互配合、并行不悖的,这也说明抽象的人格平等与具体的人格平等并非排斥,而是可以兼容的。这在一定程度上也反映了私法自治理念与人文关

---

① 参见王海明:《平等新论》,载《中国社会科学》1998 年第 5 期。
② 转引自苏俊雄:《契约原理及其实用》,台北中华书局 1978 年版,第 7 页。

怀理念二者也是可以兼容的。从"抽象人"到"具体人","旨在提高市场弱者地位,增强其实现自己意思能力的做法,则更接近于私法的本质"。①第三,一些特殊主体的相应权利受到尊重。早期法律上作为主体的组织,其设立的目的大多是为了鼓励投资和创造财富。但是,当下一些新类型的组织并非完全是为了创造财富,而一定程度上是为了保障个人权利。例如,我国《物权法》确认了业主大会以及业主所享有的民主权利,在一定程度上也体现了对单个业主的关爱。第四,传统民法只关注抽象人,并不关注特殊群体的权益。但现代民法中,一些特殊弱势群体权益日益受到关注。如对未成年人、老年人、残疾人等特殊群体合法权益的保护,被提到议事日程。一些特殊的规则得以确立,如离婚时子女抚养权的归属应以子女利益最大化为原则,未成年人在侵权责任中的注意义务适当降低等。

(二) 人格权的勃兴

人格权的发展,最集中地表现了民法人文关怀的发展趋势。第二次世界大战以来,人格权作为民法的重要领域,已经迅速发展起来,人格利益逐渐类型化为各种具体人格权的客体。而且,随着人格权保护的范围不断扩大,具体人格权类型也相应增多。例如,1900 年《德国民法典》中仅规定了姓名、身体、健康和自由等具体人格权益。但近几十年来,判例和学说逐渐承认了名誉权、肖像权、隐私权、尊重私人领域的权利和尊重个人感情的权利等。② 尽管其中一些权利是在一般人格权的解释下产生的,但名誉权和隐私权等权利逐渐成为独立的具体人格权。③ 德国联邦法院在一系列的案件中甚至承认一般人格权。④ 此类"人格权"实际上是为人格权的保护设立了兜底条款,这主要表现为对人格尊严和人身自由的保护。1983 年 12 月 15 日,德国联邦宪法法院作出了一个里程碑式的决定:对抗不受限制的收集、记录、使用、传播个人资料的个人权利也包含于一般人格权之中。⑤ 再如,在美国法中,虽然没有独立的人格权制度,但法

---

① 〔德〕迪特尔·梅迪库斯:《德国民法总论》,邵建东译,法律出版社 2000 年版,第 362 页。
② 参见施启扬:《从个别人格权到一般人格权》,载《台湾大学法学论丛》1997 年第 1 期。
③ See Basil S. Markesinis, Protecting Privacy, Oxford University Press, 1999, pp.36-37.
④ Vgl. BGHZ 15, 249.
⑤ BVerfGE 65, 1.

院逐步发展出的隐私权不仅仅是一般的民事权利,也是公民的宪法权利。① 从 1968 年到 1978 年,美国国会就制定了六部法律来保护个人的隐私信息。美国一些州也制定了相应的法律法规来强化对隐私的保护。② 目前至少在 10 个州的宪法中明确了对隐私权的保护。③ 随着科学技术和信息社会的发展,个人信息资料也逐渐纳入隐私的保护范围。此外,为了强化对人格利益的保护,在大陆法系国家,精神损害赔偿制度也获得承认并不断完善。尽管关于精神损害赔偿的名称在各国立法上规定不一,有的规定为抚慰金,有的规定为非财产损害赔偿,但毫无疑问,精神损害赔偿已经为各国立法普遍采纳。在 19 世纪还被严格限制适用的精神损害赔偿责任,在 20 世纪得到了急剧发展,这不仅使人格权获得了极大的充实,而且为受害人精神的痛苦提供了充分的抚慰依据。在英美法系国家还发展出了惩罚性赔偿制度④,这给受害人提供了有效的补救,也引起了反映等价交换民事赔偿责任制度的深刻变革。

(三) 合同制度的发展

合同法主要是调整交易的法律,深深根植于市场经济之中,并随着经济全球化而不断发生变化。值得关注的是,即便在这样一个财产法领域,人文关怀的引入也导致了合同法的一些新发展。在合同领域中,关于人文关怀的最重要的发展体现在:第一,对合同瑕疵的补正,现代合同法提供了更多的机会。与传统合同法相比较,现代合同法对"契约严守"(pacta sunt survanda)规则有所突破。在合同订立之后,如果确实出现了因客观情势的变化而无法履行或不能履行合同的情况,法律在传统的"错误"(mistake)制度之外,赋予当事人更多的纠正合同瑕疵的机会,如情势变更制度、显失公平制度等。第二,对消费合同的特殊干预。现代合同法更注重区分消费合同和商事合同。对于商事合同,主要交由商人之间的习惯法、交易法等软法来处理;而对于民事合同、消费合同,则更强调法律的干预,监督合同条款,赋予弱势一方更多的权利。第三,通过强制缔约制度,

---

① See Richard G. Turkington and Anita L. Allen, Privacy Law: Cases and Materials, 2nd ed., West Group, 1999, p.9.
② 参见〔美〕阿丽塔·L.艾伦、理查德·C.托克音顿:《美国隐私法:学说、判例与立法》,冯建妹等编译,中国民主法制出版社 2004 年版,第 27—37 页。
③ 这些州分别是:加利福尼亚、佛罗里达、路易斯安那、阿拉斯加、亚利桑那、夏威夷、伊利诺伊、蒙大拿、南卡罗来纳、华盛顿。
④ See Timothy J. Phillips, The Punitive Damage Class Action: A Solution to the Problem of Multiple Punishment, University of Illinois Law Review, 1984, pp.153, 158.

保护社会弱势群体,要求提供公共服务的企业不得拒绝为个人提供服务的合理要求。第四,以损害人格尊严作为判断合同无效的依据。从国外合同法的发展来看,在合同中越来越关注对合同当事人人格尊严的保护。例如,当事人签订代孕合同被宣告无效①,表明不能对人类的身体进行买卖或利用,人类的身体不能成为合同的客体。再如,在法国,曾有判决认为,房屋出租合同不能剥夺承租人为其亲友提供住宿的权利,有关合同必须尊重承租人的家庭生活权利。出租人的宗教信念不能导致要求承租人必须忍受某项特殊义务。② 第五,要求合同当事人承担保护环境等义务,内化当事人的经营成本。例如,在德国法上的房屋租赁合同中,就会涉及环境保护问题,出租人负有节能、减少废物排放等方面的环境保护义务。债权人也负有保护环境的义务。例如,在银行对外放贷时,应当审查有关项目的环境污染风险,若违反相应义务,将可能以债权人的身份对环境污染受害人承担赔偿责任。③ 第六,承认团体合同的效力。团体合同主要运用于劳动法领域,工会与雇主订立团体合同,可以弥补劳动者个体谈判能力不足的问题。团体合同着眼于对劳动者的保护,从而促进合同正义的实现。雇主与劳动者之间不能签订与团体合同不同的、不利于劳动者的合同。

(四) 物权法的发展

物权法作为调整财产归属与利用的法律,一般不考虑人文关怀问题,但现代物权法也在一定程度上包含了人文关怀的因素。一方面,随着所有权社会化观念被广泛接受,要求私权的行使应该顾及他人和社会公共利益。古典法学中的所有权作为绝对权,是一种可以排除他人干涉并直接支配标的物的权利,具有排他效力。④ 随着现代民法发展,"所有权社会义务"的提法在大陆法系逐渐盛行。⑤ 直到现在,所有权社会义务观念似已成为不证自明之公理。"今天,根据不同的客体以及这些客体所承担的最广泛意义上的'社会功能',所有权的内容和权利人享有权限的范围

---

① TGI Paris 3 juin 1969, D. 1970, p. 136, note J. P.

② Cass. civ. 3ème, 6 mars 1996, RTD. civ. 1996, p. 897, obs. J. Mestre et 1024, obs. J.-P. Marguénaud.

③ See Richard Hooley, Lender Liability for Environmental Damage, The Cambridge Law Journal, Vol. 60, No. 2, 2001, p. 405.

④ 参见金可可:《私法体系中的债权物权区分说——萨维尼的理论贡献》,载《中国社会科学》2006 年第 2 期。

⑤ 参见余能斌、范中超:《所有权社会化的考察与反思》,载《法学》2002 年第 1 期。

也是各不相同的。"①正如耶林所指出的:"世上没有绝对的所有权——没有那种不需要考虑社会利益的所有权,这一观念已随着历史的发展被内化为人们心中的道德准则。"②例如,在建筑物区分所有权中,区分所有人应当尊重其他区分所有人的利益,遵守共同生活的基本准则,以实现整个区分所有权集体利益最大化。物权法要求所有权人充分利用其物,以发挥物资的效能,从而增进社会的公共福利。所有权的行使没有绝对的自由,不行使也没有绝对的自由③,所有权的行使或不行使,应当以社会全体的利益为前提。社会化的趋势实际上要满足社会公共利益,符合多数人的福祉。另一方面,物权法总体上增加了物权的类型,扩大了物权的选择自由。例如,《韩国民法典》第185条承认习惯可以创设物权,我国台湾地区"民法"在新修改的物权编(第757条)中也采纳了这一观点。这在一定程度上体现了物权法上的私法自治,体现了对自由的尊重、对个人人格的尊重。④ 此外,物权制度在环境保护中的作用越来越明显。在现代社会,资源的有效性与人类需求的无限性之间的冲突日益激烈。对于环境和资源的保护,已经成为整个社会关注的焦点,在日本甚至出现了环境权和自然享有权的概念。例如,大阪国际机场周围的居民无法忍受机场的飞机尾气、噪音、振动等污染,以大阪国际机场侵害了其环境权为由向法院提起诉讼,要求其赔偿过去和未来所受到的损害。一审法院支持了他们的请求。虽然最高法院认为只能赔偿过去的损害,不能对未来的损害进行赔偿,但支持了关于环境权的提法。又如,过去关于建筑物过高侵害权利人眺望权的案件都是以相邻关系纠纷为由起诉,而现在这类案件却以环境权受侵害为由来起诉。

(五) 侵权法的发展

21世纪是走向权利的世纪。有权利必有救济,救济应走在权利之前,因此,以救济私权特别是绝对权为出发点和归宿点的侵权责任法,在现代社会中的地位与作用也必将日益凸显和重要。侵权法是私法中承认和保

---

① 〔德〕卡尔·拉伦茨:《德国民法通论》(上册),王晓晔等译,法律出版社2003年版,第87页。
② Rudolph von Jhering, Der Geist des römischen Rechts auf den Verschiedenen Stufen Seiner Entwicklung, 4. Aufl., Breitkopf und Härtel, Leipzig, 1878, Teil. 1, S. 7.
③ 参见丁南:《从"自由意志"到"社会利益"——民法制度变迁的法哲学解读》,载《法制与社会发展》2004年第2期。
④ 参见王泽鉴:《民法物权》,北京大学出版社2009年版,第13—14页。

护人格利益最重要的前沿阵地。民法的人文关怀在侵权法中有非常集中的体现。第一,保护范围的扩大化,侵权法从传统上主要保护物权向保护人格权、知识产权等绝对权扩张。传统的侵权法主要以物权为保护对象,损失赔偿这一侵权责任的首要形式是对财产的侵害提供补救的重要方式。随着民事权利的不断丰富和发展,侵权法也逐渐从主要保护物权向保护知识产权、人格权等其他绝对权扩张,还扩大到对债权等相对权的保护。侵权法的保护对象不仅限于财产权和人身权,而且包括法律尚未规定但应当由公民享有的权利(如隐私权等)以及一些尚未被确认为权利的利益。第二,在目的上,侵权法日益强调救济的重要性,以强化对民事权益的保护。在制度定位上,侵权法经历了从以行为人为中心到以受害人为中心的发展。在近代法上,侵权法是以行为人为中心的,即尽可能地保障人们的行为自由,避免动辄得咎。过错责任原则是其最重要特征。也就是说,在侵权责任法过错责任框架下,原则上行为自由优于法益保护,只有在行为人具有过错的情况下,才承担损害赔偿责任。[1] 而随着社会的发展,对受害人的关爱被提高到更重要的地位,侵权法更为强调对受害人的救济。例如,日益增加的严格责任类型使得被告没有过错也要承担责任,从而强化了对受害人的保护。第三,在损害的承担上,责任的社会化日益成为趋势。随着风险社会的发展,责任保险制度越来越多地介入社会生活中。机动车的强制保险、专业人员的职业保险、危险活动的强制保险等保险制度的迅猛发展,实际上是将侵权责任的承担分担到整个社会之中,这样就回避了责任人没有赔偿能力的风险,而且也使受害人可以便捷地获得赔偿,从而使得受害人的权益得到保护。第四,在体系安排上,国家赔偿制度广泛借用侵权法规范,防止民事权利受到公权力主体的侵害,进一步加强了对受害人的救济。例如,在我国,国家赔偿的适用快速发展,程序日益简化,救济范围不断扩大。

(六) 婚姻家庭法的发展

在婚姻家庭法领域,民法的人文关怀随着社会的发展也在不断增强。美国《时代》周刊曾预言,2020年前后,人类将进入"生物经济时代"。[2] 这些背景对法律提出了一系列重大的挑战,例如,克隆技术对于人格尊

---

[1] Vgl. Deutsch, Fahrlässigkeit und erforderliche Sorgfalt, 2. Aufl., Carl Heymanns Verlag, 1995, S. 69.

[2] 参见厉无畏:《人类社会将从信息经济逐步转向生物经济》,载《人民政协报》2008年3月4日,第25版。

严、生物伦理等的挑战,人工辅助生殖技术、代孕现象等也向传统民法提出新的问题。因此,许多国家的判例与学说已经对这些问题作出了回应。另外,随着人口老龄化的发展,各国开始关注老年监护制度,将老年人纳入被监护人的范畴,如德国在1990年制定了《关于成年人监护、保护法的修正法案》,专门规定了对于成年人的监护,这是对于精神衰弱、身体衰老的成年人更加人性化的保护制度。① 为了强化对未成年子女的保护,许多国家确立了为子女最佳利益行使家长权的规则。例如,加拿大安大略省的《子女法律改革法》规定,父母双方对子女有平等的监护权,同时,要求取得子女监护权的一方必须为孩子的最佳利益行使家长权利。在美国,大多数州的法律也作出了同样规定。② 同时,非婚生子女的权益基于非歧视原则,也受到了更充分的保护。例如,1950年《欧洲人权公约》第14条规定了非歧视原则。它被广泛运用于家庭法领域,促使关于非婚生子女的歧视条款被废除。③ 一些国家法律确认其亲生子女的身份,在抚养、继承等方面,确认其与婚生子女具有同等的地位。

四、以人文关怀理念构建民法体系

民法体系分为内在体系和外在体系(die äussere Systematik),外在体系是指民法的编纂结构等形式体系;内在体系即价值体系(die innere Systematik)④,包括民法的价值、原则等内容。就外在体系而言,无论是法国的三编制,还是德国的五编制,传统民法主要是以财产法为中心来构建自身体系的。潘德克顿学派的领袖人物沃尔夫(Christian Wolff)在其私法体系思想中,继承了启蒙运动时期自由法哲学的传统,从自然法理论出发,阐述了民事权利在民法中的中心地位,并将人的行为本质定义为义务(obligatio),但其所说的权利主要是财产权利。德国学者拉伦茨也认为,法律关系的最重要要素是权利,与此相对的是所有其他人必要的义务、限

---

① 参见陈苇主编:《外国婚姻家庭法比较研究》,群众出版社2006年版,第499页。
② 参见郁光华:《从经济学视角看中国的婚姻法改革》,载《北大法律评论》2007年第2期。
③ Philippe Malaurie and Hugues Fulchiron, La Famille, Defrénois, 2004, p.389.
④ Vgl. Franz Bydlinski, System und Prinzipien des Privatrechts, Springer Verlag, 1996, S. 48 ff.

制与法律约束。① 从《德国民法典》的内容来看,典型的民事权利就是物权、债权、继承权。因此其所强调的以权利为中心,实际上就是以财产权利为中心。有学者认为,21世纪的民法是以对人的尊严和人权保障为特点的,应该突出人法。但潘德克顿的总则模式没有突出人法,相反,法国的三编制模式突出了人法。梅仲协在评价《法国民法典》和《德国民法典》的优劣时,认为"罗马法较为合理,盖人皆有母,丐亦有妻,以亲属法列于民法之首部,匪特合乎自然之原则,且可略避重物轻人之嫌也"②。在这种意义上,法国的三编制模式在现代背景下具有新的价值。不过,应当看到,虽然《法国民法典》的三编制中突出了人法,有利于尊重和保障人权,但在内容与具体制度上并没有真正突出对人的自由、尊严的保护。三编制本身来自罗马法,更确切地说是来自盖尤斯《法学阶梯》所设计的体系。"全部法律生活或者与人相关,或者与物相关,或者是与诉讼相关"(Omne autem ius quo utimur uel ad personas pertinet, uel ad res uel ad actiones)。须知,罗马法中的人法和我们今天所讲的人法相去甚远③,在奴隶制时代,根本谈不上人的平等、尊严等问题。并且,《法国民法典》三编制中的人法主要规定的是主体制度,并没有将人格权制度作为其规范的重要内容。

传统民法以交易为中心,本质上是服务于交易和财富的创造。民法确认的主体主要是交易主体。行为能力制度本质上是交易能力,行为能力欠缺主要是因为影响了交易的进行。民法上的物权制度关键是为交易提供前提和基础,并且保障交易的结果。而且,物权法确认的是财产归属问题,债法主要确认财产的流转问题。法律行为制度是私法自治的工具,主要涉及财产领域的私法自治,本质上是服务于行为人自己的意志。正是在这种意义上,民法体系被视为以财产权为中心延伸和展开,是不无道理的。有学者批评这是"重物轻人"的倾向,此种看法不无道理,但将其上升为人文主义和物文主义④,则过于绝对。"重物轻人"的倾向与当时的

---

① 参见〔德〕卡尔·拉伦茨:《德国民法通论》(上册),王晓晔等译,法律出版社2003年版,第263页。

② 梅仲协:《民法要义》,中国政法大学出版社1998年版,第18页。

③ 薛军指出:"整个罗马法上的'人法'制度,就是一个不平等的身份制度、等级制度,我们当然不能以现代人的标准来要求罗马人。"薛军:《理想与现实的距离——评徐国栋教授的民法典结构设计理论》,载徐国栋主编:《中国民法典起草思路论战》,中国政法大学出版社2001年版,第195页。

④ 参见徐国栋:《新人文主义与中国民法理论》,载《学习与探索》2006年第6期。

历史背景相联系,是服务于当时社会需要的。

从理论上而言,内在体系和外在体系是独立的、不同的体系,内在体系是外在体系得以形成的基础,民法的内在体系发生变化,必然向其外在体系延伸和扩张。人们往往将价值体系和外在体系割裂开来,但是,价值体系的变化必然导致外在体系的变化,它不可能是孤立的。① 在《法国民法典》制定时期,因为是以私法自治为价值体系展开的,法典外在体系必然是以财产权为中心展开的。《法国民法典》所代表的时代是风车磨坊的农业时代,具有许多农业时代的特征;而《德国民法典》所代表的时代是工业化基本完成的时代,法典中由此具备了一些应对工业时代问题的制度,增加了一些社会化因素。限于当时的社会经济环境,法典并未充分考虑人文关怀的因素并进行相应的设计。这就决定了虽然《德国民法典》的五编制设计较《法国民法典》的三编制更为合理,但因其没有建立独立的人格权制度,有关侵权行为的规定也较为单薄,还有进一步完善的巨大空间。第二次世界大战以来,无论是德国法还是法国法,都通过一系列判例和单行法发展了人格权制度和侵权责任制度,法国甚至已经通过判例建立了一整套完整的侵权责任制度,但是,受限于法典三编制或五编制的既有框架,最终未在形式体系上反映出来,这就使得民法体系未能适应人文关怀的发展需要而获得应有的发展。

在人文关怀已经成为民法必不可少的价值体系的基础上,民法的外在形式体系应当与民法人文关怀价值相适应,才能使民法典充分回应社会需求,富有时代气息。尤其是随着社会的发展,人格权和侵权行为已经成为民法新的增长点,这正凸显了人文关怀的价值。这一价值理念的变化,必然导致民法制度的发展和对民法既有制度的重新解读。在民法典中,人文关怀理念的引入对体系变化的回应,首先就表现在应当将人格权单独作为民法典中的一编。人格权的保护本身是对人格制度的一种弥补,在整个民法中,最直接最充分地体现对人的尊重和保护的,正是人格权法。我们要将人格权法独立成编,就是要构建其完整的内容和体系,同时,要充实和完善其内容。在传统民事权利体系中,不存在与财产权等量齐观的独立人格权,民事权利仍然以财产权为核心,基于对财产权的保护而构建了民法的体系。但是,随着社会经济的发展和对人权保护的逐步重视,那种把人的存在归结为财产权益的拜物教观念已经过时,人们越来

---

① 参见朱岩:《社会基础变迁与民法双重体系建构》,载《中国社会科学》2010 年第 6 期。

越重视精神权利的价值,重视个人感情和感受对于人存在的价值,重视精神创伤、精神痛苦对人格利益的损害。① 所以,在当代民法中,人格权的地位已经越来越凸显,形成了与财产权相对应的权利体系和制度。甚至在现代民法中,人格权与财产权相比较,可以说更重视人格权的保护。② 由于人格权地位的凸显,其对整个民法的体系正在产生重大影响,并引起民法学者对重新构建民法体系加以反思。③

人格权法独立成编符合民法典人文关怀的基本价值。传统民法过分注重财产权制度,未将人格权作为一项独立的制度,甚至对人格权规定得极为"简略",这本身反映了传统民法存在着一种"重物轻人"的不合理现象。由于人格权没有单独成编,故不能突出其作为民事基本权利的属性。在民法中与财产权平行的另一大类权利是人身权,其中包括人格权。人格权作为民事主体维护主体的独立人格所应当具有的生命健康、人格尊严、人身自由以及姓名、肖像、名誉、隐私等各种权利,乃是人身权的主要组成部分。人身权与财产权构成民法中的两类基本权利,规范这两类权利的制度构成民法的两大支柱。其他一些民事权利,或者包含在这两类权利之中,或者是这两类权利结合的产物(如知识产权、继承权等)。如果人格权不能单独成编,知识产权等含有人格权内容的权利也便很难在民法典中得以确立。由于在民法体系中以权利的不同性质作为区分各编的基本标准,故人格权单独成编是法典逻辑性和体系性的内在要求。1986年的《民法通则》之所以受到国内外的广泛好评,被称为权利宣言,很大程度上就是因为它列举了包括人格权在内的各项民事权利。该法对人格权的列举具有划时代的进步意义,明确了"人之所以为人"的基本人格权,使得民事主体可以运用法律武器同一切侵犯人格权的行为作斗争。《民法通则》颁布后,人们才意识到伤害、杀人等行为不仅构成犯罪,而且在民事上构成了对他人生命健康的损害,这种损害可以获得私法上的救济;几十年来甚至几千年来人们第一次知道,作为社会中的人,我们依法享有名誉、肖像等人格权利,这就是确认权利的重大意义。如果在民法中设立独立的人格权编,进一步对人格权予以全面确认与保护,并确认民事主体对

---

① 参见张晓军:《侵害物质性人格权的精神损害赔偿之救济与目的性扩张》,载梁慧星主编:《民商法论丛》(第十卷),法律出版社1998年版,第617页。

② 参见石春玲:《财产权对人格权的积极索取与主动避让》,载《河北法学》2010年第9期。

③ 参见王利明:《人格权制度在中国民法典中的地位》,载《法学研究》2003年第2期。

其人格利益享有一种排斥他人非法干涉和侵害的权利,同时也赋予个人同一切"轻视人、蔑视人、使人不成其为人"的违法行为作斗争的武器,将使公民在重新审视自己价值的同时,认真尊重他人的权利。① 这必将对我国的民主与法制建设产生重大而积极的影响。

人文关怀价值的引入,导致民法体系的另一变化就是侵权法的独立成编。这一问题曾经引发了激烈的争议②,随着我国《侵权责任法》的制定和颁布,这一问题已经告一段落,但并不意味着争论的终结。学界对未来民法典中侵权法与债法相分离而独立成编的质疑仍然存在。笔者认为,这一问题的争论,不能仅从形式的层面来观察和理解,更应当从民法的人文关怀层面理解。现代民法较之于传统民法,不仅仅强调对财产权的保护,而且强调对人身权的保护,甚至是优位保护。为强化对受害人的保护,总体上,各国在侵权法方面都出现了从单一的损害赔偿向多元化救济发展的趋势。侵权责任的多样化,虽不改变侵权法主要为补偿法的性质,但也可产生多种责任形式。而损害赔偿之外的责任形式并不一定是债的关系。侵权法独立成编有利于为受害人提供统一的救济手段或方式。为了强化对受害人的救济,侵权法建立了综合的救济模式,如与保险、社会救助等衔接。所有这些都表明,仅仅将侵权法纳入债法体系,已经无法容纳侵权法的内容。只有侵权法独立成编,才能使侵权法对人文关怀的价值表现得更为彻底和充分。

五、人文关怀与我国民法的未来走向

我们目前已经基本构建起以宪法为核心、以法律为主干,包括行政法规、地方性法规等规范性文件在内的,由七个法律部门、三个层次法律规范构成的中国特色社会主义法律体系,为市场经济构建了基本的法律框架,保障了社会经济生活的正常秩序。从立法层面而言,虽然各法律部门中基本的、主要的法律已经制定,但由于民法典仍未最终完成,因而法律体系的整合、完善的任务仍然相当繁重。如何使我国法律体系为社会主

---

① 参见李丽慧:《浅议人格权在民法典中能否独立成编》,载《黑龙江省政法管理干部学院学报》2002年第3期。
② 参见王利明:《合久必分:侵权行为法与债法的关系》,载《法学前沿》编辑委员会编:《法学前沿》(第一辑),法律出版社1997年版,第95页;王利明:《论侵权行为法的独立成编》,载《现代法学》2003年第4期。

义市场经济和民主政治的发展、为和谐社会的积极构建发挥应有的作用,必须要在民法典中明确价值取向,并以此为指引,构建科学、合理、富有时代气息的民法典体系。基于这样的背景,讨论民法的人文关怀价值,并非是为了满足形而上的学术偏好,而是旨在解决中国民事立法和司法实践中的价值选择问题。在我国这样一个长期缺乏民法传统的国家,虽然已经建立了初步的法律秩序,但是依靠现行民法还不足以为市场经济提供有效的制度支撑。如何在社会、经济发展到达一个新阶段的情况下,更新法律理念,更好地适应社会的发展,使民法更有效地发挥其法律功能,从而使整个法律体系发挥其应有的作用,乃是摆在我们面前的紧迫任务。

如同我国法律体系是一个开放的体系一样,民法也处于动态的发展过程之中,在不同的历史时期承载着不同的历史使命,体现出不同的功能和特点。从我国的民事立法历程来看,在改革开放初期,佟柔先生提出商品经济论主要是从民法对交易关系的作用来构建整个民法体系。此种思想奠定了民法的基本框架和理念,其论证的逻辑依据是从罗马法到法典化时期的民法典都强调以财产法为中心,以规范财产的归属和流转为论证的依据。其历史功绩在于使我们真正认识到民法在市场中的作用,即如果实行市场经济,就应当确立民法作为平等主体之间法的地位。同时,我们应当建立市场的基本规则,即民法的规则,包括主体、所有权和债权。这三项制度确立了市场经济的基本规则。按照佟柔先生的看法,发达的商品经济是人类社会自身发展的不可逾越的阶段。因此,我国民法必须担负保障商品经济秩序和促进经济发展的重要功能。[①] 这一理论作为民法学中的重要创新,奠定了我国民事立法的基础。改革开放三十多年来,我国民法走过了西方国家数百年的发展历程,可以说,商品经济的民法观居功至伟。

随着我国市场经济体制的确立,市场化和工业化得到了充分发展。在我国已成为世界第二大经济体,物质财富有相当的积累,人民生活有相当改善的情况下,我们应当进一步考虑民事立法的任务,不仅仅是为市场经济奠定基本框架,还要树立对人的关怀的更高目标。我国社会正处于快速转型期。所谓转型,包括多层意义上的转变。从经济角度来看,是从计划经济向市场经济转变,从农业社会向工业文明转变,从不发达国家向现代国家转变;从社会角度来说,是从熟人社会向陌生人社会转变;从文

[①] 参见佟柔、王利明:《我国民法在经济体制改革中的发展与完善》,载《中国法学》1985年第1期。

化角度来看,是从一元价值观向多元价值观转变。在社会转型期,各种社会矛盾加剧,社会生活变动不居,这就给民法典中制度规则的确定带来了困难。[①] 三十多年来,在经济迅速发展的同时,利益格局更为复杂,社会矛盾和纠纷也日益加剧,如征收拆迁过程中的矛盾、资源和环境的紧张等。这些问题的妥善解决,都需要我们回到人本身,重新思考如何实现人的全面发展,而不仅仅是片面追求 GDP 的增长。我们的法律体系需要应对这样一种社会转型现实,尤其是需要制定一部面向 21 世纪的,有中国特色、中国气派的,在世界民法之林中有独特地位的民法典,更应当因应社会经济发展需要,引入人文关怀,不固守 19 世纪西方价值体系和形式体系,不将其奉为圭臬,而应当从中国的现实需要出发,强化人文关怀,在价值体系和形式体系上有所创新,有所发展。

要深刻意识到我国民法在新时期的历史使命。未来的民法典应当以人文关怀为基础,这一方面要按照人文关怀的要求构建民法典的价值体系。民法典的价值理性,就是对人的终极关怀。在民法理念上,除强化意思自治以外,还要以人的尊严和自由作为同样重要的价值,并贯彻在民法的制度和体系之中。在制定法律的过程中,应充分考虑社会相对弱势群体一方的利益和诉求,给予相对弱势的一方充分表达自己意思的途径,充分尊重其人格尊严,保障其合法权益。另一方面,要秉持人文关怀的理念来构建民法的内在体系。在规范财产权利和财产流转的同时,以人文关怀作为制度设计的基础,除要维持既有的财产权体系之外,还应当增加独立成编的人格权制度和侵权责任制度,并且在民法的其他领域,也要弘扬人文关怀精神。人文关怀要求始终保持一种正义的理念,秉持一种对人的尊严的尊重和保障。法律蕴含着人的精神和正义感,而不是动物界的丛林规则,法律是世俗的博弈,是游戏的规则,但法律是使人们的行为服从规则治理的事业,而不是使人们服从强力统治的工具。[②]

强调人文关怀,并非意味着民法要全面转型、要否定既有的价值理念和制度体系。事实上,民法在今天并没有处于此种危机状态,也不需要克服此种危机。民法只是要在原有的价值体系基础上,增加新的价值理念,使其更富有活力。民法只是在不断地延续过去,扩展过去,而不是在否定过去。以现代的观点看,19 世纪的民法确实存在"重物轻人"的现象,但

---

① 参见百名法学家百场报告会组委会办公室编:《法治百家谈》(第一辑),中国长安出版社 2007 年版,第 444 页。

② 参见侯健、林燕梅:《人文主义法学思潮》,法律出版社 2007 年版,第 28 页。

这是与当时的历史阶段相吻合的。我国改革开放初期的民法重视在市场经济中的作用，这也与当时的形势相适应。今天，我们应当适应变化了的社会需要，发展民法的价值，扩展民法的功能，使中国的民法永远保持青春和活力。

民法的适用更应贯彻以人为本的理念。在司法过程中，对于法律条文中尚不全面的部分，在具体个案中解释法律和适用法律时，在不违背法律基本原则的情况下，尽量采取倾向于相对弱势一方的解释。人文主义是一个逻辑严密、高度一致的理论体系，人文学科(the humanities)就是通过人文教育发挥人的潜能、培养人的品性，把人塑造成完美的人。[1] 法律人不是机械适用法律的工具，所面对的是现实社会中具体的社会冲突和矛盾，往往具有复杂的背景和社会根源。对此，在法学教育中，要培养学生的人文情怀和素养，使其在未来的工作中更顺利、有效地化解社会冲突和矛盾。人文关怀在法学教育中的体现，要求从人的视角上看待人，既不能采用机械主义的思维模式，也不能采用功利主义的思维模式，不能把人简单化。梅利曼曾经警告过分僵化的法律适用模式："大陆法系审判过程所呈现出来的画面是一种典型的机械式活动的操作图。法官酷似一种专业书记官。"[2]这种模式实际上过度强调了法律形式主义和概念法学，完全把法律看作是一个逻辑三段论的自然衍生。与之相对，人文关怀要求始终保持一种正义的理念，秉持一种尊重人格尊严的态度。法律是理性的，也是情感的；法律是意志的产物，但是意志应当受到正义的指导。[3] 人文关怀是法官应当秉持的一种情怀，可以拉近法官与民众的距离，使司法为民不仅仅体现在口号上，更体现在具体的案件中。

---

[1] 参见侯健、林燕梅：《人文主义法学思潮》，法律出版社2007年版，第7页。
[2] 〔美〕约翰·亨利·梅利曼：《大陆法系》(第二版)，顾培东、禄正平译，法律出版社2004年版，第36页。
[3] 参见侯健、林燕梅：《人文主义法学思潮》，法律出版社2007年版，第28页。

民法典：国家治理体系现代化的保障[*]

民法典是市民生活的百科全书，是市民社会的基本法，也是国家治理体系的基本制度保障。所谓国家治理体系，是指"各领域体制机制、法律法规安排，也就是一套紧密相连，相互协调的国家制度"[①]。国家治理体系现代化就是国家治理制度的安排和完善，是从治理的规律出发，将国家治理各项事务科学化、法治化、程序化。[②] 习近平同志指出，国家治理体系和治理能力是一个国家制度和制度执行能力的集中体现。[③] 党的十九届四中全会通过的《中共中央关于坚持和完善中国特色社会主义制度、推进国家治理体系和治理能力现代化若干重大问题决定》（以下简称《决定》）指出，我们实行的是以公有制为主体、多种所有制经济共同发展，按劳分配为主体、多种分配方式并存，社会主义市场经济体制等社会主义基本经济制度。在此过程中，坚持党的领导，必须坚持社会主义基本经济制度，充分发挥市场在资源配置中的决定性作用，全面实现国家治理体系和治理能力现代化，有助于使中国特色社会主义制度更加巩固，充分展现其优越性。毫无疑问，国家治理体系和治理能力现代化涵盖多个方面，法治是其中不可或缺的、核心的组成部分；也就是说，只有全面推进依法治国，才能真正实现国家治理体系与治理能力的现代化。

法律体系可以分为公法与私法两大体系，民法作为私法，必然要在国家治理体系的构建和运行中发挥重要作用。国家治理体系是以法治为基础而建立的规范体系和权力运行机制，民法典作为国家治理体系现代化的制度保障，在其中发挥着基础性的作用。本文拟对民法典在国家治理中的地位和作用展开探讨。

---

[*] 本文完稿于2019年12月。
[①] 习近平：《切实把思想统一到党的十八届三中全会精神上来》，载《求是》2014年第1期。
[②] 参见刘须宽：《传统特性与现代规律的有机衔接与中国特色国家和社会治理模式》，国家行政学院出版社2016年版，第188页。
[③] 参见习近平：《切实把思想统一到党的十八届三中全会精神上来》，载《求是》2014年第1期。

一、从民法的价值与功能看民法典在国家治理体系现代化中的作用

(一) 私法自治与负面清单管理

民法的基本价值就是私法自治,这一价值理念是国家治理体系中不可或缺的内容。私法自治又称意思自治,指私法主体依法享有在法定范围内广泛的行为自由,其可以根据自己的意志产生、变更、消灭民事法律关系。这反映在民法上就形成了无限制的所有权自由、合同自由、公司设立自由以及遗嘱自由等制度。私法自治贯穿于民法的全部制度、规则和体系。社会历史经验,特别是中国从计划经济向社会主义市场经济转变的历史经验,告诉我们一个经验法则,即"保证个人自主决定实现的制度是符合人性的制度,也是最有生命力的制度"①。这也如德国学者海因·科茨等指出的:"私法最重要的特点莫过于个人自治或其自我发展的权利。契约自由为一般行为自由的组成部分……是一种灵活的工具,它不断进行自我调节,以适应新的目标。它也是自由经济不可或缺的一个特征。它使私人企业成为可能,并鼓励人们负责任地建立经济关系。因此,契约自由在整个私法领域具有重要的核心地位。"②私法自治的核心是法律、行政法规划定了市场主体自由行为的范围,只要不逾越该界限范围,即不违反法律、行政法规的规定,市场主体即享有广泛的行为自由,可以自由地转让其财产,大胆投资,勇于创新。正是通过私法自治,才能有效激发市场主体的活力与创造力,推进社会财富的创造与增长。

从国家治理体系层面来看,贯彻私法自治理念最为重要的是要实行负面清单管理模式。所谓负面清单(negative list),是指仅列举法律法规禁止的事项,而法律没有明确禁止的事项都属于法律允许的事项。与负面清单管理模式相对应的是正面清单管理模式,即主要采用法律上列举的模式,人们只能在法律规定的范围内行为。从正面清单向负面清单的转变,反映了国家治理模式的转变,具有重大意义,具体而言:

一是在市场准入方面赋予市场主体广泛的自由,从而充分发挥各类

---

① 王轶:《民法基本原则》,载王利明主编:《民法》(第五版),中国人民大学出版社 2010 年版,第 30 页。

② 〔德〕罗伯特·霍恩、海因·科茨、汉斯·莱塞:《德国民商法导论》,楚建译,中国大百科全书出版社 1996 年版,第 90 页。

市场主体在国家治理体系中的作用。在正面清单管理模式下,只有法律法规明确规定的事项,市场主体才有相应的行为自由,但社会经济生活纷繁复杂,法律列举的事项是极为有限的,在大量的经济生活领域,法律法规都没有明确作出规定。随着社会的发展,各种新的业态不断出现,市场主体能否进入这些领域,必然成为法律调整的"空白地带"。按照正面清单管理模式,市场主体只有在法律允许的前提下,才能进入这些"空白地带",这就严格限制了市场主体的经济活动自由。而在负面清单管理模式下,实行"法无禁止即自由",只有法律法规明确禁止的领域,市场主体才无法进入,凡是清单没有列明的领域,市场主体均可以进入。与正面清单管理模式相比,负面清单管理模式赋予了市场主体更充分的行为自由。①

二是改变行政管理的模式。按照正面清单管理模式,市场主体所进入的领域,必须要有法律许可。在这种模式下,政府力图对社会经济活动进行事无巨细的管理,政府因此享有极大的裁量权力。特别是对于大量的"法律的沉默空间",市场主体能否进入,法律并无具体、明晰的规定,而是在很大程度上取决于政府的自由裁量,由此就产生了权力寻租等问题。由于政府享有广泛的自由裁量空间,因此也缺乏充分的动力去细化规则和相关法律,从而使有关市场准入、管理等问题长期处于模糊状态。而负面清单管理模式则将使行政管理理念发生根本变化,此种模式不仅要求对市场主体采取法无禁止皆自由的原则,而且要求对政府行为采取法无授权不可为的原则,政府的权力能够得到有效的规范和约束,其权力仅限于保证那些被列入清单的领域切实得到规范或禁止。而且在负面清单管理模式下,"空白地带"原则上属于主体自由行为的空间,市场主体可以自由进入,行政机关不得设置额外的市场准入条件②,或变相规避行政许可法定的原则③。这说明,负面清单管理模式既有助于使政府的审批与管理制度科学化、系统化,也有助于督促政府及时更新相关政策,有效回应市场需求。

三是有效规范和限制政府自由裁量权。在正面清单管理模式下,市场主体是否可进入大量的"法律的沉默空间",完全取决于政府的自由裁量,由于缺乏明确的法律依据,政府在审查和决策过程中主要采取非公开

---

① 参见龚柏华:《"法无禁止即可为"的法理与上海自贸区"负面清单"模式》,载《东方法学》2013年第6期。
② 参见魏琼:《简政放权背景下的行政审批改革》,载《政治与法律》2013年第9期。
③ 参见龚柏华:《"法无禁止即可为"的法理与上海自贸区"负面清单"模式》,载《东方法学》2013年第6期。

的自由裁量方式,这就难免出现暗箱操作等现象。但在负面清单管理模式下,"法律的沉默空间"原则上属于主体自由行为的空间,需要行政机关审批的领域仅限于法律明确列举的事项,而且要对市场准入的限制条件进行合理说明,从而有利于推动行政行为的公开化、透明化,使政府的自由裁量权受到规范限制,从而能真正保障市场主体的行为自由。

在国家治理层面,从正面清单管理模式向负面清单管理模式的转变,反映了私法自治原则在国家治理体系中的地位和作用日益凸显,这实际上也是国家治理体系现代化的一种体现。因为现代市场经济条件下,应"尽可能地赋予当事人的行为自由是市场经济和意思自治的共同要求"①。改革开放以来,中国经济的迅速发展与市场主体自由的扩大紧密相连,自由意味着机会,自由意味着创造,自由意味着潜能的发挥。负面清单管理模式因为落实了"法无禁止即自由"这一私法自治的基本原则,因此是一种激发主体活力、促进社会财富创造的法律机制。私法自治的核心内容就是在私法领域充分保障私权和尊重自由。私法自治既是民法调整市场经济关系的必然反映,也是民法作为市民社会法律的本质要求。私法自治本质上是尊重个人的自由和自主,充分发挥个人在现代社会治理中的作用。私法自治对公权力干预市场起到了有效的防范作用,它是"私法区分于公法的标杆,反映私法特质"②。这既有利于节约国家治理成本,也有利于增加社会活力,激发主体的创造力。民事关系特别是合同关系越发达越普遍,意味着交易越活跃,市场经济越具有活力,社会财富也才能在不断增长的交易中得到增长。

当然,私法自治也存在一定的不足,因为纯粹的私法自治主要发挥的是个人的主观能动性,而现代民法更强调国家、社会、个人的有机衔接。因此,要实现国家治理体系的现代,既要充分发挥私法自治的作用,也需要对其进行必要的限制。例如,国家加强宏观调控的目的就在于克服私法自治所固有的盲目性。我国民法典也将反映对私法自治予以必要限制的趋势。

近代民法向现代民法的发展过程也是一个发挥意思自治的同时对意思自治进行必要限制的过程。民法的基本价值理念也从绝对的意思自治转向了相对的意思自治,实现了国家治理与社会治理的有机衔接。也就是说,为了发挥市场主体的活力和社会自我调节的功能,需要以私法自治

---

① 江平:《市场经济和意思自治》,载《中国法学》1993年第6期。
② 易军:《"法不禁止皆自由"的私法精义》,载《中国社会科学》2014年第4期。

为原则,但为了克服私法自治功能的不足,又需要对其进行必要的限制,以有效维护市场交易秩序。换言之,要将国家管理与市场主体的自主能动性有机结合起来,形成国家、社会、个人之间的有机衔接。这种模式不是单纯的盲目自发形成的秩序或者僵硬建构的秩序,而是实现了鼓励创造财富与有效规制之间的衔接,也是寻求国家治理现代化的过程。民法典正是通过谋求这种有机结合,平衡各种利益,从而形成了国家治理体系的制度保障。正如波兰尼所说,"通往自由市场之路的打开和保持畅通,有赖于持续的、由中央组织调控的干预主义的巨大增长……政府干预的重点都是为了将一些简单的自由有机组织起来"[①]。政府和市场在公共治理上是有机联系的,而民法典正是通过谋求这种有机结合来平衡各种利益,从而形成了国家治理体系的制度保障。

(二) 保障私权是实现国家治理体系与治理能力现代化的基本要求

党的十九届四中全会通过的《决定》指出,"改善营商环境,激发各类市场主体活力"。法治不仅包括通过公法明确公权力的行使范围和程序,也包括通过私法维护市民社会的有序运行。其中,私权保障既是国家治理的重要目的,也是实现国家治理现代化的关键环节。而民法典是"民事权利的宣言书",是公民私权保护的基本依据,其也将成为国家治理体系与治理能力现代化的制度基础,主要理由在于:

第一,民法典保障私权是构建市场经济秩序的前提和基础。民法典通过一系列制度构建了完整的私权体系,从而为实现国家治理的目的、激发市场活力、促进社会经济的发展提供了制度保障。财产权的保护有助于市场功能的发挥,使"有恒产者有恒心"。在当代社会,财产的组成是多元化的,物权、知识产权和其他财产权的保障是市场运行的前提,合同制度是市场运行的核心,而市场这只看不见的手,构成了当代社会治理的基础性机制之一。这样一套完整的私权体系,无不关系着国家治理中的各种要素,保护产权和人格权,对市场秩序的构建具有基础性的作用。保护产权,实质上就是保护劳动、保护发明创造、保护和发展生产力。从宏观层面看,产权保护对营商环境的改善和经济的稳定增长具有基础性的意义;从微观层面看,产权保护具有激励投资兴业、创造财富的重要作用。当前,我国改革开放正处于关键时期,各种社会矛盾相对比较突出。改革

[①] 〔英〕卡尔·波兰尼:《大转型:我们时代的政治与经济起源》,冯钢、刘阳译,浙江人民出版社 2007 年版,第 120 页。

要再出发,经济要有序发展,就必须要进一步强化产权保护,加大完善产权保护相关法律制度的力度。

第二,民法典充分保护私权,有利于充分发挥各类主体在国家治理中的作用。民法典全面确认与保障私权可以调动各类主体参与国家与社会治理的积极性,充分发挥其国家治理作用,这也有利于实现更好的治理效果。民法对于个人人格权和身份权的保障,也有助于明确治理以人作为本位的价值取向,保障个人的人格尊严,维护个人的人身安全,这就可以在激发个人活力和创造力的同时,充分发挥个人在国家和社会治理中的作用,而不是将个人仅仅看作被管理的对象。还应当看到,在传统的私权体系中,对各项私权的保障构成了国家治理的重要环节,这就是说,民法采用赋权的方式,确认个人享有各项具体民事权益,使个人能够积极行使和主张权利,同时,在权利遭受侵害后,民法又通过各种民事责任形式对权利人提供救济,从而鼓励个人积极维护自身权利。通过私权保护常常可以达到更好的社会治理效果。例如,从实践来看,非法泄露个人信息已经成为社会公害,虽然个人信息涉及公共利益,政府对个人信息的管理是必要的,但面对现代社会中海量的信息,政府的管理资源毕竟是有限的,针对非法收集、泄露个人信息的行为,完全通过政府进行管理未必是有效的办法。这就需要通过保护私权的方式来应对大量侵害个人信息的行为,在这种情况下,私权保护也是一种管理的模式,甚至可能是治理无序状态的最佳选择。再如,在环境保护问题中,我们一度认为应当通过国家公权力的行使来解决,但实际上这是非常困难的,而且造成了治理成本的显著提升,事实上,在因环境污染和生态破坏同时损害特定民事主体的权益时,鼓励受害人通过请求损害赔偿的方式捍卫其权利,也可以成为实现良好治理效果的一种有效手段。①

第三,保护私权也有利于规范公权。规范公权、保障私权是现代法治的核心理念,因此,对公权进行规范也是国家治理体系现代化的重要标志。保障私权在一定程度上也有利于规范公权,把公权力关进制度的笼子中。保障私权也可以明确公权行使的边界,因为依法行政的基本要求就是行政机关不得非法侵害个人所享有的各项民事权利。事实上,公权与私权并非尖锐的对立关系,公权来自于私权的让渡,并为私权的保护提

---

① 参见吕忠梅:《环境损害赔偿法的理论与实践》,中国政法大学出版社2013年版,第63—64页。

供坚强的后盾,可以说,公权力的设立目标就是保障私权①,但同时,私权也确定了公权行使的界限,这就是说,公权行使不得以损害公民的私权为代价,否则就逾越了公权行使的界限,公权的行使也就失去了其正当性。因此,通过民法对公民进行赋权,在一定程度上也有利于规范公权。

可见,私权保障在现代社会中具有重要意义,从某种意义上说,私权保障的水平也将直接反映国家治理体系与治理能力现代化的水平。民法典对权利的保护包括两个层面:一是确认民事主体所享有的各项民事权利及其行使规则。民法典是私权保障的基本法,整个民法典其实就是以私权保障为核心而构建的完整的体系规则。《民法总则》是以民事权利为"中心轴"而构建的完整的体系,该法广泛确认了个人所享有的人格权、物权、债权、知识产权、亲属权以及继承权等权利。为充分发挥民事主体在国家治理中的作用,民法典不仅要规定权利的行使规则,而且要明确权利的保护规则。自由止于权利,权利的行使不仅关系到权利人的自由,也会对其他人产生影响,逾越权利边界行使权利可能损害他人权利或者公共利益。因此,在民法典中确认禁止滥用权利、诚实信用等原则,都旨在明确划定权利的范围,谋求权利人之间利益的和谐。以消费者保护为例,现代民法都普遍强化对处于弱势地位的消费者的保护,以平衡消费者与经营者之间的利益,将维护个体消费者的权益作为实现公共利益与社会福利最大化的途径。② 甚至有人据此将国家看作私人法律关系中"看不见的当事人"③。二是规定民事权利的保护规则。在权利受侵害时,民法典赋予权利人请求权,包括人格权请求权、物权请求权以及债权请求权等,从积极的层面鼓励权利人行使权利,以保障自身的权利。同时,在民事权利遭受侵害时,民法典还通过民事责任制度对权利人提供救济,这就从消极层面规定了对权利的保护。正如彼得·斯坦所指出的:"法律规则的首要目标,是使社会中各个成员的人身财产得到保障,使他们的精力不必因操心自我保护而消耗殆尽。为了实现这个目标,法律规则中必须包括和平解决纠纷的手段,不论纠纷是产生于个人与社会之间,还是个人与个人

---

① 参见汪习根主编:《发展、人权与法治研究——法治国家、法治政府与法治社会一体化建设研究》,武汉大学出版社 2014 年版,第 268 页。

② See Reinhard Zimmermann, The New German Law of Obligations, Oxford University Press, 2005, pp. 160 ff.

③ Berman, Law and Revolution: The Formation of the Western Legal Tradition, Harvard University Press, 1983, p. 37.

之间。"①可见,保护公民的人身和财产权利的功能,乃是法律基本价值的集中体现,民法典功能的实现,也是法治社会运行的基本保障。

二、从民法制度层面来看民法典在国家治理体系中的作用

民法典内容复杂,贯穿社会生活的方方面面,涉及每个市场主体的基本权益,绝大多数制度都与国家治理体系具有密切的关联,笔者选择几项较为典型的制度来讨论其与国家治理体系现代化之间的关系。

(一) 主体制度:承认社会组织的能动性与对社会组织的有效监管并举

民事主体制度是由自然人、法人与非法人组织所构成的制度体系。由于治理是一种"协调不同行动者、社会集团的进程——这些行动者和社会集团并非都是国家机构或者公权力机构——以便达到在某些分散化和不确定环境下集体讨论和确定的目标"②。从宏观层面看,国家治理体系涉及国家的各项制度安排;而从微观层面看,其则涉及如何调动各个主体的积极性,激发各个主体的活力,积极地参与市场经济活动与社会治理,从而使整个治理体系充满生机与活力。民法典在其中所发挥的作用体现在以下几个方面:

一是民法典确认民事主体资格,使其享有合法的身份地位,能够参与民事活动与社会治理过程。也就是说,《民法总则》确认了各类主体的法律地位,尤其是将社会组织区分为营利法人与非营利法人,其中又包括了各类组织,而且打破了传统的民事主体二分法,承认了非法人组织的民事主体地位;在主体的类型方面形成了有效的制度供给,任何法人和非法人组织设立者都可以从中找到最适合自己的组织模式,从而依据民法典的规定设立不同的组织,承担的不同的义务,享有不同的权利。此外,民法典确认国家机关法人的民事主体资格,使国家机关可以平等的民事主体身份广泛参与民事法律关系,与其他民事主体订立有关 PPP 协议、BOT 协议、政府采购协议等,包括国有土地使用权出让协议、国有自然资源使

---

① 〔美〕彼得·斯坦、约翰·香德:《西方社会的法律价值》,王献平译,中国人民公安大学出版社 1990 年版,第 41 页。
② 石佳友:《治理体系的完善与民法典的时代精神》,载《法学研究》2016 年第 1 期。

权出让协议等,与单向度的行政管理方式相比,引入民事机制、通过订立协议的方式,能够更好地尊重相对人的意愿,缓和行政管理方式的严苛性,从而更好地实现国家治理目标。

二是在设立公司、合伙、独资企业等现代企业制度方面充分贯彻私法自治原则,鼓励当事人依法创设各类企业,并依法保护其合法权益。依据民法典的规定,各类特别法降低了各类企业的设立条件和准入门槛。承认社会组织一定程度的自治功能,这也是形成社会治理的有效途径。社会组织可以作为国家和个人之间的中间机制和沟通机制,降低治理成本,取得更好的治理效果。例如,对于网约车的监管、治理,更好的策略是发挥网约车平台的治理优势,而非由国家直接治理网约车个体。这涉及治理成本与收益的比较,国家直接面对个人将带来高昂的治理成本,但实际收益可能非常低;而通过中间组织发挥治理功能,就有可能降低治理成本,提高治理收益。这也体现了治理现代化的要求,即实现社会共治,强调国家到社会组织、社会组织到个人、个人到社会组织、社会组织到国家的多元治理的关系,而非国家直接到个人的单线条的关系。在简单化的社会之中,单线条的治理方式尚可维持,但在当前社会形态更为复杂、利益关系更为多元、社会结构更具多层次的背景下,以社团等社会组织作为沟通个人与国家的中间机制,无疑是一种更好的治理模式。

三是赋予私主体应当享有的民事权利,可以充分发挥私主体在社会治理中的作用。与国家自上而下的直接治理相比,通过私权的赋予与保障,也能够有效地实现维护公共利益的目标。例如,在比较法上,许多国家承认环境保护地役权,它是指由政府、企业和其他社会组织等与权利人协商,设立保护地役权,由自然资源权利人划出自己全部或部分自然资源且在特定土地上进行保护性管理,并由政府以及社会组织等主体对自然资源的权利人进行补偿。[①] 特别是在政府建设湿地、国家公园以及高速公路、高铁等情形下,单纯通过征收的方式实现,不仅成本高昂,而且一旦征收,土地使用权人就丧失了土地使用权,其就无法再对土地进行任何形式的利用,这既不利于保障土地使用权人的利益,也不利于发挥土地的效用。通过环境保护地役权的设定来取代管制、征收、征用等公法手段,可以有效降低成本,更好地服务于环境资源利用与保护。

四是承认各类主体共同行为、决议行为的效力,确立各类主体有效运

---

① 参见唐孝辉、单平基:《生态资源法律保障机制重构》,载《人民论坛》2014年第32期。

转的规则。另外,社会组织本身可以实现部分国家治理的功能。社会组织由多个个体组成,这些主体会为自身设定一定的行为规范,以使彼此之间紧密联系并达成特定的目的。这些规范同道德、习惯一样,也是自下而上形成的国家治理手段。承认社会组织的能动性,可以使这些规范被有效运用于国家治理。而在社会组织外部,为更好地发挥其功能,也越来越多地强调对社会组织的监管。例如,企业的社会责任要求企业增进人类的福祉①,并在保证就业、环境保护、财富积累、控制垄断等治理中扮演重要的角色②,企业在一定程度上也可以实现国家治理功能。

民法典在调整社会组织体方面,通过承认社会组织的主体资格、发挥其能动性与对社会组织的有效监管并举,从而更好地发挥其在国家治理中的作用。《民法总则》将具有民事主体资格的社会组织区分为法人和非法人组织,并将法人分为营利法人和非营利法人,确立了社团制度的基础性规范,以供市场参与者选择和使用。在此基础上,社团等社会组织实现社会治理功能,离不开民法典的有效规制。一方面,民法典应当对社团等社会组织的设立、治理和财产使用与分配提供相应的监管规则。例如,就社团法人的设立而言,首先属于多数人意思表示一致的共同行为,应当适用意思表示的共通规则。③ 在主体设立法人的意思达成一致后,社团的设立往往还要得到正式法律的确认,我国主体设立的方式从以许可主义为主逐步转为以准则主义为主④,虽然放宽了对主体设立的限制,但是仍然要求设立主体必须满足法律所要求的条件。再如,通过规定以公益为目的的法人和非法人组织不能分配利润,剩余财产也不应当分配给投资人,在目的层面对社团进行一定程度的限制,以更好地发挥社团的社会治理功能。另一方面,社团等社会组织在运行中也要受到公司法、证券法等法律的约束,社团在终止时,要受到破产法等法律制度的调整。这些法律制度与民法基本规范紧密配合,均在肯定社团作为民事主体的地位、充分发挥其能动性的基础上,对其进行有效的监督管理,以确保社会治理功能的实现。

(二) 物权制度:物权行使自由与权利人的社会义务有机结合

物权制度是确认产权、物尽其用、保护物权的基本规则,是保护财产

---

① 参见卢代富:《国外企业社会责任界说述评》,载《现代法学》2011年第3期。
② 参见杨春方:《企业社会责任驱动机制研究》,中山大学出版社2015年版,第111—112页。
③ 参见王泽鉴:《民法总则》,新学林出版股份有限公司2014年版,第183页。
④ 参见蔡立东:《公司制度生长的历史逻辑》,载《当代法学》2004年第6期。

权的基本法。法律通过确认物权归属和个人对其物享有的支配自由以保护所有权。因此,民法典保护财产,就是要鼓励人们创造财富,促进人的自由。一方面,保护产权是构建市场秩序的核心,市场是无数交易的总和,交易本身是所有权的转手,因此保护产权实际上就是承认产权人对自己财产的控制和处分权利。正常交易的前提是交易主体对其交易的财产享有所有权,否则将难以保障交易安全。在市场经济社会,财产所有权的重要制度功能在于确认产权归属,规范交易关系,从而划定交易主体支配财产的权利边界。市场交易安全有赖于稳定的市场交易秩序。亚当·斯密认为,产权是市场交易的基础条件。① 另一方面,保护产权有利于降低交易费用,优化资源配置。物权天然具有财产自由的内涵,是构成人的自由的基础。保护物权能使市场主体最有效地利用财产,实现物尽其用。如果各种财产都受到法律切实有效的保护,就可以促进投资的增长以及投资形式的多样化,促进劳动力、技术、信息等市场的充分发展,促使个人因追求资产的价值而合理地交换财产和转移所有权权能,使资源向更有能力利用的人手中转化,最终真正实现市场对资源配置的决定性作用。还要看到,只有有效保护产权,人们才会有投资的信心、置产的愿望和创业的动力。法治不健全,将可能导致人才的流失和财富的外流。在全球化的时代,资本就像一只最容易受到惊吓的小鸟,对法治具有很强的依赖性,一旦法治出现缺陷,资本必然受到惊吓,就像小鸟受到惊吓会四处逃散一样,纷纷外流。有了安全感,人们才敢大胆投资兴业,大胆创新,进行长期、持续的投资。

然而,自由不是绝对的、不受限制的,人们所追求的自由秩序也绝不是任意的自发秩序,放任物权的绝对自由会导致较多的负外部性(negative externalities)②,"如果让所有权走向完全的自由张扬,反而会因其与社会的对立而导致财产自由的毁灭"③。物权,甚至所有私权,"归根结底,可以说都是为社会共同生活而存在的"④,因此,要通过使物权人负有社会义务的方式,解决绝对自由带来的问题。"所有权的观念不能与社会的理念相违背,充分考虑财产所处的社会关系并服从法律所设定的界限,

---

① 参见张乃根:《法经济学——经济学视野里的法律现象》,上海人民出版社2014年版,第25页。
② 关于财产权行使中的负外部性,参见 H. Demsetz, Towards a Theory of Property Rights, 57 Am. Ecom Rev. 347, 348(1967)。
③ 张翔:《财产权的社会义务》,载《中国社会科学》2012年第9期。
④ 〔日〕我妻荣:《新订民法总则》,于敏译,中国法制出版社2008年版,第30页。

才是真正实现财产自由的方式。"①20世纪以来,西方所有权的社会化转变也表明了这一特点。《物权法》在规定所有权时也吸纳了这一思想,要求权利人必须"依法"行使所有权,所有权的行使应当兼顾他人和社会的利益,不得滥用权益,损害他人权益;所有权的行使也必须兼顾生态环境保护的要求,不得造成环境污染、生态破坏;所有权也应当受到公共利益的限制,基于公共利益的需要,可以对所有权进行征收。所有这些都体现出对产权行使的限制,实际上是基于物权的社会化而进行的限制。此外,我国民法典物权编所确认的相邻关系的所有权人之间负有给邻人提供便利的义务、忍受轻微妨害的义务等,也体现了物权所负载的义务。当然,物权的类型不同,其所负载的社会义务也存在一定的差别。例如,就动产与不动产而言,不动产因更具有社会关联性,如其与环境保护、粮食安全、土地的长期利用等各种社会目标的实现的关联性更为密切,因此所受到的限制更大,其物权人应当负有更多的社会义务。

(三) 合同制度:合同自由与合同正义的有机结合

合同法是市场交易法,也是组织经济的法,是促进市场交易、鼓励财富创造的基本规则。合同法以合同自由为核心理念。德国学者海因·科茨曾指出:"契约自由在整个私法领域具有重要的核心地位。"②美国学者富勒也认为,合同责任不同于侵权责任的最大特点在于,其贯彻了私法自治原则。③ 产权保护和合同自由理念的发展,激发了资本主义的活力,鼓励了投资和财富创造,极大地推动了社会经济的发展,"资产阶级在它的不到一百年的阶级统治中所创造的生产力,比过去一切世代创造的全部生产力还要多,还要大"④。

在我国,合同自由在整个国家治理体系中也具有十分重要的地位。一方面,合同自由原则是合同法的基本原则,也是鼓励交易、促进市场经济发展的必要条件。正如梅迪库斯所指出的,民法通过"私法自治给个人提供一种受法律保护的自由,使个人获得自主决定的可能性。这是私法

---

① 张翔:《财产权的社会义务》,载《中国社会科学》2012年第9期。
② 〔德〕罗伯特·霍恩、海因·科茨、汉斯·莱塞:《德国民商法导论》,楚建译,中国大百科全书出版社1996年版,第90页。
③ See Lon L. Fuller, Consideration and Form, 41 Colum. L. Rev. 799 (1941).
④ 《马克思恩格斯选集(第一卷)》(第三版),人民出版社2012年版,第405页。

自治的优越性所在"①。私法充分体现了意思自治原则,使市场主体在法定范围内享有广泛的行为自由,可以按照自己的意志参与交易活动。当事人所享有的合同自由越充分,交易关系就越活跃,财富才能不断增长,市场经济才能在此基础上得到更加充分的发展。从这一意义上说,合同自由是市场经济条件下交易关系发展的基础和必备条件,合同法以调整交易关系为主要内容,当然应以此为最基本的原则。另一方面,合同自由也是合同严守的保障。合同严守是交易秩序的体现,而合同自由也是合同严守的前提,因为只有当事人按照自己意愿为自己的交易行为设定规则,才能对当事人产生拘束力,也才有严守的必要,否则,将构成对个人交易活动和私人生活的不当干预。因此,合同严守与合同自由是相辅相成、相互支撑的。要发挥合同在国家治理体系中的作用,就必须发挥合同自由的功能。

然而,自 20 世纪以来,自由资本主义不断发展为垄断资本主义,西方社会发生了世界性的危机,产生了凯恩斯主义的经济政策,其基本观点是,承认资本主义制度存在失业以及分配不均等缺陷,产生危机的主要原因是自由主义的经济理论和经济政策,因此,政府应当加强对经济生活的干预。第二次世界大战以后,各主要资本主义国家都扩大了政府在经济政策中的职能,强化了对经济的干预。与之相应,在法律领域,合同自由原则也越来越多地受到国家政策的干预和限制,因此,对合同自由的限制也是合同法自 20 世纪以来的一个重要发展趋势。② 对合同自由的限制一方面是因为市场本身的缺陷,需要通过政府的干预来保障市场的有序运行;另一方面,合同自由也会导致个人无序地追逐个人利益,在交易双方当事人地位实质不平等的情况下,损害弱势一方的利益。③ "如果合同关系不是发生在事实上平等的双方当事人之间,竞争可以带来经济自由和实质公平的结论就无法实现。因此,法律必须确保双方当事人地位的实质平等。"④为了防止拥有强大经济实力和影响力的市场主体利用自己的优势地位签订有违合同自由和公平的合同,国家公权力进行了适度的介入,通过法律的方式来调整这种不平等的合同关系,以公权力来助力弱势

---

① 〔德〕迪特尔·梅迪库斯:《德国民法总论》,邵建东译,法律出版社 2000 年版,第 143 页。
② 参见胡代光:《凯恩斯主义的发展和演变》,清华大学出版社 2004 年版,第 20 页。
③ See Kessler, Contracts of Adhesion—Some Thoughts About Freedom of Contract, 43 Colum. L. Rev. 629, 640(1943).
④ 〔德〕乌尔里希·伊蒙伽:《市场法》,方小敏译,载《比较法研究》2005 年第 5 期。

地位的一方,从而维持市场交易的公平和自由。① 很多法律都包含了一些强制性条款,其目的在于限制垄断,平抑物价,维护竞争秩序,这本身也构成了对合同自由的限制。

在我国,为更好地发挥合同制度在国家治理中的作用,也应当对合同自由进行必要的限制。合同法尊重主体所依法享有的合同自由,保障主体的财产权利,这些都体现了现代法治的价值。诚然,我们也应当坚持国家的宏观管理和必要的干预,但国家的干预应当适度,不能过度地干预经济,妨碍市场主体必要的合同自由。"看得见的手"与"看不见的手"要共同发挥作用。总体而言,必须充分认识到合同正义在确立合同法自身合法性中的重要意义。只有充分平衡当事人双方利益的法律规则,才能够最大限度地得到双方当事人的尊重,法律本身才具有充分的正当性和可执行性。

(四) 侵权责任制度:保障民事权益与维护行为自由的结合

侵权法在国家治理体系中的作用也是不可低估的。一方面,现代社会是风险社会,各类风险事故频发。在此背景下,如何有效救济受害人的人身和财产损害,日益成为当今社会关注的焦点。在风险社会,现代民法首先应当考虑如何倾斜保护受害人,民法需要通过多种责任承担方式,对受害人提供全面的救济;同时,应当妥当衔接侵权责任与社会保险、社会救济等制度之间的关系,从而形成对受害人进行救济的综合补偿机制。此外,传统侵权法难以有效应对大规模环境侵权、公共卫生侵权等事件,因此,如何有效应对大规模侵权事件,发挥侵权法的损害预防功能,也是传统侵权法所面临的重要挑战之一。正是因为上述原因,当代侵权法越来越多地强调对损害的预防②,这也是现代侵权法与传统侵权法的重要区别之一。也就是说,现代民法既注重对受害人的事后救济,也应当通过停止侵害、排除妨害等责任形式,实现对损害的事先预防。③ 另一方面,21世纪也是一个生态危机日益严重的时代,全球变暖、海洋污染、酸雨等已经对人类的生存构成了直接威胁,人类生存与发展的环境面临严峻挑战。如何通过侵权责任法实现生态环境保护的现实需要,也是国家治理体系的重大问题。

还应当看到,侵权法在制裁各种侵权的同时,如何有效维护他人的行

---

① 参见〔德〕乌尔里希·伊蒙伽:《市场法》,方小敏译,载《比较法研究》2005 年第 5 期。
② See Hans Jonas, The Imperative of Responsibility: In Search of an Ethics for the Technological Age, The University of Chicago Press, 1984, p.57.
③ 参见石佳友:《论侵权责任法的预防职能》,载《中州学刊》2009 年第 3 期。

为自由,也是国家和社会治理中的重大问题。正如有学者所指出的,侵权责任法的主要任务在于,如何构建法益保护与行为自由之间的矛盾关系。① 在19世纪,侵权法曾以维护行为自由作为其主要功能,并因此产生了为自己行为负责的原则。该原则曾经成为近代民法的三大原则之一。各国侵权法都强调,侵权法应当具有维护行为自由的功能。② 侵权法贯彻自己责任和过错责任的原则的基本目的即在于维护行为自由。过错责任意味着任何人仅对因自己的过错造成的损害承担法律责任。《侵权责任法》第6条第1款规定:"行为人因过错侵害他人民事权益,应当承担侵权责任。"据此,任何人原则上只对因自己过错行为造成的损害后果负责,对并非因自己过错而造成的损害不承担责任。可见,过错责任原则也体现了对行为自由的维护。"在结果责任之下,若有损害即应赔偿,行为人动辄得咎,行为之际,瞻前顾后,畏缩不进,创造活动甚受限制;反之,依过失责任主义,行为人若已尽适当注意,即可不必负责,有助于促进社会经济活动。"③侵权法禁止个人实施有损他人的行为,任何一个意志自由、能够选择自己行为方式的人,均只能在法律规定的范围内享有行为自由。可见,现代侵权法不仅没有削弱保障个人行为自由的功能,反而日益强化了这一功能,因为随着现代市场经济的发展,人们越来越多地要求经济领域中的自由,尤其是竞争自由,这就需要侵权法的保障。例如,侵权法在近几十年对侵害债权、妨害他人经营以及各种不正当竞争行为的规范,其实都是为了保障正当竞争的自由。不正当竞争行为大多都是侵权行为,受害人不仅可以依据反不正当竞争法请求行为人承担责任,也可以依据侵权法请求行为人承担侵权责任。这表明,在市场经济社会,侵权法是有效保障人们行为自由的重要规范。

　　党的十九届四中全会通过的《决定》指出,"加大对严重违法行为处罚力度,实行惩罚性赔偿,严格刑事责任追究"。所谓"严格",应当是指严格适用刑事手段,严格限定刑事制裁方式,审慎认定犯罪的标准,不可罪及无辜,要严格按照罪刑法定、疑罪从无的要求,不得擅自扩大刑法的适用范围。党的十九届四中全会通过的《决定》强调了要实行惩罚性赔

---

　　① 参见〔德〕马克西米利安·福克斯:《侵权行为法》(第五版),齐晓琨译,法律出版社2006年版,第4页。
　　② 参见于飞:《权利与利益区分保护的侵权法体系之研究》,法律出版社2012年版,第40—42页。
　　③ 王泽鉴:《民法学说与判例研究》(第一册),中国政法大学出版社1998年版,第151页。

偿,表明在能够用民事的方式加大对违法行为的处罚时,并不当然需要运用刑事、行政惩罚手段,而要善用民事责任、民事手段。所谓惩罚性赔偿,是指由法院所作出的超出实际损害的赔偿数额①,它具有补偿、惩罚与遏制等多重功能。由于侵权损害赔偿采取完全赔偿原则,以受害人遭受实际损害为前提,在某些情形下,此种赔偿不足以形成对不法行为的制裁,难以起到损害预防的作用。如果不法行为人具有较多的财产,对赔偿数额并不在意,则侵权法的一般损害赔偿将很难起到预防损害再次发生的功能。所以,一些美国学者如海尔顿等人认为,惩罚性赔偿本质上是通过利益消除的方式遏制不法行为。惩罚性赔偿的适用可以使行为人考量成本效益,通过利益机制对其行为进行遏制,这就形成了一种最优化的遏制方式(optional deterrence)。② 尤其是由于政府并没有足够的能力监控一切,最好的方式是通过民事责任使受害人积极参与监控,通过赔偿责任惩治违法行为。也就是说,通过惩罚性赔偿的方式形成利益激励机制,刺激受害人请求行为人承担赔偿责任。③ 在一般的损害赔偿中,虽然也存在利益激励机制,但如果损害后果并不严重或者难以计算,此种利益激励机制的作用就十分有限,受害人不敢或者不愿轻易地主张赔偿。而一旦采用惩罚性赔偿,就可以形成有效的利益刺激机制,形成巨大的社会监控力量,甚至可以做到即时监控,这可以有效弥补行政执法的不足。

(五) 婚姻家庭制度:维护家庭的和谐稳定

社会稳定是国家治理的重要目标之一,而家庭稳定则是社会稳定的基础,《法国民法典》的起草人波塔利斯将家庭的重要性总结为,"我们的目标在于将品性与法律相关联,传播家庭的精神——无论人们怎么说,它是如此有利于国家的精神……社会的持久和良好秩序极大地取决于家庭的稳定,它是一切社会的肇端、国家的胚胎和基础"④。黑格尔同样将国和家作为社会治理的两个基本单元。⑤ 中国古代强调"家国同构",将家

---

① See Exemplary Damages, in the Law of Torts, 70 Harv. L. Rev. 517, 517 (1957).
② See Keith N. Hylton, Punitive Damages and the Economic Theory of Penalties, 87 Gerorgetown Law Journal 421(1998).
③ 参见王立峰:《关于惩罚性赔偿的一些思考——〈兼与民法同质补偿原则新思考〉之作者商榷》,载《法学》2000年第6期。
④ Portalis, Discours préliminaire sur le projet de Code civil, In Jean-Etienne-Marie Portalis, Discours et rapports sur le Code civil, Centre de Philosophie politique et juridique, 1989, p.25.
⑤ 参见蒋海松、韩娜:《从家到国的逻辑过度及精神局限——黑格尔中国政制法律观启示之一》,载肖海军主编:《岳麓法学评论》(第七卷),湖南大学出版社2012年版,第116页。

庭视为社会治理的基本单元,儒学倡导"家齐而后国治",这实际上是将家庭作为社会的细胞,将家庭治理作为国家治理的基础。因此,家庭治理水平的提升是国家治理体系现代化的重要体现:一方面,家庭是国家和社会的基本单元,家庭和谐是社会和谐的基础,家庭治理是国家治理的基石。另一方面,对妇女、儿童、老人等弱势群体利益的保护,既是家庭和谐稳定的基础,也是国家治理的重要内容。因此,民法典应当将维护家庭成员中弱势群体的利益作为其重要任务。例如,在家事纠纷中,大量案件涉及对弱势群体的保护,诸如老人、妇女以及未成年人等群体的保护,法律应当专门设置弱势家庭成员的保护规则。此外,家庭具有很强的教育功能,家教、家风是形成良好社会风气的重要前提。家庭是国家的基本构成单元,也是人生的第一所学校,是个人成长的基点,家教、家风对于家庭建设具有基础性的作用,是连接个人、家庭、社会、国家的重要节点,在国家治理体系中具有重要作用。父母是子女的第一位人生导师,父母的言传身教对于子女行为具有极为重要的示范作用。波塔利斯指出:"家庭是良好品性的圣殿:正是在其中,私德逐步培养为公德。"①家庭培养公民的私德,而良好的私德是公德的基础。

民法典在维护家庭生活的和谐有序方面具有重要作用,这就构建了社会治理的坚实基础,民法典对家庭生活的调整体现为两个方面:一是设定家庭关系内部权利和义务关系,二是设定家庭外部权利和义务关系。民法不仅强调家庭生活中的权利,也强调家庭的责任②,这些调整手段均有利于实现家庭生活的和谐稳定,具体而言:

第一,强调夫妻平等及家庭和睦团结。平等的价值在婚姻家庭领域中体现为,夫妻对子女抚养、教育的权利与义务,家庭成员之间的亲权制度,以及家庭成员之间的相互继承等制度。中华人民共和国的第一部法律就是婚姻法,改革开放以来,我国民法继续坚持婚姻自由、一夫一妻和男女平等等原则,注重发挥家庭作为社会基本单元所具有的独特价值,并借助民法的平等、意思自治等原则实现家庭法律制度的现代化。《婚姻法》第2条规定的"实行婚姻自由、一夫一妻、男女平等的婚姻制度",确认了夫妻应当互相忠实、互相尊重、互相关爱的原则。民法注重维护婚姻自

---

① Portalis, Discours préliminaire sur le projet de Code civil, In Jean-Etienne-Marie Portalis, Discours et rapports sur le Code civil, Centre de Philosophie politique et juridique, 1989, pp.103-104.

② 参见夏吟兰:《民法分则婚姻家庭编立法研究》,载《中国法学》2017年第3期。

由,强调家庭内的男女平等,明确规定婚生子女和非婚生子女的权利平等,维护继父母子女和养父母子女之间的家庭伦理关系,进一步保护家庭内妇女、儿童和老人等弱势群体的合法权益,以充分发挥家庭所具有的繁衍、教育、抚养、赡养等社会功能。同时,民法在调整婚姻家庭关系方面并没有完全采用财产法个人主义的方法论,而更多地采用了团体主义的方法论,即要求家庭成员之间负有更多的义务,如夫妻之间互负忠诚义务;同时要求这些义务与职责不可转让与放弃,如监护职责,这些都是为了实现家庭和睦团结的目标。再如,在离婚的财产分配问题上,法律规定一方生活困难的,另一方需要给予经济帮助;夫妻一方抚养子女、照顾老年人的,可以向另一方请求补偿。这些规定都体现了通过家庭治理实现社会治理的目标。

第二,保护妇女、儿童和老人的合法权益。在家庭关系中,妇女、儿童、老人等属于弱势群体,应当受到民法典的特别保护。家庭对于未成年人心理和身体的健康发展至关重要。在一段时期内,由于经济成分和经济利益多样化等方面的原因,未成年人监护制度存在一定缺失,导致未成年人群体利益与其他群体之间的矛盾加剧,出现了诸如家长强迫儿童辍学的现象。有研究显示,家庭监护方式不当、监护能力不高,是未成年人犯罪的重要成因。① 因此,保护未成年人的合法利益,完善监护制度对未成年人的保护,是民法典构建和谐家庭的重要组成部分。《民法总则》完善了成年人监护制度,规定了遗嘱监护制度、意定监护制度、临时监护人制度以及监护人的撤销制度,以强化对老年人的保护,从而有效应对老龄化社会的现实需要。②

第三,注重维护家庭的和睦团结。家庭是一个国家的雏形和缩影,一个充满仁爱的家庭,也对应着理想国家的结构状态。西方近现代传统注重家庭成员个性的张扬,而中国传统则更注重家庭的和谐、和睦,追求"父严母慈子孝",强调家庭的整体性。在调整家庭关系时,我们应当注重发挥伦理、道德等的倡导作用,法律不宜过多介入家庭生活。当然,如果涉及儿童、残疾人等弱势群体存在的特殊情况,则法律有必要进行必要的干预。例如,《继承法》第14条第2款规定:"对生活有特殊困难的缺乏劳动能力的继承人,分配遗产时,应当予以照顾。"

---

① 参见林艳琴:《国家治理视域下未成年人家庭监护缺失的预防与干预》,载《国家行政学院学报》2018年第4期。

② 参见李适时主编:《中华人民共和国民法总则释义》,法律出版社2017年版,第97页。

三、从民法的渊源看民法典在国家治理体系中的作用

(一) 民法典确认了多元化的社会规则体系

在现代社会,法治的内涵越来越丰富,其不限于国家机关所制定的法律规范,也包括乡规民约、自治性的团体规则、行业章程、习惯等软法规则,与国家立法相比,这些软法规则在针对性、参与性、灵活性等方面具有显著优势。①《民法总则》承认了符合善良风俗的习惯的法律渊源地位,从而使民法可以从民间习惯中汲取营养,有利于民众将民法规范内化于心、外化于行。同时,《民法总则》还确认了法人、非法人组织等组织体依据法律和章程规定所作出的决议行为的效力,这就实现了对团体决议行为、团体规约以及章程等的民法调整。这有利于降低国家治理成本,提高治理效率,有利于提高国家治理体系的科学性和正当性。此外,发挥软法的治理功能也有利于培育市民社会,从而实现国家治理体系和行业自治的良性互动,不断推进国家治理体系的现代化。②

在现代社会,公司、合伙、独资企业都是现代企业的典型形态,在市场经济中发挥着越来越重要的作用。③ 公司设立协议、公司章程、合伙协议等能够发挥自治的功能。所谓自治功能,是指社会成员通过法定或者约定的程序实现自主决定、管理共同事务的一种治理方式。在社会自治过程中,团体成员可以通过决议的方式调整自身的行为,此种决议作为团体成员的行为规范,只要符合法律的规定,公权力不得进行不当干预。以合伙协议为例,合伙协议本身不仅是当事人之间的合同关系,也是合伙组织体的组织规则,是合伙人与合伙组织体行为的章程,可以被视为合伙人活动的"宪章"。与公司等企业法人不同,在合伙中,合伙人之间必须通过合伙协议调整其相互关系,可见,与公司等法人相比,合伙中的自治色彩更为明显。在合伙中,合伙人之间的关系主要依据当事人的约定予以确定,通常并不需要国家的过多干预。合伙协议与公司章程相似,其本身具有设立组织体的功能④,设立合伙应当以订立合伙协议为前提。依据相关法

---

① 参见罗豪才、毕洪海:《通过软法的治理》,载《法学家》2006 年第 1 期。
② 参见罗豪才、周强:《软法研究的多维思考》,载《中国法学》2013 年第 5 期。
③ 参见魏振瀛主编:《民法》(第四版),北京大学出版社 2010 年版,第 102 页。
④ 参见韩长印:《共同法律行为理论的初步构建——以公司设立为分析对象》,载《中国法学》2009 年第 3 期。

律规定,合伙协议应当包含合伙企业名称、主要经营场所、合伙事务的执行规则、合伙目的和合伙经营范围、入伙与退伙、合伙争议解决办法以及合伙企业的解散与清算等内容,这些内容显然已经超出了普通民事合同的范畴,而具有明显的组织规则色彩。

(二) 承认习惯的民法渊源地位

承认习惯的民法渊源地位,有利于发挥习惯这一自发秩序在国家和社会治理中的作用。习惯是自下而上自发形成的,因而具有极其顽强的生命力。习惯是人们长期生活经验的总结,它既是人们交往关系的规范,也是人们生产生活中的一种惯行。尤其是经过长期的历史发展,一些习惯已经得到了社会公众的认可,长期约束人们的行为,因此其也被称为"活的法"。法谚云:"习惯乃法律之最佳说明(optimus legum interpres consuetudo;optima est legis interpres consuetudo;custom is the best interpreter of law)。"[1]民法来源于习惯,其与习惯之间的边界是流动的。从法源理论来看,这一认识具有突出重要的意义。例如,实践中,许多交易习惯可以直接填补合同漏洞,但人们通常不会认为此种做法损害了当事人的权利,造成了不确定性,其原因就在于民法与习惯的内在契合性。在各国民法中,许多法律规则不仅根植于习惯,从习惯中汲取营养(如商法主要是商事习惯法),而且也承认习惯是重要的法律渊源。随着全球化的发展,商事习惯已经日益成为有关国际经贸活动的重要规则或具有一定法律效力的惯例。[2] 为适应商事仲裁发展的需要,《民事诉讼法》在修改时不再将"适用法律错误"作为撤销仲裁裁决的依据,这也是尊重商事交易习惯的一种体现。

按照哈耶克的观点,人类的秩序在本质上可以分成两种:第一种是自发秩序,这是通过群体互动所形成的一种"物理秩序"[3],这类各种主体共同承认和服从的制度具有"自生自发"和"非计划性"的特征,因而可以称之为自发秩序或非计划秩序;第二种是组织(die Organisation)或建构的秩序(die konstituierte Ordnung),它是命令的结果,是有意识的计划的产物,凭借外部权威、指示和指令建立秩序。围绕这两种秩序,形成了两种不同

---

[1] Paulus Dig. 1.3.37.

[2] Vgl. Gunther Teubner, Globale Bukowina: Zur Emergenz eines transnationalen Rechtspluralismus, Rechtsshistorisches Journal 1996, S. 255, 264 ff.

[3] 〔英〕弗里德利希·冯·哈耶克:《自由秩序原理》,邓正来译,生活·读书·新知三联书店1997年版,第200页。

的治理模式。① 在对待习惯的态度上,实际上各国力求在自发秩序和建构秩序之间形成一种平衡,习惯是自然生长的,体现的是一种自发秩序,而制定法是自上而下推行的,体现的是一种建构秩序。从国家治理层面来看,既要注重建构秩序,也要注重发挥自发秩序的作用,实现自发秩序与建构秩序的有效衔接,唯有如此,才能充分发挥两种治理手段、方略的优势。

按照这一思路,首先需要承认习惯的法律渊源地位。在法律成文化运动中,大量成文法的出现并没有使习惯走向消亡,因为习惯是"法律的最初现象","无论是在成文法多么完备的社会中,习惯法都是在不断发生的"。② 习惯是一种自发秩序,是社会生活中必不可少的治理规则,民法不承认习惯,就否定了这种自发秩序在社会治理中的作用。承认习惯的法律渊源地位,一方面有利于形成哈耶克所说的所谓"自发秩序",以实现社会关系调整的稳定有序;另一方面,由于习惯实际上是一种自下而上形成的规则体系,其能够克服自上而下形成的规则所可能具有的"威猛莫测"以及与现实脱节的问题③,"法典时刻面临着因社会演进变革而滞后过时的风险,为了满足社会生活的需求,法源必须保持开放"④。所以,《民法总则》第 10 条规定:"处理民事纠纷,应当依照法律;法律没有规定的,可以适用习惯,但是不得违背公序良俗。"这就充分肯定了作为自发秩序的习惯在国家治理中的功能。

但是,应当看到,自发秩序与建构秩序之间可能存在一定的冲突。自下而上形成的习惯秩序也可能出现违背社会整体治理目标的情况,因而需要通过制定法限制习惯发挥作用的范围。同时,在承认习惯可能成为法源的前提下,应当对习惯加以区分和控制。一方面,"为了维持法秩序的统一,习惯作为法源自然不得与强制性规范相矛盾"⑤。依据习惯与成文法的关系,习惯可以被分为两种:一是补充法律的习惯法(Coutume

---

① 参见〔德〕柯武刚、史漫飞:《制度经济学:社会秩序与公共政策》,韩朝华译,商务印书馆 2001 年版,第 172 页。
② 〔日〕我妻荣:《新订民法总则》,于敏译,中国法制出版社 2008 年版,第 30 页。
③ 普通法国家之所以抵制民法典编纂,很大程度上是认为,自上而下制定的民法典有可能会侵蚀自发形成的普通法规则。参见 Csaba Varga, Codification as a Socio-Historical Phenomenon, 2nd ed., Szent István Társulat, 2011, pp. 71 ff.
④ 汪洋:《私法多元法源的观念、历史与中国实践——〈民法总则〉第 10 条的理论构造及司法适用》,载《中外法学》2018 年第 1 期。
⑤ 汪洋:《私法多元法源的观念、历史与中国实践——〈民法总则〉第 10 条的理论构造及司法适用》,载《中外法学》2018 年第 1 期。

praeter legem),二是与法律相反的习惯法(Coutume contra legem)。就前者而言,一般认可其在满足一定条件后即取得法律渊源地位,就后者而言,除非有充足的理由,否则不能将其视作法源。① 这样,习惯在作为国家治理方式发挥作用的同时,也受到成文法的限制,从而较好地平衡了其与成文法的关系。另一方面,公序良俗原则也是对习惯进行控制的重要手段。根据《民法总则》第10条的规定,只有在不违背公序良俗的情形下,习惯才能成为法律渊源,因为"公序良俗从民族共同的道德感中抽象而成,可以看作全社会范围内所形成的普遍共识,是一种通行于全社会范围的'习惯法',具备最高程度的'法的确信',权威等级与规范拘束力高于其他习惯"②。只有实现对习惯的区分与控制,才能够在通过习惯实现治理多层次化的同时,避免习惯的滥用损害社会治理的整体目标。

(三) 任意性规范调整与强行法的有机结合

民法的私法自治价值主要是通过任意性规范而发挥作用的。民法规范主要是任意性规范,而强制性规范主要发挥划定民事主体意思活动界限的功能,民法中大量都是任意性规范,只有特殊情形下才会设置强制性规范。在国家治理中,任意性规范也能够发挥激发市场主体活力、鼓励交易和财富创造的作用,其中最为典型的是合同法规范。由于合同法在很大程度上可以说是交易法,即"调整个人之间为获取金钱而交换货物和服务的方式的法律"③,所以,合同法要借助大量的任意性规范进行调整,以充分尊重当事人的意志。合同法以鼓励交易(promoting trade)为目标,只要当事人所缔结的合同不违反法律和政策,法律就承认其效力。据此,"合同法是备用的安全阀"④,在当事人不能通过合同有效安排其事务时可规范当事人的交易行为。民法规范主要是任意性规范,也就是说,当事人的约定应优先于法律的任意性规范而适用,我国民事立法中要尽量减少对民事活动的不合理限制,以充分尊重民事主体在私人生活领域中的意思自由。现代法出现了从强制法(compulsory law)向任意法(negotiated

---

① 参见〔法〕雅克·盖斯坦、吉勒·古博:《法国民法总论》,程鹏等译,法律出版社2004年版,第487—489页。
② 汪洋:《私法多元法源的观念、历史与中国实践——〈民法总则〉第10条的理论构造及司法适用》,载《中外法学》2018年第1期。
③ 〔英〕阿狄亚:《合同法导论》,赵旭东等译,法律出版社2002年版,第3页。
④ 〔美〕希尔曼:《合同法的丰富性》,郑云瑞译,北京大学出版社2005年版,第270页。

law)发展的趋势,这实际上也是契约精神的体现。① 尽管如此,在涉及财产制度的物权法和伦理性浓厚的亲属法中,强制性规范依然扮演着重要角色。

民法的任意性规范调整模式也对公法产生了重大影响。由于现代市场机制的核心是合同的广泛运用,因此出现了"合同式治理"(governance of contract)的概念。② 民法上合同的概念不仅适用于交易关系之中,而且公司的设立、合伙企业的设立以及企业通过章程等行为而实行自治都需要借助合同概念,甚至在建筑物区分所有权中,也可以通过订立管理规约等方式实行业主自治,从而实行对业主行为的有效治理。还应当看到,合同的范式在公法上得到适用,如行政协议、诉讼和解协议、政府采购协议、政府购买社会服务协议、PPP协议等,产生了所谓"新行政法",成为一种新的国家治理模式。③

但是,任意性规范并非确立了绝对的行为自由。民法也在不断强化对意思自治的限制,除引入强制性规范外,还通过确立公序良俗原则限制当事人的意思自治,如规定违反公序良俗的法律行为无效,借此对从事私法活动的当事人进行干预。④ 例如,在代孕案件中,有的法院依据公序良俗原则认定"代孕协议"无效。⑤ 也就是说,即使某一强制性规范没有直接规定合同无效的法律后果,但违反该规定将导致对公序良俗违反的,也可认定该规范是效力性规范。之所以要通过公序良俗这一弹性规则控制民事活动,主要是因为民事活动纷繁复杂,制定法无法对其作出事无巨细的规定,事实上,规范民事活动不仅要靠强行法来完成,也需要在法律上设置抽象的弹性条款,为民事行为设立更为全面的规则。

四、结　语

党的十九届四中全会通过的《决定》提出了国家治理体系现代化的目

---

① 参见〔日〕星野英一:《私法中的人》,王闯译,中国法制出版社2004年版,第5—8页。
② See Peter Zumbansen, The Law of Society: Governance Through Contract, Indiana Journal of Global Legal Studies, 2007, Vol. 14, issue 2, p. 208.
③ 参见石佑启:《论公共行政与行政法学范式转换》,北京大学出版社2003年版,第88—98页;另见姜明安:《法治思维与新行政法》,北京大学出版社2013年版,第123页。
④ Vgl. MünchKomm/Armbrüster, §138, Rn. 2.
⑤ 参见林劲标、杨虹:《"借腹生子",舍"义"取"生"的另类范式》,载《中国审判》第58期。

标,同时提出"全面实现国家治理体系和治理能力现代化,使中国特色社会主义制度更加巩固、优越性充分展现"。民法典的出台将使我们更进一步形成制度优势。但制度优势如何转化为治理效能,关键看该制度的实施效果。因此如何加强民法典的实施将是民法典出台后需要考虑的重要问题。如果只是孤立地观察民法典的制度、规则,往往会一叶障目,无法真正理解民法典在社会治理整体体系之中的地位,也难以充分发挥民法典在社会治理中的功能,从而无法将其转化为治理效能。只有从社会治理的视角观察,才能凸显民法典在社会治理中的地位和功能。

全面深化改革中的民法典编纂[*]

《中共中央关于全面推进依法治国若干重大问题的决定》在"完善以宪法为核心的中国特色社会主义法律体系,加强宪法实施"部分明确指出,加强市场法律制度建设,编纂民法典。这一决定是建设社会主义法治体系和法治中国的重要步骤,为民法典的编纂送来了"东风",必将有力推进我国民法典的编纂进程。在全面深化改革中,编纂民法典既是保障既有改革成果的需要,也是保障改革于法有据、引领改革进程的需要。下面笔者不揣浅陋,拟就全面深化改革中的民法典编纂问题谈一些看法。

一、民法典编纂是推进并保障改革的强力工具

从世界各国民法典编纂的历史来看,大陆法系国家有代表性的民法典大都是在社会急剧变动时期颁布和施行的,从这一背景来看,民法典的编纂与社会变革之间具有相互促进和相辅相成的关系。在《法国民法典》制定时,法国资产阶级革命刚刚完成,法国正处在由封建领主制经济向土地私有化的过渡阶段,《法国民法典》的编纂推进了土地私有化,为资本主义经济关系的壮大和发展提供了保障。① 《德国民法典》编纂之时,德国社会也处于急剧变动时期。从政治方面来看,《德国民法典》是在德意志民族进行国家统一的背景下制定的,经过不懈努力,《德国民法典》最终成为德国国家统一的重要标志。② 从经济方面来看,19世纪后半叶,德国的工业经济经过急剧发展,从一个农业占统治地位的国家转变为一个工业

---

* 原载《中国法学》2015年第4期。

① Anne-Marie Patault, Introduction historique au droit des biens, PUF, 1989, p.217.

② 即将法典作为"民族国家的一部分"(Element des Nationalstaates)。在酝酿起草《德国民法典》的过程中,1860年的德国法律人大会(Deutscher Juristentag)邀请与会的邀请函上明确说明,会议的主题是要"在法律领域为德意志统一贡献力量"。参见 Coing/Honsell, Einleitung zum BGB, Staudingers Kommentar, Eckpfeiler des Zivilrechts, Sellier-de Gruyter, 2008, S. 6。

国家,逐渐进入从自由资本主义到垄断资本主义的转型阶段。①《德国民法典》正是在这一转型时期制定的。与其他法律一起,《德国民法典》摒弃了日耳曼法中的落后因素(如土地分层所有的封建制度),为资本主义经济发展创造了条件。②《德国民法典》以合同和所有权为中心,以私法自治为基本理念,其颁行充分动员了社会经济资源,促进了德国工业化的进一步发展,使德国成为欧洲的工业强国。③《日本民法典》是明治维新的产物。民法典的编纂促进了日本从封建社会向资本主义社会的转型,促进了国家的工业化进程。《日本民法典》成为明治维新变法图强的重要措施之一。④ 所以,历史的经验表明,"法典化是社会变革的工具,也是巩固改革成果的工具"⑤。

从我国改革开放的经验来看,民事立法是保障改革的工具。在改革开放之前,我国实行高度集中的计划经济体制,主要依靠行政命令等手段来调整经济生活。1978 年改革开放以后,我国社会主义市场经济法制才逐渐建立和发展起来。党的十一届三中全会拨乱反正,确立了解放思想、实事求是的思想路线,提出把工作重点转移到社会主义现代化建设上来,实行改革开放。与此相适应,大规模的民事、经济立法工作随之展开。立法机关先后颁布了《经济合同法》《涉外经济合同法》《继承法》等一系列重要法律。尤其是在 1986 年,立法机关颁布了《民法通则》,它是我国第一部调整民事关系的基本法律,是我国民事立法发展史上的里程碑。《民法通则》适应改革开放的需要,反映了我国改革开放的实践,并有力助推了我国改革开放的进程,具体表现在:《民法通则》确立了我国民商事立法的民商合一体制,确定了民法的平等、等价有偿、公平等原则,为中国特色社会主义市场经济法律体系奠定了制度基础,也为我国民事法律体系的逐步完善提供了基本框架;《民法通则》确立了民事主体制度,对个体工商户、农村承包经营户和"三资企业"的法律地位作出了规定,从而及时回应

---

① 参见〔美〕科佩尔·S. 平森:《德国近现代史:它的历史和文化》(上),范德一译,商务印书馆 1987 年版,第 300—301 页。
② 参见马俊驹、梅夏英:《财产权制度的历史评析和现实思考》,载《中国社会科学》1999 年第 1 期。
③ 参见吴治繁:《论民法典的民族性》,载《法制与社会发展》2013 年第 5 期。
④ 参见谢鸿飞:《论人法与物法的两种编排体例——兼求教于徐国栋先生》,载徐国栋主编:《中国民法典起草思路论战》,中国政法大学出版社 2001 年版,第 311 页。
⑤ J. M. Polak, Alternatieven vor algemene wetboeken, 63 Nederlands juristen blad 708, 710 (1988).

了改革和对外开放的需要,确定了改革开放的成果;《民法通则》规定了法律行为制度,为私法自治功能的发挥奠定了基本前提和制度保障,促进了市场活力的充分发挥,激活了市场主体的积极性;《民法通则》采取列举的方法,系统全面地规定了公民和法人所享有的财产所有权和与财产所有权有关的财产权、债权、知识产权和人身权等,反映了我国改革开放以来对私权进行保护的现实需要。

党的十四大明确提出我国经济体制改革的目标是建立社会主义市场经济体制。社会主义市场经济体制的建立,是我们党对社会主义经济关系发展规律的系统总结。在公有制基础上实行市场经济,是人类历史上从未有过的伟大实践。为构建市场经济法律体制,立法机关展开了大规模的民事立法,先后颁行了《担保法》《公司法》《城市房地产管理法》《保险法》《票据法》《合伙企业法》等市场经济领域的法律。1999 年立法机关颁行了《合同法》,该法对合同自由原则作出了规定,反映了市场经济的发展规律。[①] 该法废除了旧经济体制下的计划原则,取消了对合同的一般管理,尊重了当事人的意思自治,根据相关规定,非因重大法定的正当理由,不得对当事人的合同自主性予以限制。[②] 该法在总结改革开放以来市场经济发展规律和经验的基础上,对诚实信用原则也作出了规定。诚实信用原则是市场经济交易当事人应严格遵循的道德准则,也是每一个公民在社会生活中行使权利履行义务所应当遵循的基本原则。[③] 该法第 6 条规定:"当事人行使权利、履行义务应当遵循诚实信用原则。"该规定对于保障当事人在合同订立以及履行过程中全面履行其义务,具有重要意义。同时,该法体现了较强的保护弱者利益的价值倾向。如该法第 289 条规定:"从事公共运输的承运人不得拒绝旅客、托运人通常、合理的运输要求。"该法关于格式条款的解释等规则也体现了对弱者的保护。

市场经济的深入发展和改革开放的不断推进,对民事立法提出了新的要求。为适应我国加入世界贸易组织(WTO)的需要,更需要完善我国的基本民事立法。2007 年,立法机关经过八次审议,最终颁行了《物权法》。该法是维护我国社会主义基本经济制度的重要法律,是社会主义市

---

① 参见李曙光、肖建华:《中国市场经济法律:进展与评价》,载《政法论坛》2000 年第 5 期。
② 参见王家福:《跨世纪的市场经济基本大法》,载《中国法学》1999 年第 3 期。
③ See Steven J. Burton, Breach of Contract and the Common Law Duty to Perform in Good Faith, 94 Harv. L. Rev. 369(1980).

场经济的基本法,也是鼓励人民群众创造财富的法律,反映了我国改革的现实需要,并为我国市场经济的深入发展奠定了制度基础。该法确立了平等保护原则,构建了产权制度的基本框架,为市场的正常运行奠定了基础;该法通过确认公示公信原则、所有权转移规则、善意取得等重要制度,有力地维护和保障了交易安全;该法适应改革的需要,确认了征收和补偿制度;该法规定了农村集体组织的财产归农村集体经济组织成员集体所有,并第一次提出了成员权的概念,切实维护了广大农民的利益。土地承包经营权的物权化也为稳定承包经营关系提供了法律保障。该法还切实维护了广大城市居民的财产权益。该法的颁布有利于鼓励亿万人民创造财富,实现共同富裕的伟大历史使命。在《物权法》通过不久,世界银行和国际金融公司(IFC)于 2008 年 4 月 22 日联合发布了《2008 年全球营商环境报告》,指出中国 2007 年因《物权法》的颁布,大大地改善了中国的商业环境,并因此将中国列为全球商业环境改革前 10 位之一。①

从改革开放以来的民事立法经验可以看出,我国用短短二十多年的时间走完了西方一二百年的历程。自改革开放以来,公民的财富明显增加,公民也享有更大的行为自由,这些都需要民事立法加以确认和保护。在这一过程中,我国民事立法始终立足于改革开放的需要,立足于解决中国的实际问题。对于国外的先进立法经验,我们从中吸取有益的东西,进行借鉴,但绝不照抄照搬。例如,《物权法》有关所有权的规定,不同于传统民法的划分方法,依照主体的不同将其分为国家所有权、集体所有权和个人所有权。由于我国立法强调本土性,因而立法任务更为艰巨,但这充分保障了法律实践性、实用性和具体针对性。

伴随着改革开放的进程,虽然我国的民事立法在促进改革、保障改革等方面发挥了重要作用,但毕竟这些民事立法是在不同历史时期制定的,不论是各个立法的内在价值体系,还是外在规则体系,都缺乏统一的设计;这些民事立法虽然反映了不同时期的具体社会需要,但是难免出现顾此失彼的现象。因此,一方面,在社会转型时期制定的民事立法仍然需要通过体系化进行整合,编纂成一部民法典,构建科学合理的、富有逻辑性和内在一致性的体系。通过体系化,可以将民法的价值与理念贯穿于整个法典的始终,对于不同部分的价值导向进行整体性的梳理。另一方面,从我国法律体系的形成过程来看,从《民法通则》到后来的《合同法》《物

---

① 参见单羽青:《IFC:中国营商环境全球排名由第 83 位升至第 67 位》,载《中国经济时报》2008 年 4 月 24 日,第 2 版。

权法》《侵权责任法》，都在一定程度上反映了改革的成果，这些立法既伴随着我国改革的进程而发展，在某种程度上也是改革成果的结晶，因而应当成为我国民法典制定的立法基础和支撑。由于我国的民事立法一直伴随着改革开放的进程，改革的不断深化与发展为民事立法的发展奠定了基础、创造了条件，加速了我国民事立法的完善。既然我国民法典编纂应该与改革同行，那么，其应当在总结以往立法经验教训的基础上，向前推进民法典编纂。已经启动的民法总则制定，应当在《民法通则》和2002年《中华人民共和国民法(草案)》的基础上进行。如果完全置现行民事法律于不顾，另起炉灶，从头再来，与我国以往的民事立法经验和立法传统均有所背离，也会弃改革的成果于不顾。

法与时转则治。由于我国经济体制改革已趋于成熟，这要求我们不但要总结以往的立法经验，而且要按照科学立法、理性立法的要求，不断完善民事立法的体系性。要在总结立法经验和系统理性立法相互结合的基础上，考虑民法典的编纂。在改革开放初期，无任何经验可资借鉴，改革措施基本上都涉及重大突破性的政策变革。在这样的特殊背景下，我国实行了"试错模式"，允许先尝试、再立法，立法机关也奉行所谓"宜粗不宜细"的原则，"成熟一条，制定一条"，因此法律本身较为原则和抽象，在转型时期社会关系剧烈变化的背景下，此种做法能够避免规定过于具体所导致的滞后性。但这种立法模式也导致我国的民事立法存在过于原则的弊病，无法给人的行为提供明确的指引。时至今日，改革经验已相当丰富，思路也相当清晰，规律也基本可见。立法不仅要在事后确认改革成果，而且还要能够充当引领改革的推动力。"立法不仅仅是对实践经验的总结，更要通过立法转化顶层设计、引领改革进程、推动科学发展；立法不仅仅是对实践的被动回应，更要对社会现实和改革进程进行主动谋划、前瞻谋划和全面推进。"①这就要求立法应有一定的前瞻性，能为改革过程中可能出现的问题提供解决方案，并为将来可能施行的改革提供法律依据，以保障将来的改革于法有据。

二、全面深化改革为民法典编纂提供了良好机遇

"立善法于天下，则天下治；立善法于一国，则一国治。"②经过三十多

---

① 王乐泉：《论改革与法治的关系》，载《中国法学》2014年第6期。
② (北宋)王安石：《周公》。

年的改革开放,我国社会面貌发生了翻天覆地的巨变,经济总量也已跃居世界第二。这个巨大的历史成就表明,改革是社会发展的源动力,改革是社会最大的红利。这也印证了丘吉尔的一句名言:要想完善就得改革,要想完美就得时常改革。改革开放只有进行时没有完成时。在改革进入"深水区"和"攻坚阶段"后,凡属重大改革都要于法有据,在整个改革过程中,都要发挥立法的引领和推动作用。党的十八届三中全会提出,要推进国家治理体系和治理能力现代化。法治是现代国家的重要标志,法治能力是最重要的国家治理能力,法治化是国家治理现代化的重要标志,也是国家治理现代化的核心内容。在实现国家治理体系和治理能力现代化这一目标下,全面深化改革需要全面推进依法治国,而全面推进依法治国也需要全面深化改革。通过民法典的编纂,进一步凝聚改革的共识,确认改革的成果,推动改革进程,引领改革发展。

全面深化改革和全面推进依法治国均为民法典的制定打下了良好的基础,为民法典编纂提供了机遇,具体表现在如下几个方面。

第一,简政放权是私法自治发挥功能的必然要求。党的十八届三中全会提出要使市场在资源配置中起决定性作用,并简政放权、转变政府职能,这必然要求压缩政府审批权限、明确界定政府与市场的关系,厘清政企关系、政事关系;这就必然要求在更大范围内尊重意思自治。私法自治是民法的精髓,德国学者梅施麦克就将私法自治称为私法体系的"恒星",永放光芒。[①] 改革开放以来,中国经济的迅速发展是与市场主体自由的扩大紧密相连的,自由意味着机会,意味着创造,意味着潜能的发挥,所以民法典应当充分确认自由的价值,进一步落实私法自治,尤其是要充分保障市场主体的行为自由。在公法与私法之间建立有机的联系和互动关系;根据对市场主体进行平等保护的要求,要在物权法、合同法等领域进一步强化平等保护的原则,淡化基于不同所有权形态进行不同制度设计的观念。

第二,"非禁即入"的负面清单管理模式是民法发挥作用的重要保障。党的十八届三中全会的决议指出,实行统一的市场准入制度,在制定负面清单基础上,各类市场主体可依法平等进入清单之外的领域。由正面清单向负面清单的转化,本质上是社会管理模式的转变,其不仅保障了市场主体的准入自由,而且还扩大了市场主体的行为自由,从而真正落实了私

[①] 参见李非:《富与德——亚当·斯密的无形之手:市场社会的架构》,天津人民出版社2001年版,第165页。

法自治的基本要求。社会经济生活纷繁复杂,法律列举的事项是极为有限的,在大量的经济生活领域,法律法规都没有明确作出规定。特别是随着社会的发展,各种新生业态不断出现,市场主体能否进入这些领域,必然成为法律调整的空白地带,成为"法律的沉默空间"。按照正面清单管理模式,市场主体无法自由进入这些空白领域,必须经过政府的审批,这无疑大大限制了市场主体经济活动的自由。在负面清单管理模式下,对市场主体而言,"法不禁止即自由";而对政府而言,则实行"法无授权不可为""法无授权即禁止"。因此,民法典应当全面确认和保护私权,以激发市场主体的活力。对市场主体而言,私权所及的范围,就是公权所止的范围;私权的范围制约和决定着公权力行使的限度与范围。此外,由于市场主体只要符合法定的准入条件,行政机关就应当许可和批准,实现由事前监管向事后监管的转变,这也在客观上要求进一步完善民法的公示公信制度,有利于准确掌握市场主体的实际经济活动状况,实现高效监管;同时需要确认和保障市场主体的各项私权,对行政权的行使范围设定严格的界限。

第三,从管理向治理转化使民法具有更为广阔的适用空间。党的十八届三中全会提出"创新社会治理体制"。治理与管理虽然仅一字之差,但其体现的是系统治理、依法治理、源头治理、综合施策。从管理向治理转化,标志着国家治理体系现代化的提升。管理具有单方性,是从政府的角度去对社会进行管理;而治理则具有多面性的特征,是吸纳多元主体共同参与到社会事务的治理之中。在治理的模式下,政府依法行使公权力时,需要与被管理者进行必要的协商和沟通,政府在从事管理行为中,需要建立一整套有效的社会治理体系①,包括形成信息机制、决策机制、评价机制、监督机制等各种机制的有机整体。从管理到治理的转化,这是重大的改变,也给民法方法的运用奠定了坚实的基础:一是要求进一步发挥合同在社会治理中的作用。合同是市场自我调节的核心机制,市场机制的核心是合同逻辑的适用。治理模式要求减少行政权力对社会生活单向度和强制性的干预,而更多地采取协商和对话式的沟通模式,将各个利益攸关方的合理利益在最大限度内纳入决策的考量范围,并最终实现所谓"合同式治理"(governance of contract)。② 二是需要通过民法典确保社会自治、依法自治。例如,在我国,城市要发挥自治功能,可以通过管理规约规

---

① 参见俞可平:《全球治理引论》,载《马克思主义与现实》2002 年第 1 期。
② See Peter Zumbansen, The Law of Society: Governance Through Contract, Indiana Journal of Global Legal Studies, 2007, Vol. 14, Issue 2, p. 208.

范小区的生活。我国现有五亿多人居住在各种社区之中,时常因为物业费、管理费等事项发生各种摩擦和纠纷,如果都要政府进行管理,则是不可行的,其只能通过私法自治由当事人进行协商、订立管理规约,实行社区自治,才能有效化解纠纷,实现和谐。三是依法确认各类社会组织的主体地位,保护其财产权益,从而充分发挥社会组织自我管理、自我服务、自我约束的功能,使社会自治和国家管理保持良性互动。

第四,改革的系统性、整体性、全面性对民法典的内容和体系提出了更高的要求。全面深化改革涉及政治、经济、文化、社会、生态等方方面面,改革力度之大、范围之广、层次之深,前所未有。这就必然要求民法典编纂应当立足中国国情,体现中国特色,反映全面深化改革的要求及其带来的社会变化。为此,我们的民法典必须反映科技高速发展时代和互联网时代的特点、反映信息社会和大数据时代的特点、反映高科技时代和知识经济时代的特点、反映资源环境逐渐恶化的时代挑战、反映风险社会的特点。例如,在网络环境中,侵权损害具有易发性的特点,网络无边界性以及受众的无限性,使得侵权言论一旦发表就可以瞬间实现全球范围的传播。因此,应当更多地适用停止侵害等责任方式,并应当对网络环境下的人格权保护作出特殊的规定。再如,由于数字化以及数据库的发展,使得信息的收集、加工、处理变得非常容易,信息的市场价值也愈发受到重视,对于信息财产权和隐私权的保护需求也日益增强。

三、必须处理好改革与民法典编纂的关系

我国台湾地区学者苏永钦指出,民法典可以成为"转型工具"。在渐进立法到了一个阶段之后,其边际效用已经不大,特别是因为法律之间的漏洞、矛盾,社会付出的成本反而会增加,因此,在此时期颁布民法典,可能更快加速体制的转型,促进社会的发展。[①] 在全面深化改革的历史背景下,民法典的编纂必须处理好以下几种关系。

(一)稳定性与开放性的关系

法典求稳,改革求变。改革以推动发展为首要目标,改革必然要求变化,而法典则要求保持相对稳定性,因此,在全面深化改革的历史背景下,民法典编纂应当处理好稳定性与开放性之间的关系。这要求我们首先应

---

① 参见苏永钦:《民事立法与公私法的接轨》,北京大学出版社 2005 年版,第 59 页。

当妥当平衡抽象性和具体性之间的关系。民法典应当保持一定的抽象性,给未来的发展预留空间,以更好地适应未来社会的发展与变化。若一部法典事无巨细地作具体列举式的规定,法律漏洞和法律过时就是不可避免的。例如,《普鲁士普通邦法》对各个事项规定得较为具体①,但随着社会的变迁,其规范漏洞也越来越多,无法适应社会发展。民法典规定的抽象性有助于保持法典的稳定性,适度的抽象能够保持法典适应社会新发展的需要;同时,立法者应当秉持一种谦抑的态度,尽可能在法典中预留未来发展的空间。由于我国社会正处于转型期,各种新情况、新问题不断出现,法典无法事无巨细地规定一切,必然会在社会的演进中频繁被更改,由此损害其稳定性,从而削弱其生命力,特别是当社会处于变动不居的转型期时,过于具体更易使法典滞后于社会。② 在民法典编纂过程中可以充分利用各种立法技术实现法典稳定性和开放性之间的平衡。如妥善处理列举规定和一般条款之间的关系,将具体列举的方式与设置必要一般条款的方式结合起来,通过诚实信用、公序良俗等一般条款在一定限度内赋予法官自由裁量权,既有助于实现个案正义,也可使民法典适应社会的变迁;同时,需要法官综合运用法律解释、类推等法律技术解释和适用法律;此外,民法总则的设置也为法律解释、适用法律规则填补法律漏洞创造了条件。对于那些尚无成熟规律和经验可循的问题,立法不能脱离改革进程的实际情况,对于前景不明晰的改革事项,应当保持谦抑态度,不能强行作出刚性规定或作出过多限定,从而为将来的改革预留空间。在此方面,《物权法》提供了成功的经验。比如在宅基地使用权的规范中,由于宅基地流转改革未定,该法在这方面规定的条文也就比较抽象,且援引了其他法律,这就能为未来的改革预留空间。

民法典的编纂也应当具有一定的前瞻性,从而能够发挥民法典引领改革的作用,为改革过程中可能出现的问题提供解决方案,为将来可能施行的改革提供法律依据,以确保将来的改革能够于法有据。若立法没有前瞻性,滞后于改革,则改革必须于法有据也就成为空谈。为此,民法典编纂必须立足于实际,不能过于超前,也不能盲目立法,应当准确把握好立法前瞻性的度。对于一些目前难以规范的问题,如小产权房的问题,立法者应当保持沉默。而对于目前已经成熟的经验,则应当在法律上予以

---

① 例如,该法为了解决"从物"的认定问题,竟然设置了 60 个段落。参见徐国栋主编:《中国民法典起草思路论战》,中国政法大学出版社 2001 年版,第 246 页。

② 参见周赟:《法典的未来——论原则性法典》,载《现代法学》2008 年第 6 期。

确定。民法典中富有前瞻性的规定,可以发挥制度创造功能,促进制度的完善,这也是民法典重要的创造性和预见性功能的体现。

(二) 自治与管制之间的关系

民法典的编纂应当推动改革,为改革提供指引。为此,民法典必须确定自治的基本规则,从而发挥自主创造性;但单纯的自治可能会带来秩序的混乱,且由于市场失灵现象的存在,国家不能够完全僵硬地秉守"最小国家"的观念,而要审慎地进行必要的管制。在全面深化改革的历史背景下,民法典在处理自治和管制的关系时应当坚持的基本前提是,在无充分且正当的管制理由时,必须维护自治,由此限制权力对自治的过分干涉。简政放权是深化改革的关键,虽然简政放权是公法上的任务,但民法也应当通过制度设计,配合这一目标的实现。例如,负面清单必须与权力清单相结合。负面清单针对的是政府对社会事务的管制,采取的是"法无禁止即自由"的原则;权力清单针对的是政府自己的权力行使,采取的是"法无授权即禁止"的原则。权力清单的制定必须充分考虑市场主体所应当享有的私权和私法自治。

此外,即便是需要国家管制的领域,相关的管制规范也应当尽量具体和清晰,以更好地维持自治和管制之间的平衡。比如,依据《土地管理法》第58条的规定,土地出让等有偿使用合同约定的使用期限届满,土地使用者未申请续期或者申请续期未获批准的,由有关人民政府土地行政主管部门报经原批准用地的人民政府或者有批准权的人民政府批准,可以收回国有土地使用权。但问题在于,约定的使用期限届满后,哪些情况可以延期,哪些情况不适合延期,法律并没有作出规定,这就赋予了行政机关过大的自由裁量权。目前,商用土地的使用权最长不超过四十年,现在许多商业用地的使用期限即将届满,但该土地上可能存在较大的不动产投资,在此情形下,土地使用权的续期是否应当完全交由行政机关自由裁量?是否应当对行政机关的自由裁量权作出一定的限制?通过在民法典中规定土地使用权的批准条件,可以对行政机关审批土地使用权设置一定的限制条件,这也有利于保障个人的投资预期,充分发挥物的使用效率。

(三) 继承与借鉴之间的关系

"他山之石,可以攻玉。"在19世纪法典化时期,一些国家曾经采用法律移植的办法,完全照搬他国的法律制度,一跃跨入法治现代化的行列。例如,日本在明治维新时期,几乎全盘照搬法国、德国的法律制度,成为法治现代化的国家。一些国家在殖民化过程中将其法律制度输入殖民地,也在一定程度上推动了法律的国际化。但在今天,时过境迁,完全移植外国的法律制度是不可取的,法治发展的历史经验表明,法治的发展不能脱离本国的法制经验的累积,不能脱离本国的基本国情,而本土的法律也常常最能够被本国人民所接受。因此,在借鉴国外法律制度的过程中,必须注意到法律的本土性特点。

当然,随着经济全球化的发展,法律的国际化和全球化又成为一种势不可挡的发展潮流和趋势。这主要表现在,两大法系相互借鉴,相互融合;欧盟一体化进程的推进也大大加速了欧洲法律制度统一的进程;一些重要的示范法(如《国际商事合同通则》)的发展,也助推了法律的国际化进程;在一些重要的交易领域,产生了如《国际货物销售合同公约》等一系列国际规则,也加速了相关国内法律制度的国际化。此外,许多国际惯例也逐渐成为国内法的重要渊源。但在这一过程中,各国都在讨论这样一个问题,即是否可以为了适应国际化的趋势而放弃具有本土特色的制度?德国在债法现代化过程中,就放弃了自罗马法以来具有其本土特色的制度,如传统的履行不能制度、买卖合同中的瑕疵担保制度等。这在德国确实引发了激烈的争论。一些德国学者至今仍然对这些制度的废除深感痛惜。法国现在也正在推进债法的现代化。关于许多传统的合同制度是否应当保留的问题,引发了大量争议,例如,法国合同法中的原因制度,这是法国本土性很强的制度,但由于其他国家并没有这一制度,所以,许多学者认为,应当废除这一制度。

比较法上的上述发展趋势也给我国民法典的编纂提供了一些启示,即我国在民法典编纂过程中应当兼顾本土化与国际化。一方面,要通过本土化实现我们法律文化的传承,使我们的法治真正植根于我们的土壤,解决法治建设"接地气"的问题。鲁迅说:"有地方色彩的,倒容易成为世界的。"①越是民族的,越是世界的。美国学者格伦顿曾指出:"法律是民族的历史、文化、社会价值观念和一般意识与认识的集中体现,没有两个国家的法律是确切相同的,法律是文化表现的一种形式,而且如果不经过'本土化'的过程,一种文化是不可能轻易地移植到另一种文化里面的。"②对法律而言也是如此,一些具有本土化的法律制度也可能逐渐成

---

① 《鲁迅全集》(第十二卷),人民文学出版社1981年版,第391页。
② 〔美〕M. A. 格伦顿、M. W. 戈登、C. 奥沙克维:《比较法律传统序论——比较法的范围、目的、法律传统和方法论》,潘汉典译,载《环球法律评论》1987年第2期。

为世界性的或具有世界影响的法律制度。例如,在《物权法》制定过程中,首先要解决的是如何将公有制与市场经济结合起来,构建具有中国特色的法律制度,这是人类历史上从未有过的实践。更具体地说,其涉及土地所有权与土地使用权的关系。这就需要从本土出发构建相关的法律制度,从维护公有制这一基本经济制度出发,土地所有权不能够转让,但从市场经济出发,则必须使土地这一最基本的资源进入市场,实现资源的优化配置。我国的《物权法》构建了建设用地使用权制度,保持了在土地所有权不移转的情形下使土地使用权实现流转,这就是我们的本土特色。另一方面,为了适应经济全球化发展和法治现代化的需要,我们也应当积极借鉴国际上先进的法治经验,为我所用。例如,我国《合同法》在制定过程中,就广泛借鉴了英美法和大陆法的合同法制经验,经过多年实践的检验,《合同法》对我国经济发展起到了重要的推动作用。另外,必须注意的是,由于他国法律制度的复杂性及其与自身社会、文化的密切关联性,因此,我们很难在短时间内了解其全貌。这要求我们在参考借鉴国际经验时,应周全研究和细致比较,避免"偏听偏信"而导致"水土不服"。

(四) 守成与创新之间的关系

无论中外,都在历史上创造过优秀的法律文化,制定民法典肯定要借鉴这些既有的成果,体现后发优势。但民法典的编纂也必须适应时代进步和社会发展的需要,守成绝不意味着要完全照搬其他国家或地区的经验。古人语:"明者因时而变,知者随事而制。"[1]一百多年前德国潘德克顿学派所制定的《德国民法典》是符合当时德国社会经济需要的,但它并不完全符合当前我国社会经济的需要。完全照搬他国模式无法实现我国民法典体系的科学性和合理性。有学者主张,我国民法典在体系上也应当采用《德国民法典》的立法体系,但《德国民法典》毕竟是百年前的产物,一百多年来整个世界的社会、政治、经济、文化发生了巨大的变化,科技日新月异,民法的体系与内容理所当然应当随着时代的变化而变化。例如,关于人格权是否应当独立成编的问题,如何有机地将人格权制度融入民法典是新时代赋予中国民法学者的机遇。如果仅以《德国民法典》没有规定独立的人格权制度为由,而置现实需要于不顾,将人格权制度在民法典中用民事主体制度或侵权法的几个条款轻描淡写一笔略过,这无异于削足适履,甚至是放弃了时代赋予当代中国民法学者的神圣职责!

---

[1] (汉代)桓宽:《盐铁论》。

我国处于并将长期处于社会主义初级阶段,实行改革开放,发展社会主义市场经济,立法特别是民商事立法,必须遵循市场经济的客观规律,协调和平衡各方面、各阶层的利益。所以在立法体系的设计上,我们一定要从中国的实际出发,构建具有中国特色的民法典体系。从立法的科学性、针对性和实效性考虑,并在此基础上制定出一部符合中国国情、反映时代需要的民法典,这样才能使民法典在社会生活中发挥出巨大作用,并为世界法学的发展作出我们应有的贡献!因此,在总结我国民事立法、司法经验和借鉴国外民事立法经验的基础上,我国民法典在体系结构上必须有所创新、有所发展。对于一个国家来说,真正好的法典,必须建立在对本国已有法律和国情的深入研究之上,包括对社会习惯、法院判例的大量搜集和整理。只有这样,制定出来的法典才能被本国人民所接受。①

(五) 一般法与特别法之间的关系

人类生活和社会实践变动不居,民法典不可能包罗万象。民法典在私法体系中居于核心地位,但这并不意味着法官只能以民法典为裁判的唯一依据。② 保持民法典在渊源上向法典之外的其他渊源开放是十分必要的,从比较法的经验来看,民法典之外大量单行法的产生,本身就说明了这种向法典之外其他渊源(如单行法、判例、习惯法等)开放的趋势。随着社会生活的日益复杂、社会分工的细化和社会领域的细分,单纯地通过民法典无法实现有效的规范;并且民法典必须保持一定的稳定性,大量新的社会领域的出现无法完全通过民法典的修改予以规范。③ 因此,在民法典之外制定特别单行法就成为必要。但是,单行法之间的价值理念可能存在着差异甚至冲突,在统一法秩序理念之下对其进行思想整合和价值融贯也越来越困难;单行法之间也会出现规范的大量冲突和逻辑不一致,损害法律的权威,无法实现法律的可预期性和法秩序的统一性。所以一些大陆法系国家由于单行法过分地衍生和膨胀,出现了与民法典相冲突的立法价值与原则,从而产生了再法典化的现象。④

---

① 参见严存生:《对法典和法典化的几点哲理思考》,载《北方法学》2008年第1期。
② 参见〔法〕让·路易·伯格:《法典编纂的主要方法和特征》,郭琛译,载许章润主编:《清华法学·第八辑:"法典化研究"专辑》,清华大学出版社2006年版,第19页。
③ See Maria Luisa Murillo, The Evolution of Codification in the Civil Law Legal System: Towards Decodification and Recodification, 11 Journal of Transnational Law and Policy 163 (2001).
④ Juan Roca Guillamón, Codificacion y Crisis del Derecho Civil, accessed June 10, 2020, https://digitum.um.es/digitum/bitstream/10201/6134/1/Codificacion% 20y% 20Crisis% 20del% 20Derecho% 20Civil.pdf.

因此,在民法典编纂的过程中,必须处理好一般和特别之间的关系。《魁北克民法典》"序言"第 2 条规定:"民法典由调整相关事项的规则的整体所组成,这些条文的文字、精神或对象在其所调整事项的领域内,以明示或默示方式确立了其共同法(Jus commune)。在这些领域中,法典是其他单行法的基础,尽管单行法可以补充法典或者作出例外规定。"此种经验值得借鉴,民法典是基础性的私法,而其他民事单行法只是补充或者例外性的规定。一方面,民法典要发挥一种基础性作用,具体而言,一是在法律体系结构中居于基础性地位,民法典要确定最为重要的原则体系;二是调整领域的基础性,民法典要对市场经济和社会生活最为重要和典型的领域进行规范;三是功能的基础性,民法典要规定最为基础性的规则,如物权法和合同法的一般性和普遍性规则。这就要求民法典能够对特别单行法进行价值统合,实现法秩序的价值统一,同时通过民法典的基础性规则消弭单行法之间的规范冲突,实现法秩序的规范统一。① 另一方面,在民法典编纂过程中也应当注意发挥特别单行法在一些特殊领域和新兴领域的作用,民法典不应当对特殊领域进行面面俱到的细致规定。例如,商事领域在遵循民法基本原则的同时,也要秉承保障商事交易自由、等价有偿、便捷安全等原则,由特别单行法对具体的领域进行更为明确和具体的规定。

四、民法典编纂应当积极反映改革成果、引领改革发展

民法典编纂是在全面深化改革的背景下展开的,其必然要承载新的使命,即适应全面深化改革的需要,引领改革,助推改革,为改革提供法律保障。改革的成果最终只有通过法律确认,才能得以巩固,为广大人民群众所接受并成为可推广、可复制的经验。改革于法有据,意味着要依法改革,以立法引领改革,这样才能使改革有序推进,改革成果才能受法律的保护,使改革始终运行于法治的轨道。因此,民法典编纂过程中应当全面回应改革的需要,反映改革成果、引领改革发展。

(一) 主体制度应当全面落实负面清单管理模式

私法自治是民法的精髓,但在贯彻私法自治时,若不借助负面清单管

---

① Jacques Vanderlinden, Le concept de code en Europe occidentale du XIIIe au XIXe siècle, Essai de définition 72 (1967), pp.190-191, n.702.

理模式将其具体落实,其可能只停留在理念层面,而缺乏现实可操作性。民法典中的主体制度应当贯彻私法自治原则,全面落实负面清单的基本要求,保障主体的行为自由。具体而言,一是市场主体类型的多元化。要确立适应市场需求的、形式多样的市场主体。近年来虽然修改了《合伙企业法》,确立了有限合伙这一新型主体形态,但总体而言,我国法律认可的市场主体类型仍然比较简单,仍不能满足市场的多样化需求。特别是与经济发达国家相比,我国的市场主体类型还不够丰富,未能满足我国当前经济发展的实际需要,需要进一步丰富和扩展。在民法典中,有必要在自然人和法人之外,确认独资企业、普通和有限合伙企业、商事信托、基金及适应市场需求的其他商事组织类型。① 二是法人治理结构的科学化。健全法人的治理结构,尤其是公司法人的治理机构,要健全股东会、董事会、监事会、经理人制度,理顺投资者与管理者之间的关系,并通过不同机构间的相互制衡,确保公司科学决策。三是市场主体制度统一化。这就意味着,"三资企业法"与其他企业法应通盘考虑,一并改革和完善,建立统一的市场主体法律制度。② 现代市场体系的建立需要统一内外资法律法规,保持外资政策稳定、透明、可预期。不能根据投资者身份实行内外两套不同的市场主体制度,而应强化市场主体的平等法律地位,统一市场准入的标准,适用相同的投资规则。四是市场主体登记制度的统一化。市场主体登记的不统一,在实践中已经产生不良后果,改革和完善的途径就是确立统一的市场主体登记制度。目前,深圳、珠海等地方实行工商登记制度改革,开始探索市场主体登记制度的统一,将来应在这些实践经验的基础上,结合商事登记的理论积累,从法律依据、登记程序、登记簿、登记事项、法律后果等方面统一登记制度。③ 五是主体自治功能的制度化。在主体制度中,进一步贯彻私法自治、章程自治、社团规约自治,充分发挥主体依法自治的功能。

---

① 以美国为例,其商事组织形式除了常见的合伙、有限合伙、有限公司(LLC),还包括商事信托(Business Trust)、公共公司(Public or Government Corporation)、社区公司(Municipal Corporation)、慈善公司(Charitable and Other Nonprofit Corporation)、一人公司(One-Person Corporation)、家庭公司(Family Corporation)、职业公司(Professional Corporation)等多种形式。See James D. Cox and Thomas Lee Hazen, Cox & Hazen on Corporations, 2nd ed., Aspen Publishers, 2003, pp.2 ff.
② 参见邓瑞平、王国锋:《WTO体制下中国商事组织法三大变革析论》,载《现代法学》2006年第5期。
③ 参见李国政:《深圳珠海正式实施商事登记改革》,载《中国工商报》2013年3月2日。

(二) 财产权制度应当及时反映农村改革的成果

财产权是市场的制度基石,改革的发展在很大程度上就是财产权制度的改革与完善。随着改革进程的推进,我国农村改革也取得了重大进展,这集中体现在农村土地制度的变革方面,农村土地权利也经历了由不确定的合同权利向稳定的物权转化,由流转受到严格限制的权利逐步向市场化流转的权利发展。

第一,关于土地承包经营权的抵押。长期以来,基于对农民生存保障以及耕地保护的考虑,对土地承包经营权的抵押作出了严格限制,但是,随着实践的发展和社会保障制度的逐步完善,这种限制的合理性已经大大减弱,土地承包经营权的市场化流转已经势在必行。2014年中共中央、国务院印发《关于全面深化农村改革加快推进农业现代化的若干意见》("一号文件")指出,要在落实农村土地集体所有权的基础上,稳定农户承包权、放活土地经营权,允许承包土地的经营权向金融机构抵押融资。土地承包经营权抵押,有利于充分发挥农村土地的融资功能,更有效率地利用土地资源,保障农民土地权利的充分实现。在实现抵押权时,按照国家土地用途管制的规定,也不允许改变作为耕地用途的土地的性质。应当看到,《物权法》第128条规定了"土地承包经营权人依照农村土地承包法的规定,有权将土地承包经营权采取转包、互换、转让等方式流转",这实际上为未来土地承包经营权抵押范围的扩大预留下了一定的空间。鉴于农村改革中,有关政策已经允许土地承包经营权可以抵押,因此,未来民法典应当在认真总结我国农村土地改革经验的基础上,对土地承包经营权的抵押制度作出更符合中国实际的规定,主要应当规定土地承包经营权抵押的期限、抵押权的实现方式、耕地保护原则等内容。

第二,关于宅基地使用权的转让。《物权法》第153条规定:"宅基地使用权的取得、行使和转让,适用土地管理法等法律和国家有关规定。"该条实际上维持了现有的做法,对出卖、出租房屋进行了严格限制,但又为今后逐步放开宅基地的转让、修改有关法律或调整有关政策留有余地。① 这种严格限制是在当时农村社会保障体系尚未建立的背景下,基于对农民的生存保障而作出的。但是,随着我国农村社会保障体系的逐步完善,对宅基地使用权流转严格限制的做法也有进行改革的必要。具体来说,

---

① 参见王兆国:《关于〈中华人民共和国物权法(草案)〉的说明》,载《中华人民共和国物权法》,法律出版社2007年版,第50页。

严格限制甚至禁止宅基地使用权的流转具有如下缺陷:既不利于保护农民利益,也不利于改变城乡二元体制。现行的城乡二元体制阻碍了农村市场经济的发展。而严格限制宅基地使用权的流转,特别是禁止城镇居民在农村购买房屋,客观上维护了这种城乡二元结构。从今后的发展需要来看,确有必要逐步放开宅基地使用权的流转。因此,2014年"一号文件"指出,改革农村宅基地制度,完善农村宅基地分配政策,在保障农户宅基地用益物权前提下,选择若干试点,慎重稳妥推进农民住房财产权抵押、担保、转让。由于农村房屋与宅基地使用权不可分离,因此,农村住房财产权的抵押、担保、转让实际上也涉及宅基地使用权的流转问题。我国未来民法典应当在总结这一改革经验的基础上,对宅基地使用权的利用与转让规则作出规定,主要应当规定宅基地使用权的利用方式、流转的具体程序、转让的限制条件等内容。

第三,农村土地承包权与经营权分离的探索。我国《物权法》的一大亮点是第一次在法律上承认农村土地承包经营权是一种物权,这是对农村改革成果的全面确认,并为未来农村土地制度改革奠定了制度基础。但是,《物权法》对农村土地承包经营权的内容和权能未作出全面详细的规定。随着社会实践的发展,土地承包经营权的内容越来越丰富,尤其是其中的经营权能已经显得越来越重要。因此,2014年"一号文件"指出,稳定农村土地承包关系并保持长久不变,在坚持和完善最严格的耕地保护制度前提下,赋予农民对承包地占有、使用、收益、流转及承包经营权的抵押、担保权能。这就根据社会实践的需要开启了对土地承包经营权的具体内容进行探索和改革的序幕,其宗旨在于强化土地承包经营权的有效利用和经营。现代民法发展的重要趋势,不仅是确认和保护权利,而且侧重对权利进行利用,这与现代社会资源的有限性和稀缺性有关,对资源的有效利用也在客观上要求民法典及时确认相关的权利利用规则,从而为权利的有效利用创造条件。正因为如此,民法的整个财产权制度应当反映社会实践的需要,一方面,在债权制度中,应让土地承包经营权人享有更大的自由;另一方面,在物权制度中,应不断丰富土地承包经营权的内容,并通过相应的公示制度反映权能分离的变化。

第四,农村集体经营性建设用地入市制度改革。按照我国现行土地制度,农村集体土地不能够直接进入市场,必须经过征收程序才能够进入市场,这种模式在一定程度上固化了城乡二元结构,不利于土地价值的充分发挥,损害了集体和农民的利益。在全面深化改革的背景下,我国已经开始启动农村集体经营性建设用地入市改革的探索。最近,国务院授权在北京市大兴区等 33 个试点县(市、区)行政区域进行试点,这是农村土地制度改革的重大举措,将带来财产权制度的一系列重大变化。首先,将促进农村土地物权权能的完整,使农村土地真正成为按照市场规则进行市场交易的对象。其次,将使得土地征收制度发生重大变革,征收制度的范围将缩小,其补偿标准也将按照市场价格进行。再次,这将使得不动产登记制度的重要性日益凸显,因为一旦农村土地进入市场,必须对农村土地的权属进行全面公示。

(三) 物权制度应当进一步完善统一的不动产登记制度

2007 年的《物权法》虽然提出了建立统一的不动产登记制度,但一直未能付诸实施。2015 年 3 月 1 日实施的《不动产登记暂行条例》落实了《物权法》的上述要求,统一了不动产的登记机关,建立了统一的不动产登记制度。该条例统一了登记机构,并统一了登记内容,明确了不动产的范围,统一了登记程序,统一了登记机构的职责,建立了统一的不动产信息查询平台。然而,不动产登记制度统一只是走完了第一步,还需要进一步推进动产统一登记制度。目前我国动产登记还处于一种部门化、分散化的状态,这不仅导致动产及权利公示现状的混乱,不符合公示公信原则的要求实际上还出现了"信息孤岛"的现象,从而影响了交易安全。举例而言,在融资租赁交易领域,我国目前就存在着中国人民银行征信中心以及商务部业务系统统一平台两套登记系统,这给当事人查询租赁物权属状态带来了困难,司法实务对于这种登记当事人有无查询义务也存在分歧。所以,民法典编纂中应当建立统一的动产登记制度,以解决动产登记不统一而产生的困境。

(四) 合同和侵权等制度要反映全面深化改革的需要

改革开放以来,中国经济的迅速发展与市场主体自由的扩大紧密相连,自由意味着机会、创造和潜能的发挥。但由于受计划经济思维的影响,目前社会自治空间依然不足,国家主义观念盛行,"强政府、弱社会"的现象十分明显,从而不利于发挥社会主体在社会治理中的作用。[①] 因此,在债和合同制度中,有必要结合全面深化改革发挥市场的决定性作用的理念,进一步强化私法自治,在债与合同法中充分尊重合同当事人的合同

---

① 参见徐汉明:《推进国家与社会治理法治化现代化》,载《法制与社会发展》2014 年第 5 期。

自由。在改革过程中,也可能会出现因为经济转型而引发的物价波动、货币价值变动等问题,为此,有必要在合同法中确立情势变更制度,允许当事人在面对无法预见的重大情势的变动时,变更或解除合同。合同法也有必要确立信赖保护原则,鼓励守信和阻遏背信,提倡有约必守,相互信赖,相互协作,构建良好的市场经济秩序。

全面深化改革不仅应当着眼于经济的发展,还要使得改革的红利更多地惠及民众,让人民群众有更多获得感,这涉及民生和保障制度的变化。在民法典中应实现经济发展和民生保障的共同推进。人权保障是在内容上判断法治是否为良法的标准,也是法治最基本的价值目标。如果法律缺乏人权保障的内容,即便有法,也可能是恶法之治。在我国,人权作为人最基本的权利集合,体现了人民群众的根本利益和意愿。因此,促进和保障人权也是我国社会主义制度的根本任务。构建法治社会的终极目的是为了实现个人的福祉,充分尊重和保护个人的权利。因此,我国民法典编纂应当全面确认和保护公民、法人的人身和财产权益,根据强化人权司法保障的要求,在私法关系中强化对于宪法基本权利的保护,并在这些权益受到侵害时,为权利人提供充分的救济。

最后需要指出的是,民法典的编纂应当有效处理好私法和公法的关系。"公法的归公法,私法的归私法",公私法相互独立乃是法治的一项原则。在民法典编纂中,首先必须强调二者在功能与体系上的区分,除非为实现规范目的所必需,私法中不应容留较多的公法规范。以《合同法》为例,《合同法》中规定的强制性规定的范围较广,如果直接以其作为认定合同无效的标准而不加以限制,就可能使过多的合同被认定为无效。有学者曾经比喻,在私法中规定强制性规范,公法规范就会像躲在木马里面的雄兵一样涌进特洛伊城,摇身变成民事规范,在这样一种调整下,私法自治的空间,就只能随着国家管制强度的增减而上下调整。[1] 当然,在民法典编纂中,不可能完全排斥公法。实际上,在任何市场经济国家,国家对交易的干预都是必要的。为了更好地实施此种干预,有必要在私法中保留最低限度的公法规范,以方便法律的适用,同时,也有必要科学设计引致性规范,为私法与公法的互通预留管道。

---

[1] 参见苏永钦:《私法自治中的国家强制》,载《中外法学》2001年第1期。

五、结　语

发展无止境、改革无穷尽,全面深化改革中的民法典编纂是一项艰巨的任务。正如梅因所指出的:"社会需要和社会见解总是或多或少地走在法律的前面,我们可能非常接近地达到它们之间的缺口结合处,然而现在却有一种重新拉开差距的永恒趋势。"[①]而人民幸福的大小取决于这个缺口缩小的快慢,故而,民法典编纂也要与时俱进,要及时通过立法来固化改革的成果,为改革提供依据和基础。"重大改革要于法有据",民法典编纂就是为重大的改革提供法律依据。

---

① 〔英〕梅因:《古代法》,沈景一译,商务印书馆2011年版,第17页。

何谓根据宪法制定民法?*

在民法典编纂过程中,就民法典是否应当写入"根据宪法制定本法",以及应当如何理解这一表述,存在一定争议。这一问题不仅涉及民法与宪法之间的关系,而且也会对民法典的规范设计和解释产生重大影响,在理论上有必要予以澄清。本文拟从民法与宪法的关系视角,就该问题谈几点看法。

一、"根据宪法"制定民法的立法史考察

从我国民事立法的历史来看,自1986年《民法通则》开始,我国民事立法中就开始使用"根据宪法"制定这一表述,该法第1条规定:"为了保障公民、法人的合法的民事权益,正确调整民事关系,适应社会主义现代化建设事业发展的需要,根据宪法和我国实际情况,总结民事活动的实践经验,制定本法。"从《民法通则》的制定过程来看,学者当时并没有就该表述发生争议。可见,自1986年《民法通则》开始,中国民法学同行就形成了这样的认识,并在宪法框架下来讨论民事基本法中的重大问题。①

1999年《合同法》第1条规定:"为了保护合同当事人的合法权益,维护社会经济秩序,促进社会主义现代化建设,制定本法。"该条并没采用"根据宪法"的表述,民法学界普遍认为,即便立法没有明确表述根据宪法制定,也是其应有内容。但在《物权法》制定过程中,有学者认为,物权法草案所规定的平等保护原则,没有体现"社会主义的公共财产神圣不可侵犯"的精神,其相关规则违反了宪法的规定。② 在这些学者看来,《宪法》明确规定"社会主义的公共财产神圣不可侵犯",而对私有财产只是采用

---

* 原载《法治现代化研究》2017年第1期。
① 参见佟柔:《民法》,法律出版社1986年版,第1页。
② 参见巩献田:《一部违背宪法和背离社会主义基本原则的〈物权法(草案)〉——为〈宪法〉第12条和86年〈民法通则〉第73条的废除写的公开信》,载《经济管理文摘》2006年第8期。

了"不受侵犯"的表述,因而,《宪法》并没有将公共财产与私有财产置于平等的地位。因而,平等保护原则是违宪的。部分宪法学者也加入了这场讨论。① 例如,有学者认为,物权法是有关财产的基本法律,而且物权法需要以具体化的形式实现宪法的基本原则,因此,其需要以宪法为制定的基本依据;同时,从立法技术上看,物权法中有必要写入"根据宪法制定本法",而且此种做法也有利于维持法律形式的统一,端正宪法和民法典的关系。②《物权法》最终采纳了后一种观点,该法第 1 条规定:"为了维护国家基本经济制度,维护社会主义市场经济秩序,明确物的归属,发挥物的效用,保护权利人的物权,根据宪法,制定本法。"与《合同法》的规定不同,"根据宪法"的表述又回到了《物权法》文本中。

2016 年 7 月,全国人大公布了《民法总则(草案)》。该草案第 1 条规定:"为了保护自然人、法人和非法人组织的合法权益,调整民事关系,维护社会和经济秩序,适应中国特色社会主义发展要求,根据宪法,制定本法。"该条使用了"根据宪法,制定本法"的表述。有观点认为,在民法典中写明"根据宪法,制定本法"有利于回避类似于《物权法》制定过程中的争议,具有鲜明的政治宣示意味。③ 但也有学者认为,民法总则并不需要使用这一表述,因为宪法具有最高的效力位阶,从合宪性的角度出发,任何法律都是依据宪法制定的,民事立法中并不需要写明"根据宪法,制定本法"这一表述。笔者赞同第一种观点,即民法总则中有必要写入"根据宪法,制定本法"这一表述,这并不是要避免不必要的争议,也不仅仅是出于政治宣示的需要,更重要的原因在于,此种规定有利于维护整个法律体系的和谐、保障民法典的编纂符合宪法的精神等,详言之,具有如下重要的现实意义。

第一,彰显宪法的根本法地位,维护法律体系和谐统一。"根据宪法,制定本法"至少内含如下含义:一方面,表明宪法具有最高的法律效力,民法典的规范不得与宪法的规定相抵触。在我国,宪法是国家的根本大法,是治国安邦的总章程,是保障国家统一、民族团结、经济发展、社会进步和长治久安的法律基础。④ 我国是一个集中统一的社会主义国家,法制不统

---

① 该争议详细介绍可参见林来梵:《民法典编纂的宪法学透析》,载《法学研究》2016 年第 4 期。
② 参见童之伟:《再论物权法草案中的宪法问题及其解决路径》,载《法学》2006 年第 7 期。
③ 参见林来梵:《民法典编纂的宪法学透析》,载《法学研究》2016 年第 4 期。
④ 参见胡康生:《学习宪法 忠于宪法 维护宪法权威》,载《中国人大》2009 年第 5 期。

一,就不能依法维护国家统一、政治安定、社会稳定。我国社会主义法律体系是以宪法为核心构建的完整体系,它在宪法的指引下,形成了一个规则的体系和价值的体系。因此,要维护法制的统一,首先必须保障宪法的实施,维护宪法的权威。① 另一方面,表明民法典规范的价值和效力来源于宪法规定。② 这就是宪法学者所说的"法源法定"。在民法典编纂过程中,相关规则的设计应当立足于宪法文本,遵守宪法的规定。③ 我国《宪法》第5条第3款规定:"一切法律、行政法规和地方性法规都不得同宪法相抵触。"这也表明,民法典的制定必须符合宪法的原则和精神。

第二,实现对民法规范的合宪性控制,使民法典符合宪法的精神。一方面,民法典的基本体系和根本制度应当以宪法为基础,符合宪法的基本精神和价值取向。例如,民法典关于基本经济制度的规定应当以宪法所确认的基本经济制度为基础,民法典有关民事权利的规则,也应当符合宪法关于公民基本权利的规定。任何国家的法律体制从来都是一个有机的整体,与宪法规范相比,民法规范虽然具有一定的特殊性,但其仍然是宪法所确立的一国法律秩序和法律体系的重要组成部分,其基本精神和价值理念也应当符合宪法的精神。④ 另一方面,我国编纂民法典的过程也是对改革开放三十多年来大量民事法律、法规和司法解释的规定进行梳理、整合的过程,是对以1982年《宪法》为基础的改革开放的成就的法律确认。在这个过程中,宪法能够提供最重要的指引,从而使得立法者在编纂民法典时对各种法律、法规和司法解释进行有效整合,以建立真正符合宪法精神的民法典规范体系。因此,在民法典中写入"根据宪法,制定本法"也强调了民法典应当符合宪法的精神。

第三,通过合宪性解释方法,准确解释民法规则。宪法可以为民法典规范的解释与适用提供指引,即在民法典规范存在多种解释时,裁判者可以运用合宪性解释的方法进行解释选择,从而使民法典规范的适用符合宪法的精神和价值。斯蒙德(Rudolf Smend)教授曾指出,宪法具有统一性,宪法代表了一种统一的价值,在这些价值之下促使民族的团结和统

---

① 参见胡康生:《学习宪法 忠于宪法 维护宪法权威》,载《中国人大》2009年第5期。
② 参见韩大元:《由〈物权法(草案)〉的争论想到的若干宪法问题》,载《法学》2006年第3期。
③ 参见叶海波:《"根据宪法,制定本法"的规范内涵》,载《法学家》2013年第5期。
④ 参见薛军:《两种市场观念与两种民法模式——"社会主义市场经济"的民事立法政策内涵之分析》,载《法制与社会发展》2008年第5期。

一。① 在我国审判实践中,合宪性解释具有进行合宪性控制的功能,进而起到保障宪法的实施,维护宪法的根本法地位的作用。因此,在法律的解释结论可能违反宪法时,法官就应当对其进行合宪性控制,从而使宪法得到贯彻和落实。在民法典中明确写入"根据宪法,制定本法",可以为法官运用合宪性解释方法解释民法规则提供依据。

第四,保障宪法的实施。在我国,由于宪法规范不具有可司法性,无法直接适用于案件裁判,所以,有必要通过部门法将宪法的原则、规范予以具体化,这也是我国宪法实施的重要方式。同时,宪法是国家的根本大法,其虽然规定了国家的政治经济体制和公民的基本权利,但其规定大多抽象原则,难以直接适用于具体的经济社会生活事实。而民法典则可以通过设置具体的规则,具体落实宪法的规定。例如,物权法对各项物权进行保护,有利于具体落实宪法保护私人合法财产的精神。再如,民法典通过确认个人所享有的各项人格权,同时对人格权的商业化利用行为进行必要的控制,有利于具体落实宪法保护个人人格尊严的规定。从这一意义上说,民法在效力层级上以宪法为依据,也有利于民法典具体落实宪法的精神和具体规则。

二、民法在效力层级上以宪法为依据

梁启超曾言,宪法"为国家一切法度之根源"②。民法在效力层级上以宪法为依据,来自凯尔森的"规范效力层级理论"。按照凯尔森的观点,宪法规范是最高效力层级的规范,任何其他规范都是从宪法规范中引导出来,凯尔森指出:"一个动态体系的诸规范,只能由那些曾由某个更高规范授权创造规范的那些个人通过个人意志行为而被创造出来,这种授权就是一种委托。创造规范的权利从一个权威被委托给另一个权威;前者是较高的权威,后者是较低的权威。"③因此,民法当然是依据宪法而制定的,在效力层级上以宪法为依据。所以《德国基本法》第 100 条第 1 项规定,"法院认为裁判案件所依据的法律违反宪法时,应中止审理程序,如该法律违反州宪法,则应征求有关主管宪法争议的州法院作出的裁判意见,

---

① Stein, Staatsrecht, 8th ed, J. C. B. Morh(Paul Siebeck), 1982, S. 50-251.
② 梁启超:《政论选》,新华出版社 1994 年版,第 26 页。
③ 〔奥〕凯尔森:《法与国家的一般理论》,沈宗灵译,中国大百科全书出版社 1996 年版,第 128 页。

如该法律违反本基本法,则应征求联邦宪法法院作出的裁判意见"。显然,这一规定是采纳了凯尔森的理论。

然而,也有学者对此种规范效力层级理论存在不同看法。例如,日本著名民法学家星野英一教授认为,宪法是公法的基本法,民法是私法的基本法。① 我国也有学者持这一观点,即认为,公法和私法"不应当有统率与被统率之分","民法不是宪法的实施细则"。② 应当说,这一观点可以在一定程度上以国家和市民社会的分野作为论证依据,但即便如此,也不能完全否定民法在效力层级上以宪法为依据的事实。笔者认为,将宪法作为公法的基本法,将民法作为私法的基本法,这一做法实际上人为地割裂了一个国家内的不同法律之间的关系,从而使民法和宪法产生一定的对立。在欧洲近代民法法典化时期,也有一些学者以公私二元的法律体系划分为基础,从而实现政治国家与市民社会二元划分的法律治理格局。③ 但是,随着社会的发展,在第二次世界大战以后,宪法日益成为各国法律体系的中心。但时至今日,"宪法是公法的基本法,民法是私法的基本法"的观点已经丧失了其社会基础。

从比较法上来看,法治国家的基本准则之一,就是法律规范的效力不能自设,下位规范的效力来自上位规范的授权,这也是人民主权原则的当然要求。④ 既然宪法是全体人民制定的或者全体人民的代表制定的,因此,基于宪法授予的立法权而制定的民法典,其规范效力也应当是来自于宪法的授予,否则就违反了授权理论。因此,民法典的制定应当来自宪法授权。在民法典中写入"依据宪法,制定民法",符合我国《宪法》的规定。我国《宪法》第62条规定了全国人大的立法权限,该条第3项明确规定,全国人大有权"制定和修改刑事、民事、国家机构的和其他的基本法律"。因此,从实证的角度来看,全国人大制定民法典的立法权限就来自于《宪法》,这也构成了民法在效力层级上以宪法为依据的基础。

在我国整个法律体系中,宪法是国家根本大法,是整个社会主义法律

---

① 参见〔日〕星野英一:《现代民法基本问题》,段匡、杨永庄译,上海三联书店2012年版,第28页。
② 赵万一:《从民法与宪法关系的视角谈我国民法典制订的基本理念和制度架构》,载《中国法学》2006年第1期。
③ 参见薛军:《"民法—宪法"关系的演变与民法的转型——以欧洲近现代民法的发展轨迹为中心》,载《中国法学》2010年第1期。
④ 参见郑贤君:《作为宪法实施法的民法——兼议龙卫球教授所谓"民法典制定的宪法陷阱"》,载《法学评论》2016年第1期。

体系的基础。2012年,全国人大宣布社会主义法律体系已经形成,这一体系就是以宪法为统帅,以法律为主干,由宪法相关法、民商法、行政法、经济法、社会法、刑法、诉讼与非诉讼程序法等多个法律部门所组成的。由此可见,民法在效力层级上应当以宪法为依据的观念,已经被我国理论与实务界普遍接受。

民法在效力层级上以宪法为依据,具有如下含义:

第一,积极指导功能。这就是说,宪法作为国家的根本法,其规范中所蕴含的价值秩序应当可以适用于所有的法领域。① 因此,民法典的规则设计应当以宪法为依据。同时,宪法的具体规则也应当是民法典规则设计的基础和依据,尤其是宪法中关于公民基本权利的规定,应当成为民法典规范民事权利的上位法依据,而且民法典应当积极落实宪法的相关规则。例如,民法典应当通过积极确认各项人格权,并设置相关的保护规则,以实现宪法关于人格尊严保护的规定。从这一意义上说,宪法的精神、理念和具体规则是民法典规则设计的基础和上位法依据,宪法具有积极形成民法典规则的作用。

第二,消极控制功能。这就是说,民法典的规则不得违反宪法。一般认为,宪法对民法的内容有一种消极内容控制的作用,其也常被称为"不抵触"原则。② 也就是说,民法典所规定的公民权利和交易规则不得违背宪法确立的政治经济体制、不得不当限制公民基本权利。例如,我国《宪法》规定了人格尊严受法律保护,因此,在民法中如果广泛地承认商业代孕行为,就可能因为与人格尊严条款的冲突而违背"不抵触"原则。一般而言,民法典的规则设计应当以宪法为基础和依据,通常并不会与宪法相违背,但由于民法并不是宪法的实施细则,其也具有自身的体系自洽性,因此,立法者在进行民事立法时,虽然应当以宪法为基础,但也有一定的规则设计的自主性,这就需要运用宪法对民法的相关规则的合宪性进行消极控制,以尽量避免相关的民法规范背离宪法的精神,甚至与宪法相违背。

第三,解释民法功能。宪法对民法典规则的解释与适用具有重要的指导意义。在一些国家,法官可以直接援引宪法的精神解释民法规则,借助于"基本权利的第三人效力""基本权利对民法的辐射作用"等原理,直

---

① 参见林来梵:《民法典编纂的宪法学透析》,载《法学研究》2016年第4期。
② 参见蒋德海:《从宪法"不抵触"原则透视宪法与其他法的关系》,载《华东政法大学学报》2008年第1期。

接以宪法规范来保护基本权利。① 在我国,宪法虽然尚不具有可司法性,法官不能直接援引宪法裁判民事案件,但在司法实践中,法官仍然可以宪法作为价值指导,选择适用民法裁判规则,并对民法规范进行合宪性解释,将宪法作为论证的依据。从我国《宪法》的规定来看,其包含的纲领性规定,以及关于国家机构的规定,难以成为民法典规范合宪性解释的依据,但其中包含的大量关于公民基本权利的规定,则可以成为民法典规范合宪性解释的依据。例如,《宪法》第33条所规定的中华人民共和国公民在法律面前一律平等条款、第38条关于人格尊严保护的规定等,都可以成为合宪性解释的依据。②

一般而言,从法律的体系性和整体性出发,我们说宪法是根本法,处于一个国家法律体系的顶端,是一切法律、法规和其他规范性文件的依据,当然,民法应当以宪法为依据,但这并不意味着要将宪法视为母法,将其他法律视为宪法的子法和具体实施细则。③ 事实上,如果对各个部门法的规则进行实证考查,我们就会发现,许多民法规则并不当然与宪法关于国家机构设置及其权力分配存在密切关联,民法的许多规则可能只是一些技术性的规则,直接服务于交易关系。在具体设计这些规则时,可能只是需要考虑其社会经济效益,而不需要直接考虑宪法的相关规则。例如,善意取得、无权处分、表见代理、登记公示等规则,这些规则虽然在抽象意义上都可以归入政治经济体制的范畴,但其本质上主要是一个纯技术性的问题,对这些技术性规范的选择并不涉及违反宪法所确立的基本政治经济体制和公民基本权利,其应当属于民法自身的范畴。如果将这些技术性规范全部诉诸宪法,要求从宪法规范中找到具体的依据,这会导致技术性民事法律问题的泛宪法化,这可能降低宪法的地位,稀释宪法在国家和社会中的根本地位和作用。

三、民法需要贯彻宪法所确认的基本经济制度

诚然,从比较法上来看,西方许多国家的宪法主要是规范政府和人民之间的关系,并未过多地涉及经济内容和经济制度。但即便如此,西方国家的宪法也都确立了私有财产神圣不可侵犯的原则,而这本身就是一种

---

① 参见苏永钦:《合宪性控制的理论与实际》,月旦出版公司1994年版,第80页。
② 参见林来梵:《民法典编纂的宪法学透析》,载《法学研究》2016年第4期。
③ 参见叶海波:《"根据宪法,制定本法"的规范内涵》,载《法学家》2013年第5期。

对经济制度的规范,民法等部门也应当予以贯彻。正如德国法学家鲍尔所指出的:"作为法律制度一部分的物权法,包含着人类对财务进行支配的根本规则。而该规则之构成,又取决于一个国家宪法制度所确立的基本决策。与此同时,国家的经济制度,也是建立在该基本决策之上,并将其予以具体化。"①正因如此,物权法才具有浓厚的固有法和本土性的色彩。

我国是社会主义国家,《宪法》第一章"总纲"则直接规定了我国的基本经济制度,《宪法》第6条第2款规定:"国家在社会主义初级阶段,坚持公有制为主体、多种所有制经济共同发展的基本经济制度,坚持按劳分配为主体、多种分配方式并存的分配制度。"第15条第1款规定:"国家实行社会主义市场经济。"这两方面的规定实际上确认了我国基本经济制度的核心内容。这就是说,一方面,应当坚持以公有制为主体的多种所有制的共同发展。所谓"以公有制为主体",主要是强调各种公有制对国计民生、经济安全以及政府实现宏观调控等方面的基础性作用及其对国民经济的重要影响,也是为了保证生产关系的社会主义属性。所谓"多种所有制经济共同发展",就是强调所有制的多元化,鼓励和保护多种所有制的共同发展。在整个社会主义初级阶段,我们必须始终做到"两个毫不动摇",即毫不动摇地巩固和发展公有制为主体,毫不动摇地鼓励、支持和引导非公有制经济共同发展。这就是我国社会主义初级阶段社会主义所有制的基本特点。② 另一方面,国家实行社会主义市场经济,市场是每天重复发生的无数交易的总和,市场经济本质上就是平等主体的自然人、法人或者其他组织之间形成的交易关系。但我国社会主义市场经济是建立在公有制经济之上,以社会主义公有制为基础的。因此,民法典不能完全照搬西方以私有制为基础的有关市场经济的法律规则。在反映基本经济制度方面,民法典应当体现其本土性特征。

我国《宪法》所确认的基本经济制度对我国民法典的编纂具有重要的指导意义,民法典制度和规则设计应当以宪法所确认的基本经济制度为基础,不能超越基本经济制度的框架,更不能违背该制度。同时,民法典的相关制度、规则设计也应当具体贯彻、落实宪法关于基本经济制度的规

---

① 〔德〕鲍尔、施蒂尔纳:《德国物权法(上册)》,张双根译,法律出版社2004年版,第3页。
② 参见宗寒:《坚持社会主义基本经济制度的几个问题》,载《马克思主义研究》2007年第9期。

定,具体而言,民法典主要应当从以下两方面具体落实宪法所确认的基本经济制度。

(一) 民法典应当具体落实以公有制为主体、多种所有制经济共同发展的基本经济制度

第一,强化平等保护原则。如前所述,《宪法》第6条第2款规定了以公有制为主体、多种所有制经济共同发展的基本经济制度,第11条规定了非公有制经济是社会主义市场经济的重要组成部分。由于多种所有制共同发展的基础和前提就是平等保护,没有平等保护就难以有共同发展,失去了共同发展,平等保护也就失去了其存在应有的目的。实践证明,只有努力促进多种所有制经济共同发展,才能巩固社会主义的基本经济制度。坚定社会主义改革开放的正确方向。这一方面需要通过民法典物权编继续规定平等保护原则,从而能有效保护国家、集体和私人所有权,既能防止国有资产流失,又能有效地保护私人财产。另一方面,平等保护原则应当贯彻于整个民法始终,不仅要在民法总则中明确宣示"国家要依法保障一切市场主体的平等法律地位和权利",而且通过民法的各项具体制度加以贯彻落实,从而为市场经济提供基本的制度框架。

第二,详细规定对各类财产的具体保护措施和方法。民法不仅要确认各类财产权利,保护财产自由,还要规定在侵害财产时的民事责任。在我国民法典的制定过程中,要针对不同所有制规定不同的保护方法和措施。就公有制即国家所有权和集体所有权的保护而言,应当侧重于防止国有财产和集体财产流失,即规定对国家所有权和集体所有权的行使应当遵守民主的法定程序,从而防止国家财产和集体财产被非法侵占。而对于私有财产,主要是从防止权利人之外的其他人的侵害的角度加以规定,其中既包括其他民事主体的侵害,也包括来自各类国家公权力的侵害。此外,宪法确立了私有财产的保护,私有财产不仅包括所有权,还包括其他物权、继承权等,在保护财产的过程中,也需要通过侵权法对侵害民事主体物权、债权等财产权益的侵权责任进行规定,能够很好地保护广大民事主体的权益,预防并制裁各类侵权行为。

第三,进一步完善物权法中的征收补偿制度,防止公权力任意侵害私权利,加强对私有财产权的保护。各国法律都规定基于法律规定、正当程序和公共利益的需要,在合理补偿的基础上可以对私人财产予以征收、征用。鉴于征收是对个人财产权的重大限制,征收行为的实施与个人财产利益关系巨大,其将导致个人财产权被限制,甚至被剥夺。因此,为了强

化对个人财产权的保护,各国法律大多是在宪法和行政法中对征收制度作出规定的。我国《宪法》第10条第3款规定:"国家为了公共利益的需要,可以依照法律规定对土地实行征收或者征用并给予补偿。"一般认为,征收制度属于公法制度,应在宪法、行政法中作出规定。但我国《物权法》基于维护公共利益和保护个人财产权的需要,用多个条文规定了征收和征用的条件、补偿标准,从而完善了征收、征用制度。实践证明,在民法中规定征收、征用制度,对保护公民的财产权、规范政府行为,发挥了重要作用。我国民法典物权编应当继受《物权法》的立法经验,并进一步完善征收、征用制度。

(二) 民法典应当具体落实社会主义市场经济制度

我国宪法确立了我国实行社会主义市场经济制度,市场经济就是法治经济。而民法典是市场经济的基本法,只有通过民法的具体规范才能具体落实宪法所规定的社会主义市场经济制度,从而保障市场经济的健康和发展。民法所确立的交易规则本身就是直接服务于市场经济活动的秩序的。而市场经济体制的建立、发展与完善,必须依赖民法对合同、物权等民事权利的具体规定才能加以实现:其一,民法要确认各类市场主体的平等的法律地位,即明确各类市场主体具有相同的民事权利能力和民事行为能力,从而为其进入市场从事各种民事活动奠定基础。平等的法律地位,是宪法规定的社会主义市场经济体制的必然要求。[①] 保障所有参与市场经济活动的主体的地位平等,确立起点的平等,使得每一主体能够进行平等的交易和公平的竞争,最终促进社会主义市场经济的繁荣与发展。其二,民法要贯彻落实私法自治、合同自由原则,为市场主体的行为自由提供保障。我国市场经济就是要发挥市场在资源配置中的决定性作用,而市场就是由无数交易组成的,也是当事人合意的产物,应奉行等价有偿、平等自愿原则。我国《宪法》第15条确认了我国实行社会主义市场经济,这就必然要求贯彻私法自治、合同自由等民法的基本原则。民法也要充分贯彻法无禁止即自由的观念,通过确立负面清单制度,扩大民事主体自由活动的空间,充分发挥市场主体的能动性。其三,民法要确认具体的交易规则,在贯彻基本经济制度方面,最为重要的是所有权制度与合同制度,前者是确立财产权归属的基本制度,后者是确认财产权流转秩序的基本制度。这两者都无疑需要民法来规定其基本的规则。在市场经济条

---

① 参见杨海坤:《论非公有制经济的宪法保护》,载《法商研究》2004年第2期。

件下,"合同法对市场起着极大的支撑作用"①。合同法要维护诚实信用、严守合同的原则,鼓励守信,阻止背信,从而降低交易成本和费用,提高交易效率。其四,社会主义市场经济就是在公有制基础上实现市场经济,必须实行公有制和市场经济的有机结合,这就需要通过物权等制度,对这种结合进行妥当的制度安排。例如,依据《宪法》规定,国家所有的土地不能转让,但土地进入市场又是市场经济发展的重要条件,这就需要在保护国家土地所有权的同时,通过建设用地使用权流转等制度,来实现二者的结合。其五,维护市场经济的正常秩序。民法典通过规定公示公信原则、善意取得制度、表见代理制度、信赖保护原则等一系列原则、制度和规则,从而有效维护市场经济的正常秩序。

四、民事权利体系应依据宪法构建

(一) 民法典依据宪法构建民事权利体系的原因

现代法治核心理念是"规范公权,保障私权","在传统的理论,宪法的主要功能之一,便是保障人民的基本权利"。② 基本权利是人民所享有的重要权利,但宪法规定的基本权利如何实现,涉及宪法中基本权利规则的运用问题,或者说基本权利对第三人效力的问题。对此,存在三种不同的观点:一是直接适用说。此种观点认为,宪法中对于基本权利的规定可以直接适用于民事关系。二是禁止适用说。此种观点认为,宪法中对于基本权利的规定是不能适用于民事关系的,因为宪法是规范国家与人民关系的。三是间接适用说。此种观点认为,宪法中对于基本权利的规定只能间接适用于民事关系,其只能通过间接适用的方式适用于民事关系,如借助民法上的转介条款(如公序良俗条款等)。③ 从比较法上看,有的国家存在宪法诉讼和违宪审查制度,法官也可以直接援引宪法规范裁判,宪法具有可司法性。尤其在欧洲出现了一种"私法的宪法化"(constitu-

---

① E. Allan Farnsworth, Willion F. Yang and Harry W. Jones, Cases and Materials on Contracts, The Foundation Press, Inc., 1972, preface.
② 陈新民:《德国公法学基础理论》(上册),山东人民出版社2001年版,第287页。
③ 参见陈新民:《德国公法学基础理论》(上册),山东人民出版社2001年版,第287页及以下。

tionalisation of private law)的倾向,宪法可以直接适用于民事案件裁判。①但此种方式在我国是难以实施的,因为我国并不存在宪法诉讼和违宪审查制度,法院不能直接适用宪法裁判案件,更不能直接依据宪法规定宣布法律、行政法规或其他法规和规章因违宪而无效。依据我国现行《宪法》的规定,只有全国人大常委会才能解释宪法、监督宪法的实施,法官无权解释宪法,对此,最高人民法院《关于裁判文书引用法律、法规等规范性法律文件的规定》第4条规定:"民事裁判文书应当引用法律、法律解释或者司法解释。对于应当适用的行政法规、地方性法规或者自治条例和单行条例,可以直接引用。"该条并没有将宪法列入民事裁判文书可以引用的范围之列,因此,法官无法直接援引宪法裁判民事案件,这也导致我国宪法不能直接作为法官处理纠纷的依据。这就有必要通过民法典依据宪法构建完善的民事权利体系,从而具体落实宪法关于公民基本权利的规定。

一般认为,宪法主要具有如下两种功能:一是授予国家机关以相应的权力并规范其行使;二是保护公民的自由,防止公权力侵害公民的基本权利。② 民法典是调整平等主体之间财产关系和人身关系的法律,其应当对宪法所规定的基本权利进行细化保护,从而具体落实宪法对基本权利的规定。一方面,除上述宪法不具有可司法性的原因外,由于宪法确认的基本权利的权利主体是个人,而义务主体是国家③,在民事关系中,各类侵权又主要发生在平等的民事主体之间,这就需要将宪法所规定的基本权利转化为民法上的权利,从而更好地保障公民基本权利的实现。宪法的实施也要求立法机关通过立法实现这些权利的内容。例如,宪法上的人格权作为基本权利,其主要对抗国家权力的侵害,国家负有形成私法上人格权规范的义务,使人格权不受国家或者第三人侵害。④ 在各项权利的内容得以具体化后,由于这些权利应具有排除公权力非法侵害的效力,也会强化这些基本权利的效力,从而更好地实现宪法的功能。另一方面,规范公权力虽然并非民法典的功能,但民法典却可以促进宪法功能的实现,因为民法典依据宪法所构建的完整的私权体系,通过保障私权的充分实现,对

---

① See Tom Barkhuysen and Siewert D. Lindenbergh(eds.), Constitutionalisation of Private Law, Nartinus Nijhoff Publishers, 2006, p.43.
② 参见赵万一:《从民法与宪法关系的视角谈我国民法典制订的基本理念和制度架构》,载《中国法学》2006年第1期。
③ 参见张翔:《基本权利的规范建构》,高等教育出版社2008年版,第4页。
④ 参见王泽鉴:《人格权法》,三民书局2012年版,第80页。

于控制公权能够发挥一定的作用。① 自由止于权利,公权行使同样有其边界,这个边界就是不得非法侵害民法典所确认的私权。如果非法侵害了私权,就意味着滥用了公权。从这一意义上说,通过保障私权可以对公权的行使形成一定的制约,也可以在一定程度上发挥规范公权的作用。

依据宪法构建民事权利体系,也有利于维护法律体系的统一与和谐。民法典依据宪法构建民事权利体系,可以使民事权利体系具有上位法依据,宪法关于公民基本权利的规定具有主观权利和客观法的双重属性②,其不仅直接约束公法体系,对私法体系也同样构成价值指引。国家应通过立法、行政和司法实现对基本权利的制度保障,而通过民法典构建民事权利体系,实际上是国家的上述保障制度实现的重要方式之一。民法典依据宪法构建民事权利体系,有利于实现法律体系内部价值的融贯。例如,我国宪法关于保障人权的规定,必须通过民法中的人格权的规定来具体化。同时,民法典依据宪法构建民事权利体系,也有利于促使民法和其他法律之间形成一种协同关系,对于民法权利的确立、内容、保护能够通过同样以宪法为依据的民法和其他法律之间共同承担,从而建构公法和私法对民事权利的综合保护机制。

(二) 民法典对公民基本权利具体化的方式

在民法典编纂过程中,关于民事权利应当如何具体落实宪法关于公民基本权利的规定,存在不同的观点:一种观点认为,凡是宪法所规定的权利,都应当在民法中予以确立,从而通过民法典对公民权利形成一种周密的保护。另一种观点认为,民法典应当保持自身体系上的自洽性,不应当过多地规定宪法权利,同时,许多权利如果能够上升到宪法层面,则应当由宪法规定,而不应当在民法典中规定。例如,个人信息权等人格权应当由宪法进行保护,而不应当规定在民法典中,否则就会降低这些权利的保护层次。

笔者认为,并非所有的宪法上的权利都能够规定在民法典中。如前所述,并非所有的民法问题都涉及宪法,也并不是所有宪法上的权利都可以转化为民事权利。一方面,宪法基本权利的功能是针对国家的一种防御权,使得公民能够请求国家不通过立法、行政或司法行为不合比例地侵害基本权利。而民法典所保护的权利仅限于私权,而不包括所有的公法

---

① 参见徐国栋:《民法典与权力控制》,载《法学研究》1995 年第 1 期。
② 参见张翔:《基本权利的双重性质》,载《法学研究》2005 年第 3 期。

上的权利。① 因此,宪法所确认的公民所享有的基本权利,实际上并非都可以具体化为民事权利。民法上权利的来源也并非仅仅是宪法上的基本权利,二者之间不能简单地画等号。另一方面,宪法所确认的基本权利涉及多个法律部门,并不仅仅局限于民法。例如,宪法所确认的公民所享有的宗教信仰自由就应当通过行政法予以保障,无法转化为民事权利。再如,宪法所确认的公民所享有的劳动权利,就主要应当通过社会法予以保障。所以,宪法上权利的落实需要各个法律部门的协作,并非仅仅依靠民法。例如,在国家公权力机关违法行使权力侵害公民依据宪法上享有的财产权和人身权时,则必须通过行政诉讼法和国家赔偿法的规定给予保护。再如,如何防止个人数据信息被泄露,保护公民的通信秘密,还需要国家通过制订个人信息保护法等法律法规加以贯彻落实。

因此,在具体确定民法典应当如何落实宪法关于公民基本权利的规定时,首先应当确定其是否是宪法问题,如果不是宪法问题,就没有必要进行宪法层面的讨论。如人格权商业化利用问题、精神损害赔偿问题等。不同类型的问题,需要不同的讨论方法,对于涉及宪法的问题,需要考虑适用宪法的规定,但对于非宪法的问题,则不应当一概考虑适用宪法。具体而言:

第一,必须准确界定能够转化为民事权利的基本权利的范围。既然并非宪法所规定的所有基本权利都可以转化为民事权利,这就需要准确界定哪些基本权利可以转化为民事权利。一般而言,只有那些体现了特定主体的私益、具有私法上可救济性的权利,才有必要具体化为民事权利。例如,"齐玉苓案"②,本来是一起典型的侵害个人姓名权的案件,而有关司法解释将其界定为侵害公民受教育权的纠纷,从而引发了学界争议。事实上,我国《宪法》关于公民受教育权的规定主要是为了规定国家保障公民受教育权的义务,即规定国家负有为每个公民提供相应的教育

---

① 参见王泽鉴:《民法学说与判例研究》(第二册),1996 年自版,第 218 页及以下;王泽鉴:《侵权责任法:基本理论・一般侵权行为》,1998 年自版,第 97 页;孙森焱:《民法债编总论》(上册),1979 年自版,第 210 页。

② 原告齐玉苓发现被告假冒其姓名上大学,便向法院提起诉讼,认为被告的行为致使其姓名权、受教育权以及其他相关权益被侵犯,请求法院判令被告停止侵害、赔礼道歉,并赔偿原告损失。二审法院请示最高人民法院,最高人民法院《关于以侵犯姓名权的手段侵犯宪法保护的公民受教育的基本权利是否应承担民事责任的批复》指出,"根据本案事实,陈晓琪等以侵犯姓名权的手段,侵犯了齐玉苓依据宪法规定所享有的受教育的基本权利,并造成了具体的损害后果,应承担相应的民事责任"。但该批复后被废止。

设施及其他教育条件的义务。所谓受教育权受到侵害不能通过民法上的侵权责任来解决,而只能通过公法方式加以解决。① 因此,此类权利不能转化为民事权利。

第二,宪法关于公民财产、通信秘密等,这些主要涉及公民的人身、财产等基本权利的规定有必要具体化为民事权利。这些基本权利直接关系到公民的私人利益,且属于民法确认和保护的主要对象,应当由民法将宪法的规定具体化。但此类基本权利的内涵和外延都十分广泛(如宪法上规定的公民的财产权就既包括物权也包括债权、股权、知识产权等权利),难以直接作为裁判依据,这就有必要通过民法典将这些基本权利予以具体化,以具体落实宪法规定这些基本权利的立法目的。

第三,对于宪法所规定的一些保护权利的宣示性规定也可以具体化为民事权利。例如,《宪法》第37、38条关于个人人身自由、人格尊严保护的规定等,这些个人基本权利虽然是由宪法规定的,但其主要功能在于保障个人的基本私人生活,具有私权的属性,因此,其可以通过民法典予以具体保护,即民法典可以通过确认个人享有一般人格权及各项具体的人格权,将宪法关于个人人格尊严与人身自由保护的规定予以具体化。从这一意义上说,通过民法典对个人人格尊严与人身自由进行保护就是宪法精神的一种具体体现。

五、民法规范的适用中应采纳合宪性解释的方法

在民法典中明确写入"根据宪法"制定,也可以为合宪性解释方法的运用提供法律依据。所谓合宪性解释,是指在出现复数解释的情况下,以宪法的原则、价值和规则为依据,确定文本的含义,得出与宪法相一致的法律解释结论。"在多数可能的解释中,应始终优先选用最能符合宪法原则者。"②也就是说,如果某个解释结论符合宪法,就应当选择其作为解释结论;如果所作的法律解释违反了宪法,就应当予以排除。合宪性解释方法有利于使民法规范与宪法保持一致。从比较法上来看,许多国家的司法判例都承认,宪法基本权利在私法关系中同样能发生效力,这种效力可能是通过在民事判决中直接适用宪法规范的方式,也可能是通过合宪性解释的间接适用方式。

---

① 参见张新宝:《人格权法的内部体系》,载《法学论坛》2003年第6期。
② 〔德〕卡尔·拉伦茨:《法学方法论》,陈爱娥译,商务印书馆2003年版,第217页。

在我国，合宪性解释所发挥的主要功能在于：一是通过合宪性控制、维护以宪法为统帅的法律体系的和谐统一。在我国，作为公权力主体的法官，不论其有没有违宪审查权，他都有义务将宪法的基本权利和价值安排通过法律解释的技术贯彻于部门法的规范体系。① 如果把法律的等级看作金字塔，宪法则处于塔尖的位置，其效力要高于一般的法律，任何法律、法规如果与宪法的效力相抵触，都必须被认定为无效。② 而合宪性解释实际上是以尊重法律的位阶、尊重宪法的最高位阶为基础的。由于宪法是国家的根本法，具有最高的法律效力。因此，在司法实践中，为维护宪法的权威和正确实施宪法，法官也应当"以宪法为根本的活动准则"，进行合宪性解释，从而保障法制的统一，维护法律体系的和谐。二是进行合宪性控制，保障宪法的实施。任何法律的实施都不得同宪法相抵触。任何部门法都不能违反宪法，这也是我国法秩序统一的要求，也是体系解释的具体化。合宪性解释在很大程度上是为了验证解释的结论，而不是为了阐明宪法自身的含义。三是保障基本权利的实现。"在传统的理论，宪法的主要功能之一，便是保障人民的基本权利。"③法官通过合宪性解释，就可以达到基本权利实现的目的，甚至要尽可能充分地实现基本权利。例如，我国《宪法》关于保障人权的规定，必须通过民法中的人格权的规定来具体化。

法官进行合宪性解释只是在宪法允许的范围内针对要适用的法律文本进行解释，其解释的对象是法律文本而不是宪法文本，也不是直接将宪法作为裁判规范运用到案件之中。因此，合宪性解释仍然是法律解释而不是宪法解释，只不过在具体解释法律的过程中，也可能要对宪法进行必要的解释。④ 之所以需要运用合宪性解释，是因为根据部门法（如民法）本身难以确定解释结论，从而需要从更高位阶的宪法出发进行解释，进而选择最妥当的解释结论。尤其是从部门法本身出发，不能判断其是否与

---

① 参见张翔：《两种宪法案件：从合宪性解释看宪法对司法的可能影响》，载《中国法学》2008 年第 3 期。
② 参见刘士国主编：《法解释的基本问题》，山东人民出版社 2003 年版，第 273 页。
③ 陈新民：《德国公法学基础理论》（上册），山东人民出版社 2001 年版，第 287 页。
④ 参见王泽鉴：《法律思维与民法实例：请求权基础理论体系》，中国政法大学出版社 2001 年版，第 197 页。

宪法相一致。以"中国乙肝歧视第一案"①为例,法官在解释特定法律规范时,并不是直接适用宪法,也没有解释宪法。法官只是依据宪法的规定来解释民法的相关规定,认为在就业中歧视乙肝病人,实际上是侵害了乙肝病人的人格利益,此种人格利益属于宪法所保护的人格尊严的范畴,在民法上表现为一般人格权,应当受到侵权责任法的保护。因此,原告张某等人应当获得救济。从法秩序统一的角度考虑,任何部门法都必须符合宪法的规则和精神。法律体系实质上是内部的法律价值体系,该体系应当保持一致性。② 而宪法中的价值具有最高的位阶,部门法的解释必须符合宪法价值。

合宪性解释是在作为解释对象的法律文本出现复数解释时才适用的解释方法。当然,出现复数解释结论时,未必都要运用合宪性解释方法。因为在实践中,复数解释的可能性经常存在,如果都运用合宪性解释,就使得合宪性解释的适用范围过于宽泛。只有在出现复数解释,且可能涉及违反宪法时,才需要进行合宪性解释。例如,在前述"中国乙肝歧视第一案"中,对于就业中歧视乙肝病人,是否构成对人格利益的侵害,以及侵害了何种人格利益,因为现行民法没有明确规定,必须借助宪法的相关规定才能确立。这才需要运用宪法进行解释。

合宪性解释是在文义解释产生了复数解释时采用的一种方法,它的适用需要配合其他法律解释方法来确定法律文本的含义。当然,通过合宪性解释确定法律文本的含义,具有其特殊性,它不是可以直接确定的,而是通过判断是否符合宪法的方式来确定文本的含义。具体来说,合宪性解释只是在已经初步得出的复数解释中进行选择或排除。与此相应,合宪性解释在阐释法律文本中包含两方面的功能:一是选择功能,即在数种法律解释的可能中,选择符合宪法规则和精神的解释结论。合宪性解释的宗旨就是避免法律法规与宪法发生冲突。整个法律体系应该具有稳定性和协调性,在此基础上构建的法律秩序才能够具有统一性,这是合宪

---

① 在该案中,原告张某于2003年6月在某市人事局报名参加公务员考试,其笔试和面试成绩均名列第一,按规定进入了体检程序。但在其后的体检中其被检查出感染了乙肝病毒。后该市人事局依据《某省国家公务员体检标准》正式宣布张某因体检不合格不予录用。原告遂以被告剥夺其担任国家公务员的资格,侵犯其合法权利为由,向人民法院提起行政诉讼,请求依法判令被告的具体行政行为违法。参见《全国第一起因"乙肝歧视"引发的行政诉讼》,载《检察日报》2003年11月24日。

② 参见〔德〕魏德士:《法理学》,吴越、丁晓春译,法律出版社2005年版,第330页。

性解释的理论基础。① 我国《宪法》第 5 条第 3 款规定:"一切法律、行政法规和地方性法规都不得同宪法相抵触。"据此,在数种法律解释的可能中,法官应当选择其中符合宪法的解释结论。二是排除功能,即在数种法律解释的可能中,排除不符合宪法规则和精神的解释结论。正是依据排除功能,合宪性解释的适用必须以存在复数解释为前提,或者说,以法律条文的可能含义不明确为前提。如果法律条文的规定明确,不应适用合宪性解释。如果法律文本的内涵已经十分明确,仍然对其进行所谓合宪性解释,则无异于在法律解释的幌子下进行违宪审查。这对于没有违宪审查权的我国法官而言,是不可逾越的绝对禁区。② 因此,合宪性解释具有验证方法的特点,其目的并非是要对法律条文是否违宪进行审查,也不是要认定特定条文无效,而只不过是针对具体案件,对法律条文的解释结论进行验证。因此,合宪性解释可以起到验证部门法是否符合宪法的功能。"合宪性法律解释是一种顾及宪法的解释,寻求一种使宪法原则可能公正实现的解释;引领法律合乎宪法的解释,通常就规范意义的确认上,能使法律在宪法精神中获得充实,甚或纠正。"③另外,按照排除功能,必须排除不符合宪法的解释结论,这实际上体现了合宪性解释的规范控制功能。所以,合宪性解释的适用顺序通常在其他狭义法律解释方法之后,其主要是作为最终的控制方法采用的。在合宪性解释中,"宪法规范实际上是看作用来控制被解释的法律规范的内容的指导性原则"④。

我国司法实践也已经逐步采用合宪性解释的方法。2016 年 6 月,最高人民法院印发了《人民法院民事裁判文书制作规范》,其中在"裁判依据"部分,尽管依然规定裁判文书不得引用宪法,但也明确规定"其体现的原则和精神可以在说理部分予以阐述",这在相当程度上应该被看作对民法规范的合宪性解释方法的认可,也为民法典编纂完成后的司法实务落实宪法精神指明了方向。

六、结 语

宪法是我国的根本大法,我国民法典的编纂应当以宪法为基础和依

---

① 参见姜福东:《司法过程中的合宪性解释》,载《国家检察官学院学报》2008 年第 4 期。
② 参见张翔:《两种宪法案件:从合宪性解释看宪法对司法的可能影响》,载《中国法学》2008 年第 3 期。
③ H. Bogs, Die verfassungskonformes Auslegung von Gesetzen, 1966, S. 15.
④ F. Bydlinski, Juristische Methodenlehre und Rechtsbegriff, 1982, S. 457.

据,宪法确立了国家的基本政治经济体系,规定了公民的基本权利,在民法典总则中明确写入"根据宪法,制定本法",不仅具有政治宣示的意义,而且有利于具体落实宪法关于国家基本经济制度的规定,有利于进一步细化和落实宪法关于公民基本权利保护的规定,还有利于为合宪性解释方法的适用提供法律依据。

民商合一与我国民商法的关系*

民法和商法都和商品经济有着天然的联系。我国经济体制改革以来商品经济的发展,必然要求民法得到完善与发展,同时也为商法的立法提供了客观依据。民商法和经济行政法的立法都属于经济立法的范围,在我国现阶段大力加强经济立法的同时,有必要从理论上弄清商法与民法、经济行政法的相互关系。

一、商法的产生及民商分立的形成

商法,又称商事法。形式上的商法,专指在民法典之外的商法典及公司法、保险法、破产法、票据法、海商法等单行法;实质上的商法,指一切有关商事的法律法规。从各国商事法的规定来看,商事法所称的"商",绝不限于经济学上所理解的以营利为目的的各种商品交换行为,除包括直接媒介商品交换的"固有商"以外,还包括了辅助商品交换的行为(如运输、保管、居间、行纪等,称为"辅助商")。此外,一些特殊的商品交换行为以及与商品交换行为有关的活动(如信贷、信托、承揽、加工、出版、印刷),甚至一些单纯以盈利为目的的活动(如广告传播、影院的经营等)都可以称为"商"。总之,法律上的"商"或商事法规范的范围十分广泛。商事法与商业法的概念是截然不同的。① 这种理解是不正确的。商业法仅仅是有关商品交换活动方面的法律,是商事法的一个组成部分。所以,不少国家除对一般的商事活动(商行为)在商法典中作出规定外,还要颁布专门法规规定一些商业活动。

商法的产生经历了漫长的发展阶段。有学者认为在古希腊就存在着商法。② 但大多数学者认为,"古希腊的民主制度尤其不允许为某一个阶

---

* 原载《西北政法学院学报》1986 年第 1 期。

① 有一种观点认为,商法就是商业法,参见〔日〕金泽良雄:《经济法概论》,满达人译,甘肃人民出版社 1985 年版,第 203 页。

② See Denis Tallon, Civil Law and Commercial Law, in International Encyclopedia of Comparative Law, Vol. 8, Specific Contracts, Chap. 2, J. C. B. Mohr (Paul Siebeck), 1983, p. 7.

级的利益建立一种法律体系"①,因而不可能存在独立的商法。还有些学者认为现代商法起源于罗马法②,特别是罗马法的万民法。但是,在罗马法中从未根据当事人的身份是否为商人和诉讼的内容是否具有商业性质,来区别它所调整的法律关系。当时的商人并没有特别的资格和势力,其交换活动基本上受罗马私法调整,而罗马私法一般都被视为现代民法的渊源。所以,除了海商法规范,很难说现代商法就是起源于罗马法的。

近代的商法是11世纪前后,随着欧洲商业的兴起而发展起来的。在这个时期,十字军东征使被阿拉伯人切断了的通往东方的商路得到开放,农业经济的发展促使剩余农产品涌进新兴起的城市,地中海海上贸易的发展促进了沿岸诸城市航海事业和商业的发达,自罗马帝国灭亡后衰落已久的商业开始复苏。在阿尔卑斯山北的广阔地区聚集的一些新兴城市中,特别是在威尼斯、热那亚、佛罗伦萨等被称为"通往东方的门户"的城市中,都有着发达的商业。在这些商业发达的城市中,云集着一批专司买卖的商人,他们在经济上的优越地位使他们逐渐从封建领主那里获得了某些特权。为了脱离封建领主的司法管辖及宗教势力的支配,他们组成了商人基尔特(merchant guild)的团体。这些团体(类似于日本中世纪的"家"和中国的"行会")就是早期的集团管理形式,它握有自治权和裁判权,能够独立订立自治规约和处理商人之间的纠纷。久而久之,逐渐形成了商人习惯法。这些商人习惯法主要包括买卖法、证券交易法、破产法、海商法等。与此同时,在一些城镇和商业集市出现了商事法庭,商事法庭的管辖范围起初仅限于商人之间因贸易事务而发生的争议,以后扩大到非商人之间的纠纷。11世纪至14世纪,商人习惯法和一些商事法庭的判例已由商人编集成书。13世纪出现的一个著名的海事法典,即《奥内隆法典》,主要收集了商人团体处理商事纠纷的判例。16世纪,威尼斯的施特拉萨、皮尔·德·萨德以及拉斐尔·德·图尔等,进一步完善了这些商人习惯法。1675年,法国萨瓦里(Savary)出版《完美商人以及法国和外国的商业贸易》(Le parfait négociant ou Instruction générale pour ce qui regarde le commerce des marchandises de France et des pays étrangers)一书,该书对土地的商业交易规则进行了评论,并迅即被翻译为多种文字广泛流传(萨

---

① Denis Tallon, Civil Law and Commercial Law, in International Encyclopedia of Comparative Law, Vol. 8, Specific Contracts, Chap. 2, J. C. B. Mohr (Paul Siebeck), 1983, p. 7.
② 参见张国键:《商事法论》,三民书局1980年版,第10页。

瓦里本人也是1673年法国《陆上商事条例》的起草人)。① 萨瓦里的著作曾经被视为那个时代通行的商人教科书。② 18世纪中叶,德国学者凯萨尔吉斯出版了《商法论》,该著作对于商法的系统化起了重要作用。1662年,德国学者马奎德(Marquard)撰写了一本名为《商事主体的政治和法律地位》(Tratctatus politico-juricus de jure mercatorum singular)的著作,也对商人习惯法的内容进行了阐述。③ 此外,荷兰在这一时期的商法学说已经得到了比较充分的发展,商业的自治法成为大学课程。④ 这些商人习惯法之后才逐渐被引入大陆法和英美法的法律体系之中。这些著作对于商法的系统化起了重要作用。

商法在封建时期的民法之外而独立存在,这正是后来欧陆国家民商法分别法典化而导致民商分立的原因。以法国为例,早在1563年,法国政府已设置商事法院,并开始任命商人为法官处理商事案件,这时仍然沿用的是商人习惯法。以后,为了使各地的法律统一,国家开始通过政府干预的手段促使"商法国民化"。1673年,路易十四以国王的名义颁布了第一个商事法,即《陆上商事条例》,共计112条,其中包括了公司、票据、破产。1681年法国又公布了《海事条例》,类似于现在的海商法。拿破仑制定民法典时,正是考虑到法国已有商事单行法并相沿了一百多年,既不宜废除,也不宜并入民法典,于是将这些商事单行法合并而成商法典。这就说明,民商分立的原因,只是由于历史上形成的民法和商法并存的既成事实造成的,而并不是从现实的经济情况的考虑而作出的理性划分,这也就使民商分立国家的民法和商法没有严格的区分。德国学者托伦认为,民法和商法的划分与其说是严格科学的划分,还不如说是一种历史的沿革,传统因素对民商分立的形成具有压倒一切的影响。⑤ 商法与民法在内容上的重叠,使民商分立立法模式的弊病显露无遗,从而也使民商合一成为一种必然。

---

① Jean Hilaire, Droit commercial, in Denis Alland et Stéphane Rials (sous la dir.), Dictionnaire de la Culture juridique, PUF, Lamy, 2004, p. 445.
② 参见[法]布罗代尔:《15至18世纪的物质文明、经济和资本主义》(第三卷),施康强、顾良译,生活·读书·新知三联书店1993年版,第439页。
③ See Denis Tallon, Civil Law and Commercial Law, in International Encyclopedia of Comparative Law, Vol. 8, Specific Contracts, Chap. 2, J. C. B. Mohr (Paul Siebeck), 1983, p. 11.
④ See Denis Tallon, Civil Law and Commercial Law, in International Encyclopedia of Comparative Law, Vol. 8, Specific Contracts, Chap. 2, J. C. B. Mohr (Paul Siebeck), 1983, p. 8.
⑤ See Denis Tallon, Civil Law and Commercial Law, in International Encyclopedia of Comparative Law, Vol. 8, Specific Contracts, Chap. 2, J. C. B. Mohr (Paul Siebeck), 1983, p. 7.

当然,民商法需要合一,并不仅仅因为民商分立立法模式在立法技术上的矛盾,还有着客观的经济根源,这首先需要了解商法独立产生的原因。

在中世纪,商习惯产生的主要目的在于保护商人的特殊利益。商人,作为独立从事商品交换活动者,在生产社会化尚未发展,还没有形成一个全面依存的经济联系的网络时,可以成为一类特殊阶层。独立的商人为许多人而进行买卖,买和卖都集中在他手中。商人的经营活动促使生产越来越具有以交换价值为目的的性质,促使产品越来越快地转化为商品。这增进了商品货币的流通并不断使旧的生产关系解体。商人的特殊地位和经济利益需要谋求法律的保护。然而,中世纪的寺院法却成为束缚商人活动的羁绊。寺院法禁止牟利,禁止一切利用金钱借贷以取得利息,更不准不加工货物而从商品转手中得利,这无疑等于取缔商人的活动。所以,商人习惯法的最初产生,无疑是为了使商人摆脱寺院法的支配,从而使其具有独立的法律地位并受到法律的保护。这就是商法产生的原因。

商人习惯法得到国家法律的正式确认,并以国王的名义予以颁布实施,无疑表现了政府对商人利益的特殊保护。在政府与教会的权力争夺中,商人是政府的财力支持者,因而政府也必须以政治力量对商人提供特殊保护。在16、17世纪,地理大发现首先点燃了商业革命的火炬,经济上出现了巨大变化。亚当·斯密曾指出,由于这些发现的结果,欧洲的商业城市不再为世界的极小部分(即沿大西洋的欧洲部分与沿波罗的海和地中海的国家)进行制造和运输,而为亚洲、非洲、美洲几乎所有的国家从事制造和运输。有两个新世界为它们的工业开放,每个新世界都远比旧世界更大,且更能扩展,并且其中每一个市场,每天都在继续增大扩展之中。马克思也指出:"世界市场的突然扩大,流通商品种类的增多,欧洲各国竭力想占有亚洲产品和美洲富源的竞争热,殖民制度——所有这一切对打破生产的封建束缚起了重大的作用。"[①]在这个时期,为了谋求国家的富强,并加强世俗君主政权本身的统治,各国政府大力推行重商主义政策,因而商人的利益更得到尊重。例如,在英国和荷兰这两个最早执行重商政策的国家,由商人组织并由国家支持和授权的对外贸易机构,实际上是贯彻重商主义政策的驻外机构。1564年英国女王伊丽莎白一世授予"商人开拓公司"以法人的地位,后来,17世纪初期成立的东印度公司,则得

---

① 《马克思恩格斯全集》(第二十五卷),人民出版社1974年版,第372页。

到广泛的授权,具有政治和经济的综合职能。重商主义正是资本主义工业化的历史前奏,它促成了资本主义的工业起飞。所以,政府颁布商法以保护商人们特殊利益,是重商的必然结果。商人地位的特殊性和商业活动的特殊化,无疑促使商法典中产生商事主体、商行为等概念,并与民事主体和民事活动相对立。

从19世纪开始,商法开始在大多数大陆法系国家作为一个独立的法律部门出现,并且开始法典化。在这之前,1734年的《瑞士民法典》和1794年的《波兰基本法》虽然包括了商法的内容,但只是商事惯例汇编,并不是商法典。首开商法法典纪录的是"拿破仑法典"(1804年的《法国民法典》和1807年的《法国商法典》)。"拿破仑法典"通过分别制定两个独立的法典从而形成了民商分立的体系,这一体系几乎为所有的欧洲大陆国家所采用。随后,1829年的《西班牙商法典》、1833年的《葡萄牙商法典》、1838年的《荷兰商法典》、1850年的《比利时商法典》、1865年和1883年的《意大利商法典》和1900年的《德国商法典》相继问世。所以,《法国民法典》和《法国商法典》的制定标志着民商分立的正式形成。目前,大约有四十多个国家都有自己独立的商法典。

在普通法系国家,基本上不存在独立的商法。中世纪在英国曾存在过商事法院,但在17世纪初叶,商事法院已合并于王座法院之中。18世纪,在王座法院法官布莱克斯顿、曼斯菲尔德勋爵、霍尔特勋爵等大法官的影响下,商人法已合并到普通法之中,从此,独立的商法已不存在。尽管有许多学者倡导商法自治,并且撰写一些商事法方面的论著,但国家并未制定和颁布统一商法典。20世纪50年代《美国统一商法典》问世,并为美国49个州所通过,但它并不是欧洲传统意义上的商法典,实际上是一部合同法,它所涉及的范围较狭窄,主要规定商业买卖合同及有关规范。

总之,商法的形成是历史的产物,民法和商法的区分并不是基于科学的分类,而是商事法律和习惯发展的结果。由于民商法之间不存在科学的区分,从而为民商法的合一打下了基础。

二、从民商分立到民商合一的发展趋势

虽然商法独立于民法之外有其经济根源,但随着资本主义市场经济的发展,商法独立存在的经济根据正在逐渐丧失,市场经济使个人从封建

的、地域的、专制的直接羁绊下解放出来,形成了个人在生产和消费中的普遍联系和全面依存关系,再生产的联系网络越来越密切,生产过程已经完全建立在流通的基础上。流通也已经成为生产的第一个要素和一个过渡阶段,流通过程是产品实现的方式,也是对各种产品要素的补偿,流通过程的独立化日益消失,直接从流通中产生的商业资本只是社会总资本的组成部分,是产业资本循环中的一部分转化形态,这一发展过程必然产生以下结果。

第一,人的商化和商化的人。"商人法(Lex Mercatoria)一词是在民事诉讼领域赋予商人阶级以利益和特权的语境下使用的;这与今天指称实体性的贸易法体系的意义有很大的区别。"[1]在中世纪,商人不过是行会手工业者或农民所生产的商品的"包买商",而工业长期局限在个体经营的牢笼中,这主要是市场限制的原因所导致的。当地理大发现以后,在工业生产者面前已展开一个广阔的活动园地,原来封建的或行会的工业组织就没有继续存在的可能了。结果,以工匠个人为主体的小作坊便被手工工场所代替,行会间的专业分工也被工场手工业的内部分工所代替,工业生产者已作为商人进入市场来购买和销售商品。所以,中世纪的"包买商"在社会经济中已不具有意义。随着资本主义市场经济的发展和生产的社会化,使人(自然人和法人)普遍商化。马克思把这种商化概括为"三重过渡":其一,商人直接成为工业家,商人企业化而进入生产领域;其二,商人把小老板变成自己的中间人,或者直接向独立生产者购买;其三,生产者成为商人,各种生产要素都作为他自己买来的商品进入生产过程,并直接为商业目的进行大规模的生产。[2] 人的普遍商化消弭了商人这一阶层的特殊性,或者说在市场上不再是商人和非商人的对立,作为自然人的商人和作为法人的商人也很难与其他人相区别。中世纪产生的民事公司和商事公司等概念的区别已不具有重大的意义。[3] 民法规范可适用于一切人,民法的原则可保护一切人。[4]

这里有必要对根据主体是否为商人的标准而建立起来的商法体系作一些分析。根据主体标准,商法是为从事商业活动的人所设立的法律。

---

[1] Albrecht Cordes, The Search for a Medieval Lex Mercotoria, accessed June 1, 2020, https://ouclf.law.ox.ac.uk/the-search-for-a-medieval-lex-mercotoria/.

[2] 参见《马克思恩格斯全集》(第二十五卷),人民出版社1974年版,第375页。

[3] See Denis Tallon, Civil Law and Commercial Law, in International Encyclopedia of Comparative Law, Vol.8, Specific Contracts, Chap.2, J.C.B. Mohr (Paul Siebeck), 1983, p.4.

[4] 参见马俊驹、余延满:《民法原论》(第二版),法律出版社2005年版,第21页。

简单地说,商法就是商人的法律。1900年生效的《德国商法典》是主体标准的典范,该法典采取主体标准有其历史根源,"以商人及其行为作为商法的调整对象,以及商人在商法中的核心地位,这是德国商法相别于他国商法的标志"①。在德国,商法的基础最初就是来源于商人基尔特的习惯和规则,而这些规则和习惯仅仅适用于商人。1794年制定的《帝国统一法》中有关商事的规定采纳的是主体标准,而且《帝国统一法》深受1662年马奎德的《商事主体的政治和法律地位》一书的影响,该法第二卷第八章中有关商人的章节,几乎逐字逐句地援引了马奎德的著作,而马奎德的著作实际上是围绕主体标准而展开的。② 在1849年,德国有一部"法兰克福草案",1855年又有一部"奥地利草案",1857年又出现过一部"普鲁士草案",这些草案都是基于主体标准而建立起来的,尤其是后两部草案成为《德国商法典》的统一基础。在1857—1861年间,德国制定了《德国普通商法典》(Allgmeines Deutsches Handelsgesetzbuch)。在此之后,德国商法曾经在是否采取单一的主体标准上出现过反复,1867年德国对《德国普通商法典》进行了修订,修订后的《德国商法典》又采纳了单一的主体标准。③ 德国商法重新采纳单一的主体标准的背景是,政府希望促进国内和国际贸易的发展,由此,"政府对于职业经营者的能力给予更大的信任,并对于它们的创造性活动赋予了与之相适应的法律手段"④。正如学者所指出的:"德国商法典与主体标准结下了不解之缘,但它对商人的定义这样一个极其简单的问题至今是一筹莫展。"⑤为了对主体标准作出灵活的变通,以适应社会经济的实际情况,因而不得不将一些重要规范从商法典中分离出来,纳入其他法律部门中,同时颁布了一些重要法规,如1908年的保险法、1961年的信贷法、1895年的内河运输法、1952年的公路运输法、1922年的航空运输法、1938年的铁路运输法、1901年的出版法、1909年的反不正当竞争法等,这些法律是适用于一切人的。所以,随着社会经

---

① 范健:《德国商法》,中国大百科全书出版社1993年版,第39页。

② See Denis Tallon, Civil Law and Commercial Law, in International Encyclopedia of Comparative Law, Vol. 8, Specific Contracts, Chap. 2, J. C. B. Mohr (Paul Siebeck), 1983, p. 11.

③ 参见张谷:《商法,这只寄居蟹——兼论商法的独立性及其特点》,载《东方法学》2006年第1期。

④ Jean Guyenot, Cours de Droit commercial, Edition Licet, Préface de Jean Hemand, 1968, p. 72.

⑤ Denis Tallon, Civil Law and Commercial Law, in International Encyclopedia of Comparative Law, Vol. 8, Specific Contracts, Chap. 2, J. C. B. Mohr (Paul Siebeck), Tübingen, 1983, p. 12.

济的发展,以人为标准来确定商法规范的对象,显然是困难的。

第二,保护商人特殊利益的必要性不复存在。中世纪商法的形成在很大程度上就是商人们为了维护自身的特殊利益而组成社团并制订特别规则的结果。但是随着社会经济的发展,市场主体普遍商人化,世俗政权取代教会的控制,领主阶层不复存在,从而导致对商人特殊利益实行特殊保护的必要性已不复存在,原来封建商业行会组织也没有继续存在的必要。① 1789 年爆发的法国大革命镇压了商业社团,取消了商人基尔特的一些特权。1789 年的法国《人权宣言》明确宣布,公民有从事工商业活动的自由。为了巩固这一成果,1807 年的《法国商法典》废除了人的标准而以商行为为标准制定,并禁止任何人享有商业特权。这显然就没有必要侧重于保护商人的利益。我国民国时期主张民商合一,其中一个重要理由也在于,"查民商分编,始于法皇拿破仑法典,唯时阶级区分,迹象未泯,商人有特殊之地位,不另立法典,无法适应之……我国商人本无特殊地位,强予划分,无有是处"②。

第三,现代社会发展对主体标准提出了挑战。市场经济的平等性、开放性与竞争性都要求统一市场交易的规则,而不能针对某一类主体适用一套规则,针对另一类主体适用另外一套规则。市场的开放性要求各个市场主体一旦进入市场,就应处于平等的法律地位,适用相同的法律规则。这就客观上要求实现私法的统一,使民法规定的自由、平等、独立的主体规则适用于一切人。③ 民法保护一切私法的主体,不管是商人还是非商人。有法国学者甚至指出,在现代市场经济社会中,商人和非商人的区分已经逐渐为经营者和消费者的区分所替代。传统意义上的(独立的)商法(droit commercial)——这是过去的历史遗迹——迟早要被商事法(droit des affaires)或者经济活动法(droit des activités économique)所取代,后者的范围更为广泛。现代社会市场上主要不是商人与非商人的对立,而是生产者与消费者的对立、劳资双方之间的对立等。所以民商分立的意义正在被极大地减弱,相反,一些特殊的法律如保护消费者的法律、对劳动者提供保护的社会法的重要性愈来愈强,这也是现代法律发展的一个趋势。

---

① 参见郭锋:《民商分立与民商合一的理论评析》,载《中国法学》1996 年第 5 期。
② 方俊杰:《最新商事法论》,庆业印务局 1938 年版,第 345 页。
③ 参见赵转:《由民法法典化进程展望中国民法典的制定》,载《当代法学》2002 年第 10 期。

总之,民法和商法的分立并不是出于科学的构思,而只是历史的产物,二者之间本就不存在明确的划分,随着生产社会化的发展,对二者之间进行明确的划分越来越困难。比如现代农业都采取了工业化形式,并且农业生产者直接将农产品投入市场进行商业交易,这样商业和农业的界限也难以确定。在许多民商分立的国家都面临着这个问题,即商法的范围是否应包括农业、不动产交易和能源工业? 有些国家(如比利时和突尼斯)的商法典正式把农业排斥在商法之外,实践证明这是不恰当的,许多民商分立的国家都存在一些国营和半国营企业,它们是否应作为"商人"呢? 甚至在许多国家,公司形式成为社会中普遍存在的经济组织,而单纯的以个人名义从事交易和承担责任的现象越来越少。所以,有学者认为,商法应该成为专门调整公司的法律,这样似乎更名副其实。凡此种种,说明民商之间的界线正越来越模糊。

早在 19 世纪,哥德施密特也注意到所谓"私法的商化",他认为,商法是民法的"前驱"和"青春活力的源泉",他断言,民法与商法的分界线是不断变化的,商法推陈出新的实体内容也逐渐为民法所吸收。1894 年,德国学者雅各布·里塞尔(Jakob Riesser)便在其所著的《德国民法草案关于商法的理论及其影响》一书中正式提出了"民法的商化"的观点,并受到日本许多学者的附和。同时,在民商分立的国家,掀起了一股民商合一的热潮,称为"私法统一化"的运动。① 学者中比较有代表性的是意大利学者维域蒂、德国学者典尔伯、法国学者塔赖、荷兰学者莫伦格拉夫、巴西学者泰克西雷尔·弗雷塔等。大多数学者认为,民商合一是进步的趋势,特别是对于避免民事法院和商事法院在司法管辖上的争议,是十分必要的。我国旧商法学者张国键,把民商合一的理论根据概括为八条,颇有说服力。同时还指出,当前西欧共同市场成员国之间为消除外贸障碍,使商品和货币交易更简便易行,也都要求法律集约化,使民法和商法统一起来。可见,民商合一正是适应经济发展需要而形成的世界潮流。

民商合一适应了社会商品经济发展的需要,反映了社会化大生产的要求,因而具有一定的进步意义,所以,近代和当代许多国家和地区开始推行民商法的统一。从 1865 年起,加拿大的魁北克省在其民法典中对某些商事内容作了规定,放弃了在民法典之外再制定商法典的路径。1881

---

① See Denis Tallon, Civil Law and Commercial Law, in International Encyclopedia of Comparative Law, Vol. 8, Specific Contracts, Chap. 2, J. C. B. Mohr (Paul Siebeck), 1983, p. 41.

年,瑞士制定出一部债法典,这部法典既有民事的又有商事的规范。荷兰从1934年起实现了民法与商法的实质上的统一,规定商法典的条款适用于所有的人,并适用于一切行为。1942年,意大利在其民法典内对民法与商法的内容作了规定。巴西已开始按照瑞士的模式改革私法体系,促进民商合一。由此可见,民商合一正成为当代法律发展的一种趋势。

三、我国商事立法及商法在法律体系中的地位

置身在民商合一的法律发展趋势之中,我国商事立法应该走什么样的道路?我国的商法在我国法律体系中应该居于何种地位?

我国古代刑民不分,但有关户婚、田宅、钱债、仓库等方面的规定是存在的。1904年颁布的《钦定大清商律》是我国第一部商法。这部商法仅有商人通例9条和公司律131条,在体例和内容上基本上模仿德、日的商法典。1914年,民国政府又颁布了《公司条例》和《商人通例》。1929年,民国政府曾主张按民商合一的原则编订民商统一法典,于是将商法总则中的经理人及代办商,商行为中的买卖、交互计算、行纪、仓库、运送及承揽运送等,一并订入民法债编中,不能合并的,另订单行法规,于是在1929年公布了票据法、公司法、海商法、保险法,1937年公布了商业登记法。可见,中华人民共和国成立之前的立法基本上采用了民商合一的体制。

中华人民共和国成立以后,我国法律体系中已不存在商法部门,这具有其经济上的根源。20世纪50年代初期,我国的商品流通是由国营商业、供销合作社、私人资本主义商业、小商小贩等多种经济成分组成的,经过社会主义改造,私人资本主义商业改造成为公私合营商业,小商小贩组成了合作店组。私人资本主义商业已基本上不与工农业生产者发生联系,工农业产品的收购、推销基本上是由国营商业和供销合作社承担的。经过社会主义改造,国家已开始对商业实行统一的领导和管理,形成了国营商业和供销合作社实质上的独家经营,从而使商法在客观上失去了其作用的范围。

近几年来,随着我国经济体制改革的深入进行,商品经济得到了迅速发展,客观上需要制定一些在大陆法系被称为商法的法律,包括公司法、票据法、保险法和破产法等。长期以来,这些法律几乎完全丧失了它们在我国社会主义条件下应有的作用。在公司法方面,早在1950年政务院颁布的《私营企业暂行条例》中就包含了对公司的规定,但由于三大改造的

实行使这一法规自动失效了。近几年来尽管颁布了一些关于公司的法规，如1982年国务院《关于全国性专业公司管理体制的暂行规定》、1981年财政部《关于对工业公司试行增值税和改进工商税征税办法的通知》等，都只是一些行政性的经济法规。在票据方面，早在1950年，政务院颁布的《货币管理实施办法》第25条规定，"各单位彼此间不得发生赊欠、借贷款及其他商业信用关系（如预付订货款项、开发商业期票均属之）"。以后，商业部有关法规明确规定了"取消商业信用""代以银行结算"，这就明令禁止了采取票据流通形式。在保险法方面，尽管我国经济合同法中对保险合同作出了规定，但有关各种保险业务方面的法规还不健全。这就说明，在现行的立法文件中，商法的规范为数极少，因而谈不上对经济起到何种作用。

产生这种现象的原因不能不从我国原有的经济管理体制上去寻找。原有的体制忽视了商品经济和价值规律的作用，因而使商法失去了存在的基础。由于国家经济决策权高度集中，割裂了横向的经济联系，阻碍了专业化协作和生产联系的发展，这就很难发挥公司形式的特殊作用，即使成立了一些公司，也不过是一些行政性公司。由于国家所有权和企业的财产权不分，使得企业躺在国家身上"吃大锅饭"，尽管因经营管理不善而年年亏损，也依然受到种种的补贴和保护，形成所谓"社会主义国营企业不破产"的状况。由于计划决策权的集中必然要求信用的集中和货币的严格监督管理，使一切信用都集中于银行并成为唯一的信用形式，其他信用形式特别是票据化的商业信用都遭到禁止，这就使一些重要的票据形式完全在流通中消失了。在保险方面，多年来企业的保险费是作为利润上缴财政的，企业不论亏损盈利，一旦发生意外事故都由财政作出补偿，或由企业事后冲账报销，这就使企业在防灾抗险上往往抱着消极的态度，不计经济效果和财产损失等弊端丛生。

随着我国经济体制改革的进行，对外开放和对内搞活经济政策的实施，使商品经济得到了迅速的发展，从而为公司法、保险法、破产法、票据法等法律形式在经济生活中的作用开辟了广阔前景。

发展商品经济，需要社会基本生产单位按照商品经济的内在要求成为相对独立的商品生产者，要求它们适应专业化协作和科技进步的需要而形成合理的组织结构形式，要求它们成为一个具有强大生命力的能动的有机体，成为具有一定权利和义务的法人。这就要求扩大企业的自主权并对现有的企业联合改组，大力发展企业型公司。因此，需要建立公司制度。发展商品经济,需要企业实行"独立自主、自负盈亏",在合理的竞争中承担因经营性亏损造成资不抵债的破产风险。企业破产是价值规律作用的必然结果,也是商品生产高速发展的重要条件。它可以使企业的经营状况与职工的自身利益联系起来,促使企业在竞争中求生存、求发展。这就需要建立破产制度。发展商品经济,需要在流通领域扩大票据化的商业信用的作用,运用票据形式可以补充银行信用的不足,使大规模、远距离的商品交换简易而迅速,能够解决商品买卖中因暂时没有现金或现金不足无法完成购买和销售行为的矛盾;并能够加速商品的销售和储存。因此,需要建立票据制度。发展商品经济,需要发展保险事业,保险是商品经营活动的科学组成部分,科学的生产必须把自然灾害估计到成本之中,就像把折旧计入成本一样。发展保险业对于防灾补损、安定群众生活、聚集建设资金都有重要意义。因此,需要建立保险制度。

在近几年来的经济体制改革中,由于公司形式的蓬勃兴起,保险业的大力发展,票据形式的采用以及对企业实行"关停并转迁"(其中包括了破产问题),有关公司、保险等方面的立法有了重大发展,可以预见,随着我国经济体制改革的发展,传统的商事法规,如公司法、保险法、票据法和破产法等,将在我国问世。

商事立法在我国法律体系中的地位如何?它们和我国民法是什么关系?笔者认为,我国民法作为调整商品经济关系的基本法,是千千万万种商品关系抽象化的法律表现,是商品经济活动的普通的、一般的准则。而商事法规不过是民法原则在具体领域中的体现,是民法规范在某些经济活动中的具体化。民法和商事法规之间是普通法与特别法、基本法与补充基本法的单行法规之间的关系。

第一,民法的所有权制度是对从事商品经济活动的正常条件的一般规定。正如马克思所指出的:"流通是商品所有者的全部相互关系的总和。"①凡是商品货币以及它们的转化形式(票据等)都不过是所有权的让渡与取得。公司财产权的确认行使,股票的发行与对股票的权利、对作为商品所有权凭证的票据的保护,对财产的投保与保险的支付,破产后财产的清算,等等,都要适用民法关于财产所有权的一般规定。

第二,民法的主体制度是对商品经济活动的主体资格的一般规定。任何人和经济组织,从事商品经济活动,其法律上的地位都是由民法的主

---

① 《马克思恩格斯全集》(第二十三卷),人民出版社1972年版,第188页。

体制度所规定的。公司不过是民法中典型的法人形式。对公司法律地位的确认、公司的权利能力和行为能力、公司的财产责任以及公司的国家监督等,都不过是法人制度的具体化。票据法中关于票据行为的能力、票据权利的取得和行使、票据行为的代理等,都要适用民法的主体制度的规定。

第三,民法的债权制度是关于流通领域的商品交换活动的一般规定。马克思曾经指出:"如果这些汇票通过背书而在商人自己中间再作为支付手段来流通,由一个人转到另一个人,中间没有贴现,那就不过是债权由 A 到 B 的转移。"[1]这就说明票据制度不过是债权制度的特殊表现形式。票据权利的设定、移转、担保证明以及付款和承兑等,都是债权制度的具体化。保险制度也是债权制度的发展,保险合同是民法中的典型合同,保险中的投保与承保、理赔与追偿、海损的理算和补偿等,都要适用民法关于债的一般规定。

此外,票据法、保险法及海商法中短期诉讼时效的规定,是对民法诉讼时效的补充。公司活动的代理、票据和保险行为的代理、在清产还债中的财产代理,都要依据民法关于代理的规定。而且,所有这些商事法规都要适用民事责任制度。

总之,商事法规不过是依附于民法的特别法规,因为有民法的指导,这些商事法规才能有所依归。从这个意义上说,所谓商事法规也就是民事法规。只有坚持民商合一,明确民法和商法之间的相互隶属关系,才能够充分发挥民法和商法的各自作用,保证我国法律体系的和谐统一。

开展大规模的民法和商法的立法工作,是一项繁重而艰巨的任务。这要求搞好民商法的协调工作,使关于商品经济的立法系统化,并充分发挥各个法律之间的相互配合作用。因此笔者认为,在开展民商立法工作中,坚持民商合一原则对于完善我国民商立法具有重大意义。

坚持民商合一原则,就是要求尽快制定颁行民法典。我国民法作为调整市场经济关系的基本法,是每天重复发生的、纷繁复杂的交易在法律上的反映,是市场经济的普遍的、一般的规则。商事法规不过是民法原则在具体领域中的体现,是民法规则在某些经济活动中的具体化。[2] 在市场经济高度发达的今天,各类交易主体都在同样的行为规则和市场规则下

---

[1] 《资本论(第三卷)》(第二版),人民出版社1966年版,第542页。
[2] 参见梁慧星:《制定民法典的设想》,载《现代法学》2001年第2期。

进行活动,传统的商事行为与民事行为的界限正在或已经消失。① 我国经济的发展呼唤一部民法典的问世,特别是当前商事法规的立法已经提到议事日程上来的时候,如果不尽快颁行民法典,则必将对商事法规的立法和适用效果产生影响。只有颁行民法典,才能使商事法规的规定有所依据。有商事法规而无民法典,就会显得杂乱无章、有目无纲,不利于立法的系统化。而且,不论商事法规规定如何详尽,也仍不免挂一漏万,在法律调整上留下许多空白。在民法典颁布之后,是否有必要制定商法典,是值得探讨的问题。一些学者认为,商法具有营利性,即它调整具有营利性的财产关系,而民法则调整非营利性的财产关系和人身非财产关系;商法要坚持交易迅捷和国家干预,而民法则要坚持公平、自愿原则,民事关系要尽量减少国家干预。因此,商法可形成独立的总则。笔者认为这些观点值得商榷。应当承认,商法的大部分调整对象具有营利性,但不能从营利和非营利的角度来区分民法和商法。一方面,商法中也有相当一部分内容,如海商法等很难说完全具有营利性;另一方面,民法也不是非营利的。恰恰相反,民法的大部分内容尤其是其中调整商品关系的部分基本上都具有营利性。德国学者黑德曼(Hedemam)曾经认为,债法是利己的交易法,显然,债法是营利性的法。② 另外,民法中调整人身非财产关系的内容也是无法与调整营利性的财产关系的内容相分割的,前者是后者的前提,如果人为将二者分开,商法的许多规则将失去依托。诚然,在民法中要坚持意思自治原则,但并非完全排斥国家干预。合理、正当的国家干预对于维护交易秩序和公共利益也是十分必要的。

坚持民商合一原则,就是要在民法典的统率下,形成一个兼顾商法特殊性的民商合一的民事立法体系。从各国立法经验来看,民商分立的国家都有自己的商法典,但无论是以商行为观念为立法基础而制定的商法典(如法国),还是以商人观念为立法基础而制定的商法典(如德国),都和民法典大量重复,而且这些商法典的总则也不能够贯穿各商事法规的各个部分。从法典内容来看,各国商法典的规定也不尽一致,在体例安排上分歧较大。例如,日本商法分为总则、会社、商行为、手形(票据)、海商五编,德国商法无票据,法国则把破产及商事裁判所组织法订入商法典。正如史尚宽先生所指出的,"可知商法应规定之事项,原无一定范围。而

---

① 参见赵旭东:《商法的困惑与思考》,载《商法论文选萃》,中国法制出版社 2004 年版,第 21 页。

② 参见张俊浩主编:《民法学原理》,中国政法大学出版社 1991 年版,第 547 页。

划为独立之法典,亦只能自取烦恼"①。从我国情况来看,我国法律制度史上不存在"商人"和"商行为"之类的概念,而且在现实中把企业和公民分为商人或非商人,把商品经济活动分为民事行为和商行为,容易造成许多概念上的混乱;植根于我国商品经济生活的我国商事法规,它们本身没有自己的体系,只能和我国已经颁布和将要颁布的民事法规一起共同组成民法的体系。因此,我国民法典的制定必须正确处理好民法典与商事法规之间的相互关系,我们所说的民商合一,并不是说要由民法典包揽一切,而只是强调民法对商事法规的指导和统率作用。从立法的表现形式上,就是要用民法总则规范一般的民事和商事关系,在民法典的原则、制度以及具体规则的设计方面兼顾商法的特殊性,从而实现民商事立法的民商合一,而不必在民法总则之外另外制定商法总则。具体而言,在民商立法和法律适用中仍需要处理好以下几个关系:

第一,在立法上,要采取制定民法典同时在民法典之外另行制定商事法规的办法。从国外的经验来看,在民商合一的国家中有两种立法形式:一是在民法典中包括商事法规。例如,1872年《瑞士债务法》第三编就包括了公司、有价证券及商号、产业合伙、票据、商业登记、商业账簿等项。二是在民法典之外另行制定商事法规。例如,1964年《苏俄民法典》就改变了1922年的民法典包括商事法规的状况,将公司、保险等方面的规定从民法典中分出来,另行制定商事法规。从我国的实际情况来看,制定一部包括商事法规的民法典,不仅大大加重了民法典的立法任务,而且使民法典内容庞杂、体例紊乱。特别是由于商事法规技术性规范比较多,实践性强,而且变化也比较快,把它们纳入民法典,将不利于民法典的相对稳定。因此,只有在民法典之外另行制定商事法规,才能既保证民法典的相对稳定性和原则性,又保持了商事法规的相对灵活性和具体性,使民事立法体系达到稳定与灵活、原则与具体的和谐统一。

第二,在立法的内容上,民法典规范一般的商品经济活动,商事法规规范具体的商品经济活动。民法总则也可以作为商事关系的总则,不能在民法总则之外另外规定商法总则,尤其是不能在立法中形成两套主体制度(民事主体和商事主体)、两套行为制度(民事法律行为和商行为)、两套代理制度(民事代理和商事代理)、两套时效制度(民事诉讼时效和商事时效)。民法总则所规定的民事法律行为、代理、时效等规则应当适用于所有的商事关

---

① 史尚宽:《民法总论》,中国政法大学出版社2000年版,第62页。

系。这一立法体例安排也有利于实现法律规则的简约。例如,在民法总则对法人制度作出原则性规定的情形下,公司法只需要简单规定公司具有法人资格,至于公司如何取得法人资格,享有何种权利能力和行为能力,皆可适用民法总则的规定。再如,在民法总则对民事法律行为制度作出规定的情形下,票据法中关于票据行为的规定就可以大大简化。总之,民法的许多原则和规定都可以适用于商事关系,如果针对一些特殊的商事关系难以适用,则可以用商事法规的具体规定补充民法的内容。

第三,在法律的适用效力上,商事法规有优先于民法适用的效力。民法是普通法,商事法规是特别法。按照特别法优于普通法效力的原则,有商事法规则依商事法规,无商事法规则依民法规定。例如,公司法中关于公司的登记许可、内部组织等方面的规定,票据法中关于银行对各种票据发放、转让等方面监督的规定,破产法中关于清产还债的程序等规定,在法律适用上应当优先于民法规则。

笔者认为,坚持民商合一原则是我国民法和商事法规的立法指导方针。在制定商事法规的同时,应抓紧民法典的制定工作。民法典是市民社会的百科全书,是经济社会的基本法,是保护公民权利应基本遵循的规范。我国早在20世纪50年代和60年代初期曾两度组织民法起草工作,但都因各种原因而未有结果。1986年《民法通则》的颁布在我国民事立法史上具有里程碑似的意义,它确定了民事法律的基本规则,促进了民事法律的体系化,该法的颁布可以使已经颁布的和正在制定的许多民事和商事法规有所统率,有所依归,对于保障经济体制改革的顺利进行,巩固改革已经取得的成果,促进商品生产和商品交换的进一步发展,建立和维护经济生活的法律秩序,将具有重要作用。当然,《民法通则》只是民法典的一个重要部分,它不能代替民法典。在《民法通则》颁布以后,应当加快民法典物权编和债编的制定,争取尽快颁行。一部具有中国特色的社会主义民法典的完成,将是我国民商立法体系完善的重要标志,也是我国市场经济立法进一步健全和完善的重要标志,无疑会对加速社会主义物质文明和精神文明建设发挥巨大的作用。

四、商法和经济法

根据一些学者的看法,"经济法"这一概念最早是由德国人莱特(Ritter)于1906年在《世界经济年鉴》(Das Weltwirtschaft Einjährrunde Lesebuch)中提出的,但当时只是用来说明与世界经济有关的各种法规,并不具有学术意义。① 近来的研究结果表明,法国的空想共产主义者摩莱里和德萨米早在距此一百五十一年和六十三年之前就分别在《自然法典》(1755年)和《公有法典》(1843年)中使用过经济法的概念。19世纪中叶,蒲鲁东也讲过经济法问题。② 但无论如何,经济法概念的出现只是近代的事情。

在20世纪20年代,由于德国统制经济的法规大量产生,经济法理论开始在德国发展。德国学者黑德曼、努斯包姆(Nussbaum)、克诺特(Knott)、卡斯克尔(Kaskel)提出了所谓经济法为独立部门的主张。柏林大学、柏林商科大学相继设置"经济法讲座",亚那大学等还成立了"经济法研究所"。1921年德意志法学会曾决定设立经济法部,以和公法部和私法部相并立。卡斯克尔在其所编纂的《法律及国家科学辞典》(Enzyklopadie des Rechts und Staatswissenschaft)中也打破传统的法律分类,在私法、公法外,另外设立了"劳动法与经济法"。多数德国学者认为,经济法有成为特别的法域(das Sonderrechtsgebiet)的趋势。经济法理论产生后,特别是自德国传入其他大陆法系国家以后,经济法和商法的关系也作为一个十分重要的问题提出来了。

普通法系尚未接受经济法这一概念。"英美法上当然也有许多属于经济发展及经济立法的法规……但在学术界始终未将这些法规加以抽象化、概括化而使之成为一种'Economic law'。"③德国学者托伦指出:"在普通法系,很少有谁使用经济法概念,它至今还没有得到学术界的承认,人们宁可选择'商事法'(Commercial Law)这一术语。"④对美国联邦政府根据宪法中的有关规定而进行的经济立法,美国最高法院在引申和解释这些立法以适用于具体案件时,已远远超出了传统商法的范围,但这些立法仍然被称为"商事法"而不是"经济法"。因而有关经济法和商法的争论在普通法系是不存在的。

在大陆法系,特别是在一些民商分立的国家和地区,当经济法理论产生以后,经济法与商法的关系就是一个需要解决的问题,由此引起了一些

---

① 参见施启扬、苏俊雄:《法律与经济发展》,正中书局1974年版,第10页。
② 参见〔法〕阿莱克西·雅克曼、居伊·施朗斯:《经济法》,宇泉译,商务印书馆1997年版,第2—3页。
③ 施启扬、苏俊雄:《法律与经济发展》,正中书局1974年版,第10页。
④ Denis Tallon, Civil Law and Commercial Law, in International Encyclopedia of Comparative Law, Vol.8, Specific Contracts, Chap.2, J.C.B. Mohr (Paul Siebeck), 1983, p.6.

争论。黑德曼认为经济法与劳动法同为社会法内容的一部分,与传统的商法不同。① 克诺特认为经济法应包括商法,伦普夫(Rumpf)也赞同这种观点。卡斯克尔认为经济法是促成民商合一而代替商法的总名称。还有的认为经济法的勃兴,是公法商化的结果,商事法仍应存在。② 自第二次世界大战以后,商法和经济法的关系问题更受到学者的注目,并且,在大陆法系国家和地区,特别是在一些民商分立的国家和地区,商法和经济法的争论是一个比较激烈的问题。在这方面基本上存在着三种观点。

第一,狭义经济法观点。狭义经济法观点认为经济法是国家干预经济的法规总称,经济法即经济行政法或经济统制法。德国学者托伦指出:"根据狭义经济法概念,经济法与商法的区别泾渭分明,经济法不包括商法和劳动法。因此,事实上存在着两种不同的部门法,一种与公法有关,一种与私法有关。"③在德国和日本,目前狭义经济法观点和认为应把商法和经济法分开的意见略占上风。将两者分开的根据在于:其一,商法偏重于个体间的权利义务的对价关系,而经济法则偏重于全社会的公益关系的均衡与调整;其二,商法所规定的当事人双方处于平等地位,而经济法所规定的当事人往往处于不平等的关系;其三,商法往往以个体为出发点,而经济法则从国民经济的整体立场,从公共利益更高层次的观点,对经济活动进行指导和调整;其四,商法往往注重营利性,而经济法则强调公益性。④ 我国台湾地区学者张国键也认为:"商事法乃着重保护个别经济主体间之利益,并就具体主体相互间之利益,加以调和为其目的,经济法则侧重于国家的整体经济生活,欲以全国国民经济整体之利益,优于个别经济主体之利益,而依公共利益,予以调整为其目的。"⑤所以,商事法和经济法是两个不同的法律部门。

第二,广义经济法观点。根据广义经济法观点,经济法是有关经济方面的法律。德国《布鲁克豪斯百科全书》给经济法定义为"经济法,通常指的是对工商业者密切相关的各项法律,其中尤其重要的是民法中的财产法及商事法、公司法、票据法、交易所法、保险法、工商业者保障法以及

---

① Vgl. Hedemann, Deutsches Wirtschaftsrecht, Junker und Dünnhaupt, 1939, S. 10 ff.
② 日本学者田中耕太郎等主张此说。
③ Denis Tallon, Civil Law and Commercial Law, in International Encyclopedia of Comparative Law, Vol. 8, Specific Contracts, Chap. 2, J. C. B. Mohr (Paul Siebeck), 1983, p. 89.
④ 参见施启扬、苏俊雄:《法律与经济发展》,正中书局1974年版,第29页。
⑤ 张国键:《商事法论》,三民书局1959年版,第31页。

行政法中的某些部分"①。根据广义经济法的观点,商事法是包括在经济法范围之内的。但是在广义的经济法概念中,有两种不同的观点是值得注重的。② 一种观点认为,应该把经济法作为扩大(enlarge)和更新(renovate)传统商法的途径,比利时学者里本斯、杰奎明等人持这种看法。所谓"扩大"就是向传统商法输入刑法、社会法等与经济活动有关的公法规范,从而拓宽商法的领域;所谓"更新"就是要赋予商法一种全新的理论根据,使它能够适应20世纪的经济发展。这种观点的主要目的在于通过改变商法的内容使之成为经济法的核心,并在经济法的影响下得到发展。另一种观点认为,经济法要取代商法,商法应从现实中完全消失。其理由在于,经济法自身构成一个自成体系的规范系统,其实体内容多是从先前部门法中吸取,但又不同于先前的部门法,其具有自身固有的特点。③ 主张这种观点有荷兰的莫德、比利时的海尔伦、法国的查姆庞德等人。

在我国,近几年来一直围绕着民法和经济法问题展开了热烈的讨论,但也有人提出了商法和经济法的关系问题,基本上有三种观点:一种观点认为,商法是独立的法律部门,它"调整的是商品流通经济关系"④,商法与经济法是不同的法律部门。另一种观点认为,"我国商事法是经济法的一个组成部分,是经济法所包括的若干法规的基本领域或大的类别之一"⑤。还有一种观点否认商法的存在,认为"我国没有商法,了解外国经济法与商法的关系,对我国建立和健全社会主义经济法规具有现实意义","鉴于我国没有商法,笔者认为应该制定'大民法',即把民法作为基本经济大法"。⑥ 前两种观点尽管在商事法是否属于经济法问题上的看法有分歧,但两者都认为商事法是客观存在,是调整"商品流通经济关系"的。正如谢次昌教授所指出的:"商事法是调整商品流通领域中各种经济关系的法律。笔者把调整商品流通领域经济关系的法律称为'商事

---

① 上海社会科学院法学研究所编译:《经济法》,知识出版社1982年版,第1页。
② See Denis Tallon, Civil Law and Commercial Law, in International Encyclopedia of Comparative Law, Vol. 8, Specific Contracts, Chap. 2, J. C. B. Mohr (Paul Siebeck), 1983, p. 89.
③ See Denis Tallon, Civil Law and Commercial Law, in International Encyclopedia of Comparative Law, Vol. 8, Specific Contracts, Chap. 2, J. C. B. Mohr (Paul Siebeck), 1983, pp. 90-91.
④ 徐学鹿:《浅谈商法》,载《北京商学院学报》1985年第4期。
⑤ 谢次昌:《对建立我国商事法制的探讨》,载《法学研究》1984年第6期。
⑥ 冯玉忠:《浅谈经济法的性质和特征》,载《辽宁大学学报(哲学社会科学版)》1981年第1期。

法'。"①因此，凡是调整商品流通关系的，或者与商事方面有关的法规，甚至计划法、合同法、信贷法、税收法、会计法、统计法等也应作为商法的组成部分。这些看法是值得商榷的。

马克思指出："流通本身只是交换的一定要素，或者也是从总体上看的交换。"②并且指出："流通是商品所有者的全部相互关系的总和。在流通以外，商品所有者只同他自己的商品发生关系。"③所以流通是一系列商品交换过程，它不是个别的交换行为，而是川流不息的多个交换行为所组成的交换过程。在商品经济条件下，它是多次价值形态变换，即多次买卖行为所形成的系列。在流通过程中，各种纷繁复杂的经济活动基本上可以分为两类：一类是独立的或者相对独立的商品生产者和交换者之间，在平等互利和等价有偿的关系基础上所形成的商品交换活动。这种活动的表现形式是多方面，诸如买卖、承揽、借贷、租赁、劳动服务、科技成果的有偿转让。根据一些经济学者的看法，在我国流通领域中，存在着商品市场、劳务市场、金融市场、技术市场、信息市场等，那么商品的交换也可以表现为商品、劳务、金融、技术、信息的交换。这些交换活动构成了总体的商品流通。另一类是国家经济管理机关借助行政权力对各种商品交换活动所进行的计划、管理、监督、调节和组织等方面的活动。它们具体又可分为对集市贸易、产品价格、准许进入流通的产品和产品质量等方面的监督，以及对各种交换活动由计划部门、统计部门、银行、审计部门、主管机关、税务部门以及工商行政管理机关所实施的各种监督活动。由这两类活动分别形成两种不同的关系：一类是商品交换关系，另一类是经济管理关系。这两类关系将分别由民法和经济行政法调整。

民法主要就是调整横向的交换关系的法律。王汉斌同志指出，"民法是国家重要的基本法律之一。根据我国的宪法，用民法调整公民之间、法人之间，以及他们相互之间的财产关系和人身关系"④，有着重要的作用。民法调整的社会关系的本质特点在于其平等性，这是民法区别于其他法律部门的根本特点。所谓平等主体，是指主体以平等的身份介入具体的社会关系，而不是在一般意义上判断主体间的平等性。例如，国家和公民

---

① 谢次昌：《对建立我国商事法制的探讨》，载《法学研究》1984年第6期。
② 《马克思恩格斯选集》（第二卷），人民出版社1972年版，第101页。
③ 《马克思恩格斯全集》（第二十三卷），人民出版社1972年版，第188页。
④ 王汉斌：《关于中华人民共和国民法通则草案的说明》，载《人民日报》1985年11月15日。

虽然在一般意义上不是平等关系,但只要在其相互间发生的具体法律关系中,各个主体都是以平等的身份出现的,即可判断其具有平等性。当事人参与法律关系时,其法律地位是平等的,任何一方都不具有凌驾或优越于另一方的法律地位。由于法律地位的平等决定了当事人必须平等协商,因此一方不得对另一方发出强制性的命令或指示。这里所说的平等主体之间财产关系,主要就是指商品交换关系。民法是横向的交换关系的最直接的反映,它在交换领域中作用的范围是十分广泛的。我国实行社会主义商品经济,必须构建统一、开放的市场,这就必然要求交易规则的统一,只有规则统一,才能降低交易成本、节省交易费用,使交易更为迅捷。交易规则实际上就是民商法规则,规则的统一就意味着民商法规则的统一。我国民法作为调整商品经济关系的基本法,是每天重复发生的、纷繁复杂的交易在法律上的反映,是商品经济的普遍的一般规则。所以必须要用民法统一调整商品交换关系。还要看到,交换的原则要求适用民法的等价有偿的方法。正如马克思所说:"交换就其纯粹形态来说是等价物的交换。"① 这就要求在等价的基础上共同以社会必要劳动量为尺度进行交换,这就要求适用民法的特有方法。所以,认为商品流通的经济关系应由商法调整的观点,或认为合同法应该属于商法的观点,是不确切的。

经济行政法也要作用于商品交换领域,调整商品交换关系。这些作用于交换领域的经济行政法规,我们把它们统称为"商事管理法",它是借助国家行政权力管理商品流通领域中的各种交换活动的法规总称。商事管理法存在的客观依据在于,我国的经济是社会主义商品经济,我国社会主义市场是以商品流通为主的可控制的、可调节的市场,在这个市场上,计划机制和市场机制要在不同部分以不同的形式、不同的程度有机地结合起来。商品流通要受国家指令性计划和指导性计划的指导,从社会主义商品经济的需要出发,国家必须对流通进行宏观控制,因此,国家必须要制定和颁布各种商事管理法规。

在传统商法中,包括了商事活动法和商事管理法两方面的内容,由于现代国家干预经济的加强,促使商法"公法化",因此商法中有关商事管理方面的强制性规范得到了进一步发展。自中华人民共和国成立以来,我国尽管没有商法的概念,但并非没有商事立法,我国有关商事管理方面的

---

① 《马克思恩格斯全集》(第二十三卷),人民出版社1972年版,第181页。

法规是比较多的,这当然是受到了我国国家的经济职能和管理体制的影响。这些商事法规有许多是可以列入传统的商法范围的。例如,在公司方面,国家针对有关公司登记、财务管理等制定了一系列法律法规,例如,1985年国务院颁布了《公司登记管理暂行规定》,以后又逐渐颁布了有关企业、公司登记的规定。这些法规属于管理性的规定,其中许多法规都是行政机关制定和颁行的,同时需要行政机关监督实施,而且法规的内容大多是关于行政机关在管理商事活动中的权利义务等方面的规定,因此,这些商事管理法不过是经济行政法的重要组成部分。即使其和商事法规一起规定,从其性质来看,也属于经济法的范畴。

商事管理法应是有效地配合民法发生作用的法律措施。民法的法人制度、所有权制度、债和合同制度,都需要商事管理法的有效配合。对法人的登记许可及其他监督措施,不动产的登记和动产的管理,直接对合同发生影响的计划、价格、产品质量标准等的管理都是不可缺少的法律制度。由此可以看出,经济行政法和民法应当发挥对国民经济综合调整的作用。

综上所述,笔者认为,在我国社会主义法律体系中,不存在而且也不应该存在商法这样一个独立的法律部门。而有关商事方面的规范可以分为两类:一类是商事活动方面的规范,如公司法、保险法、破产法、票据法等,应该属于民法的组成部分。另一类是商事管理方面的规范,如公司管理法、保险管理法、市场管理法等,应该属于经济行政法的范围。所以,传统意义的商法在我国分别属于民法和经济行政法这两个独立的法律部门。在我国,加强经济立法,主要就是要大力加强民事立法和经济行政立法。这是我国发展有计划的商品经济的迫切需要,也是我国经济体制改革的迫切需要。

论中国民事立法体系化之路径[*]

  作为市场经济和法治国家的法律基石,民法在我国政治、经济和社会中的重要作用日益彰显和突出,立法在大力保障和促进民事主体人身权和财产权发展的同时,又强劲地推进有中国特色的社会主义法律体系的完善。然而,不容忽视的是,尽管合同法、物权法、婚姻法等民法部门在改革开放三十年来有了迅猛发展,侵权责任法、涉外法律关系适用法、国有资产管理法等也在制定之中,但民法在形式上终究未成一统,这种立法散乱的格局与其基本法的地位并不相称。要改变这种格局,唯一的路径就是尽快实现我国民事立法的体系化,以确保民法规范合理而有序的配置,并在此基础上保障和推进我国改革开放的深入展开。

  一般说来,体系是具有一定顺序和逻辑的系统构成。民法体系化同样是一种系统构成,即根据构建民事法律规范内在体系的要求,实现民事法律规范体系的系统化和逻辑化,使民法在整体上形成结构化的制度安排。毫无疑问,实现民法的体系化是无数法律人孜孜追求和梦想。然而,实现民法的体系化有多种道路可供选择,大致有法典化、单行法和法律汇编三种模式。在我国民法体系化的过程中,究竟应该走何种路径,学界的意见并不一致。客观来看,主张民法法典化的观点是主流意见,但其他两种观点也有不同程度的影响。这表明,我国现在民事立法面临着重大选择:即在大量民商事法律颁行之后,是应当构建一个逻辑严谨、体系严密的民法典,还是以单行法的形式形成各自的微系统和各自的体系,抑或仅仅将它们形成法律汇编?这一问题的实质是中国民事立法是否需要走法典化、体系化道路。毋庸赘言,这是一个直接关系着中国民事立法向何处去的重要问题。笔者拟在对制定单行法和法律汇编的两种观点进行评析的基础上,提出自己对民法体系化路径的一些思考。

---

[*] 原载《法学研究》2008年第6期。原标题为《中国民事立法体系化之路径》

一、零散的单行法有悖于民法的体系化

在近代法典化运动时期,有一种比较极端的理论认为,可以制定一部无所不包的民法典,尽可能规定各项民事法律制度,并允许法律类推适用,这样就可以为任何民事法律纠纷的解决提供相应的法律规范,并排斥单行法的存在。在此意义上,民法典将"成为调整市民生活和保障民事权利的系统性宪章"①。但是,该理论很快就被实践证明是一种神话。随着19世纪末期工业社会的迅速发展,大量新兴法律问题频繁出现,为了加强国家对经济的干预,各国都在民法典之外颁布了大量单行法。这使得"民法典的唯一法源地位"成为历史,民法典甚至被边缘化,这一现象也被称为"去法典化"。意大利学者伊尔蒂(N. Irti)在1978年发表了《民法典的分解时代》一文,认为现在已经处于民法典分解的时代。他认为,在层出不穷、种类繁多的民事特别法的冲击下,民法典已经被民事特别法分解,其社会调整功能已经被严重削弱,其在私法体系中的重大核心地位已经丧失。②

将这种思路运用于我国,会得出两种意见。一种意见认为,既然民法典已经不再是民事法律的核心,那么我国就没有必要制定一部民法典。对此,笔者认为,尽管现在各国民法典确实遭遇了来自单行法的冲击,但也不能据此认为现在已经处于"去法典化"的时期,甚至认为仅凭民事单行法就足以有效调整社会生活。因为一方面,从比较法上看,虽然各国民法典不再是私法的唯一法源,但不可否认的是,民法典仍然是私法的主要法律渊源,民法典仍然居于私法的核心地位;另一方面,与传统大陆法系国家不同的是,我国尚未制定一部民法典,目前讨论"去法典化"问题可能超越我国所处的特定历史阶段。故而,这种意见并不妥当。另一种意见认为,单行法模式的针对性强,可以有效克服法典的抽象性,反映特定时期的立法政策需要,既然各个单行法能分别调整社会生活的不同领域,由这些单行法构成的法律体系就足以有效调整市民社会生活。应当承认,这种观点不无道理,因为民法典具有一般性、抽象性、高度稳定性,与单行法相比,它表现出更明显的滞后性,而且难以及时应对变化了的社会的需要。不过,这些问题并非不能在技术上予以克服,比较法经验已经证明,

---

① 转引自张礼洪:《民法典的分解现象和中国民法典的制定》,载《法学》2006年第5期。
② 参见张礼洪:《民法典的分解现象和中国民法典的制定》,载《法学》2006年第5期。

通过法律解释的方法,在法典内保持法律的开放性和适度的灵活性,巧妙运用一般条款和具体列举相结合的方式等,均能有效弥补法典的缺陷。再者,尽管单行法的立法模式存在一定的优点,且从我国已经颁布的大量的民事单行法来看,其在现实中也发挥了完善立法、规范生活的作用,但是,由于这些单行法之间难免存在大量的价值冲突和规则矛盾的现象,仅仅依靠这些数量庞大的单行法尚不能形成一个科学的民法体系。① 特别是,大量的单行法甚至会冲击民事立法过程中形成的部分既有体系,这正如没有规划的城市建筑显得杂乱无章一样,没有体系化的单行法必然导致民法内部的规范紊乱。

这些都说明,我们不能以民法已经法典化国家的"去法典化"现象,来证成今日中国民法体系构建中的路径选择问题。换言之,我们不能依靠零散的单行法来实现民法的体系化。具体来说,单行法在构建民法典体系方面存在如下不足:

第一,单行法不具有形式一致性。形式一致性即规则和制度的系统性,换言之,是指民法的概念、规则、制度构成为相互一致性的整体,各要素之间不存在冲突和矛盾。体系化方法可以合理地安排所要规范的内容,使民法的各项制度和规范各就各位,既不遗漏,也不重复。单行法受制于自身"各自为政"的特点,分别针对不同领域在不同时期的具体问题而制定,受制于时势和问题的导向,这些都决定了单行法不可能通盘和全面地考虑问题,具有明显的局限性,使法律之间可能发生冲突和矛盾。这突出表现在,一方面,各个单行法对同一概念的表述不一致,如《物权法》采"建设用地使用权",而《土地管理法》采"土地使用权"的概念。另一方面,新的单行法对相同事项作出新的规定,而旧法中的相关规定并没有进行修改;此外,旧法中的部分内容被新法所取代,而在新法中又没有体现二者如何衔接,导致法律适用中的困难。例如,就《物权法》与《担保法》之间的关系而言,《物权法》修改了《担保法》关于抵押、质押、留置的规定,但没有具体指明修改的内容,以致造成法官找法的困惑。

第二,单行法不具有价值的统一性。所谓价值的统一性,是指立法者在各个法律中采取并反映了同样的价值取向。民事法律作为一个重要的法律部门,要对社会生活作出有序的统一调整,必然要追求统一的立法价值,力求对相同民事法律关系作出一致的法律调整。然而,单行法因为在

---

① 参见李开国:《法典化:我国民法发展的必由之路》,载《重庆大学学报(社会科学版)》1997年第4期。

不同时期制定,其反映的立法精神和法的价值有所不同,甚至一些民事单行法更注重贯彻国家宏观调控和管理政策,不合理地限制了私法自治。这使得不同单行法之间的界限泾渭分明,受制于不同的立法指导思想和规范目的,既可能导致同一用语在不同法律中有不同含义,也可能导致类似规则在不同的法律中采取不同的价值取向。特别应当注意的是,在我国立法实践中,诸多单行法由政府部门起草,由于我国缺乏科学的立法规划、程序和监督机制,这些政府部门往往为了各自的部门利益,在单行法中注入不应有的部门利益衡量机制,而在人大通过法律的时候,受限于种种因素,这些不当的利益考虑并不能完全从法律中删除,结果导致个别单行法成为维护部门利益的工具,与民法体系化的价值要求完全背离。

第三,单行法很难自发地形成一个富有逻辑性的整体。民法的体系化要求民法的各项概念、规则、制度之间以某种内在逻辑加以组织和编排。逻辑性是体系化的生命所在,是体系的最直接表现,也构成法典的本质特征。如果不具备逻辑性,则不可能称为真正意义上的民法体系。单行法的制定往往满足于对某一领域法律问题的调整,可能在一定程度上考虑与既有法律之间的逻辑关系,但也只是对个别法律规则的调整,一般不会对整个单行法作出修改,并且单行法很难对未来的其他单行法作出预测和安排。如此一来,单行法之间就难以自发地形成一个富有逻辑性的整体,不利于法律的适用。例如,在不动产法律方面,我国已经有不少单行法,如《土地管理法》《城市房地产管理法》《物权法》《农村土地承包法》,在处理有关不动产纠纷时,究竟应适用哪部法律,应以何种顺序适用,均处于模糊状态,这是实践中难以解决的问题。

第四,单行法往往自成体系,影响民法的体系化。民事立法的体系化,最终目的在于将整个民事法律制度进行整体化构造,使之相互间形成有机的联系。因为没有民法典,基本民事制度不明确,就难以厘清一般法与特别法的关系。单行法之间的关系如何,是否构成特别法与普通法的关系,常常引发争议。例如,《民法通则》和《物权法》《合同法》《担保法》等法律之间,究竟是一般法和特别法的关系,还是平行的关系?《物权法》关于担保物权的规定是否可以适用担保法?再如,在我国《物权法》框架下,票据质押背书不是设立票据质权的必备要件;而根据《票据法》的规定,非经票据质押背书,票据质权不得设立。因此,在《物权法》和《票据法》两个微系统中,票据质押背书的功能问题就发生了冲突。特别需要强调的是,尽管单行法自身成为体系,但受制于其调整对象和适用范围,它不可能像法典化那样具有全面调整社会生活基本方面的功能,单行法不具有法典化的全面性,这使得它不可能成为基本法律的理想形态。

正是由于单行法的上述这些不足之处,导致它不能担当我国民事体系化的重任,同时也意味着我国应当尽快制定出一部内容完备、体系合理的民法典,以解决单行法缺乏体系化所带来的问题。[1] 当然,尽管单行法难以自发地构成一个富有逻辑性的民法体系,但并不是彻底否定单行法存在的必要性。客观来看,一部民法典确实难以承受调整所有社会生活的任务,需要一定单行法的配合,适度的单行法也因此获得了存在的必要性和作用的空间。

二、法律汇编不是真正的体系化

所谓法律汇编(digest compilation à droit constant),是指按照一定的体系,在不改变法律内容的前提下,将已有法律编在一起,并通常冠以统一名称。在大陆法系国家,法律汇编实际上最早起源于罗马法。罗马法的《学说汇纂》乃是对过去,特别是对公元1世纪到公元4世纪初的罗马著名法学家的著作、学说和法律解答的选编。[2] 大陆法系国家为了方便法官适用法律,大多采用了法律汇编的方法,如日本的小六法。英美法系国家也大多采用法律汇编模式。

法律汇编通常也是有权机构的一种正式立法活动,其具有以下特点。一是不需要起草和修订。法律汇编主要是按照一定的目的或者标准对已颁行规范性文件进行系统的排列,从而汇编成册。[3] 因此,汇编本身不是一种创制法律的立法活动,只是一种对现有法律作出技术性编辑的活动。尽管在汇编过程中也要考虑一定的逻辑性和体系性,但这种考虑主要是以各个规范性法律文件为对象,而不需要考虑各个法律规范和制度之间严谨的逻辑体系,也不需要考虑解决既有制度之间的重复和冲突。二是需要符合一定的编排标准。法律汇编虽然不需要对既有法律文件进行改动,但其也不同于简单的法律文件的叠加,因为生效法律文件的汇集也需要符合一定的标准,如颁行时间标准、调整对象标准、效力等级标准。三是法律汇编通常是某一部门法律的汇编,也可以是多个部门法律的汇编,

---

[1] 参见江平:《中国民法典制订的宏观思考》,载《法学》2002年第2期。
[2] 参见余能斌主编:《民法典专题研究》,武汉大学出版社2004年版,第48页。
[3] 参见许中缘:《体系化的民法与法学方法》,法律出版社2007年版,第161—162页。

将各种法律汇编在一起的主要目的在于为法官在司法中寻找法律渊源提供便利。

学界之所以有主张民事立法应采用法律汇编模式的观点,主要基于以下理由:一是域外经验提供了借鉴,即英美法广泛采用法律汇编的方式,有些大陆法系国家和地区也采取了这种方式,其简便易行、成本较低、历时较短,有利于节约立法成本。二是我国实践经验的参考,即我国目前已经有了大量的民商事单行法律,且在实务操作中也有不同形式的法律汇编供法官适用,不宜改变现有做法,再另起炉灶制定民法典。应当承认,与制定一部科学严谨的民法典相比,通过法律汇编来实现民法的体系化具有其优势。一方面,编纂一部民法典工程浩大,需要长期的学术理论准备和司法实践检验,不可能在短期内完成。而采用汇编的方式既可以满足法律适用的需要,又可以节省大量的人力物力。另一方面,法律汇编不需要修改原有法律,能最大限度地保持法律的稳定性。现有法律已经颁行,且为人们所熟悉,而不像新民法典的制定还需要人们重新熟悉,也不需要人们再重新学习新的法典,在适用中不会带来新的变化。特别是,我国现在正处于社会转型时期,各种利益正在进行调整,社会生活也正在发生深刻变化,法律汇编的方式可以满足针对新的社会关系颁布新法律的灵活性,并能满足法律开放性的需要。正是基于对法律汇编前述优势的考虑,我国一直存在着一种所谓"松散式、邦联式"的思路,这一思路的主要特点是,主张民法典各个部门相对独立,相互之间构成松散的、邦联式的关系,不赞成民法典具有体系性和逻辑性。① 有学者甚至认为,"去法典化"和"反法典化"已经成为民事立法的一种国际发展趋势,与这种趋势相适应,我国采用法律汇编的方式即可实现法律的体系化,而不需要另外单独制定民法典。②

应当看到,通过法律汇编的方式来实现民法的体系化,主要是判例法国家的经验,我国毕竟属于成文法国家,不能简单地照搬判例法国家的这种做法,否则,就会在大方向上出错。而且,尽管有些大陆法系国家和地区有法律汇编的形式,但其前提是已经有一部民法典,法律汇编只不过是为了适用法律的便利所为的技术性作业。德国、法国、瑞士等大陆法系国家大都通过制定一部严谨而科学的民法典来实现民法的体系化。如果我们要通过法律汇编的形式实现民法的体系化,实质上就是放弃原有的成

---

① 参见梁慧星:《为中国民法典而斗争》,法律出版社2002年版,第37页。
② 参见张礼洪:《民法典的分界现象和中国民法典的制定》,载《法学》2006年第5期。

文法道路,从根本上改变民法的定位。尤其值得注意的是,由于法律汇编的体系化程度还远远不足以真正实现民法的体系化,因此,法律汇编虽然可能满足短期的、暂时的法律适用需要,却不能够真正解决民法的体系化问题,而且也不利于提高裁判质量,保障司法公正。虽然民法典的编纂的确要花费相当大的成本,但它是实现我国民法体系化的必由之路。具体来说,在我国采用法律汇编的模式具有如下弊端:

第一,法律汇编不能有效实现民事法律的内容全面性和内在一致性。一方面,法律汇编虽然在形式上完成了民事法律的汇集,但法律汇编仅仅是将现行的法律进行简单的排列,并不进行实质性的修改和创造,一般不涉及一个严密的体系安排和编纂计划,难以消除单行法之间的内在冲突和矛盾。这"就好像建一栋大厦,不先进行整体设计,而是分别建造各个房间,再将造好的各个房间拼合在一起组成一座大厦"①。法律汇编只是将各个法律按照一定的体例简单汇编在一起,不涉及各项具体制度的改变和协调,不追求严谨的体系。由此而带来的一个问题是,法典汇编不能实现汇编内部法律制度和法律规范的和谐一致,也不能有效地实现民法体系化,不能解决法律制度的大量重复、法律之间的相互冲突以及法律适用中效力等级不明确等问题。另一方面,各个单行法律通常只关注某一领域的民事法律问题,缺乏对市民社会的周全考虑,部分社会生活甚至缺乏相应的法律规范,因此,法律汇编在内容上也就存在相应空白,缺乏全面性。

第二,法律汇编不能实现法律价值目标的协调统一。与单行法一样,通过法律汇编形成的民法体系同样缺乏价值的一致性。法律汇编中的各个法律都是在不同时期基于不同的立法政策和目的而制定的,它们要反映当时的社会需要,体现当时社会的价值理念。但是,不同时期价值取向和侧重点可能存在差异,因此,将这些法律简单地汇编在一起,就不可避免地发生法律规范所体现的价值的冲突,难以实现内在价值的统一性。不同法律中对同样法律关系的规定可能采取了截然相反的两种态度。例如,我国《民法通则》和《合同法》对合同无效的范围就存在重大差异,反映了对合同交易的不同价值立场。另一方面,由于法律汇编不对各单行法作修改,即便立法者发现了单行法中存在的价值冲突,也缺少缓和或者消除这些价值冲突的机会。

第三,法律汇编将大大增加司法成本且有损司法的权威性。虽然通

---

① 梁慧星:《为中国民法典而斗争》,法律出版社2002年版,第37页。

过法律汇编方式实现民法体系化具有立法成本低廉的优点,但是,法律汇编缺乏一个明朗的体系和安排,将会增加法官寻找法律渊源的成本,从而增加司法成本。例如,《物权法》《担保法》及其《担保法司法解释》之间的不一致之处较多,难以准确判断和选择适用。同时,由于法律汇编将不可避免地存在法律制度、法律规范和价值理念的冲突,因此,"一部不讲究逻辑性和体系性的所谓松散式、汇编式、邦联式的法典,使审理同样案件的不同地区、不同法院的不同的法官,可以从中找到完全不同的规则,得出截然相反的判决"①。因为单行法众多,而在法律上又难以确定需要适用的裁判规范,以及法律适用上一般法与特别法的区分,法官容易按照自己的理解在找法时各取所需,从而导致对法的安定性和权威性的损害。此外,法典的立法思想非常明确,即便法无明文规定,法官仍可以根据法典的指导思想来进行合理造法。反之,如果只有法律汇编,则法官难以进行正确的造法和释法活动。

第四,法律汇编不利于法律的研习和传播。法律汇编中无所谓上位法和下位法的区分,没有一般规范和特别规范的差异,也没有民法的基本原则和一般原则的不同,这就使法学研究和法学教育活动难以从法律汇编中寻找到法学理论的实践模型,不利于法学理论和立法实践的对接与协调,也不利于人们对汇编中法律制度和思想的传播。

因此,法律汇编不具有法典的全部功能。与法律汇编不同的是,"法典化并不在于汇集、汇编改进或重整现有的科学或准科学的法律,即就像从前德意志法律改革和罗马及西班牙法律汇编一样,而是在于通过新的体系化的和创造性的法律来创造一个更好的社会"②。故而,以法律汇编的方式实现民事立法的体系化,实际上混淆了法律汇编和法典编纂这两种不同的立法活动。法律汇编的这些缺陷决定了其不能真正实现民法体系化,也不符合构建社会主义民商事法律体系的需要。

三、中国民法体系化必须走法典化道路

如前所述,无论是取单行法之路还是采法律汇编的方式,皆不足以承担起实现中国民法体系化的历史使命。与这两种模式相反,法典化是实

---

① 梁慧星:《松散式、汇编式的民法典不适合中国国情》,载《政法论坛》2003 年第 1 期。
② F. Wieacker, Historia del Derecho Privado de la Edad Moderna 292, Francisco Fernandez Jardon trans., Aguilar ed., 1908, p.1957.

现私法系统化的一个完美方法①,是实现中国民法体系化的最佳途径,大陆法系国家民事立法的经验也充分说明了这一点。虽然大陆法系国家出现了"去法典化"现象,但这种现象与这些国家的法律发展史密切相关,"法典的颁行"与"单行法对民法典中心地位的冲击"是发生"去法典化"现象的重要前提条件,然而,这两个条件在我国根本就未曾发生过,因此,我们不能以"去法典化"现象来否定法典化在中国立法实践和国家秩序中的重要功能,也不能简单地根据这种现象来否定我国对民法法典化道路的选择。诚然,我国既有的大量单行法在建设社会主义法律体系进程中起到了很好的作用,但实事求是地讲,由于欠缺统一价值指导和思想理念,这些法律没有在体系化的框架内产生有效的合力,以致在实践中还存在诸多矛盾、冲突等不尽如人意之处,而要解决此问题,法典化应当是最佳途径。之所以认为法典化是实现中国民法体系化的最佳途径,原因在于:

第一,法典化具有体系性,可分为以下诸端:一是形式的一致性。法典化需要对所有民事法律制度进行逐个分析和通盘考虑,在这个基础之上再构建一个统一的民事法律框架。法典需要统一法律术语、统一法律制度和法律规则。二是价值的一致性。价值是法典的灵魂,任何法典都要体现和保护一定的价值。要想实现制度和规则的一致性,就离不开对作为制度和价值指导的法律价值的一致性的追求。例如,就我国未来的民法典来说,除要坚持和弘扬传统私法中的平等、自由和安全价值外,还要体现市场经济所要求的效率价值,更要反映现代民法所要求的"人的全面发展价值"。三是逻辑上的自足性。民法典的逻辑自洽首先表现在,构成民法典的各个具体制度自身可以形成一般规范与特殊规范、普通法与特别法的关系。此外,还包括民法典与单行法之间的整个宏观结构的逻辑性。民法典是体系化的结果,法典化实际上就是体系化,体系是民法典的灵魂。一切关于法典化的定义和解释的文献中,都提到了体系和秩序这些要素。② 它们被认为是法典化最为重要的特征。③ 民法典编纂必须

---

① Vgl. Karsten Schmidt, Die Zukunft der Kodifikationsidee, Rechtsprechung, Wissenschaft und Gesetzgebung vor den Gesetzeswerken des geltenden Rechts, C. F. Müller Juristischer, 1985, S. 39.

② See Gunther A. Weiss, The Enchantment of Codification in the Common-law World, 25 Yale Journal of International Law 435(Summer 2000).

③ E. Schwarz, Die Geschichte der privatrechtlichen Kodifikationsbestrebungen in Deutschland und die Entstehungsgeschichte des Entwurfs eines bürgerlichen Gesetzbuchs für das Deutsche Reich, in: 1 Archiv für bürgerliches Recht 1889, S. 169–170 f.

要为未来的民法典设计一个科学合理的体系。民法典就是以体系性以及由之所决定的逻辑性为重要特征的,体系是民法典的生命。一方面,体系构建关乎整个民法典制定的基本蓝图,体系本身的科学性在相当程度上决定了民法典制定工作的质量优劣。如果事先对于民法典完全不存在一个体系化的安排,在全部立法完成之后再企望弥补,是比较困难的,显然会浪费许多的立法资源,而且事倍功半。另一方面,体系设计不仅关系到民法典的质量和生命力,而且关系到整个民法部门和民法科学的发展。我国未来的民法典应当是科学的、体现民事立法的最新发展趋势、面向新世纪的一部高质量立法,而达到此目的首先必须建构科学合理的民法典体系。

第二,法典化具有全面性。民法典作为市民社会的一般私法,作为市场经济的基本规则,它必须要为广大民众从事民事活动提供基本的准则,民法典是民众生活的百科全书。民法典也要为法官处理各种民事案件提供基本的规则。民法典的特征在于其全面性。法典化不同于一般的立法就在于法典"包含了各种有效的控制主体的法律规则的完整性、逻辑性、科学性"①。全面性的另一方面的表现就是完备性,这就是说,法典可以为民事活动的当事人提供一套基本的行为规则,也为法官裁判民事案件提供基本的法律规则和法律依据。完备性是体系化的前提和基础,如果缺乏完备性,则必然会残缺不全,支离破碎。② 如果一部法典所包含的规范是支离破碎、残缺不全的,它仍然只是一部简单的法律汇编,而不是有机的整体。从这个意义上说,民法典是市民社会生活的一般规范,也是社会生活的百科全书。它为市场交易活动确立基本的规则,也为法官处理民事案件提供裁判规则。③ 民法典实现的制度统一性能够最大限度地保障法制统一、限制法官的恣意裁判、消除法律的不确定性。

第三,法典化具有权威性。民法典是具有权威性的法律文件。一方面,民法典是国家最高立法机关制定的具有国家强制力保障的法律规范。与众多的民间制定的示范法不同,民法典具有法律拘束力,而后者并不具备强制力保障,仅具有参考价值。另一方面,民法典作为国家的基本法

---

① Lobinger, Codification, 2 Encyclopedia of the Social Sciences 606, 609–610(1930, Reissued 1937).

② See Gunther A. Weiss, The Enchantment of Codification in the Common-law World, 25 Yale Journal of International Law 435(Summer 2000).

③ See Reinhard Zimmermann, Codification: History and Present Significance of an Idea, 3 Eur. Rev. Private L. 95, 98–103(1995).

律,在民事法律体系中处于中心地位,在法律的位阶上仅次于宪法。其他任何行政法规、部门规章、政策命令、司法解释等,效力均不得超越民法典。我国法律体系由三部分构成,虽然单行的特别法在适用上优于普通法,但按照我国《立法法》的规定,民事基本法律制度由法律规定,实际上就是由民法典规定,单行法不得违背基本法律制度的规定。因此,民法典是成文法的最高形式,这是其他任何法律体系化形式所不能比拟的。①

第四,法典化具有稳定性。体系就其本身特质而言,它具有相当程度的一般性、基础性和开放性,因而具有相当程度的稳定性。民法典作为基本法律性质的文件,只能规定民事领域中最为重要的基本法律制度;民法典应当在较长时间里保持一定的稳定性,所以应当具有一定的抽象性;民法典不宜对社会生活规定得过细,否则将过于烦琐;民法典对社会生活的规范应当保持相当的限制,即波塔利斯所言的"立法者的谦卑和节制",不能过多地干预生活。② 所以法典不能也不宜规定得过于详细和琐碎,其对社会生活只能是有限度的介入,只能规定基本层面的法律制度。民法典的体系化就是要将市民社会生活中最基本的规则抽象出来,在民法典中加以规定,通过此种体系的安排使其成为稳定的规则,获得长久的生命力,不因国家的某项政策而随意发生改变。

第五,法典化具有统一性。民法典是整合整个私法制度的统一体。民法典的制定统一了民事审判的司法规则,能够最大限度地限制法官的恣意裁判,消除法律的不确定性。民法典把市场规则统一化,能够为当事人带来确定的预期,这也是19世纪民法典运动的一个重要动因。法典使不同时代和不同领域的法律之间发生关系,联结为一个整体,在这个整体中,不同的法律分别处于不同的地位或不同的层次,在效力上有高下之分,因而在发生冲突时能找到解决矛盾的办法。③ 我国当前制定民法典的一个重要作用就在于使民事法律体系化,保障法制统一。如保持行政法规、地方性法规与民法典之间的协调一致。这能够有效防止政出多门,克服司法自由裁量,从而保障市场经济的正常运行。

德国法社会学家韦伯认为,大陆法系国家的法律具备逻辑性的形式

---

① 参见李开国:《法典化:我国民法发展的必由之路》,载《重庆大学学报(社会科学版)》1997年第4期。
② Valérie Lasserre-Kiesow, L'esprit scientifique du Code civil, in Droits, No. 45, PUF, 2005, pp.58–59.
③ 参见严存生:《对法典和法典化的几点哲理思考》,载《北方法学》2008年第1期。

理性。在韦伯看来,民法典实际上是形式理性的产物。民法的体系化需要借助民法的法典化来完成。在法典化的过程中,贯彻民法的价值理念,整合规范制度,并且消除法律规范之间的冲突,形成在价值上一致、逻辑上自足的民事规范统一体。民法作为调整市场经济关系的基本法,其健全程度直接关涉法制建设的进展,从世界各国的立法经验来看,大陆法系国家都以民法典的颁布作为其法制成熟程度的一个重要标志。民法典是更高层次的成文法。① 为了真正在2010年建成社会主义市场经济法律体系,必须尽快制定和颁行民法典。

四、民法体系化必须协调民法典和单行法之间的关系

尽管民法法典化是实现民法体系化的最佳选择,但这并不能否定单行法存在的作用和必要性。一方面,民法典不能代替单行法,大量的民事法律规范还必须置于民事单行法之中;另一方面,也不能将本应由民法典规定的内容交给单行法。要达到这一目的,就应统筹安排民法典和单行法分别应规定的内容。一般来说,民法典是对各种民事活动的基本的、普遍适用的规则所作的规定,民法典规定的是市民社会生活中的基本规则,它在整个国家民事立法体系中属于最普通、最基础的民事立法。既然如此,民法典作为最高形式的成文法必须保持最大限度的稳定性,不能频繁地被修改或者废除,这正是民法典具有实现社会关系的稳定性以及在社会生活中的可预期性功能的基础,故而,民法典所确立的制度、规则也应当保持较强的稳定性。然而,社会生活是变动不居、纷繁复杂的,为此,对那些技术性很强、仅仅适用个别的、局部性的民事关系的规则不应当由民法典规定,而应当由单行法来解决。

不过,从成文法国家的经验来看,单行法在配合民法典发挥作用的时候,也引发了值得注意的问题。一是对法律的确定性产生威胁。"特别立法的勃兴,致使传统的法典渐成遗迹。只有当特别立法没有相关规定的时候,才转向传统法典以寻觅判案的依据。"②单行法由于其形成于不同的时期,涉及不同领域的问题,并且不存在一个统一的整体性文件,因此,

---

① 参见薛军:《民法典编纂的若干理论问题研究——以对法律安全价值的追求为线索》,载马逸驹主编:《清华法律评论(第二辑)》,清华大学出版社1999年版,第168页。

② 〔美〕约翰·亨利·梅利曼:《大陆法系》(第二版),顾陪东、禄正平译,法律出版社2004年版,第159页。

对于法律当事者而言常常难以查询和知晓其内容,这会对法律安全带来威胁。二是对民法典的中心地位产生冲击。正是因为在民法典颁布之后大量单行法的衍生,从而出现了"去法典化"和"再法典化"的问题。所谓"去法典化",很大程度上是因为单行法所确立的规则和价值与民法典发生了一定的偏离,并使民法典被边缘化。越来越多的民事特别法奉行与民法典所不同的价值和原则,并从传统民法中分离出去。[1] 在其数量发展到一定程度,就逐渐形成了有别于民法典的"微观民事规范系统"[2]。此种现象将可能导致"私法内在统一性的崩溃"。基于上述原因,如何处理好民法典与单行法的关系,成为大陆法系国家普遍遇到的问题。

民法关乎国计民生和人们的日用常行。民法典是一国的生活方式的总结,是一国的文化的积淀,从一个侧面,展示着一个国家的物质文明和精神文明。因此,我国在制定民法典过程中,首先要立足于我国的国情,尤其是对我国现有大量民事单行法进行全面统筹和合理安排,并在借鉴成文法国家民法法典化经验的基础上,注重协调好如下几方面的关系。

(一) 按照民法典体系整合现行单行法

在具体协调民法典与单行法关系时,如果我们完成了比较完善的民法典理论构建,就可以从这一体系出发,前瞻性地预见未来的立法需要,从而能动地进行立法规划。必须在制定民法典的同时,综合运用立、改、废、释等方式。我们要及时修改现行的法律,使之与未来的民法典协调统一,发挥法律调整的整体功能。因此,我国在制定民法典的时候,对于既有的法律,如《民法通则》《继承法》《担保法》《合同法》《物权法》等[3],如果能够纳入民法典,应当尽量纳入民法典。具体来说,有关民法典与单行法的关系,需要从如下几个方面考虑:第一,应当对《民法通则》进行修改补充,未来将其改造为民法典的总则。《民法通则》虽然不是以法典形式颁布,但其调整的都是基本的民事制度和民事权利;在某种意义上它的确发挥了民法典的部分功能,并且其大部分内容仍然可以适用我国的现实情况,因此,应该对其进行进一步的修改和整理,将其纳入民法典。[4] 第

---

[1] 参见张礼洪:《民法典的分解现象和中国民法典的制定》,载《法学》2006 年第 5 期。
[2] Maria Luisa Murillo, The Evolution of Codification in the Civil Law Legal Systems: Towards Decodification and Recodifition, 11 Journal of Transnational Law and Policy 163, 174(2001).
[3] 严格说来,这些法律不应是单行法,而应为民法典的组成部分,但因为我国民法典尚未成型和颁布,故本文视它们为单行法。
[4] 参见梁慧星:《为我国民法典而斗争》,法律出版社 2002 年版,第 22 页。

二,对于《合同法》《物权法》《婚姻法》《收养法》《继承法》等民事法律以及将要制定的《侵权责任法》进行进一步完善和整合,在未来统一纳入民法典之中,分别形成民法典分则的各编。这是因为,我国民法法典化的过程本身是分阶段和分步骤地进行的,《合同法》《物权法》的制定,也是制定民法典的战略安排,其当初的定位就是要在未来能被纳入民法典之中。但在民法典编纂时,还应当对这些法律进行必要的修改和完善。因为这些法律在立法时,常常只重视每一个部分内部的体系性与完整性,忽略了各个部分之间的协调性与整体性。例如,在制定《合同法》时,将代理、行纪等内容都规定在其中,忽略了与民法总则之间的协调。再如,《物权法》关于保护物权的请求权的规定中,既包括了物权请求权,也包括了侵权的请求权等,忽视了与侵权法的协调。这就有必要根据民法典体系进行整合。第三,关于《担保法》与民法典的关系。《物权法》第178条规定:"担保法与本法的规定不一致的,适用本法。"《物权法》在颁布实施时,《担保法》仍然有效。因为《担保法》不仅包括了物的担保,而且也包括人的担保,属于人的担保的内容本来属于债法的内容,但是因为《合同法》并没有将保证的形式纳入其中,这就产生了法律上的难题,如果废止《担保法》,则会使《担保法》中有关保证的内容无所依从,这显然是不妥当的。根据《物权法》第178条的规定,在《物权法》通过之后,《担保法》继续有效。但是,《物权法》与《担保法》的关系并不是普通法与特别法的关系,而是新法与旧法的关系。根据这一规定,凡是《担保法》的规定与《物权法》不一致的,都应该适用《物权法》的内容。应当承认,《物权法》已经对《担保法》的诸多内容作了较大的修改与完善,《担保法》与《物权法》的内容不一致的,其内容当然废止。因此,在将来制定民法典的时候,需要重新构建我国民法典的体系,按照民法典的体系,将既有的《担保法》的内容一分为二,将物的担保纳入物权的范畴,而将人的担保纳入债权的范畴,然后废止《担保法》。第四,关于《专利法》《商标法》和《著作权法》是否应纳入民法典之中,在民法典起草时曾有过很大的争议。笔者认为,知识产权就其整体而言,不宜完全纳入民法典之中;但是,为了保证民法权利的体系性,民法典可以规定知识产权的一般规则。有关知识产权的具体规定,应当由具体的单行法完成。①

---

① 参见吴汉东:《知识产权立法体例与民法典编纂》,载《中国法学》2003年第1期。

(二) 在制定单行法过程中应考虑民法典体系和价值

在制定单行法过程中应考虑民法典体系,包括以下几个方面:第一,必须在民法典制定时认真处理好民法典和单行法之间在内容上的分工和协调。民法典不能代替单行法,大量的民事法律规范还必须置于民事单行法之中。但是,也不能将本应由民法典规定的内容交给单行法。这就要求统筹安排,哪些内容要在民法典之中规定,哪些内容要在单行法之中规定。例如,就知识产权法而言,虽然民法典可以规定知识产权,但是民法典不能代替各个知识产权的单行法。第二,应当按照民法典体系的宏观要求来确定制定哪些单行法,同时要避免制定不符合民法典体系的单行法,像《担保法》这样的单行法就不符合民法典体系。第三,作为法典组成部分的单行法在制定时要考虑民法典的相关内容,把握单行法与民法典的体系一致性。比如,《侵权责任法》的制定必须要考虑与人格权法、物权法、合同法等民法典其他部分的关系,合理确定它们的分工。第四,单行法的制定要考虑民法典中的援引条款,例如,因为将来要制定专门的征收征用法,对于民法典中物权编已经对征收制度作出规定的,单行法没有必要重复规定,仅规定对民法典相应条款的援引规范即可。

民法典的价值在于应当对单行法发挥统率指导作用,民事单行法原则上应当遵循民法典的基本价值,如此才能构建以民法典为中心的民事立法体系。民法典之外需要大量的单行法,但其不能完全偏离民法典的价值体系。民法典确立的自由、平等、公平、正义等价值,体现了民法的基本精神,是民法典现代性和科学性的保障,是实现民法典立法目的的保障。所以,依据民法典的基本价值来制定单行法,才能保证民事单行法的现代性和科学性。当然,随着社会经济的发展,单行法也会在某种程度上影响民法典的价值,但这毕竟是一种例外的而非普遍的现象。例如,民法确立了平等的价值,但是《消费者权益保护法》可能基于消费者与经营者之间事实上的不平等地位,强化对消费者权益的保护,从表面上看这似乎与民法典上平等价值和形式正义价值相冲突,而这正是为了弥补平等价值和形式正义价值的不足所构建的制度,也是现代民法发展的趋势。

(三) 协调民法典和商事特别法的关系

我国实行民商合一体制,商法并非独立的法律部门,因此,我国不可能也没有必要在民法典之外制定单独的商法典或商法总则。民商合一的实质是要推进在一国法律体系的内部的私法统一化,民商法的立法体例也决定了民法典整体的体系与构架。严格说来,在民商合一体制下,《公司法》《海商法》《票据法》等法律,只是作为民法典的特别法而存在,它们和民法典的关系是特别法和一般法的关系,在法律适用上,首先要适用特别法,在没有特别法时,才适用民法典的规定。需要指出的是,我们所说的民商合一,并不意味着在民法典中包括商事特别法。由于商事规范的复合性、技术性、变动性、具体针对性等原因,决定了未来民法典不宜包括商事特别法①,民商合一不意味着在形式上的诸法合一,而是在民法典内部实现民法和商法内容的协调。所以,我国在制定民法典的同时,仍然要以特别法的形式在民法典之外制定或完善各种商事特别法,不能简单地将民商合一理解为民法典要将所有商事法规都包含在内。

五、结　语

制定一部面向21世纪的科学的民法典,不仅能够有效实现我国民事法律的体系化并构建中国特色社会主义法律体系,也将表明我国民事立法水平达到了一个新的高度,表明我国法律文化已经达到了更高的层次。通过民法法典化的方式实现民法的体系化,不仅符合我国的成文法典化法律传统,也是我国实行依法治国、完善社会主义市场经济法律体系的重要标志,既表明了我国法律文化的高度发达水平,更是中国法治现代化的具体表现。② 我们的祖先曾在历史上创造了包括中华法系在内的灿烂的中华文明,其内容是何等博大精深,至今仍在人类法律文明史上闪烁着耀眼的光芒,并与西方的两大法系分庭抗礼,互相辉映。今天,我国立法和司法实践已为民法典的制定积累了丰富的实践经验,广大民法学者也进行了大量的理论准备。制定和颁布一部先进的、体系完整的、符合中国国情的民法典,不仅能够真正从制度上保证市场经济的发展和完善,为市场经济健康有序的发展奠定坚实的基础,而且将为我国在21世纪经济的腾飞、文化的昌明、国家的长治久安提供坚强有力的保障。如果说19世纪初的《法国民法典》和20世纪初的《德国民法典》都是世界民法发展史上的重要成果,而21世纪初中国民法典的出台,必将在世界民法发展史上留下光辉的篇章!

---

① 参见石少侠:《我国应实行实质商法主义的民商分立——兼论我国的商事立法模式》,载《法制与社会发展》2003年第5期。

② 参见谢怀栻:《大陆法国家民法典研究》,中国法制出版社2004年版,第3页。

论法典中心主义与
我国民事立法的体系化*

"不管在哪里,民法典往往都被当作整个法律制度的核心。"①艾伦·沃森的这一名言描绘了民法典在大陆法系国家法律体系中的重要地位。目前,我国民事立法进入了关键时期。是否应当制定民法典,走法典化道路,学者之间存在不同的看法。笔者认为,我国应当坚持法典中心主义,从而真正实现民事立法的体系化。本文拟对法典中心主义与我国民事立法的体系化谈几点看法。

一、法典中心主义的历史发展

就民事立法的体系而言,民法典处于中心地位,这就是我们所说的法典中心主义。它是成文法国家特有的概念,意思是法典是成文法的最高形式和最终成就,由法典统领其他形式的民事规范。本文所指的法典中心主义,仅限于民事领域,即在民法典所涉及的民事法律部门的全部渊源体系中,民法典处于核心地位。艾伦·沃森曾言:"一部法典最令人瞩目的特征是它标志着一个新的开端。在大多数国家里,一个基本观念是,随着一部法典的问世,先前的一切法律都被废除了;人们不能脱离法典,回溯到历史上解释其条文。"②法典所具有的内容的完备性、体系的完整性、调整范围的宽泛性、价值的指导性等,都决定了它必然在民事法律渊源体系中具有中心地位。在我国,从立法的角度来看,在民法典颁布之后,即使民法典不是单行法的上位法,但相对于单行法而言,民法典应当处于更高的效力层级。一方面,民法典是对民事法律规范最基本的概括和总结,

---

* 原载《云南大学学报(法学版)》2009年第2期。
① 〔美〕艾伦·沃森:《民法法系的演变及形成》,李静冰、姚新华译,中国法制出版社2005年版,第191页。
② 〔美〕艾伦·沃森:《民法法系的演变及形成》,李静冰、姚新华译,中国法制出版社2005年版,第164页。

它规范的是最基本的民事制度,所以它必然在民法典体系中处于中心地位;另一方面,民法典是规定基本民事权利义务关系的法,它对于所有单行法具有指导作用。所以,在法律体系中,民法典通常对单行法起着一种统辖的作用。单行法与民法典构成特别法与一般法的关系,它不应该游离于民法典的体系外,形成自身的独立的微系统。

法典中心主义的思想起源于罗马法。盖尤斯等罗马法学家认为,法律不仅是罗马法的首要法源,而且是其他法源的衡量标准。在盖尤斯看来,法律是人民所作出的规定与命令,是人民"权力"(potestas)的表现形式,这更进一步印证了法律作为首要渊源的地位。① 在当时并不存在严格意义上的法典,这里表现出的是所谓"成文法中心主义"。在法典出现之后,成文法中心主义就演变成为法典中心主义。所以,法典中心主义是在成文法之后才出现的概念。

经历了黑暗的中世纪之后,欧洲大陆的许多国家都处于领土分裂、法制分散的状况。直到19世纪的现代法典时代到来之前,仍然并存着为数众多的其他法律渊源。② 而正是法典化使得中世纪法律制度与罗马法并行的时代告一终结,并使得法的适用得到统一。③ 在最初的意义上,法典化是要结束法律渊源多元和混乱的局面,从普鲁士、法国和奥地利等国家的法典化经验来看,都在于使法典成为法律渊源的中心。④ 例如,《法国民法典》制定的重要目的之一,就在于结束成文法和习惯法各自为政的分裂状态,并尽可能结束习惯法各不相同的混乱状态。所以,《法国民法典》在颁布时就宣告:"自新法生效时起,罗马法、教令、普遍性或者地方性习俗、成文法、条例等,如涉及组成本法典的法律所调整的事项,均不得发生效力。"⑤在19世纪的法典化运动中,法典中心主义被推向了极致。在当时,法典曾经被奉为法律的唯一渊源。制定民法典的重要目的就是要促进法律规则的统一,尽可能通过民法典形成法律渊源的排他性(exclusive-

---

① 参见〔意〕桑德罗·斯奇巴尼:《法学家:法的创立者》,薛军译,载《比较法研究》2004年第3期。

② Vgl. Theodor Bühler-Reimann, Primat des Gesetzes unter den Rechtsquellen? in: Studien zu einer Theorie der Gesetzgebung, 1982, S. 53-55.

③ 参见〔意〕桑德罗·斯奇巴尼:《法学家:法的创立者》,薛军译,载《比较法研究》2004年第3期。

④ Jacques Vanderlinden, Le concept de code en Europe occidentale du XIIIe au XIXe siècle: Essai de définition 72, 1967, pp. 190-191, n. 702.

⑤ 石佳友:《民法法典化的方法论问题研究》,法律出版社2007年版,第72页。

ness)。也就是说就其所涉事项而言,法典是唯一的渊源,应排除其他渊源尤其是习惯法的适用;法典的实施旨在排除其他的法律渊源。正如有学者所指出的,减少其他法律渊源的数量,是历史上绝大多数法典的目标。① 这一时期实际上过度强调了法典中心主义,例如,"在19世纪,民法典在法国一直被视为核心,法律的真正心脏"②,而对单行法的制定持否定态度。

法典中心主义不仅仅是法制统一和法律体系化的需要,更旨在强调民法典在法律适用中的中心地位,它是法律渊源排他性的需要。此外,民法典所具有的形式效力,也决定了它必然在整个民事法律体系中处于中心地位。从法律渊源的角度看,一部法律采用了法典的形式,就具有比一般法律更高的价值和效力,因为形式本身就可以赋予文本以特殊的效力,这也是一些社会学者(如布迪厄)所称的"形式效力"③。法国学者卡尔波尼埃认为,某一条文如果被纳入法典之中,将比被纳入普通法律之中具有更高的权威性。④

但自20世纪以来,法典中心主义现象已经出现了相当程度的缓和。由于工业社会的急剧发展,社会生活日新月异,出现了大量新的社会现象和复杂的问题,需要法律对其及时作出应对,而法典中心主义要求排除其他的法律渊源,显然无法适应社会发展的需要,排他性的规则逐渐被放弃。因此,在许多国家,在法典之外制定了大量的单行法,判例法也发挥了越来越重要的作用。由于大量单行法的出现,司法造法的现象日益明显,一些示范法、国际条约等的作用越来越突出,都在一定程度上影响了法典的中心地位。例如,"在法国,《拿破仑法典》仍然有效,但《侵权行为法》却几乎完全是根据法典中的几条概括规定而发展起来的司法判例"⑤。自20世纪末期和21世纪初期以来,随着现代社会的发展,去法典化和反法典化思潮开始兴起,在一定程度上冲击了法典中心主义。

---

① Jacques Vanderlinden, Le concept de code en Europe occidentale du XIIIe au XIXe siècle: Essai de définition 72, 1967, pp. 190 – 191.

② Jacques Vanderlinden, Le concept de code en Europe occidentale du XIIIe au XIXe siècle: Essai de définition 72, 1967, p. 191.

③ Pierre Bourdieu, Habitus, Code et codification, Actes de la Recherche en Sciences socials, 1986, p. 42. (vis formae).

④ Jean Carbonnier, Droit et passion du droit sous la Ve République, Flammarion, 1996, p. 8.

⑤ 〔美〕约翰·亨利·梅利曼:《大陆法系》(第二版),顾培东、禄正平译,法律出版社2004年版,第87页。

总之,法典中心主义是大陆法系特有的现象,代表了大陆法系法典化运动时代的特有规律。以民法典为民事立法的核心,也推动了大陆法系国家民事立法的体系化。但是,民法典与所有的成文法一样,必然具有其局限性;随着时代的发展和社会的演进,民法典本身也需要适应社会发展而不断发展,同时,也有必要向其他渊源开放,以充分发挥单行法、习惯法、判例法等法律渊源的作用。法典的开放在相当程度上表现为法典内容的灵活性和延展性,以及面向其他渊源的开放性。需要指出的是,尽管现在出现了反法典化和去法典化思潮,但这并没有从根本上否定法典中心主义。

二、我国民事立法的体系化应坚持法典中心主义

法典化不仅仅是要满足形式合理性的要求,也不完全是通过体系化使民法各个部分按编章结构顺序排列。通过法典化来实现民法典的体系化,就是要在宪法的指导下,确立民法典在整个民事立法体系的中心地位。法典是制度文明的显赫篇章,是法的形式的最高阶段。[①] 我们所说的法典中心主义,绝不是说要否定宪法的根本法地位,而是指在民事立法内部,应当以民法典为中心来完善整个民事立法体系,确立民法典在民事立法体系中的优越地位。[②] 我们之所以提倡法典中心主义,是因为法典化的重要目标是构建以民法典为中心的民事立法体系。从这个意义上说,制定民法典是完善我国民事立法的基本步骤。

在我国,法典中心主义具有重大的理论和实践意义。自中华人民共和国成立以来,法律界的有识之士便一直呼吁制定民法典。现今,我国民事立法取得了长足的进步,在《合同法》制定以后,《物权法》也于2007年顺利出台,《侵权责任法》则于2009年颁布,民法典的制定已经摆上了议事日程。然而对于民法典制定的必要性,民法典与其他法律渊源之间的相互关系,我国仍然缺乏较为深入的研究。讨论民法典体系,必须要坚持法典中心主义。这是因为以民法典为中心构建我国民事立法体系,无论在理论上还是在实践中,都具有十分重要的意义,具体表现如下:

[①] 参见封丽霞:《法典编纂论——一个比较法的视角》,清华大学出版社2002年版,序言。

[②] 参见〔意〕桑德罗·斯奇巴尼:《法典化及其立法手段》,丁玫译,载《中外法学》2002年第1期。

第一,法典中心主义旨在确立民法典作为民事基本法律制度的地位。我国《立法法》规定,基本民事法律制度应当由法律规定。但是,究竟什么是基本民事法律制度？对此,在实践中存在不同的看法。民事基本法律制度从广义上理解,既包括实体法上基本性的民事制度,也包括程序法中涉及民事关系的基本制度;而从严格意义上说,民事基本法律制度是指民事实体法所规定的基础性的制度。一般而言,民法典中所确立的各项基本制度就是民事基本制度,这些制度涉及公民的基本权利、市场经济的基本规则。民事基本制度的特点在于:一是确定了基本的交易关系和生活关系的规则。这些规则的确定,奠定了民法典作为市场经济的基本法律地位。例如,《物权法》关于所有权的规定,《合同法》关于合同自由的规则,《民法通则》关于民事主体平等地位的规则,这些都构成市场经济的基本规则。大量单行法对于这些交易规则的规定,可以看作民法典的特别法。按照特别法优先于一般法的规则,单行的民事法律与民法典可能构成特别法和一般法的关系,应当优先适用。二是基本的民事法律制度所确定的权利,只能通过法律来限制或剥夺。三是基本的民事法律制度所确定的价值,应当指导所有的单行法。尽管单行法的规定可以与民法典不一致,但是其所包含的价值和原则应当是一致的。四是基本的民事制度只能由民法典规定,只有在不宜由民法典来规定时,才可以通过特别法或者法官自由裁量来解决。①

第二,法典中心主义有助于保障私法规则的统一性。构建以民法典为中心的私法体系,有助于实现民事立法的和谐一致。以法典为中心的民法法律体系强调民事基本规则与基本制度应当由民法典加以规定,这些规则与制度将成为单行的民事立法包括法律、行政法规的立法依据,不能随意修改、变动。在我国民法典制定过程中,应当从市场经济的内在需要出发,尽量统一各种市场规则,以防止规则不统一而造成的市场混乱。②我国民法典应当尽可能地追求私法规则的统一性,建立较为完备的市场经济规则。我国实行民商合一体例,商事特别法只是特别法,私法体系应该以民法典为中心和主轴。从国外的经验来看,许多国家制定民法典的

---

① 参见〔葡〕马沙度:《法律及正当论题导论》(第二版),黄清薇、杜慧芳译,澳门基金会、澳门大学法学院2007年版,第88页。
② See Reinhard Zimmermann, Codification: History and Present Significance of an Idea, 3 Eur. Rev. Private L. 95, 98-103(1995).

重要原因之一,就是要实现法律制度的统一。① 我国是一个统一的多民族国家,幅员辽阔,情况复杂,各地发展不平衡,需要视不同的情况制定不同的规则,但又必须维护国家法律制度的统一。由于我国一直没有民法典,立法者也没有形成以民法典为中心的立法思维模式,结果导致现在的各种民事法律、行政法规各自为政的混乱局面。例如,由于没有在民法典中对环境侵权责任作出基本规定,因而只能通过大量的特别法对单一类型的环境侵权行为作出规定,例如,《水污染防治法》《大气污染防治法》《固体废物污染环境防治法》《海洋环境保护法》《环境保护法》等都对环境侵权作出了规定。但不同的法律,对侵权责任构成要件、免责事由等规定存在较大差异,如在第三人造成损害的情况下,究竟应由污染方首先负责,还是由第三人首先负责,各个法律规定并不一致。对此,《侵权责任法》第68条就进行了规则的统一,此种做法在未来民法典中应予以坚持。

第三,法典中心主义有助于实现民法渊源的体系化。在我国现阶段,民法渊源是多样的,包括行政法规、规章、司法解释、习惯法等。在所有这些法律渊源中,民法典应当处于中心地位。法典中心主义在我国目前的历史阶段具有特殊的意义。在中国古代,所谓"典",通常有"经典""典范""典籍"等含义。例如,《说文解字》记载:"典,五帝之书也。"《玉篇·丌部》云:"典,经籍也。"《孔传》云:"典,谓经籍。"凡是入典之律,均被认为具有一定的经典性。所以,民法典本身的含义就意味着进入该法典的民法规则具有基础性、典范性的特点,民法典就是基础性的民事法律规范。我国目前最大的问题是民事立法杂乱,立法主体多元化,部门立法替代统一立法,法律渊源众多,规范适用紊乱。由于我国采取多层次立法模式,大量的行政法规追求自身体系的完整性,而忽视与其他法律和行政法规的协调。例如,关于侵权责任制度的规定,在许多行政法规中都有规定,结果各个行政法规规定的侵权行为的归责原则也不一致。这些都导致以法典为中心的民事法律体系的建立变得越来越重要。②

第四,法典中心主义有助于确立民法基本价值的中心地位。坚持以法典为中心,就是要坚持民法典所确立的基本价值理念的中心地位,而单行法应当全面贯彻民法典所体现的基本价值,至少不能与这些价值发生冲突。民法典的自由、安全、平等等价值是构建市场经济的基本要求,在

---

① 参见封丽霞:《法典编纂论——一个比较法的视角》,清华大学出版社2002年版,第234页。
② 参见张新宝:《行政法规不宜规定具体侵权责任》,载《法学家》2007年第5期。

市场经济社会,每个市场主体作为一个理性的经济人,都为了追求一定的利益从事各种经济活动,都从自己利益的最大化出发从事各种行为。在这个过程中会交织着各种矛盾、冲突。正因为如此,也需要通过民法典的私法自治、诚实信用等原则对各个主体的行为加以协调和规范。在市场经济社会,市场秩序需要在法律规定的范围内通过赋予主体一定的行为自由而逐渐形成一定的秩序。这就是哈耶克所说的自我生成的秩序。内生的市场秩序是"通过那些在财产法、侵权责任法和契约法的规则范围内行事的人而在市场中产生的"[1],这种"市场的"秩序只在参加的个人自愿交易的过程中出现,但民法典的私法自治等价值很难完全在单行法中得到体现。当然,单行法的价值也可以形成对民法典价值的补充,有助于完善整个民事法律的价值体系。例如,民法典坚持抽象的法律人格,对各种主体并不区分其身份,并无区别对待。而在单行法中,其具体人格理念就仅仅具有补充性的地位,例如,《消费者权益保护法》中"经营者"和"消费者"这两种具体人格的区分。但是,这并不影响民法典中所确立的抽象人格的中心地位。

三、民法典体系与民事单行法关系的协调

民法典中心主义,是以民法典为中心来完善整个民事立法体系,如果在整个民事立法体系中没有这样的中心,则这个体系就会呈现出杂乱无章的混乱局面。所以,法典中心主义就是要明确民法典作为整个民事立法的中心。[2] 笔者认为,制定民法典,确立法典中心主义,并处理好其与民事单行法之间的相互关系,是十分重要的。在未来民法典制定中,首先应当将属于民法典内容的单行法纳入民法典之中,对大量不能纳入民法典的单行法,则必须注重协调其与民法典的关系。同时,强调法典中心主义,就是要以法典为中心,以民事单行法为补充,构建一个完整的民事立法体系。在我国,因为没有制定民法典,现在的民事立法都采取单行法的形式。在民法典颁行之后,有些民事单行法仍然存在,而且还可能制定新的民事单行法。从我国现行立法来看,存在的突出问题之一是,完全采取

---

[1] Friedrich A. Hayek, Law, Legislation and Liberty: the Mirage of Social Justice(Ⅱ), The University of Chicago Press, 1976, p.109.

[2] See Alexander Biryukov, The Doctrine of Dualism of Private Law in the Context of Recent Codifications of Civil Law: Ukrainian Perspectives, 8 Ann. Surv. Int'l & Comp. L. 53, 58(2002).

单行法的方式立法,造成立法中出现了诸多的不协调,甚至相互冲突的问题,主要表现在:

第一,单行法与作为民法典组成部分的法律之间存在不协调现象。因为没有民法典,基本民事制度不明确,所以,难以厘清一般法与特别法的关系。例如,在我国《物权法》框架下,票据质押背书不是设立票据质权的必备要件,而根据《票据法》的规定,非经票据质押背书,票据质权不得设立,因此,在《物权法》和《票据法》两个微系统中,票据质押背书的功能问题就发生了冲突。

第二,在制定单行法之时,常常追求自成体系,因此,造成了法律之间可能发生冲突和矛盾。这突出表现在,一方面,各个单行法对同一概念的表述不一致,如《物权法》采"建设用地使用权",而《土地管理法》采"土地使用权"。另一方面,新的单行法对相同事项作出新的规定,而旧法中的相关规定并没有进行修改。此外,旧法中的部分内容被新法所取代,而在新法中又没有说明二者如何衔接,导致法律适用中的困难。例如,就《劳动法》与《劳动合同法》而言,后者修改了前者中关于劳动合同的部分规定,但只是修改了部分内容,这就使得《劳动法》在适用中产生了问题,即哪些部分进行了修改,哪些部分没有修改,且没有被《劳动合同法》规定的内容是否意味着已经被废除。再如,关于《物权法》与《担保法》之间的关系,《物权法》修改了《担保法》关于抵押、质押、留置的规定,但没有具体指明修改的内容,以至于造成法官适用法律的困难。

第三,不同的单行法对于类似事件的处理确立了不同的规则,导致法律解释适用的困难。例如,我国新修改的《水污染防治法》第85条第4款规定:"水污染损害是由第三人造成的,排污方承担赔偿责任后,有权向第三人追偿。"该规定在修改时曾引起了激烈的讨论。但立法者从维护受害人的利益出发,规定让排污当事人无条件向受害人承担因第三人致损的赔偿责任,具有一定的合理性。但问题在于,《海洋环境保护法》第90条第1款规定:"造成海洋环境污染损害的责任者,应当排除危害,并赔偿损失;完全由于第三者的故意或者过失,造成海洋环境污染损害的,由第三者排除危害,并承担赔偿责任。"这些规定与《水污染防治法》的规定不一致,该规定是否仍然有效,不无疑问。

第四,单行法是在不同时期制定的,其反映的立法精神和民法的价值侧重有所不同,影响了民法基本价值的统一。尤其是一些单行法更多注重体现国家宏观调控和管理的政策,与民法的平等和自由观念存在重大差异。

民法典中心主义,就是要解决好民法典与单行法之间的关系,这首先需要认识两者之间的相互关系。民法典应当对单行法起着指导和统率作用,民法典对单行法的作用主要表现在两点:一是民法典对单行法在法律创制上的指导作用。一方面是对单行法的价值的指导,即单行法应当体现民法典的基本价值,例如民法典确立的平等、私法自治等价值;另一方面是对具体法律规则的指导,在民法法典化的情况下,民法典的基本规则应当对所有单行法起到指导作用,但是由于我国目前没有民法典,这种指导作用也就难以体现。二是民法典对单行法在法律适用上的统帅作用。也就是说,在法律适用的过程中,一方面,要确定民法典作为民事基本制度的地位,与一些民事单行法之间形成一般法与特别法的关系;另一方面,在单行法中可规定与其他相关法律的关系。例如,《物权法》规定,《担保法》中与本法内容不一致的,适用本法;或者在单行法中设置引致条款,就有关的问题直接援引其他法律,或者规定参照适用另一部法律。除此之外,也可以考虑在单行法中明确规定废止或替代此前的旧法。

笔者认为,坚持法典中心主义,必须协调好民法典与单行法的关系,具体来说,应当注意以下几点:

1. 构建以民法典为中心,以单行法为补充的民法体系

民法典中心主义的重要内容是单行法应该在民法典的统率下形成一个完整的民事立法体系。范德林顿(Vanderlinden)从法律史的角度指出,法典化首先旨在消除各种法律渊源的零碎、分散的状态,从而形成一个具有内在一致性的整体。① 法典化将处于分散的民事法律制度整合在一起,形成一个体系化的集合体。我们提倡法典中心主义的重要意义就是要在民法典的统率下整合单行法体系。民法典对单行法的作用主要表现在:它和许多单行法之间是一般法与特别法的关系,由于我国一直没有一部民法典,虽然基本民事法律制度已经初步建立,但是缺乏一个有机的整体。所以,体系化构建需要对现有法律进行广泛的梳理、规整。民法典的制定过程不仅是创制新法的过程,也是对现有的法律进行梳理、规整的过程。通过法典化,才能消除现行民事法律制度的混乱与冲突,将各项法律制度整合为一个有机的整体,从而建立起内在和谐一致的民事规范体系。

民法典的体系构建对于保证民事单行法的立法质量至关重要。长期

---

① Jacques Vanderlinden, Le concept de code en Europe occidentale du XIIIe au XIXe siècle, Essai de définition 72, 1967, p.164.

以来,我国在立法战略上采取的是所谓"成熟一部,制定一部"的原则,结果导致单行法过分地迁就现实情况,过分强调单行法需要考虑立法当时的客观实际,这样就使得立法在很大程度上欠缺前瞻性;在民事立法中过多地关注单个制度、单个规则的成熟性,而在一定程度上可能忽视了同一部法律中制度与制度之间、规则与规则之间,不同法律的制度与制度之间、规则与规则之间的协调和有机统一,导致许多规则相互之间可能发生矛盾和冲突。例如,《民法通则》中有关民事法律行为的生效规则和《合同法》中的生效规则存在差异。为了协调民法典和单行法之间的关系,需要以民法典为中心,统率各个单行法律法规,构建我国民事立法的完整体系。为此我们需要解决如下几个方面的问题:一是处理好民法典和民事单行法之间在内容上的分工和协调。我国已经颁布了大量的民事单行法,如《担保法》《物权法》《合同法》《收养法》《婚姻法》《继承法》《侵权责任法》等,这些法律在民法典通过之后将自动成为民法典的重要组成部分,但还有一部分并不会被吸纳入民法典中,其仍然要单独存在,为此,必须要协调好其与民法典之间的关系。例如,就知识产权法而言,虽然民法典可以规定知识产权,但是,民法典不能代替各个知识产权的单行法。如果要在民法典之中规定知识产权的共性规则,那么,在知识产权法之中就不必规定这些共性的规则。二是要处理好民法典和传统的商事特别法之间的关系。例如,我国已经制定了《公司法》《保险法》《企业破产法》《海商法》等单行法律,这些法律无法纳入民法典之中,应当保持其在民法典之外的相对独立,这也就要求处理好民法典和这些商事单行法之间的关系。例如《保险法》中有关保险合同的规定如何与《合同法》的规定协调,需要进行体系上的整合。三是处理好民法典和具有行政管理色彩的单行法之间的关系,如《城市房地产管理法》《土地管理法》《消费者权益保护法》《产品质量法》《食品安全法》等单行法也无法为民法典所吸纳,但这些单行法中也会大量包含民事法律规范,如《城市房地产管理法》中关于房屋买卖合同效力的规定、《土地管理法》中关于土地权属的规定等均应保持与民法典相关规定的协调。在民法典体系形成以后,应当根据民法典的体系要求,确定配套的法律法规,从而充分实现民事立法的体系化。

2. 民法体系必须以民法典为中心,单行法不能形成过分庞大和分散的"微系统"

民法体系必须以民法典为中心,这就是说,就整体上的民法学体系而言,必须围绕民法典来构建,在体系构成、基本价值原则、调整手段等方面,都必须以民法典为中心来确立。从这个意义上来说,单行法不应该形成一个过分庞杂和分散的微系统,否则有可能会冲淡和弱化民法典的基础性和中心性地位。

从比较立法学的角度来看,法典化需要克服的首要障碍就是"微系统"(micro-system)的发展。这里所说的微系统,是指各项民事单行法所分别构成的不同体系。每一个民法部门都存在着自己的"微系统",它们具有各自不同的原则和法律解释方法。① 单行法大量衍生,并且自成体系形成了微系统,也会造成法典的边缘化。其结果是,一方面,民法典本身不能体现其应有的中心地位;另一方面,民法典的规则和价值被单行法所改变。尤其是,微系统彼此相互独立,其结果将导致各项民事制度之间彼此分割甚至相互矛盾。如果在所有的"微系统"已经出现之后,再通过一定的体系对其进行整合,将耗费巨大的立法资源和成本。所以,各个单行法脱离民法典自成体系,整个国家的私法制度就不可能形成完整的体系。

民法典不仅要规范基本的民事法律制度,规定公民的基本民事权利,而且要使各项单行法律法规都在法典的统率之下,构成一个完整的民事法律体系。边沁认为,法典应该是一个"完备的整体"②。民法典的体系构建对整个单行法的体系协调也具有重要意义。在各个单行法内部,也要形成一种层次分明的制度安排,以便建立起内在和谐一致的民事规范体系。在民法典的体系建立之后,就可以形成民事一般法与特别法的逻辑结构,在民事一般法中形成总则与分则相区分的格局;单行法内部结构也需要与民法典的体系相协调,其相互之间也要协调一致。例如,《渔业法》和《海域使用管理法》就分别由原农业部和国家海洋局起草,在渔业权与海域使用权冲突时(如利用特定水域从事养殖),究竟应当在渔业管理部门办理登记,还是应当在海域管理部门进行登记,两部法律规定并不一致。而我国《物权法》关于海域使用权的规定也没有彻底解决这一问题,这就必须通过未来民法典物权编确立的规则加以协调。再如,在侵权责任领域,即使制定了民法典,对于特别侵权责任仍然需要通过单行法来进行调整。所以,这些民事单行法之间就存在着体系相互协调一致的问题,如各个有关侵权责任的单行法虽然都规范特别侵权责任,但它们在诉

---

① Alain Viandier, Recherche de légistique comparée, Springer-Verlag Berlin Haidelberg, 1988, p. 47.

② Jacques Vanderlinden, Le concept de code en Europe occidentale du XIIIe au XIXe siècle: Essai de définition 72, 1967, p. 190. (all-comprehensvie body).

3. 以民法典为中心,单行法应当与民法典构成价值的统一体

民法的规范制度要发挥综合调整的作用,首先要求民法典与单行法之间不存在冲突和矛盾。民法典确立的自由、平等、公平、正义等价值,体现了民法的基本精神,是民法典现代性和科学性的保障,是实现民法典立法目的的保障。所以,依据民法典的基本价值来制定单行法,才能保证民事单行法的现代性和科学性。但是,在特殊情况下,基于特殊的立法政策考虑,民事单行法也可以在必要的范围内适度体现其特有的价值理念。例如,民法确立了平等的价值,但是,《消费者权益保护法》可能基于消费者与经营者之间事实上的不平等地位,强化对消费者权益的保护,从表面上看这似乎与民法典中平等价值和形式正义的价值相冲突,而这正是为了弥补平等价值和形式正义的不足所构建的制度。强化对消费者的保护也是现代民法发展的趋势。

4. 协调民法典与具有行政管理性质的单行法的关系

在我国,已经制定和颁布了大量的具有行政管理性质的单行法,例如,《城市房地产管理法》《土地管理法》等。这些单行法具有如下特点:第一,这些法律首先规范了民事关系,例如《土地管理法》中土地所有权制度、各种土地用益物权制度等,《城市房地产管理法》则涉及城市房地产的确认、转让等规则,这些法律在性质上仍然属于调整平等主体财产关系的民事法律规范。第二,这些法律同时包括了行政管理规范,例如,《城市房地产管理法》《土地管理法》分别规定了政府对土地、房屋等不动产权利的取得、流转进行管理的规范,这些规范具有一定程度的公法性质。第三,设置了综合法律责任。这些法律除规定相关主体的民事责任之外,还规定了行政责任和刑事责任。

在我国现阶段,虽然社会主义市场经济体系已经建立,但仍处于转型时期,政府在社会管理方面扮演着积极的角色,因此,这些具有一定公法性质的单行法应当与民法相互配合,形成调整社会生活的综合法律体系。单行法中有关民事法律规范的内容,将和未来的民法典共同组成对相应社会经济生活进行调整的规范群。因为在许多社会生活领域,法律既要在一定程度上发挥意思自治的功能,又要在一定程度上对于民事行为进行必要的管理和控制,尤其是在涉及对土地及其他自然资源的利用,以及环境保护等问题时,需要加强国家的必要管理和控制。可以预见的是,在我国今后相当长时间内,具有公法性质的单行法仍会大量存在,并将会在

社会经济生活中发挥较大的作用。为了既保持民法典的中心地位，又发挥单行法的管理作用，应协调好民法典与公法性质的单行法的关系。为此，我们应当注意以下几个方面的问题。

第一，单行法中的民事法律规范必须与民法典的相应规范保持一致。在这些单行法中，具有大量的民事规范，尽管民法典与这些单行法之间不存在上位法与下位法的关系，但是民法典是规范民事法律关系的基本法，是整个民事法律规范体系的核心，因此，即便是单行法中的民事法律规范，也应当与民法典所确立的价值和具体规范保持一致。例如，《土地管理法》《城市房地产管理法》中有关不动产物权类型和内容的规定必须符合民法典的规定，不能超越民法典物权编确立的类型和内容。

第二，单行法中的管理性规范不得损害基本的民事权利。在既有单行法中，确实存在着对民事权利不当干预的现象。例如，长期以来，我们将物权的公示看成一种行政管理手段，而不是物权确认和变动的公示方法，单行法中的有关登记管理等方面的规定与物权法上的物权变动规则并不一致。在《物权法》颁行之后，行政机关在制定大量的有关对动产、不动产进行管理的规则时，必须充分尊重民事主体的物权，而不应当通过单行法来不合理地限制民事主体依据《物权法》所享有的基本财产权利。同时，民法典的颁行，也为具有公法性质的单行法的制定和修改提供了基本准则。

第三，单行法不能将民事责任行政化。例如，单行法中往往存在着"责令赔偿"等规范，这就是通过行政权力来强制解决当事人之间的民事责任关系。但是，民事主体之间的损害赔偿关系属于平等主体之间的责任关系，具有选择性、协商性和可放弃性等私法特征。如果改变民事责任的"私法"属性，不符合民法典"私法自治"的基本要求。

第四，要沟通民法典与公法规范的关系。现代社会公私法相互交织，国家干预的加强也导致公法规范在民法领域中的影响越来越大，需要在民法典中架设必要的管道，实现私法与公法的接轨与沟通。"立法者必须在法典内适当的地方架设通往其他法律领域的管线，甚至区隔主线、支线，从而把常态民事关系和特别民事关系，把民事关系和前置于民事关系或以民事关系为前置事实的公法关系，连接起来。"①因此，民法典有必要通过设置"转介条款"或"引致条款"以打通民法与公法的关系。在民法典中仍应坚守私法自治的基本价值，同时在民法典内适当的地方架设通

---

① 苏永钦：《民事立法与公私法的接轨》，北京大学出版社2005年版，第15页。

往其他法律领域的管道,如《合同法》中合同效力判断标准中合同不得违反强制性规定,这些规定可以指引法官进一步找法,实现公私法的有效衔接。

四、去法典化现象并没有否定法典中心主义

(一) 去法典化现象产生的原因

所谓去法典化(decodification),又称为法典的分解或者解法典化,是指由于在法典之外产生的大量特别法削弱了民法典的中心地位和基本价值,且这些特别法本身构成了若干微系统,从而使民法典本身被边缘化。此种现象在学术上称为"去法典化"①。德国学者维亚克尔很早就看出法典到了资本主义后期将由盛转衰的"危机"②,法国学者里贝尔(Ripert)在1948年出版的《法律的衰落》中呼吁学界关注民法典之外特别法的大量增长现象,但当时并没有受到学者们的关注。③ 直到1979年,意大利学者伊尔蒂(Irti)在书中提出"去法典化"的主张,去法典化现象才受到各方的瞩目。伊尔蒂指出,去法典化是一种"逐渐把民法典掏空的立法活动,通过一系列的立法活动,在民法典之外调整民事关系,并提出一些新的原则。在民法典的周围,涌现出一些'民事微观制度'"④。去法典化的特征在于:一方面,去法典化针对的是既有的民法典。去法典化现象所消解的是法典的中心地位,所以,它必然发生于那些以法典为中心的成文法国家,对于完全没有法典化的国家,当然也就无所谓去法典化问题。而且去法典化只是一种客观的法律现象,并非是某一学派的主观性主张。⑤ 另一方面,去法典化只是使法典的中心地位受到了动摇,"民法典已经不再是民法体系中至高无上的统治者","它那井井有条的体系有时似乎不再能

---

① 石佳友:《民法法典化的方法论问题研究》,法律出版社2007年版,第19页。
② 参见苏永钦:《民法典的时代意义》,载王利明、郭明瑞、潘维大主编:《中国民法典基本理论问题研究》,人民法院出版社2004年版,第47页。
③ 转引自石佳友:《民法法典化的方法论问题研究》,法律出版社2007年版,第20页。
④ 〔意〕那蒂达林若·伊尔蒂:《欧洲法典的分解和中国民法典之未来》,载张礼洪等主编:《民法法典化、解法典化和反法典化》,中国政法大学出版社2008年版,第517页。
⑤ Philippe Rémy, La recodification civile, in Droits, vol. 26, La codification-2, PUF, 1998, p.10.

成为大量新法律的、组织上的参照系"。① 但去法典化的本意并非在于反对制定民法典,或者完全否定民法典的意义。法典中心地位的动摇主要表现在法律渊源的多元化,法典的适用范围受到了很大的限制,但去法典化并未完全导致法典的彻底解体或者消亡。

去法典化的原因是什么?按照缪勒罗(Murillo)的看法,"民法法系和普通法系的比较法学者们都承认,在民法法系内部,出现的根本性变化是所谓去法典化、宪法化、超国家性立法以及再法典化"②。现代社会节奏加快、发展迅速,仅仅一部民法典还不足以有效调整全部民事法律关系,并且民法典本身是对市民生活的高度抽象和概括,难以涵盖所有生活现象,因而,以民法典为中心制定一系列单行法成为必要。由于民法典在许多方面的规范比较简略,例如,传统民法典中侵权责任部分一般都很简略,随之出现的问题是,法院通过大量的判例来弥补规范简略的不足,这也是去法典化产生的重要原因。大量民法典之外的单行法以及其他法律渊源的产生,导致民法典在一定程度上被边缘化。具体说来,表现为如下几个方面:

第一,单行法的大量衍生。皮卡佐(Diez-Picazo)认为,"去法典化是法典之外的特别立法的增殖而导致的法典单元体的重大分裂"③。这些单行法所涉及的领域有劳动法、城市和农业租赁、知识产权、保险、运输合同、竞争法、垄断以及消费者保护等方面的立法。这些单行立法形成诸多的微系统,它们具有自己独特的价值、原则和自成一体的制度体系,与民法的价值、原则不完全符合。④ 例如,消费者权益保护法律采取有别于民法典平等、意思自治的原则,强化国家干预色彩,突出了对消费者经济地位的关注和保护。这些原则在对此类特定问题的解决上具有普遍适用性,因此逐渐形成独立于民法典的"微观民事规范系统"⑤。这使得民法

---

① 〔意〕桑德罗·斯奇巴尼:《法典化及其立法手段》,丁玫译,载《中外法学》2002 年第 1 期。

② Maria Luisa Murillo, The Evolution of Codification in the Civil Law Legal System: Towards Decodification and Recodification, 11 Journal of Transnational Law and Policy 163(2001).

③ Luis Diez-Picazo y Ponce de Leon, Codificacion, Descodificacion y Recodificacion, Anuario de Derecho Civil, Apr.-Jun., 1992, p.478.

④ 参见〔美〕约翰·亨利·梅利曼:《大陆法系》(第二版),顾培东、禄正平译,法律出版社 2004 年版,第 152 页。

⑤ Natalino Irti, L'età della decodificazione (3d ed., 1989); Josef Esser, Gesetzesrationalitt im Kodifikationszeitalter und heute, in 100 Jahre oberste deutsche Justizbehrde 13 (Hans-Jochen Vogel & Josef Esser eds., 1977).

典难以发挥中心作用,导致民法典被边缘化,被分解了。①

第二,法官造法的发展也推动了去法典化现象的发展。在大陆法系国家,近几十年来法官通过对法律条款的解释和填补法律漏洞等活动,极大地推动了民法的发展,丰富了民法的内容。②"随着立法在民法典以外不断创新一种新的民法形式,法院也通过解释或发展新的判例规则而创制另一种形式。法院根据新的社会条件,通过对立法条文解释的形式来适用法典,从而导致了一种类似于英美法的实体法形式。"③例如,在法国,侵权责任法在法典中规定得极为简略,因而其规则的实质内容大都是通过法官造法而形成或发展起来的。20世纪早期欧洲一些法院创制了"权利滥用""诚实信用""情事变更条款""任何人不得与自己先前的行为抵触""前契约的一般理论"等内容。④德国法官根据《德国民法典》第242条一般条款创设"情事变更"理论。但此种现象又导致另外一个问题的出现,即民法典有可能被边缘化。

第三,宪法功能的扩张对于民法典的影响。在第二次世界大战以前,宪法对于民法的影响较小,相反,民法典却具有宪法性的意义。以法国为例,法国学者大多认为,《法国民法典》似乎是"最为持久和唯一真正的法国宪法,许多方面具有宪法的意义"⑤。民法典确认的许多重要权利如财产权、人格权等后来都上升为宪法上的权利。但在第二次世界大战以后,宪法开始对民法产生重大影响。许多国家设立了宪法法院或者宪法委员会等宪法性司法机构(例如,奥地利、德国、意大利的宪法法院,西班牙的宪法法庭,法国的宪法委员会)⑥,以审查法律本身的合宪性。因此,宪法对于民法的影响进一步加强,大量的民事法律必须符合宪法的要求。例如,宪法性司法机构通过对宪法平等原则的解释,深刻地影响了合同法、家庭法、继承法的有关内容。再如,德国法院依据德国宪法的规定创设了一般人格权的概念。这些现象都使得民法典自足和自成体系的神话进一

---

① 参见张礼洪:《民法典的分解现象和中国民法典的制定》,载《法学》2006年第5期。
② Maria Luisa Murilo, Forma y nulidad del precontrato, 1993, p.53.
③ 〔美〕格伦顿等:《比较法律传统》,米健等译,中国政法大学出版社1993年版,第32页。
④ Luis Diez-Picazo y Ponce de Leon, Codificacion, Descodificacion y Recodificacion, Anuario de Derecho Civil, Apr.-Jun., 1992, p.479.
⑤ 〔美〕格伦顿等:《比较法律传统》,米健等译,中国政法大学出版社1993年版,第73页。
⑥ Luis Diez-Picazo y Ponce de Leon, Codificacion, Descodificacion y Recodificacion, Anuario de Derecho Civil, Apr.-Jun., 1992, pp.473-484.

步破灭。正如美国学者梅利曼所言,"民法典已经不再能如过去在资产阶级的自由主义宪法时代那样,发挥宪法性功能"①。

第四,超国家立法的发展也加剧了去法典化现象。在欧洲国家,欧洲联盟的指令、地区和次地区性一体化协定以及国际商事立法的进展(如《国际货物销售合同公约》)等②,都对当代大陆法系国家的民法典产生了重大影响,甚至直接威胁到了这些民法典的前途。③ 欧盟议会的各种指令都对欧盟各国有直接的约束力,如关于消费者保护的法律等,被称为"共同体法",即直接在欧盟各国的国内法律制度中适用的规范,与民法典并驾齐驱,有时还变通民法典的规范,也使民法典的作用陷入危机。④ 德国在2002年对债法进行改革,很大程度上也是受欧盟立法的影响。

应当承认,在大陆法系,许多国家民法典开始面临去法典化的问题。⑤ 据此,有学者认为,与其法典化,还不如将法典的内容分割为多个法律部门,如体育法、艺术法、医药法、产品责任法等,而不是制定一部包罗万象的民法典,会更符合社会的发展趋势。这也是去法典化的重要理由。需要指出的是,去法典化现象并没有从根本上动摇法典的中心地位。根据位于普通法系区域的加拿大渥太华大学所作的一项统计:在全世界,超过150个国家占全球60%的人口采用的是大陆法系的法律模式。⑥ 虽然单行法大量增长,但是,民法典仍然是大陆法国家的民事基本法,也是私法的核心。⑦ 尤其是随着再法典化运动的展开,民法典吸收了单行法的规则,从而继续保持其民法体系的中心地位。

(二)去法典化与我国民法典的制定

如前所述,去法典化现象对民法典的地位提出了挑战。有学者甚至认为,由于单行法的大量增加,导致法典不再成为法律渊源的中心,法典

---

① Luis Diez-Picazo y Ponce de Leon, Codificacion, Descodificacion y Recodificacion, Anuario de Derecho Civil, Apr. -Jun., 1992, pp.473-484.
② See John A. Spanogle and Peter Winship, International Sales Law: a Problem-Oriented Coursebook, West Group, 2000.
③ See Reinhard Zimmerman, Estudiosde Derecho Privado Europeo 111, 112-59 (Antoni Vaquer Aloytrans., Civitased., 2000).
④ 参见《意大利民法典》,费安玲等译,中国政法大学出版社2004年版,1997年版前言。
⑤ Mary Ann Glendon et al., Comparative Legal Traditions, 2nd ed., West Pub., 1994, p.64.
⑥ 参见石佳友:《论民法典的特征与优势》,载《南都学坛》2008年第2期。
⑦ 参见《意大利民法典》,费安玲等译,中国政法大学出版社2004年版,1997年版前言。

不再作为一个参照体系。① 这就提出了这样的问题：究竟应当编纂民法典还是应当制定单行的特别法,特别是授权政府制定大量的行政法规等？或者是重新制定民法典？在法典之外,是否应当允许单行法自成体系？或者通过制定单行法的方式来代替民法典的制定？一种观点认为,伊尔蒂的民法典分解理论揭示了民事特别法不断取代民法典的历史趋势。因此,我国未来民法典只应规定民法的基本制度和指导原则,对各项民事制度的调整,应当交由民事特别法来完成,民法典的规定应当从数量向质量转化。② 另一种观点认为,应当主要通过制定单行法的方式来实现民法的体系化,而不用通过法典化的方式来实现体系化。③

应当说,这两种观点都注意到了民法典与民事单行法之间的矛盾,以及法典的功能在现代社会受到的更多挑战,尤其是注意到了社会快速发展对民法典体系开放性的要求。这些观点不无道理。诚然,现代社会生活纷繁芜杂,一部法典所调整社会关系的范围也是有限的。即便是制定民法典之后,其也不能成为调整民事法律关系的唯一法律渊源,而仍然需要单行法或者判例的补充和协调。但是,这并不意味着法典生命力的终结,不能因为去法典化现象的产生而否定制定民法典的必要性。因为如果否定了法典的中心地位,由单行法形成的"微系统"就游离于法典之外,相互间极易发生价值理念和制度的冲突和矛盾,不利于法制的统一和法律秩序的维护。

笔者认为,我国不能采用"去法典化"的观点,而应采纳法典中心主义主张,尽快颁布民法典,而不能完全依靠单行法或者单行法汇编的方式来实现民法的体系化。中华人民共和国成立以来,特别是改革开放以来,我国先后颁布了大量民事法律,例如《民法通则》《婚姻法》《继承法》《合同法》《担保法》《物权法》等法律和各种司法解释,已经从总体上消除了民事法律"无法可依"的现象。但由于没有颁布一部民法典,各个单行法实际上已经形成了诸多的微系统。而且单行法相互之间出现大量的重复和矛盾现象,尤其是因为单行法自成体系,彼此之间的一般法与特别法的关系模糊,裁判规范的性质也难以认定,这不仅给法院适用法律带来了困

---

① Philippe Rémy, La recodification civile, in Droits, vol. 26, La codification-2, PUF, 1998, p.10.
② 参见张礼洪:《民法典的分解现象和中国民法典的制定》,载《法学》2006 年第 5 期。
③ 参见伍治良:《中国民法形式现代化之构想——中国制定民法典必要性之反思》,载《湖北社会科学》2005 年第 1 期。

难,而且给民众知晓法律增加了难度。因此,在今后相当长时间内,我们的主要任务应当是通过法典化来解决民事立法的体系化问题。换言之,我们应当采取法典化而不是单行法汇编的方式来实行民事立法的体系化。迄今为止,由于我国仍然未出台一部民法典,因此也并未发挥出法典化的积极效应。因此,在目前的状况下,谈论所谓"去法典化"为时过早。在我国现阶段,为了适应经济和社会发展的需要,我们应当尽可能制定民法典,当然,在制定民法典时,也要关注"去法典化"的现象,注重协调民法典与单行法的关系,避免单行法自成体系。在编纂民法典之时,要充分贯彻民法的基本原则,在制度设计方面要保持一定的弹性和开放性,并适当地制定准用和授权条款。如果我们要照搬所谓去法典化的观点,会进一步加剧单行法的自我繁衍,并将导致法律渊源的进一步混乱,这对我国民事立法的体系化建设显然是有害的。如果否定民法典的意义,就会导致民事基本法律制度难以确定,公民的基本民事权利难以获得充分的保护。

《法国民法典》与
《德国民法典》体系的比较*

  大陆法系国家和地区民法典体系最为经典的代表是《法国民法典》和《德国民法典》,它们分别是西方社会不同时期法典的典范,并为大陆法系其他国家和地区所效仿。以《法国民法典》为代表的三编制和以《德国民法典》为代表的五编制成为最为重要的两种民法典体系安排,在当今仍然是私法和比较法研究的重要课题。一般认为,两部法典都来源于罗马法,但两者的体系却截取了罗马法中的不同文本安排。《法国民法典》体系来源于盖尤斯的《法学阶梯》,盖尤斯最早确定了私法的人、物和诉三分法体系,并对法国法产生了重大影响[①];而《德国民法典》体系来源于罗马法中的优士丁尼《学说汇纂》,《学说汇纂》区分了物和合同、继承等内容,也区分了人法和物法,并经过19世纪德国私法学者的改造和发展,最终确立了总论、债权、物权、家庭法和继承法的五编制体系。[②] 两部法典的体系奠定了整个大陆法系民法典的基本结构,之后其他国家和地区的民法典体系大多是在这两部法典的基础上构建和发展出来的。在我国民法典制定过程中,通过比较这两部法典的体系结构,吸收两部法典合理的经验,也是十分必要的。

一、《法国民法典》体系的思想和理论发展

  近代欧洲的大陆法典化起源于1794年的普鲁士普通邦法,但普鲁士普通邦法采取了"诸法合一"的体例,而没有完全单独调整民法。因此,《法国民法典》被认为是民法法典化的开端。《法国民法典》也被称为两

---

* 本文完稿于1996年。

① Vernon Valentine Palmer, The French Connection and the Spanish Perception: Historical Debates and Contemporary Evaluation of French Influence on Louisiana Civil Law, 63 La. L. Rev. 1067, 1076(2003).

② 参见〔德〕K. 茨威格特、H. 克茨:《比较法总论》,潘汉典、米健、高鸿钧、贺卫方译,贵州人民出版社1992年版,第223页。

百多年来欧洲大陆极富生命力的法典,对许多大陆法系国家和地区民法典产生了重大影响,并因为民法典的传播而在大陆法系内部形成了法国法系,其体系的建构是几代法国学者智慧的结晶。

对《法国民法典》体系贡献最大的是17世纪的法国学者多马(Domat,1625—1695),多马曾试图以逻辑学为基础建构民法体系。① 他提出民法(典)体系应当以基督教的善为前提,如不得损人利己。多马关于债的分类方法、根据事物属性来对法律关系进行分类的思想、一般到特殊的思想等,都对后世法典产生了重要影响。《法国民法典》大量采纳多马和波蒂埃(Pothier,1699—1772)的学说,由此也有人认为《法国民法典》过于"旧式"(old-fashioned)。② 但遗憾的是,多马并未提出物权法与债权法的区分。

17、18世纪是法国关于民法典体系思想较为丰富的时期。路易十四时期的巴黎高等法院(巴列门)院长拉马隆(Lamoignon,1617—1677)采用了《法学阶梯》的结构来编纂"判例集",其论述体系包括五个部分,即人、物、诉讼、债及基于婚姻、继承和赠与所产生的关系。在其著作中,原来《法学阶梯》中的三个专题(人、物、诉讼)组成了其著作的两个部分;此外,他又将继承、赠与都认定为取得财产的方式。而诉讼作为对不履行义务的制裁,也与上述问题一起被探讨。这种分类方法极大地改变了习惯法的无序状态。路易十四时期的立法大臣达盖索(D'Aguesseau,1668—1751)也曾探讨过法律的体系化问题,其关于捐赠、意志和代位的许多学说,最后都为民法典所吸收。与多马一样,达盖索掌握了良好的数学知识,注重逻辑思考,其受格劳秀斯和普芬道夫古典自然法学派的启发,在统一普芬道夫的三编制体例和多马的基督教伦理基础上,构建了自己的民法典体系思想。在这个体系中,人被置于上帝这个造物主之手的突出位置。他关于民法的观念和思想都指向三个主要目标:一是上帝,即世界的终极创造者;二是个人;三是社会。达盖索将债分为三部分,其中债的来源体现了两个"黄金法则":一是"己所不欲,勿施于人",二是个人应当以自己希望他人如何行事之方式来对待别人。根据维奥勒(Viollet)的研究,达盖索的民法典体系也在一定程度上受到了拉马隆"判例集"的

---

① 参见〔法〕雅克·盖斯坦、吉勒·古博:《法国民法总论》,陈鹏等译,法律出版社2004年版,第30页。

② Peter Stein, Le droit romain et l'Europe, 2e éd., LGDJ, 2004, p.147.

影响。①

　　18世纪的法国学者波蒂埃被誉为"《法国民法典》之父",其是法国私法学的集大成者,对于民法典体系化具有重要贡献。波蒂埃于1761年完成的《债法论》(Traité des obligations)成为这一题材著述中的杰出代表,该书论述了大量来源于实践的制度和解决方法,但是作者的旨趣显然不在于一一列举应对具体案例的解决之道,而在于论述一般性的原则和规范。在推理的思维方面,不再是从具体的案例出发去找寻一般性的规则,而是采取演绎式推理,即从一般性的规则出发,去应用于具体的个案,这对后世的法典化工程产生了相当深远的影响。后世有学者认为,《法国民法典》债法部分的内容几乎可以看作波蒂埃此书的翻版。② 波蒂埃虽然没有直接参与《法国民法典》的起草,但是他的作品对《法国民法典》产生了很大的影响。波蒂埃曾经发表了近20部专著,专门讨论了奥尔良习惯法、罗马法和海商法等有关民法内容。虽然他的作品没有像多马一样具有原创性,但是他提供了一种体系化的架构。其构建的体系由五部分组成,第一部分是自然法和民法的一般规则,第二部分是人,第三部分是物,第四部分是诉讼,第五部分是公法。波蒂埃将所有私法内容概括为如下几个主题,即自然法和民法的一般规则;人;物;诉讼;公法。③ 可见他基本遵循了盖尤斯的"人、物、诉讼"三分法,当然,波蒂埃也加入了自己对近代自然法的理性的看法,区分了法律和权利。他把权利分为对物权和对人权,其债法理论成为《法国民法典》的蓝本。有人认为,波蒂埃的《债法论》曾供给《拿破仑法典》四分之三的材料。④ 正因如此,波蒂埃甚至被称为"《法国民法典》之父"。

　　在谈及法国学者对民法典编纂的影响时,我们不得不提及对日后法学家产生很大影响的布尔琼(Bourjon,1680—1751)。布尔琼对此前学者们未能制定出一个独特和无所不包的法国法体系感到十分遗憾⑤,他在

---

① See T. B. Smith, The Preservation of the Civilian Tradition in Mixed Jurisdictions, in A. Yiannopoulos ed., Civil Law in the Modern World, Louisiana Stabe University Press, 1965, p.72.

② Jean-Louis Gazzaniga, Introduction historique au droit des obligations, PUF, 1992, pp.56-57.

③ Jean-Louis Gazzaniga, Introduction historique au droit des obligations, PUF, 1992, pp.56-57.

④ 参见许中缘:《体系化的民法与法学方法》,法律出版社2007年版,第88页。

⑤ F. Bourjon, Le Droit Commun de la France et la Coutume de Paris Reduite en Principes (1747).

《法国的普通法和归纳为原则的巴黎习惯法》(Le Droit commun de la France et la coutume de Paris réduits en principes)中认为,法国习惯法的整体仍然是局部和零碎的,这必须得到统一,但由于习惯法的规模巨大,需要收集所有的习惯法则,然后依据秩序、精确以及和谐的原则,最终将它们整合为一个整体。① 布尔琼以多马的著作为范本,试图将法国法整理为一个完整和统一的整体,使之成为一个结构性的实体,从而能够对实务者们具有指导价值。尽管两位学者所使用的方法类似,但所得出的结果却不相同,布尔琼所提出的体系是:第一编"人",第二编"物",第三编"怎样取得物",第四编"怎样支配物",第五编"怎样处分物",第六编"诉与执行"。可见,这一体系并没有物权与债权的区分。② 其特点在于:首先,布尔琼的"共同法"沿袭了《法学阶梯》,他仍然立足于人、物和债的划分。其次,与多马不同,布尔琼的著作并非立足于主观权利。显然,民法典的起草者们曾读过布尔琼的著作,因为无论是从外部结构还是从内在的内容来看,《法国民法典》与布尔琼的著作都具有诸多相似之处。

1793年7月,法国国民公会授权法国著名法学家康巴塞雷斯(Cambacérès,1753—1824)主持起草民法典,同年8月,康巴塞雷斯提交了其第一部民法典草案,法典分为四个部分:人、物、合同和诉讼,共计695个条文。显然,这部草案还很不成熟,其中许多内容体现的是大革命的思想。1794年9月,康巴塞雷斯以立法委员会的名义提交了第二部民法典草案,仅有297个条文,这个草案保留了第一部草案的主要原则,包含三个部分:人法、物法和债法。③ 但这两部民法典草案都未获通过,在拿破仑执政以后,曾经委任康巴塞雷斯作为民法典的起草人之一,因而其关于民法典的许多看法对后来的《法国民法典》也产生了许多重要的影响。

对于三编制体例是否是精心设计的产物,学者存在不同看法。许多法国学者认为,《法国民法典》的三编制体例,虽然受盖尤斯理论影响,以及康巴塞雷斯等人提出的三编制理论的影响④,但它并非精心设计而成,而是偶然的产物。例如,让·雷(Jean Ray)在其《论民法典的逻辑结构》

---

① See T. B. Smith, The Preservation of the Civilian Tradition in Mixed Jurisdictions, in A. Yiannopoulos ed., Civil Law in the Modern World, Louisiana State University Press, 1965, p.72.
② 参见陈华彬:《潘德克吞体系的形成与发展》,载《上海师范大学学报(哲学社会科学版)》2007年第4期。
③ 参见石佳友:《法国民法典制定的程序问题研究》,载《比较法研究》2015年第3期。
④ 在《法国民法典》起草中,曾经专门就康巴塞雷斯所提交的草案展开了讨论。参见石佳友:《法国民法典制定的程序问题研究》,载《比较法研究》2015年第3期。

一书中指出,法典的结构"既没有经过认真的研讨,也没有经过仔细的思考"①。据后世学者考证,法典在其最后的形成阶段,起草者们对于法典的体例并未达成共识。②《法国民法典》起草的主要负责人波塔利斯虽然负责起草了婚姻、收养、所有权、合同等部分,但是他并没有就三编制的体系进行详细的阐释。甚至在他代表起草委员会于1800年8月所发表的"关于民法典草案的说明",也没有就法典的三编制体系安排作出说明。按照起草者之一的马尔维尔(Maleville)的看法,法典的三分法结构是起草者们最不在乎和关心的事情,他们对体例的探讨是在全部具体的条款讨论完毕之后才开始的。马尔维尔也对三编制体系的内容提出了批评,他提出,三编之间的容量不成比例,而且内容贯彻也不合理。该法典第一编涉及的是人,第二编涉及的是物,第三编涉及的是财产的取得,其中,最后一编被认为是整个民法和法典立法的目的,而人和物在这里只是被当作是一种预备性的铺垫。但是,事实并非如此,前两编中有许多地方混杂了一些内容,都与取得财产的方式有关。③1945年的民法典修正委员会曾考虑过在法典的序编中安插一部总则,并设定第四编"法律行为和法律事实"(Des actes et faits juridiques)。但是,这一想法最后没有被采纳,《法国民法典》至今还保留着其三编制结构。④ 需要指出的是,在2006年3月的修正案生效以后,《法国民法典》增加了新的一编"担保",因此,从形式上看今天的《法国民法典》已经不是三编制模式了。但是,三编制常常用于对《法国民法典》体系的描述,因此,被视为《法国民法典》的主要特征之一,并构成其法律文化的重要内容。

  三编制体例的优点首先在于,它符合事物的秩序和人的认识规律。在理性主义者看来,这一体例非常符合清晰性和秩序的要求。⑤ 三编制体例简洁明晰,通俗易懂,因为"人—物—取得物的方式"这样一种体系,非常符合人与其所处的环境进行交流和互动的规律;同时,人法和物法的区分也

---

① J. Ray, Essai sur la structure logique du code civil francais 208 (1926).
② See Shael Herman and David Hoskins, Perspectives on Code Structure: Historical Experience, Modern Formats, and Policy Considerations, 54 Tul. L. Rev. 987 (1980).
③ See Shael Herman and David Hoskins, Perspectives on Code Structure: Historical Experience, Modern Formats, and Policy Considerations, 54 Tul. L. Rev. 987 (1980).
④ See Maillet, The Historical Significance of French Codifications, 44 Tul. L. Rev. 681, 687 (1970).
⑤ 参见石佳友:《民法法典化的方法论问题研究》,法律出版社2007年版,第152页。

符合所谓"主体—客体"的认识规律,将世界区分为人自身的主观世界和外在的客观世界。起草人在解释三分法时认为,这是"法律传统的自然遗产"。例如,法国大革命时期的两位立法者特隆谢(Tronchet)和若伯尔(Jaubert)都认为,民法典从逻辑和安排来看都是自然的遗产,民法典的结构划分都是"源于事务的自然属性",而且与"思想的自然运动相一致"①。

三编制体例突出了人法,有利于凸显人的地位,彰显对人的尊严和价值的保护。梅仲协先生在评价《法国民法典》和《德国民法典》的优劣时指出,"罗马法较为合理,盖人皆有母,丐亦有妻,以亲属法列于民法之首部,匪特合乎自然原则,且可略避重物轻人之嫌也"②。有学者认为,21世纪的民法是以人的尊严和人权保障为特点的,应该突出人法。因此,在尊重和彰显人的尊严和价值的今天,法国的三编制模式焕发了其青春。③此外,《法国民法典》所贯彻的价值体系也具有相当的进步性,如个人主义、自由主义和平等原则等,仍然是现代民法的基本价值体系。《法国民法典》第7条规定:"民事权利的行使不以按照宪法取得并保持的公民资格为条件。"第8条规定:"所有法国人都享有民事权利。"这些都体现了自由与平等精神。当然,《法国民法典》的自由与平等的原则更多地体现在物权法和债法领域,在婚姻家庭和继承法领域则充满了家长制的色彩和男女不平等的痕迹。例如,《法国民法典》通过之初并不承认已婚妇女的行为能力,而将其作为受保护的成年人。④

当然,三编制体例也存在一定的缺陷。由于《法国民法典》并没有设置总则,缺少了关于民事活动的一般原则和民法的基本规则。有关民法的一般规则、原则等,主要体现在学者的学理中。在此种模式下,财产权部分并未严格区别物权和债权,也没有在区分二者的基础上形成独立成编的物权法和债权法。因此,法国民法中缺少严格意义上的物权法,物权法只存在于学理中。许多民法学者都不赞同《法国民法典》的这种罗马式模式。马尔维尔指出,"主要内容的分类必然多少具有主观性"⑤。普朗

---

① 1 P. Fenet, Recueil Complet des Travaux Preparatoires du Code Civil lxix, cxiii, 1827.
② 梅仲协:《民法要义》,中国政法大学出版社1998年版,第18页。
③ 参见〔日〕松本恒雄:《关于21世纪的民法典体系与人格权法的地位和内容》,载《2008年民法体系与侵权法国际研讨会材料》,中国人民大学法学院2008年。
④ 参见朱明哲:《"民法典时刻"的自然法——从〈法国民法典〉编纂看自然法话语的使用与变迁》,载《苏州大学学报(法学版)》2016年第2期。
⑤ J. Maleville, Analyse Raisonée de la Discussion du Code Civil au Couseil d'Etat 2, 3d ed., 1822, pp. 2-3.

尼奥尔(Planiol)认为,三编制结构是人为的和偶然的。① 法典的第三编或许更多的是出于习惯的力量,并非是法典内容的现行安排。仅仅针对该法典第三编,就有学者提出质疑,如澳大利亚学者瑞安在谈到该编时指出:"任何科学的安排方法都不会在一编之中把继承和赠与、契约和侵权行为、婚姻财产、抵押和时效等这些毫不相干的内容都放在'取得财产的不同方法'之下。"②有的学者甚至更尖锐地批评道:"法典的第三编完全是异类题材的大杂烩。"③普朗尼奥尔认为,法典的体系安排应该符合法学工作者的需要④,他认为,"将如此性质相异的众多主题汇聚在一编之内,这并不符合逻辑。此外,编与编之间的划分也没有多大用处。划分为一系列的章节可能更为简明"⑤。

尽管《法国民法典》仍存在不足,但无论如何,《法国民法典》被称为现代民法典的典范,恩格斯曾将其称为"典型的资产阶级社会的法典"⑥。《法国民法典》的颁布,推动了欧洲的法典化,揭开了近代法典化运动的序幕。此后的1838年《荷兰民法典》、1865年《意大利民法典》、1867年《葡萄牙民法典》以及《魁北克民法典》等,在相当程度上都沿袭了《法国民法典》的体系和内容。比利时的民法典基本上照搬了《法国民法典》的内容。历经了二百多年的《法国民法典》至今仍然保持旺盛的生命力,这与《法国民法典》的逻辑体系以及其所蕴涵的自由、民主思想等进步价值理念以及语言的通俗易懂等密不可分。

二、《德国民法典》体系的思想和理论发展

《德国民法典》体系虽然受到了罗马法优士丁尼《学说汇纂》的影响,但却经过了一个较长的发展过程。潘德克顿学派和历史法学派对《德国民法典》体系的形成和发展产生了重大影响。潘德克顿(Pandekten)是 Pandectae

---

① J. Ray, Essai sur la structure logique du code civil francais 208 (1926).
② 〔澳大利亚〕瑞安:《民法的发展(〈民法导论〉摘译)》,楚建译,载《外国民法资料选编》,法律出版社1983年版,第33页。
③ 〔德〕K.茨威格特、H.克茨:《比较法总论》,潘汉典、米健、高鸿钧、贺卫方译,贵州人民出版社1992年版,第72页。
④ M. Planiol, Traité élementaire de droit civil, no. 26 (6th ed., La. State L. Inst. trans., 1965).
⑤ M. Planiol, Traité élementaire de droit civil, no. 26 (6th ed., La. State L. Inst. trans., 1965).
⑥ 《马克思恩格斯选集(第四卷)》(第二版),人民出版社1995年版,第253页。

(《学说汇纂》)的德文音译,而 Pandectae 是 Digesta(《学说汇纂》)的希腊语(东罗马帝国使用希腊语)。① 一般认为,德国的潘德克顿体系特指以古典罗马法(尤其是《学说汇纂》)为蓝本,借助法学体系方法建构的近代民法体系。② 潘德克顿学派的创始人沃尔夫(Christian Wolff,1679—1754)是哈勒(Halle)大学的教授,他整合了普芬道夫的自然法的义务体系和托马希乌斯的原初权利的理论。沃尔夫在 1754 年撰写《自然法与万民法诸原理》一书,从而建构了民法的权利体系。③ 在该书中,沃尔夫列举了个人享有的各种自然权利,如生命权、身体权、名誉权、荣誉权和一般的价值评定权等。沃尔夫始终在追求定义的严密性,他认为,只有这样,才能保证准确的推论,使各个命题通过这种从定义或定理出发的三段论得到证明,因为用定理或共同的高级概念将各命题结合起来,通过一种完整而无缺漏的演绎,就可达到近于欧几里得几何学的逻辑性体系。④ 沃尔夫的研究方法开创了"概念法学"之先河,对潘德克顿学派产生了决定性影响,乃至提供了作为以后普鲁士立法以及《德国民法典》之基本内容和体系。由于在法律需求中过多地强调数学的精确性,正如德国私法史教授维亚克尔所指出的,"(沃尔夫)在推论中排除了经验的和感性的因素,公理中的自然法则即使在最末梢的细节上也是没有漏洞的。所有具体的规则都来源于具有严格逻辑结构和准确的几何学的证据中的更高级别的、更为概括的规则,而这些规则通过排除相反情况的推理的逻辑链得出。通过这种方式,形成了一个封闭的系统,其基础就在于其所有的内容都不存在逻辑上的矛盾"⑤。从 1715 年至 1745 年,德国大学的教授们大多受到沃尔夫思想的影响,其方法对德国法的影响可见一斑。

历史法学派的重要代表人物之一、德国哥廷根大学教授胡果(Hugo,1764—1844)也系统地提出了五编制学说。他认为,法律和成文的条例不是法律真理的唯一源泉,主权者制定的实定法不能成为法律的唯一渊源,而要注重对罗马法的研究,尤其要重视公元 2 世纪的罗马法。⑥ 一般认

---

① 参见谢怀栻:《大陆法国家民法典研究》,中国法制出版社 2004 年版,第 32 页。
② 参见谢鸿飞:《法律与历史:体系化法史学与法律历史社会学》,北京大学出版社 2012 年版,第 151 页。
③ 参见[日]松尾弘:《民法的体系》(第四版),庆应义塾大学出版社 2005 年版,第 15 页。
④ Vgl. Dieter v. Stephanitz, Exakte Wissenschaft und Recht, 1970, S. 84 ff.
⑤ F. Wieacker, Privatrechtsgeschichte der Neuzeit 193, 1952.
⑥ Peter Stein, Le droit romain et l'Europe, 2e éd., LGDJ, 2004, p.139.

为，胡果首次提出了五编制的体系，他在1789年出版了《当代罗马法学阶梯》一书，采取了对物权(das Realrecht)、对人的债(die persönliche Obligationen)、家庭权(das Familienrecht)、继承权(das Verlassenschaften)和诉讼法(der Prozess)的体系方式。① 但在此之后，胡果又在自己的著述中否定了自己提出的五编制的体系思想。②

潘德克顿法学派的一个著名代表人物是18世纪德国海德堡大学法学教授海泽(Arold Heise,1778—1851)，他作为胡果的学生，深受胡果理论的影响，他在讲授民法时，撰写了一个教案，严格依据五编制的安排构建了一个以"总则、物权、债法、家庭和继承"为内容的民法体系，包括第一编总则，第二编物权法，第三编债务法，第四编物、人的权利法(亲属法)，第五编继承法，第六编回复原状。在海泽的民法体系中，设立了"人—物—行为"三位一体的总则，由此奠定了潘德克顿体系总则部分最核心的内容。③ 萨维尼在柏林大学讲授普鲁士普通邦法时，就是按照海泽设计的体系进行讲授的，不过他认为，第六编有关"回复原状"的编排并不妥当，建议将其删除。④ 事实上，海泽在《普通民法的体系概要》一书中对其所提出的五编制体系并没有进行详细的论述，但在体系安排上已经比较完整，与后世的《德国民法典》非常相似，所以很多学者认为，海泽是现代五编制的真正创始人。

历史法学派的重要代表人物、德国法学家萨维尼(Friedrich Carl Von Savigny,1779—1861)早期曾主张法律实证主义，以后逐渐受德国浪漫主义运动的影响，形成了反启蒙、反理性的保守观点。萨维尼极力提倡所谓德意志的民族精神。1814年，他针对德国著名法学家蒂博(Thibaut,1722—1840)关于制定一部民法典的观点，发表了《当代立法与法学的使命》一文进行批驳，他在文中认为，法律的起源乃是"民族的共同信念"。他指出："法律先透过风格与民族信念，然后透过法学而创造出来，它完全是透过内在的、潜能的种种运作力量，而非透过一个立法者的恣意专断而产生。"⑤ 可见，萨维

---

① Vgl. Hugo, Institutionen des heutigen römischen Rechts, 1789, Inhalt.
② 参见陈华彬：《潘德克吞体系的形成与发展》，载《上海师范大学学报(哲学社会科学版)》2007年第4期。萨维尼与胡果的体系划分思想对德国民法学界产生了深远的影响。
③ 参见谢鸿飞：《法律与历史：体系化法史学与法律历史社会学》，北京大学出版社2012年版，第153页。
④ 参见陈华彬：《潘德克吞体系的形成与发展》，载《上海师范大学学报(哲学社会科学版)》2007年第4期。
⑤ Hans Hattenbauer, Thibaut und Savigny, Ihre programmatischen Schriften, München 2002, S. 105, 109.

尼尽管反对人为地制定法律,但也不主张法官创造法律。尤其是他晚年的巨著《当代罗马法的体系》,以历史的方法为先导来考察古代的法源,抛弃了以往的实用法学方法。① 萨维尼认为,应该继承海泽所构建的民法典体系,甚至对该体系推崇备至,但他认为,海泽体系中的"回复原状"一编不妥,应当予以删除。在萨维尼的大力推动下,在19世纪初中期,整个德国几乎都接受了海泽所构建的潘德克顿体系。② 萨维尼认为,罗马法仍然是零散、不成体系的法律,有必要对其加以重新整理,尤其是通过体系化的方法,重新建构一个完整的民法体系。萨维尼在其名著《当代罗马法的体系》中对此作过阐述,他在第一部分集中讨论了法律关系,从该概念出发,将民法区分为两部分,一是针对所有人适用的物权法和继承法;二是针对特定人的法律制度如债法和家庭关系法。③ 可见他从法律关系出发已经大体勾画出了民法的五编体例,即人法、物权法、债之关系法、家庭法和继承法。萨维尼提出的以法律关系为中心建构民法典体系的思想,也被称为"萨维尼编排法"。

对《德国民法典》的起草作出决定性贡献的是德国莱比锡大学的温德沙伊德(Windscheid,1817—1892)教授。温德沙伊德是潘德克顿法学体系的集大成者,其民法体系理论中发展出请求权的概念,并为《德国民法典》所采纳。温德沙伊德在《潘德克顿法教科书》中指出,私法的调整对象是财产关系和家庭关系,据此,私法可以分为财产法和家庭法,财产法的调整对象是关于物的法律关系和关于人与人的法律关系,即物权和债权;至于继承法,其实质不过是财产法的一个分野。④ 其体系建构包括法律概论、权利概论、物权法、债法、家庭法、继承法。⑤ 关于温德沙伊德对《德国民法典》体系的影响,可以通过对照他的著作与《德国民法典》的条文清晰地发现二者之间的雷同。他在整个民法典的起草工作中发挥了重要作用,特别是民法典第一稿基本是按照温德沙伊德的思想起草的,因此,第

---

① 参见〔日〕大木雅夫:《比较法》,范愉译,法律出版社1999年版,第197页。
② 参见陈华彬:《潘德克吞体系的形成与发展》,载《上海师范大学学报(哲学社会科学版)》2007年第4期。
③ 参见谢鸿飞:《法律与历史:体系化法史学与法律历史社会学》,北京大学出版社2012年版,第151页。
④ 参见陈华彬:《潘德克吞体系的形成与发展》,载《上海师范大学学报(哲学社会科学版)》2007年第4期。
⑤ 参见谢鸿飞:《法律与历史:体系化法史学与法律历史社会学》,北京大学出版社2012年版,第155页。

一草案被人们称为"小温德沙伊德草案"。以后的草案中虽然吸纳了日耳曼法学派的一些思想,但起主导作用的仍然是温德沙伊德的思想。①

《德国民法典》的制定经过了一个长期的过程。1746 年 12 月 30 日,巴伐利亚国王腓特烈大帝向他的大臣萨缪尔·康彻基(Samuel Cocceji)发布了一项内阁命令,其意旨是统一境内的法律并解决"jus commune"(共同法)之间的冲突,这些动机促成了 18 世纪 50 年代巴伐利亚三部法典的问世。但这些法典只具有补充性的效力,因为以前的成文法仍然有效,其编制体例完全以《法学阶梯》为蓝本。② 在《德国民法典》制定之前,由于政治分裂,法律极不统一,各个邦国都具有自己的法律,所以,《德国民法典》就是在这些邦法的基础上制定的。③ 为了克服法律的分散状态,德国各邦从 17 世纪末就开始编纂法典。在《德国民法典》制定之前,有两个重要的法典,一个是 1860 年的《萨克森民法典》(Bürgerliches Gesetzbuch für das Königreich Sachsen),另一个是 1866 年的《德累斯顿债权法草案》(Dresdner Entwurf)。这两个法典都全面地照搬了潘德克顿体系,甚至《萨克森民法典》被认为"完全是用模型浇铸出来的潘德克顿法学教科书"④。

普鲁士统一了德国北部后,统一法律提上了日程。1874 年开始制定民法典,经过二十余年的努力,最终通过了一个具有高度体系化的法典。《德国民法典》的颁布是民法法典化历史中的一个重要里程碑,它将法典化运动推向了高潮。在形式结构上,该法典沿用了《学说汇纂》理论阐发的内容五分法,即总则、债的关系法、物权法、亲属法、继承法。由于《德国民法典》体系完全是潘德克顿学说的成果,所以,此种体系也称为"潘德克顿体系"。与《法国民法典》相比较,《德国民法典》五编制的特点主要在于:

第一,《德国民法典》首创了总则的体系,使民法典进一步体系化。《德国民法典》中的"总则"乃是"潘德克顿体系"的显著特色。总则编采取提取公因式的方法,从人法和物法两部分中抽象出共同的规则,包括权利主体、权利客体,在法律行为之后又规定了代理、时效、权利的行使等,从而形成了总分结合的体例,总则统率了整个分则,使整个法典形成了逻辑分明的内在联系,大大提升了法典的体系化。《德国民法典》在总则中

---

① 参见〔日〕大木雅夫:《比较法》,范愉译,法律出版社 1999 年版,第 201 页。
② 参见〔美〕艾伦·沃森:《民法法系的演变及形成》,李静冰、姚新华译,中国法制出版社 2005 年版,第 145 页。
③ 参见谢怀栻:《大陆法国家民法典研究》,中国法制出版社 2004 年版,第 25 页。
④ 〔日〕大木雅夫:《比较法》,范愉译,法律出版社 1999 年版,第 198 页。

首次创造了法律行为的概念,形成了意思表示的系统理论,并且将意思自治的价值贯穿于整个民法之中。总则编抽象出人法和物法的共性规则,使这两部法律构成了有机的整体,避免和减少了许多重复和矛盾现象。①

第二,区分物权和债权,首创了物权概念和制度。尽管在《奥地利民法典》中已经出现了物权的概念,但《奥地利民法典》并没有严格区分物权和债权,而和《法国民法典》一样,只是采取了一个广义上的财产法的概念。与《法国民法典》相比较,《德国民法典》首创了物权和债权的区分,该法典第二编是债权法,第三编是物权法。《德国民法典》将物权和债权独立成编,在法制史上是对民法典体系的重大发展。同时,对债权编再次采取了提取公因式的方式,区分了总则和分则。《德国民法典》的债权编部分几乎规定了所有债的发生事由,其将不当得利和无因管理单独作为债的发生原因,并且适应工业社会初期的现实需要,债编对侵权之债作了详细的规定。在物权编中,该法典第一次采纳了物权行为理论,这是其最具特色也最具争议的概念。与《法国民法典》不同,《德国民法典》不是将担保物权置于合同之中,而是置于物权编之中规定,这无论从逻辑上还是从体系上都是对民法典体系的新的发展。②《德国民法典》不仅确立了物权的概念,而且区分了完全物权和限制物权、物权和占有,并区分了物权请求权和占有保护请求权,这就形成了完整的物权及其保护体系。在物权法中,《德国民法典》又确立了物权限制、禁止权利滥用、忍受轻微妨碍等制度,这些也体现了社会化思想对《德国民法典》的影响。

第三,将亲属法和人法分离,设立了独立的亲属编。在《法国民法典》中,人法是一个庞大的人身关系法,不仅包括了亲属法,而且包括了有关主体资格、监护等法律规范。而《德国民法典》区分人法的不同内容,将其分别置于民法典的各编,尤其是将亲属法的相关内容独立成编,置于"物权法"编之后规定。③ 该法典的亲属编主要包括婚姻、亲属和监护制度,不仅区分了主体资格和身份关系,而且在一定程度上区分了人格关系和身份关系(例如,将姓名权等人格权的内容置于总则之中规定,而将夫妻关系、亲子关系等内容置于亲属法之中规定)。在第二次世界大战以后,亲属法作了很大的修改,反映了德国社会的变化,尤其是德国基本法中确

---

① 参见谢怀栻:《大陆法国家民法典研究》,中国法制出版社2004年版,第43页。
② 参见谢怀栻:《大陆法国家民法典研究》,中国法制出版社2004年版,第46页。
③ 参见陈华彬:《潘德克吞体系的形成与发展》,载《上海师范大学学报(哲学社会科学版)》2007年第4期。

立了男女平等的基本原则,导致了家庭法的重大修改。可以说,《德国民法典》的规定深受自然法理论的影响。①

第四,规定了独立的继承编。在《法国民法典》中,继承被作为取得财产的方法规定在第三编。从法律效果上说,继承与买卖等债权制度类似,都是取得财产的具体方法。显然,继承制度具有其特殊性,它可以看作身份权效力的延伸,只能发生在具有特定亲属关系的人之间;而且将继承与买卖等债权制度规定在一起,也可能导致民法典债权编的内容极为庞杂。所以,《德国民法典》将继承制度与债权制度分开,规定独立的继承编,其中包括继承权、法定继承、遗嘱继承、特留份、遗产的分割等制度,这有助于继承法和债法各自形成独立的体系。从思想起源的角度来看,《德国民法典》在物权法和债权法之后,设立独立的继承编的做法,也是受到了自然法学影响的结果。②

道森(Dawson)认为,《德国民法典》的结构和风格清楚地表明了潘德克顿学派的大获全胜。③《德国民法典》是潘德克顿学派成果的结晶,体现了法典逻辑性和科学性的要求,正是在这个意义上,该法典常常被称为"科学法"。从逻辑体系而言,《德国民法典》构建了完整的近代民法体系④,因而其被认为代表了19世纪法典化的最高成就。比较法学者大都认为,《德国民法典》反映的是19世纪的法学成就,是历史法学派的"集大成者"。《德国民法典》大量采用了抽象的概念,而后在判例中运用解释的技术,结合社会演进的现实,对法典的一些概念,如权利能力、意思表示、不法性等,进行灵活地解释,从而完善了法典的内容。从编纂技术上来说,《德国民法典》是非常严谨、科学的,按照梅特兰的观点,"我以为从未有过如此丰富的一流智慧被投放到一个立法行为当中"⑤。《德国民法典》的体例结构对后世的民法典产生了重大的影响。大陆法系许多国家和地区如日本、泰国、韩国、葡萄牙、希腊、俄罗斯等国

---

① 参见陈华彬:《潘德克吞体系的形成与发展》,载《上海师范大学学报(哲学社会科学版)》2007年第4期。
② 参见陈华彬:《潘德克吞体系的形成与发展》,载《上海师范大学学报(哲学社会科学版)》2007年第4期。
③ See J. Dawson, The Oracles of the Law, University of Michigan Law School, 1968, p.460.
④ 参见〔德〕K.茨威格特、H.克茨:《比较法总论》,潘汉典、米健、高鸿钧、贺卫方译,法律出版社2003年版,第220页。
⑤ 〔德〕K.茨威格特、H.克茨:《比较法总论》,潘汉典、米健、高鸿钧、贺卫方译,法律出版社2003年版,第273页。

家以及我国台湾地区、澳门特别行政区的民法都接受了德国式民法典体系。在大陆法系国家和地区,法典编纂凡是受德国法的影响而采用德国法编制体例的,都称为德国法系。苏联、东欧国家等,实质上也都借鉴了德国法的模式。①

三、《法国民法典》和《德国民法典》体系的比较

尽管《法国民法典》和《德国民法典》在体系上分别采纳了盖尤斯的《法学阶梯》及《学说汇纂》的五编制,在编制体例上具有很大区别,但二者实质上具有极大的相似性,尤其在立法指导思想上,二者都深受自然法和启蒙运动的影响,其所贯彻的价值理念非常相近,都体现了自然法运动中的平等、正义、自由、对人的尊重等要求。但与《法国民法典》不同的是,《德国民法典》已初步具有社会化内容,一定程度上更强调了国家的干预和对私法自治的限制。例如,《德国民法典》对于所有权制度进行了必要的限制,对承租人的特别保护等,这也反映了两个民法典立法时社会基础的变化。当然,《德国民法典》基本上维护了《法国民法典》所确立的自由、平等等价值,正是在这个意义上,拉德布鲁赫曾经指出:"与其说《德国民法典》是20世纪的序曲,不如说是19世纪的尾声。"②

当然,两部法典并非毫无关联,《德国民法典》也一定程度上受到了《法国民法典》思想的影响。有学者认为,《德国民法典》的债法体系受到了从普芬道夫到多马的影响,尤其是受到了多马关于债的不同分类、根据事务属性来对法律关系进行分类的思想等影响。有学者认为,《德国民法典》的物权法(第三编)和债务关系法(第二编)这两个领域则按照源于罗马法的概念,即"对物法"(iura in rem)和"对人法"(iura in personam)来相对地区分。③《德国民法典》总则中的法律行为概念在一定程度上也受到了中世纪阿士休斯(Althussius)关于交易行为中的意定内容(negotium)理论的影响。④ 这就决定了《德国民法典》在体例上与《法国民法典》具有相似性。《德国民法典》虽然首创了总则,但总则体系的构建仍然采取了

---

① See R. David and J. Brierley, Major Legal Systems in the World Today, 2nd ed., Free Press of Glencoe, 1978, p.85.

② 〔德〕K. 茨威格特、H. 克茨:《比较法总论》,潘汉典、米健、高鸿钧、贺卫方译,法律出版社2003年版,第266页。

③ Peter Stein, Le droit romain et l'Europe, 2e éd., LGDJ, 2004, p.147.

④ Peter Stein, Le droit romain et l'Europe, 2e éd., LGDJ, 2004, p.147.

"人、物、取得物的方式(法律行为)"的三分法方式。《德国民法典》的一些条文也吸收了《法国民法典》的一些成分。例如,《德国民法典》关于为事务辅助人所负责任的第831条是以《法国民法典》第1384条为蓝本的;《德国民法典》关于自书遗嘱的第2247条是以《法国民法典》第970条为蓝本的。[1]

按照陈朝璧先生的看法,自从《德国民法典》颁布之后,五编制的模式为民法学者所普遍采纳,而三编制的方法已不再为学者和立法所采纳。[2]此种结论是否妥当,尚需要进一步探讨。事实上,自《德国民法典》颁布以来,有些国家和地区在编纂民法典时采取了法国法三编制的模式。比较上述两种立法模式,二者都是在借鉴罗马法经验的基础上,经过学者理论上精心设计的产物,二者均具有很强的体系性与系统性,符合各自国家和地区的社会经济文化传统。《德国民法典》和《法国民法典》之所以被称为大陆法系最重要的两个分支,也是因为二者在立法风格、体系安排以及具体制度上存在较大的差别,反映了两国民事立法以及民法学研究在基本理论、体系建构以及概念选取等方面都存在不同的理论基础。《德国民法典》更注重概念的精确性、逻辑性,而《法国民法典》更注重语言的通俗易懂和规范的简洁实用性。[3]"事实上,民法典的结构紧密仅仅是在抽象意义上而言的。而且,法国法典的体系依赖于实践是因为历史原因,对法典的编纂者而言,不存在涉及与自然法学派相反的纯粹的逻辑体系,也没有人采用金字塔的形式,也没有组成树枝状的或者谱系型的体系。而且,在法典体系的内部,也很难发现具有这样一个规范谱系的结构。"[4]上述两部法典对欧洲大陆各国乃至世界其他国家和地区产生了深远的影响,在此基础上形成了法国法系和德国法系。

比较德国民法和法国民法的体系,我们不能简单地采用"优劣"的标准,更应当从理论基础、历史传统以及起草背景加以分析。例如,从《法国民法典》的三编制来看,其在解释罗马法时,更多地从三分法来思考民法问题;而德国潘德克顿学派从萨维尼开始就形成了总则的思想,经过了普赫塔、温德沙伊德等人的发展,也逐渐完善,所以,德国民法典更多地从理

---

[1] Peter Stein, Le droit romain et l'Europe, 2e éd., LGDJ, 2004, p.147.
[2] 参见陈朝璧:《罗马法原理》,法律出版社2006年版,第23页。
[3] 参见石佳友:《民法法典化的方法论问题研究》,法律出版社2007年版,第117页以下。
[4] Nader Hakim, L'autorité de la doctrine civiliste franais au XIXE siècle, Preface de Michel Vidal, LGDJ, 2002, p.145.

论抽象的角度研究民法问题。这也反映了德国民法学者习惯于抽象思维、法国学者更习惯于传统理性思维的特点。所以,两种体系的分类反映了两个民族的思维习惯,也是两国的学说理论长期发展的结果。每一种体系都是植根于民族的历史文化传统和习惯,只要为本民族的广大人民所能够接受,符合本民族利益,且符合司法实践的要求,该体系就是合理的。正是从这个角度出发,民法典没有固定不变的体系,也没有所谓优劣之分,将德国五编制看作民法典的唯一科学体系,甚至不能作任何的修改和补充的观点,显然是不妥当的。

从逻辑性和体系化的角度来看,《德国民法典》的确具有一定的优势,因为它创设了严谨的概念,按照总分结构,形成了概念的阶梯和规则的逻辑体系,虽然其对各项制度进行了严格的区分,但同时又保持这些制度之间的密切联系,使得整个民法典的体系更为严谨。例如,物权和债权的区分、物权和继承的区分、主体制度和亲属法的区分等,都保持了一定的逻辑性和严谨性。尤其是《德国民法典》创设法律行为制度,以意思表示为核心构建民法典的总则体系,并且通过物权行为、债权行为、婚姻行为、遗嘱行为等,将其贯彻到各个分编之中,使得总则与分则的联系更为密切,从而保证了整个体系的完整性。《法国民法典》虽然没有采纳总分结构的立法技术,但从体系的简洁、实用、开放性和保持法典的活力而言,其具有自身的特点。《法国民法典》并未采纳法律行为的概念,因为法国的理论认为,一个高度抽象的法律行为概念并没有太多的理论价值,还不如制定一些针对具体制度的规则更为实用。[①]《法国民法典》尽可能地在立法中采取相对抽象的规则,给法官留下一定的自由裁量权,从而弥补民法典的不足。这就使民法典保持了一定程度的开放性。所以,从形式体例来看,体系化没有固定不变的标准模式。一部法典究竟应该多少编,各编的顺序如何,没有一个放之四海而皆准的先验的绝对真理。这本质上取决于立法者依据本国国情和文化传统作出的利益衡量和价值选择。归根结底,形式是由内容决定的,并且是为内容服务的。无论选择何种体系模式,其必须符合法典体系化的基本特征和功能需要。我国当前编纂民法典,必须要在认真比较各国和地区立法例的基础上,总结利弊得失,吸取经验教训,才能制定出符合我国国情、反映时代特征的民法典。

---

① 参见薛军:《法律行为理论:影响民法典立法模式的重要因素》,载《法商研究》2006年第3期。

四、民法典体系的开放性和发展性

尽管《法国民法典》体系和《德国民法典》体系构成了大陆法系民法典体系的典范,但这并非意味着民法典体系的终结。事实上,《法国民法典》体系和《德国民法典》体系本身也是处于不断地发展变动状态,而不是一个封闭的体系。德国在2002年进行了债法改革,虽然没有对民法典的体系进行大的变动,但对许多重要的规则进行了实质性调整,增加了缔约过失责任、情事变更原则等规则,增加消费者保护的内容并纳入债法之中,并且强化了债的效力。在德国债法修改时,曾有不少学者上书反对,称这将造成民法典"体系的混乱"。因为消费者保护法诸多情形与民法典的内容不是很相符合,消费者往往是在信息不对称的情况下进行交易的,所以,其不适用民法中的合同自由等基本原则。如果将这些法律纳入法典之中,将会破坏体系的和谐性。因法典是针对所有的人且抹消身份的差别而进行的平等立法,而有关消费者、劳动者保护的法律规定是一种典型的"身份立法",这与一般合同的平等义务规定不相符合。[①] 尽管有诸多学者的反对,但是最终的改革仍然坚持把消费者权益保护的内容纳入债法的改革中。[②] 德国学者文德浩教授称,债法现代化法是《德国民法典》自1900年生效以来最为深刻的一次变革,它动摇了德国民法的教条理论大厦的支柱,震撼了那些最为直接地继受了罗马法的教义。[③] 而《法国民法典》于2006年修改则直接改变了传统的三编制模式,在三编之外增加了独立的担保编(Les sûretés)。由此可见,民法体系化是一个不断适应社会经济条件发展而逐渐完善的过程。从古至今,人类的理性并非始终如一地处于恒定或静止的状态,相反,经历了一个不断发展、蜕变与升华的过程。[④] 体系作为理论建构的产物,体现了建构者的思维和主张,也与特定的历史传统和现实等密切相关,并不具有终极性的普世意义。任何体系其实也都是在实践中不断完善和发展的。

尤其需要指出,自《德国民法典》颁布一百多年来,整个世界发生了巨

---

① 参见许中缘:《论民法典与民事单行法律的关系——兼评我国物权法草案》,载《法学》2006年第2期。
② 参见张礼洪:《民法典的分解现象和中国民法典的制定》,载《法学》2006年第5期。
③ 参见《德国债法现代化法》,邵建东、孟翰、牛文怡译,中国政法大学出版社2002年版,第1页。
④ 参见孟广林:《欧洲文艺复兴史》(哲学卷),人民出版社2007年版,第12页。

大的变化。《德国民法典》制定之初,人格权尚处萌芽状态,多数学者连人格权为何物尚且不知,遑论于民法典中对此加以规定。但在这一百多年里,经济生活高度复杂化、多样化,随着互联网、高科技的发展,对隐私、个人信息等人格权的保护提出了更为严峻的挑战,作为经济生活的基本法,民法典的体系也必须与时俱进,以适应21世纪人格权保护的需要。因此,不少德国的学者也已开始对民法典进行反思,认为《德国民法典》对人格权的规定明显不足。[①] 梅迪库斯认为,"法律对自然人的规范过于简单,因此没有涉及一些重要的人格权"[②]。在《德国民法典》颁布不久,德国学者索姆巴特(Werner Sombart,1863—1941)就提出《德国民法典》存在"重财轻人"的偏向。[③] 也有一些德国学者对此提出批评说,《德国民法典》的体系"是按照从事商业贸易的资产阶级的需求来设计构思的,它所体现的资产阶层所特有的'重财轻人'正出自于此。这种重财轻人的特色使关于人的法律地位和法律关系的法大大退缩于财产法之后"[④]。一百多年来社会的发展对法律的发展也提出了更高的要求,人文精神和人权保护应在民法中得到体现。而《德国民法典》中对人格权制度并没有过多地涉及,有关侵权行为的规定也较为单薄,这些都表明《德国民法典》的五编制体例是需要进一步发展和完善的。

　　法典的体系必须适应时代和社会的进步而发展。古人云,"明者因时而变,知者随事而制",制定民法典肯定要借鉴其他国家和地区立法的先进经验,但这绝不意味着要完全照搬其他国家或地区的经验。《德国民法典》毕竟是百年前的产物,但一百多年来,整个世界社会、政治、经济、文化发生了巨大的变化,科技日新月异,民法的体系与内容理所当然应随着时代的变化而变化。因此,一百多年前,德国注释法学派所构建的《德国民法典》体系是符合当时德国社会经济需要的,但它并不完全符合我国当前社会经济的需要,也不能为互联网、高科技、大数据时代人格权的保护提供解决方案。如何有机和谐地将人格权制度融入民法典,正是新时代赋予中国民法学者的机遇,如果仅以《德国民法典》没有规定独立的人格权

---

① 参见陈云生、刘淑珍:《现代民法对公民人格权保护的基本情况及其发展趋势》,载《国外法学》1982年第6期。
② 〔德〕迪特尔·梅迪库斯:《德国民法总论》,邵建东译,法律出版社2000年版,第24页。
③ 参见〔德〕迪特尔·施瓦布:《民法导论》,郑冲译,法律出版社2006年版,第42页。
④ 〔德〕迪特尔·梅迪库斯:《德国民法总论》,邵建东译,法律出版社2000年版,第24页。

制度为由,而置现实需要于不顾,将人格权制度在民法典中用民事主体制度或侵权法的几个条款轻描淡写一笔略过,这无异于削足适履,甚至是放弃了时代赋予当代中国民法学者的伟大机遇与神圣职责!

法典体系在适应社会发展需要而不断发展的同时,也需要立足本国国情、适应本国的社会发展需要。波塔利斯指出,法典不是某一立法思想任意自生自发的产物,而是由某一民族的历史、社会、文化和经济传统所决定的。① 民法典的体系一定要从本国的国情和实际需要出发来构建。孟德斯鸠早在18世纪中期就指出:"为某一国人民而制定的法律,应该是非常适合于该国的人民的;所以如果一个国家法律竟能适合于另外一个国家的话,那只是非常凑巧的事。"②法为人而定,非人为法而生。每一个制度和体系安排,都要反映本国的历史文化传统,符合社会的实际需要。迄今为止,并不存在放之四海而皆准的普适的体系。任何制度体系的构建,最终都要符合社会需要。春秋战国时期的晏子曾经说过:"橘生淮南则为橘,生于淮北则为枳。"体系的构建不能削足适履、盲目照搬,也不能是异想天开的空中楼阁,否则这样的体系只能是镜中花、水中月,好看不好用。任何体系只要符合国情就是好的体系。例如,德国一些学者认为《法国民法典》杂乱无章,概念不精确,难以理解其体系设计。但是法国人认为《法国民法典》符合其民众和司法的需要。而《德国民法典》在很多法国人的眼里,晦涩难懂,甚至令人生厌。但德国法官认为,其民法典符合德国的民众和司法的需要,该法典的内容和体系的构建是完全成功的。所以归根到底,法律都是社会需要的产物,体系也是基于特定生活需要和文化历史传统而形成的。因而萨维尼曾经强调,法律应当尊重民族精神,这毫无疑问是正确的。只不过萨维尼把它推向了极端,反对一切法典化,这又是不妥当的。

比较《法国民法典》和《德国民法典》体系,首先应当从两部法典中汲取有益的制度经验,比如,《法国民法典》特别注重对人的尊严和价值的保护,这与21世纪的时代精神是相吻合的,而《德国民法典》注重体系的严谨和科学性,设置独立的总则编,并区分物权和债权,区分婚姻和继承,形成了逻辑严谨的法典体系,这也应当为我们的民法典所借鉴。当然,借鉴并不等同于全盘照搬,我们在制定民法典时,绝不能像民国时期的民法典

---

① 参见〔法〕让·路易·伯格:《法典编纂的主要方法和特征》,郭琛译,载许章润主编:《清华法学·第八辑:"法典化研究"专辑》,清华大学出版社2006年版,第18页。
② 〔法〕孟德斯鸠:《论法的精神》(上册),张雁深译,商务印书馆1961年版,第6页。

那样,百分之七八十的内容都照搬《德国民法典》。我国民法典体系构建必须立足中国国情,构建符合中国国情、解决中国现实问题的民法典体系。我国处于并将长期处于社会主义初级阶段,实行改革开放,发展社会主义市场经济,立法特别是民商事立法,必须遵循市场经济的基本规律,协调和平衡各种利益。所以在体系的设计上,我们一定要从中国的实际出发,构建具有中国特色的民法典体系。我国民法典体系的构建应当考虑立法的科学性、针对性和实效性,并在此基础上制定出一部符合中国国情、反映时代需要的民法典,这样才能使民法典发挥出在社会生活中的巨大作用,对于一个国家来说,真正好的法典必须建立在对本国已有法律和国情的深入研究及系统总结之上,包括对社会习惯、法院判例的大量搜集和整理,并从中总结和发展出法律规则,唯有如此,所制定出来的法典才会有中国特色,才能被本国人民所接受。[1] 所以,民法典体系的构建虽然需要借鉴其他国家和地区的经验,但必须立足中国国情,有所创新,有所发展。只有广泛吸纳两大法系的先进经验,吸收专家学者的智力成果,才能形成科学合理的体系,我们的民法典也才会成为一部有长久生命力的民法典,并在世界民法之林拥有一席之地,从而为世界民法的发展作出我们应有的贡献。

---

[1] 参见严存生:《对法典和法典化的几点哲理思考》,载《北方法学》2008 年第 1 期。

总分结构理论与我国民法典的编纂*

引　言

所谓总分结构(lex generalis/lex specialis)，就是指按照提取公因式的方法(vor die Klammer ziehen 或 vor die Klammer setzen)，区分共通性规则与特殊规则，将共通性规则集中起来作为总则或一般规定，将特殊规则集中起来编为分则或作为特别规则加以规定。一般认为，总分结构是《德国民法典》体系的最大特点之一，该法典通过提取公因式的方式构建民法典的总则和分则体系，运用总分结合的逻辑结构构建法典的体系、设计法典的内容，实现了法典的科学化。正如有学者所指出的，由于总分结构的采纳，"就像一名著名历史学家所说的那样，继受的最持久的效果在于使得德国法'科学化了'(verwissenschaftlicht)"[①]。总分结构不仅仅促进了民法的体系化，还对法律适用、教学都发生了重大影响。德国法的这一经验也为我国民法典的编纂提供了有益的借鉴。我国民法典编纂采取先制定总则、后制定民法典各分编的立法思路，实际上是总分结构理论的具体运用。正如立法者指出的，《民法总则》"既构建了我国民事法律制度的基本框架，也为各分编的规定提供依据"[②]。在我国民法典分编编纂过程中，如何吸收总分结构的合理性，充分平衡《民法总则》与各分编的关系，增进民法典的立法科学性，并有效克服总分结构的缺陷，是提高我国民法典质量，保障民法典适用科学的关键所在。本文拟就此问题进行探讨。

---

* 原载《交大法学》2019 年第 3 期。

[①] Shael Herman and David Hoskins, Perspectives on Code Structure: Historical Experience, Modern Formats, and Policy Considerations, 54 Tul. L. Rev. 987(1980).

[②] 全国人大常委会副委员长李建国 2017 年 3 月 8 日在第十二届全国人民代表大会第五次会议上作《关于〈中华人民共和国民法总则(草案)〉的说明》。

一、总分结构理论形成过程的历史考察

总分结构应当包括两个方面的内容:一是内部的总分结构,即在民法典体系内部,按照先一般、后特殊的编纂方式,将一般性的规定即总则置于各编之首。将一般性的规定置于具体性规定之前,具体包括:总则和分则之间的关系、一般规定和特别规定的关系、基本原则和具体制度的关系等。二是外部的总分结构,即民法典与单行法之间应当形成一般法和特别法的关系。民法典是一般法,单行法是具体法,这就形成了外部的总分结构,此种结构的形成有利于构建民事立法的体系性,防止出现法律相互之间的冲突和矛盾。因为构建民法典体系不仅仅从民法典的内部着手,而且应该考虑民法典与其他法律的关系,注意协调好民法典与民商事单行法的关系。① 因此,外部的总分结构是民事立法体系的重要组成部分。

从总分结构理论的发展过程来看,该理论是潘德克顿学派在解释罗马法时所创立的,也是潘德克顿体系的重要特点。② 按照潘德克顿模式的思路,采用提取公因式的方法,将共同的部分放在前面,而将个别事项放在后面。潘德克顿体系"是由19世纪德国学者胡果、海泽等人发展起来的,该体系在编排上采五编制体例,在方法上采取了从一般到个别的方法"③。这一结构克服了18世纪大部分欧洲国家以地方习惯、罗马法为主要法源的零散性立法的缺陷,增强了民法典的体系性。④ 1863年的《萨克森民法典》、1896年的《德国民法典》和1890年的《日本民法典》都是采用了典型的潘德克顿体系。

从总分结构思想的发展来看,其显然受到了自然法思想的影响。在18世纪,自然法思想盛行一时。德国学者考夫曼等人认为,抽象性的思维方式是自然法的特点,而系统性则是自然法的思维方式。⑤ 而且总分结构

---

① 参见马俊驹主编:《民法典探索与展望》,中国民主法制出版社2005年版,第61页。
② 参见〔日〕松尾弘:《民法的体系》(第四版),庆应义塾大学出版社2005年版,第13页。
③ 〔日〕松尾弘:《民法的体系》(第四版),庆应义塾大学出版社2005年版,第13页。
④ Wencelas J. Wagner, Codification of Law in Europe and the Codification Movement in the Middle of the Nineteenth Century in the United States, 2 Saint Louis University Law Journal 335, 337-339(1953).
⑤ 参见〔德〕阿图尔·考夫曼、温弗里德·哈斯默尔主编:《当代法哲学和法律理论导论》,郑永流译,法律出版社2002年版,第232—233页。

的思维模式明显还受到了数学方法的影响。提取公因式是一个数学用语,表示将两个或两个以上多项式中共同的因式提取到括号外面来。后来这一做法被移植到法律领域,成为法典编纂的重要原则,也叫括号原理、括号主义、通则主义、一般规定主义等。① 总分结构是数学方法引入法学的结果,著名哲学家培根也说过,数学是打开科学大门的钥匙。早在18世纪德国著名学者沃尔夫就曾通过数学与法学之间的关系的研究,把数学思维引入法学,将法学全部系统化。笛卡儿等人认为,体系化是借助逻辑工具而企图实现法律的科学化,因而是一种对数学的模仿。法学是可以量化并依数学的方法进行度量和计算的。② 以后,潘德克顿学派将数学上提取公因式的方法运用到法典编纂之中,这种方式被《德国民法典》发挥到了极致,形成了民法典编纂中的总分结构。即便是否定法律科学性的基尔希曼也承认,实定法必须以抽象的方式达成简洁条文的目的。③

从近代法典化的进程来看,《法国民法典》虽然在借鉴盖尤斯三编制学说的基础上构建了三编制的法典体例,但其并没有真正形成较为完备的总分结构,这在很大程度上是因为其没有能够抽象出一个总则。因为人法并不是真正的总则,而物法以及财产权的取得方法都属于分则的内容。民法典体系中真正形成总分结构,是从《德国民法典》开始的,《德国民法典》采取提取公因式的方法,从人法和物法两部分中抽象出了总则,包括权利主体、权利客体、法律行为以及代理、时效等内容,并以总则统率整个分则,从而形成了总分结构,首开了设立总则之先河。有学者认为,早在18世纪德国注释法学家在对《学说汇纂》进行系统整理的基础上,就已经提出了总则的理论构想。达贝罗(C. C. Dabelow)和胡果(G. Hugo)在1800年前后就已经提出了总则的理念,但并没有形成关于总则的系统思想。一般认为,19世纪初,德国学者海泽在其于1807年出版的《普通法体系概论》一书中最早阐述了民法总则的体系。④ 萨维尼考查法律关系

---

① 参见〔德〕迪特尔·梅迪库斯:《德国债法总论》,杜景林、卢谌译,法律出版社2004年版,第7页。
② 参见杨代雄:《私权一般理论与民法典总则的体系构造——德国民法典总则的学理基础及其对我国的立法启示》,载《法学研究》2007年第1期。
③ 参见〔德〕J. H. 冯·基尔希曼:《作为科学的法学的无价值性——在柏林法学会的演讲》,赵阳译,载《比较法研究》2004年第1期。
④ 参见陈华彬:《潘德克吞体系的形成与发展》,载《上海师范大学学报(哲学社会科学版)》2007年第4期。

的共同要素,从各类具体的民事法律关系中抽象出具有普遍性的法律规范(例如权利能力、权利客体、法律关系、法律行为等),形成了民法总则。① 潘德克顿学派甚至认为,民法学的每一个分支部门都可以抽象出一个总则。例如,债权法有"债法总则",物权法有"物权总则",债权法中的契约之债还有"契约总则",等等。这种方法被研究者称为"提取公因式法"②,并形成了法典编纂的"总分"结构,为后世总则体系的构建奠定了坚实的基础。从这个意义上说,总则的理论仍是概念法学家对德国法学发展的重大贡献,一定程度上构成了潘德克顿学派理论的核心。当然,在《德国民法典》制定过程中,就是否需要设立总则,一直存在争议。例如,在19世纪初,一些著名的德国学者如甘斯(E. Gans)、普赫塔(Puchta)等都曾反对设立一部总则,其中尤以 Brinz 为代表。③ 但是以温德沙伊德等为代表的潘德克顿学派积极主张设立总则,并最终占据了主导地位。1896年的《德国民法典》最终采纳了设立总则的模式。以潘德克顿学说为基础,规定了独立的民法总则编,其中包括人、物、法律行为、期间、消灭时效、权利的行使、担保等。"总则编的设置,是潘德克顿法学的产物。"④ 在总则的统摄下,各分编共同组合成了完整的民法典总分结构。

《德国民法典》所构建的总分体系,对后世民法典产生了重要的影响。"民法总则的设立,充分展现了德意志民族抽象、概念、体系的思考方法。"⑤ 大陆法系许多国家和地区都接受了德国式民法典体系,如荷兰、日本、泰国、韩国、葡萄牙、希腊、俄罗斯等国以及我国台湾地区、澳门特别行政区的民法都接受了总分结构。特别是在近几十年来,一些新的民法典大多采纳了总则设置的体系。例如,《阿根廷民法典》颁布以来的5个修正草案,无不设立总则。新近的《欧洲统一民法典草案》同样设置了总则(General Provisions),置于第一编。⑥ 由此可见,民法典总则的设立确有其合理性。⑦ 实践表明,

---

① Vgl. Wclhelm, Walter, Zur juristischen Methodenlehre im 19, Jahrhundert, 1958, S. 22.

② Franz Wieacker, A History of Private Law in Europe (with Paiticular Reference to Germany), translated by Tony Weir, Clarendon Press, 1995, p.376.

③ Valérie Lasserre – Kiesow, La technique légilslative, étude sur les codes civils franais et allemand, LGDJ, 2002, p.99.

④ 谢怀栻:《大陆法国家民法典研究》,载《外国法译评》1994年第3期。

⑤ 王泽鉴:《民法总论》,中国政法大学出版社2001年版,第24—25页。

⑥ See Heikki Pihlajamäki, Private Law Codification, Modernization and Nationalism: A View from Critical Legal History, Critical Analysis of Law, Vol. 2, No. 1, 2015, pp.137-140.

⑦ 参见徐国栋:《民法典草案的基本结构》,载徐国栋编:《中国民法典起草思路论战》,中国政法大学出版社2001年版,第65页。

《德国民法典》总则的体系和内容是一个非常成功的范例,其为司法实践提供了良好的制度支撑。总则的设立避免了各个分则之间不必要的冲突,提供了更为清晰、简明的民事法律规则,增加了法典的逻辑性和体系性,进一步促进了民法法典化的科学性。

我国正在编纂的民法典也应当体现科学立法的精神。民法典的科学性是指民法典应具有唯理性、抽象性和逻辑性。这既是法律实现社会调整功能的必然要求,也是建立法律秩序的基本方法和途径。① 立法者将法条逻辑地、呈体系地置入民法典,形成内在关联的有机体系,本身就体现了法的科学性。② 在民法典编纂中,民法典总则和分则之间应当形成完美的总分结构,同时在分编中形成一般规定和具体规定间的联系,在具体制度中也要体现一般规定和特别规定的互动关系。民法典和商事特别法之间也应当形成完整的总分结构关系,在此基础上构建由《民法总则》统率、由民法典分编和商事特别法补充的完整民商事法律体系,并以此作为民法体系化的重要标志。相应地,这一体系的形成也有助于推进整个法律体系的进一步完善。

二、我国民法典编纂应当注重总分结构的合理性

"如同自然科学一样,法学也具有高度的系统性。从法律的一般材料中经过科学研究所得出的原则,用复杂的组合形成一个体系,以后一旦发现新的原则就归并到这个体系中去。"③但如何才能形成高度的体系性,学者一直为此思考和摸索。民法规则内容庞杂,数量众多,对其进行合理科学的体系化对于法律规则的适用非常重要。就如何增进民法典的体系性和科学性,学者探索了多种方式和方法,但是在这些方法中,总分结构成为其中最为重要的一种。从以德国为代表的大陆法系(又称为"德国法系")的经验来看,总分结构的形成,使得民法典的系统化程度显著提升,丰富了民法典编纂的方法,也完善了民法典的体系。这一经验值得我们在民法典编纂中予以高度重视。

总分结构作为法典编纂的技术,其运用有助于民法典各项制度的体

---

① 参见米健:《比较法学导论》,商务印书馆2013年版,第241—242页。
② Steininger, Die Jurisprudenz auf Erkenntnissuche? NJW 2015, S. 1072–1073.
③ 〔美〕约翰·亨利·梅利曼:《大陆法系》(第二版),顾培东、禄正平译,法律出版社2004年版,第66页。

系化、规范的体系化、价值的体系化。总分结构的合理性主要表现在以下几个方面：

第一，价值、规则的统合性和融贯性。所谓总分结构的统合性，是指总则内容能够有效统摄和协调分则内容。这一方面表现为，总则为分则的制定提供指导，使得分则的制定具有共同的依据和目标；另一方面，又可以确保分则之间的内容可以协调统一，以此实现立法的科学严谨，在最大限度上减少法律出现内部矛盾"隐藏漏洞"的可能。拉伦茨曾将"各种规则的内部统一和客观的协调"的实现作为法学的三项任务之一①，而这一任务的完成显然离不开总分结构的使用。抽象规则能够对具体规则的适用起到指导作用，以民法典侵权编为例，侵权编的一般规则相较于各种侵权责任而言是更为抽象的，可以为各种侵权责任的确定提供一般的方法，使其准确适用于待决案件。此外，侵权责任编的一般规则也能够协调统合各种侵权形态，各种特殊侵权的规则可以针对不同的侵权行为相较于一般规定作出特别规定，但在特殊侵权形态中未规定的事项，仍然应当适用一般规定，也能够有效协调各特殊侵权形态规则的冲突。融贯区分为规则之间的内容融贯和价值融贯，通过采用总分结构，可以有效减少规则之间的相互冲突，降低价值不一致的可能性，实现法典的体系融贯性。

第二，概念和规则的统一性和科层性。凡是有总则的法典，体系性更强。潘德克顿学派设立总则的意义在于使人法和物法二者衔接起来，形成一个有机的整体。一方面，"因为在人法（或称身份法）和物法（或称财产法）两部分里，确实存在着共同的问题，从而应当有共同的规则。例如，主体（权利主体），客体（权利客体），权利的发生、消灭与变更，权利的行使等。这样，在人法和物法之上，设一个总则编，规定人的能力、法律行为等，是可能也是应该的"②。另一方面，避免和减少了重复规定，达到立法简洁的目的。在设置了总则之后，《德国民法典》把性质不同的民事关系分别独立出来由分则各编加以规定。并在此基础上构建了两个严密的逻辑体系，依据民法概念抽象基础的不同，出现了概念之间的分层，如民事行为可进一步分为单方民事行为、双方民事行为和共同行为，这种概念的科层性是民法体系得以形成的基础和前提。同时也只有借助民法体系，

---

① 参见〔德〕卡尔·拉伦茨：《论作为科学的法学的不可或缺性——1966年4月20日在柏林法学会的演讲》，载《比较法研究》2005年第3期。

② 谢怀栻：《大陆法国家民法典研究》，载易继明主编：《私法》（第一辑第一卷），北京大学出版社2001年版，第27页。

才能比较准确地把握民法中抽象的范畴。由此,就需要构建完整的民法总则。①

第三,规则设计的简洁性。从立法技术层面来看,总分结构采取先一般、后特殊的编纂方式,将一般性的规定即总则置于各编之首,同时将一般性的规定置于具体性规定之前,这就使得法律规则富有逻辑性,得以根据一般和特殊相结合的规定进行逻辑上的演绎和推理,从而使得法典的解释成为一种科学。② 总分结构的主要功能表现为,其实现了法律条文的简约。总分结构的形成要求立法者通过不断提取共通性规则,形成不同层次的总则性规定,产生举一反三、纲举目张的效果。这就可以避免同样的规则在分则中不同的法律制度部分重复规定。按照王泽鉴先生的看法,总则最主要的优点在于,将私法上的共同事项加以归纳,汇集一处加以规定,具有合理化的作用,避免重复或大量采用准用性规定。③ 黑克(Heck)将总则编的这一作用比喻为"列车时刻表符号说明":前面已经说明过的东西,后面就没有必要再重复了。德国学者拉伦茨(Larenz)教授将法律的编制模式分为个别情况模式、一般抽象概念模式以及简单指令模式三种,其中个别情况模式是指尽量为生活中的所有情况制定法律规定,将这些情况的一切特征描述出来,对每种情况作极细微的规范。1794年的《普鲁士普通邦法》即为例证,该法典为了解决"从物"的识别问题,竟用了60个段落来完成这一任务,如规定"在一个农场里的牲口为这个农场的属物""公鸡、火鸡、鸭、鸽是农场的属物""门锁和钥匙是建筑物的属物,而挂锁则不是""保护动物的必需品属于动物,使用动物的必需品则不属于动物"等,其目的之一即在于排除法官行使审判自由的可能和解释法律的必要。④ 面对依据此种模式编制的法典,法官就只能如同自动售货机一样机械地适用法律。借助总分结构,将各种具体的法律关系中的共性规则提炼出来,同时对于无法提炼的特殊规则仍然予以保留,这就可以避免简单具体列举所产生的条文烦琐、冗杂的缺陷。

第四,规则和制度排列的逻辑性。一方面,总分结构形成了从一般到

---

① 参见〔德〕迪特尔·梅迪库斯:《德国民法总论》,邵建东译,法律出版社2000年版,第30—31页。
② 参见〔德〕迪特尔·梅迪库斯:《德国债法总论》,杜景林、卢谌译,法律出版社2004年版,第7页。
③ 参见王泽鉴:《民法总则》(增订版),中国政法大学出版社2001年版,第26页。
④ 参见徐国栋编:《中国民法典起草思路论战》,中国政法大学出版社2001年版,第321页。

个别的系统构建,符合人类从抽象到具体的思维模式,这也是逻辑的演绎方法。正如伯格指出的,任何法典都是一个系统,就是说一部法典是由不同要素、手段、规则和制度根据紧密逻辑关系而组成的一个有组织的整体。"系统化的法典编纂使我们可以借助逻辑推理的经典方法,尤其是不断的演绎,从一般原则开始,由一般到个别,从而获得对具体问题的适当解决。"① 尤其是,总分结构使得法典之中形成了总则统辖分则、一般统辖个别的严谨的逻辑体系。正如北川教授所指出的,"在更高的抽象层次上,由民法典总结成一个法体系,构筑了民法总则"②。总分结构符合从一般到特殊、从抽象到具体的思维模式,这实际上是符合认识论的一般理论的。另一方面,总分结构符合三段论的逻辑思维方式。亚里士多德学派认为,一切演绎的推论如果加以严格的叙述便是三段式的,把各种有效的三段论都摆出来,并且把提出来的任何论证都转化为三段论的形式,这样就应该可以避免一切的谬误。③ 按照三段论的思维模式,法律推论的要素包括:大前提、小前提和大小前提的涵摄。按照三段论的思维模式,推理应从大前提着手,确定小前提,最后推导出可以涵摄在大前提中的结论。从法律适用的角度上,这种逻辑思维方式实际上也要求将抽象性程度较高的内容置于前面。因此,总分结构也是形式合理性的要求。韦伯所推崇的形式合理性,强调形式结构的严密性、逻辑性。④ 而总分结构模式恰恰符合了此种形式合理性的要求,可以用来构建具有形式合理性的民法典。

第五,开放性和社会回应性。法律规则需要具有具体针对性的特点,以有效调整社会关系,规范人们的行为。但具体法律规则总会随着社会生活的变化而滞后,总会有超出具体规则调整范围的社会关系不断涌现。因而,在具体规则之上所提炼出的不同层次的一般规则可以与时俱进,给予法官一定的自由裁量权,使其依据社会生活作出新的解释,其就涵盖了新的法律关系,弥补了具体规则的不足。因此,总分结构不仅节省了法律条文,而且使法典得以保持一定的开放性,从而适应变化的时代需要。正

---

① 〔法〕让·路易·伯格:《法典编纂的主要方法和特征》,郭琛译,载许章润主编:《清华法学·第八辑:"法典化研究"专辑》,清华大学出版社2006年版,第20页。
② 〔日〕北川善太郎:《日本民法体系》,李毅多、仇京春译,科学出版社1995年版,第55页。
③ 参见〔英〕罗素:《西方哲学史》(上卷),何兆武等译,商务印书馆1963年版,第254页。
④ 参见〔英〕雷蒙德·瓦克斯:《读懂法理学》,杨天江译,广西师范大学出版社2016年版,第299页。

如拉伦茨所指出的:"没有一种体系可以演绎式地支配全部问题;体系必须维持其开放性。它只是暂时概括总结。"①一般规则的最大优点是能够立即适应新的情况,特别是应对社会、技术结构变化所引发的新型损失。由于总则内容相较于分则内容更为宏观,具有适用范围广泛的特征,因而,具有相当强的"储存规范"的功能,相较于分则的具体条文而言,更能够适应不断变化的社会生活实践,起到了在分则缺乏具体规定时,作为"兜底"规定的功能。在分则中抽象的规则适用范围更宽泛,能够应对未来社会发展的需要。

另外,总分结构还有助于法律适用。从司法技术层面来看,法官在适用法律过程中常常采取特别法优先于普通法的规则,其实特别法和普通法的衔接就是总分结构的具体展开。法官的任务就是先寻求特别规则,在缺乏特别规则时,再寻求涵盖特别法的一般规则。这一过程就是梅迪库斯所说的"从后往前看"的法律适用过程。②尤其是在出现新类型案件,甚至出现法律漏洞的情况下,法律可以通过援引一般规则,进行法的续造,以有效应对这些情况。在具体规则能够应对的情形下,法官的义务就是运用具体的规则,解决个案纠纷。如果民法典不采取总分结构,虽然法典本身已经被体系化,但法官解释法律缺乏相应的参照资料,尤其是其使得法官在散乱的规则中各取所需,也无法就法律规则的含义达成共识。

三、借鉴总分结构理论以增进法典的体系性

(一) 借鉴总分结构理论构建民法典科学体系

按照总分结构实现制度的体系化,意味着不仅民法典总则和民法典分则之间形成总分结构,在民法典分则内部也应形成总分结构。按照总分结构来构建法典中的制度,不仅需要明确由哪些制度构建一个完整体系,尤其需要确定这些制度之间内在的逻辑联系和抽象性程度,并且要确定各个制度的恰当定位。在我国民法典编纂过程中,借鉴总分结构理论,实现民法典的体系化,应当从如下几个方面着手:

第一,应当设立民法典总则。总则的设立可以将民法典分则各个部

---

① 〔德〕卡尔·拉伦茨:《法学方法论》,陈爱娥译,商务印书馆2003年版,第49页。
② 参见〔德〕迪特尔·梅迪库斯:《德国民法总论》,邵建东译,法律出版社2000年版,第527页。

分共通性的制度集中起来,从而形成民法典内部具有最高抽象程度的规则,统摄全部民法典。法学的系统性功能就在于"概括不断重复出现的特征,建构上位的概念,解释它们之间的关联"①,这些工作,不通过总则无法实现。在我国,《民法总则》的颁布本身就是采取总分结构的具体体现。

第二,应当设置独立成编的人格权法并将其置于分则之首。人格权所贯彻的尊重人格尊严的价值,在一定程度上具有指导其他分编的功能,其保护人格权的相关规则可以在婚姻家庭、继承等编参照适用。把人格权放在第一章,这样能够更好地体现以人民为中心、以人为本这一思想,依据人与物、人与人之间的逻辑关系来排列编章顺序,也应把人格权编放在第一编。② 将人格权编置于民法典分编之首,可以充分体现现代民法的人本主义精神,体现对个人的终极关怀。试想如果生命、健康、自由都不能得到保障,所谓"万贯家财"又有何用? 还应当看到,财产是个人的,但生命健康权等涉及社会利益。人格尊严作为法律的最高价值,应当具有优先于财产利益和私法自治的价值,将其作为重要价值加以保护,也体现了民法的现代性。《德国民法典》的五编制模式虽不无道理,但因其过度强调财产权的中心地位,给人以"重物轻人"之感。③ 因此,人格权应当置于民事权利之首。人格尊严、人身价值和人格完整,应该置于比财产权更重要的位置,它们是最高的法益。在民法典草案中,应当将人格权编置于民法典分则各编之首。

第三,婚姻家庭编应当置于继承编之前。婚姻家庭编中所规范的婚姻家庭关系是继承法律关系规范适用的前提。在缺乏婚姻家庭编规范的情况下,继承法律关系的主体和客体都无法准确界定。因而,有必要将婚姻家庭编置于继承编之前,作为继承编规则的前提性规范,以符合立法体系性和科学性的要求。

第四,侵权责任法作为救济法,应当置于民法典的末编,从而形成对权利的救济。侵权责任法之所以要独立成编置于民法典的最后一部分,也是考虑从未来的发展趋势来看,侵权责任法保护的范围越来越宽泛,具体表现为:一方面,侵权责任法扩大了其对权利保护的范围。传统上,侵

---

① 〔德〕卡尔·拉伦茨:《论作为科学的法学的不可或缺性——1966 年 4 月 20 日在柏林法学会的演讲》,赵阳译,载《比较法研究》2005 年第 3 期。

② 参见朱宁宁:《多位常委会委员建议:应将人格权编放在民法典分编之首》,载《法制日报》2018 年 9 月 4 日。

③ 参见薛军:《人的保护:中国民法典编撰的价值基础》,载《中国社会科学》2006 年第 4 期。

权责任法主要保护绝对权,而随着社会的发展,侵权责任法也开始对相对权提供保护,如第三人恶意侵害债权,也应承担侵权责任。另一方面,随着侵权责任法对利益保障的扩张,各种新的利益都可以为侵权责任法所救济。例如,某证券公司研究开发出一套有关证券交易的信息资料,这些信息资料受到侵害,也可以作为财产利益而受到侵权责任法的保护。还要看到,侵权责任法也扩展到婚姻家庭法领域。传统的观点认为,侵权责任法主要是救济法,而在婚姻家庭领域,家庭成员之间通常共有家庭财产且存在扶养义务,导致其没有损害赔偿的必要。但现代社会也要求对家庭内部的侵权受害人提供救济,因家庭暴力等遭受损害的受害人可要求损害赔偿、停止侵害、赔礼道歉等。侵权责任法的调整范围也向婚姻家庭领域不断扩张。在这个意义上,侵权责任法具有一种"概括性格",使其在民事责任法上具有"普通法"地位。①

必须注意的是,侵权责任法是否因其适用范围广泛而可以纳入"民法典的总则"?我国《民法通则》单设"民事责任"一章,这似乎可以将侵权责任法看成民法典总则的内容。笔者认为,侵权责任法不应当成为总则的内容,主要理由在于:其一,它不具有总则的普遍适用性和概括性。因为民法中并不是所有的部分都涉及侵权,从民事责任类型来看,侵权责任只是民事责任的一种类型。违反合同导致的是违约责任,不当得利返还责任、无因管理中产生的责任、违反先合同义务产生的缔约过失责任等都不是侵权责任所能包括的。侵权责任制度置于总则,显然违反了大陆法系提取公因式的民法典编纂技术规则。其二,侵权责任是违反义务的后果,所以,先应当考虑确立民事主体的相关义务,最后才能规定违反义务所导致的侵权责任。其三,侵权责任法也要适用大量的债法内容,如果置于总则编,不符合民法典编制的技术性要求,即被援引的规范要置于需要援引的规范之前。其四,从规则的特点来看,侵权责任法的规则大都过于具体,技术性和针对性很强,不符合总则规则所要求的抽象性。

尤其需要看到,民法典的总分结构要求处理好《民法总则》和商事特别法之间的相互关系。《民法总则》作为民法典的奠基部分,主要包括普遍适用于民商法各个部分的基本规则,它统领整个民商立法,因而构成民

---

① 参见朱虎:《侵权法中的法益区分保护:思想与技术》,载《比较法研究》2015年第5期。

法典中最基础、最通用,同时也是最抽象的部分。① 总则是民法典的总纲,纲举目张,整个民商事立法都应当在总则的统辖下具体展开。具体而言,一方面,通过《民法总则》的指导,使各商事特别法与民法典共同构成统一的民商法体系。《民法总则》是对民法典各组成部分及对商法规范的高度抽象,诸如权利能力、行为能力、意思自治原则、诚实信用原则、公平原则和等价有偿原则等,均应无一例外地适用于商事活动。② 另一方面,通过民法典统一调整民商事活动,而不需要制定独立的商法总则。事实上,民法典主要通过《民法总则》指导商法,这有利于实现民商事立法的体系化,因为如果仅有商事特别法,而缺乏《民法总则》的指导,各商事立法就会显得杂乱无章,有目无纲,而且即便每部商事特别法的规定极其详尽,也仍不免挂一漏万,在法律调整上留下许多空白,各商事特别法在价值上和具体规则上也可能存在一定的冲突,这就需要通过《民法总则》统一调整各种民商事关系。例如,民法的主体制度是对商品经济活动的主体资格的一般规定,公司不过是民法中典型的法人形式,对公司法律地位的确认、公司的权利能力和行为能力、公司的财产责任以及公司的监管等,都不过是法人制度的具体化。③ 此外,所有这些商事法规都要适用民事责任制度,特别是民法典中的侵权责任制度。《民法总则》是更为抽象和一般的规定,应为其在商法领域内的适用留下空间,以便在商事特别法存在法律漏洞的情况下,法官仍可以根据《民法总则》的相关规定加以解释或者创造新的商事法律规则,弥补法律漏洞。

(二) 借鉴总分结构理论实现民法典分编的体系化

在民法典分编制定过程中,区分民法规范的不同类型,按照一定的逻辑结构使之组成有机的整体。在民法典体系化过程中,民法规范的体系化是一项基础性的工作。民法典就是法律规范的统一体,法典的制定就是对既有的法律规范的统一。从形式上而言,法典的体系化主要是法律规范的建构。按照总分结构实现规范的体系化,就是要求民法典的规范设计应当遵循总分结合的思路,这也必然意味着要按照总分结构来实现

---

① 参见孟强:《经由编纂民法典实现民商合一——兼评〈民法总则专家建议稿〉与〈商事通则立法建议稿〉》,载《社会科学战线》2015年第12期。
② 参见赵中孚主编:《商法总论》,中国人民大学出版社1999年版,第7页。
③ 参见王保树:《商事法的理念与理念上的商事法》,载王保树主编:《商事法论集》(第一卷),法律出版社1997年版,第8页。

民法典规范的体系化。① 笔者认为,我国民法典分编的设置也采取"总分结合"的模式,从而实现民法典分编立法的简洁化。具体而言,在民法典分编的规则设置方面,应当将一般规则置于特殊规则之前规定。例如,将适用于买卖、租赁、承揽等各个合同的共同规则放在有名合同的前面,形成合同法的总则;将合同、无因管理等债的一般原则置于债法的前面加以规定,形成债法总则;将债、遗嘱、婚姻等适用的共同规则置于民法典的前面,形成法律行为制度。② 将共通性的规则置于前面,可以实现立法简约。虽然从法律适用角度来看,应当从特殊到一般,但是,从民法典的编纂来看,应当先规定一般规则,再规定特殊规则。通常来说,只有在一般规则无法覆盖时,才有必要设置特殊的规则。这样可以节约立法资源,也便于法律的普及。当然,特殊规则的解释与适用也要受到一般规则的指导。按照总分结合的模式设计民法典分编,可以在民法典各分编形成"小总则",从而形成类似于金字塔梯级结构的概念和规范体系。

第一,确定不同概念和规范之间的位阶关系。所谓概念和规范的位阶,就是指上位概念、规范和下位概念、规范之间要形成合理关系。北川善太郎教授将其称为"从上位到下位的构成要素"③。在民法之中,概念的上位和下位是一个相对的关系。位阶的理论是法律体系化的基石,其基点是概念的位阶性和价值的位阶性及相应的逻辑体系和价值体系的统一。④ 例如,民法典总则中的主体制度分为自然人和法人,而自然人在不同的法律中表现是不同的,在物权法之中表现为物权人;在合同法之中表现为合同当事人;在继承法之中表现为继承人;在侵权法中表现为加害者与被害者的关系,最后变成损害赔偿之债的债权人与债务人的关系。⑤ 在具体的制度之中,其可以再次进行细化。例如,物权法中,物权人可以细化为用益物权人、担保物权人;而担保物权人又可以细化为抵押权人、质押权人、留置权人等。因此,必须明确不同位阶规范的相互关系。物权相对于所有权是上位概念,而物权相对于财产权则属于下位概念,二者之间

---

① 参见薛军:《论未来中国民法典债法编的结构设计》,载《法商研究(中南财经政法大学学报)》2001年第2期。
② 参见〔日〕山本敬三:《民法讲义Ⅰ总则》,解亘译,北京大学出版社2004年版,第14页。
③ 〔日〕北川善太郎:《日本民法体系》,李毅多、仇京春译,科学出版社1995年版,第56页。
④ 参见张俊浩:《民法学原理》(修订版),中国政法大学出版社1997年版,第31—34页。
⑤ 参见〔日〕北川善太郎:《日本民法体系》,李毅多、仇京春译,科学出版社1995年版,第55页。

形成了依存关系和种属关系。在民法典设计时,原则上应当先规定上位概念,然后再规定下位概念。如就买卖合同而言,就可能需要区分债的制度、合同之债制度、买卖合同制度以及分期付款买卖制度等不同层次。不同层次的制度应当区分其各自的地位和功能,从而规定不同的规则。例如,法典可以更多地规定具有较高抽象程度的规则,而具体的规则应当通过分则之中特殊的制度来规定,或者通过特别法来规定。

第二,确定不同位阶的概念和规范的适当位置。换言之,民法典中的概念和规范应当考虑其抽象程度、适用范围等而置于相应的位置,应当置于民法典总则之中的,就不应当置于民法典分则。例如,在物权法制定时,涉及是否要对物权主体作出规定,但考虑到物权主体并没有其特殊性,原则上任何主体都可以享有物权,因此,它应当是民法典总则的内容。再如,民法中的"物"究竟应当规定在物权法之中,还是规定在民法典总则之中,也需要考虑。正如北川善太郎教授所指出的,"民法总则的物是各种各样的物的总称"①。因此,物的概念只宜在民法典总则中规定,不宜在物权法中规定。

第三,在不同法律规范的位置确定上,一般的规范应当置于前面,特殊的规范应当置于后面。例如,侵权法应当先就过错责任作出规定,而严格责任和公平责任的规范应当作为特别规则规定。再如,《水污染防治法》第 96 条规定:"因水污染受到损害的当事人,有权要求排污方排除危害和赔偿损失。由于不可抗力造成水污染损害的,排污方不承担赔偿责任;法律另有规定的除外。水污染损害是由受害人故意造成的,排污方不承担赔偿责任。水污染损害是由受害人重大过失造成的,可以减轻排污方的赔偿责任。水污染损害是由第三人造成的,排污方承担赔偿责任后,有权向第三人追偿。"该条较好地处理了不同规范之间的位置安排。该条第 1 款规范的是一般情况,第 2、3、4 款属于特殊情况。这就形成了一般规则和特殊规则结合的结构。另外,就一般规范和特别规范的关系而言,也要体现总分结构的要求。就两种法条来说,如果前一个法条必须具备 N 个构成要素,而后一个法条必须具备 M 个构成要素。如果 N 个要素完全包含于 M 个构成要素之中,前者就是后者的一般法,而后者就是前者的特别法。② 例如,法律行为的一般要件是意思表示真实、行为人具有相

---

① 〔日〕北川善太郎:《日本民法体系》,李毅多、仇京春译,科学出版社 1995 年版,第 57 页。

② 参见黄茂荣:《法学方法与现代民法》,中国政法大学出版社 2001 年版,第 172 页。

应的行为能力、不违反法律的强制性规定和社会公共利益,这是法律行为生效的一般构成要素。但是,在具体法律行为之中,仅仅具备这些要素并不一定使法律行为生效。例如,依照《合同法》第367条的规定,保管合同必须交付标的物后才生效。所以,后者就是前者的特别法,应当置于一般法的后面来规定。

第四,对同一位阶上的概念和规范而言,应当考虑相互援引的关系来确定其位置。一般来说,被援引的规范,应当置于需要援引的条款之前。例如,遗嘱继承中继承人限于法定继承人,因此,法律关于遗嘱继承的规范实际上需要援引法律关于法定继承人范围的规范。按照前述规则,法律关于法定继承人范围的规范,要被置于遗嘱继承之前。

第五,借鉴总分结构理论,还应当妥当运用具体列举与一般条款等立法技术。所谓具体列举,是将某一类法律现象中的各种具体情况进行详细规定。此种立法技术能够增强法的安定性,但由于具体列举事项的有限性,也可能使其适用范围受到一定的限制,而且可能导致法律规则的僵化,难以适应不断发展的社会情况。这就需要在具体列举之外,设置必要的兜底性规定,以保持法律规则调整范围的开放性。同时,民法典规定的是社会生活中普遍性的基本规则,不宜规定过分具体、琐碎、细节性的内容,因此,民法典规范应当保持适度的抽象,这就需要设置必要的一般条款。所谓一般条款,是指缺乏具体列举的一般抽象法律规定,其仅提出法的一般原则、价值取向或者仅规定需要价值填补的抽象事实构成。[①] 由于一般条款具有抽象性,其内涵具有不确定性,从而能够满足民法与时俱进的需求。当然,为实现法的安定性,保障司法裁判的统一,有必要在法律适用层面有效规范一般条款的适用。

四、民法典编纂中应努力克服总分结构的缺陷

我们说按照总分结构实现规范的体系化,不能完全等同于概念法学所讲的概念的体系化,也不是要像潘德克顿学派的代表人普希塔所说的,要构架一个概念的金字塔。萨维尼曾经主张,为了对法律概念进行更为精确的考察,甚至应当求助于词源学(etymologie),这样就能够揭示概念

[①] 参见朱岩:《民法典一般条款研究》,载王文杰主编:《月旦民商法研究——国际贸易法新课题》,清华大学出版社2006年版,第140页。

是如何形成的及概念相互之间的亲缘关系。① 此种看法显然不妥,因为不是所有的法律规范都可以最终简约和归结为概念,民法典也不能被视为纯粹的概念集合。作为法律规范构成的基本细胞,概念的构成是否合理,将会影响到民法典构建的质量。在民法典概念体系的构建中,需要厘清概念的特征。法律概念本身具有构建法律体系、演变法律内涵的功能。② 概念法学在法学方法上过于强调体系的封闭性,过于强调法律概念的层级作用,具有一定的弊端。当然,概念法学也具有积极之处,该种学派倡导的法律概念的精确性与严谨性,是具有积极意义的。③ 我国民法典的编纂中,也需要统一相关的法律概念、术语,并保持概念的精确和严谨。但也不能完全采纳概念法学所说的"概念金字塔"模式,完全聚焦于概念的外形,而忽视了概念的实质是为内容服务的。

正像任何事物都有正反两面一样,总分结构也仍然存在自身的缺陷。事实上总分结构理论自形成以来就不乏质疑。在我国民法典编纂中我们既要发现这种结构的缺陷,也要对此进行克服。

第一,总分结构可能导致规则构成的多层次性,增加了法律理解和适用的难度。以《德国民法典》中关于买卖的法律规范为例,其设置了四重关于买卖的一般规定:一是民法总则中关于法律行为的规定;二是债法总则中的规定;三是合同法总则中的规定;四是买卖合同的一般规则。这种多层次性带来的一个问题在于,要有效把握整个买卖法律关系,就得全面掌握四重规范,而且还要按照一般法和特别法的适用顺序来适用法律,如果层次处理不当,会造成法律条款选择和适用的错误。我国民法典的编纂中,为克服此种缺陷,需要努力减少一般性规范的层次。例如,未来民法典不宜设定财产法总则,就是因为财产法总则会与物权总则和债法总则发生重复,而且徒增了"总则的层次"。如果要设置债法总则,也要尽可能简化相关规定,使其不与合同法总则重复。从司法层面上说,需要掌握法学方法论之中寻找法律规则的科学方法。例如,在处理买卖合同纠纷时,既有可能涉及合同法的特殊规则,也有可能涉及合同法总则,也会涉及《民法总则》中关于法律行为的规定,此时就需要根据特别法优先于一

---

① 参见杨代雄:《萨维尼法学方法论中的体系化方法》,载《法制与社会发展》2006年第6期。

② 参见许中缘:《论法律概念——从民法典体系构成为视角》,载《法制与社会发展》2007年第2期。

③ 参见许中缘:《论法律概念——从民法典体系构成为视角》,载《法制与社会发展》2007年第2期。

般法的规则,在存有特别规范时,不得援引一般规范。

第二,总分结构导致一些规则具有一定的不确定性。以《法国民法典》第1382条规定为例,"人的任何行为给他人造成损害时,因其过错致该行为发生之人应当赔偿损害",该规则属于一般条款,在这一规范中并未指明损害的内涵或对损害进行区分,因而损害的概念过于抽象和概括,给法官提供了过大的自由裁量权。① 所以,总分结构首先强调一般规则的抽象性,这就容易使法律规则具有一定的不确定性。如果法官能够准确把握,则可以正确适用法律,但如果法官不能准确把握一般条款的内涵,则可能导致规则被滥用。拉伦茨教授甚至对此认为,总则的构架方式走得太远了,一般化的规范仅能令人满意地调整范围较小的特定领域,制定法忽略了一般规范与特定生活关系之间的联系。② 因此,需要在立法中改变宜粗不宜细的状况,凡是已经成熟为司法实践所认可的规则,应当进行具体化的规定,而不宜过于抽象,不能使用模糊不清的概念代替具体的规则。同时,提升法律解释的科学性。总则在适用中的困难应当通过学者、法官的法律解释加以克服,通过妥当的法律解释方法的研究和学习,可以使得法律适用的困难大大降低,同时使得法律适用的科学性得以提高,实现"相同情况相同对待"的形式正义要求。

第三,总分结构容易导致司法裁判"向一般条款逃逸"。由于一般规则具有不同的层次,且数量可能比较多,因而,法官在裁判中为了减轻找法的困难和负担,有可能在存在相应具体规则的情况下,去寻找一般规则。尤其是,总分结构采取认识论上倒置的方法,也就是说,它采取的是"从后往前"的找法路径。这种体例实际上具有浓厚的学者法的特点,而不利于法律的实用和便捷。克服此种缺陷,要求法律职业人培养和形成体系化的思维方式,注重了解一般条款和具体条款的关系,明确法律适用的顺序。为避免出现此种情形,在存在具体的法律规则时,法官要优先适用具体规则,而不能动辄诉诸一般条款,法官在裁判过程中禁止向一般条款逃逸;需要通过指导性案例的方法对一般条款进行具体化,明确其适用条件和范围,防止法官自由裁量权的过度膨胀。

第四,总分结构容易出现"脱节"现象。例如,总则的某些规则对于分

---

① 参见石佳友:《当代侵权法的挑战及其应对——"侵权法改革国际论坛"综述》,载《法律适用》2008年第8期。

② Vgl. Larenz, Lehrbuch des Schuldrechts, C. H. Beck, Band 1, 1979, S. 32.

则的某些组成部分难以适用,如法律行为中意思表示瑕疵、代理对于纯粹的身份行为适用可能要极为注意界限,重大误解不能适用于结婚行为,通谋虚假、欺诈在多大程度上能够适用于结婚行为也存在极大的争论;时效的某些规则,对于一些身份法上的请求权可能很难适用。为解决这一问题,就要明确总则的相关规定在分则中适用的范围。例如,以提取公因式的方法抽象出的法律行为的概念被置于《民法总则》之中。原则上,《民法总则》中的规定应当是在分则没有特殊规定的情形下才予以适用。但是,法律行为这一概念的抽象是以交易行为为典型的,因而,其在非以交易为内容的婚姻家庭等领域中能否适用以及适用的范围一直存有争议。虽有学者也认为,法律行为对于纯粹身份关系的结婚、离婚等行为,并无适用的余地。① 但是,诸如结婚、离婚等行为同样是出于当事人的意思而进行,因此,一概否定法律行为制度的适用,也过于绝对,应当在充分考虑身份行为的特殊性的基础上,明确法律行为在婚姻家庭编的适用范围。法官在适用时应当妥当把握总则制度的适用范围。

第五,总分结构容易出现法典功能的单一化。如果严格按照潘德克顿法学提取公因式的模式,那么总则的规范内容就极为有限,这也会导致法典的总则仅具有提取共性规定的功能,而丧失其他重要功能。为避免这一缺陷,不应当将《民法总则》的规范内容完全局限于分则的"公因式",还应当将价值引领性的规范、奠定后续规则基础和依据的规范(例如"民事权利"一章)以及为特别法留有接口的规范等纳入《民法总则》之中。这些规范的设置可以使法典的价值宣示功能、衔接特别法功能、价值框架性功能得以实现。

另外,从法学教育上来说,总分结构容易导致学习民法的困难。因为在教学过程中,往往先讲授民法总则,这就使得学生在尚未了解具体制度的情况下,对抽象规则的学习和掌握比较困难,使学生感到困惑。人们思维的一般习惯是从具体到抽象,而不是从抽象到具体。而先学习民法分则,再学民法总则,才能使得知识循序渐进。所以,总分结构确实带来了教学上的困难。为此需要改进法学课程设置和教学方法。② 例如,通过案例分析的课程训练使得学生对总则和分则之间的连接关系和适用关系能够有更多的了解;教师在讲授抽象法律制度的同时,要借助简单易懂的具

---

① 参见陈棋炎:《亲属·继承法与民法总则间之疑难问题》,载戴东雄编:《民法亲属继承论文选辑》,五南图书出版公司1984年版,第9页。

② 参见陈自强:《契约之成立与生效》,学林出版社2002年版,第2页。

体法律关系或者案例,帮助学生理解抽象的一般规则,融会贯通整个民法的规则。

五、结　语

"法典化是现今正在进行的且进展良好的立法活动。"[①]我国民法典的编纂再一次印证这一趋势。尽管总分结构理论在一定程度上给司法裁判、司法适用以及法学教育等方面带来消极的效应。但这些弊端是民法典编纂过程中应当克服的,且通过科学立法、职业司法、价值平衡以及案例教学等方式也是可以克服的。我国正在编纂的民法典应当成为体例科学、结构严谨、规范合理、内容协调一致的法典,因此,有必要借鉴总分结构的经验,并努力克服其缺陷,从而形成科学化、合理化的民法结构体系,确保民法典各部分内容连贯统一,使民法典真正成为一部符合中国国情、体例科学严谨、内部协调一致、规范全面有效的民法典。

---

① J. M. Milo, J. H. Lokin and J. M. Smits, Tradition, Codification and Unification, Intersentia, May 2014, p. 239.

民法上的利益位阶及其考量[*]

随着社会生活实践的日益复杂化,社会个体利益的多元化程度日益增加,社会个体之间利益冲突出现得也日益频繁。例如,自新闻诞生之日起,新闻自由与人权保障,社会知情欲望与个人隐私诉求,个人本位与社会本位之间就开始出现不同程度的冲突。在不同利益诉求发生冲突的情形下,究竟应该优先保护哪一方当事人的利益就成了一个关键问题。为了应对这一问题,民法有必要为冲突的诸项利益设定高低位阶,为解决该问题提供基本方案。所谓利益位阶,是指各种民事权益的顺位排列。通过利益位阶来解决利益冲突,实际上是要解决利益保护的先后顺序问题,即在各项利益存在冲突时,哪一种利益应当优先得到实现。在利益冲突不断且大量发生的现实中,界定利益位阶的意义,明确利益位阶的规则,辨析决定利益位阶的考量因素,无论对于立法、司法还是学理,均有相当的意义。

一、民法上利益位阶的意义

《法国民法典》起草人波塔利斯曾言,"法为人所用,非人为法而生"(les lois sont faites pour les Hommes et non les Hommes pour les lois)。归根到底,法律需要普遍地增进国民的福利,包括物质利益和精神追求。但现实生活表明,再理性的立法者也赶不上社会生活的变化。这也决定了,立法者无法事前对纷繁芜杂的现存利益冲突和潜在利益冲突作出一一识别和安排。与此相比,一个相对可行的办法就是去观察人与人之间利益冲突形成的基本原因,然后据此讨论处理利益冲突的一些基本原则。

确定民法上的利益位阶是解决利益冲突的根本之道。为了能更合理地平衡各种利益,为利益位阶的界定提供合理的基础,有必要深入探讨利益冲突在现代社会发生的原因。

---

[*] 原载《法学家》2014年第1期。

第一,社会组织和生活方式的重大变迁。在农耕时代,人们过着自给自足的生活,人与人之间的关系比较简单、明确,社会个体之间的利益冲突发生的概率不高。即便出现了冲突,熟人之间作出提前预判和事前应对的可能性更大。然而,随着社会生产力的不断发展,人类为了不断提高物质生活水平和精神意志自由,需要与更多同伴、在更大的时空范围内开展更紧密的交往与合作。与此相伴随的是社会个人之间接触频率增加,发生利益冲突的可能性增大,然而,提前预判和事先处置潜在冲突的困难也同时增大,加重了社会利益突出问题。例如,前文提到的新闻报道问题。在信息时代,随着信息的开放与传播,越来越多的社会重大事件关系到大规模社会个体的利益,如上市公司高管的身体健康状况与素不相识的小股民发生了联系。而这种因为社会重大结构性变迁出现的利益联系,也就决定了会产生更多的利益冲突。

第二,利益的多元化程度加深。在现代市场经济社会,利益已经发生分化而为不同的主体所享有。各个主体所享有的利益都应当受到法律的保护,这就不可避免地导致利益之间的重叠与冲突;尤其是随着社会的发展,各种新型的利益也会产生,这些新型的利益与传统的利益类型之间也可能发生冲突。甚至在同一类型的利益之间,也可能会产生先后顺序的问题。以公共利益为例,公共利益的层次较为复杂,需要确定各个利益的不同位阶,以实现不同程度的保护。如直接关系到社会全体成员的共同利益(如国防利益)和一般市政建设的利益是不同层次的公共利益,保护的力度也应不同。因为,与保护一般的不特定多数人的利益相比,维护国家主权、关系到全体社会成员的共同利益显然应当受到更大的保护。

第三,权利和利益边界的模糊性。在法律上,权利和利益的边界常常难以得到十分清晰的界定。例如,就隐私权而言,其内容往往要借助法律及其解释、习惯、生效判决等予以具体确定。隐私的内容也要依据一个社会人对隐私的合理期待来界定。这主要是因为,随着社会的发展,人们所关注的法律上的利益也在发生演变。在立法和学说界定某种权利之初,权利的边界往往是比较清楚的,但是,随着一些相关新生法益的出现,使得其无法被简单纳入之前的权利概念之下。因为,新生法益与其他权利和利益之间难以同时得到满足。简言之,随着社会的发展,权利边界也在不断发生变化,其边界会随着社会的变化而不断调整,这一点在价值取向多元或社会转型过程中表现得尤为突出。

第四,利益背后价值目标的冲突。法律在设立权利和利益的时候,总是要根据不同的价值需求确定其界限。因此,权利和利益界限的设定本身都包含一定的价值取向。随着权利的多元化,各种权利和利益的界限可能发生重叠,其包含的价值也可能存在一定的冲突。① 例如,安全与自由之间、平等与效率之间等常常发生冲突。庞德在对人类各种需要和利益进行详细的分类之后,注意到利益之间是有重叠或冲突的,因此,在制定、解释和适用法律时就会产生一些根本性的问题,即"对这些利益如何估量,对它们如何评价?用什么原则来决定它们相互之间的分量?在发生冲突的情况下,哪些利益应让位?"②各种利益之间的冲突是客观存在的,需要依据各项利益的位阶确定各项利益的保护顺序,因此,权利位阶的确定问题就变得十分突出。例如,就单个个人而言,其享有财产、人身等各种利益,在各项利益之中,最重要的是个人的生命、健康和人格尊严,它始终处于法律保护的核心。人格尊严是法律体系的基石,决定了个人在社会生活中的价值。

在法律上,讨论利益位阶的意义主要在于:一方面,在立法论上,立法者在制定任何一部法律时都应当考虑利益之间的顺序,妥当确定各种利益的优先顺位,探求法律的"优先价值"(superior value)因素。一部法律所保护的法益范围是多元的,包含多项利益,但各项利益并不具有同等的价值,因此,立法者在设定各种保护的法益的时候,就应当区分各种法益保护的等级。③ 例如,《劳动合同法》涉及劳方和资方的权益,但根据该法的立法目的,在两种利益发生冲突时,应当优先保护劳方的权益。至于资方的权益问题,应当由其他法律,如《合同法》《物权法》《反不正当竞争法》等法律予以保护。另一方面,在解释论上,确定利益位阶实际上就是在探究立法的目的。"没有目的,就没有法律文本。"④由于立法者在制定法律时都秉持了一定的利益位阶和价值判断,所以,阐明立法者所作的利益选择,是正确解释法律的前提。但是,从法律适用的层面来看,任何一部成文法都不可能清楚地界定各种利益的位阶关系,其在很大程度上只能由法官根据具体案情加以判断,并依据一定的价值考量来决定如何保

---

① 参见程燎原、王人博:《赢得神圣——权利及其救济通论》,山东人民出版社1998年版,第228页。

② 庞德:《法理学》(第三卷),转引自沈宗灵:《现代西方法理学》,北京大学出版社1992年版,第327—328页。

③ See Basil Markesinis, Foreign law and Comparative Methodology: A Subject and a Thesis, Oxford Hart Publishing House, 1997, p.235.

④ Stanley Fish, There is no Textualist Position, 42 San Diego L. Rev. 629 (2005).

护。因此,一般来说,如果法律已经确认了某种应当优先保护的利益,就应当按照法律所规定的顺序来进行保护。例如,物权法确认了物权优先于债权的规则,就应当按照物权法的规定进行。但在很多情况下,法律并没有规定各种利益保护的先后顺序,在此情况下,裁判者应当通过对道德的、经济的、社会的,尤其是对立法目的的考量探求法律保护的各种利益的位阶。依据利益位阶,进行妥当的利益平衡,根据各种利益的位阶来决定保护的先后顺序。①

二、利益位阶的确定

如何确定利益位阶,这是司法实践中所必须面对的问题。一般而言,法律有明确规定的,依照法律的规定。这就是说,如果法律已经作出了明确规定,表明了法律对于利益位阶作出了安排,司法者应当尊重此种价值选择,而不得另行进行利益优先顺位的判断。换言之,司法者必须尊重立法者体现在实定法中的价值取向。② 不过,在许多情况下,立法者对于不同利益之间关系的选择并不明确,这就需要通过法律解释的方法来确定法律保护的不同利益位阶。③ 在进行这一操作时,首先要明确案件所涉及的各种利益,以及法律规定之中所涉及的各种利益。在此基础上,再通过法律解释方法的运用,阐明立法者在法律中对于各种利益的态度。例如,历史解释方法就是借助立法资料等,以查明立法者在制定法律之时对于各种利益之间关系是如何作出决定的,从而阐明立法者在立法之时的立场。

如果权利位阶难以解决权利冲突,不存在一种价值的共识,就不能以权利位阶来考虑权利问题,只能根据利益衡量来解决。所谓利益平衡,就是在权利发生冲突的情况下,法院通过比较各种不同的利益,优先考虑哪一种利益应当受到保护。在此情形下,之所以要给予法官自由裁量权,是因为权利位阶常常过于抽象,尤其是立法政策在不同的时期有不同的侧重,所以,权利的位阶也具有不确定性。另外,法律规定

---

① See Basil Markesinis, Foreign law and Comparative Methodology: A Subject and a Thesis, Oxford Hart Publishing House, 1997, p.235.
② 参见王轶:《民法价值判断问题的实体性论证规则——以中国民法学的学术实践为背景》,载《中国社会科学》2004 年第 6 期。
③ 参见王轶:《民法价值判断问题的实体性论证规则——以中国民法学的学术实践为背景》,载《中国社会科学》2004 年第 6 期。

权利位阶也可能因社会经济生活的变化具有一定的滞后性,这就有必要给予法官一定程度的自由裁量权,使其能够根据具体案情解决权利冲突。利益衡量是在法律规定有漏洞或者不周延的情况下,由法官根据案件的具体情况,行使法官的自由裁量权。在此情况下,利益平衡实际上就是法官在司法过程中进行价值的衡量和利益的取舍,决定何种利益优先保护。

在法律没有明确规定的情况下,借鉴比较法上的做法,并结合我国司法实践经验,可以考虑从如下几个方面作出考量:

第一,与基本法律价值相联系的有关个人的生命、健康的联系程度。按照霍布斯的看法,保护自然人的生命权也是建立国家的目标。① 各国法律不仅在宪法中将生命健康权确定为公民最基本、最重要的权利,而且通过刑法等法律切实保护公民的生命健康权不受侵害。关于公民生命健康的安全利益就是公共利益。例如,在英国法中,人身保护令比占有返还诉讼的保护力度更大,这说明人身自由利益要高于财产利益。② 所以,如果在生命健康权与其他权益相互冲突时,应当优先保护生命健康权,其他民事权利都应当退居其次。一般来说,人格利益要优越于财产利益,而生命健康等物质性人格利益要优于精神性人格利益,因此,位阶低的利益在保护上要让位于位阶更高的利益,这已经成为法律上的共识。③

第二,与人格尊严的联系程度。人格尊严是指人作为法律主体应当得到承认和尊重。人在社会中生存,不仅要维持生命,而且要有尊严地生活。故此,人格尊严是人之为人的基本条件,是人作为社会关系主体的基本前提。人格尊严最早是在大陆法系国家被纳入权利体系中,并形成了以人格尊严为基础的基本权利理论体系。④ 实践中,有些行为涉及两种利益的冲突,如有偿代孕、出版未经他人许可的人体画像、生殖性克隆、从事侮辱他人人格的行为和职业等行为,都可能涉及人格尊严与其他法益之间的冲突。在此情况下,首先应当保护个人的人格尊严。

第三,社会全体成员的关系度。在确定利益位阶的时候,应当考虑其所涉及的社会成员的数量及对其利益影响的程度。一方面,如果某种利

---

① 参见〔英〕霍布斯:《利维坦》,黎思复、黎廷弼译,商务印书馆1985年版,序言。
② See J. A. Weir, Abstraction in the Law of Torts – Economic Loss, City of London L. Rev., 15–20(1974).
③ 参见欧洲侵权法小组编著:《欧洲侵权法原则:文本与评注》,于敏、谢鸿飞译,法律出版社2009年版,第63页。
④ 参见张翔:《基本权利的体系思维》,载《清华法学》2012年第4期。

益关系到更多的社会成员,对社会的存续发展更加攸关,就更为重要。所以庞德认为,有关个人生活的利益是最重要的一种利益,这就是从众多社会成员的角度而言的。① 在决定社会全体成员的关系度时,应当考虑受益对象的范围。受益的对象往往决定了所涉及的是公共利益还是私人利益。公共利益不管受益形式为何,范围必须是不特定的,如果受益人的范围被特定化为某一些人,就不能称为公共利益。另一方面,社会成员数量规模越大,社会成员自发、主动地维护公共利益的可能性越小。奥尔森的集体行动理论就深刻地说明了这一问题,即集体规模越大,集体行动越困难。② 换言之,社会成员数量规模越大,各成员之间共同分享的利益(公共利益)就越脆弱,越需要法律予以特殊关注和重视。

第四,经济秩序的关联度。在确定民事权益保护的优先顺序时,特定民事权益与经济秩序的联系密切性也是考量的重要因素,与经济秩序联系越密切,其受到优先保护的可能性就越大。例如,民法上常常出现的相互冲突的权益(如在善意取得情况下的原权利人的权利和买受人的权利),如果涉及交易安全,往往都是体现了交易安全的一方当事人的利益受到优先保护,因为其在一定程度上体现了社会经济秩序的公共性。例如,关于税收优先权是否优先于抵押权,学理上不无争议。如果某个纳税义务人拖欠税款,税务机关执行其不动产,而该财产上已经设立了抵押权,税务机关能否优先于抵押权人受偿?笔者认为,如果在抵押权设定时,抵押权人并不知道债务人拖欠税款而接受了该抵押,则应当优先保护抵押权人的利益。因为抵押是担保之王,如果抵押因税收优先权的存在而不能实现,交易安全就会受到极大的威胁。税款的征收在一定程度上保护了国家利益,但是,税收优先权无限优先,可能会对交易安全和秩序造成严重破坏。

第五,法律是否明确列举。在法学方法上,具体规定优先于概括规定,如果法律对某些利益进行了明确列举,可认为立法者认识到这些利益的重要性,因此较之未列举的利益更应受到重视。③ 我国《侵权责任法》第2条列举性地规定了应当受到法律保护的各种民事权益。从该条规定来看,其既明确列举了一些应受保护的权利,如所有权、生命权等,同时,

---

① 参见马汉宝:《法律思想与社会变迁》,清华大学出版社2008年版,第167页。
② 奥尔森关于这方面的专门研究,可参见 Mancur Olson, The Logic of Collective Action: Public Goods and the Theory of Groups, Harvard University Press, 1971。
③ 参见张翔:《基本权利冲突的规范结构与解决模式》,载《法商研究》2006年第4期。

其也采取"等人身、财产权益"的方式兜底性地规定了可以受保护的民事权益。如果法律明确列举的权利与法律没有明确列举的利益之间发生冲突,法律往往会通过限制没有明确列举的利益的方式来保护已经明确列举的权利。例如,因从事合法的竞争活动而遭受损害,受害人的经营利益的下降所致的损失也不能受到法律的保护,这就意味着以"纯经济损失"形式体现出来的利益,并非一概地受到保护。从各国法律规定来看,受保护的纯经济损失的范围很小,通常限于故意侵权和不正当竞争等情形。①在利益衡量时,首先要确定哪些利益应当受法律保护。

　　需要指出,上述都仅仅是考量因素,并非在所有案件中都能够根据上述考量因素得出极为明确的结论。同时,在某一案件中得出的利益位阶先后并非绝对都能在所有其他案件中适用,也即绝对固定的位阶。因此,在法律具体论证中,德国学者所作的并非是一种位阶先后的"决断",而是位阶先后的"证成",也就是说,利益位阶的先后的合理性应建立在说理证成之上,利益位阶先后并非绝对的,而是具有一定条件的,即在何种条件下,一种利益的位阶要优先于另一种利益,关键的问题在于划定利益位阶先后的条件。②

　　即使根据上述考量因素,在具体案件中判定某一利益的位阶要高于另一利益,但仍然不能置位阶较低的利益于完全不顾,毕竟该利益可能也是值得保护的利益;为此,德国的法学理论创立了一种处理利益冲突的"实践调和原则",也就是对于相互冲突的利益,要在具体的案件情形下谨慎地处理,尽可能使不同利益都能够得到实现,而不能基于认定某一利益处于较高位阶而完全压制和排除其他的利益,从而实现相互冲突在总体上的利益最大化。德国著名法学家黑塞指出:"在解决问题时,对于受到宪法保护的法益,必须按照使所有法益都能够得以实践的原则来对其进行配置。如果出现了规范冲突的情形,不能匆忙草率地'利益衡量'或者抽象地'价值权衡',以牺牲某种法益为代价来实现另外的法益。宪法整体性原则对于如何圆满完成这一任务提出了要求:两种相互冲突的法益的边界必须被划定出来,从而使两者都能发挥其最佳功效。在具体的案件中划定边界需要符合比例原则;其目的在于使两种法益能够协调统一,

---

① See Gerhard Wagner, Comparative Tort Law, in Mathias Reimann and Reinhard Zimmermann(eds), The Oxford Handbook of Comparative Law, Oxford University Press, 2006, p.1015.
② See Alexy, A Theory of Constitutional Rights, translated by Julian Rivers, Oxford University Press, 2002, p.100.

但是当这一点已达到必要程度后便不能再越雷池一步了。"①

"实践调和原则"要求谨慎地适用比例原则来衡量相冲突的利益。比例原则要求我们的行为要合比例、适度,着眼于相关主体利益的均衡,比例原则的精神在于反对极端,实现均衡,既不能"过",也不能"不及"。在对民法上的利益进行判定时,按照比例原则的要求,要分解为三个步骤。第一,适当性,这一步骤是目的取向的思考,即损害某一利益或者将某一利益判定为位阶较低有助于目的(被判定为高位阶的利益)达成。第二,必要性,这一步骤是要求,即使是为了实现高位阶的利益,也应当采取对低位阶利益损害最小的手段。第三,相称性(狭义比例原则),即损害某一利益的判定与其所达到的目的之间必须合乎比例或相称,所造成的弊端应小于其利益。② 按照狭义比例原则的要求,应当将最终选定的最温和的手段与要实现的目的进行衡量,如果即使最温和的手段所造成的利益损害,仍然大于要保障的利益,那么就应该放弃这一手段的使用。比例原则在方法论中适用的情况主要是:在无法确定立法者所作出的价值判断时,法官应该尽可能采取"两权相害取其轻"的思考模式。根据庞德的看法,在各种利益冲突的情况下,依据类似于比例原则的办法,采取造成最少利益受损保全其他利益的解决方法最为妥当。③ 他认为,解决利益冲突的基本原则应该是"通过社会控制的方式而不断扩大对人的需求、需要和欲望进行承认和满足;对社会利益进行日益广泛和有效的保护;更彻底和更有效地杜绝浪费并防止人们在享受生活时发生冲突"④。因而,最大限度使法律保障的利益得以实现,最大限度地减少利益的损失,是我们在处理利益冲突时应遵循的基本原则。如果两种利益之间发生冲突,损害较轻的应当让位于损害较重的。例如,在紧急避险的情况下,通过牺牲他人较小的利益,可以保全较大的利益,此时,就应当允许通过侵害他人利益的方式从而实现紧急避险。这一制度就体现了比例原则的精神。再如,《物权法》第88条规定:"不动产权利人因建造、修缮建筑物以及铺设电线、电缆、水管、暖气和燃气管线等必须利用相邻土地、建筑物的,该土地、建筑物的权利人应当提供必要的便利。"这一法律规定的目的就是要解决相邻

---

① 〔德〕康拉德·黑塞:《联邦德国宪法纲要》,李辉译,商务印书馆2007年版,第50页。
② 参见蔡震荣:《行政法理论与基本人权之保障》,五南图书出版公司1999年版,第105页。
③ 参见马汉宝:《法律思想与社会变迁》,清华大学出版社2008年版,第171页。
④ 转引自〔美〕E.博登海默:《法理学——法哲学及其方法》,邓正来、姬敬武译,华夏出版社1987年版,第147页。

不动产权利人之间的利益冲突,其中体现了比例原则的要求。《物权法》第 88 条中"必须利用相邻土地、建筑物"的要件体现了适当性的要求,而"必要的便利"要件则体现了必要性的要求,同时,这种方式的弊端要小于其利益,则体现了相称性。

三、确立利益位阶的规则

利益的位阶实际上属于价值判断问题。由于价值具有多元化的特征,学理和实务对于利益位阶的看法常常存在争议。不过,在长期的学术探讨之中,人们对利益位阶的判断也逐渐达成了一些共识。通过总结学界的研究成果和司法实践经验,笔者认为,目前已经形成了如下确立利益位阶的规则。

(一)权利优先于利益的规则

权利本身体现的就是利益,且二者是相互转化的。[1] 随着社会的发展、纠纷的增多,一些利益也可能"权利化"[2]。最高人民法院《关于确定民事侵权精神损害赔偿责任若干问题的解释》第 1 条第 1 款明确承认,自然人在"人格尊严权、人身自由权"受到侵害之后有权向人民法院起诉请求赔偿精神损害。该司法解释将违反社会公共利益或者社会公德侵害他人人格利益作为一种独立的侵权类型,对这类合法利益提供直接的司法保护。这表明,至少在审判实践中,法院历来承认对合法利益的保护。这样的规定为我国《侵权责任法》保护范围的扩展奠定了实践基础。但在法律上,应当区分对权利的保护和对利益的保护,主要原因在于:一方面,权利都是公开的、公示的,且相对于利益而言内容更明确,是否构成侵害,更易于为人们所预知,是人们安排行为的重要标准。故在此情况下,应采用一般的侵权责任构成要件(严格责任的情形除外)。但是,利益不是由法律事先明确规定的,也无法明确规定,其往往都是由法官在新型纠纷发生后,根据个案总结提炼出来的利益种类,因此需要有不同的构成要件。另一方面,行为人在实施某种行为的时候,是否侵害了某种利益,行为人难以根据既有法律规则作出明确预判。因此,从维护行为自由的角度,需要

---

[1] 参见王胜明主编:《中华人民共和国侵权责任法解读》,中国法制出版社 2010 年版,第 10 页。

[2] 参见奚纪华、石宏:《侵权责任法立法情况介绍》,载《人民司法(应用)》2010 年第 3 期。

对利益的保护加以适当限制,确立不同于权利侵害的构成要件,因为对利益的过度保护往往会妨碍人们的行为自由。

(二) 社会公共利益优先于个体财产利益的规则

社会公共利益,是指不特定的社会成员所享有的利益。边沁曾认为,国家的目的就是最大限度地促进公共利益,实现社会最大多数人的幸福。① 严格地说,公共利益是包括私法在内的任何法律的追求目标,其是整个私法领域的一个重要概念。按照美国学者亨廷顿的看法,由于研究方法的不同,对于"公共利益"的理解也会不同。主要有以下三种不同理解:一是公共利益被等同于某些抽象的、重要的理想化的价值和规范,如自然法、正义和正当理性等;二是公共利益被看作某个特定的个人、群体、阶级或多数人的利益;三是公共利益被认为是个人之间或群体之间竞争的结果。② 一般认为,公共利益是指有关国防、教育、科技、文化、卫生等关系国计民生的、不特定多数人的利益③,其强调利益享有者的"公共性",也是对政府援引公共利益从事征收征用等活动的一种限制。

虽然公共利益是和私人利益相对应的范畴,但它们都是民法所要保护的对象,且在保护上不存在根本性的矛盾和冲突,反而应当是相互促进和发展的。

一方面,私人利益的有效维护有赖于一个良好的公共社会环境,只有在公共利益得以良好实现的社会,私人利益才能得到最有效的保护和最大化的实现。在大量涉及公共利益的场合,只有在诸多利益相关者积极合作、按照公平的比例共同投入的时候,公共利益最终才能够得以实现。反之,如果人们都抱着搭便车、"钉子户"的心理,最终公共利益可能无法实现,或者推迟实现,或者无法达到比较高的水平。例如,在旧村改造中,通常需要引入外来投资,但如果有村民提出了过高的赔偿要求,则可能产生多米诺骨牌效应,引起其他村民效仿,最后导致改造成本过高没有投资人参与改造。旧村改造失败,"钉子户"个人利益也同样无法实现。在类似问题上,个人利益与公共利益是一致的。

另一方面,对私人利益的有效维护,也必将促进公共利益目标的实现。因为公共利益说到底关系到不特定的社会成员的个体利益,如果私

---

① 参见〔英〕边沁:《道德与立法原理导论》,时殷弘译,商务印书馆2000年版,第58页。
② 参见〔美〕塞缪尔·亨廷顿:《变革社会中的政治秩序》,李盛平、杨玉生等译,华夏出版社1988年版,第24页。
③ 参见王轶:《论物权法的规范配置》,载《中国法学》2007年第6期。

人利益不能获得充分保护,公共利益也难以全面实现。当然,法律所保护的公共利益与私人利益也是相分离的。而且,在许多纠纷中,两者之间会发生一定的冲突,法官需要在个案中协调利益的冲突。在人格权的行使中,有可能会出现个人利益与社会公共利益相冲突的情形。例如,对政府官员的个人财产信息的披露可能会侵害个人的隐私,但它确实会起到促进官员的廉洁性的作用。解决人格权的冲突,实际上就是要协调个人和社会之间的关系、个体和群体之间的关系,利益平衡就是要在最大限度内兼顾两种利益。

从原则上说,社会公共利益优先于个体财产利益。此处所说的社会公共利益也包含了个人的人身利益,因为个人人身利益已经不仅仅是个人利益,已经转化为社会公共利益。一般情况下,如果个人财产利益与社会公共利益发生冲突,应当优先保护社会公共利益,这也是征收制度等法律规则正当性的基础。但社会公共利益优先的规则也不得滥用,应当进行个案分析。而且在一些情况下,个人利益本身也间接地属于社会公共利益的范畴。我们所说的优先,并不意味着可以社会公共利益为旗号任意剥夺个体财产利益。实践中,有的地方将纯粹的商业开发中的经济利益也作为公共利益,并在征收中未对被征收人依法给予补偿,这实际上是一种违法行为,而不是为了实现真正意义上的公共利益。再如,社会公共利益在位阶上应当优先于经济和营业自由。①

(三) 人格利益优先于财产利益的规则

人格利益直接关系到自然人的人格尊严及其形象的社会评价,对个人具有重要的意义。任何法系首要的考虑就是应当对那些对人类有价值的要素进行保护。凡是对人更为重要的要素,都受到了较为全面的保护,而重要性稍低的要素,受到的保护也相对较弱。② 在英国,人身保护令(hebeas corpus)颁布之后,就确认了自由比财产应受到更为优先保护的法律规则,人身安全比财产安全受到更为优位的保护。③ 两大法系几乎都确

---

① Vgl. Schneider, Die Güterabwaagung des Bundesverfassungsgerichts bei Grundrechtskonflikten,1961, S. 224.

② Basil Markesinis, Foreign law and Comparative Methodology: A Subject and a Thesis, Hart Publishing House, 1997, p.235.

③ 1640 年英国首次通过人身保护的法例。1679 年正式通过的人身保护条例规定了签发保护令的细节。人身保护令除可向政府发出外,亦可向私人发出。参见 J. A. Weir, Abstraction in the Law of Torts-Economic Loss, City of London L. Rev., 15-20(1974)。

立了人身利益优先保护的规则,即在财产利益和人身利益发生冲突的情况下,应当优先保护人身利益。① 此外,如果对人身自由进行限制,就必须要有非常严格的条件和程序限制,这相对于对财产的限制而言,要更为严格。

关于人的至上地位以及人格尊严的哲学思想,在国际公约与许多国家的法律中都得到了采纳。例如,《世界人权宣言》第 1 条规定,"人人生而自由,在尊严和权利上一律平等";第 3 条规定:"人人有权享有生命、自由和人身安全。"这些内容后来被许多国家的法律以不同形式所采用,德国法突出地表现了这一点。1948 年德国《联邦基本法》第 1 条第 1 款规定"人性尊严不可侵犯。尊重和保护人性尊严是一切国家权力的义务";第 2 条第 1 款又宣告"保障人格的自由发展"。德国法官正是根据这两个条款所确立的"人格尊严不受侵犯"原则发展出了一般人格权,将维护人的尊严和人格自由发展的价值体现在私法之中,通过一般人格权制度对隐私等权利或利益进行保护。② 近几十年来,不论是在新制定的民法典中,还是通过对民法的修订而实现的"再法典化"中,都更加注重提高对人格利益保护的程度,不断完善保护的方法。例如,许多国家新近颁布的民法典大都有一些人格权保护的法律规范,这大大丰富了人格权的保护方式,并且在亲属法等章节中加强了对人身利益的保护。人格利益在民事权益中日益突出并占据优势地位。③ 另外,在以《侵权责任法》为代表的各项具体制度中,充分保护自由和尊严的理念也得到了全面的贯彻。《侵权责任法》作为一部全面救济受害人的法律,尤以保护受害人的人身权益为重点。在《侵权责任法》保护的民事权益体系中,人格尊严、人身自由处于一种更高的位阶,尤其是生命、健康和身体利益,受到更为强化的保护。例如,《侵权责任法》第 87 条确立了从建筑物中抛掷物品或者从建筑物上坠落的物品致人损害,如果找不到行为人,由可能加害的建筑物使用人给予补偿,这也充分体现了对人身权益的保护。

在法律上,之所以要确立人身利益优先保护的原则,是因为人身利益对个人的生存和发展具有根本性的意义。人们获得财产是为了实现人身

---

① See J. A. Weir, Abstraction in the Law of Torts-Economic Loss, City of London L. Rev., 15-20(1974).

② 参见〔德〕卡尔·拉伦茨:《德国民法通论》(上册),王晓晔等译,法律出版社 2003 年版,第 170 页。

③ C. Girard-S. Hennette Vauchez, La dignité de la personne humaine. Recherche sur un processus de juridicisation, PUF, 2005, p. 87.

价值,因此,在人身利益受到损害时,应当优先于与其冲突的财产利益受到保护,否则对于财产利益的保护也就失去了意义。财产是手段,而人身是目的。如果人身得不到保护,即便坐拥万贯家财也毫无意义。以人为本,就是要将个人的福祉和尊严等作为国家和社会的终极目标,而非作为实现其他目的的手段。以人为本是建设社会主义和谐社会的价值基础,它体现在民法上就是要充分保障公民的各项基本权利和利益,尤其是要加强对人格权的保护,尊重和维护人格独立与人格尊严,使人成其为人,能够自由、有尊严地生活。"自由应该是法治之下的自由,否则不可能真正享有自由。"①法治社会应始终体现对人的终极关怀,其重要标志之一是对人的人格权利的充分确认和保障。

(四) 生命健康权优先于一般人格权的规则

现代化的过程是人的全面发展和完善的过程,现代化始终伴随着权利的扩张和对权利的充分保护。同样,法律现代化的重要标志也主要表现在对权利的充分确认和保障方面,尤其是对人的生命健康权的优先保护方面。人格尊严、人身价值和人格完整,应该置于比财产权更重要的位置,它们是最高的法益。财产是个人的,但人是属于社会的,而人身安全、人的尊严等涉及社会利益。② 例如,在美国艾奥瓦州的一个判例中,一个流浪汉进到一个小木屋寻找食物,被房屋主人的弹簧枪击中腿部受伤,小偷告房屋主。此案大法官莫尔在判决中提到:《美国侵权法重述》第八十五节称"人类生命和肢体的价值不仅属于他个人,而且属于整个社会。因此其价值高于土地占有者的利益"③,最终判被告败诉。在这个案件中,法官的裁判也体现了生命健康权优先的原则。

我国《侵权责任法》在立法精神上总体上体现了生命健康权应当优先受保护的思想。例如,《侵权责任法》第2条在民事权益的列举次序上,把生命权、健康权置于各种权利之首来进行规定,体现了立法者把生命和健康作为最重要的法益予以保护的以人为本的理念,体现了对人最大的关怀,这就确立了生命健康权应优先于一般人格权的规则,这也符合现代侵权法功能从制裁走向补偿的发展趋势。再如,《侵权责任法》第53条规定了道路交通事故社会救助基金垫付制度。交通事故发生后,在机动车驾

---

① Judith N. Shklar, Legalism, Harvard University Press, 1964, p.22.
② 参见欧洲侵权法小组编著:《欧洲侵权法原则:文本与评注》,于敏、谢鸿飞译,法律出版社2009年版,第63页。
③ Katko v. Briney, 183 N. W. 2d 657 (Supreme Court of Lowa 1971).

驶人逃逸的情况下,受害人难以及时请求侵权人承担责任,甚至无力支付抢救费用,死者家属有时也无力支付丧葬费用。在此情况下,应当由救助基金垫付。① 国家设立社会救助基金的根本目的在于缓解救治道路交通事故受害人的燃眉之急,保证受害人的基本生命安全和维护基本人权,其主要用于支付受害人的抢救费、丧葬费等必需的费用。从这个意义上讲,只要受害人一方存在抢救费、丧葬费等方面的急切需求而又暂时没有资金来源的,都可以申请道路交通事故救助基金垫付。此外,针对大规模侵权,就同一案件造成数人死亡的情况,《侵权责任法》第17条规定了同一标准的规则,解决了普遍关注的"同命不同价"问题。总之,对人的价值的尊重,在这部法律中体现得非常充分,这也是构建社会主义和谐社会的基础。

(五) 生存利益高于商业利益的规则

所谓生存利益,是指关于自然人存活于世的基本需求,例如居住权就是个人的基本生存利益。王泽鉴先生曾经认为:"居住为人生之基本需要,屋价高昂,购买不易,承租人多属于经济上弱者,实有特殊保护之必要。"②因为居住利益属于生存利益的范畴,此处的生存利益既包括住宅承租人的居住利益,也包括不动产商业承租人的营业维持利益。在民法价值序列中,生存利益位阶较高,属于应当予以优先保护的利益类型。基于这一原因,民法上确立了"买卖不破租赁"的规则,该规则设立的主要目的是对"土地和房屋的使用承租人和用益承租人的存续利益提供保障"③,出租人随意转让租赁物会对承租人的生存利益造成重大影响,因此应当对承租人的生存利益予以优先保护。④ 有些国家的法律规定,在冬天,房东不得以房客未支付租金为由解除合同,从而保护低收入群体的生存权。例如,法国1989年7月6日第89-462号法律规定,每年自11月1

---

① 《侵权责任法》第53条规定:"机动车驾驶人发生交通事故后逃逸,该机动车参加强制保险的,由保险公司在机动车强制保险责任限额范围内予以赔偿;机动车不明或者该机动车未参加强制保险,需要支付被侵权人人身伤亡的抢救、丧葬等费用的,由道路交通事故社会救助基金垫付……"

② 王泽鉴:《民法物权——用益物权·占有》,中国政法大学出版社2001年版,第177页。

③ Wilhelm, Sachenrecht, 2. Aufl., 2002, Rn. 55; MünchKomm, §571, Rn. 2; Wieacker, Privatrechtsgeschichte der Neuzeit: unter besonderer Berücksichtigung der deutschen Entwicklung, 2. Aufl., 1967, S. 480.

④ 参见张双根:《买卖不破租赁》,载王洪亮等主编:《中德私法研究》(第一卷),北京大学出版社2006年版,第15页。

日到次年3月15日[法国的"冬季修整时间"(trêve hivernale)],即使房客未支付房租,房东也不得驱逐房客。① 在租赁期间内,租赁物所有权发生变动的,租赁关系并不会受到影响,这对于稳定租赁关系,保护承租人居有其所具有重要意义。在德国,规制住房租赁的法律出于保障承租人生存的目的而对出租人的财产利益进行了严格的限制,这些法律规定出租人不得出于提高租金的目的而解除房屋租赁关系,出租人如果想要提高租金,也必须取得承租人的同意,并且提高的幅度要受到该区域可比较的租金水平的限制。② 在这些制度中,生存利益都被设定为高于商业利益的价值,这体现的正是民法的人文关怀精神。

从更广义上看,生存利益与商业利益之间的竞争关系,不仅限于当下的时空范围,还涉及历史延续中的代际矛盾。今天中国正经历着前所未有的经济飞跃,极大地改善了国民的物质生活条件。但经济高速发展过程中产生的环境污染问题、自然资源的过度开发问题都将威胁到子孙后代的可持续发展利益。因此,在这些问题上,需要将当前经济开发控制在一个合理的水平,尤其是不能盲目追求当前的利益,以免损害后人的生存利益。

(六) 人身损害赔偿优先于财产损害赔偿

人身损害的赔偿,是指侵害人身造成损害的赔偿。严格说来,人身损害赔偿可以进一步区分为财产损害赔偿部分和精神损害赔偿部分。③ 前者如医疗费、误工损失、丧葬费、死亡赔偿金、残疾赔偿金等,《侵权责任法》第16条至第18条对此作出了规定。就《侵权责任法》的立法目的而言,人身损害赔偿要优先于财产损害赔偿,这一规则的根据来自人身权利优先于财产权利。因此,在人身权和财产权同时受到损害,且在二者难以得到同时全额赔偿的时候,就需要遵循人身权优先于财产权这一基本位阶,确立人身损害赔偿优先于财产损害赔偿的规则。

该规则具体表现为如下方面:其一,在行为人清偿能力不足的情况下,清偿的先后顺序应当是先偿付人身损害赔偿之债,然后再偿付财产损害赔偿之债。其二,《合同法》第53条规定:"合同中的下列免责条款无效:(一)造成对方人身伤害的;(二)因故意或者重大过失造成对方财产损失的。"《合同法》在此对于造成财产损失的免责条款仅限于故意或重

---

① Loi n° 89-462 du 6 juillet 1989.
② 参见许德风:《住房租赁合同的社会控制》,载《中国社会科学》2009年第3期;张翔:《财产权的社会义务》,载《中国社会科学》2012年第9期。
③ 参见张新宝:《侵权责任法原理》,中国人民大学出版社2005年版,第479页。

大过失,而对于造成人身伤害的,不限于故意或重大过失,一般的过失也无效。其三,《侵权责任法》第 22 条规定:"侵害他人人身权益,造成他人严重精神损害的,被侵权人可以请求精神损害赔偿。"因此,只有在侵害他人人身权益的情况下,才可能发生精神损害赔偿,一般情况下,侵害他人的财产权益并不发生精神损害赔偿,即便是按照最高人民法院《关于确定民事侵权精神损害赔偿责任若干问题的解释》的规定,侵害他人的财产权益也不发生精神损害赔偿。其实,在比较法上,人身损害赔偿优先于财产损害赔偿也不乏先例。比如,航空运输工具运营者向死亡或者受伤乘客支付的损害赔偿限额要高于因财产损害所需支付的赔偿限额,而在航班延误造成乘客纯粹经济损失的情况下,甚至无须赔偿。①

以上探讨的诸项规则,并非是一个可以直接适用的具体规则,而只是指出了在处理相关价值判断问题时主要的考量因素和基本的考量思路。换言之,上述规则并非对利益位阶的最终判断,仅意味着裁判者在此应遵循佩雷尔曼所说的"惯性原理"。按照该原理,"一度曾被认可的某个观点或某个实践(实务),若没有理由不允许又加以抛弃"②。如果要改变这些规则,应当承担论证负担。因此,对上述的利益排序所形成的规则,在没有充分且正当理由的情况下,如果发生冲突,序位在先的利益应当得到优先实现,序位在后的利益应当次之实现。但如果在个案中面对具体的价值判断问题,有足够充分且正当的理由表明,序位在后的利益类型同时也涉及国家利益或社会公共利益,那么它就取得了优先实现的序位。这就说明,前述诸项规则事实上包含着讨论价值判断问题的论证责任的分配。

---

① See J. A. Weir, Abstraction in the Law of Torts-Economic Loss, City of London L. Rev., 15-20(1974).

② Chaim Perelman and Loucie Olbrechts-Tyteca, The New Rhetoric: a Treatise on Argumentation, University of Notre Dame Press, 1991, p.142.

法律体系形成后的民法典制定[*]

党的十五大提出到 2010 年形成中国特色社会主义法律体系的战略任务,这一目标已经基本实现。目前我国已经构建起以宪法为核心、以法律为主干,包括行政法规、地方性法规等规范性文件在内的,由七个法律部门、三个层次法律规范构成的中国特色社会主义法律体系,为市场经济构建了基本的法律框架,保障了社会经济生活的正常秩序。这一体系适应了我国社会基本经济制度和社会生活的需要,涵盖了社会政治生活、经济生活、文化生活、社会生活和人与自然的关系等各个领域。就民法而言,《民法通则》《合同法》《物权法》《侵权责任法》等一系列基本民事法律的诞生标志着我国民事立法进入了完善化、系统化阶段,为我国社会主义民法典的制定奠定了基础、开辟了道路。

一、中国民法体系化必须走法典化道路

法律体系形成的重要标志是我国的法律制度已齐备、完整,突出表现为起着支架性作用的法律已经制定,但这并不意味着我们的法治建设就功德圆满、万事大吉,因为法律体系是动态的,需要不断发展完善、与时俱进;而且,在民事立法领域,尽管我国已经制定了《民法通则》《合同法》《物权法》《侵权责任法》等基本民事法律,各项法律之间基本上也保持了一致,但在形式上却因为没有民法典而体系化程度不高,这既与民法作为市场经济基本法的地位不符,也与刑法、诉讼法等其他基本法律的法典化形态不匹配。由此可知,在我国法律体系形成后,立法层面上,首要的任务就是制定一部民法典。

我国民法的体系化需要制定民法典,这不仅出于立法形式上的考虑,更重要的是,法典化是实现私法系统化的一个完美方法。① 大陆法系国家

---

* 原载《广东社会科学》2012 年第 1 期。
① Vgl. Karsten Schmidt, Die Zukunft der Kodifikationsidee: Rechtsrechung, Wissenschaft und Gestzgebung vor den Gesetzswerken des geltenden Rechts, 1985, S. 39.

的民事立法经验已经充分说明了这一点,对此毋庸赘言。值得注意的是,虽然近些年来大陆法系国家出现了所谓"去法典化"现象①,但并不表明法典重要性的减弱,而只是反映了单行法对民法典中心地位的冲击现象。然而,由于我国没有民法典,所以此种情形在我国根本就未曾发生过,因此,我们不能以"去法典化"现象来否定法典化在中国立法实践和国家秩序中的重要功能,也不能简单地据此来否定我国对民法法典化道路的选择。结合我国的实际情况来看,通过制定民法典来实现民法体系化,既有确保民法规范逻辑自洽、科学合理的系统化效用,还能充分满足法官依法公正裁判民事纠纷案件的实际需要,故而,中国民法体系化必须走法典化道路。

(一) 法典化是实现中国民法体系化的最佳途径

法典化的灵魂在于体系性,从形式体系而言,法典化融合了形式的一致性、内容的完备性以及逻辑自足性,由此使法典在特定价值引导下有统一的法律术语、法律制度和法律规则,并在法典内部以及法典与单行法之间形成一般与特别等顺畅的关系。可以说,只有通过法典化,才会形成科学合理的法律制度安排,否则往往会浪费立法资源,而且事倍功半,我国在此方面已有不少的经验教训。体系性的民法典还统一了市场法则,能够保障法制统一,避免民法规范与行政法规、地方性法规等的矛盾冲突,可有效地防止因行政不当干预,进而给交易主体的预期造成妨害,保障市场经济的正常运行。法典的体系性还要求其内容的全面性,即包含了各种有效的控制主体的法律规则的完整性、逻辑性、科学性②,这对民法典尤为重要。作为市民社会的一般私法以及百科全书,民法典必须通过合理的架构为民事活动提供各种基本准则,为交易活动确立基本的规则依据,为法官裁判各种民事案件提供基本的裁判规则。不过,强调全面性,并不是说民法典必须事无巨细地规范社会生活,它作为民事基本法律,只宜规定民事领域最重要的法律制度,为民事活动提供基本的方向性指引,这决定了它要有节制地规制社会生活,应当体现出波塔利斯所言的"立法者的谦卑和节制"③。要做到这一点,民法典势必要借助抽象术语进行表述,

---

① 参见张礼洪:《民法典的分解现象和中国民法典的制定》,载《法学》2006年第5期。
② See Lobinger, Codification, 2 Encyclopedia of the Social Sciences 606, 609-610(1930, Reissued 1937).
③ Valérie Lasserre-kiesow, L'esprit scientifique du Code civil, in Droits, No. 45, PUF, 2005, pp.58-59.

必须要对社会生活中反复出现的、具有一定普遍性的规则进行抽象,能在较长时间里保持一定的稳定性,不因社会变迁乃至国家政策调整而随意改变。

体系化的另一个层面就是价值层面。价值体系是指在制定法律时立法者所秉持的价值取向,是体现在法律背后立法者所追求的宗旨和目的。具体到我国的民法典制定,仍要秉持体系性的核心特性,应在坚持和弘扬传统私法中的平等、自由和安全价值的基础上,体现市场经济所要求的效率价值以及现代民法所要求的"人的全面发展价值",并围绕这些价值进行全面有序的制度安排。价值体系保持一致,才能够保证法律相互之间的和谐一致,保证形式体系的形成。在我国民事立法中,确实存在某些规则背后所体现的价值不一致甚至冲突的现象。比如说《合同法》第51条关于无权处分的规则,是把它作为效力待定的行为来规定的。该条所体现的价值,实际上强化的是对原权利人的保护。但是《物权法》第106条规定,在符合善意取得的情况下,受让人可以取得所有权,它所体现的是对交易安全的保护。所以同样是无权处分行为,根据《合同法》第51条的规定可能因权利人拒绝追认而无效,但根据《物权法》第106条的规定,权利人即便不追认,也可能是有效的。这两个条款之所以发生了冲突,主要原因在于价值取向上就是冲突的。而保持价值的统一和一致性就必须要制定民法典。

(二) 民法典是法官依法公正裁判案件的保障

作为整合私法制度的统一体,民法典还将统一民事审判的司法规则,能最大限度地限制法官的恣意裁判[1],换言之,民法典为法官提供了处理民事案件的基本裁判规则,这对于保障司法公正极为重要。民法典作为体系化的产物,对法官正确适用法律将提供重要的保障。这主要表现在:

第一,在体系性的框定下,民法典具有毋庸置疑的权威性。这不仅在于法典源自国家最高立法机关之手,在权力来源上有至高的权威性,同时其属于在民事法律体系中处于中心地位的基本法律[2],位阶仅次于宪法,其他行政法规、部门规章、政策命令、司法解释等均不得超越民法典;更重要的是,它有统一的价值指引,并涵括了民事活动的基本规范,可以说,民

---

[1] 参见〔德〕阿图尔·考夫曼、温弗里德·哈斯默尔主编:《当代法哲学和法律理论导论》,郑永流译,法律出版社2002年版,第271页。

[2] 参见张春生主编:《中华人民共和国立法法释义》,法律出版社2000年版,第24页。

法典是成文法的最高形式,法官寻找处理民事案件纠纷的依据,必须首先从民法典的规则中去寻找。① 我国《侵权责任法》第2条规定,侵害民事权益应当依据本法承担民事责任。这就表明了未来民法典组成部分的侵权责任法是处理各种侵权纠纷的裁判依据。据此,在我国制定民法典后,大量单行法仍继续存在,除非是在民法典没有规定的情况下,民法典就应当优先于其他法源而得以适用。这就是说,法官在裁判任何一个民事案件时,首先应当适用民法典,只有在民法典没有规定时,才能适用其他法律。比如,顾客因汽水瓶爆炸而遭受损害,本身是一个因产品缺陷致人损害的普通案件,但现实中有许多法官经常遇到找法的困惑,即究竟应当适用《产品质量法》《消费者权益保护法》,还是《侵权责任法》或《合同法》? 各个法院的判决所适用的法条很不一致。如果将《侵权责任法》和《合同法》作为我国将来民法典的有机部分,则它们应优先适用。显然,与其他规范相比,经由体系化而产生的民法典具有更高的权威性,能方便为法官找法提供正确的路径。

第二,民法典作为体系化的产物,集中规定了法官裁判案件的基本规则。这便于法官找法,即优先适用民法典中明确规定的裁判规则,其他法律处于候补适用的地位。② 所以法典化的一个重要优势在于"资讯集中"。同时,与数量众多、价值不一致的单行法相比,民法典的体系性确保其内容和谐一体,且相对抽象简化,无论查询成本、学习成本还是适用成本均比较低。③ 可以说,法官只要有一部民法典在手,并通过领略其规则和精神,就可以找到民事裁判的主要依据。概括而言,民法典的权威性和简化性,有助于"降低法律适用者搜寻成本,同时减少裁判恣意"④。

第三,民法典作为体系化的产物,不仅便于法律适用,还有助于法律适用的一致性。法典化势必综合既有的法律经验和法学理论,概念、规则和观念都更精确⑤,能为法官提供更有效的操作性的方案,可确保同一规范适用统一,这也是法律可预期性延伸出来的法律适用的可预期性。同

---

① 参见李开国:《法典化:我国民法发展的必由之路》,载《重庆大学学报(社会科学版)》1997年第4期。

② See Reinhard Zimmermann, Codification: History and Present Significance of an Idea, 3 Eur. Rev. Private L. 95, 103(1995).

③ 参见谢哲胜:《民法法典化的几种选择》,载张礼洪、高富平主编:《民法法典化、解法典化和反法典化》,中国政法大学出版社2008年版,第369页。

④ 苏永钦:《民事立法与公私法的接轨》,北京大学出版社2005年版,第51页。

⑤ 参见石佳友:《民法法典化的方法论问题研究》,法律出版社2007年版,第67页。

时,民法典是完整统一的信息系统,为那些需要应用法律和解释法律的人提供了一个基本的参照体系①,这不仅实现了类似案件的类似处理,也使得当事人可以预见法院的判决结果。正因为法律适用具有一致性,法官的自由裁量权将在规范的约束下进行,保障法官平等地、统一地对不同案件作出判决,实现判决结果的可预测性,符合"类似情况类似处理"的要求,从而实现法的安定性。②

第四,民法典作为体系化的产物,可以消除各项规则和制度之间的冲突和矛盾,保障法官可以正确适用法律。从我国民事立法来看,由于没有制定民法典,存在某些缺陷,这突出地表现在每个新的法律制定之后,都需对以前的立法进行修改,但是由于没有在新的立法中具体指明哪些条款进行了修改,从而给法官适用法律带来了很大困难。如果制定了民法典,就可以在民法典中进行明确的规定,保证法官正确适用法律。例如,《物权法》于2007年通过,但迄今为止,在一些地方法院,针对有关担保物权的纠纷仍然援引《担保法司法解释》等规定。其中一个重要原因就是因为《物权法》在制定时,没有说哪些条文对《担保法》作出了修改,所以法官对此并不清楚。那么,如何解决这一大问题? 笔者认为,最重要的就是提升民法的民事立法体系化程度,或者说进一步强化民事立法的体系性。

第五,民法典作为体系化的产物,可以培养法官体系化的思维方式。民法典既然是法官找法的首要对象,法官就必须理解民法典的价值、规范以及协调这两者的逻辑,只有这样,法官才能正确地适用民法典。一方面,法官在处理任何一个民事案件时,不能简单局限于对某一个规范的考查,而应当将其置于体系化的规则中进行考查,寻找与案件有最密切联系的规则,这样才能找到最为妥当的案件处理依据。所谓请求权基础的分析方法,其实就是一种对请求权的体系进行全面考查而寻找最准确的基础的方法。另一方面,民法典是民法基本规范的有机整体,其基本架构为总分结构,法官即应按此逻辑和系统进行适用,法典是按照总分结构来安排的,它使得法官容易理解法典的逻辑和系统,了解各个规则在适用时的效力层次,了解民法典内部各个制度之间的关系,如分则中的制度优先于总则中的制度来适用。法官应当按照特别法优先于一般法的规则来适用法律。例如,出现了保险合同纠纷以后,法官首先要查找保险法中关于保

---

① See Christian Wolff, Institutiones Juris Naturae et Gentium, Nabu Press, 2012, p.62.
② 参见梁慧星:《中国民法典编纂的几个问题》,载《山西大学学报(哲学社会科学版)》2003年第5期。

险合同的规定,因为保险法属于特别法,如果保险法没有规定,则可以适用合同法总则的规定。如果合同法总则没有规定,可以适用债法总则的规定。如果债法总则没有规定,则应当适用民法总则的规定。

民法法典化以后,法官应当尽可能按照法典来进行裁判,并且要对其援引法典某个条文的理由、法典的价值取向、规则的确切含义进行说明,从而强化判决的说服力。在法典无明确的具体规定时,法官必须依据法典中的基本原则和精神进行裁判,但必须说明裁判的理由。这也是法典对裁判过程约束的一个重要方面。①

二、我国民法典的体系构建

在构建我国民法典体系时,必须要确定其中的核心制度,即所谓"中心轴"。围绕着这条"中心轴",民法典中的各项制度和规范将形成逻辑统一体。该"中心轴"究竟是什么,理论上存在不同的看法:一是意思表示说。此种观点认为,民法典应当以意思表示为自己的中心轴。例如,德国学者温德沙伊德认为,意思表示和意思自治贯穿于民法的各个领域和环节,整个民法典应当以意思表示和意思自治为核心加以构建。② 二是民事权利说。此种观点认为,民法就是权利法,因此民法典体系的构建应当以民事权利为中心而展开。此种学说来源于自然法学派的思想,我国也有学者认为,民法是以人为本位、以权利为中心、以责任为手段对社会关系进行调整的,这种关系的逻辑结构就是"人—权利—责任"的结构,而不是单纯的"人—物"对应的结构或"总—分"对应的结构,因此,民法典的结构应按照"人—权利—责任"这一结构来设计。③ 三是法律关系说。此种观点认为,应当以法律关系为基础来构建民法典的体系,在这种编排方法中,法律关系被作为整理法律和展示法律的技术工具,而且成为体系构建的基本方法。④ 萨维尼以法律关系为中心,从理论上构建了一个民法典的体系,该体系反映出的编排方法被后世学者称为"萨维尼编排法"⑤。潘

---

① 参见〔德〕阿图尔·考夫曼、温弗里德·哈斯默尔主编:《当代法哲学和法律理论导论》,郑永流译,法律出版社 2002 年版,第 279 页。
② 参见金可可:《论温德沙伊德的请求权概念》,载《比较法研究》2005 年第 3 期。
③ 参见麻昌华、覃有土:《论我国民法典的体系结构》,载《法学》2004 年第 2 期。
④ 参见〔葡〕平托:《民法总则》,澳门法律翻译办公室、澳门大学法学院 1999 年版,第 5 页。
⑤ 〔葡〕平托:《民法总则》,澳门法律翻译办公室、澳门大学法学院 1999 年版,第 5 页。

德克顿学派将整个法律关系的理论运用到法典里面去,构建了一个完整的潘德克顿体系结构(Pandekten system)。采纳德国法系的国家大都接受了这一体系。①

笔者认为,我国民法典应当以法律关系为中心来构建,主要理由在于:一方面,法律关系是对社会生活现象的高度抽象和全面概括。"法书万卷,法典千条,头绪纷繁,莫可究诘,然一言以蔽之,其所研究和所规定者,不外法律关系而已。"②法律关系是根据法律规范建立的一种社会关系③,是对社会生活关系的一种法律归纳和抽象,反映了社会关系的一些共同特征。另一方面,法律关系是民法规范逻辑化和体系化的基础。法律关系编排方式被大多数学者认为是科学的编排方式,民法的诸制度都是围绕民事法律关系而展开的,法律关系包含主体、客体、内容三项要素,三项要素可以完整覆盖民法典的各项内容。还要看到,法律关系编排方法适应了民法发展的需要。民事关系纷繁复杂,但是把握住了民事法律关系的脉络,就把握住了民事关系的核心。具体来说,以法律关系为中心来构建民法典,民法典应当首先设立总则,总则之中应当包括法律关系的基本要素,即主体、客体、法律行为、责任。民法典分则以法律关系的内容(即民事权利)为中心展开,分则部分包括人格权法、亲属法、继承法、物权法、债法总则和合同法、侵权责任法。

按照此种体系来整合我国现行法律,笔者建议民法典的制定应当从如下几个方面着手:

第一,通过修改补充《民法通则》,将其改造为民法典的总则。《民法通则》虽然不是以法典形式颁布,但其调整的都是基本的民事制度和民事权利;尤其是《民法通则》基本涵盖了所有民法典总则的内容,只不过基于现实需要在其中增加了部分民法分则的内容(如所有权、债权)。在某种意义上,它的确发挥了民法典的部分功能,并且其大部分内容仍然可以适用于我国的现实情况。因此,应该对其进行进一步的修改和整理,将其纳入民法典的相应部分。④ 换言之,在制定民法典时,不宜彻底抛弃《民法通则》,而应剥离其中的民法共性规范,作为民法典总则的蓝本。

---

① 参见〔葡〕孟狄士:《法律研究概述》,黄显辉译,澳门基金会、澳门大学法学院1998年版,第78页。
② 郑玉波:《民法总则》,三民书局2003年版,第63页。
③ 参见张文显主编:《法理学》(第三版),高等教育出版社2003年版,第131页。
④ 参见梁慧星:《为我国民法典而斗争》,法律出版社2002年版,第22页。

第二,通过整合完善《合同法》《物权法》《侵权责任法》《婚姻法》《继承法》等民事法律,将它们统一纳入民法典并分别作为分则的各编。需要注意的是,这些法律在制定时,重视各自的体系性与完整性,并未按照民法典的体系进行系统的设计。例如,《物权法》关于保护物权的规定中,既包括了物权请求权,也包括了侵权的请求权等,忽视了与《侵权责任法》的协调,故而,在制定民法典时,应当对各部法律进行适当的修改,而不能简单地、原封不动地纳入。

第三,应当在分则中设立独立的人格权编。传统大陆法系民法典不存在独立的人格权编,这本身是有缺陷的,因为民法本质上是权利法,民法典分则体系完全是按照民事权利体系构建起来的,民事权利主要包括人身权与财产权两大部分,后者分为物权与债权,它们均独立成编,人身权主要以人格权为主,却未单独成编,其规则或规定在主体制度中,或散见于侵权责任制度中,这就造成了一种体系失调的缺陷。可以说,传统民法过分注重财产权,反映其"重物轻人"的不合理性。要消除这一缺陷,人格权即应在民法典中独立成编,这也符合人格权保护在现代民法中的发展趋势:一方面,除了姓名权、肖像权、名誉权、生命健康权等,各种新型的人格利益被上升为人格权并受到法律严格的保护,如自然人的隐私权等;另一方面,一般人格权观念得到了立法与司法的承认与保护。而且现代化进程中以及高科技发展过程中所提出的人格权保护问题,也需要通过我国民法典人格权编的完善来应对。例如,对个人生活信息的收集和泄露、对个人身体隐私的窥探、对于生命信息和遗传基因的保护、对声音等的保护等,都是我们所必须面临的新课题。同时,市场经济的发展所引发的有关信用、商誉、姓名的许可使用以及名称的转让、形象设计权的产生等都是我们在人格权制度中必须加以解决的问题。此外,还要看到在我国,对人的尊严的关注与保护愈发重要。如果在民法中设立独立的人格权编,进一步对人格权予以全面的确认与保护,并确认民事主体对其人格利益享有一种排斥他人非法干涉和侵害的力量,同时也使个人能够据此同一切"轻视人、蔑视人、使人不成其为人"的违法行为作斗争,这必将对我国民主与法制建设产生极其重要的影响,还能体现民法的人文关怀、以对人的终极关怀为使命的普遍价值。

第四,应当在分则中规定独立的侵权责任编。大陆法系一直将侵权责任法作为债法的一部分而体现在民法典中,但是现代社会发展及民主法制建设的客观需要,已使侵权责任法所保障的权益范围不断拓展,其在传统债法体系中所负载的功能显然已不足以适应时代的需求。因此,侵权责任法应当从债法体系中分离出来而成为民法体系中独立的一支。侵权责任法的独立成编是完善我国民法体系的重要步骤,也是侵权责任法得以不断完善发展的重要条件。我国已经于 2009 年 12 月 26 日通过《侵权责任法》,实际上是采纳了侵权责任法独立成编的观点。侵权责任法将来要作为民法典的一编。侵权责任法通过构建科学合理的多元归责原则体系,既对私权利形成了更加周密的保护,又为侵权责任法未来的发展留下了足够的空间。

第五,应当设立债法总则编。法国学者达维德指出,"债法可以视为民法的中心部分"①。一方面,债法总则有利于整合债法自身的体系,它不仅适用于合同之债,还可以适用于非合同之债,能使不当得利、无因管理、缔约过失等债的形式在债法中找到其应有的位置,确立相应的法律规则。另一方面,债是市场经济中最活跃的因素,一旦新类型的债超出了现有规范,债法总则即起到拾遗补阙的作用,在此意义上,债法总则有利于完善民事权利的体系。在大陆法系体系中,民法典中债法的典型模式是将侵权行为、合同、不当得利、无因管理等都纳入债的范畴,以至于《德国民法典》等法典中的债法总则内容十分复杂庞大,从立法的科学性来说,其中许多内容并不都真正属于债法总则的内容。② 故而,我国民法典体系不一定要借鉴此种模式的经验,债法总则并不需要追求形式上的完整性,关键是有真正的总则意义,尤其是需要确定债的概念和债的效力、分类以及消灭事由,从而使其真正能够直接适用于各种具体的债的关系。

另外,关于知识产权是否进入民法典并独立成编问题,值得探讨。知识产权法无疑是民法的重要组成部分,但这并不意味着它应成为民法典的独立一编,因其内容非常庞杂、复杂,且随着科技的进步需要频繁进行修改,应当将其在民法典之外作为特别法单独规定。不过,我国民法典有必要对知识产权的类型和内容予以概括性、原则性的确认和界定,确认知识产权的共同规则,或仅在民事权利的客体中确认知识产权客体。采取此种做法可起到两个作用:一是宣示知识产权为民事权利,尽管知识产权兼具人身性和财产性,但其本质上仍属于民事权利的范畴,是私法上财产权利和人身权利的结合。民法典作为调整人身关系和财产关系的私法,

---

① 〔法〕勒内·达维德:《当代主要法律体系》,漆竹生译,上海译文出版社 1984 年版,第 79 页。
② 参见梁慧星:《为中国民法典而斗争》,法律出版社 2002 年版,第 47 页。

应当对这一重要的权利类型予以确认和界定。在发生知识产权纠纷后,如果知识产权法未作出特别规定,可以适用民法典的规定。例如,侵害知识产权的责任,在知识产权法中缺乏规定时,可适用侵权责任法的规定。二是共性的规则在特别法中不宜分散规定,可以放在民法典中规定。

三、民法典制定中的若干重大问题

早在清末变法时,修订法律大臣俞廉三对制定《大清民律草案》的宗旨概括为四项,即"注重世界最普遍之法则""原本后出最精确之法理""求最适于中国民情之法则"和"期于改进上最有利益之法则"①,这对当今我国民法典的制定仍有启发,即我国民法典的制定应当立足于中国国情,面向未来,借鉴两大法系的先进经验。本着这一宗旨,笔者认为,以下重大问题在我国民法典制定中应值得重视。

(一) 民法总则制定中的若干重大问题

尽管我国具有支架性的民事法律已经制定出来,但因缺乏具有普适性的总则,导致我国民法体系性程度不是太高,极大影响了民事立法的科学化和适用上的合理性。故而,加快民法典的制定步伐,首先应当尽快制定民法总则,并重点解决以下问题。

第一,完善民事权利体系。《民法通则》将民事权利单设为一章(第五章),这种经验在今天看来仍然是值得肯定的,在未来的民法典中也应当保留这种立法技术。但是,民事权利本身是个发展的体系,《民法通则》中关于民事权利体系的列举性规定仍有完善的必要。例如,其中未规定物权概念,也未构建物权体系,现在看来显然不合时宜。尤其应当看到,随着社会经济的发展,出现了一些新型的民事权利,如环境权、公开权、成员权等权利,它们是否应规定在民法总则中,需要认真探讨。早在20世纪90年代,谢怀栻教授就提出社员权应该独立,不仅因为公司法中的股权(股东权)已非财产权所能包容,还因为民法具有从个人法向团体法发展的趋势。同时,他认为,有一些不具独立性质的权利(如选择权、解除权)、有一些期待权(如继承开始前的继承权),虽然从实质上看,与一些

---

① 转引自侯宜杰:《二十世纪初中国政治改革风潮——清末立宪运动史》,人民出版社1993年版,第409—410页。

独立的、实定的权利不同,仍应将之归入整个民事权利体系之中。① 笔者认为,这些观点至今仍然具有非常重要的指导意义,在民事法律体系形成之后的民事立法活动中,也应当得到继续的贯彻和实现。此外,还有一些新型的利益,例如,胎儿的权益、网络虚拟财产权、商业秘密、死者人格利益、特许权等权利也需要在法律中作出规定。

第二,完善法人制度。《民法通则》对法人的分类以所有制为出发点,如将企业法人分为全民所有制企业、集体所有制企业等,并受制于现实而采用了企业、机关、事业单位和社会团体的法人分类。这显然不符合社会发展的需要,我国民法典在此方面应当借鉴大陆法系成熟的经验,采用营利法人和非营利法人的分类方法,以便于解决和落实基金会法人、仲裁委员会、宗教团体、寺庙等主体地位。此外,还要规定法人的概念、性质、条件、类别、能力、设立、法定代表人、机关、终止、责任等制度。

第三,完善合伙制度。《民法通则》虽然规定了个人合伙和法人合伙,但并没有从总体上承认合伙企业作为公民和法人之外的第三类主体,也没有规定主体的一般规则和条件。笔者认为,民法典应当承认合伙企业的独立主体地位,将其和一般的合同式的合伙区分开来,这样,尽管合伙企业对外承担无限责任,但它能设立账户、订立合同,并有独立财产,可以独立承担责任。尤其是有限合伙的发展,使其已经具有了一些公司的特征,独立主体的资格性很强,因此应当承认其主体地位。

第四,完善法律行为制度。应当看到,《民法通则》关于法律行为的规定仍然存在缺陷,例如,在法律行为的概念上,民法通则借鉴了苏联学者的观点,将法律行为视为合法行为,且把意思表示从中舍去。这一概念显然不够严谨,因为法律行为也包括了非法行为,如意思表示包含了欺诈的意思表示。因为法律行为是指能够产生当事人预期法律效果的意思表示。法律行为不同于意思表示在于其能够产生法律效果,法律行为没有合法与违法之分,违法行为也可能产生法律效果。例如,欺诈行为只要不侵害国家利益,受欺诈者愿意接受欺诈后果的,也可以产生当事人预期的法律效果。在法律行为制度中,不仅要规定有关法律行为的概念、生效条件以及无效法律行为的类型、未生效的法律行为等,也需要规定意思表示的概念、发出、到达、解释以及意思表示不真实等各种情形。②

第五,完善代理制度。《民法通则》关于代理制度,只规定了直接代

---

① 参见谢怀栻:《论民事权利体系》,载《法学研究》1996年第2期。
② 参见梁慧星:《为中国民法典而斗争》,法律出版社2002年版,第57页。

理,未规定间接代理。但是,《合同法》适应市场交易的需要,在第 402—403 条中规定了间接代理,并在第 49 条规定了表见代理,不过代理不限于合同领域,可以适用于整个法律行为,故间接代理、表见代理均应纳入民法典总则之中,但一旦将它们纳入总则,就需要重新构建代理制度,因为现有的代理制度是基于直接代理而形成的,如何理顺它们与间接代理制度的关系,就需要深入的探讨。笔者认为,未来民法典中的代理制度应当规定直接代理,间接代理应当作为直接代理的特别形式加以规定。

第六,完善民事责任制度。我国《民法通则》对民事责任作出了统一的规定,这种方式具有明显的中国特色,也为《侵权责任法》所继承和发展。因此,有关责任制度独立规定的结构应当坚持,但是《民法通则》有关违约责任和侵权责任的具体规则已经被《合同法》《侵权责任法》所涵括,不宜再规定于民法典总则部分,该部分只宜规定可共同适用的民事责任规范。

第七,完善时效制度。《民法通则》规定普通时效期间为 2 年,学理和实务普遍认为时间太短,不利于保护债权人,且特殊时效的列举过少,更多地分散在各个单行法中,不利于法官裁判,查找极其不便,有必要集中起来在民法典总则中加以系统规定。

(二) 人格权法制定中的若干重大问题

尽管人格权法是否应在民法典中独立成编存在争议,但从强化对公民的人权保护、完善民法的固有体系、弘扬民法的人文关怀精神、保持与侵权法等法律的衔接等原因,笔者认为人格权法有必要独立成编。

在人格权法中,要完善一般人格权制度。尽管《民法通则》对于宣示和确立我国人格权制度具有重大意义,但由于受到立法时理论研究不够、审判经验不足等影响以及人格权不断发展这一特点的制约,《民法通则》关于人格权的规定仍然存在一些缺陷和不足,例如,《民法通则》没有规定一般人格权,一些具体规则也不尽合理。最高人民法院于 2001 年 3 月 10 日施行的《关于确定民事侵权精神损害赔偿责任若干问题的解释》,全面总结了保护人格权的经验,丰富和发展了《民法通则》所确立的人格权制度。例如,该解释第 1 条第 2 款规定:"违反社会公共利益、社会公德侵害他人隐私或者其他人格利益,受害人以侵权为由向人民法院起诉请求赔偿精神损害的,人民法院应当依法予以受理。"这实际上确立了一般人格权法律制度。笔者认为,这一经验是值得肯定的,因为人格权是一个不断发展的体系,在实践中存在大量的人格利益受到损害、急需加以救济的情况,这就需要我们对人格利益设置兜底条款,使得任何类型的人格利益在受到损害时,都能够找到救济的依据。但一般人格权主要还是对新的人格利益的开放式的规定,应当适用利益保护的规则。对一般人格权的具体内容可以表示为:人格尊严、人身自由和人格平等。比如,强迫某人住进精神病医院接受所谓精神治疗,就严重侵犯了受害人的个人自由和人格尊严。

在人格权法中,要完善具体人格权制度。在此方面,除进一步规定并完善《民法通则》所确认的生命健康权、名誉权、肖像权、姓名和名称权、婚姻自主权等人格权之外,还应当重点规定以下三种权利。

第一,隐私权。隐私权是公民享有的私生活安宁与私人信息依法受到保护,不被他人非法侵扰、知悉、收集、利用和公开等的人格权。① 简单地说,隐私权就是指个人对其私生活安宁、私生活秘密等享有的权利。隐私权在现代社会中日益凸显其重要性,尤其是随着高科技的发展,使得对公民隐私的保护显得极为迫切。例如针孔摄像机、远程摄像机、微型录音设备、微型窃听器、高倍望远镜、卫星定位技术的出现,过去科幻小说中所言的在苍蝇身上捆绑录音、录像设备的技术在今天已成为现实,个人已无处遁身,个人隐私正受到前所未有的威胁。为了公共安全和公共利益的需要,有必要在公共道路、公共空间等地设置监控设备,由此也带来了如何区分个人隐私与公权力行使之间界限的难题。为此,两大法系都已经将隐私权作为基本的民事权利加以规定,甚至上升为一种宪法上的权利加以保护。我国《民法通则》虽然在法律上第一次建立了人身权制度,但并没有规定隐私权。这是立法的一大缺陷。虽然我国有关的单行法律(如《妇女权益保障法》)规定了隐私权,但因为民事基本法没有确认此种权利,所以极大地影响了对此种权利的保护。笔者认为,未来我国人格权法中要重点确认如下几项隐私的内容:一是私人生活安宁权。自然人的生活安定和宁静也叫生活安宁权,就是个人对其私生活免受他人打扰、妨害的权利,并且有权排斥他人对他正常生活的骚扰,对这样一种权利的侵害也是对隐私的侵害。二是个人生活秘密权。个人生活秘密是个人的重要隐私,它包括个人的经历、恋爱史、疾病史等,这些隐私非经本人的同意,不得非法披露。私密信息涵盖的范围很宽泛,包括了个人的生理信息、身体隐私、健康隐私、财产隐私、家庭隐私、谈话隐私、基因隐私、个人

---

① 参见张新宝:《隐私权的法律保护》,群众出版社1997年版,第21页。

电话号码等。每个人无论地位高低,都应该有自己的私密信息,无论这些秘密是否具有商业价值,其私人生活秘密都应当受到保护。三是家庭生活隐私权。家庭生活隐私是以家族关系、血缘关系、婚姻关系为基础形成的隐私,具体包括家庭成员的情况、婚姻状况(如离婚史等)、是否为过继、父母子女关系及夫妻关系是否和睦、个人情感生活、订婚的消息等,这些都属于家庭隐私的范畴。四是通讯秘密权。自然人的通讯秘密不受侵害,通讯秘密包括信件、电子邮件、电话、电报等各种通讯中的秘密。禁止采取窃听、搜查等方式侵害他人的通讯秘密。五是私人空间隐私权。私人空间是指凡是私人支配的空间场所,无论是有形的,还是虚拟的,都属于个人隐私的范畴。在私人空间中,住宅空间具有尤为重要的意义。"住宅是个人的城堡"(a man's house is his castle),这句英国法学家提出的法谚也表明了空间隐私的重要性。六是私人活动的自主决定权。自主决定,就是指个人选择自己的生活方式、决定自己的私人事务等方面的自由。① 隐私不仅是指消极地保护自己的权利不受侵害的权利,它还包括权利人自主决定自己的隐私,对隐私进行积极利用的权能。

第二,个人信息权。个人信息(personal data)是指与特定个人相关联的反映个体特征的具有可识别性的符号系统,它包括个人的出生、身份、工作、家庭、财产、健康等各方面的信息。在用词上,欧美之间也有分歧,例如美国人所用的侵犯隐私包括在网络中泄露他人信息的行为,而欧洲人则倾向于适用个人信息保护的概念。② 个人信息权有独立的权利内涵,可以成为一项人格权。一方面,通常个人信息与某个特定主体相关联,可以直接或间接地识别本人,其与民事主体的人格密切相关。③ 另一方面,个人信息具有一定程度上的私密性。很多个人信息都是人们不愿对外公布的私人信息,是个人不愿他人介入的私人空间,不论其是否具有经济价值,都体现了一种人格利益。④ 当然,作为一种人格权,个人信息的保护方

---

① Rehm 认为,自主决定的利益其实和隐私权没有什么关系,不过仍然可以把这两种利益都放在隐私权下进行保护。参见 Gebhard Rehm, Just Judicial Actibism? Privacy and Informational Self-Determination in U. S. and German Constitutional Law, 32 U. West. L. A. L. Rev. 275, 278(2001)。

② See James B. Rule and Graham Greenleaf, Global Privacy Protection, Edward Elgar, 2008.

③ 参见齐爱民主编:《个人资料保护法原理及其跨国流通法律问题研究》,武汉大学出版社 2004 年版,第 5 页。

④ 参见张新宝:《信息技术的发展与隐私权保护》,载《法制与社会发展》1996 年第 5 期。

式与传统人格权也有所区别。其保护的重心,在于限制对个人信息的收集与利用。

第三,网络环境下的人格权。互联网的发展,使我们进入了一个全新的信息时代。博客、微博的发展,使信息传播进入了全新的时代。据统计,目前我国已有四亿多网民、四千多万博客。如此众多的网民,在促进社会发展、传递信息等方面,起到了重要的作用。但同时,利用网络披露他人隐私、毁损他人名誉等行为也是大量存在的。应当看到,网络环境下的人格权并非新类型的人格权,因为与既有的人格权类型相比较,其不具有独立的权利客体。但是,网络环境下的人格权又有必要在人格权法之中单独加以规定,这主要是考虑到:一是人格利益保护的特殊性。一些人格利益在一般的社会环境中并不显得特别重要;而在网络环境下就显得特别重要。例如,在网络上,个人家庭住址的保护就特别重要。又如,在网络上披露某女明星的年龄,就可能导致该明星的演艺生涯受到影响。[①]这主要是因为信息在网络上传播的快速性、广泛性以及受众的无限性导致的。二是网络环境下,公众人物人格权的限制有特殊的规则。在网络环境下,公众人物人格权限制规则会有所变化,即便是公众人物,其在网络上的人格权也应当受到保护,如其家庭住址等个人信息不得随意被公开。三是网络环境中更应当注重人格权保护与信息传播自由之间的平衡。在网络环境下,信息传播自由以及满足公民知情权变得非常重要。公民享有在网络发布言论的自由,实现信息的自由传播,但是,一旦发布了侮辱、诽谤等言论,就会造成侵犯他人权利的严重后果,甚至并非出自故意而只是出于轻微疏忽的不实言论,也可能会导致严重的后果。例如,对某个自然人和企业的评价有所不实,一旦在网络上传播,就可能对其生活或者经营产生严重的影响。在实践中,确实多次出现利用网络诽谤和侵害其他企业信用的情形,例如,某人在网上造谣说某公司的产品掺入有毒有害物质,而这种言论一旦在网上传播开来,甚至可能引发人们的恐慌、攻击等不理智行为,给受害企业造成的损失难以估量。四是责任主体的特殊性。在网络侵权的情形下,网络用户应承担责任,网络服务提供者等特殊主体也要依法对受害人承担责任。当然,不同的网络服务提供者所应承担的责任应当有所区别。尤其是,法律上应当特别规定网络服务提供者的自律义务,要求其采取措施避免损害的发生和扩大。在人格权

---

① 参见《泄漏女星年龄 网站被告索赔》,载《参考消息》2011年10月19日,第9版。

法中也可以规定网络服务提供者的自律,将其设定为一种义务,网络服务提供者在法定情形下有采取积极行为的义务,这是以人格权为基础而产生的法律义务。五是责任方式的特殊性。在网络环境下,信息的传播具有快速性和广泛性,一旦损害发生,就难以恢复原状,故预防损害的发生和扩散变得尤为重要。因此,应当更多地适用停止侵害等责任方式。总之,笔者认为,面对网络这种新型的媒体,立法应当对其加以规范。通过在法律上设置相应的规则,可以更充分地实现人格权的保护,救济受害人。正是因为上述特点,有必要在人格权法中对网络环境下的人格权作出特别的保护性规定。

在人格权法中,需要完善人格权行使的规则。人格权法应当规定权利行使冲突的解决规则,尤其是要明确人身权益的优先地位。还有必要规定一些与人格权的内容和行使相关的问题,例如,保护生命健康权涉及医院是否应当对病人负有及时救治的义务,对生命权的保护涉及克隆、安乐死等的政策问题,对生命健康权和隐私权的保护也涉及对于基因的采集和基因编辑的政策问题,这些都有必要在法律上作出回应。尤其需要指出的是,人格权法应当重点规范舆论监督、新闻自由与人格权保护的关系,对于公众人物的人格权是否应当作必要的限制、如何进行限制等都作出规定。

(三) 债法总则制定中的若干重大问题

如前所述,为了增强法典的体系性,完善法典的内容,在《合同法》和《侵权责任法》制定之后,仍然应当制定债法总则。物权与债权的区分是大陆法系对财产权利的最经典分类方式之一,对正确认识、理解和行使财产权影响甚大。如果债法总则不复存在,则民法典总则之中"债权"的概念就难以与民法典分则中的相应编章对应,从而也会影响到整个民法典体系的和谐和体系化程度。笔者认为,在债法总则中,应重点完善以下问题。

第一,各种债的共性规则。如前所述,尽管《合同法》和《侵权责任法》都已独立成编,但是我们应当看到,合同之债与侵权之债还是存在着一些共通性的规则,如连带之债、按份之债、不真正连带债务等。这些规则都需要通过在债法总则中加以完善,以免合同编和侵权责任编需要分别作出类似的重复性规定。通过债法总则的设立,可以实现民法典条文的简约化,因为债法总则可以规定债法的共通性规则,这就可以减少规定"准用""适用"之类的条文,从而减少条文的数量。甚至债法总则可以为各种债提供一套备用的规范。①

第二,完善具体的债的类型。传统上将债列为四种类型,即合同之债、侵权之债、无因管理之债、不当得利之债。笔者认为,一方面,对这四种类型也需要进一步完善。例如,无因管理在实践中运用的很少,此种制度设立的目的是鼓励人们互帮互助。但是这一制度的功能也常常可以借助受益人的补偿义务、公平责任等制度来实现。因此在司法实践中,适用无因管理的案件较少。有鉴于此,将来在债法总则中,只需要对无因管理作简略的规定即可。另一方面,需要规定一些特殊类型的债。笔者认为,可以考虑结合中国的实际情况,对于一些特殊形式的债进行规定,主要包括如下几种:一是缔约过失责任。《合同法》第42、43条规定了缔约过失责任。但严格地讲,缔约过失责任并不是合同之债。其不仅可以产生于合同订立阶段,也可以产生于合同终止后的情形。所以其与合同关系并不具有必然的联系,不应当纳入合同之中,而应当单独规定。二是单方行为。单方行为也可以产生债。例如,悬赏广告就是因单方行为而产生的债,有必要在债法中作出规定。三是税收之债。此种债务本来是一种公法上的债,但公法只是确立了行政权的行使和公民的纳税义务,突出了其强制性特点。在实践中,也存在着欠税以后不完全通过行政处罚、行政强制的方式,而是通过民事方法来征收税款的做法。另外,税务机关请求纳税人缴税,也应当以税收债权的存在为前提。更何况,税收债权在破产法上作为优先受偿的债权而受到优先保护。在债法中,明确税收之债的相关内容,有助于税务机关以民事方法来实现税款的征收。

第三,债法总则与传统上属于商法内容的特别法的衔接。债权制度的确立,沟通了《票据法》《企业破产法》《保险法》等民事特别法对民法典的依存关系,并为这些民事特别法确立了适用的一般准则。许多商事制度实际上都是债法制度的具体化和发展。例如,票据权利的设定、移转、质押以及付款和承兑等都是债权制度的具体化。破产制度坚持债权平等主义,保护正常的债权债务关系,通过对资不抵债的债务人宣告破产,使债权人的利益在公平分配的基础上得以实现。保险合同是具体的债的单元,保险中的投保与承保、保险的理赔与追索、海损的理算与补偿等,都要适用民法债的规定。而从债的发生基础来看,商事活动领域出现越来越多的债的类型,例如,票据行为所发生的债的关系,无法归结到合同关系,

---

① 参见柳经纬:《关于如何看待债法总则对各具体债适用的问题》,载《河南省政法管理干部学院学报》2007年第5期。

票据的背书转让不能等同于合同的移转。为了寻找到一般的规定,有必要通过债的一般规定满足商事活动的需要,提供必要的法律规定基础①,并与商事特别法的规则形成有效的衔接。

(四) 婚姻家庭法、继承法的修改

在《婚姻法》方面,有许多制度应当详细规定。例如,《婚姻法》中对子女的探望权问题虽然有所规定,但非常简略,实践中就探望权问题经常发生争议。再如,关于未婚同居涉及的财产等问题,同居者之间的相互权利义务的规范,因为同居期间双方可能生育子女,由此引起对子女的抚养、监护等职责如何确立的问题。我国实行计划生育政策,独生子女较多,这也引发了新的问题,父母对子女究竟享有何种权利,现行法的规定比较笼统、模糊。尤其是在夫妻离婚之后,对子女的权利究竟如何确定和行使?例如探望权的主体、行使方式、探望权被侵害时的救济,颇值得研究。有学者建议,未来民法典应当赋予父母对未成年子女的居所指定权、教育权、抚养权、财产管理权等,并明确父母依法应承担的义务。② 此种观点也不无道理。此外,对离婚后子女的监护问题也有待进一步完善。在继承法方面,我国现行立法对遗产的范围规定得过于狭窄,对于遗嘱自由的保护应当进一步加强,法定继承人的范围也应当适当扩大(如增加第三顺位的法定继承人)。此外,对于被继承人的债权人的保护不够,实践中一些继承人通过隐匿财产等方式逃避债务,从而在一定程度上损害了债权人的合法权益。

四、结　语

制定一部面向 21 世纪的科学的民法典,不仅能够有效实现我国民事法律的体系化并构建中国特色社会主义法律体系,也将代表着我国民事立法水平达到一个新的高度,充分表明了我国法律文化已经达到更高的层次。通过民法法典化的方式实现民法的体系化,不仅符合我国的成文法典化法律传统,是实行依法治国、完善社会主义市场经济法律体系的重要标志,也表明了我国法律文化的高度发达水平,更是中国法治现代化的

---

① 参见魏振瀛:《中国的民事立法与民法法典化》,载《中外法学》1995 年第 3 期。
② 参见王卫国主编:《中国民法典论坛(2002—2005)》,中国政法大学出版社 2006 年版,第 91 页。

具体表现。① 制定和颁布一部先进的、体系完整的、符合中国国情的民法典,不仅能够真正从制度上保证市场经济的发展和完善,为市场经济健康有序发展奠定坚实的基础,而且将为我国在 21 世纪的经济腾飞、文化昌明、国家长治久安提供坚强有力的保障!如果说 19 世纪初期的《法国民法典》和 20 世纪初期的《德国民法典》的问世,成为世界民法发展史上的重要成果,则 21 世纪中国民法典的出台,必将在世界民法发展史上留下光辉的篇章!

---

① 参见谢怀栻:《大陆法国家民法典研究》,中国法制出版社 2004 年版,第 3 页。

负面清单管理模式与私法自治*

负面清单(negative list),是指仅列举法律法规禁止的事项,对于法律没有明确禁止的事项,都属于法律允许的事项。负面清单作为一种国际通行的外商投资管理办法,其特征在于以否定性列表的形式标明外资禁入的领域。自从上海自贸区率先在外商投资的准入领域实行负面清单制度以来,已经形成一种"非禁即入"的负面清单管理模式,并在全国逐步推行。[①]《中共中央关于全面深化改革若干重大问题的决定》明确指出,"实行统一的市场准入制度,在制定负面清单基础上,各类市场主体可依法平等进入清单之外领域"。据此,我国在市场主体的准入方面将实行负面清单制度作为改革的突破口,并成为深化改革的重要内容。此种模式的采用,对于激发市场主体的活力、扩大市场主体的准入自由、减少政府管制,具有重要的现实意义。负面清单管理模式既是私法自治理念的充分体现,又是传统的私法自治的落实和保障,本文拟从私法自治的角度,对该模式进行初步的探讨。

一、负面清单管理模式是私法自治的集中体现

负面清单所采"非禁即入"模式,源于"法无禁止即自由"(all is permissible unless prohibited)的法治理念。据学者考证,该理念最早出现在古希腊的政治准则中。[②] 其在经济交往中的采用则始于第二次世界大战后

---

* 原载《中国法学》2014 年第 5 期。
① 参见上海市人民政府 2013 年《中国(上海)自由贸易试验区外商投资准入特别管理措施(负面清单)》;龚柏华:《中国(上海)自由贸易试验区外资准入"负面清单"模式法律分析》,载《世界贸易组织动态与研究》2013 年第 6 期。
② 参见龚柏华:《"法无禁止即可为"的法理与上海自贸区"负面清单"模式》,载《东方法学》2013 年第 6 期。

美国与相关国家订立的《友好通商航海条约》(FCNT)。① 目前公认的运用负面清单的代表性法律文件是1994年生效的《北美自由贸易协定》(NAFTA)。② 从私法层面来看,负面清单是私法自治的集中体现。私法自治,又称意思自治,是指私法主体依法享有在法定范围内的广泛的行为自由,其可以根据自己的意志产生、变更、消灭民事法律关系。换言之,民事主体依据法律规定的范围自主从事民事行为,无须国家的介入。社会历史经验,特别是中国从计划经济向社会主义市场经济转变的历史经验,告诉我们一个经验法则,即"保证个人自主决定实现的制度是符合人性的制度,也是最有生命力的制度"③。这也如德国学者海因·科茨等指出的:"私法最重要的特点莫过于个人自治或其自我发展的权利。契约自由为一般行为自由的组成部分……是一种灵活的工具,它不断进行自我调节,以适应新的目标。它也是自由经济不可或缺的一个特征。它使私人企业成为可能,并鼓励人们负责任地建立经济关系。因此,契约自由在整个私法领域具有重要的核心地位。"④负面清单管理是私法自治理念的回归,也是私法自治精神理念的彰显。

(一) 理念的一致性

负面清单管理模式与私法自治的联系,首先表现在对保护市场主体行为自由精神和理念的一致性,即都主张减少公权力对私人领域的过度介入,扩大市场主体依法享有的行为自由。从经济理论层面看,负面清单曾经受到"消极自由"的经济哲学的影响。"消极自由"即免除强权干涉或非法限制的自由,这是古典自由主义的一贯立场。从霍布斯到洛克,以及亚当·斯密等都持此看法。这种自由理念为负面清单管理模式提供了理论基础。其实早在古罗马时期,法学家即已提出了类似的思想。如西塞罗指出,如果没有法律所强加的限制,每一个人都可以随心所欲,结果必然是因此而造成自由的毁灭。因此,"为了自由,我们才做了法律的臣

---

① 例如,美国与日本于1953年签订的《友好通商航海条约》第7条规定:"缔约方应当给予另一方的国民或企业国民待遇,以在其境内从事商贸、工业、金融和其他商业活动,但公用事业、造船、空运、水运、银行等行业除外。"参见任清:《负面清单:国际投资规则新趋势》,载《中国中小企业》2013年第12期。

② 参见《负面清单简史》,载《中国总会计师》2014年第2期。

③ 王轶:《民法基本原则》,载王利明主编:《民法》(第五版),中国人民大学出版社2010年版,第30页。

④ 〔德〕罗伯特·霍恩、海因·科茨、汉斯·莱塞:《德国民商法导论》,楚建译,中国大百科全书出版社1996年版,第90页。

仆"。孟德斯鸠等人也阐述了这种思想。① 虽然这些观点和消极自由的思想有一定的差异,但还是揭示了私法主体应当在法律范围内享有充分自由的思想。

私法自治原则确认主体可依据其自由意思设立其相互间的法律关系,实现其预期的法律效果,给主体提供了一种受法律保护的自由。其相对于公权力而言,是免受非法干预的自由②;相对于主体自身而言,旨在实现其在法定范围内的"自治最大化"③。私法领域遵循的最高原则即是私法自治的原则,所有公法不加以禁止的范围,均由私法主体进行意思自治。负面清单管理模式符合"法不禁止即自由"的法治理念,这种法治理念也是私法自治的集中体现。其强调市场主体的准入自由是法律对市场规制的出发点,若政府拟对准入自由加以限制,必须要有法律依据,并提供充分、合法的理由。在法定的准入限制之外,市场主体可以进入。尤其是市场主体可在法定范围内自主决定自己的事务,自由从事各种民事行为,最充分地实现自己的利益,而不受任何非法的干涉。④ "自主决定是调节经济过程的一种高效手段,特别是在一种竞争性经济制度中,自主决定能够将劳动和资本配置到能够产生最大效益的地方去。其他的调节手段,如国家的调控措施,往往要复杂得多、缓慢得多、昂贵得多,因此总体上产生的效益要低得多。"⑤中国改革开放的实践也很好地说明了这一点。由此可以看出,负面清单管理模式的基本理念与私法自治是完全契合的。

(二) 调整方式的一致性

负面清单管理模式与私法自治均注重采用法律行为的方式调整市场主体行为。从私法层面来看,对市场主体行为的调整主要有两种方式,即法定主义的调整方法和法律行为的调整方法。法定主义其实是一种强制性的方法,即通过法律的强制性规范事无巨细地规定人们行为自由的范围,并直接规定特定行为的法律效力,一旦私人的行为不符合法定的要

---

① 孟德斯鸠指出:"在一个有法律的社会里,自由仅仅是:一个人能够做他应该做的事情,而不被强迫去做他不应该做的事情。"参见〔法〕孟德斯鸠:《论法的精神》(上册),张雁深译,商务印书馆1961年版,第154页。
② 参见王轶:《民法基本原则》,载王利明主编:《民法》(第五版),中国人民大学出版社2010年版,第29页。
③ 易军:《"法不禁止皆自由"的私法精义》,载《中国社会科学》2014年第4期。
④ 参见苏号朋:《民法文化:一个初步的理论解析》,载《比较法研究》1997年第3期。
⑤ 〔德〕迪特尔·梅迪库斯:《德国民法总论》,邵建东译,法律出版社2000年版,第143页。

求,该法律行为可能因此被宣告无效。由于立法者理性的限制,加之市场具有瞬息万变的特征,立法者难以准确预见市场运行的新情况与新问题,因此常常要么陷入缺少及时有效干预的状况,要么面临过多地采取低效率或者无效率的强制性干预的困境,尤其是这种方式主要注重采用公法手段调整个人的行为,导致市场主体的私法自治空间较小,束缚了市场主体的自主创新活动。另外,此种调整方法的立法成本高昂,而且过于僵化。①

而法律行为的调整方式则赋予市场主体在法律规定范围内的广泛行为自由。法律行为理论深受德国自然法学派的影响,是德国学者从交易中抽象出来的概念②,法律行为也被认为是私法的核心部分③。它被运用到市场交易实践,也获得了极大的成功,因为这一理论为私法自治提供了基本的空间,符合市场经济的内在要求。这种方法的特点是,法律只是设定了一定的范围与界限,允许市场主体在不违反有关界限的前提下,可以自由进入有关领域。当其进入有关领域后,允许市场主体通过法律行为自主地创设各种法律关系,实现主体所期望的法律效果。法律允许当事人通过法律行为来设定、变更和终止当事人之间的民事法律关系,只要当事人的意思符合法定的条件,就可以实现当事人的目的,并依法发生当事人所期望的法律后果。当事人依其自身意志形成法律关系,所体现的正是私法自治理念。④ 私法自治保障个人具有根据自己的意志,通过法律行为自主设立、消灭其相互间的法律关系。⑤ 这种方法其实就是一种任意性的调整方法。由于法律行为具有法律效果的创制功能,因此成为实现私法自治的工具。⑥

实行负面清单管理,其实也是法律调整私人行为的方式的转变,从正面清单到负面清单的转变,实际上也是从以法定主义的调整方法为主向主要依赖法律行为的调整方法的转变。正面清单管理主要采用法律上列

---

① 参见董安生:《民事法律行为》,中国人民大学出版社1994年版,第31—76页。
② Vgl. Flume, Allgemeiner Teil des Bürgerlichen Rechts, Band 2, Das Rechtsgeschäft, Springer, 1992, S. 30.
③ Vgl. Eisenhadt, Deutsche Rechtsgeschichte, 3. Aufl., Mohr Siebeck, 1999, S. 230.
④ Vgl. Enneccems/Nipperdey, Allgemeiner Teil des Bürgerlichen Rechts: Ein Lehrbuch, zweiter halbband, 15. Aufl., Mohr Siebeck, 1960, S. 896 f.
⑤ 参见[德]迪特尔·梅迪库斯:《德国民法总论》,邵建东译,法律出版社2000年版,第8页。
⑥ Vgl. Flume, Allgemeiner Teil des Bürgerlichen Rechts, Band 2, Das Rechtsgeschäft, Springer, 1992, S. 23.

举的模式,人们只能在法律规定范围内行为。而负面清单管理则采用法律行为的调整方式,即允许当事人通过法律行为进行自我决定,法律不作过多干涉。负面清单管理模式与私法自治均注重采用法律行为的方式调整,因此都充分体现了民法精神或私法精神,承认个人有独立的人格,承认个人为法的主体,承认个人生活中有一部分是不可干预的,其宗旨在于促进个人的全面发展。[1]

(三) 对法律行为无效事由限制的一致性

国家垄断经济生活的做法必然导致对个人意思自治进行严格的限制,意大利著名的比较法专家萨科(Sacco)教授认为,要采用法律行为制度必然要求实行私法自治,但是过度的国家管控又与私法自治相矛盾,所以在高度集中型的体制下,就必然产生广泛无边的法律行为无效制度,使大量的法律行为不发生效力,其结果是,基本上废除了法律行为制度。[2]这和我们改革初期无效合同的实践是相吻合的。在实行正面清单管理模式下,政府对市场准入设置很多的限制性条件,并对市场主体的行为设置许多的强制性规范,这可能导致行为人动辄得咎。对市场而言,不仅市场主体准入困难,而且对正面清单之外的领域而言,市场主体实施相关行为后,其行为也可能受到法律的否定性评价,进而被大量宣告无效。在此种模式下,私法自治的空间受到了极大的限制。所以,真正贯彻私法自治,必然要求实行负面清单管理,减少公权力对市场行为的介入,使得市场主体的法律行为获得其应有的效力,保障市场主体按照其意志安排自己的经济活动。实行负面清单管理模式,要求明确列举市场主体不得为的事项的范围,明确法律行为的无效事由,减少公权力对市场主体行为的不当干预。私法自治也要求扩大个人行为的自由空间,减少法律对私人行为的限制。

二、负面清单管理模式是私法自治的具体落实

由正面清单向负面清单的转化,本质上是社会管理模式的转变,其不仅保障了市场主体的市场准入自由,而且还扩大了市场主体的行为自由,

---

[1] 参见谢怀栻:《从德国民法百周年说到中国的民法典问题》,载《中外法学》2001 年第 1 期。

[2] C. Reghizzi & R. Sacco, Le invalidita'del negozio giuridico nel diritto sovietico, in Rivista del Diritto Civile, 1979, I, p.175.

从而真正落实了私法自治的基本要求。私法自治,是指"任何一个人都享有的、以自己的意思自行形成自己私人法律关系的自由,就是说,这里应当实行自决,而不是他决"①。私法自治允许市场主体广泛进入市场,在私法领域,"法无明文禁止即为自由",也就是说,只要不违反法律、法规的强制性规定和公序良俗,国家就不得对市场主体的行为自由进行干预。私法自治作为民法的基本原则,甚至是处于核心地位的原则,已成为学界的共识。② 私法自治是因为考虑私法主体能够最大效率地增进个人利益及社会利益。作为私法的民法,也应服从这个社会工程的推进要求。③ 私法自治是民法的精髓,但问题在于,如果不借助负面清单管理模式将其具体落实,其可能只是停留在一种理念层面,而缺乏现实的操作意义。市场主体所面对的往往是种类繁多、内容复杂的审批、许可、限制等公法上的要求。在市场领域,市场主体依然是动辄得咎,缺乏必要的行为自由,也让市场主体无法形成有效、稳定的预期。

与原有的正面清单管理模式相比较,负面清单奉行"法无禁止即自由"的理念,其所带来的最大变化,是对法无禁止的"空白地带"(或称为法律的沉默空间)的清晰界定。社会生活纷繁复杂,且居于不断变动之中,而立法者的理性有限,不可能对不断变化的生活都作出妥当的规划和安排。因此,任何社会都存在着法律的"空白地带"。即便是在一些西方发达国家,法网细密,法律多如牛毛,法律的"空白地带"也仍然随处可见。对于法律已经在市场准入上作出禁止和限制性规定以外的领域,市场主体能否进入,其进入之后的行为能否产生预期的法律效果,因采纳正面清单或负面清单管理模式而存在两种截然不同的态度。实践中,我们长期所采取的是正面清单管理模式,即法律未作规定的"空白地带",市场主体不能随意进入,而应当由政府逐项审批、决定。具体来说,从正面清单向负面清单管理模式的转变,对"空白地带"的态度有以下三个方面的变化:

第一,市场主体的准入。关于"空白地带"的准入问题,实际上是私法自治原则本身没有完全解决的问题。按照私法自治理念,虽然法无禁止的地带可以进入,但是对于"空白地带"是否禁止,法律并没有表明态度,

---

① 〔德〕迪特尔·梅迪库斯:《德国债法总论》,杜景林、卢谌译,法律出版社 2004 年版,第 54 页。

② 参见王轶:《民法基本原则》,载王利明主编:《民法》(第五版),中国人民大学出版社 2010 年版,第 29 页。

③ 参见李建华、许中缘:《论私法自治与我国民法典——兼评〈中华人民共和国民法(草案)〉第 4 条的规定》,载《法制与社会发展》2003 年第 3 期。

而是处于沉默状态。私法主体在空白领域从事行为之后,一旦法律将空白领域界定为禁止进入的领域,私法主体则面临不确定的风险。

在正面清单管理模式下,只有法律法规明确规定的事项,市场主体才有相应的行为自由,但社会经济生活纷繁复杂,法律列举的事项是极为有限的,在大量的经济生活领域,法律法规都没有明确作出规定。特别是随着社会的发展,各种新的业态不断出现,市场主体能否进入这些领域,必然成为法律调整的"空白地带"。按照正面清单管理模式,市场主体无法自由进入这些"空白地带",这就严格限制了市场主体的经济活动自由。而在负面清单管理模式下,只有法律法规明确禁止的领域,市场主体才无法进入,凡是清单没有列明的领域,市场主体均可以进入,国务院2014年6月4日下发的《关于促进市场公平竞争维护市场正常秩序的若干意见》指出,要"制定市场准入负面清单,国务院以清单方式明确列出禁止和限制投资经营的行业、领域、业务等,清单以外的,各类市场主体皆可依法平等进入"。因此,与正面清单管理模式相比,负面清单管理模式赋予了市场主体更充分的行为自由。即便在"空白地带",政府机关也不得设置额外的审批程序,变相规避行政许可法定的原则。① 这说明,在负面清单管理模式下,除非法律有明确的限制,否则市场主体均可自由行为。

第二,政府的审批和管理。是否可以对"空白地带"的准入进行管理以及如何进行管理,这是一个公法问题,私法自治无法回答。之前,我们在总体上秉持着这样一个推定,即有政府统一安排和指导下的经济活动比发挥市场的主导作用更有效率。在受此种理念影响的正面清单管理模式中,政府力图对社会经济活动进行事无巨细的管理,政府因此享有极大的裁量权力。特别是对于大量的"法律的沉默空间",市场主体能否进入,法律并无具体、明晰的规则,而是在很大程度上取决于政府的自由裁量,由此就产生了权力寻租等问题。由于政府享有广泛的自由裁量空间,因此也缺乏充分的动力去细化规则和相关法律,从而使有关市场准入、管理等问题长期处于模糊状态。

而负面清单管理模式在基本理念上发生了根本变化,对政府行为采取"法无授权不可为"的原则,政府的权力能够得到有效的规范和约束,其权力仅限于保证那些被列入清单的领域切实得到规范或禁止。而且,在负面清单管理模式下,"空白地带"原则上属于主体自由行为的空间,市场

---

① 参见龚柏华:《"法无禁止即可为"的法理与上海自贸区"负面清单"模式》,载《东方法学》2013年第6期。

主体可以自由进入,行政机关不得设置额外的市场准入条件①,或变相规避行政许可法定的原则。② 这说明,负面清单管理模式既有助于使政府的审批与管理制度科学化、系统化,也有助于督促政府及时更新相关政策,有效回应市场需求。

第三,政府自由裁量权的规范和限制。对"空白地带"法律规制涉及行政权力与私权的界分问题,而这个问题本身是私法自治难以解决的问题。在正面清单管理模式下,市场主体是否可以进入大量的"法律的沉默空间",完全取决于政府的自由裁量,由于缺乏明确的法律依据,政府在审查和决策过程中主要采取非公开的自由裁量方式,这就难免出现暗箱操作等现象。但在负面清单管理模式下,"法律的沉默空间"原则上属于主体自由行为的空间,需要行政机关审批的领域仅限于法律明确列举的事项,并要对市场准入的限制条件进行合理说明,这有利于推动行政行为的公开化、透明化,使政府的自由裁量权受到规范限制,从而能真正保障市场主体的行为自由。

总之,对法律的"空白地带"的不同态度是正面清单与负面清单两种模式的差异所在。市场经济条件下,应"尽可能地赋予当事人的行为自由是市场经济和意思自治的共同要求"③。民事关系特别是合同关系越发达越普遍,则意味着交易越活跃,市场经济越具有活力,如此之下,社会财富才能在不断增长的交易中得到增长。正是因为私法充分体现了意思自治原则,才能赋予市场主体享有在法定范围内的广泛的行为自由,并能依据自身的意志从事各种交易和创造财富的行为。私法自治既是民法调整市场经济关系的必然反映,也是民法作为市民社会的法律的本质要求。私法自治的核心内容就是在私法领域充分地保障私权和尊重自由。我们知道,改革开放以来,中国经济的迅速发展是与市场主体自由的扩大紧密相连的,自由意味着机会,自由意味着创造,自由意味着潜能的发挥。负面清单管理模式因为落实了"法无禁止即自由"这一私法自治的基本原则,因此是一种激发主体活力、促进社会财富创造的法律机制。从上述三个方面可以看出,借助负面清单管理可以有效而科学地规范法律未作规定的"空白地带",从而使私法自治得到有效的实施,而不是仅停留在观念层面。

---

① 参见魏琼:《简政放权背景下的行政审批改革》,载《政治与法律》2013 年第 9 期。
② 参见龚柏华:《"法无禁止即可为"的法理与上海自贸区"负面清单"模式》,载《东方法学》2013 年第 6 期。
③ 江平、张礼洪:《市场经济和意思自治》,载《中国法学》1993 年第 6 期。

三、负面清单管理模式是私法自治的重要保障

　　私法自治原则的宗旨在于保障私法主体的行为自由,其作为民法中的一项基本原则,也对公权力的配置和行使提出了一定的要求。如前所述,私法自治是一项原则,其更多体现为一种理念,若缺乏具体制度的支撑,私法自治原则将难以真正发挥其作用。负面清单不仅表达了对"法无禁止"的空白地带的态度,而且对公法设定的准入限制等也作出了规范和限制。按照负面清单的本来含义,只有法律才能规定市场主体不得进入的领域,这从反面对设置市场准入门槛进行了规范和限制,从而极大地保障了私法自治的实现。从目前来看,我国从计划经济体制向市场经济体制的转化,虽然取得了巨大的成就,但在整个转型过程中,旧有的观念和制度仍然存在,政府对市场的过度干预也同样存在。由于大量的行政规章设置了过多的限制,束缚了人们的行为自由,影响了市场主导性和基础性作用的发挥,最终可能影响经济体制的成功转型。

　　长期以来,我们一直认为,私法具有自主性,即私法可以不借助公法而独立存在,此种看法并不妥当。实际上,单独通过私法来落实私法自治,其效果是极为有限的。传统的私法研究在很大程度上事先假定了私法的领域范围,并推定在这个领域范围内是与公共权力无涉的,并将讨论的重心聚焦在这一领域内的市场交易行为。其实,公法与私法的边界是处于不断变动之中的,如果公法规则过度地延伸到私法领域,则可能对个人的私法自治造成严重妨碍。在现代国家中,作为法律制度,公法与私法都是社会治理、经济规制的手段,二者的边界也随着政府职能的变化而不停地移动,但过度的政府管制和干预将使私法自治变得毫无意义,在此情形下,私法也不可能保持其自主性。

　　我国改革开放以来的民事立法,实际上是一个将市场主体自由不断扩大的过程。以合同法原则为例,最初的《经济合同法》不敢提自由,连"自愿"都不敢提,只提到了"协商一致"的原则;而至《合同法》制定时,其第4条采用了"自愿"的提法,而没有采用"自由"的提法。今天,虽然合同自由没有得到立法的明确确认,但在市场实践中已经广为流行,负面清单管理模式使法律上的自由理念更加深入人心。未来民法典在私法自治原则下,还应当引入民事主体营业自由、财产自由、处分自由等,这将丰富私法自治的实践内容,扩展私法自治的范围。目前,政府对市场主体及其行为

的审批、管控仍然较为严重,这极大地限制了市场主体的行为自由,随着改革的不断深化,通过负面清单的方式促进简政放权、简化政府职能,最终有利于真正保障私法自治。据统计,我国目前在国务院层面的行政审批项目就有 1 700 余项,2011 年取消了 221 项,政府预计要再取消三分之一。① 减少和规范行政许可,有利于减少负面清单实施中的障碍。然而,在实践中,削减行政审批遇到重重障碍,中央减少的,地方变相又增加了。有些行政许可表面减少了,实际又通过各种核准、备案、达标、验收等变相许可的形式出现。负面清单管理模式将彻底改变正面清单的规范模式,成为贯彻与实现简政放权、激活市场活力目标的重要措施。负面清单管理模式也能有效联结私法与公法,让公法上的管制安排借由这一管道,对私人自治的广度和深度产生深刻影响。

在观念层面上,减少公法对私法自治的不当干预。应当看到,在现代国家中,公法确立了治理的基本结构及公民的基本权利,确立了公权力行使的基本架构、程序、效果等。公法规范是现代国家治理的重要方式。但这并不意味着公法可以覆盖私法的调整范围,随意干预私法领域,压抑私法自治空间。有学者认为,民法的强制性规范,在一定程度上也起到了划定私法自治边界的作用。② 这种看法不无道理,但问题在于,是否私法自治的边界仅由强行性公法规范划定?私法自治自身是否存在不容否定的内核,并因此划定其边界?笔者认为,私法自治的确存在其不容否定的核心价值,这就是保障市场主体必要的自由、促进经济的发展、增进人民的福祉,这就为私法自治界定了一个应有的、不容侵蚀和否定的范围。因此,即便需要一定程度的公法调整,公法也不宜过度介入私法自治的空间,妨碍私法自治所欲追求的目标的实现。负面清单代表了国家管理模式的转变,即从公法上明确界定禁止市场准入的范围,其余的则不再加以界定,而是让渡给私法去界定。从理念上看,负面清单管理强调要为公法的干预设定边界,即不得妨碍市场主体应当享有的必要自由,从而激活市场主体的活力,优化资源的有效配置,促进社会财富的增长。

在具体措施上,需要规范公法对私法自治的干预,具体内容为:

---

① 到 2010 年年底,国务院的行政审批项目大约在 3 600 余项,各省区市的行政审批项目大约在 54 200 余项。2012 年 9 月,国务院决定取消的行政审批项目有 171 项,国务院决定调整的行政审批项目目录有 143 项。

② 参见朱庆育:《私法自治与民法规范——凯尔森规范理论的修正性运用》,载《中外法学》2012 年第 3 期。

一是要简政放权、减少审批,合理规范政府的行政许可行为,减少政府对资源的直接配置。实现负面清单管理后,行政机关就不得在"空白地带"增加额外的审批和许可。需要行政机关审批的领域仅限于法律明确列举的事项,并要对市场准入的限制条件进行合理说明,这本身就是对政府自由裁量权的最大限制。

二是要明确审批的内容与程序。实行负面清单管理,要以法律的方式列明需要审批的具体事项,同时规定透明的审批标准、清晰的审批程序和明确的审批效力。

三是规范政府的信息公开。在实行负面清单管理模式后,凡是法律未明确禁止的领域,就不再由行政机关审批,从而将事前的行政审批转化为备案、登记等监管方式,要求政府形成一套高效而完善的备案体系和其他公示公信制度,如信息公示、信息共享、信息约束等制度,这将促使行政行为更加公开、透明。

四是规范政府的监管。在正面清单管理模式下,政府不仅有审批权,还可能附带设置了很多监管权力,并动辄以各种条件不符合为由罚款、查封、扣押,这严重地影响了市场主体经营活动的稳定预期和安排。从正面清单向负面清单管理模式的转变,意味着政府的监管模式从事前监管到事后监管的转变。这要求政府对市场行为进行持续性的关注,而不是采取审批后放任自流的态度,从而更有效地管控风险、维护秩序。

五是规范政府的自由裁量。首先,在负面清单的模式下,政府的自由裁量空间将受到极大的限制,即对于空白领域,市场主体可以自由进入,无须政府裁量认定。其次,对于需要进行自由裁量的领域,负面清单的模式也提出了更具体、清晰的行为准则。宾汉姆曾经指出:"法治并不要求剥离行政或司法决策者们所拥有的自由裁量权,但它拒绝不受限制的,以致成为潜在独裁的自由裁量权。"[1]由此也表明,对自由裁量权的规范也是对公权力行使的有效规范。最后,清单所列举的事项包括对市场主体准入的禁止和限制,对于限制的事项市场主体是否可以准入以及如何进入,即使在实行负面清单以后,政府也享有必要的自由裁量空间,对这种自由裁量,也需要进行必要的规范。

在制度层面上,需要界定私法和公法的边界,构建一个公法私法协同配合、综合调整的市场规制体系。事实上,单纯地强调私法自治,并不能

---

[1] 〔英〕汤姆·宾汉姆:《法治》,毛国权译,中国政法大学出版社2012年版,第78页。

有效处理好公法与私法的关系,原因在于:一方面,正如辛格(Singh)所指出的,"私法上的理念和规则虽然使资本更有效率,但却无益于普遍性的利益"①,因此,需要公法从维护公共利益层面与私法进行协调;另一方面,公法又不能代替私法的功能。哈耶克认为,尽管在一个自生自发的现代社会秩序中,公法对于作为基础的自生自发秩序的作用的发挥而言是必需的框架,但不能因此而使公法渗透或替代私法。② 公法对私法领域的过多介入和渗透,可能给市场主体的行为带来不确定的法律风险,其既可能表现为通过强制性规定否定市场主体法律行为的效力,也可能表现为在法律空白领域事后否定市场主体法律行为的效力。私法自治主要是私法上的一项基本原则,一旦不能确定好与公法的边界,就可能会造成大量公法规范进入民事领域,形成对私法自治的不当干预。有学者曾经比喻,公法中的强制性规定像躲在木马里面的雄兵一样涌进特洛伊城,摇身变成民事规范,私法自治的空间,就在这样一种调整下随着国家管制强度的增减而上下调整。③ 这也说明了在制度层面构建私法与公法互动机制的重要性。

负面清单的管理模式从制度层面明确了行政机关的职权范围,使私法主体知晓其不得从事的行为范围。私法自治并不意味着市场主体可以从事一切行为,而只是可以自由进入负面清单列举事项之外的领域。而若进入负面清单所列举的领域,也必须要遵守公法所确定的审批等程序。负面清单管理模式应当遵循法定原则,即只有法律才能明确规定负面清单的具体内容,政府部门不得在负面清单之外设定额外的强制性规范,干涉主体的市场准入。与此同时,要大幅度减少公法所设定的审批事项。公法规范也应适应政府从管理到治理,从事先审批到事后监管的转变。这些都有利于从制度层面厘清公法和私法的界限。

制度层面的构建与完善,也需要负面清单管理模式与公法上的职权法定原则相结合,从而充分保障私法自治。所谓职权法定,是指政府的职权、机构设置、行为方式等都必须由法律明确规定。形象地说,职权法定的内涵就是"法无授权不可为""法无授权即禁止"(all is prohibited unless

---

① Prabhakar Singh, Macbeth's Three Witches: Capitalism, Common Good, and International Law, Oregon Review of International Law, Vol. 14, No. 1, 2012, p. 65.

② 参见〔英〕弗里德利希·冯·哈耶克:《法律、立法与自由》(第一卷),邓正来等译,中国大百科全书出版社 2000 年版,第 27 页。

③ 参见苏永钦:《私法自治中的国家强制》,载《中外法学》2001 年第 1 期。

permissible),它与负面清单管理模式所体现的"法无禁止即可为""法无禁止即自由"(all is permissible unless prohibited)有着相辅相成的关系,体现了"规范公权、保障私权"的现代法治理念。① 负面清单虽然要求政府不得在清单之外设置审批事项,但从制度上真正落实这一要求,还必须结合职权法定原则来合理限制行政权,防止行政权的自我膨胀,妨碍市场主体的行为自由。职权法定的逻辑结果就是,政府的权力是有限的,因为法律授权给它的权力本来就是特定的,政府只能做法律授权它做的事,而不能做它想做的一切事。事实上,一旦政府的权力无限,其职责也将是无限的,这也是当前各类矛盾在无法解决时都求助于政府的根源。在这样的情况下,政府很难从维持社会稳定、消解社会矛盾中解脱出来,真正有效地履行宪法、法律所规定的职责。而且也会导致行政权膨胀及滥用,从而也无法把权力真正关进制度的"笼子"中。在不少情形下,即便政府官员没有滥用权利的主观心态,但也因为信息匮乏等因素导致决策失误,引发行政权误用。职权法定原则的目的正在于限制和规范公权力,即要求公权力对任何民事权利的限制都必须有法律依据。诚如波斯纳所言,在那些公权力监督和制约机构(特别是法院)的力量比较有限的国家和地区,一个相对比较可行的办法就是进一步明确和细化公权力的行使边界和规则,以具体明确的法律规则来约束公权力滥用。② 通过职权法定,能够使政府真正从无限政府转变为有限政府、法治政府、服务型政府,并使政府划定私法活动范围的职权受到限制和规范③,使市场主体对经营活动的后果和效力有更强的可预期性。

最后,还应当看到,负面清单管理模式提高了监管的效率,促进了私法自治的实现,并为私法自治的落实提供了有效保障。在正面清单管理模式下,市场主体要进入特定的市场领域需要经过行政机关的审批,这可能导致企业负担过重,且效率低下。据了解,有的地方从事餐饮业的小型个体工商户,办理开业过程中须向消防、环保、卫生防疫、公安以及房产等部门申请并盖几十个公章。④ 2005 年,美国哈佛大学、耶鲁大学和世界银

---

① 参见龚柏华:《"法无禁止即可为"的法理与上海自贸区"负面清单"模式》,载《东方法学》2013 年第 6 期。
② See Richard Posner, Creating a Legal Framework For Economic Development, in The World Bank Research Observer, Vol. 13., 1998, pp. 1-11.
③ 参见章剑生:《现代行政法基本原则之重构》,载《中国法学》2003 年第 3 期。
④ 参见聂小军:《关于观上镇民营企业人力资源管理现状的调查报告》,载《卷宗》2013 年第 4 期。

行的四位教授曾经对 85 个国家和地区的创业环境进行调查,结果表明,从注册一家公司到平均开业,所必经的审批程序,加拿大需要 2 天,而中国需要 111 天;注册审批费在美国、加拿大、英国平均不到人均年薪的 1%,而在中国内地占到人均年薪的 11%。① 由于缺乏事后的监督机制,行政机关难以准确把握市场经济状况,进而作出有效的经济调控安排。因此,正面清单的管理模式效率比较低下。而在负面清单管理模式下,市场主体只要符合法定的准入条件,行政机关就应当许可和批准,相应地也会加强事后监管,即准入后运营之中的监管,这更有利于准确掌握市场主体的实际经济活动状况,并因时制宜地采取相应的管理措施,从而有效提高效率。

四、负面清单管理模式有助于降低市场风险

在我国社会转型过程中,简政放权、转变政府职能、激活市场主体的活力,是加快完善现代市场体系的关键所在。负面清单管理模式通过简政放权、扩大市场主体自由的方式,可从制度上保障私法自治。"自由以及私法自治是私法的出发点。"②但是,市场主体在自治过程中也面临经营失败的风险,尤其是进入新生态、新业态,实行自主创新,常常伴随着一系列不可预测的市场风险。而私法自治原则本身又难以为克服这些风险提供有效的解决办法。而负面清单管理模式的采用有助于克服这种风险。

(一)负面清单管理模式有利于减少市场主体所面临的新业态准入风险

现代市场经济是非常复杂的体系,大量的新业态层出不穷,例如,我国近年来发展的网购规模已达 1.85 万亿元,总量为全球第一;又如,我国互联网金融的规模 2013 年已超过 10 万亿元,并呈现出迅速扩张的态势。这些新业态的发展虽然挑战了原有的监管框架,但的确促进了市场的繁荣和经济的发展,增进了民众的福利。然而,在新业态产生之初,因立法并未对其作出明确的规范,故常常处于法律未作规定的"空白地带"。在

---

① 参见周天勇、董书芳:《处理好行政工商监管与服务和发展的关系》,载《中国工商管理研究》2007 年第 4 期。

② 〔德〕迪特尔·梅迪库斯:《德国民法总论》,邵建东译,法律出版社 2000 年版,第 144 页。

这种情况下，市场主体能否进入以及进入以后将遇到何种风险，均有不确定性。在正面清单的管理模式下，市场主体进入新业态中，将面临三重风险：一是不能进入的风险；二是进入后面临过度监管或处罚的风险；三是进入无效所造成的投资损失和浪费的风险。正是因为存在这些不确定性，就会阻碍市场主体进入此种新业态，或者造成对创新的阻碍，或者造成投资的浪费。在现代市场经济条件下，政府应当是有限的服务型政府，政府的行为应当局限于法律的授权范围内，凡是涉及社会成员私人生活的领域，只要不涉及公共利益、公共道德和他人的利益，都应当交给任意法来处理，即允许社会中私人之间的财产关系、人身关系由私人依法依据其自己的意思加以创设、变更或消灭。这就需要明确强行法的控制范围和任意法的调整范围，对于本属于私人之间的事务应当更多地交给其自行处理。

当然，对于新业态，我们并非采取完全放任自流的态度，甚至完全放弃正面清单管理。对于某些特殊的关系到国计民生和重大公共利益行业，如果不采取事先监管措施和必要的准入可能会造成难以弥补的负面社会影响（如医疗卫生、食品安全、金融安全）的领域，还有必要采取一些正面清单管理与负面清单管理相结合的方式加以规范。当然，随着社会经济的变迁，有关的正面清单必须及时地加以修正、调整和更新，以更契合社会发展的需要。

（二）负面清单管理模式有利于减少市场主体的创新风险

创新是一个国家和民族永葆活力的关键。而市场创新是促进市场繁荣、发展，促进社会财富增长的基础性环节。创新意味着要超越既有的制度、法律、经营模式上的框架，敢为天下先，从事前人未曾涉及的经营或其他活动。目前我国遍布全球的产品更多是"中国制造"而非"中国创造"，产生这种现象的原因之一在于，正面清单的治理模式对创新的严重约束。从历史经验来看，尽管在法律管制较多的情况下也存在创新，但这正如当年安徽凤阳小岗村18户农民的"大包干"艰难创造史所揭示的那样：一方面，正面清单的治理模式下，人们的创新必须承担巨大的风险，很可能因为违反普遍的正面性要求和管制而遭受各种处罚，对未来创新的收获缺乏稳定的可预期性；另一方面，创新的时点也将被大大推迟。在中国正式通过立法确立土地家庭联产承包责任制之前，这种创新的实践只能在小岗村等非常有限的地域出现。但这种实践后来被普遍采用，并已经被历史证明是更有活力和效率的土地经营模式。正面清单束缚创新的主要原因是,在正面清单管理模式下,对大量的法律"空白地带",政府享有管理权,甚至可设定审批或者变相审批权,同时可能附带设置很多监管权力;有的执法机关动辄以各种条件不符合为由进行罚款、查封或扣押,从而严重影响市场主体的正常经营,妨碍其经营自由。落实负面清单管理模式,通过规范政府的审批权、自由裁量权等,有利于廓清市场准入的标准,理清市场和政府的关系。负面清单管理模式是一个以市场机制发挥主导性作用的模式,清单本身就为市场行为和政府职权行为划了一条界线,凡是未明文禁止的"空白地带",市场主体即享有行为自由和经营自由,而无须政府机构的审批和干预。负面清单的修改,应当遵循严格的法定程序,不得由行政机关事后随意修改,这些都有利于减少市场主体的创新风险。

(三) 负面清单管理模式有利于减少市场主体在法律空白领域的风险

如前所述,即便在法律完备的情况下,也会因社会的发展,产生一些"空白地带"。例如,交易模式往往随着科技的发展而变化,法律不可能永远跟上科技本身的发展速度,从而频繁地产生"空白地带"。近年来我国互联网金融的发展也说明了这一点。市场主体在进入法律空白领域后,如何有效地降低其风险,是法律必须关注的事项。在法律存在"空白地带"时,即便市场主体能够预见相关的市场风险,但如果行政机关在事后将之界定为禁止进入的领域,进而认定市场主体的行为无效,则将给市场主体带来巨大的风险,这不仅体现为政府对市场主体的处罚和限制的风险,也体现为市场主体相互之间的法律关系不能得到充分保护的风险。在负面清单管理模式下,法律的"空白地带"如果不属于清单列举的禁止领域,则市场主体均可进入,行政机关也不得在事后认定行为无效,从而减少市场主体在法律"空白地带"中受政府不当干预的风险。世贸组织首席经济学家帕特里克·洛在其研究 GATS 协议下市场自由化的论文中指出:负面清单最突出的优点是"能够极大地增强市场开放的透明度,因为哪些行业或者行为被排除在外是立刻就一目了然的。而要在正面清单中要求透明度,则需要另加相应条款"[①]。通过负面清单管理,有效规范政府权力,有助于明确划定政府干预民事活动的边界。其结果将从整体上降低市场主体的市场准入风险,市场主体对经营活动的后果和效力就具有更强的可预期性。

---

① 陆振华:《"负面清单"简史》,载《21 世纪经济报道》2014 年 1 月 1 日。

(四) 负面清单管理模式有利于减少法律行为效力的不确定性

在正面清单管理模式下,由于公法规范大量干预私法自治领域,许多合同效力具有不确定性,随时可能因与政府的审批、许可等不符而无效,这就极大地形成了法律行为效力的风险,影响交易安全和交易效率。我国1999年《合同法》第52条明确将判断合同效力的依据,限定在法律和行政法规的强制性规范的范围内,这就极大地减少了因为过多行政规章和地方性法规设立的强制性规范而对合同效力带来的风险。然而,即使在法律和行政法规层面,仍然有大量的公法规范对合同的效力构成影响。在缺乏法律规范来作为法官裁判依据的时候,有的法官甚至将行政规章和地方性法规设立的强制性规定作为认定无效的主要依据,并因此导致合同的无效。而在负面清单管理模式下,清单明确列举的事项市场主体才无法进入,政府不得在负面清单事项之外设定强制性规范,这就可以提高市场主体交易的可预期性,降低了市场主体法律行为的风险,提高交易安全和交易效率。在我国司法实践中,有的案例也依据负面清单管理模式而确认合同的效力。例如,在"中国银行(香港)有限公司诉于世光保证合同纠纷案"中,法院在判决中就指出了,"法无明文禁止即许可,故原、被告签订的保证合同不违背我国内地法律和公共利益,依法应认定有效"[①]。但严格地说,在没有实行负面清单管理模式的情形下,此种表述仍然是缺乏依据的,交易当事人所面临的准入风险始终是存在的。

还需要指出是,负面清单本身并不是一个固定不变的规则体系。就像率先实行负面清单制度的上海自贸区一样,负面清单管理模式也具有一定的实验性。更具体地说,到底哪些内容应当进入负面清单,或者不进入负面清单,都需要经过实践的反复检验。在经过试验之后,对于那些被证明不需要进入负面清单的,应当及时从负面清单中清除,以进一步扩大私法自治的空间。也就是说,在直接用于调整政府市场规制的负面清单之上,还存在调整、适用、解释负面清单的规则。对于此类规则,也有必要通过确定的法律规范加以规制,从而强化负面清单本身的稳定性,增进市场主体的行为预期。而对于那些实践证明存在市场个体难以克服的系统性风险问题,也应当及时以适当的方式纳入负面清单,以降低市场自主运作的风险。在这些领域,分散的市场主体积极参与合作、共同抵御市场风险是符合各主体的普遍利益的。然而,由于市场信息不充分、谈判成本等

---

① 广州市中级人民法院(2005)穗中法民三初字第432号民事判决书。

诸多障碍,这些市场主体难以自发地开展这样的合作。① 在这样的背景下,政府通过有限正面清单的方式予以强制性规范和要求,有利于促进市场主体之间的合作与创造,更好地发挥市场主体的主动创造性。

五、结　语

"世易时移,变法宜矣。"②负面清单管理模式是转变经济和社会治理模式的积极探索,也是新时期治国理政方法的重大转变。该模式肯定了学界长期坚持的、未来民法典的制定观念,即整个民法制度,尤其是在整个交易关系中法律规则的领域,应当奉行"法不禁止即自由"的原则,最大限度地拓宽私人自治的空间,使个人充分发挥自主决策和自主判断的能力,从而提高市场活动的效率和经济活力。自由必须依赖于法律的保障,且必须在法定范围内才具有真正的自由。马克思说,法典就是人民自由的圣经③,民法是自治法,颁行一部因应时代需求的民法典,将有助于贯彻负面清单管理模式所体现出来的法治精神,准确界定私法自治的原则、理念和具体制度,正确界分私法与公法的范围,保障私法主体的意思自治与行为自由。

---

① 关于市场主体自发合作障碍及其治理方案的专题讨论,参见熊丙万:《私法的基础:从个人主义走向合作主义》,载《中国法学》2014 年第 3 期。
② 《吕氏春秋·察今》。
③ 参见《马克思恩格斯全集(第一卷)》(第二版),人民出版社 1995 年版,第 176 页。

民法典的时代特征和编纂步骤[*]

民法典是"社会生活的百科全书",是市场经济的基本法、市民生活的基本行为准则,更是法官裁判民商事案件的基本依据。党的十八届四中全会提出:"加强市场法律制度建设,编纂民法典。"这是建设社会主义法治体系和法治中国的重要步骤,也为我国未来民事立法工作指明了方向和道路,必将有力推进我国法律体系的进一步完善。本文拟就民法典的时代特征和具体编纂步骤,谈几点不成熟的想法。

一、我国民法典必须反映 21 世纪的时代特征

我国民法的体系化需要制定民法典,这不仅是出于立法形式上的考虑,更重要的是,法典化是实现私法系统化的一个完美方法。[①] 自清末变法以来,我国立法基本上采纳了大陆法系的立法框架。大陆法系又称为民法法系,其以民法典为重要标志。民法典是社会经济生活在法律上的反映,更是一国生活方式的总结和体现。民法典是法治现代化水平的标志,也是法律文化高度发达的体现。法典的体系性、逻辑自洽性和价值一致性等特点,都是单行法所不可比拟的。民法典的颁行是民事法律体系基本形成的标志,也可以为法官适用法律提供极大的便利。从我国的实际情况来看,通过制定民法典来实现民法体系化,既有确保民法规范逻辑自洽、科学合理的系统化效用,又能充分满足法官依法公正裁判民事案件的迫切需要。基于上述因素,中国民法体系化必须走法典化道路。但需要特别强调的是,我国的民法典还必须反映 21 世纪的时代特征,彰显 21 世纪的时代精神,适应 21 世纪政治、经济、社会、文化、环境等各方面发展的需要。

我国民法典需要适应改革开放和市场经济发展的需要,积极有效地

---

[*] 原载《清华法学》2014 年第 6 期。

[①] Vgl. Karsten Schmidt, Die Zukunft der Kodifikationsidee: Rechtsrechung, Wissenschaft und Gestzgebung vor den Gesetzswerken des geltenden Rechts, 1985, S. 39.

回应我国社会主义市场经济建设过程中突出的现实问题,满足我国社会主义市场经济建设和运行的法治需求。在公有制基础上实行市场经济,是人类历史上前所未有的伟大实践,而中国的改革开放,又为民法提出了大量需要解决的新课题。我国民法典必须立足于我国的基本国情,对中国所面临的现实问题作出回应。正如20世纪庞德在《哈佛法律评论》上发表的论文中所指出的,虽然中国和世界在大量问题上分享着相似的生活经验,但在其他方面也大量存在着不同的文化传统、生活模式和现实问题。① 在这些方面,我们更需要立足于我国经济建设和法治建设的实践经验,自我探索,不断创新,构建适应我国特殊国情的规则和制度体系。市场经济的发展和改革的不断深化给民事立法提出了诸多新的挑战。例如,互联网金融迅速发展,据统计,2014年的网络购物市场交易规模为6 287.6亿元,居全球首位;我国互联网金融规模已近10万亿元,规模已居于全球之冠。其中涉及金融消费者、网购消费者的权益保护、交易平台和支付平台的法律地位等,都需要民法典在深入研究的基础上予以规范。

我国民法典应当彰显时代精神。21世纪是走向权利的世纪,是弘扬人格尊严和价值的世纪。进入21世纪以来,人权运动在世界范围内蓬勃发展,尊重与保护人权已经成为国际社会的共识,并成为当代法律关注的重点,对人的尊重和保护被提高到前所未有的高度。因此,我国民法典也应当充分反映这样的时代精神,充分体现人文关怀。孟德斯鸠说过,"在民法的慈母般的眼里,每一个个人就是整个的国家"②。日本学者田中耕太郎也曾指出:"私法的基本概念是人(Person)。"③彰显人文关怀精神是社会主义本质特征的体现,也是促进个人全面发展的需要。由于科学技术的迅速发展特别是生物技术的发展,使得人体组织和器官的移植甚至克隆都成为可能,代孕等技术也得以出现,这些都威胁着人的主体地位和人的尊严,人体组织、器官可能成为物法或者债法的调整对象;在这样的背景下,民法有必要对这些新的挑战作出有效应对;这就是强调维护人的尊严作为民法的一项基本原则,任何损害尊严的行为在民法上都是无效的。除此之外,民法典也要贯彻私法自治理念,将安全、自由、平等等基本价值贯彻在法典的内容之中。民法通过"私法自治给个人提供一种受法

---

① See Roscoe Pound, Comparative Law and History as Bases for Chinese Law, 61 Harv. L. Rev. 749, 749–762(1948).
② 〔法〕孟德斯鸠:《论法的精神》(下册),张雁深译,商务印书馆1963年版,第190页。
③ 转引自〔日〕星野英一:《私法中的人》,王闯译,中国法制出版社2004年版,第20页。

律保护的自由,使个人获得自主决定的可能性。这是私法自治的优越性所在"①。

我国民法典应当反映21世纪的时代特征。如果说1804年的《法国民法典》是19世纪风车水磨时代的民法典的代表,1900年的《德国民法典》是20世纪工业社会民法典的代表,那么我们的民法典则应当成为21世纪民法典的代表之作。那么,我国民法典如何反映21世纪的特点?

民法典必须反映互联网时代的特点。随着计算机和互联网技术的发展,人类社会进入一个信息爆炸的时代。互联网深刻地改变了人类社会的生活方式,给人类的交往和信息获取、传播带来了巨大的便利,高度发达的网络使得人与人之间的距离越来越小,我们的生活也与互联网密不可分。截至2014年6月,我国网民规模已达6.32亿,手机网络用户有5亿,互联网普及率为46.9%。随着互联网应用的普及,网络技术正深刻地影响和改变着人们的生活方式、经济的发展模式乃至社会的运行规律,在这一过程中,传统民法规则注定会面临来自诸多方面的机遇和挑战。首先,网络技术的发展,创造出了多项前所未有的权利类型,网络环境下的人格利益具有扩展性、集合性、保护方式的特殊性等特点,网络虚拟财产权、个人信息权、信息财产权等亟须在民法中得到确认和保护。其次,电子商务的快速发展使得电子合同的适用范围日益广泛,电子政务的普及也逐渐改变一些登记和注册制度的样态,推动了民法公示方法的变化。最后,在网络环境中,侵权损害具有易发性特点,网络无边界性以及受众的无限性,使得侵权言论一旦发表就可以瞬间实现全球范围的传播。由于在网络环境下,信息的传播具有快速性和广泛性,损害一旦发生,就难以恢复原状,故预防损害的发生和扩散变得尤为重要。因此,应当更多地适用停止侵害等责任方式,并应当对网络环境下的人格权保护作出特殊规定。

民法典必须反映信息社会和大数据时代的特点。由于数字化以及数据库的发展,使得信息的收集、加工、处理变得非常容易,信息的市场价值也愈发受到重视,对于信息财产权和隐私权的保护需求也日益增强。个人信息作为个人享有的基本人权也日益受到法律的高度重视。信息沟通成本的降低,也深刻改变了人与人之间的交往方式,这也直接改变了某些传统交易行为的方式,如金融领域无纸化证券大量产生、无纸化交易日益

---

① 〔德〕迪特尔·梅迪库斯:《德国民法总论》(第二版),邵建东译,法律出版社2001年版,第143页。

频繁。数字化技术和网络技术的发展如同一把"双刃剑",在促进新型知识产权不断产生的同时,也使得对知识产权的侵犯变得更为容易,并为网络服务提供者滥用技术优势侵害公民私权留下了制度缝隙。法律如何在日新月异的技术发展环境下实现对私权主体的周延保护,已成为现代民法所面临的一个重要议题。

民法典必须反映高科技时代和知识经济时代的特点。在现代社会,对个人权利的尊重和保护成为一个人类社会文明发展的必然趋势。现代网络通信技术、计算机技术、生物工程技术等高科技的迅猛发展给人类带来了巨大的福祉,但同时也改变了传统生产和生活的形式,增加了民事主体权利受侵害的风险。例如,许多高科技的发明给个人隐私权的保护带来了巨大的威胁,因而有学者认为隐私权变成了"零隐权"(Zero Privacy)[1]。又如,生物技术的发展、试管婴儿的出现改变了传统上对生命的理解,人工器官制造技术、干细胞研究、克隆技术和组织工程学的发展为人类最终解决器官来源问题铺平了道路;与此同时,上述科学技术也对生命权、身体权、健康权等人格权提出了新的挑战。基于此,在未来民法典的编纂过程中,是否有必要适应知识经济时代的要求,在民法典中确立一个超越传统物权法和知识产权法的财产法总则,值得探讨。科学的发展和技术的创新都提出了强化知识产权保护的需要,因此,对侵害有体财产权和无形财产权,是采用统一的归责原则还是不同归责原则,以及是否适用统一的赔偿规则等,都需要在民法典中予以回应。

民法典必须反映经济全球化的趋势。经济贸易的全球一体化,使资源实现了全球范围内的配置。哈佛大学法学院邓肯·肯尼迪教授曾经指出,每一次经济和政治上的全球化运动都伴随着法律的全球化变革。[2] 例如,合同法作为商业交易规则,本土法色彩愈来愈淡,国际共性越来越浓;又如,跨境交易、支付规则等商事规则也出现了全球一体化的发展趋势。经济全球化要求减少因交易规则不统一而形成的交易障碍,降低交易费用,因此,近几十年来,两大法系有关合同法的规则正逐渐融合,合同法的国际化也成为法律发展的重要趋势。与此同时,随着经济交往的发展,有

---

[1] See A. Michael Froomkin, The Death of Privacy? 52 Stan. L. Rev. 1461(2000).

[2] See Duncan Kennedy, Three Globalizations of Law and Legal Thought 1850–2000, in David Trubek and Alvaro Santos, eds., The New Law and Economic Development, Cambridge University Press, 2006, p.19.

关保险、票据等方面的规则也日益国际化。此外,全球化还促进了法律渊源的多样化。在全球化过程中,被称为"软法"的具有示范性效力的规则开始出现。这些规范往往以交易习惯的形式出现,然后逐渐成为全球性的规则。还有一些交易习惯和惯例受到了高度的重视,这些都需要我们在制定民法典时充分考虑民法渊源的开放性问题。在我国民法典的制定过程中,有必要在交易规则上尽可能与国际接轨,从而使我们尽可能从全球化中获得利益。

民法典必须反映资源环境逐渐恶化的社会特点。21世纪是一个面临严重生态危机的时代,生态环境被严重破坏,人类生存与发展的环境不断受到严峻挑战。全球变暖、酸雨、水资源危机、海洋污染等已经对人类的生存构成了直接的威胁,并引起了全世界的广泛关注。如何有效率地利用资源并防止生态环境的破坏,已成为直接调整、规范物的归属、利用和流转的民法典的重要使命。另外,资源的有限性也与人类不断增长的需求和市场的发展形成尖锐的冲突和矛盾。由于人口增长,发展速度加快,现代社会的资源和环境对于发展的承受能力已临近极限。由于资源利用中冲突的加剧,民法典必须承担起引导资源合理和有效利用的功能,"以使互不相侵而保障物质之安全利用"[1]。在世界范围内,传统的所有权绝对主义观念也在保护生态环境的大背景下出现松动,并在相当程度上融入了"预防原则"和"可持续发展原则"的要求。[2] 而在我国资源严重紧缺、生态严重恶化的情况下,更应当重视资源的有效利用。[3] 为此,有必要结合保护生态环境的具体需要,对财产权的客体、权能、属性,用益物权,相邻关系以及征收等制度进行重新审视,强化物尽其用的原则,在保护民事主体财产权利的同时,也要结合我国实际情况,为不动产的权利人设置必要的维护环境、保护生态的义务。

民法典必须反映风险社会的特点。现代社会是风险社会,风险无处不在、事故频发。在这样的背景下,人身和财产损害的救济问题日益成为当今社会关注的焦点。在风险社会,首先应考虑的是促进民法从制裁加害人保护向保护受害人倾斜。民法需要提供多种责任承担方式,使受害

---

[1] 史尚宽:《物权法论》,中国政法大学出版社2000年版,第1页。
[2] 参见石佳友:《物权法中环境保护之考量》,载《法学》2008年第3期。
[3] 2006年6月5日,国务院新闻办公室发表了《中国的环境保护(1996—2005)》白皮书。白皮书指出,由于中国人均资源相对不足,地区差异较大,生态环境脆弱,生态环境恶化的趋势仍未得到有效遏制。

人从中选择最有利的形式维护其权利。侵权责任有必要和社会保险、社会救济相衔接,形成对受害人进行救济的综合补偿机制。传统侵权法所遭遇的重要挑战之一,就是难以应对大规模侵权事件,尤其是对于大规模环境侵权、公共卫生侵权等事件的预防收效甚微。由此,当代侵权法越来越强调对损害发生的预防功能。① 突出预防功能是现代侵权法与传统侵权法的重要区别之一。民法在发挥事后救济功能的同时,也应通过停止侵害、排除妨害等制度发挥事前预防功能,防止损害的发生,避免损害的扩大。②

二、编纂民法典的具体步骤

在《民法通则》《合同法》《物权法》《侵权责任法》等一系列基本民事法律已经出台的情况下,民法典编纂的具体步骤,可以根据既有的单行民事法律完备程度,分以下四步走:第一步,起草民法典的总则;第二步,起草人格权编;第三步,起草债法总则编;第四步,体系整合,即按照科学合理的民法典体系,对各编汇总而成的民法典草案进行修改完善。

(一) 尽快制定民法总则

尽管我国具有支架性的民事法律已经制定出来,但因缺乏具有普适性的总则,导致我国民法体系性程度不是太高,极大影响了民事立法的科学化和适用上的便利性。因此,加快民法典的制定步伐,首先应当尽快制定民法总则,并重点解决以下问题:

第一,完善民事权利体系。《民法通则》单设一章(第五章)对民事权利进行保护,这种经验在今天来看仍然是值得肯定的,未来民法典也应当保留这种立法技术。但民事权利本身是个发展的体系,《民法通则》中关于民事权利体系的列举性规定仍有完善的必要。例如,其中未规定物权概念,也未构建物权体系,现在看来显然不合时宜。尤其应当看到,随着社会经济的发展,出现了一些新型的民事权利,如个人信息权、公开权、成员权等权利,它们是否应规定在民法总则中,需要认真探讨。早在20世纪90年代,我国学者谢怀栻教授就提出社员权应该独

---

① See Hans Jonas, The Imperative of Responsibility: In Search of an Ethics for the Technological Age, The University of Chicago Press, 1984, p.57.

② 参见石佳友:《论侵权责任法的预防职能——兼评我国〈侵权责任法(草案)〉(二次审稿)》,载《中州学刊》2009年第3期。

立,不仅因为公司法中的股权(股东权)已非财产权所能包容,还因为民法逐渐由个人法向团体法方向发展。同时,他认为,有一些不具独立性质的权利(如选择权、解除权)、部分期待权(如继承开始前的继承权),虽然在某些方面与一些独立的、实定的权利不同,但仍应当将其归入整个民事权利体系之中。① 笔者认为,这些观点至今仍然具有非常重要的借鉴意义,在民事法律体系形成之后的民事立法活动中,也应当得到继续贯彻和实现。此外,还有一些新型的利益,例如,胎儿的权益、网络虚拟财产权、商业秘密、死者人格利益、特许权等,也需要在法律中作出规定。

第二,完善法人制度。《民法通则》对法人的分类以所有制为出发点,如将企业法人分为全民所有制企业、集体所有制企业等,并基于一些现实因素而采用了企业、机关、事业单位和社会团体的法人分类方法,这显然不符合当前社会发展的需要。从比较法上看,法人制度也发生了一些变化,一方面,随着市场经济的发展,各类新型的市场主体大量产生,以美国为例,其商事组织形式除了常见的合伙、有限合伙、有限公司,还包括商事信托、公共公司、社区公司、慈善公司、一人公司、家庭公司、职业公司等多种形式。② 另一方面,非企业法人发展十分迅速(如NGO、公益基金)。我国民法典按照民商合一的原则规定民事主体制度,但有关商事主体的具体规则应由商事特别法规定。民法典还应当借鉴国外成熟的经验,采用社团法人和财团法人的分类方法,以便于解决和落实基金会法人、仲裁委员会、宗教团体、寺庙等主体地位。此外,还要规定法人的概念、性质、条件、类别、能力、设立、法定代表人、机关、终止、责任等制度。

第三,完善合伙制度。《民法通则》虽然规定了个人合伙和法人合伙,但并没有承认合伙企业属于公民和法人之外的第三类主体,也没有规定合伙企业的一般规则和条件。笔者认为,尽管合伙企业对外承担无限责任,但它能设立账户、订立合同,并有独立财产,可以独立承担责任,因此,民法典应当承认合伙企业的独立主体地位,将其和一般的民事合伙区分开来。尤其是有限合伙已经具有了一些公司的特点,其独立性日益增强,应当承认其主体地位。

---

① 参见谢怀栻:《论民事权利体系》,载《法学研究》1996 年第 2 期。
② See James D. Cox and Thomas Lee Hazen, Cox & Hazen on Corporations, 2nd ed., Aspen Publishers, 2003, p.2.

第四,完善法律行为制度。我国《民法通则》第 54 条规定:"民事法律行为是公民或者法人设立、变更、终止民事权利和民事义务的合法行为。"据学者考证,该定义来源于苏联学者阿加尔柯夫。阿加尔柯夫认为应当将法律行为界定为合法行为,因为法律一词本身就包括了正确、合法、公正的含义。① 应当看到,强调法律行为的合法性有一定的道理,此种观点揭示了法律行为拘束力的部分来源,也突出了国家对法律行为的某种控制。但过分强调法律行为的合法性不仅会人为地限制法律行为制度所调整的社会行为范围,而且将不适当地突出国家对民事主体行为自由的干预,从而限制私法自治。法律行为不仅产生私法上的效果,而且能够产生当事人所预期的法律效果。在某些情况下,违法行为也能够产生当事人预期的法律效果。例如,欺诈行为只要不侵害国家利益,受欺诈者愿意接受欺诈后果的,也可以产生当事人预期的法律效果。《民法通则》关于法律行为的规定未涉及意思表示制度,这是有缺陷的。在法律行为制度中,不仅要规定法律行为的概念、生效条件以及无效法律行为的类型、未生效的法律行为等,还应当规定意思表示的概念,意思表示的发出、到达、解释以及意思表示不真实等各种情形。②

第五,完善代理制度。关于代理制度,《民法通则》只规定了直接代理,并未规定间接代理。但《合同法》适应市场交易的需要,在第 402、403 条中规定了间接代理,并在其总则第 49 条规定了表见代理。不过,代理不限于合同领域,可以适用于整个法律行为,故间接代理、表见代理均应纳入民法典总则之中。由于现有的代理制度是以直接代理为基础而构建的,一旦将代理制度纳入总则,就需要重新构建代理制度,尤其是需要厘清直接代理制度与间接代理制度之间的关系。笔者认为,未来民法典中的代理制度应当规定直接代理,间接代理应当作为直接代理的特别形式加以规定。另外,有必要对职务代理等作出具体规定。

第六,完善民事责任制度。对民事权利侵害的救济方式就是民事责任制度,责任是权利的必然引申。我国《民法通则》对民事责任作出了统一的规定,这种方式具有明显的中国特色,也为《侵权责任法》所继承和发展。因此,未来民法典应当坚持有关责任制度独立规定的结构,但是《民法通则》有关违约责任和侵权责任的具体规则已经被《合同法》《侵权责任法》所涵括,不宜再规定于民法典总则部分,该部分只宜规范可共同适

---

① 参见龙卫球:《民法总论》,中国法制出版社 2001 年版,第 478 页。
② 参见梁慧星:《为中国民法典而斗争》,法律出版社 2002 年版,第 57 页。

用的民事责任制度,包括责任的竞合、聚合等制度。

第七,完善时效制度。《民法通则》中的普通时效期间为 2 年,学理界和实务界普遍认为时间太短,不利于保护债权人,且特殊时效的列举过少,更多地分散在各个单行法中,不利于法官裁判,查找极其不便,有必要集中起来在民法典总则中加以系统规定。

(二) 尽快制定人格权法

尽管人格权法是否应在民法典中独立成编存在争议,但笔者认为,应当制定一部人格权法,并在未来的民法典中独立成编。制定人格权法与民法通则的立法体例一脉相承。人格权是人权的重要组成部分,保护人格权的根本目的是要维护个人的人格尊严。与财产权关注人的"所有"不同,人格权关注的是人的"存在"。① 虽然宪法上确定了人格尊严,并将其作为基本权利,但是仍然有必要通过民法人格权法予以落实,并使之成为整个人格权法的核心价值。这不仅符合现代民法的发展趋势,而且有利于保障民事主体的人格权益、强化对公民的人权保护、完善民法的固有体系、弘扬民法的人文关怀精神。事实上,目前学界已经逐渐就人格权法独立成编达成共识。

除进一步规定并完善《民法通则》所确认的生命健康权、名誉权、肖像权、姓名和名称权、婚姻自主权等人格权之外,还应当对民法通则的规定进行具体的补充。以姓名权为例,全国人大正在制定有关姓名权的立法解释。在人格权法中,还要完善具体人格权制度。除此之外,还应当重点规定隐私权和个人信息权等权利。

一是隐私权。隐私权是公民享有的私生活安宁与私人信息依法受到保护,不被他人非法侵扰、知悉、收集、利用和公开等的人格权。② 简单地说,隐私权就是指个人对其私生活安宁、私生活秘密等享有的权利。隐私权在现代社会中日益凸显其重要性,尤其是随着高科技的发展,使得对公民隐私的保护显得极为迫切。为此,两大法系都已经将隐私权作为基本的民事权利加以规定,甚至上升为一种宪法上的权利加以保护。我国《民法通则》虽然在法律上第一次建立了人身权制度,但并没有规定隐私权,这是立法的一大缺陷。《侵权责任法》第 2 条虽然提到了隐私权,但法律

---

① See Adrian Popovici, Personality Rights - A Civil Law Concept, Loyola Law Review, Vol. 50, 2004, pp. 356-357.

② 参见张新宝:《隐私权的法律保护》,群众出版社 1998 年版,第 21 页。

迄今为止并没有对隐私权的内涵作出界定,从而极大地影响了对隐私权的保护。我国未来人格权法在规定隐私权时,应当适应隐私权的发展趋势。近一百多年来,隐私权的内涵和外延不断扩张,由最初的独处权到个人私人秘密的保护,个人私人秘密的保护范围也在不断扩展,由最初的个人私人生活中的秘密扩展到了个人的家庭生活隐私、空间隐私、基因隐私、身体隐私、通信隐私等多个方面。不仅仅在私人支配的领域存在隐私,甚至在公共场所、工作地点、办公场所都存在私人的隐私。与此同时,隐私权的范围也从私生活秘密扩展到了私人生活的自决。过去我们仅讲通信隐私,通常是指不得私拆他人信件,现在则扩展到了不得侵入他人的手机短信、电子邮箱等。因此,未来我国人格权法中要重点确认私人生活安宁权、个人生活秘密权、家庭生活隐私权、个人通讯秘密权、私人空间隐私权等权利,同时对相对人所应当负有的义务,以及隐私权行使和保护的规则作出全面的规定。隐私权不仅是指消极地保护自己的权利不受侵害的权利,它还包括了权利人自主决定自己的隐私,对隐私进行积极利用的权能,其内涵较为宽泛,而且随着社会的发展,其内涵和适用范围也将不断扩大。

二是个人信息权。个人信息(personal data)是指与特定个人相关联的反映个体特征的具有可识别性的符号系统,它包括个人出生、身份、工作、家庭、财产、健康等各方面信息的资料。在信息社会和大数据时代,个人信息权已成为个人重要的权利,且是个人享有的一项人权。个人信息权虽然具有财产属性和人格属性双重性,但其本质上仍然属于人格权。个人信息权可以成为一项人格权原因在于,一方面,通常个人信息与某个特定主体相关联,可以直接或间接地识别本人,其与民事主体的人格密切相关。[①] 另一方面,个人信息具有一定程度上的私密性。很多个人信息都是人们不愿对外公布的私人信息,是个人不愿他人介入的私人空间,不论其是否具有经济价值,都体现了一种人格利益。[②] 随着网络信息技术的进步,公民个人信息的安全问题日益凸显。网络环境下个人的所有行为都会被收集为个人信息,所有的个人信息碎片都可能会通过网络数字化的处理形成个人信息的"人格拼图"。[③] 各种商业机构乃至政府部门,都纷

[①] 参见齐爱民:《个人资料保护法原理及其跨国流通法律问题研究》,武汉大学出版社2004年版,第5页。

[②] 参见张新宝:《信息技术的发展与隐私权保护》,载《法制与社会发展》1996年第5期。

[③] 参见齐爱民:《拯救信息社会中的人格》,北京大学出版社2009年版,第28—31页。

纷展开针对公民个人信息所实施的收集、存储、分析和传播行为,如果法律不能对此种行为进行及时有效的规制,将很可能由此引发一系列不良后果。因此,强化对个人信息的保护,也是现代民法发展的趋势之一。

人格权法中有必要确认主体对其信息享有的知情权(个人有权知晓其信息被收集、储存、利用、传送等情况)、同意权(任何个人和机构对他人信息的收集、储存以及利用等,除了公共利益的需要,都必须征得权利人的同意)、访问权(权利主体有权访问被他人所收集、储存以及利用的个人信息)、利用权(信息主体有权决定使用自己的个人信息以及决定许可他人使用自己的个人信息的权利)、信息完整权(权利人有权保持其所被收集、储存的信息是正确的、完整的,对不正确、不完整的信息其有权要求及时更新、删除)、安全维护权(权利人有权请求信息的控制者采取有效的安全措施,保障个人信息的安全与完整)。与此同时,有必要对网络服务提供者收集、使用网络用户个人信息的行为进行明确规制,并要求其对网络用户的个人信息安全,承担必要的保护义务。

此外,在人格权法中,还需要完善侵害人格权的法律责任制度。在侵害人格权的情形下,原则上应适用《侵权责任法》确定行为人的侵权责任,并应根据《侵权责任法》第15条所规定的责任形式承担相应的责任。因而,在人格权法中可设置引致条款,对构成侵权的,适用《侵权责任法》的相关规定。但人格权法应当详细规定精神损害赔偿责任。一方面,精神损害赔偿主要适用于侵害人格权的情形,因此,可以说是对侵害人格权的特殊救济方式,理应在人格权法中作出规定。另一方面,《侵权责任法》仅在第22条对精神损害赔偿作出规定,这也为人格权法中详细规定精神损害赔偿责任预留了空间。最高人民法院已于2001年出台了《关于确定民事侵权精神损害赔偿责任若干问题的解释》,该解释已经较为系统、全面地对精神损害赔偿的适用范围、责任构成要件、责任方式、赔偿数额的确定等作出规定。我国未来民法典可以此为基础,总结我国既有的司法实践经验,对侵害人格权的精神损害赔偿的侵权责任作出全面的规定。

(三) 尽快制定债法总则

债法总则是债法的共通性规则的统称。"无论制定什么样的民法典,债法总则都是必要的。"[①]德国学者赖纳·舒尔策(Reiner Schulze)认为,

---

① 〔日〕藤康宏:《设立债法总则的必要性与侵权责任法的发展》,丁相顺译,载张新宝主编:《侵权法评论》(2004年第1辑),人民法院出版社2004年版,第178页。

债法总分结构的优点首先在于,其有利于减少债法规则的重复性(rules repetition),增加民法典的体系性,便利债法规则的适用。① 民法法典化其实就是体系化,而体系化的标志之一,就是债法总则的设立。通过债法总则可以统辖合同、侵权行为、不当得利、无因管理等债的类型,并规定其共通性的规则,这有利于实现法律规则的简约化。债法总则的内容可以沟通债法和民事特别法的联系,也有利于沟通票据法、破产法、保险法等民事特别法与民法典的关系,并为这些民事特别法确立了适用的一般准则。由于债法总则相对于各种债的具体规则而言,形成了一般和特别的关系,因而对各种债的规则具有指导和补充作用,从而使法律规则的适用更为周延和富有体系性。

在我国,在1999年《合同法》颁布以后,由于合同法体系已经形成,其内容涵盖了大部分传统民法中的债法总则的内容,因此,我国2002年的《民法典(草案)》(第一次审议稿)在第三编和第八编中规定了"合同法"和"侵权责任法",但并没有规定单独的"债法总则",2009年《侵权责任法》的颁行采纳了侵权法独立成编的观点,构建了完整的侵权责任法体系。在合同法和侵权责任法已经自成体系的情形下,如何构建我国债法体系,尤其是债法总则体系,也是我国民法典体系构建中的重大疑难问题,值得深入探讨。

毋庸赘言,2002年的《民法典(草案)》取消债法总则,是不恰当的,未来民法典应该单独设立债法总则编。这不仅是因为我国具有设立债法总则的历史传统,更重要的是存在设立债法总则的现实需要。问题在于,我们需要什么样的债法总则?笔者认为,我们未来民法典需要一部内容完整的债法总则,但不能因此而影响合同法总则和侵权责任法总则的相对独立性。我国债法体系应当符合我国的国情,满足我们的现实需要,总结我国自身的经验,彰显我国自身的特色。在我国合同法、侵权责任法已经自成体系的情况下,未来民法典不宜将分别调整合同法总则与侵权责任法总则的规则纳入债法总则中,而只应对各种债的关系的一般规则作出规定,因此,与传统大陆法系民法典债法总则相比,我国未来民法典的债法总则在内容上将更为抽象,其规则具有更强的普遍适用性。主要包括:债的定义、债的主体(包括多数人之债)、债的客体、债的内容、债的发生原因、债的分类、债的变更和移转、债的保全、债的消灭以及损害赔偿的一般

---

① See Reiner Schulze and Fryderyk Zoll, The Law of Obligations in Europe: A New Wave of Codifications, Sellier European Law Publishers, 2013, p.177.

规则。需要指出的是,债法总则的设立不应当影响合同法、侵权责任法体系的完整性。在我们未来民法典债编的制定过程中,并不是要抛弃我国合同法、侵权责任法既有的立法成果,而重新制定债法总则。相反,应当在保持我们现有的合同法、侵权责任法立法框架和经验的基础上,使其融入我们未来的民法典之中,从而制定出我们的民法典。

在这样一种立法体例下,债法总则与合同法、侵权责任法是何种关系?笔者认为,一方面,合同法、侵权责任法在性质上是自成体系的,在体系上具有相对独立性,债法总则的规则无法完全适用于合同法和侵权责任法;另一方面,由于债法总则的一般规定仍可适用于合同法、侵权责任法,从这个意义上说,即便合同法、侵权责任法已经相对独立,但其部分内容仍可成为债法分则的内容(例如,侵权损害赔偿之债的具体规则)。在这样一种体系结构下,合同法总则并不能替代债法总则,在设计债法总则的体系结构时,应当将属于合同法总则的内容回归合同法,将仅适用侵权责任法的内容回归侵权法。其在功能上主要是对现有合同法、侵权责任法规则的适用起到一种指导、协调和补充作用。具体而言:一是指导作用,也就是说,债法总则的规则能够对合同法规则、侵权责任法规则的适用起到一种指导的作用,因为与合同法、侵权责任法的规则相比,债法总则的规则更为抽象,是关于债的关系的一般规定,应当对合同法、侵权责任法的规则适用具有一种指导作用。二是协调作用,其主要是指债法总则的规则能够协调合同法规则、侵权责任法规则的适用,使其准确适用于待决案件。合同法规则与侵权责任法规则可能存在一定的不协调之处,而债法总则是关于债的共通性规则,能够有效协调合同法规则与侵权责任法规则的冲突。三是补充作用,是指债法总则能够对合同法规则与侵权责任法规则起到一定的补充作用。由于债法总则的规则具有更强的抽象性,在合同法与侵权责任法没有明确规范的领域,则可以适用债法总则的一般规则。按照这样一种思路,凡是专门调整合同或者侵权的一般规定,应当分别规定在合同法总则和侵权责任法总则中,而债的共通性规则则应当规定在债法总则中。按照这样一种思路,未来民法典债法总则主要应当规定债的共通性规则,同时补充合同法总则和侵权责任法总则的不足,而不像传统大陆法系民法典债法总则那样,成为一个内容庞杂、包罗万象、对债的规则进行全面规范的债法总则。

(四) 进行体系整合

在完成上述三项工作之后,还应当按照科学、合理的民法典体系,以法律关系为中心，整合已经制定出来的现行民事单行法，并按照法典化的要求，对其进行必要的修改、补充和完善，在此基础上颁行一部系统、完整的民法典。在民法总则、人格权法、债法总则制定出来之后，民法典的基本内容已经确立，关键是要依据科学的民法典体系对既有的民事立法内容进行体系化整合，并最终形成民法典。

在构建我国民法典体系时，必须要确定其中的核心制度，即所谓"中心轴"。围绕着这条"中心轴"，民法典中的各项制度和规范将形成逻辑统一体。该"中心轴"究竟是什么，理论上存在不同的看法：一是意思表示说。此种观点认为，民法典应当以意思表示为自己的中心轴。例如，德国学者温德沙伊德认为，意思表示和意思自治贯穿于民法的各个领域和环节，整个民法典应当以意思表示和意思自治为核心加以构建。① 二是民事权利说。此种观点认为，民法就是权利法，因此民法典体系的构建应当以民事权利为中心而展开。此种学说来源于自然法学派的思想，我国也有学者认为，民法是以人为本位、以权利为中心、以责任为手段对社会关系进行调整的，这种关系的逻辑结构就是"人—权利—责任"的结构，而不是单纯的"人—物"对应的结构或"总—分"对应的结构，因此，民法典的结构应按照"人—权利—责任"这一结构来设计。② 三是法律关系说。此种观点认为，应当以法律关系为基础来构建民法典的体系，在这种编排方法中，法律关系被作为整理法律和展示法律的技术工具，而且成为体系构建的基本方法。③ 萨维尼以法律关系为中心，从理论上构建了一个民法典的体系，该体系反映出的编排方法被后世学者称为"萨维尼编排法"。④ 潘德克顿学派将整个法律关系的理论运用到法典里面去，构建了一个完整的潘德克顿体系结构（Pandekten system）。采纳德国法系的国家大都接受了这一体系。⑤

笔者认为，我国民法典应当以法律关系为中心来构建，主要理由在于：一方面，法律关系是对社会生活现象的高度抽象和全面概括。"法书

---

① 参见金可可：《论温德沙伊德的请求权概念》，载《比较法研究》2005 年第 3 期。
② 参见麻昌华、覃有土：《论我国民法典的体系结构》，载《法学》2004 年第 2 期。
③ 参见〔葡〕平托：《民法总则》，澳门法律翻译办公室、澳门大学法学院 1999 年版，第 5 页。
④ 参见〔葡〕平托：《民法总则》，澳门法律翻译办公室、澳门大学法学院 1999 年版，第 5 页。
⑤ 参见〔葡〕孟狄士：《法律研究概述》，黄显辉译，澳门基金会、澳门大学法学院 1998 年版，第 78 页。

万卷,法典千条,头绪纷繁,莫可究诘,然一言以蔽之,其所研究和所规定者,不外法律关系而已。"[1]法律关系是根据法律规范建立的一种社会关系[2],是对社会生活关系的一种法律归纳和抽象,反映了社会关系的一些共同特征。另一方面,法律关系是民法规范逻辑化和体系化的基础。法律关系编排方式被大多数学者认为是科学的编排方式,民法的诸制度都是围绕民事法律关系而展开的,法律关系包含主体、客体、内容三项要素,三项要素可以完整覆盖民法典的各项内容。还要看到,法律关系编排方法适应了民法发展的需要。民事关系纷繁复杂,但是把握住了民事法律关系的脉络,就把握住了民事关系的核心。具体来说,以法律关系为中心来构建民法典,民法典应当首先设立总则,总则之中应当包括法律关系的基本要素,即主体、客体、法律行为、责任。民法典的分则以法律关系的内容(即民事权利)为中心展开,分则部分包括人格权法、亲属法、继承法、物权法、债法总则和合同法、侵权责任法。

三、结　语

颁行一部面向 21 世纪的科学的民法典,是实行依法治国、完善社会主义法律体系的重要标志,也是我国法律文化达到一定水平的体现,更是中国法治现代化的重要标志。[3] 我们的祖先曾在历史上创造了包括中华法系在内的灿烂的中华文明,其内容是何等博大精深! 其在人类法律文明史上始终闪烁着耀眼的光芒,并与西方两大法系互相辉映。今天,我国民事立法和司法实践已为民法典的制定积累了丰富的实践经验,广大民法学者也作了大量的理论准备。制定和颁布一部先进的、体系完整的、符合中国国情的民法典,不仅能够真正从制度上保证市场经济的发展和完善,为市场经济健康有序地发展奠定坚实的基础,而且将为我国在 21 世纪的经济腾飞、文化昌明以及国家的长治久安提供坚强有力的保障! 如果说 19 世纪初《法国民法典》和 20 世纪初《德国民法典》的问世是世界民法发展史上的重要成果,则 21 世纪初中国民法典的出台,必将在民法发展史上谱写光辉灿烂的篇章!

---

[1] 郑玉波:《民法总则》,三民书局 2003 年版,第 63 页。
[2] 参见张文显主编:《法理学》(第二版),高等教育出版社 2003 年版,第 131 页。
[3] 参见谢怀栻:《大陆法国家民法典研究》,中国法制出版社 2005 年版,第 3 页。

编纂一部网络时代的民法典[*]

21世纪是互联网时代,随着计算机和互联网技术的发展,人类社会进入一个信息爆炸的时代,也进入了知识经济时代。互联网给人类的交往和信息获取、传播带来了方便,深刻地改变了人类社会的生活方式,甚至改变了生产方式和社会组织方式,"互联网+"也发展成为一种新的产业模式。在这一时代背景下,民法典如何反映互联网时代的特征,充分体现时代精神,显得尤为重要。如果说1804年《法国民法典》是19世纪风车水磨时代民法典的代表,1900年《德国民法典》是20世纪工业社会民法典的代表,而我国的民法典则应当成为21世纪互联网时代的民法典代表之作,成为体现时代精神和时代特征的民法典。那么,民法典如何反映互联网时代的特征?笔者认为,应体现在如下几个方面。

一、强化对人格权的保护

我们当前处在互联网和大数据时代,高科技发明面临着被误用或滥用的风险,会对个人隐私等人格权带来现实威胁。美国迈阿密大学弗鲁姆金(Froomkin)教授曾撰写了《隐私之死》(The Death of Privacy)一文,他在该文中说,日常信息资料的收集、公共场所自动监视的增加、对面部特征的技术辨认、电话窃听、汽车跟踪、卫星定位监视、工作场所的监控、互联网上的跟踪、在电脑硬件上装置监控设施、红外线扫描、远距离拍照以及透过身体的扫描等,这些现代技术的发展已经使得人们无处藏身,他感叹,"隐私已经死亡",隐私权已成为"零隐权"(Zero Privacy),因此呼吁法律要进一步加强对隐私和个人信息的保护。① 的确如此,正如我们所见到的,随着互联网的发展,各种"人肉搜索"泛滥,非法侵入他人邮箱的现象时有发生,贩卖个人信息,通过各种技术手段盗取他人的信息、邮件,窃听

---

* 原载《暨南学报》2016年第7期。
① See A. Michael Froomkin, The Death of Privacy? 52 Stan. L. Rev. 1461, 1461–1543 (2000).

他人的谈话,网上非法披露他人的短信、微信记录等,诸如此类的行为严重侵害了人格权,也污染了网络空间。这就有必要有针对性地加强人格权立法,提升人格权的保护水平。

　　互联网越来越呈现出大众化、媒体化、数字化的发展趋势。网络有巨大的收集、储存空间,能够将全球成千上万的网站所发布的信息加以连接,并广泛收集、存储这些信息。① 同时,网络也成为信息共享、共用的重要平台。它使得信息的发布更为容易、更为简便。在网络环境下,人格权概念本身并没有发生变化,法律有关人格权的规定可以适用于网络环境下的人格权,但由于互联网的发展,人格权的效力和行使范围得到扩张。与现实生活中的人格权相比,网络环境下的人格权具有一定的特殊性,具体而言:一是集合性。在网络环境下,各种人格利益通常是相互交织在一起的,对某一人格权或人格利益的侵害可能同时构成对其他人格权或人格利益的侵害。例如,在网络上非法披露他人隐私,可能既侵害隐私权,同时也构成对他人名誉权的侵害。《侵权责任法》第36条对通过网络侵害他人民事权益的行为作出了规定,但没有具体列举被侵害的权益。从实践来看,网络环境下遭受侵害的权益主要是人格权益。二是扩展性。网络环境下的人格权是对各种人格权的统称,并非一种具体的人格权类型,也不是一种新类型的、框架性的权利。与现实人格权一样,网络环境下的人格权以名誉、肖像、隐私等各种人格利益为客体,但因为网络的放大效应和受众的无限性,现实中并不重要的人格利益在网络环境中也可能上升为重要的人格利益。例如,个人的声音在现实生活中受到侵害的可能性较小,但在网络环境极易受到侵害,因此,应将其作为一种网络环境下的重要人格利益而加以保护。三是可进行商业化利用。互联网的传播迅速、受众广泛、成本低廉,在网络环境下,人格权益极易成为商业化利用的对象。例如,某微博明星与某企业签订商品代言协议,将其为某企业代言的商业广告短片上传到其微博,这就实现了姓名权、肖像权等人格权益的商业化利用。实践中,一些商业网站常常通过收集、利用个人购物偏好等信息,从而优化自己的商业安排。

　　正是因为网络环境下的人格权具有上述特殊性,需要人格权法予以特别保护。在网络环境下,人格权是与网络联系在一起的,对网络人格权的侵害也大多借助网络而发生。我国未来民法典除应从正面确认主体所

---

① See Douglas Thomas and Brain D. Loader, Cybercrime, Routledge, 2000, p.10.

享有的各项人格权益外,还应当着力预防通过网络侵害他人人格权的行为,如规定删除侵权信息、断开链接等救济方式,以防止损害的发生与扩散。同时,网络环境下的人格权不仅涉及保护的问题,还涉及利用的问题,这是传统的人格权所无法规范的:一方面,对具有财产利用价值的人格权,应该注意赔偿其财产损失,比如在网上擅自利用他人肖像发布广告;另一方面,在损害赔偿的具体计算问题上,要考虑网络侵权发布面广、影响大等特点,不能单纯根据现实空间中实际盈利的计算标准,更需要通过网络的点击量等来判断侵权后果波及范围,据此来确定损害赔偿的数额。在损害赔偿的计算上,应当考虑损害后果的严重性,以及侵权行为的成本和后果的不对称性。通常来说,网络侵权的损害赔偿数额要大于现实生活中的侵权损害赔偿数额。

二、强化对网络侵权行为的预防

互联网技术的发展使我们进入一个信息爆炸的社会,但互联网也有被滥用的危险。与传统社会的信息传播方式不同,网络信息的传播具有即时性,而且网络的无边界性以及受众的无限性,也使得网络环境对信息的传播具有一种无限放大效应,网络信息一经发布,可以瞬间实现全球范围的传播,并且可以无数次的下载。因而,与传统的侵权方式相比,网络环境下的侵权行为不仅在侵害方式上具有一定的特殊性,而且在损害后果上更具有严重性。由于互联网具有多维、多向、无国界、开放性等特点,通过网络手段侵害他人人格权的损害后果十分严重,一旦特定信息在网上公布,则迅速传播流转,影响极为广泛,损害后果也无法准确确定。

正是因为考虑到网络侵权具有上述特殊性,最高人民法院颁布了《关于审理利用信息网络侵害人身权益民事纠纷案件适用法律若干问题的规定》,该解释第 1 条规定:"本规定所称的利用信息网络侵害人身权益民事纠纷案件,是指利用信息网络侵害他人姓名权、名称权、名誉权、荣誉权、肖像权、隐私权等人身权益引起的纠纷案件。"其不仅对《侵权责任法》第 36 条的具体构成要件作了详细的解释,而且对利用网络侵害他人名誉、肖像、隐私等的救济作了详细规定,也对侵害人身权益造成的精神和财产损害赔偿作了明确的规定。根据该解释第 18 条第 2 款的规定,"被侵权人因人身权益受侵害造成的财产损失或者侵权人因此获得的利益无法确定的,人民法院可以根据具体案情在 50 万元以下的范围内确定赔偿数额",这就确定了财产损害赔偿的最高限额。此外,该解释第 16 条还规定了赔礼道歉的责任方式,即"人民法院判决侵权人承担赔礼道歉、消除影响或者恢复名誉等责任形式的,应当与侵权的具体方式和所造成的影响范围相当。侵权人拒不履行的,人民法院可以采取在网络上发布公告或者公布裁判文书等合理的方式执行,由此产生的费用由侵权人承担"。鉴于网络侵权具有上述特殊性,我国未来民法典应当在借鉴既有立法和司法实践经验的基础上,全面规范网络侵权及其责任。尤其是在如下几个方面,民法典应当针对网络侵权及其责任作出更加详细、具体的规定。

第一,关于网络侵权的主体。网络侵权的主体包括两大类,即网络用户和网络服务提供者。《侵权责任法》第 36 条第 1 款规定:"网络用户、网络服务提供者利用网络侵害他人民事权益的,应当承担侵权责任。"该条对网络用户和网络服务提供者的侵权责任作出了一般规定。网络服务提供者的侵权责任具有一定的特殊性,《侵权责任法》第 36 条就网络服务提供者的侵权责任确立了"通知规则"和"知道规则",但该条并没有对网络服务提供者进行类型区分。[①] 在认定网络服务提供者的侵权责任时,不同的网络服务提供者所应承担的责任应当有所区别,义务也应该有所差别,在责任的认定上要根据不同服务的性质而具体确定。例如,内容服务提供者对网络信息的审核义务即应当高于技术服务提供者。我国未来民法典应当在对网络服务提供者的类型进行区分的基础上,进一步细化《侵权责任法》关于网络侵权责任主体的规定。

第二,减轻责任事由和免责事由具有特殊性。网络环境下还应当注重人格权保护与信息传播之间的平衡。在网络环境下,应当注重公民人格权的保护,同时也应保障公众的知情权以及信息传播的自由等。一方面,从加害人的角度看,在网络环境中,网络用户和网络服务提供者的注意义务不同,其免责事由也相应地有所差别。例如,网络用户在未经他人同意的情况下,擅自发布他人隐私等,就当然构成对他人人格权的侵害。而网络服务提供者的注意义务则与网络用户不同,依据《侵权责任法》第 36 条的规定,如果其在不知情的情况下为网络用户提供了信息传播服务,则需要在受害人通知其采取相应侵害制止措施而未采取的情况下,才应当承担侵权责任。另一方面,从受害人的角度看,在网络环境下,对公众人物人格权的侵害与对一般社会公众人格权的侵害,在责任限制和免

[①] 参见张新宝、任鸿雁:《互联网上的侵权责任:〈侵权责任法〉第 36 条解读》,载《中国人民大学学报》2010 年第 4 期。

责事由方面存在一定差别。虽然从保护舆论监督和社会公众的知情权角度考虑,有必要对公众人物的人格权进行限制,但该限制应当在合理的范围内①,不能侵害权利人的核心隐私,尤其是因为网络对信息的传播具有一种放大效应,网络信息的传播具有广泛性、及时性等特点,损害后果一旦发生,即难以消除。因此,在网络环境下,对公众人物人格权的限制应当慎重。

第三,注重预防网络侵权行为,防止损害的发生与扩散。对网络侵权而言,损害赔偿可能并不能够对受害人所遭受的损害提供完全的救济,还需要通过停止侵害、恢复名誉、消除影响等方式为人格权提供救济。例如,在德国法上,禁制令的救济是侵害人格权救济中通常采用的方式。② 欧洲人权法院也采用此种方式为受害人提供救济。例如,在欧洲人权法院审理的 Editions Plon v. France 一案中③,法院以被告出版违反医疗保密义务的书籍,将侵害法国前总统密特朗的隐私为由,颁发禁止出版令,以防止损害的扩散。我国未来民法典在规范网络侵权时,也应当明确规定诉前禁令制度,注重采用损害预防的保护方法,防止网络侵权的发生和扩散。

第四,注重赔礼道歉等责任方式的运用。在互联网上发布一条信息,在很短的时间里就会传遍全球,而且可以无数次的复制和下载,在网络环境中的侵权行为,其侵害后果具有不可逆转性,虽然可以在一定范围内消除影响,但往往不易完全恢复原状。由于赔礼道歉等方式并不能及时、完全地消除损害后果,使权利恢复到未受侵害的状态④,因此,许多学者认为,网络侵权发生以后,是不可能恢复原状的,只能请求损害赔偿。但实际上,赔礼道歉方式仍有其重要作用,在什么地方发生损害,行为人就在什么地方赔礼道歉,此种方式可能更能减轻受害人的损害,防止损害后果的进一步扩散。

第五,法定损害赔偿的运用。人格权和知识产权包含一定的经济价值⑤,在网络环境下,侵害他人人格权、知识产权也可能导致受害人的财产损害。在人格权、知识产权遭受侵害时,权利人除有权请求排除妨害、消

---

① 参见刘晗:《隐私权、言论自由与中国网民文化:人肉搜索的规制困境》,载《中外法学》2011 年第 4 期。
② BGHZ 138, 311, 318.
③ See Editions Plon v. France, Application No. 58148/00.
④ See Douglas Thomas and Brain D. Loader, Cybercrime, Routledge, 2000, p.22.
⑤ 参见王泽鉴:《人格权法》,三民书局 2012 年版,第 455 页。

除危险之外,造成财产损失的,权利人还有权请求行为人承担财产损害赔偿的责任。《侵权责任法》对侵害人身权益的财产损害赔偿责任作出了规定,但其仅适用于人身权益,而且在网络侵权的情形下,受害人既难以证明自己的实际损害数额,也难以证明行为人的获利数额。因此,我国未来民法典一方面需要扩张《侵权责任法》第 20 条的适用范围,将知识产权纳入保护范围,另一方面需要引入法定损害赔偿制度,明确规定损害赔偿的具体范围,以缓解受害人证明其财产损失的困难。

三、有效规范个人信息的利用行为

个人信息是指与特定个人相关联的、反映个体特征的、具有可识别性的符号系统,其包括个人身份、工作、家庭、财产、健康等各方面的信息。在互联网时代到来以前,个人信息主要受隐私权保护,其并不具有独立的法律地位,个人信息的利用方式也十分有限。但随着"大数据"时代的到来,个人信息所蕴含的经济价值日益凸显,个人信息的利用方式也日益多样化。由于我国现行民事立法未能确立个人信息权,导致个人对其个人信息所享有的权利以及相对人应负有的义务都不清晰。实践中非法收集、利用、转让个人信息的现象大量存在,行为人非法利用他人个人信息的方式也日益多样化。在云计算技术已经成熟、普及的情况下,如何防止个人信息的泄露和被非法利用,成为亟须解决的现实问题。尤其是在大数据交易市场已经形成的情形下,如果不能及时确认个人的信息权利,可能严重威胁个人的隐私权等人格权益。例如,在网络上,利用搜索引擎和云计算技术可以将资料的碎片汇集到一起,从而实现对各种个人信息的收集、整理、加工等,这些个人信息一旦被商业机构收集和利用,将会给个体带来不良后果。例如,在"网络暴力第一案"中,原告个人家庭住址等信息被被告在网上披露后,很多网民据此前来围堵,给原告生活安宁造成很大侵扰。[①]

从比较法上来看,关于个人信息的保护,主要形成了两种保护模式:一是欧洲法模式。欧洲法模式以制定统一的个人信息保护法为特征,因此又称为统一模式。[②] 目前,世界上大多数国家都采用了此种模式。例

---

① 参见傅沙沙:《网络暴力第一案:司法建议监管网民言论引争议》,载《新京报》2008 年 12 月 19 日。

② 参见周汉华:《个人信息保护法(专家建议稿)及立法研究报告》,法律出版社 2006 年版,第 79—80 页。

如,德国联邦议会自 1970 年起开始着手制定德国联邦个人资料保护法草案,最后于 1976 年通过并于 1977 年生效,该法的正式名称是《德国联邦数据保护法》(Bundesdatenschutzgesetz),人们习惯将其称为"个人资料保护法"。二是美国法模式。美国法模式以分散立法而不制定统一的个人信息保护法为特点,即在各个行业分别制定有关个人信息保护的法律规则、准则,而不制定统一的个人信息保护法律。[1] 迄今为止,美国尚未制定统一的个人信息保护法,其主要依靠市场和行业自律实现对个人信息的保护。[2] 不过,在对于个人信息和隐私的关系方面,美国法采取了以隐私统一保护个人信息的模式。美国在 1974 年制定了《隐私法》,该法是针对联邦行政机构的行为而制定的,并着力于各类信息的收集、持有、使用和传输,该法以隐私权保护为基础,通过隐私权对个人信息加以保护。[3]

通过比较分析不难看出,上述两种立法模式各有利弊:欧洲法模式注重用统一的法律规则对个人信息进行保护,并规定了非常明确的个人信息保护标准,但其并未从私权的角度对个人信息权的权利属性以及内容进行确认,而且此种模式过于强调国家公权力的作用,这虽然在一定程度上有助于强化对个人信息的保护,但其规则过于原则抽象,这也可能带来监督管理僵化等问题。[4] 而美国法模式在个人信息保护方面则注重依靠市场调节和行业自治,这有利于信息的流通和利用,但其将个人信息的收集、利用和加工等问题完全交由企业,欠缺统一的法律规则对个人信息进行保护,这可能不利于个人信息的保护。尤其是,鉴于个人和企业之间的地位不对等,最终反而会使得企业不当收集、使用和移转个人信息的行为合法化,从而使个人的权利难以获得全面充分的保护。[5]

借鉴两大法系的经验,笔者认为,我国未来应该通过民法典与个人信息保护法相结合的方式,强化对个人信息权的保护,规范对个人信息的利用。具体来说:

---

[1] 参见周汉华:《个人信息保护法(专家建议稿)及立法研究报告》,法律出版社 2006 年版,第 79—80 页。

[2] See Joel R. Reidenberg, Setting Standards for Fair Information Practice in the U.S. Private Sector, 80 Iowa L. Rev. 497, 500 (1995).

[3] See U.S. Department of Justice, Overview of the Privacy Act of 1974, 2010, p.1.

[4] 参见孔令杰:《个人资料隐私的法律保护》,武汉大学出版社 2009 年版,第 167—168 页。

[5] 参见孔令杰:《个人资料隐私的法律保护》,武汉大学出版社 2009 年版,第 164—166 页。

第一,在民法典人格权编中确认个人信息权,将其规定为一种独立的具体人格权。无论是采用单行立法模式,还是分散立法方式,首先都应当解决个人信息权是何种权利的问题。欧洲模式虽然没有明确将个人信息权界定为一种人格权,但毫无疑问是将其作为一种民事权利加以保护的。而且不少学者认为,其在性质上属于人格权的范畴。例如,一些德国学者将信息自决权归结为一般人格权的具体内容。[1] 所谓信息自决权(das Recht auf informationelle Selbstbestimmung),在德国法的语境中是指"个人依照法律控制自己的个人信息并决定是否被收集和利用的权利"[2]。依据德国联邦宪法法院的观点,这一权利是所谓"基本权利",其产生的基础为一般人格权。[3] 如果在民法典中确认个人信息权,就可以在确认个人对其信息所享有的权利的同时,也有利于确认相对人的义务,正是在此基础上,个人信息保护的单行立法可以对个人信息控制者的各项义务作出规定,从而强化对个人信息的保护。当然,民法典在确认个人信息权的同时,还应当处理个人信息权与隐私权之间的关系,从而对两者作出明确的界分。

第二,要制定个人信息保护的单行法。与其他人格权益不同,在"大数据"时代,个人信息中包含巨大的经济价值,民法典应当妥当平衡个人信息利用与人格权保护之间的关系。如何平衡个人信息保护与信息利用之间的关系,是各国立法和司法实践关注的重点。仅通过民法典确认个人信息权是不够的,还需要通过独立的单行法,确立各项个人信息利用与保护的规则。尤其是个人信息不仅涉及保护问题,而且涉及管理的问题,因而其可能涉及许多公法规范,这些公法规范不宜在民法典中规定。此外,个人信息的收集、储存、利用等,涉及大量的技术性规则,这些规则也不宜在民法典中规定。

四、规范网络交易行为

"互联网 +"时代的到来,深刻地影响了人们的生活方式和交易方式,

---

[1] Vgl. Amtliche Entscheidungsammlung des Bundesverfassungsgerichts [Official Case Reports of Bundesverfassungsgericht (Federal Law Constitutional Court)] 65, 1.

[2] Gola/Schomerus, Bundesdatenschutzgesetz(BDSG) Kommentar, 11. Aufl., Verlag C. H. Beck, 2012, Rn. 9.

[3] Vgl. BVerfG, Urteil des Ersten Senats vom 15. Dezember 1983, 1 BvR 209/83 u. a.-Volkszählung-, BVerfGE 65, S. 1.

据统计,2015 年中国网络购物市场规模达 3.8 万亿。互联网将对合同法规则产生重大的冲击,如在网络环境下,要约、承诺的方式发生了重大变化,有关合同成立的传统规则也应作出相应的改变。民法典应当设置相关的规则和制度,以有效规范网络交易行为,具体而言:

第一,对网络交易平台的法律地位作出界定。互联网改变了人们的交易方式,传统的交易主要是买家与卖家之间的直接交易,但借助互联网技术,一些新的交易主体不断出现,如网络交易平台、支付平台等,在发生产品瑕疵等纠纷后,如何界定此类主体的责任,也成为新的课题。在互联网交易中,消费者往往根据经营者的网络宣传对商品进行选择,从我国网络交易实践来看,网络交易中出现了大量的假冒伪劣产品,损害了消费者的合法权益。这就有必要适当提高网络交易平台对网络交易经营者和产品的审核义务,从源头上保障网络交易消费者的合法权益。

第二,对网络交易消费者的倾斜保护。《国际货物销售合同公约》仅适用于商人与商人之间(B to B),而不适用于商人与消费者之间(B to C)。《国际货物销售合同公约》第 2 条明确将消费者合同排除在适用范围之外。因此,该公约对交易当事人采用了价值中立的态度,并没有对消费者实行倾斜保护。《国际货物销售合同公约》对我国《合同法》的制定也产生了重大影响,我国《合同法》并没有过多地强调对消费者的倾斜保护。然而,在互联网时代,消费者与经营者在交易信息的掌握等方面并不处于对等地位。即使在国际货物买卖中,消费者和商人之间的交易也占据了相当大的比重。例如,消费者从国外企业的官方网站上订购货物,交易额较大,交易也极为频繁,其在性质上也属于国际货物买卖。但与传统面对面的交易方式不同,网络交易中存在信息不对称的问题,消费者在交易时面对的时常是经营者所提供的海量信息,其往往难以作出准确的判断。[①] 如何在网络交易中对消费者进行倾斜保护,也是合同法的新问题。因此,我国未来民法典应当关注网络环境对人们交易方式产生的影响,强化对网络交易消费者的保护。

第三,对电子合同的形式作出规定。《合同法》第 11 条承认电子合同是一种书面合同,仅仅在列举了书面形式的各种形态以后,概括地规定这些形态只要是"可以有形地表现所载内容的形式",就都可以成为

---

① See Faye Fangfei Wang, The Incorporation of Terms into Commercial Contracts: A Reassessment in the Digital Age, The Journal of Business Law, 2015, Issue 2, pp.87–119.

书面形式,而并没有强调这些形式所载的内容是否"可以调取以备日后查用"。笔者认为,我国未来民法典强调电子合同必须"可以调取以备日后查用"是必要的。因为一方面,书面形式的优点在于其可以起到书证或准书证的作用。这就要求电子合同的内容应该是相对固定的而不是瞬间消失的,而电子信息往往是以电子流的方式来传送的,它要能够成为书面形式,就必须要在一定时间内存在,而不是瞬间即逝的,只有那些在一定时间内存在的、能够为人们所查阅的电子文件,才能成为法律所认可的书面形式。以后在合同发生争议时,也可以调取证据。例如,在电子公告牌 BBS 上的留言尽管也具有"可以有形地表现所载内容的形式"的特点,但因为这些文字不能够在一定期限内保留,也很难为人们调取以备日后查用,所以它不能成为书面形式,当事人也很难对此举证。因此,采用计算机数据形式的信息应当具有可读性和可解释性,并应保存于使这种信息具有可读性而可能需要的软件中。① 另一方面,因为计算机登记、处理、传输的资料信息均以电磁浓缩的形式存储,信息本身是无形的,因此电子文件与一般的纸面文件所不同的是其容易被删除、篡改且不留痕迹,这就需要采取一定的措施有效保管和保存电子信息,并通过一定的认证机构对电子信息的记录予以保存和证实,从而才能真正使电子合同和其他书面形式一样既可以作为证据使用,也可以用来记载和确定双方的权利义务。

第四,确认和保护网络虚拟财产。网络时代的到来也对民法典权利客体制度产生了影响,最为重要的体现是网络虚拟财产的出现。例如,个人的电子邮箱、QQ 号码、游戏装备甚至个人的信息数据等,在网络环境下都具有财产价值,能够成为交易的对象,实践中也发生了大量纠纷。还要看到,网络虚拟财产的客体具有无形性,而我国《物权法》主要以动产、不动产等有形财产为调整对象,缺乏对网络虚拟财产的明确规范。我国未来民法典有必要适应网络时代的发展需要,确认网络虚拟财产的新型财产的法律地位。

五、丰富权利公示方法

互联网也为权利公示方法提供了新的选择,互联网具有便捷性和无

---

① 参见何其生编著:《统一合同法的新发展》,北京大学出版社 2007 年版,第 126 页。

边界性,借助互联网,使建立统一的登记和查询制度成为可能。我国《物权法》虽然提出了要建立统一的登记制度,但始终未能实现,其中重要的原因之一就是欠缺有效的登记手段。2014年12月22日,国务院公布了《不动产登记暂行条例》,其最大的亮点就是统一了不动产登记制度,这是对物权制度的重大完善,该制度的完善也与互联网技术的发展存在直接关联。由于网络登记的发展,权利的公示方式较之于传统的公示方法更为便捷、有效、完整,查询更为方便。具体来说,互联网公示方法具有如下特点:

一是登记的快捷性。互联网技术极大地降低了权利登记的成本,提高了权利登记的效率。按照传统的纸质登记方式,权利人申请登记时,其需要按照烦琐的登记程序在登记部门进行权利登记。而互联网技术则极大地简化了登记的程序,而且在登记事项权属发生变化的情形下,也可能很容易对网络登记的内容进行变更。

二是登记内容的完整性。传统的纸质登记簿所记载的内容十分有限,此种登记效率较低,可能难以完整展现标的物的权利状态。借助互联网技术手段,可以建立统一的登记查询平台,整合各个方面的信息资源,实现资源的有效共享,能够对财产的权属状态进行全面登记,从而尽量完整地展示权利的状态。

三是查询的便捷性。互联网的查询不需要查询人到国家机关进行查询,不需要履行烦琐的查询程序,通过互联网,查询人可以快速查询标的物的权属状态,这既降低了登记查询的成本,也提高了登记查询的效率。

四是扩大了可进行登记的权利的范围。在互联网时代,权利登记和查询的成本较低,因此,出于交易的需要,许多动产与权利都可以借助网络进行公示,这也会弱化动产与不动产的区分。由于欠缺有效的权利公示方法和技术,传统法律制度仅要求对不动产和重要的动产进行登记,动产登记与查询的成本较高,因此一般通过占有的方式公示。而在互联网时代,统一、便捷的登记成为现实,这可能会扩大可以进行登记的权利的范围,因而会从根本上影响相关的物权变动规则和交易规则。例如,通过互联网实行证券登记,使得股票、债券可以无纸化,这就彻底改变了传统上以有纸化为基础的有价证券的概念,有必要重构有价证券的相关规则。再如,借助互联网登记,各种新型的担保也成为可能。例如,动产能否抵押,一直是学界争议的焦点,但借助互联网技术,动产抵押登记也成为现实。尤其是借助互联网技术进行登记,极大地降低了登记的查询成本,这也会对查询的条件和范围等产生影响。为此,也需要民法典对相关制度进行调整。

六、结　语

互联网是 20 世纪的伟大发明,也是 21 世纪重要的时代特征。我们已经身处一个网络时代,互联网的高效便捷给我们的民法典编纂提供了巨大的历史机遇,但也带来了一些挑战,作为市民社会的百科全书和市场经济基本法的民法典,应当充分体现互联网时代的时代特征,有效引领时代发展。

我国民法典分编编纂中的几个问题*

民法典被誉为"社会生活的百科全书",是市场经济的基本法,是保护公民权利的宣言书,也是解决民商事纠纷的基本依据。2014年10月23日,党的十八届四中全会通过的《中共中央关于全面推进依法治国若干重大问题的决定》作出了"编纂民法典"的决定,这是一个重大的政治抉择,具有深远的历史意义和现实意义。按照党中央同意的民法典编纂工作"两步走"的思路,即先制定民法总则编,再编纂民法典各分编。2017年3月15日,十二届全国人大五次会议审议通过了《民法总则》。民法总则的颁行,完成了编纂民法典工作的第一步,在中国民事立法中具有里程碑意义,为民法典编纂工作奠定了坚实的基础。目前,立法机关正在加紧推进民法典各分编的编纂工作,确保在2020年全部完成民法典编纂工作。作为一名几十年从事民事法律理论研究和教学的学者,笔者对此倍感兴奋和鼓舞,对能参与这项伟大的立法工程也倍感荣幸。

民法典各分编涉及的内容广问题多,其中不少问题的理论性和实践性都特别强,编纂民法典各分编是一项复杂的工程。如何做好民法典各分编的编纂工作是各界共同关注的问题。下面,笔者从一名学者的角度对做好民法典分编编纂工作谈几点体会和认识。

一、民法典各分编的构成

民法典体系是按照一定逻辑科学排列的制度和规则体系,它是成文法的典型形态。法典化就是体系化,大陆法之所以称为民法法系,就是因为它以民法典为基本标志。民法典又特别重视体系,这个体系包括形式体系(即民法典的各编以及各编的制度、规则体系)和实质体系(即民法典的价值体系)。我国民法典各分编到底由几编构成,自民法典编纂工作开展以来,理论界和实务界界有共识也有不同意见。看待这个问题,既要从

---

* 本文是笔者在十三届全国人大常委会第五次会议上的专题讲座讲稿,原载《中国人大》2018年9月5日。

理论体系的角度,也要有历史和世界的眼光。

从世界范围来看,大陆法国家基本上形成了如下两种民法典体系:一是德国民法典的五编制体系,这一体系来自罗马法,主要是由总则、债权、物权、亲属、继承各编组成;二是法国民法典的三编制体系,法国民法典最初由人法、财产法以及财产取得方法三部分组成,简称为三编制的体系。这两大体系对大陆法系各国民法典的影响很大,但近几十年来,法国率先突破了自己的三编制体系,为适应金融担保的需要,单设了担保一编。近几十年制定的民法典,如《荷兰民法典》《魁北克民法典》等,都采取了与德、法民法典有所不同的体例安排。总的来说,民法典体系虽然反映了民法的发展规律,但也要根据本国的法律传统、现实需求而发展变化,因而不存在一成不变的体系。比如,《荷兰民法典》就根据其海运发展的现实需要而单设"运输"一编。而《魁北克民法典》出于保障债权的需要而单独设立了"优先权和抵押权"一编。

本次常委会会议初次审议的我国民法典各分编草案采用六编制的体例,从总体上说,这个体系是以民事权利为中心而构建起来的,即由物权、合同债权、人格权、婚姻家庭中的权利(亲属权)、继承权以及对权利进行保护的法律即侵权责任编构成。这表明我们的民法本质上是一部权利法,民法典分编通过全面保障民事权利,全面体现和贯彻了法治的价值。另外,这一体系构建也是我国多年来民事立法和司法实践经验的总结,我国民法通则在民事权利的列举中,重点规定了物权、债权、人格权等权利,因此,民法典分编实际上是民法通则以来我国民事立法传统的继承和发展。

二、民法典分编编纂应坚持的原则

编纂民法典,既要"编"又要"纂"。"编"就是要将现有的物权、合同、人格权、婚姻家庭、继承、侵权责任等民事法律和制度进行系统整理、统合。自改革开放以来,我国已经制定了合同法、物权法、担保法、婚姻法、收养法、继承法、侵权责任法等民事法律,编纂民法典各分编需要对这些民事法律进行科学化、体系化的整理。"纂"就是要结合我国改革开放实践中出现的各种新情况、新问题,确立新的制度。因此,我国民法典编纂不是对现行法的简单汇编,而是要在总结现行立法和司法经验的基础上,进行必要的制度完善、设计和创新。

与民法总则相比,民法典分编涉及的内容更多、更复杂,如何让民法典分编的规定更合理、更科学,关键是要确立好民法典分编编纂的原则。笔者认为,民法典分编的编纂应当坚持如下原则。

第一,必须坚持正确的政治方向。我国民法典编纂工作要以习近平新时代中国特色社会主义思想为指导,完善以宪法为核心的中国特色社会主义法律体系,建设中国特色社会主义法治体系,建设社会主义法治国家,发展中国特色社会主义法治理论。进入新时代以来,我国社会主要矛盾已经转化,人民群众美好幸福生活的需求发生了转变,民法典应当以实现好、发展好、维护好人民群众对美好幸福生活的向往为主要内容。例如,在人民群众物质文化生活得到极大提高的情形下,对人格尊严保护的需求日益强烈,因此,民法典应当根据十九大报告的要求,强化对人格权的保护,维护个人的人格尊严。同时,我们的民法典还应当充分将社会主义核心价值观纳入其中,充分体现加强生态文明建设等党的政策。例如,合同编应当贯彻"诚信"这一社会主义核心价值观,合同的订立、履行等各个环节都应当体现诚信的要求;还要通过见义勇为、无因管理等制度,鼓励人们多行善举,多做好事,弘扬社会正气。侵权责任编应当贯彻习近平生态文明思想,通过生态损害责任、环境修复责任等方式,强化对生态文明的保护。

第二,必须推进科学立法、民主立法,以民法典促发展保善治。"法律是治国之重器,良法是善治之前提。"民法典分编内容复杂,涉及面很广,在社会生活中的作用巨大,需要全面规划,科学设计,集思广益,稳步推进。一方面,任何一个国家的民法典都是一个国家法治精神、法治文化的集中体现,代表了一个国家和民族的法治发展水平,因此,必须要通过科学立法,确保民法典既要体系完整、逻辑严谨、规则精密、制度完善,符合法律科学的内在规律,又要反映市场经济发展和市民生活的客观规律,具有时代性和前瞻性。另一方面,民法典涉及面非常广泛,涵盖了现代社会生活的基本要素,即财产权、合同、家庭等制度,一个人一生可能不和刑法打交道,但几乎每天都要和民法打交道。因此,民法典可以说是市民生活的百科全书,关系到老百姓的切身利益,民法典要实现对人从生前(如胎儿利益的保护)到死后(如死者人格利益保护)各个阶段的保护,贯穿人的社会生活的全过程,让每个人都在民法慈母般的眼光下走完自己的人生旅程。所以,民法典的编纂必须要充分听取民众意见,汇聚万众智慧,充分反映民意。

第三,必须从中国实际出发,总结中国经验,解决中国的现实问题。一是要立足于中国国情。民法典分编的编纂应当致力于维护社会主义基本经济制度,从我国社会主义市场经济的现实需要出发,密切结合改革开放的实践,总结改革中行之有效的做法和经验。民法典必须反映改革成果,服务、支持和保障改革开放,保障新时代中国特色社会主义现代化建设。二是要总结中国的理论和实践智慧。民法典应当吸收我国立法、司法和法学理论研究的成果,总结我国法治建设经验,同时适当借鉴国外先进的立法经验,使我们的民法典真正成为一部立足我国国情、具有鲜明的中国特色、屹立于世界民法之林的法典。三是要解决中国的现实问题。问题是时代的声音,民法典应当直面中国的问题,回应改革开放和现代化建设之中出现的新情况、新问题以及广大人民群众高度关注的现实问题。例如,农村土地的三权分置、住宅建设用地使用权自动续期、网络交易平台的法律地位和责任、大数据产业发展中的个人信息保护问题等。民法典还应当凝聚改革共识,确认改革成果,并为进一步的改革提供依据,从而推动改革进程,引领改革发展,实现国家治理体系和治理能力的现代化。

第四,必须充分反映时代精神和时代特征,体现与时俱进的品格。古人云:"明者因时而变,知者随事而制。"我们要制定的民法典是21世纪的民法典,必须要回应21世纪的时代需要,彰显21世纪的时代特征。如果说1804年的《法国民法典》是19世纪风车水磨时代民法典的代表,1900年的《德国民法典》是工业化社会民法典的代表,那么,今天我们要制定的民法典则应当成为21世纪互联网、高科技时代民法典的代表,我们的民法典应当充分反映时代精神和时代特征,真正体现法典与时俱进的品格。例如,合同编、侵权责任编要充分反映电子合同和网络侵权等新问题。再如,人格权独立成编既是我国社会发展成果的立法体现,也是对互联网、大数据、高科技发展的立法回应,更是人民群众美好幸福生活的重要保障。

三、民法典分编编纂应解决的主要问题

民法典各分编涉及的问题纷繁复杂,笔者认为,在编纂过程中需要重点解决如下几个问题。

(一) 加强民生保障,维护百姓权益

保障民生是以人民为中心这一理念的重要内容。什么是民生?最大的民生就是老百姓的权益问题,只有切实保护公民的人身权和财产权,才

能真正保护广大人民群众的利益,也才能真正解决老百姓民生保障最为重要的问题。民法典分编应通过具体的制度设计,保障个人的人身权和财产权,有力地维护老百姓的民生,保障老百姓的幸福生活。

一是规定居住权制度。所谓居住权,是指居住权人对他人所有的住房以及其他附着物所享有的占有、使用的权利。居住权制度对于解决非继承人的居住问题、离婚后需要经济帮助的一方的居住问题、以房养老问题等,都具有重要的现实意义。比如说,被继承人在生前为长期照顾其生活的人设置了居住权,而房屋由其子女继承,如果不在物权法中规定居住权为物权,而只是通过合同关系解决,则房屋一旦因买卖等原因发生产权变动,该合同权利将无法对抗第三人,居住权人的权益就难以得到承认和保障。此外,设置居住权制度也是完善住房供应体系的重要举措,是缓解住房紧张问题、实现"居者有其屋"的目标的有效机制。由于现行物权法中并没有承认居住权为物权,因此,民法典物权编应当对居住权的设立、效力、消灭等问题作出规定。

二是完善建筑物区分所有权。改革开放以来,我国推行公有住房改革,逐步实现了住宅的商品化,而且商品化的房屋大多采用建筑物区分所有的形式。与此同时,城市化进程的加快使得土地资源日益稀缺,人们的居住方式开始从独门独户向建筑物区分所有发展。我国物权法规定了业主的建筑物区分所有权制度,有效地解决了住宅商品化以后的基本法律依据问题,保障了老百姓对其房产所享有的基本权益。但从实践来看,该制度的运行也出现了一些问题,需要民法典分编予以完善。例如,业主就重大事项的表决程序虽然注重了保护业主的利益,但是表决程序的设计过于苛刻,造成实践中难以形成合法决议,不利于及时维护业主的权益,民法典分编应当适用放宽表决程序。

三是规定物业服务合同制度。随着我国城市化进程的加快和人们居住方式的变化,与物业服务相关的纠纷也日益增加,这就有必要在法律上对物业服务合同作出规定,以更好地处理相关纠纷。虽然《物业管理条例》已经对物业服务合同作出了规定,但其效力层级较低。而且,随着实践的发展,该条例的部分内容已经不能满足社会的需要。因此,我国民法典合同编应当回应我国现实需要,积极总结既有的立法、司法实践经验,将物业服务合同作为独立的典型合同加以规定。

此外,民法典合同编中还要强化对契约正义和实质公平的保护,如强化对承租人等社会弱势群体的保护。从实践来看,在房屋、车位、车库等租期届满后,出租人可能会将其出租给他人,承租人生活的稳定难以得到保障,这就有必要规定承租人到期后优先续租的权利。再如,为强化对消费者的保护,也有必要对提供水、电、气等公共产品提供者的强制缔约义务作出规定,以保障人民的基本生活需要,保障民生。

(二) 强化环境保护,建设美丽中国

无论是全面建成小康社会,还是建成社会主义现代化强国,绿色生态都是其中不可或缺的部分。人与自然发展不平衡、不能满足人民日益增长的生态环境需求也是新时代主要矛盾的重要内容。党的十九大报告提出,要"像对待生命一样对待生态环境,统筹山水林田湖草系统治理,实行最严格的生态环境保护制度"。为此,在民法典编纂中,建议重点解决如下问题:

一是需要进一步健全环境保护法律制度,加大环境污染侵权赔偿的力度。应当从过去单纯依赖行政罚款逐步转化到注重损害赔偿;从过去仅赔偿受害人直接损失到逐步增加对生态损害的赔偿,增加污染者的违法成本,扩充其赔偿范围;从单一的侵权损害赔偿转向多元化的救济机制,建立侵权赔偿、责任保险、社会救助基金相互协调、互为补充的多元化救济机制,多管齐下,以综合、有力的手段形成强有力的环境保护体系。

二是加大对生态环境损害的救济,规定生态环境的修复责任。环境污染可能造成生态环境和自然条件的恶化,这种改变即便没有造成具体的个人损害,也侵害了公共利益,使社会蒙受了损害。侵权责任编应当把生态损害的救济纳入其中。也就是说,环境污染侵权不仅要赔偿民事主体的损害,而且要强化对生态和环境的修复,解决环境侵权中"违法成本低、执法成本高"的难题。对于故意污染环境、破坏生态的,可考虑适用惩罚性赔偿。

三是为生态环境损害公益诉讼提供实体法依据。环境污染侵害的不仅仅是私权,还侵害了公共利益。为了更好地保护环境公共利益,我国已规定了环境损害公益诉讼制度。完备的民事实体法规则有利于环境损害公益诉讼制度更好地发挥作用。民法典各分编,特别是侵权责任编应当对生态环境损害的赔偿范围等内容作出规定,为生态环境损害公益诉讼制度提供坚实的实体法基础。

四是物权编应强调物的利用和处分要节约资源、保护环境,禁止滥用权利污染环境。此外,民法典分编还应当有效规范相邻关系中的粉尘、烟气、噪声、辐射、电磁波等各种不可量物侵害所致的责任。

(三) 强化人格权保护,保障人格尊严

按照马斯洛的"需求层次理论",当人的物质生活需要基本得到满足后,对文化和精神生活的需求越来越强烈,尤其是对人格尊严的需要更加凸显。在我国进入新时代以后,人民物质生活条件得到了极大改善,人民群众就会有更高水平的精神生活追求,就希望过上更有尊严、更体面的生活,对人格尊严等方面的需求更为强烈。人民日益增长的美好生活需要体现为从实现外在物质文化需要向同步追求精神心灵需求的转变,不仅要求充分保障财产权,而且期待人格尊严能够获得尊重,名誉、荣誉、隐私、个人信息等人格权能够得到有效保护。党的十九大报告在民生部分提出了要保障公民的合法权益,并且特别强调了对人格权的保护,这实际上就是将人格权的保护作为保障人民美好幸福生活需要的重要内容,突出了人格权保护的重要价值。实践中,网络谣言、网络暴力、"人肉搜索"、信息泄露等现象层出不穷,其侵害的对象主要是公民的名誉、隐私和个人信息,网络空间"侵权易、维权难"的问题严重,因此,有必要在总结我国立法司法实践经验基础上,加强人格权立法。本次常委会会议审议的民法典各分编草案设置独立的人格权编充分体现了党中央和立法机关对人格权保护的高度重视。

在人格权编中,需要重点解决如下几个方面的问题。

一是要全面确认和保护人格权。全面确认和保护人格权是贯彻《宪法》第38条关于保护公民"人格尊严"的要求。全面确认和保护人格权意味着,从个人生前到死后的人格权益的保护,包括胎儿的利益和死者人格利益的保护;从网络环境到实体空间的人格权益保护;从物质性人格权(如生命健康权)到精神性人格权的保护(如隐私权、名誉权)等。人格权的保护还包括了各种人格权在行使中可能涉及的各种法律问题,如禁止性骚扰、非法跟踪、偷拍偷录、私闯民宅,维持信用记录准确完整,保障个人的基因和遗传信息隐私等。尤其是为适应社会的变迁和科技的发展,人格权需要保持其开放性。例如,伴随着人工智能的发展,个人声音的利用方式也越来越多样化,声音作为一种人格利益,其也会越来越重要。这就有必要在民法典中保持人格权的开放性,形成人格权保护的兜底条款。

二是要事前预防与事后救济并重。一方面,在网络时代,应当更加重视对人格权侵权行为的预防,因为与传统社会的信息传播方式不同,网络信息的传播具有即时性,而且网络的无边界性以及受众的无限性,也使得网络环境对信息的传播具有一种无限放大效应,网络信息一经发布,可以

瞬间实现全球范围的传播,损害后果将被无限放大。尤其是在网络环境下,侵害人格权的损害后果往往具有不可逆性,损害一旦发生,即难以恢复原状,这就需要更加重视对侵害人格权侵权行为的预防。为此,许多国家都采用了禁令、删除、屏蔽、断开链接等各种方式来保护网络侵权的受害人,以防止损害的进一步扩大。我国民法典人格权编应当积极总结我国司法实践经验,同时借鉴外国经验,对禁令等制度作出规定,以强化对人格权的保护。另一方面,在人格权遭受侵害的情况下,要采用精神损害赔偿、消除影响、恢复名誉和赔礼道歉等方式,充分实现对人格权的救济。

三是要规范人格利益的利用。某些人格权本身具有一定的可利用价值。例如,个人的姓名、肖像以及法人的名称等,具有一定的经济价值,可以成为经济利用的对象。尤其是在现代信息社会,个人信息不仅强调保护,而且注重利用,但是在大数据时代,数据开发和利用也会给个人信息保护带来巨大威胁,尤其是在数据开发、数据流通、数据共享过程中,个人信息泄露的现象频频发生。因此各国都普遍地寻求数据流通和人格权保护之间的平衡。美国传统上更注重个人信息利用,以促进数据产业的发展,而欧盟更注重个人信息保护。但现在出现了共同的趋势,即在数据的开发、共享中,普遍重视对个人信息的保护。因此,人格权编应当对民事主体对个人信息所享有的基本权利以及个人信息利用的基本规则作出规定。

(四) 维护金融安全和秩序,推动金融创新

金融安全既关系到对广大投资者财产权益的保护,也关系到国家基本经济秩序的稳定,金融安全是国家安全的重要内容,也是经济平稳、健康发展的重要基础和前提。因此,维护金融安全对于保障我国经济社会健康、有序发展具有战略性、根本性的意义。我国民法典作为社会主义市场经济的基本法,应当在维护金融安全、推动金融创新方面发挥重要作用。担保制度本身就是直接为担保债权履行而设置的,其也具有直接的融资功能。缺乏完善的担保制度就难以实现金融安全,甚至可能导致金融危机,美国次贷危机的出现就是一个反面教训,其根源就在于各种无抵押的融资失去控制。因此,民法典完善担保法律制度,对于维护金融安全和金融秩序,并推动金融创新具有重要意义。就担保制度而言,民法典分编编纂过程中应当重点解决如下问题。

一是建立统一的动产担保登记制度。长期以来,我们把登记视为一种行政管理方式,而没有把登记看作物权的公示方法,这也导致不同的政府部门负有不同的登记职责,分别管理不同类型的动产和权利的登记事务。我国《物权法》第 10 条规定了不动产的统一登记制度,就担保领域来看,其并没有规定统一的动产担保登记制度,动产担保登记制度在很大程度上仍然处于部门化、分散化的状态。从我国目前登记管理体系来看,共有十几个部门负责不同类型的动产、权利登记,这既导致登记规则的不统一,也会给登记申请人办理登记带来极大的不便。由于相关的登记系统并未联网,必然会产生"信息孤岛",这不仅造成查询登记的困难,而且会影响登记信息的充分披露,甚至有可能给欺诈行为提供可乘之机,妨碍交易的安全、有序。民法典分编编纂应当有利于促进建立统一的动产担保登记制度,以实现动产担保登记规则的统一化,避免隐性担保,维护交易安全。本次常委会会议审议的物权编草案中担保物权部分已经删除了各具体登记机构的规定,这为建立统一的动产担保登记制度奠定了很好的基础。

二是明确各项担保权的实现顺序。从我国立法层面看,除物权法规定了抵押权、质权、留置权等物权性质的担保方式外,担保法还规定了保证、定金等债权性质的担保方式,合同法还规定了所有权保留、融资租赁等非典型担保方式,由于各种担保权规定在不同的法律之中,其实现的先后顺序并不明确。例如,在一栋建筑物之上,可能涉及抵押权、建设工程优先权、业主的所有权等,究竟应当优先保护哪一项权利?现行法对此并没有明确规定。民法典分编在统一规定各种担保方式的基础上,也应当进一步明确各项担保权实现的先后顺序。

三是扩大担保财产的范围,丰富担保方式。从保障债权的角度来看,有担保的债权总是比没有担保的债权更容易实现,因此,担保的财产范围越大,就越有利于保障债权的实现,越有利于维护金融安全。而从债务人的角度来看,担保的财产范围越广泛,就越有利于债务人的融资,也越有利于各种金融创新。因此,民法典应当尽可能地扩大担保财产的范围,鼓励更多的担保。从我国现行立法来看,有的立法对担保财产的范围进行了较为严格的限制,这可能不利于发挥担保制度的功能。例如,我国《物权法》第 223 条对权利质权的客体范围进行了一定限制,这导致实践中出现的账户质押、数据权利质押的效力并不清晰,也影响了权利质权功能的发挥。

四是规定保证合同。保证实际上是以个人的信用为担保,所以又称为"人保"。保证是一种重要的担保方式,在社会经济生活中发挥了重要的融资、担保功能。市场经济也是信用经济,俗话说,"信用为王",良好的信用既可以便利个人的经济活动,也可以通过为他人提供担保等方式而被积极利用,具有物的担保所不具有的重要优势。因此,法律应当鼓励保证。我国担保法虽然对保证合同作出了规定,但从实践来看,有些规则已经过时,民法典分编合同编在规定保证合同的同时,有必要作出修改。

五是完善借款合同的规则。目前在实践中,非法集资比较严重,高利贷纠纷频发。民法典关于借款合同的规则要促进融资,也要防范金融风险,特别要防止高利贷所带来的巨大社会负面影响。建议借鉴司法解释的经验,规定高利贷的判断标准,并区分不同情形确定高利贷合同的效力。

(五)推进农村土地的市场化流转,维护农民的权益

推进土地承包经营权"三权分置"改革。在农村土地制度改革中,"三权分置"改革有力地促进了农村土地的高效利用。民法典物权编应当及时确认这一改革方向与成果,对土地经营权作出系统规定。物权编中可以规定,土地承包经营权人可以流转土地经营权。经营权经登记作为一项物权,可以进行抵押、流通和转让,从而便于权利人融资。经营权主体应当突破承包经营权的身份限制,包括一些经营单位(如专业公司、种植能手等),以充分发挥土地经营的效用。当然,在确认经营权的同时,要明确确认经营权的设定和行使不得影响土地承包经营权人的利益,尤其是要保持土地承包经营权的长期稳定,以贯彻落实农村的基本经营制度。

(六)促进家庭和谐,维护家庭稳定

家庭是社会的细胞,也是社会稳定、和谐的基础,"家和万事兴",我们应当注重家庭建设、维护家庭的和谐与稳定。婚姻家庭法律制度是民法典的重要组成部分,法国民法典的起草人波塔利斯曾经指出,所有权和家庭法是民法典的"两大主要基石"[1]。这也反映了婚姻家庭法的重要性。夫妻关系、父母子女关系是家庭关系的核心,在家庭关系中要处理好个人和家庭之间的关系,同时也要考虑到其他近亲属之间的关系,维护家庭关系的和谐与稳定。民法典分编的编纂也应当坚持维护家庭和谐与稳定的价值取向,民法典在调整家庭关系时,既应当尊重中国的传统,也应当顺应时代发展的需要,对某些规则作出必要的调整。

---

[1] 转引自〔法〕让·保罗·让、让·皮埃尔·鲁瓦耶:《民法典:从政治意志到社会需要》,石佳友译,载《法学家》2004年第2期。

一是完善夫妻共同债务规则。我国相关的司法解释已经对夫妻共同债务的认定规则作出了规定,民法典分编编纂应当积极总结相关的司法实践经验。在实践中,夫妻一方对外举债,究竟应当是由夫妻双方负责,还是由一方负责,纠纷很多。司法实践采用了"家庭日常生活需要"的标准,也就是说,属于家庭日常生活所负的债务,由夫妻双方负责。这实际上采纳了各国民法普遍采用的夫妻日常家事代理权制度,即夫妻一方因家庭日常生活需要而实施的民事法律行为,对夫妻双方发生效力。问题在于,超出家庭日常生活需要的,是否属于夫妻共同债务,需要民法典作出相关规定。

二是完善夫妻财产约定制度。我国目前夫妻财产制采取婚后夫妻共同财产制,以法定共同财产制为主,以约定财产制为辅。该制度基本适应了我国的国情,但应当看到,当事人进行夫妻财产约定的情况也越来越多。在约定财产制的情况下,它原则上是夫妻之间的约定,而夫妻财产约定并无公示方法,如果第三人不知道就无法对第三人发生效力,这在很大程度上不能发挥夫妻财产约定的作用。例如,在夫妻一方对外负债、借款等情形下,就不能有效发挥约定的作用。可以考虑引入夫妻约定财产制的公示制度,使得夫妻财产约定能够被第三人查询。

三是进一步完善结婚登记制度。在实践中,当事人基于各种原因,如规避房屋限购政策、多获得拆迁补偿、规避纳税义务等,会实施各种假结婚、假离婚行为。但是,现行立法并没有为结婚登记中的瑕疵提供有效的规范,使得法院无法可依。在民法典之中,可以针对各类结婚登记瑕疵,作出不同的规定。总体上,要坚持维护婚姻关系稳定的价值取向,尽量抑制假结婚和假离婚现象。同时,对于严重的结婚登记瑕疵,可以规定其属于婚姻无效的范畴。另外,实践中利用伪造、变造或者冒用他人身份证件、户口簿、无配偶证明及其他证件、证明材料等方式骗取结婚登记的行为,是否导致婚姻无效,存在争议,婚姻家庭编需要对此作出明确规定。

四是增加离婚冷静期的相关规定。在实践中,冲动离婚、轻率离婚的现象较多,使得离婚过于草率。为了进一步稳定婚姻关系,维护家庭的稳定,有必要借鉴国外的立法经验,在婚姻家庭编之中规定离婚冷静期。也就是说,给婚姻双方当事人一定的冷静思考的期限。在该期限经过后,决定是否离婚。一般认为,该期限不宜超过三个月。

五是进一步扩大遗产的范围,完善遗产管理规则。随着我国社会经济的发展,财产的形式也在不断丰富,网络虚拟财产、数据财产等不断出现,这就需要在《继承法》第3条规定的基础上,进一步扩大遗产的范围,以充分体现保护产权和继承权的精神。因此,凡是非专属于死者自身的财产,都应当可以成为继承的对象。同时,在继承开始前,遗产也需要进行管理,民法典继承编也需要对遗产管理的规则作出规定。

(七)回应科技发展需要,完善网络治理

一是要加强高科技时代人格权的保护。人类社会已经进入互联网高科技时代,美国学者福禄姆金(Froomkin)曾经总结了许多高科技的发明,如红外线扫描、远距离拍照、卫星定位、无人机拍摄、生物辨识技术、语音识别等,他认为,高科技爆炸给人类带来了巨大福祉,但都有一个共同的副作用,即对个人的隐私保护带来了巨大威胁,已经使得个人无处藏身。大数据记载了我们过去发生的一切,也记载了我们正在发生的一切,同时能够预测我们未来发生的一切,无论我们走到哪里,只要携带手机,相关软件借助Cookie技术,就可以时刻知道我们的准确定位,人类好像进入了一个"裸奔"的时代。他认为,现代法律遇到的最严峻的挑战就是,如何尊重和保护个人隐私和信息,这也要求我国民法典对此涉及的新的法律问题作出回应。同时,随着人工智能技术的发展,声音识别、人脸识别的应用范围日益广泛,这也提出了声音和形象权益保护的问题。此外,随着生命科学的发展,个人基因和遗传信息的保护问题也日益严峻,器官移植技术的发展也要求法律及时回应器官捐赠等现实问题。

二是妥善平衡人格权保护和数据流通之间的关系。从世界范围来看,数据的采集和共享的方式正在发生日新月异的变化,而且导致数据作为一种产业蓬勃发展,但由此带来的其与个人信息等人格权的保护之间的冲突越来越明显。目前在我国大数据产业的发展过程中,既要鼓励数据的开发、利用和共享,以促进数据产业的发展,但同时也要提高对个人信息的保护关注度,完善保护规则。例如,大数据产业发展起来后,必然实行数据共享,其中也大量涉及个人信息数据的共享。但在数据共享中,提出了数据开发者是否需要取得信息主体的同意,分享者获得数据后如何使用这些数据等问题。这些界限不清晰,数据共享就很容易变成数据的有偿交易,而造成对信息权利人的权利侵害,无法实现数据产业的长期健康发展。我国民法典分编应当妥善平衡二者的关系,既要注重发挥个人信息的经济效用,也要注重保护信息主体的个人信息权利,不能因为过度保护个人信息等权利而限制了数据产业发展,也不能为发展数据产业而不考虑个人信息等权利的保护,民法典的相关规则设计应当妥善平衡二者之间的关系。鉴于这个问题比较复杂,民法典作为民事基本法,可以只规定平衡人格权保护和数据流通之间关系的基础性规则,或者只作原则性规定,为有关单行法细化规定个人信息的保护提供依据。

三是细化网络侵权规则,明确网络平台的法律责任。我国《侵权责任法》虽然已经对网络侵权规则作出了规定,但过于简略,民法典侵权责任编有必要在此基础上作出进一步的细化规定,如细化其注意义务标准,从而妥善平衡网络平台、权利人和行为人之间的利益关系,对网络平台的法律责任作出明确规定。

四是对网络交易规则作出规定。我国已经成为全球最大的电子商务市场,随着我国网络交易规模的扩大,也产生了许多新的法律问题,且与传统的交易规则存在一定的区别,尤其是在合同订立的方式、具体格式条款的规制、履行方式和违约责任的承担等方面,具有一定的特殊性,民法典合同编也需要积极回应这一社会现实,对网络交易的特殊规则作出规定。

四、民法典分编编纂应当妥善处理的几个关系

(一) 处理好民法典分编和总则的关系

民法总则为民法典分编的制定提供了指导,民法典分编的编纂应当妥当协调其与民法总则之间的关系。民法典总则与各分编的关系是一般与个别的关系,在分编有规定时,应当适用分编的规定,在分编无规定时,才适用总则。在民法典分编制定过程中,有必要协调好如下两方面的关系:一是明确民法典总则对分编的指导关系。民法典分编是民法典总则的进一步展开,是民法典总则原则和规则的进一步细化,民法典总则所确立的基本原则可以有效指导民法典分编。民法典总则中确立的民事法律行为、民事权利和民事责任制度,是民法典分编编纂的重要指导。二是避免分编与总则规则的重复。法贵简约,总则本身是一种实现立法简约的立法技术,目的在于避免民法典条文的重复和冗余,对于总则已经作出规定的规则,分编之中就不必再予以规定。例如,民法典总则中的民事法律行为效力规则与现行合同法关于合同效力的多数规则重复,民法典合同编就不必再就合同效力作出规定。

(二) 处理好民法典分编和民商事特别法的关系

欧洲19世纪制定民法典的时候,实行"法典中心主义",认为民法典可以囊括各项民商事规则,但历史证明这是已经破灭的神话。民法典制

定后,必然要在民法典之外颁布大量的民商事特别法,民法典仅仅是民事活动和民事审判的基础规则,特殊的民商事活动应当交由民商事特别法予以规定,而普遍适用于所有民事主体的活动,则应当由民法典分编予以规范。民法典分编和民商事特别法的关系是基本法和特别法的关系,民商事特别法的规则原则上应当优先适用,但鉴于我们的特别法规定有一些已经过时,民法典分编可以对其进行修改与完善。在此情形下,可能形成新法与旧法的关系,在法律适用层面,应当适用新法优先于旧法的法律适用规则。为此,必须要处理好民法典和民商事特别法之间的关系。

(三) 处理好立足本国国情和借鉴吸收国外经验的关系

民法典分编的编纂既要坚持立足本国国情,又要积极吸收国外先进的立法经验。一方面,民法典分编必须回归中国法治的本土实践,从中国实际出发。民法典分编应当充分体现我国的文化习俗和优良传统,弘扬传统法律文化,解决法治建设"接地气"的问题。特别是在物权编、婚姻家庭编、继承编等的制定过程中,更应当注重本土性。另一方面,随着经济全球化的发展,法律的国际化和全球化成为一种势不可挡的发展潮流和趋势,两大法系相互借鉴,相互融合,许多国际公约、惯例等也逐渐成为国内法的重要渊源。在全球化背景下,有些与市场经济关系密切的规则,如合同、担保等规则,应当积极借鉴国际上先进的法治经验,为我所用。

(四) 必须处理好改革与民法典编纂的关系

从比较法的经验来看,许多国家编纂民法典也旨在推动和巩固社会、经济的变革。例如,《法国民法典》推进了资产阶级革命的进程,确认、巩固了革命成果;《德国民法典》促进了德国从农业社会向工业社会的转型;《日本民法典》是明治维新变法图强的重要举措。我国编纂民法典也是全面深化改革的重要保障。但法典求稳,改革求变,两者之间也存在一定的冲突。为协调二者之间的关系,民法典规则在总结改革经验、巩固改革成果的同时,也应当保持适当的抽象和开放性,以有效应对社会转型和改革中的新情况、新问题,对于一些看得准的问题或者发展方向明确的问题,民法典编纂也应当作出前瞻性的规定,从而引领改革、推进改革,为改革过程中可能出现的问题提供解决方案,为将来可能施行的改革提供法律依据,以确保将来的改革能够于法有据。当然,对于那些尚无成熟规律和经验可循的问题,立法不能脱离改革进程的实际情况,对于前景不明晰的改革事项,应当保持谦抑态度,不能强行作出刚性规定或作出过多限定,从而为将来的改革预留空间。

五、结　语

中国特色社会主义已经进入新时代,应当有与新时代国家繁荣、民族复兴相适应的伟大法典。"聚万众智慧,成伟大法典",在立法机关、理论界和实务界的共同努力下,一定能够制定出一部立足中国实践、回应现实需要、展现中国智慧、面向21世纪的民法典,为全面建设社会主义法治体系奠定必要的制度基础,为"两个一百年"目标的实现提供坚实的制度保障。

民法的发展

中国民法学七十年：回顾与展望*

2019年是中华人民共和国成立七十周年。七十年来，伴随着中国特色社会主义建设事业的发展以及民事立法与司法的不断完善，中国特色社会主义民法学理论体系也经历了一个从无到有、从萌芽到繁盛、从稚嫩到成熟的过程。回顾七十年历程，总结我国民法学发展的经验，对于未来民法学的发展具有重要的借鉴价值。

一、七十年民法学发展历程回顾

七十年来，我国民法学适应社会主义现代化建设和改革开放的需要，伴随民事立法的进展，经历了以下三个不断发展和完善的阶段。

（一）改革开放前民法学的发展（1949—1977）

1949年2月，中共中央通令全国废除了国民党的"六法全书"。从此，中华人民共和国的民事立法进入了一个新的阶段。中华人民共和国成立初期，为适应当时社会经济形势的需要，国家制定了大量的单行法律法规。① 其中，在民事立法方面产生最重大、最深远的影响就是，1950年4月13日中央人民政府公布了《婚姻法》，并于当日起实施。这是中华人民共和国的第一部民事立法，也是中华人民共和国颁布的第一部法律。该法不仅明确宣布"废除包办强迫、男尊女卑、漠视子女利益的封建婚姻制度。实行男女婚姻自由、一夫一妻、男女权利平等、保护妇女和子女合法利益的新民主主义婚姻制度"，而且规定了新型的家庭成员关系。1950年《婚姻法》被毛泽东同志誉为"普遍性仅次于宪法的根本大法"。该法所确立的基本原则至今仍被现行《婚姻法》所采纳。

1954年，全国人大开始组织制定民法典。但是，由于"反右"斗争以

---

* 原载《政法论坛》2020年第1期。
① 参见《法学研究》编辑部编著：《新中国民法学研究综述》，中国社会科学出版社1990年版，第1页。

及各项政治运动的进行,这次的民法典起草工作被迫中断。直到1962年,针对法律虚无主义思潮的盛行,毛泽东同志指出:"不仅刑法要,民法也需要,现在是无法无天。没有法律不行,刑法、民法一定要搞。不仅要制定法律,还要编案例。"此后,最高立法机关开始了第二次民法典编纂工作,并且在两年后即1964年完成了《中华人民共和国民法草案(试拟稿)》。可是,由于1963年开始的"四清"运动,这次的民法典起草工作再次夭折。1966年,"文革"开始后,在长达十年的时间里,我国社会主义民主法制建设遭受了严重破坏,民事立法工作也彻底停滞。

在1949年中华人民共和国成立到1977年这一时期,自从生产资料社会主义改造完成后,我国就逐步建立了高度集中的计划经济体制,商品经济的发展受到严重的压制和阻碍。由于长期受"左"的思想的影响,政府在经济领域采取"割资本主义尾巴"、打击投机倒把等措施,也使得私权受到严重侵害,市场在中国社会并无生存的土壤。民法作为商品经济的基本法,自然也难逃被边缘化的命运,以至于在改革开放前许多民众甚至连民法为何物都不知晓。可以说,这段时间内,整个民法学基本上处于停滞的状态。以民法学的教科书为例,中华人民共和国成立初期,我国民法学界通过引进和全盘接受苏联的民法理论,翻译出版过一些苏联民法书籍。① 1958年,中央政法干部学校曾经组织编写过一本民法学教材——《中华人民共和国民法基本问题》。尽管这本书是中华人民共和国成立后出版的第一部民法学教材,然而它基本上都是关于当时民事政策的汇编。② 该书除了部分内容联系当时中国的实际(如"反右"运动)外,基本上可以说是20世纪50年代苏联民法学教科书的"中国版"。③ 可以说,在1978年改革开放前,我国的大学法律系基本上没有民法学教材。在读秀数据库中以"民法"为关键词对1959—1978年出版的民法学论著进行检索,能搜到的只有106种。其中,绝大部分是我国台湾地区学者的论著。因此,总的来说,在这一阶段,民法学研究政策性强、科学性低,民法的私

---

① 比较有代表性的如,〔苏〕斯·恩·布拉都西教授等编著:《苏维埃民法》(上、下),中国人民大学民法教研室译,中国人民大学出版社1954年版;〔苏〕O. C. 约菲:《损害赔偿的债》,中央政法干部学校翻译室译,法律出版社1956年版;〔苏〕诺维茨基:《法律行为·诉讼时效》,康宝田译,中国人民大学出版社1956年版。
② 参见中央政法干部学校民法教研室编著:《中华人民共和国民法基本问题》,法律出版社1958年版。
③ 参见柳经纬:《回归传统——百年中国民法学之考察之一》,载《中国政法大学学报》2010年第2期。

法品质不彰,民法学研究的园地基本上处于荒芜状态。

(二) 改革开放四十年民法学的发展(1978—2017)

1978年12月,党的十一届三中全会将全党全国的工作重点从"以阶级斗争为纲"转移到社会主义现代化建设上来,并且确定了"发扬社会主义民主、健全社会主义法制"的任务目标,我国的民主法治建设也由此步入了发展的"快车道"。伴随着改革开放进程的推进,我国逐步建立了社会主义市场经济体制,我国民事立法也出现了前所未有的发展契机。

在这一阶段的民事立法中,最具标志性意义的立法是以下四部法律:一是1986年《民法通则》,确立了民事行为和民事权利保护的基本规则;二是1999年《合同法》,实现了我国合同立法的统一化、体系化与科学化,构建了市场交易的基本规则;三是2007年《物权法》,构建了我国产权制度的基本框架,有力地维护了我国社会主义基本经济制度,为市场的正常运行奠定了法律基础;四是2009年《侵权责任法》,构建了一个具有中国特色、科学合理的侵权法体系和规则。围绕这四部重要法律的颁布,学者积极襄助立法,为立法进行前期理论准备,或为立法相关制度的构建和完善展开系统的专题研究,可以说,每一部法律的出台,都浸润了民法学者的学术智慧,都凝聚了民法学者的一片心血。例如,在《民法通则》颁布之前,为确定该法第2条关于民法调整平等主体财产关系和人身关系的表述,学者广泛讨论了民法与经济法的相互关系以及民法在社会主义法律体系中的地位和作用等重大问题,从而确立了民法在社会生活中的重要作用,有力地促进了该条的制定。再如,在《物权法》制定过程中,就物权法是否应当确定公私财产平等保护的原则,立法过程中曾经出现了平等保护原则是否符合宪法规定的质疑。广大民法学者依据宪法准确阐释了平等保护原则的内容,以及该原则作为物权法基本原则的必要性,从而有力地助推了物权法的出台。

除了上述四部具有历史意义的民事法律,在这一阶段,为适应我国社会主义市场经济体制的建立和发展的需要,立法机关还先后颁布了《海商法》(1992年)、《公司法》(1993年)、《票据法》(1995年)、《担保法》(1995年)、《保险法》(1995年)等民商事法律。可以说,中国民法通过确认与保护人格权、物权、债权以及知识产权等基本民事权利,构建了较为完善的私权保障体系。在短短的四十年内,我国民事立法走过了西方数百年的法治发展道路,构建了较为完善的社会主义市场经济法律体系。在这个过程中,民法学者的学术贡献功不可没。

改革开放四十年既是我国经济高速发展的四十年,也是我国社会全面进步的四十年;既是民事立法从建立到不断完善的四十年,也是中国民法学理论迅速发展的四十年。在 20 世纪 70 年代末期,民法学尚处于萌芽阶段,民法学研究的园地也是一片荒芜。笔者至今依然记得 1977 年考入湖北财经学院法律系后学习的情形。当时发下来的民法学教材就是一本薄薄的油印本《民事政策》,内容主要是关于婚姻、损害赔偿等相关政策的规定,也有一些关于民事政策的资料。① 直到 1981 年,中国人民大学法律系民法教研室才组织编写出了《中华人民共和国民法原理》一书。1983 年,由被誉为"中国民法之父"的佟柔先生主编的改革开放后第一部统编民法学教科书《民法原理》②正式出版,这也标志着我国民法学理论体系开始创立。

经过改革开放四十年的发展,伴随着我国社会主义市场经济体制的不断形成和发展,尤其是随着我国重要民事立法的制定和颁布,民法学的内容和体系不断丰富和完善。不论是合同法、物权法、侵权责任法以及人格权法等基本民事制度,还是民法方法论,相关基础理论研究都进步迅速,民法著述更是汗牛充栋、蔚为壮观。例如,以"民法"作为关键词检索读秀数据库,共有 21 059 种中文图书,这与改革开放之初的情况相比,简直是天壤之别。同样,以"民法"为关键词在中国知网进行检索,1979—1988 年间共检索出 1 030 篇文章,1989—1998 年间共检索出 4 003 篇文章,1998—2008 年间共检索出 22 929 篇文章,而自 2009 年至今,已经有 29 706 篇文章。"昔日荒芜地,今朝春满园",可以说,经过四十年的发展,我国民法学研究已经从一片荒芜的园地变成了一个繁花似锦、草木繁茂的花园。

(三) 新时代民法学的发展(2017 年至今)

党的十九大报告宣布,中国特色社会主义已经进入了新时代,"我国社会主要矛盾已经转化为人民日益增长的美好生活需要和不平衡不充分的发展之间的矛盾"。在新时代,人民不仅要求更高水平的物质生活,更要追求高质量的精神生活,希望活得更有尊严、更体面,希望社会更加公平正义。在此前后,民法学者大力呼吁制定民法典,从而实现我国民事立法的体系化、科学化,并为民法典的编纂进行各种前期理论准备,学者先

---

① 参见北京大学法律系民法教研室编:《民事政策资料选编(六)》,北京大学法律系民法教研室 1980 年内部资料。

② 参见法学教材编辑部、《民法原理》编写组:《民法原理》,法律出版社 1983 年版。

后起草了多部民法典建议稿和立法理由书①,对民法典的框架结构以及制度设计提出了具体方案。党的十八届四中全会正式提出"编纂民法典"的立法任务。自此,我国民法典的编纂工作开始全面加速推进。

2017年《民法总则》的颁行使民法典编纂工作迈出了实质性的步伐。中国法学会民法学研究会连续几年都以《民法总则》的制定作为年会主题,并组织召开了二十多次专题讨论会,集中全国专家学者研讨民法总则立法的重大问题,总结归纳了大量的立法建议,并提交给立法部门。《民法总则(草案)》公布后,广大学者积极建言献策。各级人大提出立法修改意见的过程中基本都有当地高校、科研机构学者们的参与;2018年8月,民法典各分编草案提交全国人大常委会进行了第一次整体审议。在我国民法典编纂紧锣密鼓进行的同时,广大民法学者也踊跃投身于这一伟大的事业,积极建言献策,发表出版了大量的民法典编纂方面的论文与著作。在中国图书出版数据库检索发现,仅2015年至2019年9月12日,以"民法"为关键词的著作就达到了1 136本。以全部字段包含"民法"对读秀数据库收录的论文进行检索,总共查得43 574篇期刊论文;在中国知网,以CSSCI以及核心期刊为检索对象,共有民法相关论文40 234篇;而"民法"以及"婚姻家庭法"的条目下面共有533 519条(包含期刊论文、会议论文、报纸、学位论文以及英文论文等)。可以预见,未来伴随着我国民法典的颁行,我国民法学理论也必将从立法论主导转向解释论主导的新时代,我国民法学也将进入一个前所未有的、新的发展时期。

二、七十年民法学发展成果概览

七十年来,中国民法学的发展不仅仅表现在论文发表和著作出版方面,更重要的是,七十年来,尤其是改革开放以来的四十年,中国民法学立足于中国的基本国情,充分借鉴域外优秀经验,努力服务本国社会生活的需求。民法学理论不断回应中国民事立法和司法实践中出现的各种新情况、新问题,并致力于解决这些问题。在不断与时俱进、适应民法发展的新的趋势和社会实践的需求的同时,我国民法学的内容和体系在不断完善,学术性不断加强,科学品位日益突显。回顾七十年的历史过程,我国民法学取得了如下几个方面的标志性成就。

---

① 比较有代表性的包括中国社会科学院法学研究所的《中国民法典草案建议稿》、中国人民大学法学院的《中国民法典草案建议稿》以及徐国栋教授的《绿色民法典草案》。

(一) 中国特色社会主义民法学理论体系初步形成

自清末变法以来,我国长期继受潘德克顿体系影响,国民政府时期的民法典基本完全照搬了《德国民法典》的内容,正如梅仲协先生所指出的:"现行民法采德国立法例者十之六七,瑞士立法例十之三四,而法日苏联之成规,亦尝撷一二。"①旧中国民法学更是基本照搬德国民法的模式。中华人民共和国成立以后,我国民法学在相当一段时间内深受苏联民法学的影响。改革开放以来,随着中国社会从计划经济到市场经济的转型,从人治向法治的转化,伴随着社会的转型,中国民法学逐渐摆脱了苏联社会主义民法学的影响,广泛吸收大陆法系私法理论的营养,并借鉴许多英美法系的有益经验,经过七十年的发展,到目前为止,已经完整建构了中国民法学的基本概念、原则以及制度,民法学者就民法的基本制度、规则以及价值体系也日益达成共识,构建了共同的讨论平台。② 早在 1985 年,佟柔先生就指出,中国民法学的任务之一是"建立中国民法学理论体系"③。如今,我们已经初步形成了具有中国特色的民法学理论体系。④

伴随着民法学理论体系的发展,民法学的价值体系也在逐步发展,改革开放初期深受影响的苏联民法理论,以阶级斗争学说彻底否定了近代以来民法所接受的人文主义革命、工业革命和启蒙运动的核心价值,即人文主义为核心的思想和价值体系;其计划经济学说,彻底否定了近现代民法的基本观念,如所有权理论、意思自治理论,也完全否定了民法建立的规范市场以及交易的制度体系。⑤ 改革开放四十年来,民法学的发展可以说是一个规范重建与价值重拾的过程。伴随我国市场经济的发展以及"规范公权、保障私权"现代法治理念的普及,意思自治在我国民法中的基础性地位以及民法保障私权的基本价值也得以逐步确立。私法理念得以回归,私法的理念主要包括身份平等、私权神圣、意思自治以及诚实信

---

① 梅仲协:《民法要义》,中国政法大学出版社 1998 年版,序言。
② 参见王轶:《对中国民法学学术路向的初步思考——过分侧重制度性研究的缺陷及其克服》,载《法制与社会发展》2006 年第 1 期。
③ 佟柔:《我国民法科学在新时期的历史任务》,载陶希晋主编:《民法文集》,山西人民出版社 1985 年版,第 21 页。
④ 参见柳经纬:《改革开放以来民法学的理论转型——百年中国民法学之考察之二》,载《中国政法大学学报》2010 年第 3 期。
⑤ 参见孙宪忠:《中国民法继受潘德克顿法学:引进、衰落和复兴》,载《中国社会科学》2008 年第 2 期。

用①;民法人文关怀理念得到普遍承认,该价值理念也对我国民事立法产生了深远影响②。

(二) 研究方法不断拓展

大陆法系传统民法以基本概念为基础,注重各个概念的建构和逻辑推导。但以耶林、黑克(Heck)为代表的利益法学派以及以埃利希为代表的自由法学派,都重视运用多种分析方法,对民法现象进行多角度的观察和分析。③ 改革开放四十年来,我们的民法学也吸收了多种研究方法,在方法论方面进行了大量创新,主要表现在:

一是法律解释学日益受到重视。"法无解释不得适用",民法学就是民法解释学。法律解释学是解释论研究的基本功,也是法教义学的核心方法。民法学理论体系的发展要以法律解释为重要基础。我国民法解释学的研究经历了一个从介绍比较法上的各种民法解释方法("照着讲")④,到植根中国实践的民法解释方法("接着讲")⑤的时代。

二是比较研究方法受到高度重视。我国民法学对于比较研究方法尤其是对法治发达国家民事立法和民法研究的比较研究一直重视,但是,最初学者们更重视的是宏观的、抽象的比较。然而,现在我国民法学越来越重视微观的比较,重视对具体规则的比较。同时,不仅比较法律条文本身,也更加侧重对规则的实际运行效果尤其是判例的比较。此外,比较法研究方法也更加多样化,在规范比较之外,更加重视规范实效比较、功能比较乃至文化比较分析,而非照抄照搬、亦步亦趋或者简单的"拿来主义"。

三是体系导向与问题导向并重。一方面,我国民法学的问题导向越来越强,针对实践中出现的问题展开研究,直面中国问题,提供中国方案,奉献中国智慧,呈现中国元素。另一方面,民法学理论的体系化不断增强。在民事立法和司法方面,重视"采用了体系化思考方法的制度性研究"⑥。

四是运用实证研究方法不断拉近民法学研究与实践的距离。实证研

---

① 参见柳经纬:《改革开放以来民法学的理论转型——百年中国民法学之考察之二》,载《中国政法大学学报》2010年第3期。
② 参见王利明:《民法的人文关怀》,载《中国社会科学》2011年第4期。
③ 参见吕世伦、孙文凯:《赫克的利益法学》,载《求是学刊》2000年第6期。
④ 参见段匡:《日本的民法解释学》,复旦大学出版社2005年版。
⑤ 参见王利明:《法律解释学导论:以民法为视角》,法律出版社2009年版;税兵:《超越民法的民法解释学》,北京大学出版社2018年版。
⑥ 王轶:《对中国民法学学术路向的初步思考——过分侧重制度性研究的缺陷及其克服》,载《法制与社会发展》2006年第1期。

究方法是科学研究的基本方法,也是强化理论和实践相结合的重要方法,近年来,我国学者越来越多地运用实证研究方法,结合我国司法实践情况,展开实证研究,并在实证研究的基础上提出了若干立法完善建议。中国裁判文书网发布了近5 000万份民事裁判文书,这为我国的民法学研究提供了极为丰富的研究素材,一些学者已经结合这些案例出版了有关的案例研究著述。此外,一些民法学者也在研究中广泛运用了法律经济分析方法、实证研究方法以及法社会学研究方法等多种方法。

五是大数据分析研究方法的运用。现代社会已经步入互联网和大数据时代,大数据分析方法也为民法学的发展提供了新的研究素材和研究方法,也将使民法学研究更加精细化。一些学者运用大数据分析技术,从已经公开的数千万份裁判文书中分析中国法治实践问题、总结中国法治建设经验,也使得司法的社会实证分析更加便利。有效的大数据分析是社会实证研究方法的革新,在一定程度上有助于降低传统田野调查的成本,提高实证研究的覆盖面,实现更大样本、更全数据的研究。

六是民法学与法学以及其他人文社会科学之间的交叉学科研究方法。民法学不仅与其他法学部门如宪法、刑法、诉讼法、行政法、经济法、知识产权法、环境法等相结合,而且与其他学科如哲学、经济学、伦理学、社会学等关联密切,这也使得交叉学科研究方法在民法学研究中得到了广泛运用。交叉学科研究方法的运用不仅拓展了民法学的研究范围,丰富了民法学的研究方法,增强了民法学研究的适用性与科学性[①],也给民法学研究增加了生机和活力,使民法学研究摆脱了"僵化的法条"的束缚,使民法典真正成为一部"活法"。

(三) 研究内容日益宽泛和深入

第一,在民事主体制度方面,在改革开放之前,我国立法上没有关于民事主体的直接的、系统的规定,民法学研究中多以宪法、选举法和治安管理处罚条例等法律规定来阐释公民的民事能力;以国营企业、国家预算机关、合作社、公私合营企业和社会团体来归纳当时的法人形态。[②]《民法通则》公布之后,民法学者就民事权利能力制度、责任能力制度、自然人监护制度新的发展、成年意定监护制度、合伙的法律地位及其立法模式选

[①] 参见王轶:《对中国民法学学术路向的初步思考——过分侧重制度性研究的缺陷及其克服》,载《法制与社会发展》2006年第1期。

[②] 参见中央政法干部学校民法教研室编著:《中华人民共和国民法基本问题》,法律出版社1958年版,第62—68页。

择、合伙协议与合伙组织体的关系、有限合伙的形态、法人的分类、非法人组织的法律地位、企业法人的治理结构、法人有限责任及法人人格否认制度、特殊类型的法人以及法定代表人等问题展开了研究,为《民法总则》中民事主体制度的构建与完善提供了有力的理论支撑。①

第二,在民事法律行为、代理和时效制度方面,在中华人民共和国民法学初创时期,这一方面的研究深受苏联民法理论的影响,如强调法律行为是一种合法行为。② 这一观点反映在《民法通则》之中,直至《民法总则》通过,才得以改正。在中国知网,以"法律行为"为主题词检索,发表在 CSSCI 以及"核心期刊"中的学术论文就有 4 135 篇;以"代理"检索民商法论文,发表在 CSSCI 以及"核心期刊"的学术论文就有 587 篇。在代表性的论文中,我国学者论述了民事法律行为与意思表示的关系,意思表示的解释,民事法律行为的效力认定,民事法律行为的无效、可撤销制度的完善,代理的类型界定,代理与委托的关系,表见代理的认定及其法律后果,无权代理的法律后果及其对相对人的保护,职务代理行为及其对善意第三人的保护,时效制度,等等。③

第三,在合同法方面,在中华人民共和国民法学初创时期,合同关系被定位为社会主义的互助合作关系,合同制度也就成了使国民经济计划精确化和具体化的方法以及社会主义企业互相监督的工具。④ 改革开放的探索以社会主义商品经济(市场经济)为其理论基础,合同制度的作用也就日益彰显。在中国知网,以"合同法"为主题词检索,发表在 CSSCI 以及"核心期刊"中的学术论文就有 2 155 篇;如果以"合同"为主题词检索,则有 7 302 篇论文。在代表性的论文中,我国学者为了配合统一合同法的制定,提出了鼓励交易原则,论证了诚实信用原则与公序良俗原则的区别,合同法应当发挥组织经济的功能。学界讨论了"合同"的概念界定,研究了履行利益的保护问题,提出了在合同中应当充分保护信赖利益损失,

---

① 具有代表性的成果包括江平教授的《法人制度论》、马俊驹教授的《法人制度通论》等。
② 参见中央政法干部学校民法教研室编著:《中华人民共和国民法基本问题》,法律出版社 1958 年版,第 73 页。
③ 具有代表性的成果包括王轶教授的《诉讼时效制度三论》、易军教授的《法律行为制度的伦理基础》、常鹏翱教授的《事实行为的基础理论研究》、尹飞教授的《体系化视角下的意定代理权来源》、朱虎副教授的《表见代理中的被代理人可归责性》等。
④ 参见中央政法干部学校民法教研室编著:《中华人民共和国民法基本问题》,法律出版社 1958 年版,第 197—199 页。

并区分信赖利益与履行利益损失,提出了审批的法律效力,未生效合同的特征,缔约过失责任的构成及其责任范围,以及缔约过失责任的赔偿范围,无权处分合同的效力,判断合同无效的标准,区分效力性规范和管理性规范等。学者认为应区分合同的有效与生效,界定附随义务的内容,区分同时履行抗辩与先履行抗辩及不安抗辩与预期违约,完善合同保全制度及情事变更规则的适用。一些学者还提出了违约方是否享有合同解除权的问题,并研究了合同解除与违约责任的关系、合同解除权的行使及其期限、违约金与损害赔偿的关系、瑕疵担保与违约责任的关系等问题,并建议合同法中不应当采纳瑕疵担保责任的概念,对我国立法也产生了一定的影响。[①] 合同法作为交易法,具有国际趋同性的特点,我国民法学者在合同法研究方法方面发挥了后发的优势,充分借鉴两大法系较为成熟的经验,有力地助推了我国合同法律制度的建立和完善。[②]

第四,在物权法方面,在物权法公布之前,我国制定法上并无"物权"概念。早期的民法学研究中只关注所有权制度[③],这一现象也是受苏联民法的影响。在当时看来,所有权之外的其他物权是私有制之下的特有现象,社会主义国家不存在所有权之外的其他物权。[④] 但随着改革开放的逐渐深入,学说上采纳"物权"概念、主张应建立物权制度的观点成为通说[⑤],其直接的成果就是《物权法》的制定和公布。在中国知网,以"物权"为主题词检索,发表在 CSSCI 以及"核心期刊"的学术论文就有 5 784 篇。在代表性的论文中,我国学者提出了物权平等保护原则,即平等保护国家、集体和私人的财产,论证了物权和财产权的区分,提出了物权法的基本原则,尤其是论证了物尽其用、物权法在环境保护中的作用,物权请求权与侵权请求权的相互关系,物权法中区分原则的内涵,物权变动效力与合同效力的区分,物权变动的基本原则,动产善意取得与不动产登记簿公信力的区分,预告登记与异议登记,登记错误的赔偿责任,国家所有权保

[①] 详细请参见谢鸿飞:《合同法学的新发展》,中国社会科学出版社 2014 年版。

[②] 在合同法方面,比较有代表性的成果包括:崔建远教授的《合同法总论》、韩世远教授的《合同法总论》、朱广新教授的《合同法总则》、谢鸿飞教授的《合同法学的新发展》等。

[③] 参见《法学研究》编辑部编著:《新中国民法学研究综述》,中国社会科学出版社 1990 年版,第 215 页。中央政法干部学校民法教研室编著的《中华人民共和国民法基本问题》和法学教材编辑部、《民法原理》编写组的《民法原理》均只涉及所有权制度。

[④] 参见李由义、李志敏、钱明星:《论建立我国民法物权体系的必要性及其意义》,载《中国法学》1987 年第 1 期。

[⑤] 参见《法学研究》编辑部编著:《新中国民法学研究综述》,中国社会科学出版社 1990 年版,第 216—218 页。

护的规则,建筑物区分所有权的内容以及对业主权利的保护等问题。在用益物权方面,我国民法学者研究了用益物权体系的构建、农村集体经济组织所有权与成员权的关系、土地承包经营权制度、建设用地使用权的流转以及宅基地使用权的保护等问题。在担保物权方面,我国学者研究了担保物权的发展及其立法建议、抵押权财产的范围、抵押权的效力、各种特殊抵押、抵押权实现的方法、应收账款质押、动产担保、非典型担保等问题。① 上述研究内容都是适应我国市场经济的发展和改革开放的需要而产生和发展的。

第五,在人格权法方面,在改革开放前,我国的人格权研究基本处于空白,改革开放四十年来,我国的人格权制度研究取得了长足的进步,我国的人格权研究也引起了国外学者的广泛关注。在中国知网,以"人格权"为主题词检索,其中发表在 CSSCI 以及"核心期刊"的学术论文就有 1 268 篇。在这些代表性论文中,我国学者提出了人格权独立成编的观点,在学术争论过程中,不少学者论证了人格权独立成编的合理性,并最终被民法典草案所采纳。在人格权法的具体内容方面,我国学者研究了人格权的体系构建,人格权与侵权责任法的关系,人格权请求权与侵权损害赔偿请求权的区分,人格权的商业化利用,一般人格权理论,死者人格利益保护,英雄烈士人格利益保护,隐私权的构成,私人生活安宁权的内涵,隐私与个人信息的界分,个人信息的概念和分类,个人信息保护与个人信息利用和流通的关系,特别是针对网络侵权、"人肉搜索"、网络谣言、信息泄露等问题的治理,提出了一系列立法建议。不少民法学者积极回应现代科学技术发展所提出的新问题、新需求,在人格权法、知识产权法等领域推出了许多有价值的成果,使民法学始终保持了时代性。②

第六,在侵权责任法方面,改革开放以前,我国并不存在侵权责任法的概念,侵权责任被称为侵权损害赔偿,且主要限于人身伤害和财产损害领域,人格权、知识产权等的侵权责任几乎未受到学者的关注。改革开放以来,侵权责任研究成果丰硕,在中国知网,以"侵权"为主题词检索,其中

---

① 在物权法方面,比较有代表性的著作包括:梁慧星教授与陈华彬教授合著的《物权法》、孙宪忠教授的《中国物权法原理》、崔建远教授的《物权法》、高圣平教授的《担保法论》、程啸教授的《担保物权研究》《不动产登记法研究》、尹飞教授的《物权法·用益物权》、常鹏翱教授的《物权法的展开与反思》等。

② 在人格权方面,比较有代表性的著作有王泽鉴教授的《人格权法》、杨立新教授的《人格权法》、姚辉教授的《人格权法论》、张新宝教授的《隐私权的保护》、张红教授的《人格权总论》《人格权各论》等。

发表在 CSSCI 以及"核心期刊"的学术论文就有 7 861 篇。在代表性的论文中,宏观层面上,我国学者提出了侵权责任法独立成编、与债法相分离的立法模式,提出了归责原则体系多元化理论,构建由侵权责任与社会保险、社会救助组成的多元救济机制,研究了专家责任制度,探讨了过错与违法性的关系,主张侵权责任形式多元化,提出应当使侵权责任法发挥预防的功能。就具体制度而言,民法学理论针对高空抛物致人损害责任、高度危险责任的一般条款、环境侵权责任、生态损害的侵权救济、网络侵权责任制度的构建、医疗损害侵权及其责任、获利返还能否作为独立的请求权类型、获利返还的效力等展开了深入讨论。①

第七,在婚姻家庭法方面,改革开放以前,虽然有些民法学者投入婚姻家庭法律制度研究,但主要以宣传和普及婚姻法律知识为主。改革开放以来,婚姻家庭法律制度的研究日益深入,在中国知网,以"婚姻"为主题词检索,其中发表在 CSSCI 以及"核心期刊"的学术论文就有 1 565 篇。在代表性的论文中,我国学者就婚姻法与民法的关系问题进行探讨,最终促使民法典将婚姻法作为民法族群的组成部分,使得立法层面实现了婚姻法回归民法的目标。就婚姻法的具体问题而言,学者们就彩礼的认定及返还规则、婚姻缔结中的瑕疵及其法律后果、离婚的法定判断标准、夫妻共同财产的认定、夫妻日常家事代理权制度的构建、夫妻共同债务的认定与清偿、离婚冷静期制度的设定、人身安全保护令制度的构建、离婚损害赔偿制度的适用与完善、未婚同居者解除同居关系的法律后果等进行了系统研究。与此同时,学界普遍关注收养法律制度的完善。②

第八,在继承法方面,在中国知网,以"继承"为主题词检索,其中发表在 CSSCI 以及"核心期刊"的学术论文就有 643 篇。在代表性的论文中,学者们围绕继承权的性质界定、法定继承人的范围和顺序、继承合同制度的构建、共同遗嘱的认定与效力、遗赠扶养协议、遗产管理人制度的构造、继承中的债权人保护、遗产酌给请求权制度的完善等问题展开了系统

---

① 在侵权责任法方面,比较有代表性的著作有王泽鉴教授的《侵权行为》、杨立新教授的《侵权责任法》、张新宝教授的《侵权责任法原理》、程啸教授的《侵权责任法》、周友军教授的《侵权法学》等。

② 在婚姻家庭法方面,具有代表性的著作包括杨大文教授编著的《婚姻法》、巫昌祯教授主编的《中国婚姻法》、夏吟兰教授主编的《婚姻家庭继承法》、余延满教授的《亲属法原论》等。

研究。①

第九,在民法方法论方面,我国学者日益关注民法解释学与法学方法论研究,在这方面的研究成果如梁慧星教授的《民法解释学》,笔者的《法律解释学导论:以民法为视角》《法学方法论》以及崔建远教授的《物权:规范与学说——以中国物权法的解释论为中心》,等等,这些著述已初步构建了我国民法解释学的体系。

(四) 立法研究与法律适用研究并行

改革开放以来,民法学者注重立法论与解释论并举,也就是说,民法学研究既重视对现行法律规范的解释,也注重研究民事立法的完善路径。广大民法学者积极服务国家重大战略,发挥咨政启民的作用;积极襄助立法,贡献学术智慧。从立法的过程来看,立法的每一个步骤与规则设计实际上都凝聚着民法学者的心血,这也是立法机关科学立法、民主立法、开门立法的产物。② 在民法典编纂工作启动后,广大民法学者积极建言献策,为民法典的编纂作出了重要贡献,学者们所从事的工作大致可以概括为如下几方面:一是提交了立法建议稿(例如,中国人民大学等单位曾向立法机关提交了民法典草案专家建议稿和立法理由书),为民法典的制定奠定了一定的理论基础。二是中国法学会民法学研究会连续多年都以民法典的编纂作为年会的主题,并组织召开了数十次专题讨论会,集中全国专家学者研讨民法典编纂中的重大问题,会议总结归纳了大量的立法建议,并提交给立法部门。三是《民法总则(草案)》公布后,广大学者通过各种渠道,积极提出修改建议,献言献策。各级人大提出立法修改意见的过程中基本都有当地高校、科研机构学者们的参与。四是广大学者积极围绕民法典的制定撰写学术论文,提出相关的立法建议。在中国知网以"民法总则"作为主题词对2014—2018年的论文进行检索,共有2 834篇学术文章,其中探讨的大多是民法总则制定中的重大疑难问题。

在襄助立法之外,民法学研究坚持立法论和解释论并行。事实上,立法论与解释论应当是一体的,因为当我们在回答民法规范"是什么"时,也经常是在说民法规范"应当是什么",可见两者不可分离。"法无解释不得适用。"在每一部法律颁行之后,广大民法学者积极配合国家立法,宣

---

① 在继承法方面,比较有代表性的著作有杨大文教授主编的《亲属法与继承法》、郭明瑞和房绍坤两位教授合著的《继承法》、龙翼飞教授的《比较继承法》等。
② 参见莫纪宏:《论立法的技术路线——专家立法在立法公民参与中的作用》,载《广东社会科学》2009年第4期。

传、解释新法,学者从解释论的视角对我国现行立法的许多规则进行了精细化的解读,尤其是就新法在适用中所遇到的重大疑难问题,结合实际案例展开深入研究,为法官准确适用法律提供有力的理论支持,对于统一个案裁判标准、实现司法正义也具有重要的推动作用。案例研究方法在多年前已经被引入国内,近些年来,许多新类型案件层出不穷,案例库中的案件数量也越来越多,仅中国裁判文书网就发布了近5 000万份民事案件裁判文书,为民法学研究提供了丰富的案例素材。许多民法学者都运用了案例研究方法,其中既包括对个案的深入研讨,也包括对某类案件所进行的案例群分析,还有学者甚至运用大数据分析方法展开案例研究。案例研究方法的广泛运用,使民法学研究更加贴近司法实践,也丰富了民法学研究方法,推动了民法学研究的发展。

(五) 比较研究与本土研究并行

"法比较的基础在于某一实定法秩序的解答,经常是针对一般的,会以相同或类似方式出现于全部法秩序中的法律问题提供答案。"[1]自清末变法以来,我国民事立法长期继受域外法律制度。七十年来特别是改革开放以来,在民法学研究领域,比较法研究成果大量出现,我们的民法学研究注重充分借鉴域外法经验。比较有代表性的成果主要体现在:一是德国民法的比较法研究取得了丰富的成果。仅就德国民法教科书和专著的翻译出版为例,就同时存在"当代德国法学名著""德国法学教科书译丛"以及"外国法学教科书精品译丛"三个系列,这些译丛的出版极大地推动了对中德法律的比较研究。二是有组织地翻译出版的欧洲民法著作和丛书,例如,高圣平、梅夏英等学者共同翻译的规模宏大的五卷本《欧洲私法的原则、定义与示范规则:欧洲示范民法典草案》(DCFR);张新宝教授翻译的冯·巴尔教授的《欧洲比较侵权行为法》(上下卷),以及谢鸿飞等教授翻译的"欧洲侵权法与保险法译丛"。三是翻译出版了大量的日本民法著作,如日本著名民法学家我妻荣教授的《民法讲义》,山本敬三的《民法总则》,近江幸治的《民法总则》《担保物权法》,田山辉明的《物权法》等。四是翻译出版了法国法的相关著述。例如,罗结珍教授系统翻译的《法国民法典》《法国债法》等译著,也推动了对法国法的研究。五是英美经典合同法、侵权法等著作的翻译出版,如范斯沃斯的《合同法》、科宾的《科宾论合同》、多布斯的《侵权法》、劳森的《财产法》等。

---

[1] 〔德〕卡尔·拉伦茨:《法学方法论》,陈爱娥译,商务印书馆2003年版,第76页。

从比较法的研究成果来看,我国民法学者并没有照搬照抄某一国的经验,也就是说,既重视对德国法、法国法、意大利法、日本法等大陆法国家立法的借鉴,也重视对英美法以及一些国际示范法的研究。尤其需要指出的是,我国民法学研究在借鉴域外经验的同时,始终保持了主体意识,坚持从我国基本国情出发,解决我国的现实问题,这也是几十年来我国民法学研究的基本经验之一。我们的民法学研究重视回归本土实践,坚持问题导向,大胆进行理论创新,用我国的素材和案例,讲好自己的故事。例如,关于侵权法领域,国内翻译了大量的两大法系的著述,但我国学者并没有囿于这些外国的侵权法的资料,而是结合我国国情提出了具有中国特色的侵权责任法内容、体系构建,在世界民法史上开创了侵权法从民法典债编中分离的立法体例,并构建了中国侵权责任法体系。我国学者在借鉴域外法律文化成果的同时,并没有故步自封,以国外理论为牢笼,更没有对异域研究亦步亦趋、随波逐流,完全套用域外法的经验解决我国的现实问题,这也是我国民法学能够快速发展的重要原因。

(六) 对民法学说的历史研究持续深化

"历史在照亮昔日的同时也照亮了今天,而在照亮了今天之际又照亮了未来。"[①]七十年来,我国的罗马法研究也有了巨大发展,以"罗马法"为关键词检索读秀数据库,可以找到2 249种相关中文图书。而且我国民法学历史研究的维度多元化,罗马法史、外国民法史、中国民法史并重。民法学研究的空间维度扩展,时间维度拉长。我国在改革开放初期,对于罗马法的研究,仅有陈朝壁先生的《罗马法原理》。但经过改革开放四十年的发展,一批民法学者远赴意大利研究罗马法,带来了新的文献资料与研究成果。例如,费安玲、徐国栋等翻译了《物与物权》《学说汇纂》《法学阶梯》等罗马法文献,田士永翻译了《罗马私法》;同时,出版和发表了一系列的罗马法研究的专著和论文,这些为我国民法学理论研究提供了营养、注入了活力。

民法学的发展是几代民法学人不懈奋斗、辛勤努力创造的结果。改革开放初期,佟柔教授最早提出了民法调整商品经济关系的理论,他认为,"中国的民法调整对象应该是社会主义商品经济关系",这一论断为《民法通则》第2条的制定提供了有力的理论支撑,也奠定了中华人民共

---

① 〔美〕本杰明・卡多佐:《司法过程的性质》,苏力译,商务印书馆1998年版,第31页。

和国民法学理论的基础。① 谢怀栻教授有关民法保护民事权利的独特作用、权利本位的研究以及所构建的民事权利体系,也极大地促进了民法学的发展。"改革先锋"王家福教授有关民法、经济法综合调整,以及关于充分尊重和体现人的尊严和价值的思想等,都极大地推动了中国民法学的发展。② 江平教授有关区分公权与私权,以及规范公权、保障私权的理念,倡导罗马法精神和私法精神的复兴,也确立了民法学的基本价值理念。③ 魏振瀛先生有关区分债与责任的思想,也深刻影响了我国侵权责任法的体系构建和规则设计。④ "人事有代谢,往来成古今。"前辈民法学家立足中国实践,从民法价值理念到民法规范技术,提出了中国特色的民法学理论体系,推动了中国民法学的自立与自强。在总结中国民法学七十年发展历程中,我们不能忘记已故的和仍然健在的老一辈学者对民法学的贡献,正是他们筚路蓝缕,以启山林,为民法学的发展打下了良好的基础,作出了卓越的贡献。

三、七十年民法学蓬勃发展的经验总结

中国民法学在七十年间蓬勃发展,可以说,我们用短短七十年的时间,走过了西方几百年走过的道路,取得了令世人刮目相看的辉煌成就。总结我们走过的道路和经验可知,我国广大民法学者坚持了正确的政治导向,始终在马克思主义的立场、观点和方法的指导下,特别是在习近平新时代中国特色社会主义思想的指导下,立足中国实践,勇于创新,锐意进取,七十年民法学的成就,记录了广大民法学人砥砺前行的足迹,是一代又一代民法学者辛勤劳动的结晶。

(一)我国民法学是在有效回应改革开放和市场经济建设的重大需求中不断发展的

中国民法学的发展是中国社会发展的一个缩影,与中国社会的发展进步是密切相关的。中华人民共和国成立之初,多种经济成分并存,彼此

---

① 参见佟柔、王利明:《我国民法在经济体制改革中的发展与完善》,载《中国法学》1985 年第 1 期。
② 参见王家福:《21 世纪与中国民法的发展》,载《法学家》2003 年第 4 期。
③ 参见江平、张楚:《民法的本质特征是私法》,载《中国法学》1998 年第 6 期;江平:《罗马法精神与当代中国立法》,载《中国法学》1995 年第 1 期。
④ 参见魏振瀛:《债与民事责任的起源及其相互关系》,载《法学家》2013 年第 1 期。

之间不可避免地存在交换关系,也就需要必要的民事规范予以调整。基于这一特殊的社会经济条件,中华人民共和国民法学得以初创。① 但随着高度集中的计划经济体制的建立,以及自 1957 年下半年开始的一连串政治运动,不仅严重压抑了民法学的发展空间,也严重束缚了民法学理论的展开和深入。我国民法学是"与改革开放同行的民法学"②。经过改革开放四十年的发展,我国从一个贫穷落后的国家发展成为全球第二大经济体。改革开放的四十年既是我国经济快速发展和社会全面进步的四十年,也是我国民法学快速发展的四十年。改革开放为我国民法学的发展奠定了社会基础,民法学的发展也为改革开放提供了智力支持。民法学者围绕改革开放的现实需要而展开理论研究。例如,在改革开放初期,我国学者探讨了民法如何在改革开放中发挥作用。佟柔教授发表了《我国民法在经济体制改革中的发展与完善》③一文,讨论了民法如何支持、保障经济体制改革。许多学者围绕搞活国有企业与法人制度的建立、鼓励多种经济形式发展与产权制度的保护等问题,展开了深入探讨。随着改革的不断深入,学者们探讨了土地承包经营权的物权化、国有企业的治理结构、财产权制度的构建、国有企业的财产权。时代是思想之母,实践是理论之源。我国广大民法学者围绕改革开放和社会主义市场经济体制建立中的重大需求而开展理论研究,取得了符合国家需要的重要成果,也推动了民法学的发展。

"民法准则只是以法的形式表现了社会的经济生活条件。"④我国民法学的发展与我国市场经济的发展密不可分,民法是市场经济的基本法,深深植根于市场经济,没有市场,民法也无法发展,反之,没有民法,也不可能有真正的市场经济。民法学始终与改革开放同呼吸、共命运,改革开放为民法学者提供了广阔的舞台,也为民法学的发展了提供了源动力;而广大民法学者积极投身于改革开放的伟大实践,密切关注改革开放中出现的新情况、新问题,并提出具体的解决方案,这也是我国民法学研究的

---

① 参见《法学研究》编辑部编著:《新中国民法学研究综述》,中国社会科学出版社 1990 年版,第 1—2 页。
② 王利明、周友军:《与改革开放同行的民法学——中国民法学 30 年的回顾与展望》,载《吉林大学社会科学学报》2009 年第 1 期。
③ 参见佟柔、王利明:《我国民法在经济体制改革中的发展与完善》,载《中国法学》1985 年第 1 期。
④ 恩格斯:《路德维希·费尔巴哈和德国古典哲学的终结》,载《马克思恩格斯选集(第四卷)》(第二版),人民出版社 1995 年版,第 252—253 页。

重要特征。①

(二) 民法学的发展中既立足中国本土实践又注重借鉴域外法经验

改革开放初期,我国大陆民法学知识大多来源于我国台湾地区,而我国台湾地区的民法学则主要移植于德国。可以说,我国民法学在改革开放初期深受德国法的影响。但随着我国市场经济的发展,立法机关相继颁行了一些民事基本法,这些民事基本法的规则设计并未完全照搬某一国的法律规则,而是综合吸收、借鉴了两大法系的经验。虽然我国的民事立法有继受大陆法系法制经验的传统,但我国民法学者并没有完全囿于德国法,而是在立足我国基本国情的基础上,广泛借鉴和吸收了两大法系的经验,在许多领域都进行了重大的理论创新,形成大量"中国元素",实现中国民法学的理论创新。例如,我国合同法在两大法系坚持合同自由原则至上的基础上,创造性地提出和遵循鼓励交易的立法宗旨。在违约救济制度上,我国合同法关于违约行为形态的规定与有些国家和地区立法的做法存在一定区别。再如,德国民法将违约行为主要区分为给付不能和给付迟延,此外还包括不完全给付与债权人迟延给付,而我国合同法则将违约行为形态主要分为预期违约和现实违约,其中,预期违约又区分为明示的预期违约与默示预期毁约;同时,将现实违约又进一步区分为不履行和不完全履行。② 这些创新都吸纳了学者的研究成果。

(三) 民法学发展始终坚持主体地位,坚持创造性转化和发展

我国民法学七十年发展还有一条弥足珍贵的经验,就是始终秉持本土化和主体性意识。所谓主体性意识,是指对中国的重大社会关切、现实问题和价值取向进行回应。我国民法学的发展始终立足中国实际,回应中国社会的现实需求,解决中国的现实问题,这也是我国民法学发展的一条基本经验。中华人民共和国民法学初创阶段全面照搬苏联民法理论,其不良影响至今没有完全消除,这也引起了民法学研究方法上的质疑和讨论。③ 在民法学研究过程中,要始终坚持以我为主,为我所用,对国外先

---

① 例如,中国法学会民法学研究会(前身是中国法学会民法学经济法学研究会)自1985年成立以来,每年年会的议题主要都是围绕改革开放的民法理论而展开的。参见柳经纬:《改革开放以来民法学的理论转型——百年中国民法学之考察之二》,载《中国政法大学学报》2010年第3期。

② 参见王轶:《论中国民事立法中的"中国元素"》,载《法学杂志》2011年第4期。

③ 参见邱本:《当前我国民法研究中的几种错位——兼论法学研究方法》,载《法制与社会发展》2016年第2期。

进的经验进行合理的借鉴和吸收,而绝不搞全盘移植、照搬照抄。也就是说,中国的问题,只能用中国人自己的智慧予以解决。"法律并无什么可得自我圆融自洽的存在,相反,其本质乃为人类生活本身。"①外国的理论体系都是从其本国国情出发设计的,不可能完全适应我国的国情,更不能为了借鉴外国理论而无视我国现实,生搬硬套甚至削足适履。因此,我国的民法学发展应当始终秉持主体性意识。

我国民法学的发展在始终坚持主体性的同时,努力进行理论创新,在借鉴国外先进法制文化的基础上,进行了创造性的发展。"淮南为橘,淮北为枳",中国所面临的问题与国外不同,在借鉴国外的法律制度时,不能完全照搬照抄。七十年来,我国民法学的发展并不是简单地照搬德国的模式,从体系建构到规则设计都是从中国实际出发的产物。改革开放四十年来,我国民事立法取得巨大成就的基本经验,就是从本国实践出发,服务于本国改革开放和社会主义市场经济发展的现实需求,这实际上就是确立了我国民法学发展所应当秉持的主体意识。鲁迅先生曾言:"只有民族的,才是世界的。"解决了我国社会主义市场经济发展过程中的重大问题,也就是解决了全世界所关注的重大问题,这也正是中国民法学对世界民法学作出的重大贡献。无论是人格权的独立成编,还是侵权责任法的独立成编,都是中国学者理论创新的结果,都是在借鉴两大法系经验基础上的,立足中国国情所作出的重要创新。我们只有在民法学研究中树立主体意识,才能真正形成我们自己的民法学理论体系、知识体系和话语体系。

(四) 我国民法学始终注重问题导向,解决现实生活中的重大问题

聆听时代声音,坚持问题导向,是民法学始终保持生命力的源泉。诚如德沃金所说,"法律是一种不断完善的实践"②。民法学的发展始终离不开我国民事立法与司法实践的推动作用。七十年来尤其是改革开放四十年来,我国的民事立法取得了巨大的成就,构建了完善了民事权利体系,奠定了制定民法典的良好基础。在我国民法典编纂过程中,广大民法学者们从我国的现实情况出发,总结我国立法与司法实践经验,同时也充分借鉴了比较法的经验,对民法典的规则设计提出了若干方案,提高了民法典规则的科学性,这也进一步推动了民法学研究的发展。

---

① 〔德〕弗里德里希·卡尔·冯·萨维尼:《论立法与法学的当代使命》,许章润译,中国法制出版社2001年版,中译本序言。

② Ronald Dworkin, Law's Emipire, Harvard University Press, 1986, p.44.

从学者们对民法典内容和体系所作出的学术贡献来看,大致可以概括为如下几方面:一是体系的构建。在民法典体系构建中,我国学者提出了应当以私权的确认和保护为中心构建民法典的体系,并提出了侵权责任法和人格权法在民法典中独立成编的建议,这些建议也都被立法机关采纳。二是制度的创新。我国已颁布的《民法总则》从中国实际出发,借鉴两大法系的先进经验,作出了许多重要的制度创新,这些制度创新背后都有学者们的理论贡献。无论是民事主体制度中关于"非法人组织"制度的规定,还是以营利法人与非营利法人的分类代替传统民法社团法人与财团法人的分类;无论是特别法人制度的构建,还是对宗教活动场所等法人的规定,都在很大程度上吸收了学者的理论研究成果。三是价值理念的创新。例如,我国物权法按"国家、集体和私人"划分所有权,在针对不同所有权予以相应规范的同时,又始终强调对物权的平等保护。这种立法模式就鲜明地体现了我国物权法的中国特色。因为西方国家物权法从保护私有制出发只是规定了抽象的所有权规则,不存在所有权的类型化问题,因而也不存在对各类所有权的平等保护原则。只有在我国物权法上,因其要反映社会主义基本经济制度,所以,才产生了平等保护原则。[①]我国民法总则充分体现了社会主义核心价值观,尤其是近几年来,学者大力呼吁民法总则应当体现人文关怀的理念,充分彰显人格尊严的价值。四是充分体现时代特征。学者们积极呼吁民法典应当回应改革开放和社会主义市场建设中的新情况、新问题。伴随着高科技的发展,产生了个人信息保护、网络虚拟财产和数据的保护等新型问题,亟待立法规范。在学者们的建议下,《民法总则》最终在第111条与第127条首次对个人信息、数据保护等问题作出了规定,这也反映了立法对科技发展的关注,必将有力地遏制各种"人肉搜索"、非法入侵他人网络账户、倒卖个人信息等现象。"聚万众智慧,成伟大法典",民法典并非立法者主观臆想的产物,其制定与完善需要民法学理论的支撑。我国民法学是伴随着民事立法和司法的发展,特别是民法典的制定而不断发展的。

"问题是时代的声音。"早在1981年彭真同志就指出:"我国的民法从哪里产生?要从中国的实际产生。"《民法通则》在第1条中就明确指出,《民法通则》是"根据宪法和我国实际情况,总结民事活动的实践经验"而制定的。我国的民法学研究也始终坚持从我国实际情况出发,具体而言:

[①] 参见王利明:《平等保护原则:中国物权法的鲜明特色》,载《法学家》2007年第1期。

一是从中国的基本政治制度和经济制度出发,从中国特色社会主义制度出发,展开了有关研究。例如,在物权法领域,学者对国家所有权制度、自然资源制度、他物权制度、公共利益的内涵与征收征用制度的基本理论、国家所有权的性质、集体所有权中成员权的性质、业主的建筑物区分所有权的概念、添附制度以及善意取得制度等进行深入研究并为立法采纳。① 二是从中国特色社会主义市场经济出发,确立市场经济基本规则,如我国的合同法、物权法以及市场主体制度等,基本都是从我国市场经济的现实需求出发而设计的。三是从中国社会传统文化和目前通行的习惯出发,中国民法关注市民生活、民族精神,关注本土实践②,从而实现自上而下与自下而上的结合,形成所谓建构秩序与自发秩序的统一。四是针对改革开放和社会主义现代化建设中的新情况、新问题展开研究。例如,有关农地"三权分置"、宅基地制度改革、担保制度的现代化、国有企业改革中法律制度研究、高空抛物制度的建立等一系列问题展开研究。也有学者从私法自治的原则出发,准确地阐释了"法无禁止即可为"的私法基本理念,为改革中实行的负面清单管理模式提供了理论支持。③ 五是坚持人民的主体地位,解决民生中的重大疑难问题。例如,关于人格权的保护问题、征收补偿问题、环境保护问题以及医疗纠纷问题等研究,就是重大民生问题。六是把握时代脉搏,回应高科技发展的现实需要。例如,人工智能技术的发展带来的民事主体资格问题,大数据技术对个人信息保护和隐私权的威胁,现代医疗生物技术的发展产生的人体基因编辑的合法性等问题,许多学者对此展开研究,呼吁民事立法对此予以规范。

我国司法实践也推动了民法学的发展,许多民法学理论的产生与发展,如债权人代位权的直接受偿规则、一般人格权规则、死者人格利益保护等,都与司法实践的推动作用密不可分。此外,现实中的重大问题,不仅是司法问题,也有行政执法等问题。也就是说,民法是社会治理的组成部分,所以,民法学的发展也推动了社会治理体系现代化,民法学是推进国家治理现代化的重要一环,也有助于切实解决国家治理、社会治理中的重大问题。例如,不动产统一登记,医疗事故与医疗侵权的并轨,住宅建设用地使用权的自动续期,网络环境下人格权的保护,对网络空间侵权的

---

① 参见王利明、朱岩:《繁荣发展中的中国民法学》,载《中国法学》2007年第1期。
② 参见李建华、蔡立东、董彪:《论中国民法的现代性问题——民法典立法基调前瞻》,载《法制与社会发展》2002年第1期。
③ 参见易军:《"法不禁止皆自由"的私法精义》,载《中国社会科学》2014年第4期。

治理,等等,都是我国民法学者研究的重点、难点问题。

四、我国未来民法学发展展望

总结历史经验,未来我国民法学研究仍应当坚持正确的政治导向,始终与国家"同呼吸、共命运"。民法学应当投身全面深化改革的大潮中,发现理论问题,解决立法、司法实践中出现的各种新问题。

未来中国民法学的重要任务仍然是构建和完善中国民法学内容和体系,中国特色社会主义民法学理论体系内生于中国的文化传统,立足于中国实践,有效回应了中国现实需求,具有浓厚的中国特色,是对我国民事法治实践活动具有很强解释力的知识体系。在这样一个伟大的改革时期和社会转型时期,面对时代所出现的新情况、新问题,我们应当发出自己的声音,提出自己的理论方案。时代是思想之母,实践是理论之源,我国民法学理论应当与时俱进,积极回应现实需求,为我国改革开放和市场经济建设提供智力支持。七十年来,我国民法学研究虽然取得了辉煌的成就,已经初步构建了中国特色社会主义民法学理论体系,但我国民法学研究仍存在一些不足之处,需要进一步完善,主要体现在以下几方面:

第一,进一步推进民法学体系的发展与完善。虽然经过七十年的发展,我国民法学体系已经初步构建起来,但应当看到,研究的深度与广度仍有不足,高质量的学术研究成果仍然很少,低水平重复、原创性不足的问题普遍存在。此外,即便从数量上说,现有的民法学论著的数量与民法学研究人员的数量相比,也存在不足。民法是"社会生活的百科全书",民法典的编纂,牵动每一位民法学者的心。"法典编纂之举是立法史上一个世纪之大事业。国家千载之利害、生民亿兆之休戚,均依此而定。"[1]面对民法典编纂的重任,民法学人责任重大。但应当看到,因为其涉及多方面的问题,迄今为止,民法学者对许多问题还未提供足够的理论支撑。之所以对人格权的一些基本问题发生争论,很大程度上也与这些问题尚未在学界展开深入研究、某些问题未取得普遍共识存在直接关联。尤其应当看到,在未来民法典出台后,要结合民法典的适用展开更加全面的、多样化的评注、解释,处理好民法典与民事单行法的关系等,并且要结合民法典颁行后的实践问题展开实证研究。

---

[1] 〔日〕穗积陈重:《法典论》,李求轶译,商务印书馆2014年版,第1页。

第二,进一步构建与司法实务的水乳交融关系。有的民法论文极少援引国内案例,而大量引用国外的判例,甚至是国外几百年前的判例,难免给人一种时空错乱的感觉。其实,近些年来,随着我国司法公开的进步,中国裁判文书网上已经公开了八千多万份裁判文书,其中民事裁判文书就有五千多万份,这为我们的民法学研究提供了丰富的研究素材。尤其应当看到,我国民法学作为一门实践之学,理应紧扣司法实务,发现司法实践中存在的问题,并提供相关的理论解决方案。例如,随着互联网和大数据技术的发展,互联网领域出现了一些新的问题,如互联网金融问题、互联网众筹问题、互联网借贷问题、个人信息保护问题、数据的权属问题等,在实践中引发了很多纠纷。这些纠纷多属于平等主体之间的权利义务关系,应当属于民法的调整范围,但与经济法学者、金融法学者相比,民法学者对这些新问题的研究相对滞后,值得民法学人反思。①

第三,民法学研究方法仍有待创新。理论的创新与研究方法创新是紧密结合的,民法学具有很强的实践品格,民法学者所擅长的领域也往往是制度研究与分析,而非抽象的方法论研究。但客观而言,目前的民法方法论研究仍主要停留在法理学界对这些问题的既有研究层面。方法的创新仍待加强。随着我国社会已经进入互联网、大数据时代,大数据分析方法应当成为我们重要的研究方法,尤其是各级法院在推行审判公开中公开了大量的裁判文书,这些都可以成为我们的研究素材,促使我们的民法学研究与实践的关联更加密切。如前述,司法案例公开为民法学者的理论研究提供了丰富的素材,如果能够对民事案例进行大数据分析研究,将可以从不同角度展开研究,但目前针对民法案例的有价值的大数据研究成果,仍尚付阙如。此外,民法学研究与其他学科的学者之间的沟通与交流不够,学科封闭和知识割裂的现象依然较为严重。

第四,对世界民法文化的贡献仍有欠缺。中国是世界上最大的发展中国家,也是世界第二大经济体,中国正日益走向世界舞台的中央。当此之时,我们中国民法学者也应当要做世界民法文化、民法思想的贡献者。然而,迄今为止,我国民法学研究在民法学体系和制度、规则层面,仍未作出应有的贡献。总体而言,吸收别人的多,输出的少,对世界民法文化发展具有

---

① 目前已有一些民法学者在这些领域作出了较为深入的研究,如张新宝教授的《从隐私到个人信息:利益再衡量的理论与制度安排》、梅夏英教授的《数据的法律属性及其民法定位》、程啸教授的《论大数据时代的个人数据权利》《民法典编纂视野下的个人信息保护》、叶名怡教授的《个人信息的侵权法保护》、纪海龙教授的《数据的私法定位与保护》等。

重大推动作用的学术成果寥寥无几,在世界民法学研究中的话语权非常薄弱,中国民法学的精彩故事和成就也未能有效地传播。因此,我们需要努力提升中国民法学研究的世界地位,为世界民法文化作出应有的贡献。

面对民法学研究中存在的问题,我们要认真反思不足,努力改进,勇于探索,敢于创新,坚定地从对国外民法学"照着讲"到"接着讲",构建接地气的中国特色社会主义民法学理论体系。① 伴随着民法典的颁布,一个解释者的时代即将到来,在民法典颁布之后,我们要从注重立法论向注重解释论转化。在今后相当长的一段时间内,应着力准确解释和适用民法典,为公正裁判和解决各类民事纠纷提供依据。民法解释学虽然在国外已经相对成熟,但在我国,这门学科的研究才刚刚起步,仍有待于进一步发展完善。民法典编纂完成后,广大民法学者也有必要开展中国民法典评注的编纂写作,致力于打造具有广泛国际影响力的有关解释民法的学术精品。在民法典颁布之后,编写体系化的中国民法典评注具有必要性和可行性,学术准备、成文法典将为编写民法典评注提供必要条件,编写评注的时机即将成熟。通过法典评注提炼民事立法、司法、理论体系中的"中国元素",塑造法律人的共同话语体系。

五、结　语

光阴荏苒,岁月如梭,七十年不过是人类历史长河中的一瞬间,但对于中华人民共和国民法学的发展而言,却是跌宕起伏、经历曲折的七十年,也是民法学从稚嫩走向成熟、从萌芽走向辉煌的七十年。"到得前头山脚尽,堂堂溪水出前村。"中国民法学就像那奔流的溪水,绕过重重山峦,已经来到"前村"。伴随着举世瞩目的《中华人民共和国民法典》即将颁布,几代中国民法学者的"法典梦"将最终实现,而中国民法学也将由此迎来千载难逢的发展良机。一个民法学的时代即将到来。当然,每一位从事中国民法学研究的有志之士的"学术梦"将继续在路上。中国民法学者将继续发展完善初步形成的中国特色社会主义民法学理论体系,形成对中国立法和司法实践有解释力的思想和知识体系,讲好中国民法故事,贡献、传播、输出中国民法智慧。

---

① 参见王轶:《从"照着讲"到"接着讲"》,载《法学论坛》2011年第2期。

改革开放以来的中国民法*

自 20 世纪 70 年代末期以来,伴随着经济的发展与起飞,中国社会发生了沧海桑田般的剧烈变化。作为社会制度的一环,躬逢其盛的中国民法自然也不例外。在改革开放三十周年之际,回望中国民法发展的历程,可以发现三十年的民法发展历史,就是一部浓缩了的政治、经济与伦理的变迁史。

一、价值与体系的双重进步

中华人民共和国成立以后,由于全面继受了苏联有关生产资料的国有化及相应的分配正义理论与实践,直至"文革"结束,私有财产在中国社会几无立锥之地,高度垄断的计划经济体制在资源的配置与流动上取得绝对优势地位,社会成员的私人特性被涤除殆尽。在此种"政治中心化"(the thronement of politics)的状态下[1],民法当然摆脱不了被边缘化的命运,以致在改革开放前,社会民众竟普遍地不知民法为何物。20 世纪 70 年代后期,中国开始迈出改革开放的步伐,重新恢复 50 年代即已启动但因嗣后的反右、"文革"等运动而中断的社会主义法治建设,到 20 世纪 80 年代中期,《婚姻法》(1980 年)、《经济合同法》(1981 年)、《涉外经济合同法》(1985 年)、《继承法》(1985 年)、《民法通则》(1986 年)、《企业破产法(试行)》(1986 年)、《技术合同法》(1987 年)等相继颁布。1992 年党的十四大确立了"市场经济体制"的改革目标模式,提出要建立中国市场经济的法律体系,在中国民法的发展史上具有革命性意义。为适应发展市场经济要求,1993 年修改了《经济合同法》,《海商法》(1992 年)、《公司法》(1993 年)、《票据法》(1995 年)、《担保法》(1995 年)、《保险法》(1995 年)、《合同法》(1999 年)、《物权法》(2007 年)等相继出台。特别

---

* 原载《中国社会科学》2008 年第 6 期。本文为笔者与中国政法大学易军教授合著。
[1] 参见〔英〕弗里德利希·冯·哈耶克:《法律、立法与自由》(第二、三卷),邓正来等译,中国大百科全书出版社 2000 年版,第 457 页以下。

值得注意的是,中国最高立法机关的立法规划明确将制定中国民法典作为中国市场经济法律体系建成的标志。作为中华人民共和国第四次民法典编纂运动阶段性成果的《民法典(草案)》亦于2002年由立法机关向社会公布。命运多舛的中国民法终于走上了坦途。三十年来,中国社会的变迁可描述为这样一幅图景:政府从对社会进行事无巨细的管制逐渐转变为着力于对社会的宏观调控和理性干预,而一个由独立、自治、保有私益的个人所构成的自主性日益增长的市民社会逐渐崛起。在此背景下,民法作为部门法的独立地位终获确立,并取得长足发展。总体而言,民法的进步性大体可概括为下述几个方面:

(一) 人的私法主体地位的逐步确立

"'人'是一切价值观念和价值活动的主体,离开了人,一切社会现实以及历史都将不存在。"①现代人具有双重身份——"私人公民"(private citizenship),一方面是私人自治的主体,由此组成了一个市民社会的体系,另一方面是一个政治自主性的主体,参与国家政治的组织运作。前者为市民身份,后者则为公民身份。中华人民共和国成立后,社会成员的政治地位得到极大提高,但其私法主体资格却一直未得到立法的确认。随着《民法通则》《合同法》《物权法》等法律逐步颁布,社会成员的私法主体地位逐步得到法律的确认。

第一,自然人与法人的主体地位的确立。《民法通则》第9条前段规定,"公民从出生时起到死亡时止,具有民事权利能力",明确承认自然人在私法上的主体资格。由于团体或组织参与交易日益普遍,为此需要确定团体的法律地位,"解决这个问题的法律技术上的一个办法是构想法人的概念"②。《民法通则》第36条第2款规定:"法人的民事权利能力和民事行为能力,从法人成立时产生,到法人终止时消灭。"明确承认了法人在私法上的主体资格。不仅如此,《民法通则》第41条还规定,"全民所有制企业、集体所有制企业……取得法人资格"。至此,企业摆脱了国家这个宏大综合体的控制,被承认为具有独立法律地位的民事主体。值得注意的是,在此过程中,中国民法对具有私法上人格的"个人"的表述发生了重大变化。《民法通则》第二章的标题为"公民(自然人)",不过该章及其他

---

① 杨震:《法价值哲学导论》,中国社会科学出版社2004年版,第54页。
② 〔德〕马克斯·韦伯:《经济与社会》(下卷),林荣远译,商务印书馆1997年版,第64页。

章节下的法条均使用了"公民"的概念,而《合同法》第2条放弃了这一术语,而改称为"自然人"。"公民作为民法概念,反映了民事生活的某种封闭性和'非私法性'"①,而自然人与自然状态、自然权利、社会契约论有关,强调了私法主体地位与私权的天赋性,在近代市民社会——政治国家的知识谱系中,其实就是市民社会的市民。"个别的人,作为这种国家的市民来说,就是私人,他们都把本身利益作为自己的目的"②,其他一切在他们看来都是虚无。

第二,民事主体法律地位平等原则得到确认。近代民法上,主体的平等观念得到极大的尊重。"民法刻意抽离社会阶级、族群或任何在利益上共同的团体,而以中性的交易'角色'为其规范对象,在民法上是不分企业、劳工或消费者的,债编契约的规定是就出卖人与买受人,贷与人与借用人或雇用人与受雇人间,建立合理的权利义务关系,买受人可能是企业,也可能是消费者,贷与人可能是银行,也可能是邻居,雇用人可能是资本家,也可能是小工。"③不过,苏联法学理论强调"公有制的实现阶段理论",将社会中的人区分为国家、集体和个人三个层次,并赋予不同的政治地位——认为国家所有权是社会主义生产关系的高级形式,应居于至高无上的地位;集体所有权次之;私人所有权则是私有制的残余,应予以压制甚至取缔,因此地位最低。作为此种思想的残留,《民法通则》第73条明确规定"国有财产神圣不可侵犯",而对集体财产、私人财产则不设类似规定,从而营造出一种法律地位上的尊卑有别的差序格局。然而,随着改革步伐的迈进,前述"公有制的实现阶段理论"逐渐被摒弃,私有财产也开始被承认为社会主义经济的重要组成部分,《物权法》第3条明定"鼓励、支持和引导非公有制经济的发展""保障一切市场主体的平等法律地位和发展权利",并未沿袭原有的国有财产"神圣不可侵犯"的表述,由此确立了公有财产和私有财产"一体承认、平等保护"的原则。

第三,社会弱势群体的主体地位得到有力保障。《合同法》体现了较强的保护弱者利益的价值倾向。如《合同法》第289条规定:"从事公共运输的承运人不得拒绝旅客、托运人通常、合理的运输要求。"此条即确立了公共承运人的强制缔约义务。强制缔约又称为契约缔结之强制,或强制性合同,是指个人或企业负有应相对人之请求,与其订立合同的义务,即

---

① 张俊浩主编:《民法学原理》,中国政法大学出版社1991年版,第101页。
② 〔德〕黑格尔:《法哲学原理》,范扬、张企泰译,商务印书馆1982年版,第201页。
③ 苏永钦:《走入新世纪的私法自治》,中国政法大学出版社2002年版,第13页。

对相对人之要约,非有正当理由不得拒绝承诺。① 公共承运人之所以不能拒绝旅客或托运人的要约,主要是由于其居于垄断地位且其提供的服务关乎社会成员的日常生活,若使其享有与一般的商品或服务提供者同样承诺的权利,则一旦旅客或托运人的要约被拒绝,其将无法从他处获得服务,其需求得不到满足,生活便利难获保障。自第一次及第二次世界大战以后的住宅荒现象发生以来,房屋承租人作为交涉力较劣的社会群体一直受到特别保护。时至今日,虽然出租房屋极端不足、住宅供求关系严重失衡的现象多有缓解,但立法上出于房屋承租人失去了住所往往就等于完全失去了社会的、空间的环境的考虑,对房屋承租人的保护仍然得以延续。基于同样的立法政策,在《合同法》租赁合同一章,规定了买卖不破租赁原则(第229条)、房屋租赁合同承租人的先买权(第230条)以及承租人同居人的居住权(第234条)等制度,以保护处于弱者地位的承租人及其亲属的利益。再如,《物权法》第149条规定,住宅建设用地使用权期间届满的,自动续期。非住宅建设用地使用权期间届满后的续期,依照法律规定办理。"自动续期"表明立法对普通民众的作为其基本财产权或基本生存条件的住宅给予特别保护。

(二) 私法自治基石性地位的奠定

私法自治,是指个人得依自己意思形成法律关系的原则。"自由预设了个人具有某种确获保障的私域(some assured private sphere),亦预设了他的生活环境中存在有一系列情势是他人所不能干涉的。"②私法自治赋予民事主体在法定范围内广泛的行为自由,有助于最大限度地发挥个人的积极性、主动性与创造性,对于促进近代社会经济的发展居功甚伟,被认为是民法的基本理念与价值③,成为近代私法领域至高无上的指导原理④。不过,由于长期实行高度集中的经济管理体制,以及受中国传统文化中的官本位、重农抑商等思想的影响,民事主体在市场经济中个人意思自治的空间受到极大压缩。随着市场经济体制的逐步建立,私法自治在民法中的应然地位也逐步得以确立。

---

① 参见王泽鉴:《民法债编总论》(第一册),三民书局1996年版,第73页。
② 〔英〕弗里德利希·冯·哈耶克:《自由秩序原理》,邓正来译,生活·读书·新知三联书店1997年版,第6页。
③ 参见谢怀栻:《从德国民法百周年说到中国的民法典问题》,载《中外法学》2001年第1期。
④ 参见詹森林:《民事法理与判决研究》,中国政法大学出版社2002年版,第5页。

对私法自治的肯定是人的私法主体地位确立的必然要求,"对于特殊性的肯定,也就是对于主体性自由的肯定"①。"人之所以成为主体性的存在的基点,就在于他的选择能力。"②因此,《民法通则》确立的民事主体制度为私法自治功能的发挥奠定了基本前提。《民法通则》建立的法律行为制度,则为私法自治的实施提供了不可或缺的制度保障。《合同法》对私法自治的维护可说是最突出的。《合同法》废除了旧经济体制下的计划原则,确立了合同自由原则。据此,当事人可自主决定是否缔约,自主选择交易伙伴,确定合同的内容与形式,决定合同的变更或解除,选择纠纷的解决方式等。《物权法》也贯彻了私法自治原则,如《物权法》确认物权人可在法定的范围内依其意志设立、变更以及转移物权;每个物权人均可依法自由行使其权利,他人不得干涉物权人权利的正当行使等。虽然《物权法》在性质上主要是强行法,但其强行性与《刑法》《行政许可法》等公法规范的强行性判然有别。《物权法》的大多数规范为权限规范,其目的在于规定物权的内容、划定物权间的分界,以杜绝争执。如《物权法》第86条、87条要求,不动产权利人"应当"为相邻权利人用水、排水、通行等提供必要的便利,但这并非是要求行为人必须为一定行为的义务性规范,仍属于权限规范。此际,当事人仍然存在若干自治的空间,立法也并无意禁止当事人依此分际为进一步的交易。虽然法律规定"应当",但不动产权利人与相邻权利人完全可以达成一个以不排水或放弃通行为内容的民事合同,该合同的有效性是毋庸置疑的。虽然婚姻家庭领域也存在国家干预的内容,但除关涉公序良俗等重大事项外,当事人仍享有广阔的私法自治的空间。私法自治在婚姻家庭法领域表现为婚姻自由与遗嘱自由。据此,当事人可在达到法定婚龄的条件下自主缔结婚姻,可以遗嘱的形式自主处分其身后财产等,而不受他人的非法干涉。

与私法自治的确立相伴随的是自己责任原则、过错责任原则的确立。由于个体自身直接占有的社会资源越来越多,国家逐渐放弃对社会经济的直接的行政性干预,从而个体的自主性日益增强。"承认人对自由选择的绝对性,与确立人必须对自己的行为负责或承担义务的原则有着必然的联系。"③自己责任原则遂由此而发生。确立过错责任原则的目的在于

---

① 石元康:《从中国文化到现代性:典范转移?》,生活·读书·新知三联书店2000年版,第189页。
② 石元康:《自由主义与现代社会》,载《开放时代》2003年第1期。
③ 林剑:《人的自由的哲学思索》,中国人民大学出版社1996年版,第242页。

保障个人拥有充分的自由,"盖个人若已尽其注意,即得免负侵权责任,则自由不受束缚,聪明才智可予以发挥"①。《民法通则》通过过失责任原则的确立旨在告诉世人,只要在日常生活中对自己的行为予以充分、必要的注意,就可以在社会中自由地行动,因此过失责任原则从消极方面来促进经济社会中人的活动自由,成为私法自治原则的重要辅助性原则。②《民法通则》第 48 条要求,全民所有制企业法人以国家授予它经营管理的财产承担民事责任。集体所有制企业法人、外商投资企业法人以企业所有的财产承担民事责任。这些都是自己责任的具体的法律体现。

(三) 私权保障体系的初步建立

法治的核心是规范公权、保障私权。一个社会的私权保障体系越完备,表明其文明程度也越高。在改革开放前高度集中的管理体制下,尤其是受"一大二公""左"的思想的影响,不仅个人的私法主体地位受到压抑,而且其私权也得不到任何有力的保障。在"十年浩劫"期间,私有财产在"割资本主义尾巴"的名义下被铲除殆尽,"戴高帽""驾飞机"、抄家等各种侵害人权的现象达到了登峰造极的地步。改革开放以后,由于法制不断进步,使得民法对私权的保护也逐步完善。

中国民事立法特别注重对私权的保护。从立法目的条款看,《民法通则》第 1 条规定"保障公民、法人的合法的民事权益",《合同法》第 1 条强调"保护合同当事人的合法权益",《物权法》第 1 条强调"保护权利人的物权"。其实,保护民事主体的权益,乃当然自明之理,即使民法不设此种规定,它也受《宪法》的必然保护,民事立法注重保护私权的殷切之心,由此可见一斑。以下仅以人格权、物权为例简要说明。

《民法通则》第一次在法律上规定了人格权制度。《民法通则》第五章第四节"人身权"部分的重点在于规制人格权。虽然该节未明确采用"人格权"的概念,但其实质上是对人格权的规定。《民法通则》采用具体列举的方式来规定各种具体人格权,不仅列举了自然人人格权,而且列举了法人人格权,不仅列举了物质性人格权,而且还列举了精神性人格权。《民法通则》还确立了侵害人格权的精神损害赔偿制度。《民法通则》第 120 条第 1 款规定:"公民的姓名权、肖像权、名誉权、荣誉权受到侵害的,

---

① 王泽鉴:《民法学说与判例研究》(第二册),中国政法大学出版社 1998 年版,第 145 页。
② 参见刘荣军:《日本民法百年中的侵权行为法》,载《环球法律评论》2001 年第 3 期。

有权要求停止侵害,恢复名誉,消除影响,赔礼道歉,并可以要求赔偿损失。"学界一般认为,该条中的"赔偿损失"包括精神损害赔偿。①《民法通则》关于人格权的规定使社会成员第一次意识到自己对名誉、肖像等享有权利,并且在这些权利受到侵害时,可以请求精神损害赔偿。《民法通则》的这种对人格权的尊重与保护的态度使得其在海外赢得了"中国的人权宣言"的美誉。可以说,《民法通则》的颁行极大地推动了中国民主法治事业的进程,标志着中国的人格权制度获得了长足的发展。②

人的法律上的独立人格,需要有物质基础的保障。耶林指出,"谁侵害了他人的财产,就侵害了他人人格","保障财产权不仅仅关涉到物的价值,而且也是维护个人在物中的人格"。③ 在任何社会,财产和人格都是不可分割的,因为"财产权成为自由、个人自治赖以植根和获取养料的土壤……是个人发展的基本条件"④。在改革开放过程中,在坚持公有制主体地位的前提下,民法通过一系列的制度设计,使社会成员逐渐获得对社会财产的私法性权利。在农村,废除人民公社制度,按土地所有权与使用权相分离的原则,推行以家庭承包为基础的土地联产承包责任制。在民法对农民所享有土地使用权的保障力度上,先是通过《民法通则》提供债权性保护,后通过《物权法》将其确定为法定用益物权形态之一,使农民真正获得了"长期而稳定"的土地承包经营权。在城市,放弃国有国营模式,依所有权与经营权相分离的原则,承认并逐步扩大企业的经营自主权,《物权法》还进一步确认了企业法人的财产权,并将其作为物权的类型加以规定,从而为企业参与市场竞争,开展自主经营提供了法律保障。

总之,中国民法通过确立与保护人格权、物权、债权与知识产权等民

---

① 参见张新宝:《侵权责任法原理》,中国人民大学出版社2005年版,第521页。
② 其实,民法的其他部分也在发挥保障民事主体人格权的作用。如《合同法》第233条确立了租赁物危及承租人的健康、安全时承租人的解约权。当租赁物危及承租人安全或健康,即使承租人订立合同时明知该租赁物质量不合格,承租人仍可随时解约。一般而言,买卖合同之买受人明知标的物的瑕疵而购买时,不得寻求物之瑕疵担保责任的救济措施,而法律赋予明知租赁物瑕疵而为租赁的承租人以解约权,诚如王泽鉴先生所言,此亦基于租赁契约的继续性,特别重视人的安全与健康。该条对主体安全健康之保护重于对交易安全保护的价值取向十分明显。参见王泽鉴:《法律思维与民法实例·请求权基础理论体系》,三民书局1995年版,第125页。
③ 〔德〕鲁道夫·冯·耶林:《为权利而斗争》,郑永流译,法律出版社2007年版,第21页。
④ 刘军宁:《共和·民主·宪政——自由主义思想研究》,上海三联书店2000年版,第43页。

事权利,从而建立了较为完善的私权体系。这不仅为市场交易提供了制度前提,而且也奠定了市民社会的法律基础。"财富能力是否在'深度'、'广度'和'长度'三维上都发挥得好,又取决于一国的制度,包括产权保护体系、契约执行体系以及保护市场交易安全的其他制度。"①正有赖于私权保障体系的建立,三十年来中国经济得到了蓬勃发展。

(四) 民法的科学性获得长足发展

马克斯·韦伯在评析近代以降大陆法系各国民事立法活动的最高成就——民法典时提出,"形式理性……是通过逻辑分析来披露各种事实的法律意义,从而形成和适用高度抽象的法律概念……只有采用逻辑解释的抽象方法才有可能完成特别的制度化任务,即通过逻辑手段来进行汇集和合理化,使得具有法律效力的一些规则成为内在一致的抽象法律命题"②。在中国民法发展的过程中,其科学性与形式理性的程度日益增强。具体而言,"从80年代中期开始,一直贯穿了整个90年代,法学开始了相对独立的发展,它在脱离流行政治话语的过程中也不断创造了自我的专业术语"③,即民法更注重使用抽象、纯粹、技术性的概念,强调概念在抽象程度上的层级性,追求规则之间的内在一致性,并最终希望借组成要素的逻辑关联与层级区分构成一个统一的整体。

在技术性概念的使用上,立法采纳了"物权"概念就是一个绝佳的例证。改革开放后,私人所有权的产生,对物权特别是私人所有权进行保护的要求越来越强烈,但因意识形态等方面的原因,《民法通则》没有采用物权的概念,而采用了"财产所有权和与财产所有权有关的财产权"的表述。"思想意识形态的改变还没有快到可以完全为'物权'恢复名誉的程度,不过仍然可以折衷,即在'苏联模式'和'欧陆模式'之间采取折衷方案,于是就产生了《民法通则》第五章中的第一节,概念是'财产所有权和与财产所有权有关的财产权'。"④2007年《物权法》出台,物权,包括作为其下位阶的用益物权、担保物权、地役权、占有等科学严谨的概念终被接纳。

---

① 张维迎主编:《中国改革开放30年:10位经济学家的思考》,世纪出版集团、上海人民出版社2008年版,第139页。

② 〔德〕马克斯·韦伯:《论经济与社会中的法律》,张乃根译,中国大百科全书出版社1998年版,第62页。

③ 苏力:《也许正在发生——中国当代法学发展的一个概览》,载《比较法研究》2001年第3期。

④ 陈弘毅:《法治、启蒙与现代法的精神》,中国政法大学出版社1998年版,第170页。

在规则之间的关联性上,可以抵押与质押之间的关系、欠缺有效要件合同的三分、无权代理的类型化等为例。《民法通则》未区分抵押与质押,且即便是对抵押与留置权作出简短规定,这些规定也并未放在第五章(民事权利)第一节(财产所有权和与财产所有权有关的财产权),而是放在第二节(债权)之中。《担保法》较详细地确立了有关抵押、质押、留置的规定、生效、运作及执行方面的规则,已清楚体现了欧陆民法中"物权"的典型特征。当然,《担保法》亦有不足。《担保法》在制定时并没有按照体系化思想来构建,而只是专门针对担保这一事项进行立法,主要是从担保主债权履行的法律效果来考虑的。《物权法》则不仅延续了有关抵押、质押、留置等方面的细密规则,而且在基本架构上采纳了"用益物权"与"担保物权"这一传统民法中的经典类型。类似的,如《合同法》改变了《民法通则》仅将欠缺有效要件的民事行为二分为"无效"与"可撤销"两种类型,忽视"可撤销"民事行为与"效力未定"民事行为的区分的弊害,而将欠缺有效要件的合同三分为"无效""可撤销"与"效力未定"合同三种类型;《合同法》改变了《民法通则》对无权代理不予以类型化之弊,明确将无权代理区分为狭义的无权代理(《合同法》第48条)与表见代理(《合同法》第49条)。再如《民法通则》在借鉴苏联的民事立法与民法理论的基础上,不仅将"民事责任"单列为一章,而且在第134条规定了停止侵害、排除妨碍、消除危险、返还财产、恢复原状等承担民事责任的方式,其中,除了修理、重作、更换、赔偿损失、支付违约金属于违约责任的形式,其他均属于侵权责任的形式。据此,侵权责任的承担方式除损害赔偿这一传统民法中侵权责任的典型形式外,还包括停止侵害、排除妨碍、消除危险、返还财产等形态。由此,中国"建立了一种独特的请求权体系"①,即建立了一个内容广阔的基于侵权的请求权体系,它吞没了传统民法中的物权请求权。《物权法》则明确规定了物权请求权和占有保护请求权,这就凸显了它们与侵权责任请求权的区分,同时也构建了完整的请求权体系。

　　在法律整体的统一性上,《合同法》不仅在具体制度上整合、协调了以往三部单行合同法中发生矛盾、冲突的规范②,而且在立法体系上结束了

---

　　① 王利明:《民商法研究》(第三辑),法律出版社2001年版,第262页。
　　② 如对合同法的基本原则,《经济合同法》《涉外经济合同法》《技术合同法》中的表述各不相同。诚如王泽鉴先生所言,合同的基本原则是否是因其为一般合同、经济合同、涉外经济合同或技术合同而异?上述规定的不同,究竟仅是文字上的差异,强调的不同,抑或具有实质的意义?经济合同是否不受诚实信用的规范?参见王泽鉴:《民法学说与判例研究》(第七册),中国政法大学出版社1997年版,第20页。

《经济合同法》《涉外经济合同法》《技术合同法》三足鼎立的局面,开创了《合同法》"一统天下"的时代。《物权法》在一定程度上整合了《土地管理法》《城市房地产管理法》等单行法律法规中所涉及的城市土地的权属、转让、登记等问题。《民法通则》则不仅通过界定民法的调整对象区分了民法与经济法等部门法的关系,而且确定了民商合一的体例,特别是通过其体系的构建初步奠定了未来民法典的体系结构。《民法通则》第一章至第四章、第六章分别规定了"基本原则""公民(自然人)""法人""民事法律行为和代理""民事责任",这些部分基本上概括了民法典总则编的内容;而第五章对民事权利所作的列举性规定,基本奠定了民法典的分则体系。

(五) 民法的中国元素日益凸显

自清末变法以来,中国民法被纳入大陆法系的体制之中,《大清民律草案》《中华民国民法典》等基本上仿效《德国民法典》的模式构建,难谓有所创新。不过,自改革开放以来,民事立法不仅立足于中国的国情进行了制度设计,而且还在广泛借鉴两大法系有益经验的基础之上,进行了大量的理念和制度创新。在制度构造上,从《民法通则》开始的一系列民事法律日益呈现出一些中国元素。如《民法通则》将自然人和法人享有的人身权和知识产权单列一节(第五章第四节和第三节),集中加以规定,此为世界各国民事立法所仅有。《合同法》中的预期违约制度更是一个典型的例证,在传统的大陆法系民事立法或者民事理论中,只承认"实际违约"这类违约行为形态,亦即"只有履行期届满,债务人不履行债务或者履行债务不符合约定才构成违约",《合同法》从英美法系移植了预期违约制度,使得非违约方在履行期届满前就可寻求法律救济,这种新型违约形态的引进,不仅与既往的"实际违约"形态契合无间,而且极大地丰富与完善了中国的债务不履行体系。再如,《继承法》第 13 条第 3、4 款规定:"对被继承人尽了主要扶养义务或者与被继承人共同生活的继承人,分配遗产时,可以多分。有扶养能力和有扶养条件的继承人,不尽扶养义务的,分配遗产时,应当不分或者少分。"该条"将继承权与赡养义务结合起来,从而即便在引进现代西方形式主义法律原则之后,仍然混合了过去的面对社会现实的原则和实践"[①],使形式理性价值与传统实质理性价值——"孝"获得了统一。此外,《物权法》所规定的公私财产平等保护制度、不动产善意

---

① 〔美〕黄宗智:《经验与理论:中国社会、经济与法律的实践历史研究》,中国人民大学出版社 2007 年版,第 330 页。

取得制度,确立独立的空间权等亦为明证。而目前正在起草制定独立的侵权责任法,它将成为未来民法典独立的一编,这不仅符合世界民事立法上"强化侵权责任立法"的总体发展趋势,而且也是一个重大的体系突破。总之,这些具有中国元素的法律制度,受到了国外学者的关注和肯定,这本身也是对世界民事立法发展的贡献。

促使中国民法获得长足进步的因素颇多。其中,立法机关对立法民主性的注重无疑具有重要意义。例如,《合同法》历经六年起草、五次审议;《物权法》历经十三年起草、八次审议,并向社会各界广泛征求意见。其实,公布法律草案进行"全民公决",并非中国立法的必经程序,将一个尚未生效的法律草案公诸报端,给民众提供了一个实实在在参与立法的机会,这一举措本身即蕴涵着巨大而深远的意义。立法机关开门立法、民主立法,最大限度听取民意,缩短了法律与社会成员的距离,其实就是一个法律的普及过程、法律的认知过程与法律实施的准备过程,这为中国未来民法典的制定提供了重要的启示。民法是市民社会的基本法,是个人生活的百科全书,关系到每一个人的切身利益,今后民法典的制定也应当广开言路,吸纳更多的民众参与立法的讨论,凝聚最大限度的社会共识。

二、民法形式理性化:未竟的事业

韦伯认为,近代以来法律的发展趋势,就是从"实质"理性发展到"形式"理性,法律中的形式性逐渐呈现并取得支配性地位的过程,他进而指出,此种构成西方法律特色的形式理性法,是作为一种同样理性的经济制度的资本主义运行的一个近乎必要的条件,对西方资本主义的形成与发展具有决定性贡献。[①] 罗伯特·昂格尔进一步阐发了韦伯的观点。他诠释了一种与法制相关的"自主性"概念。自主性的特征尤其关键,正是它使得"法律秩序"成为一种形式性的规则体系。自主性是指表现在实体内容、机构、方法与职业上的一种自我运作的逻辑,它包括区别于宗教、道德以及政治的实体自主性、司法独立的机构自主性、秉具独特推理与论证方式的方法自主性以及自律性律师业的职业自主性。[②] 其中,实体自主性是

[①] 参见〔德〕马克斯·韦伯:《经济与社会》(下卷),林荣远译,商务印书馆1997年版,第199页以下。

[②] 参见〔美〕昂格尔:《现代社会中的法律》,吴玉章、周汉华译,中国政法大学出版社1994年版,第47页。

指政府制定和强制执行的规范并不是其他非法律观念(如政治的、经济的或宗教的观念)的再现和重复。以此来检视三十年来中国民法发展的轨迹,可以清晰地发现,中国民法的发展其实也经历了一个类似的从非形式法向形式法(自治法)转变的过程。不过,中国现行民法距一个成熟的形式理性法仍有相当的差距。

(一) 内在价值存在一定冲突

在当前的价值多元的开放社会中,除应遵循一些业已达成共识的价值观念外,立法者完全可以根据自己的内在价值判断作出不同的价值选择。"民事规范牵涉到的价值决定,如交易安全与意思自由间(无权代理)或与财产权间(善意取得)的权衡,意思自由与利益衡平间的权衡(无因管理),创新与守成间的权衡(动产加工),未成年人保护与交易安全间的权衡(成年制度),亲情与公共利益间的权衡(死亡宣告)等,是可以也应该因社会而异的。"①但是,一旦立法者选定了某种主导性价值,就应将这一价值取向一以贯之,不要动辄创设例外,或者随意扩张其他价值的适用空间,否则就会加剧价值之间的冲突。如中国民法原则上坚守了抽象人格、形式平等的价值。而《合同法》第 229 条规定:"租赁物在租赁期间发生所有权变动的,不影响租赁合同的效力。"由此建立了"买卖不破租赁"制度。"立法上之所以要强化租赁权的效力,主要是认为承租人为经济上的弱者,为避免其于所有权变换时遭受权利之受损,故特设不破租赁的规定,以保障其权利。"②因此,"买卖不破租赁"显然是建立在具体人格与实质平等的价值之上。不过,"承租人"的概念所涵盖的社会经济活动主体的范围是极其广泛的,不动产的租赁,至少在大多数情形下,确实可说涉及基本生存保障问题,不论假设承租一方为社会经济弱者,或在契约订立与履行上处于交易的弱势,都还不算离谱③,但动产的承租人则不存在类似的问题。因此,该条不当地扩张了抽象人格、实质平等等价值的适用空间,由此造成抽象人格与具体人格、形式平等与实质平等之间的剧烈冲突。

虽然人格尊严、私人自治、私权神圣等价值观念在中国获得普遍的弘扬,但民法在落实这些价值方面仍有若干可议之处,从而产生了内在价值

---

① 苏永钦:《走入新世纪的私法自治》,中国政法大学出版社 2002 年版,第 48 页。
② 陈春山:《契约法讲义》,瑞兴图书股份有限公司 1995 年版,第 184 页。
③ 参见苏永钦:《走入新世纪的私法自治》,中国政法大学出版社 2002 年版,第 338 页。

实践程度偏弱的现象,这也不符合形式理性法的要求。如关于平等的价值要求,民法应忽略各个社会个体的异殊性,无一例外地赋予他们成为民法上"人"的资格,从而使得各个个体得以毫无差别地进入市民社会从事民事活动。然而,根据《合同法》第52条第1款的规定,一方以欺诈、胁迫的手段订立合同,损害"国家利益"的,为无效合同。第54条第2款规定:"一方以欺诈、胁迫的手段或者乘人之危,使对方在违背真实意思的情况下订立的合同,受损害方有权请求人民法院或者仲裁机构变更或者撤销。"由此表明,当被欺诈、胁迫方为国有企业时,合同应被确认为无效;而当被欺诈、胁迫方为非国有企业时,受害人只能请求法院或仲裁机构变更或撤销合同。这种主体立法思想,使不同主体受到不同的法律对待,不符合平等的价值原则。①

(二) 规则存在一定漏洞与冲突

"法典不可能没有缝隙",囿于人类认识能力的局限性与法律的滞后性等原因,法律漏洞是无法避免的。但是,在应当而且能够将有关事项加以明确规定的情况下,就没必要保留法律漏洞,让法律存在调整的"飞地"。在中国民法中,还存在大量的法律空白现象,如《民法通则》尚未确立社团法人、财团法人、意思表示、隐私权等制度;《合同法》尚未规定情事变更原则等制度,未确立借用、实物借贷、储蓄等转让财产使用权或所有权的合同,以及雇佣、演出、培训、邮政、医疗、出版等提供服务的合同;《物权法》未确立取得时效、添附、先占等制度。

规则的冲突,表现为各种规则之间存在理念上、内容上和逻辑上的矛盾或者抵触。中国现行民法中存在部分规则冲突的现象。如《民法通则》第106条确立了过错责任原则,但是《民法通则》第132条规定:"当事人对造成损害都没有过错的,可以根据实际情况,由当事人分担民事责任。"该条将原本只能扮演例外角色的衡平确立为侵权法的一项基本归责原则——"公平责任原则"。由于该条并未将公平责任类型化,在适用上对过错责任造成巨大的冲击。"这样的法律条文以及法庭行为是违反逻辑的。法律既然已经规定过错赔偿,怎么能够同时规定即使无过错也有赔偿责任呢?"②毕竟"严格的形式主义立场,只能恪守逻辑一致性作出非此

---

① 参见刘楠:《变法模式下的中国民法法典化——价值的、逻辑的与事实的考察》,载《中外法学》2001年第1期。
② 〔美〕黄宗智:《经验与理论:中国社会、经济与法律的实践历史研究》,中国人民大学出版社2007年版,第398页。

即彼的单一选择"①。而且财产的有无多寡成了判断加害人应否承担侵权责任的基本依据,这在近代以降的世界民法史上恐怕很难找到先例。再如,《民法通则》规定了代理这一来源于传统大陆法系民法的制度,该制度贯彻了所谓公开性原则,因此它被称为显名代理或直接代理。从直接代理的内涵来看,它显然不包括某人以自己名义为授权人利益而与他人为法律行为的情形,但《合同法》借鉴了英美法系的代理制度,并在第403、404条对隐名代理与不公开被代理人身份的代理作出了较详细的规定,由于《合同法》没有限制间接代理的适用范围,从而导致了该制度与《民法通则》所确立的直接代理制度的冲突。

(三) 民法中公法规定有失泛化

公私法相互独立乃是法治的基本原则②,因此,"公法的归公法,私法的归私法"。除非为实现规范目的所必备,私法中不应容留公法规范。现行民法存在一定程度的公法规定泛化的问题。如《合同法》第38条规定:"国家根据需要下达指令性任务或者国家订货任务的,有关法人、其他组织之间应当依照有关法律、行政法规规定的权利和义务订立合同。"该条并非创设法人或者其他组织负有依指令性计划或国家订货任务订立合同的义务,因为该义务原已存在,而民事主体违反该义务订立的合同,倘未达到违反强制性规范的程度就不应使之无效,因此,本条的"训示"并无多大意义。③《合同法》第127条规定:"工商行政管理部门和其他有关行政主管部门在各自的职权范围内……对……违法行为,负责监督处理;构成犯罪的,依法追究刑事责任。"该条只是对行政机关的训示,置入《合同法》中对当事人与裁判者并无多少规范意义。再如《合同法》第128条、《物权法》第32、33条等很多处规定了争议解决程序,教导人们如何进行争议解决程序的选择,这其实并非民法所应发挥的功能。

(四) 民事单行法之间存在冲突与不协调

截至2008年3月,中国现行有效的法律总共229件,涵盖宪法、宪法性法律、民商法、经济法、社会法、刑法、诉讼及非诉讼程序法等,其中,民事法律共32件。除此之外,现行有效的行政法规近600件,地方性法规

---

① [美]黄宗智:《经验与理论:中国社会、经济与法律的实践历史研究》,中国人民大学出版社2007年版,第345页。
② 立法上明确建立此项原则的,如《法国民法典》第7条规定:"民事权利的行使与依宪法和选举法取得并保有的政治上的权利的行使是相互独立的。"
③ 参见苏永钦:《民事立法与公私法的接轨》,北京大学出版社2005年版,第32页。

约 7 000 多件①,其中大量涉及民商事制度。从内容上看,这些民商事法律大致可分为三类:第一类是涉及传统民法典的内容的法律,如《婚姻法》《继承法》《合同法》和《物权法》等;第二类是涉及传统商法范畴的单行法,主要包括《公司法》《票据法》《海商法》《保险法》《破产法》等;第三类是其他性质的部门法律中所包含的民事规范,主要包括行政法、经济法、社会法等法律部门中所包括的民事规范,如《土地管理法》《城市房地产管理法》《反垄断法》等法律之中的民事规范。由于单行法是在没有民法典统辖的情况下制定的,这些单行法并没有统一贯彻民法的价值,也没有按照民法典的体系来构建,相反,它们各有自己的价值倾向,事实上已自成体系,且各个单行法相互之间存在较严重的重复、冲突与矛盾的现象。此外,某些重要的制度没有由单行法加以规定,导致现行立法格局存在严重的缺漏。

当然,或许有学者会提出,对上述部分立法瑕疵,裁判者可以通过运用各种法律适用的规则来竭力化解,不过,这显然不能成为立法者于民法创制之际无视法的逻辑性与体系性的遁词。作为理性法首要的内在要求是规则的内在一致性,这并不是针对法律的高标准,它其实是人类社会的法律制度所应普遍具备的一项基本标准,是一项底线的要求。"逻辑上的无矛盾性或一致性是逻辑系统的基本要求。"②美国大法官霍姆斯说,法律的生命在经验,不在逻辑。这句话对裁判者或许管用,但对立法者来说却完全用不上,对立法者而言,民法的生命当然就在逻辑,并遵循法律规范自身的规律。

三、法典化与民法的开放性

(一) 通过制定民法典实现民法的形式理性

体系化是大陆法系法律形式理性的必然要求。大陆法系国家的经验已经表明,法典化是实现私法体系化一个完美的方法。如前所述,无论是在价值层面还是在规范层面上,我国民事立法都还存在诸多不足,而法典化为解决这些问题提供了一条最佳的路径。其原因在于:

---

① 参见 2008 年 3 月 8 日吴邦国在十一届全国人大一次会议上所作的《全国人民代表大会常务委员会工作报告》。
② 王洪:《司法判决与法律推理》,时事出版社 2002 年版,第 88 页。

第一,通过民法法典化可消除价值之间的冲突。价值是法律的灵魂,任何法律规范都要体现和保护一定的价值。在现代社会中,由于价值是主观、多元的,因此,民法上存在彼此构成矛盾从而形成冲突的价值,如私法自治与国家干预、形式平等与实质平等、静的安全与动的安全、抽象人格与具体人格、形式正义与实质正义等。采纳不同的价值理念将会直接决定民法典的规范和制度的不同取向。① 民法典的编纂能确定整个市民社会领域应采取的价值基调,即"确立反映时代精神的价值概念,奠定法律体系的共同伦理基础"②,并在整个民法领域将各该价值贯彻下去,使得围绕该核心价值形成协调一致的价值体系,由此建立民法的内在体系,即实现法律原则的内在一致性。在此基础上,民法典通过兼顾、维护与上述价值形成冲突的其他价值,从而使整个社会能够维持一种和谐共存的状态。如在坚守私法自治的基础上,协调其与借国家干预所欲达致的实质正义、社会福利等目标。"大自然给予人类的最高任务就是在法律之下的自由与不可抗拒的权力这两者能够最大限度地结合在一起。"③再如在坚守形式平等、抽象人格等价值的基础上,协调其与实质平等、具体人格等价值的关系,而加强对消费者、承租人、受雇人等弱者的保护。

第二,通过民法法典化可消除规则之间的冲突。法典化实际上就是体系化,体系是民法典的灵魂与生命。"体系为一种意旨上的关联。其在同一时空上的意义为,基于法律义理化的要求,自然趋向系统化,以排除或防止其间在逻辑上或价值判断上的矛盾,此为基于理性寻求正确性的努力。"④民法典可通过体系的构建消除规则与规则之间的冲突、抵触与矛盾,确保民法的确定性与行为结果的可预测性。

第三,通过民法法典化可建立单行法之间的逻辑关联,实现民法整体的统一性。民法典的逻辑自洽表现在,其诸组成部分各得其所,且彼此之间可形成一般规范与特殊规范、普通法与特别法的关系。如买卖合同与合同法总则、合同法与债法、债法与民法总则之间就具有一般规范与特别规范的关系。在中国,由于立法机关对民法典的制定采取的是分阶段、分步骤制定这一较为务实的方式,《民法通则》《合同法》《物权法》等一系列

---

① See Hartkamp, Judicial Discretion Under the New Civil Code of the Netherlands, American Journal of Comparative Law, Vol. 40, 1992, p. 569.
② 王卫国主编:《荷兰经验与民法再法典化》,中国政法大学出版社2007年版,第4页。
③ 〔德〕康德:《历史理性批判文集》,何兆武译,商务印书馆1991年版,第125页。
④ 黄茂荣:《法学方法与现代民法》,中国政法大学出版社2001年版,第510—511页。

法律是先后出台的,各个单行法自成系统,并无统一的主线贯串,相互间不可能有自洽的逻辑关联,自然也无从形成合理的逻辑体系,甚至在价值、制度等方面还存在抵牾之处;此外,由于尚未制定民法典,《合同法》《物权法》等民事基本法与《公司法》《保险法》等商事特别法之间的关系也一直处于纠缠不清的状态,只有通过制定民法典进行系统整合,才能建立民事法律整体的统一性。在法典化实现后,就可通过民法典总则来统辖上述民事单行法与商事特别法。民法典"具有清楚建构且一致的法律规则与原则(外在体系),有助于达成法律内在的一致性(内在体系),并且对于将来法学理论、司法及立法发展提供概念架构的成文法"①。

第四,通过民法法典化可尽量减少法律漏洞。法典都具有全面性或完备性的特点,即将同一领域同一性质的法律规范,按照某种内在的结构和秩序整合在一起,能够覆盖社会生活的基本方面,从而为市民社会中需要法律调整的主要社会关系提供基本的法律规则。"法典编纂是一系统性的表述,是以综合和科学方法,对特定国家内一个或若干法律部门诸普遍和永久规则加以组织的整体。"②若规则残缺不全,基本素材的缺乏必然阻碍民法体系化的实现。法典化不同于一般的法律,在于法典所包含的法律规则具有完整性、逻辑性、科学性。通过法典化竭尽所能地实现对民事基本制度的全面规定,可以有效地减少民事领域的法律漏洞。裁判者大体上能在法典中发现所需要的规范,而无须外求。

第五,通过民法法典化可消除各种法律渊源的冲突和矛盾,促进私法规范的统一。"编纂法典有很多原因,但是最主要的还是人们怀有使法律明确和使全国的法律保持统一的愿望,这些国家曾依政治的标准结为一体。"③18世纪开始的欧陆民法典运动,正是以民法典取代了原来散见各地的习惯法、领地法、宗教法等,由此宣示和稳定其统一的至上的主权。④在我国,因缺乏民法典,民法的规则未臻健全与完善,从而留下了法律调整的空白,这些空白多是通过国务院各部委的规章甚至地方性规章予以

---

① 陈聪富:《法典化的历史发展与争议——兼论合会契约的法典化》,载黄宗乐教授祝寿论文集编辑委员会主编:《黄宗乐教授六秩祝贺论文集:基础法学篇》,学林文化事业有限公司2002年版,第86页。

② 〔法〕让·路易·伯格:《法典编纂的主要方法和特征》,郭琛译,载许章润主编:《清华法学·第八辑》"法典化研究"专辑,清华大学出版社2006年版,第13页。

③ 〔法〕勒内·达维:《英国法与法国法———种实质性比较》,潘华仿、高鸿钧、贺卫方译,清华大学出版社2002年版,第26页。

④ 参见苏永钦:《民事立法与公私法的接轨》,北京大学出版社2005年版,第49页。

填补的,而规章的制定常受到部门和地区利益的主导,难以全面照顾到全社会的利益;而且这些规范多是从管理社会成员而非为社会成员设定自由的角度来制定的,与民法在价值取向上判然有别。民法典的制定可有效地改变此类政出多门、法令不一的现象,实现市场规则的一致化与法制的统一化,从而为当事人带来确定的预期,保障市场经济的正常运行。

(二) 保持民法的开放性

制定一部形式理性的民法典是必不可少的,不过,人类法律的发展史已经证明,立法者企图通过一部法典而预见一切情况、解决一切问题的愿望是难以实现的。诚如拉伦茨所言,"没有一种体系可以演绎式地支配全部问题;体系必须维持其开放性。它只是暂时概括总结"[1]。因此,为了使法典能够不断适应社会经济发展的需要,在保持法典的稳定性的同时,又要使其保持一定的开放性以容纳新的社会情形。"法律必须稳定,但又不能静止不变。因此,所有的法律思想都力图使有关对稳定性的需要和变化的需要方面这种互相冲突的要求协调起来。我们探索原理……既要探索稳定性原理,又必须探索变化原理。"[2]总之,中国民法要尽可能地为未来的发展预留空间,借以保持其长久的生命力。

在协调法律的稳定性和开放性关系方面,《物权法》提供了良好的经验。简言之,一方面,它保持了权利客体范围的适度开放性。如《物权法》第 2 条第 2 款规定:"本法所称物,包括不动产和动产。法律规定权利作为物权客体的,依照其规定。"据此,在法律有特别规定的情况下,权利本身也可以成为物权的客体。另一方面,它保持了用益物权客体范围的开放性。《物权法》第 117 条规定:"用益物权人对他人所有的不动产或者动产,依法享有占有、使用和收益的权利。"该条承认动产用益物权,动产用益物权为将来居住权等人役权的设立预留了空间。[3] 此外,它协调了担保物权的法定性与开放性。例如,《物权法》第 180 条第 1 款第 7 项规定,"法律、行政法规未禁止抵押的其他财产"都可以抵押,将来法院可根据该条解释出一些新的担保形式。总之,物权法在体系的构建上是开放的,这使得物权法不仅能够满足现实,而且能够适应未来社会发展的需要。这一有益的经验值得中国今后的民事立法借鉴。笔者认为,中国民事立法

---

[1] 〔德〕卡尔·拉伦茨:《法学方法论》,陈爱娥译,五南图书出版公司 1996 年版,第 49 页。
[2] 〔德〕罗斯科·庞德:《法律史解释》,曹玉堂、杨知译,华夏出版社 1987 年版,第 1 页。
[3] 参见胡康生主编:《中华人民共和国物权法释义》,法律出版社 2007 年版,第 340 页。

在保持开放性时应当注意如下几个方面的问题:

第一,保持民法渊源的开放性。法典化具有一种"排他性"的倾向,即认法典为法律的唯一法源,将"法"等同于"成文法"。不过,严格意义的排他性永远都只是一种无法企及的理想。面对纷繁芜杂的社会现实,有限的民法条文终究会捉襟见肘。因此,法国与奥地利民法典虽未赋予成文法之外的其他规则以法源性,但习惯法在这两部法典制定后即开始扮演重要角色。德国民法制定时,将法源问题留给学界解决,并未排除成文法之外的其他任何法源的适用。在立法上,以《瑞士民法典》第1条为例,现代各国民法典大都明确承认习惯、判例、学理的法源性,甚至允许法官在法律无具体规定时,依其自我判断作出判决。因此,"法典化的排他性意义,在于建立成文法的优越性,至于其他法源,并非全然排除,不予适用"①。中国未来民法典也应承认成文民法外其他规则的法源性,使其他规则能像涓涓细流浸润民法的根底,从而使得民法典的大树长久地枝繁叶茂。

第二,处理好法条抽象性与具体性的关系。民法典只能确立社会生活中普遍性的基本规则,而不宜规定过分具体、琐碎、细节性的内容,据此,民法典应保持法条的适度抽象,以适应未来社会发展之需。保持法条的抽象性不仅是立法技术问题,更是民法典体系设计时所应当遵循的一般规律。其原因在于:其一,民法典为市民社会的基本法,并非单行法,它确定社会的基本规则,必须具有一定程度的一般性和抽象性。其二,民法典作为私法,应遵循私法自治的精神,不能过度干预人们的生活。其三,民法典对社会生活的调整应保持某种必要的节制。立法者在立法时,有必要保持某种谦卑的心态,不能认为自己具有预见一切的能力,而要承认认知力的局限,从而给未来的发展预留空间。若一部法典事无巨细地进行规定,则必然会在社会的演进中频繁更改,由此损害其稳定性,从而削弱其生命力。特别是当社会处于变动不居的转型期时,过于具体更易使法典滞后于社会。总之,民法典可采取"原则法—特别法"的立法架构,以民法典规制常态、普通的社会关系,以目的导向的特别民事法律调整异态、特殊的社会关系,只有这样,才可既维持其自主性,又可实现国家干预的政策目标。

第三,在民法典中架设必要的管道,实现私法与公法的接轨与沟通。

---

① 陈聪富:《法典化的历史发展与争议——兼论合会契约的法典化》,载黄宗乐教授祝寿论文集编辑委员会主编:《黄宗乐教授六秩祝贺论文集:基础法学篇》,学林文化事业有限公司2002年版,第83页。

面对着现时代中对社会公正的追求凸显的局面,民法典可通过设置"转介条款"或"引致条款"来沟通民法与公法的方式来实践对社会正义的追求,即在民法中仍坚守私法自治的基本价值,同时在民法内适当的地方架设通往其他法律领域的管道,如规定法律行为不得违反"强制性规定"、所有权行使不得违反"法律"、不得实施违反"保护他人法律"的侵权行为等。"立法者必须在法典内适当的地方架设通往其他法律领域的管线,甚至区隔主线、支线,从而把常态民事关系和特别民事关系,把民事关系和前置于民事关系或以民事关系为前置事实的公法关系,连接起来。"①这些条款的设置,增强了民法的伸缩性,使得民法典能在社会巨大变迁之下岿然不动,同时又能润滑冲突的社会关系,完成实践社会正义的使命。

第四,处理好具体列举与设置必要的一般条款的关系。具体列举,是将某一类法律现象中的各种具体情况进行详细规定,此种立法技术能够增强法的安定性,但因其视野的限制以及适用范围的有限性,使其在实际的运用上可能流于僵化,从而难以适应不断发展的社会情况,为此需要采用一般条款来弥补其局限性。一般条款,是未规定具体的适用条件和固定的法律效果而交由法官根据具体情势予以确定的规范。② 由于其内涵具有不确定性、较高的抽象性与普遍性,从而能够满足民法时刻跟进社会生活变化的需要。将具体列举的方式与设置必要的一般条款的方式结合起来,通过诚实信用、公序良俗等一般条款在一定限度内赋予法官自由裁量权,既有助于实现个案正义,也可使民法典适应社会的变迁。

四、结 语

改革开放三十年,是中国民法逐步繁荣发展的三十年,也是民法的理念逐渐增强的三十年。"改革开放初期深受其影响的苏联民法理论,以阶级斗争学说彻底否定了近代以来民法所接受的人文主义革命、工业革命和启蒙运动的核心价值,即人文主义为核心的思想和价值体系;其计划经济学说,彻底否定了近现代民法的基本观念,如所有权理论、意思自治理论,也完全否定了民法建立的规范市场以及交易的制度体系。"③近三十

---

① 苏永钦:《民事立法与公私法的接轨》,北京大学出版社2005年版,第15页。
② 参见石佳友:《民法典与法官裁量权》,载《法学家》2007年第6期。
③ 孙宪忠:《中国民法继受潘德克顿法学:引进、衰落和复兴》,载《中国社会科学》2008年第2期。

年来中国民法的实践,就是一个价值重拾与规范重建的过程。其间,民法的形式性逐步累积,科学性亦逐步增进。如果我们将民法这三十年的发展置于中国近百年来法治变革的历史背景之中,就会发现,1978年以来民法的发展大体上可称得上是对清末至中华人民共和国成立前法治变革的接续,这实在令人唏嘘不已。虽然中国民法最近三十年的发展之于西方民法几百年的发展只不过是短暂的一瞬,但是,观中国仅以三十年之功即获西方社会百余年发展之所成,引致中国历史上最为波澜壮阔的社会巨变与进步,其成就是无论如何不能小觑的。

确立人的私法主体地位,注重保障人的尊严、意思自治,弘扬私益与私权神圣的观念,稳步推进民法的科学化、体系化等,这都是改革开放三十年来中国民法的历程留给我们的丰厚而宝贵的遗产。继承这些遗产,并孜孜努力不懈,则完全可以期待,作为最近三十年的民法发展在未来的标志性成果的民法典,不仅将是一部垂范久远的民法典,更将引领中国社会迈入一个"个人的自治、有尊严的生活"获得全面实现的美好社会。

民法典编纂与中国民法学体系的发展*

改革开放四十年，是我国经济快速发展的四十年，是社会全面进步的四十年，更是民法迅速发展的四十年。四十年来，伴随着改革开放进程，我国民法学理论也从一片荒芜的园地逐步变成一个百花盛开、草木繁茂的花园。我国民法典将在2020年审议颁布，中国民法学的研究也将迎来一个振兴、发展、繁荣的新时期。在民法典编纂过程中，每个民法学人确有必要思考，我们是否有必要创设中国特色社会主义民法学体系？如何创建这样一个体系？鉴于这一问题的重要性，本文拟对此谈一点粗浅的看法。

一、民法典编纂需要民法学研究提供理论支撑

民法典是"社会生活的百科全书"，是市场经济的基本法，是市民生活的基本行为准则，也是法官裁判民商事案件的基本依据。但法典不是立法者主观臆断的产物，而是法律科学长期发展的结果。艾伦·沃森曾言："在法典化的前夜，民法法系里的英雄人物是法学家，而非法官。"[1]在罗马法时代，法学家的学说构成了罗马法的重要内容。例如，《学说汇纂》和《法学阶梯》几乎都是由法学家的著述构成。在中世纪罗马法复兴后，法学家对罗马法的解释在许多国家成为对法院具有拘束力的渊源。[2] 在近代民法典编纂阶段，由于没有既有的法典作为蓝本进行借鉴，《法国民法典》等法典的制定都大量地参考和借鉴了法学家们的学说和理论成果。各国学者对罗马法进行注释、整理，将散乱的、矛盾的规则体系化，这一过程实际上极大地推动了民法制度的研究和构建。例如，《法国民法典》三

---

* 原载《法学家》2019年第3期。
① 〔美〕艾伦·沃森：《民法法系的演变及形成》，李静冰、姚新华译，中国法制出版社2005年版，第236页。
② 参见〔美〕约翰·亨利·梅利曼：《大陆法系》（第二版），顾培东、禄正平译，法律出版社2004年版，第59页。

编制立法体例的形成就前后经历了多马、波蒂埃、布尔琼、波塔利斯等人的理论发展。《德国民法典》的五编制模式也是从注释法学派开始,经过萨维尼、海泽、温德沙伊德等人的发展,是德国数代民法学者的智慧结晶。英国学者梅特兰在评价《德国民法典》时指出:"笔者认为从未有过如此丰富的一流智慧被投放到一个立法行为当中。"①《瑞士民法典》草案第一稿实际上就出自欧根·胡贝尔之手,甚至被认为是胡贝尔的一部个人作品。②

我国民法典的制定同样需要民法学的理论支撑。诚然,法典的制定是立法者的工作,但民法典体系的构建很大程度上要借助学者的努力。民法典绝不仅仅是立法者的工作,还需要民法学者积极参与、建言献策,这也体现了立法和学理之间的良性互动。正如《德国民法典》的起草人温德沙伊德所指出的:"立法者的思想同其他人一样,并不完美,只是尝试,所以需要立法者以外的人参与思考法典,以此作为帮助和补充;同时,还需要委任一些人正确认识并适用法典的内容。"③从欧洲民法典的历史发展来看,法典在制定前期就应有足够的理论准备。例如,《法国民法典》的制定虽然只花了四个月的时间,但是此前康巴塞雷斯已经提出了数部详细的民法典草案。④ 在我国民法典制定过程中,许多学者都提出了建设性的意见和建议,对我国民法典的制定具有重要的参考价值。可以说,学界通过向立法机关提交学者建议稿、草案修改意见以及重大疑难问题的论证报告等,积极推动了民法典的编纂进程。立法的每一个步骤、每一个环节都凝聚着广大民法学者的心血,牵动着无数民法学者的神经,也为民法学研究提供了许多新的课题。特别是自党的十八届四中全会提出编纂民法典以来,广大民法学者积极投入民法典编纂的理论研究,从中国的实际情况出发,在借鉴比较法经验的基础上,总结我国的立法和司法实践经验,提出了各种切实可行的规则设计方案,为民法典编纂规则设计提供了合理的选择,也提高了法典的科学性和可适用性。所以,民法学理论体系的发展与民法典编纂是相互促进、密不可分的。

---

① 转引自〔德〕K. 茨威格特、H. 克茨:《比较法总论》,潘汉典、米健、高鸿钧、贺卫方译,中国法制出版社 2017 年版,第 276 页。
② 参见〔德〕K. 茨威格特、H. 克茨:《比较法总论》,潘汉典、米健、高鸿钧、贺卫方译,中国法制出版社 2017 年版,第 313 页。
③ 〔德〕霍尔斯特·海因里希·雅科布斯:《十九世纪德国民法科学与立法》,王娜译,法律出版社 2004 年版,第 111 页。
④ 参见石佳友:《法国民法典制定的程序问题研究》,载《比较法研究》2015 年第 3 期。

民法典是一国法治文明发展到一定高度的产物,代表着法治文明的发展水平。要制定出一部高质量的民法典,在一定程度上就取决于民法学研究水平的高低。需要广大学者为颁行民法典提供理论准备和智力支持,在这个过程中也必然会促进民法学的发展。法典化的必要准备就是民法学的长足发展,而民法学的发展又为民法典编纂提炼出一套科学合理的概念、术语、体系,这是法典化赖以支撑的骨骼和结构。通过民法学研究所形成的民法学理论体系,对民法典体系的构建具有如下重要作用:

第一,体系构建。法典化就是体系化,民法典体系主要包括两个层面:一是形式体系,又称为外在体系(die äußere Systematik),它是指篇章节、基本制度的安排等。形式体系包括了"从单纯的字母或者数字排序,到根据所规定事项而进行的教条式抽象,最后发展为一个完善、复杂和富有系统性特征的秩序,这是一个严格的逻辑—公理式演绎过程(logical-axiomatic deduction)"①。二是实质体系,又称为内在体系或价值体系(die innere Systematik)②,它包括法律的价值原则等内容。内在体系是指贯穿于各单个法律制度之中的内在价值体系,也时常表现为民法的原则、精神、理念。内在体系与外在体系的区分首先由利益法学派的代表人物黑克(Heck)在20世纪30年代提出,在此之后,得到了众多民法学者的认同。③ 但立法体系与理论体系存在密切的联系,立法体系往往以成熟的学说体系为基础。民法学研究为构建民法典体系提供了科学的理论体系。古罗马时代的法学家著述,如《法学阶梯》《学说汇纂》等,都对民法典体系的形成作出了历史性贡献。尤其是德国潘德克顿学派对罗马法进行了体系化的整理,抽象出物权、债权的概念,并从合同、遗嘱等意思表示中抽象出法律行为的概念,在此基础上构建出民法典总则,进而形成了由民法总则与分则具体制度构成的民法典体系。我们要制定一部科学的、彰显时代精神和时代特征的民法典,关键在于建立科学合理的民法典体系。而在我国民法典制定过程中,民法学者对民法典的体系构建,尤其是人格权编和侵权责任法的独立成编,合同法总则是否可以替代债法总则等问题展开了充分的讨论,这些都为民法典编纂提供了智力支持。

第二,概念和术语的确立。潘德克顿学派极强调概念形式主义(der

---

① Franz Bydlinski, System und Prinzipien des Privatrechts, 1996, S. 9–17, 64–65.
② 参见王泽鉴:《法律思维与民法实例:请求权基础理论体系》,中国政法大学出版社2001年版,第225页。
③ Vgl. Heck, Begriffsbildung und Interessenjurisprudenz, 1932.

Begriffsformalismus），主张民法典应构建一个"概念的金字塔"①，这显然过度地夸大了概念的重要性。但民法典的形式体系要求民法的概念、规则、制度构成具有一致性的整体，相互之间不存在冲突和矛盾。法典所使用的概念不仅要具有准确性、科学性，而且还应当具有一致性，这就是说，法典所使用的各项概念是一以贯之的。尽管某一概念在不同上下文语境中可能存在表述差别，或者具有不同内涵。但基本上，它的内容具有相对的恒定性和确定的内核。同一概念在不同语境下不应存在相互冲突的现象。按照德国学者施瓦布的看法，建立"一个协调的、按抽象程度逐级划分的概念系统"构成了法典化的基本前提。② 梅利曼指出，"民法典'科学化'的程度，决定着在实体法、一般法理以及关于民法总则或一般原理课程中所使用的概念和原则统一的程度"③。法学家创造了民法学的诸多概念，将这些概念组合成具有逻辑性的制度，并将这些制度整合成一个逻辑体系。我国民事立法除借鉴民法学中具有共识的概念、术语之外，也结合中国国情、吸收学理营养、总结司法实践而进行了一些概念和术语的创新。例如，《民法总则》中规定的民事权益、自愿原则、特别法人、非法人组织等；《合同法》中所规定的建设工程合同、技术开发合同、技术咨询合同、技术服务合同等；《物权法》中所规定的权利人、集体所有权、私人所有权、建设用地使用权、土地承包经营权、宅基地使用权等。上述概念并非法律移植的结果，而是从我国实际出发所创设的法律概念和术语，应当为我国民法典所吸收。

第三，制度安排。民法典的体系化也体现为制度的体系化。民法学"首先追寻于对法律体系的分解或者寻求法律的基本原则，通过多种方式对法学方法进行完善，从而对法律体系进行再安排，使之形成有机的体系"④。民法学研究为构建民法典体系提供了成熟的具体制度。民法典体系化的过程，需要运用各种民法学研究方法对各项规范、制度进行研究，进而形成民法典的体系。因此，民法典编纂除要构建一个科学合理的体系外，还需合理设计并妥当安排体系内各个具体法律制度。妥当的制

---

① 〔德〕阿图尔·考夫曼、温弗里德·哈斯默尔主编：《当代法哲学和法律理论导论》，郑永流译，法律出版社 2013 年版，第 162 页。
② 参见〔德〕迪特尔·施瓦布：《民法导论》，郑冲译，法律出版社 2006 年版，第 19 页。
③ 〔美〕约翰·亨利·梅利曼：《大陆法系》（第二版），顾培东、禄正平译，法律出版社 2004 年版，第 73 页。
④ Nader Hakim, L'autorité de la doctrine civiliste franais au XIXE siècle, Preface de Michel Vidal, LGDJ, 2002, p. 156.

度安排应当具备如下特征:一是完备性(comprehensiveness)。所谓完备性,是指民法典规范平等主体之间人身关系和财产关系所应有的制度应当是齐备的,而不应当出现基本制度的缺漏。① 二是内在一致性(coherence),即各项制度相互之间具有内在的逻辑联系,不存在相互冲突、矛盾等现象。法典应当消除法律漏洞、模糊性和内在的矛盾。② 科学合理的民法制度有助于减少各项制度之间的体系冲突,从而增强民法典对实践的适应性和民法典体系的一致性。③ 三是科学性。这就是说,民法典的各项制度应当能够准确反映社会生活的客观规律,然后以抽象但逻辑严密的制度安排规范各种社会生活关系,以理性价值判断确立普遍的行为规则。四是符合民法的公平正义、保障私权等价值。制度的安排应当追求一定的价值目标,这一价值目标也是立法者在立法时所应追求的目的。例如,为了让市场在资源配置中发挥基础性的作用,就有必要在制度设计中充分彰显私法自治的价值,对一些管制性色彩过浓的规范,以及对个人权利限制过多的规范进行必要的修改和调整;为了充分体现民法公平正义等价值,制度的设计也要回应和关切各方的利益诉求,寻求各方的利益平衡。④ 良好的制度设计有助于助力个性的张扬和自由的发展,提升创造力,发扬人文精神,这是民法制度的核心功能之一。此外,良好而公允的民法制度设计,还有助于鼓励守信,促进合作,降低人与人之间交往的成本。⑤ 所有这些都需要借助民法学理论研究成果的支撑。

第四,规则设计。任何一项规则都不是立法者凭空设计的,都应当有一定的理论和实践依据。如何系统总结社会生活和司法实践的经验,并将其上升到法律规则层面,是民法学研究所承担的重要任务。民法学研究为民法典的科学合理的规则设计提供智力支撑。一方面,民法学的任务首先是要研究民法规范的内在规律,从社会生活实践中总结、归纳、设计出良好的规则,并以理性价值判断确立普遍的行为规则,从而用以调整

---

① 参见石佳友:《民法典的立法技术:关于〈民法总则〉的批判性解读》,载《比较法研究》2017年第4期。

② See Martijn W. Hesselink, The New European Legal Culture, Kluwer, Deventer, 2001, p.11.

③ 参见陈聪富:《韦伯论形式理性之法律》,载许章润主编:《清华法学》(第二辑),清华大学出版社2003年版,第33—61页。

④ 参见薛军:《民法典编纂:平衡守成与创新、界分科学与政治》,载《财经》2019年第1期。

⑤ 参见周怡:《信任模式与市场经济秩序》,载《社会科学》2013年第6期。

社会生产与生活交往关系,建立社会生产与生活的法律秩序。① 当然,民法典并非包罗万象、无话不说,而应是原则法,以尽量低的语言成本表达尽量多的规范意义。② 另一方面,民法学应当确保所提炼和设计的民法规则科学、合理。法的功能在于通过规范实现特定的目的和价值③,民法规则也应当体现和彰显自由、平等、公平、权利保护等民法的基本价值,从而实现民法规则内在价值上的合理性④;同时,民法规则也应当具有逻辑性、确定性,各项规则之间不存在冲突,每一项规则都有一个确切真实的含义,努力消除民法规则模糊性和内在冲突、矛盾,从而实现民法规则外在形式上的合理性。⑤ 此外,应当把组成民法的法律规范作为一个完整的体系来研究,在民法规则滞后于社会生活实践,或者存在其他不合理之处时,民法学研究应当提出具体的完善建议,从而确保民法规则的科学性。

总之,民法典编纂是一项浩大的工程,涉及许多重大的理论和实践问题。市场经济的发展和改革开放的深化,对民事立法提出了新要求。我国民法学研究积极回应了实践的需要,从中国实际情况出发,在借鉴比较法经验基础上,总结我国立法和司法实践经验,提出各种切实可行的规则设计方案,为民法典编纂提供理论支持和智力准备,提高法典的科学性和可适用性。

二、民法典编纂将为振兴和发展民法学提供历史机遇

民法典编纂将为振兴和发展民法学提供前所未有的历史机遇。因为编纂民法典绝不是一项普通的立法活动,而是一项重大的国家战略,需要凝聚广大民法学者的智慧,动员民法学者积极参与。在民法典制定的每个环节和过程中,民法学者都需要进行思考和探索。在民法典编纂中,就一些重大疑难问题展开的争议,只要是在民法学的平台上进行讨论,本身也会推动民法学理论的发展。从这一意义上说,民法典编纂也为民法学的发展提供了历史机遇。另外,法学是一门体系性的科学,立法进程可以

---

① 参见陈甦:《论民法典形成机制的时代性与科学性》,载《法学杂志》2015年第6期。
② 参见李绍章:《法界之戒》,知识产权出版社2013年版,第5页。
③ Vgl. Rühl, Ist die Rechtswissenschaft überhaupt eine Wissenschaft? Vortrag Bremen, 2005, Rüthers/Fischer/Birk, a. a. O., Rn. 290, 296.
④ 参见米健:《比较法学导论》,商务印书馆2013年版,第241页。
⑤ See Martijn W. Hesselink, The New European Legal Culture, Kluwer, 2001, p.11.

影响某一学科的形成进程。① 编纂法典的目的在于表达一种清楚的结构、提供整个法律规则与原则,以促进法律的内在和谐,并且为教学、司法和立法的发展提供概念、制度框架。因此,民法典的颁行必然会促进民法学的发展,民法学的发展要始终与民法典的编纂和修订相辅相成、相互促进。

具体而言,民法典编纂对民法学理论体系的影响主要表现在以下几个方面:

一是促进民法学学科的体系化。已经向全民公布的民法典各分编草案是以民事权利为中心构建的,即由物权、合同、人格权、婚姻家庭、继承,以及对权利进行保护的法律即侵权责任编所构成。这表明民法本质上是一部权利法,民法典分编通过全面保障民事权利,全面体现和贯彻法治的价值。另外,这一体系构建也是对我国多年来民事立法和司法实践经验的总结。我国《民法通则》在民事权利的列举中,重点规定了物权、债权、人格权等权利。民法典分编实际上是对自《民法通则》以来我国民事立法传统的继承和发展,这一体系是对潘德克顿五编制体系的重大发展。尤其是通过将人格权和侵权责任独立成编,有利于克服潘德克顿体系所存在的"重物轻人"的体系缺陷。② 从比较法上来看,教科书的展开经常受到法典体例的影响,民法典的体例通常直接决定了民法学教科书的结构。③ 因此,在民法典颁行以后,民法典体系的构建必将对民法学体系产生重大影响。例如,传统大陆法系侵权责任被置于债编之中,也不存在独立的人格权编,但由于我国民法典将采纳独立的人格权编和侵权责任编,这一体系必将影响民法学体系的构建。未来我国民法学体系就应当以民法总则、人格权法、物权法、债和合同法、婚姻家庭法、继承法、侵权责任法展开。

二是促进民法学价值体系的完善。从比较法来看,在民法典制定后,社会政治文化背景和经济条件的变迁,也将引起学者对相应制度的价值和合理性的重新审视与探讨。艾伦·沃森指出,民法典的价值理性,就是对人的终极关怀。④ 民法本质上是人法,强化人文关怀是当代民法的重要

---

① 参见杨代雄:《萨维尼法学方法论中的体系化方法》,载《法制与社会发展》2006年第6期。
② 参见王利明:《民法的人文关怀》,载《中国社会科学》2011年第4期。
③ 参见石佳友:《民法法典化的方法论问题研究》,法律出版社2007年版,第67页。
④ 参见〔美〕艾伦·沃森:《民法法系的演变及形成》,李静冰、姚新华译,中国法制出版社2005年版,第269页。

发展趋势。我国民事立法反映了人文关怀精神,体现了理念创新。传统民法只关注抽象人,并不关注特殊群体的权益。① 从"抽象人"到"具体人","旨在提高市场弱者地位,增强其实现自己意思能力的做法,则更接近于私法的本质"②。我国民法典在制定中,充分彰显了人文关怀的精神。例如,《民法总则》宣示对弱势群体利益的保护(第128条),强化对胎儿利益的保护(第16条),强化对被监护人的保护(第33条等)等,都体现人文关怀理念。我国《侵权责任法》充分体现了人本主义精神,其基本的制度和规则都是"以保护受害人为中心"来构建,最大限度地体现对人的关怀。我国《民法典(草案)》将人格权独立成编,充分地体现了保护人的尊严。正如立法机关所指出的,"人格权是民事主体对其特定的人格利益享有的权利,关系到每个人的人格尊严,是民事主体最基本、最重要的权利。保护人格权、维护人格尊严是我国法治建设的重要任务"③。这就要求民法学在注重财产权的同时,提升对人格尊严的关注,在注重私法自治的同时兼顾人文关怀,使民法回归到保护人、关爱人的本位上。

三是促进民法学理论研究的深化。随着民法典编纂进程的推进,民法学研究的方向和方法都可能因此形成体系化的理论和学说。④ 在全面深化改革中,编纂民法典提出许多需要解决的重大问题。如关于宅基地使用权的转让,土地承包经营权的抵押,农村土地承包权与经营权分离的探索,农村集体经营性建设用地入市制度改革,住宅建设用地使用权改革到期后的自动续期规则,等等,都为民法学研究提出了新课题,促进了民法研究的发展。民法典和民法学是相互影响的。民法典内容纷繁复杂,其每一编、每一章、每一节,甚至每一个具体规范的设计都给民法学者提出了需要深入思考和研究的课题。一般来说,法条背后越是有深厚的理论支持,便越具有科学性,也越能够有效解决实践中的争议。因此,民法典既需要民法学配合,也为民法学的发展提出了问题,提供了广阔的空间

---

① 拉德布鲁赫认为,民法典并不考虑农民、手工业者、制造业者、企业家、劳动者等之间的区别。私法中的人就是作为被抽象了的各种人力、财力等的抽象的个人而存在的。参见〔德〕拉德布鲁赫:《法学导论》,米健、朱林译,中国大百科全书出版社1997年版,第66页。

② 〔德〕迪特尔·梅迪库斯:《德国民法总论》(第二版),邵建东译,法律出版社2001年版,第362页。

③ 沈春耀:《关于提请审议民法典各分编草案议案的说明》,载中国人大网〈http://www.npc.gov.cn/npc/cwhhy/13jcwh/2018 - 08/27/content_2059319.htm〉,访问日期:2018年9月3日。

④ 参见封丽霞:《法典编纂论——一个比较法的视角》,清华大学出版社2002年版,第248页。

和舞台。即使就研究方法而言,民法典编纂也会推动体系化这一重要法学研究方法的发展,为民法学的发展提供了素材和动力。

四是提升民法学的现代化。民法典在制定过程中,必须努力回应中国的现实需求,彰显时代精神和时代特征。这要求民法学就民法典如何回应现实需求展开研究,其本身也会推动民法学研究的现代化。如果说1804年的《法国民法典》是19世纪风车水磨时代民法典的代表,1900年的《德国民法典》是20世纪工业社会民法典的代表,那么我们的民法典则应当成为21世纪大数据、信息社会民法典的代表之作。因此,我们的民法典不应是照搬《法国民法典》《德国民法典》,而应回应21世纪互联网时代和高科技时代的现实需求,回应信息社会的挑战。我国民法典的制定要积极回应21世纪的时代需求,彰显时代特征,凝聚更多的价值共识,在研究对象、研究工具等方面进一步拓展,聚焦民法典规范和中国现实需求之间的互动关系,关注以问题为中心的多元综合治理机制,发掘民法与其他治理工具之间的相互观照和独有价值,促使民法学更进一步的具体化、深化和体系化。

五是促进民法解释学的发展。"法无解释不得适用",未来民法典颁行后,民法典体系的构建将不再是民法学的工作重心,民法学者的主要任务是解决法律适用问题,即对民法典进行解释,从而为法官适用法律和人们遵循法律提供理论依据。我们要从过去注重立法论研究转向解释论研究。法律解释工作应以民法典为中心,围绕民法典的制度、规则展开,而不能脱离民法典进行纯粹的、空洞的解释和论证。因此民法典编纂既为法律解释学的发展指明了方向,也对法律解释学的未来发展提出了具体要求。这无疑为民法学的发展提供了丰富的研究素材和强大动力。虽然法典的颁行会暂时结束一些学术争议,但它又为法律解释学的发展注入新的活力,这也为法学研究指明了方向。

编纂民法典是一项举世瞩目的浩大工程,民法学的发展要始终与民法典编纂和修订相辅相成、相互促进。随着民法典编纂进程的推进,我国民法学也应在内容和体系上进一步完善,同时也借助民法典编纂的契机,积极回应民法典编纂中的重大理论和实践问题,并在学习借鉴人类文明优秀成果的基础上,努力构建具有中国特色的社会主义民法学体系。

三、在民法典编纂中提升中国民法学的主体性意识

四十年民法学发展还有一条弥足珍贵的经验,就是我国民法学的发

展始终坚持主体性意识,立足中国的实际,回应中国实践需求,解决中国的现实问题,这也可以说是我国民法学发展的基本经验。中国的事情还是靠中国人自己解决,中国的法律也是用来应对中国自身的问题,对中国的国情来说必须是合身合用的。说到底,外国学者所设计的理论体系是从本国的场景出发设计的,未必都能适应中国的情形。因此,在民法典编纂中,构建具有中国特色的社会主义民法学体系,也需要坚持主体性意识。

所谓主体性意识,就是对中国此时此地的重大社会关切、现实问题和价值取向进行回应。对此,没有办法从国外取得现成经验,只能用中国人自己的智慧加以解决。例如《侵权责任法》所规定的高空抛物责任,在西方较少发生,但在中国频发,而因各种原因又不能纳入国家责任的范围,在此情形下,如何妥当地协调受害人、业主、物业服务者、国家之间的利益关系,成为我国侵权责任法不可回避的重大问题。《侵权责任法》第87条所确立的高楼抛物致人损害无法找到加害人,应由可能加害的建筑物使用人予以补偿的规则,正是这种中国国情的具体体现。又如,不动产登记就是典型的本土问题。不同时期、不同地区,在交易客体、交易频繁度、初始登记的准确度、后续登记的权利状况和真实权利状况的对应程度上的差异,都要求只能根据中国的实际情况确立中国的登记制度。中国民法学的主体性意识首先体现在价值判断问题的选择上。比较法上的制度、体系可以借鉴或移植,但制度移植并不能有效而准确地解决价值选择问题。要有效解决价值判断问题,需要予以配合的规范体系,更为关键的是准确回应社会需求,充分反映社会共识。

我国民法典在制定中应当秉持体现中国精神、解决中国现实问题的原则,回应时代提出的新问题,以民法典为研究对象的民法学也应关注本国实践,回应时代难题,而这些均离不开主体性意识的树立。我们民法学理论在为民法典制度、规则设计提供理论支撑时,也应当从中国实际出发,立足于解决中国现实问题,为设计出科学的、合理的、面向21世纪的民法典提供中国智慧、中国方案。如此,才能使我国民法典真正屹立于世界民法典之林。①

在民法典编纂中,无论是制定民法典,还是构建中国自己的民法体系,发展与推动民法学的发展,都应秉持中国民法学的主体性意识。具体

---

① 参见朱宁宁:《既要体现中国精神又要有时代先进性——聚焦民法典各分编草案初次审议》,载《法制日报》2018年9月4日。

而言,此种主体性意识主要包括如下内容:

一是问题导向意识。我国民法学的发展并不是抽象的、空中楼阁式的研究,而是以解决中国现实问题为依归。在社会主义条件下发展市场经济,是一项前无古人的伟大创举。这也使我国社会主义市场经济发展过程中出现了许多其他国家和地区从未出现的新情况、新问题。"问题是时代的声音",民法学正是以解决这些问题为导向而逐步发展的,这是我们民法学主体性意识的重要体现。例如,我国实行土地公有制,土地所有权无法进入市场交易,但为使土地这一最为重要的生产资料进入市场,民法学创设了土地承包经营权、建设用地使用权等概念,很好地解决了这一难题。我国社会主义建设实践中所出现的现实问题,既是我国民法学发展过程中的挑战,也是我国民法学发展的重要契机。

二是本土意识。民法虽具有相当的普适性,但其本质上仍根植于不同国家的社会、经济条件和文化传统。诚如萨维尼所言,"法律并无什么可得自我圆融自洽的存在,相反,其本质乃为人类生活本身"①。民法是社会经济生活在法律上的反映,更是一国生活方式的总结和体现。因此,民法学研究不可避免地具有很强的本土性,这尤其表现于民事主体、物权、人格权、婚姻和继承等制度上。② 秉持本土意识,才能使我们的民法真正植根于我们的土壤,解决法治建设"接地气"的问题。秉持本土意识,要求在决定是否引入、在何种程度上引入域外制度和规则时,始终立足本国国情,以解决中国实践中的现实问题为依归;要求注重对我国民事立法、司法经验总结、提炼的结果,注重反映改革和市场经济发展的需要,注重汲取优秀传统文化的思想精华,弘扬社会主义核心价值观。

三是实践意识。实践意识是指民法学的发展应当立足我国实践,从实践中来,并回到实践中去,以实践为最终的依归。德沃金指出,"法律是一种不断完善的实践"③,我国民法学的发展始终应以服务本国实践为目的。"道无定体,学贵实用",我们的民法学也应当是一门治国安邦、经世济民、服务社会的实践之学,是济苍生、安黎民的有用之学。我国民事立法在吸收和借鉴外来经验的过程中,坚持"以我为主,为我所用",将众多

---

① 〔德〕弗里德里希·卡尔·冯·萨维尼:《论立法与法学的当代使命》,许章润译,中国法制出版社 2001 年版,中译本序言。

② 参见苏永钦:《私法自治中的国家强制》,载苏永钦等合著:《民法七十年之回顾与展望纪念论文集(一):总则·债编》,中国政法大学出版社 2002 年版,第 48 页。

③ Ronald Dworkin, Law's Empire, Belknap Press of Harvard University Press, 1986, p.44.

的立法素材同本国实践结合,创新出不少符合本国实践需求的制度规则。例如,《物权法》第149条关于住宅建设用地使用权自动续期的规则,突破了70年住宅使用权的限制,即到期后自动延长,有效保障了个人对其房屋权利的合理预期,为实现"有恒产者有恒心"提供了制度保障。民法学要发展,就必须从本国的现实出发,从本国的法治实践中汲取营养。完全照搬他国民法学理论,将难以解释和解决本国的实践难题,民法学的发展也将成为无源之水、无本之木。民法学秉持实践意识,意味着要将民法论文写在中国的大地上,植根于中国的社会生活和经济生活的实践中,密切关注和联系中国的改革开放、市场经济发展的实践,善于总结立法和司法实践经验,善于归纳和运用社会生活习惯。只有从实践中来的民法学才是真正有生命力、有针对性、有解释力的理论。

四是时代意识。时代意识是指民法学的发展要适应当前社会形势的变迁,同时着眼于未来的发展趋势,把握社会发展规律,顺应社会发展趋势。"法与时转则治。"社会经济条件的变化对民法典传统范式提出挑战和使命要求,这要求民法典不断进行自我范式的更新,从传统体系中不断产生出新的话语与知识体系,以应对和解决新问题。在当代,以生物医学技术和信息技术为代表的第四次工业革命浪潮给传统民法带来了一定的冲击。人工智能、大数据、自动驾驶等技术的发展,给民事主体制度、人格权制度以及财产权制度等均带来了一定的挑战。例如,机器人作为物,本身能否作为主体存在;机器人是否享有权益,其创作的作品是否受法律保护等;高科技的爆炸对隐私权的保护构成了严重的威胁,有美国学者甚至提出了"零隐权"(Zero Privacy)的概念①,认为我们在高科技时代已经无处藏身,隐私暴露等人格权受侵害的现象已不可避免。大数据提出的数据财产权以及数据共享所提出的个人信息保护问题等;人体器官买卖、代孕技术的发展,则使得人作为法律关系主体的地位有沦为法律关系客体的风险;作为人格要素的个人信息的买卖问题,则对人的主体性地位和尊严带来巨大威胁;大数据技术的运用使得各种碎片化的信息拼接成为可能,这将使得对个人隐私权的保护更为迫切;基因技术的发展,则使人被定制、复制在技术上成为可能,这对于尊严的保护也将是巨大挑战。总之,现代科学技术的发展使得传统民法的主体、客体、权利等范式面临一场深刻的变革。

---

① See A. Michael Froomkin, The Death of Privacy? 52 Stan. L. Rev. 1461(2000).

五是创新意识。这就是说民法学应当适应不断变化的社会生活的需要而不断进行创新。我们正处于一个伟大的改革时代,这是一个产生伟大法典的时代,也是产生民法思想的时代,在这个时代,社会在转型,经济生活在持续变迁,科技发展一日千里,作为调整社会生活的民事法律规则也必然要不断调整和变化,我们会面临许多新情况、新问题。这些问题的解决无先例可遵循,需要我们去面对、去回答,去发出自己的声音,讲好自己的故事,需要民法学的概念和理论不断创新。同时,只有不断创新才能更好地服务于社会生活的需要。因为,随着改革的发展,全面深化改革需要依靠法治,而法治的完善也依赖于改革。我们的民法典应当反映改革的成果,引领改革的发展。这就要求我们提升民法学研究的创新意识,不能单纯做西方理论的搬运工,而要做中国学术的创造者,做世界学术的贡献者。

民法学研究坚持主体性意识与积极吸收、借鉴域外法制经验并不冲突。毫无疑问,民法学需要大量借鉴吸收国外先进的民法文化。"他山之石,可以攻玉",但借鉴不等于照搬。旧中国民法的大部分内容几乎照搬了《德国民法典》的条文,如梅仲协指出,"现行民法采德国立法例者十之六七,瑞士立法例十之三四,而法日苏联之成规,亦尝撷一二"①。虽然这种借鉴促进了民法体系的建立和民法学的发展,但也容易产生水土不服的问题,使民法学理论与民事立法均受制于德国法的理论与实践。改革开放以来,我国民法学的发展是一个借鉴、吸收、消化外国民法理论的过程,同时更是一个创新的过程。四十年来,我国民事立法用短短几十年的时间走完西方国家几百年的道路,为发展市场经济起到重要的保驾护航作用,其基本经验是从本土实践出发,并服务于改革开放和社会主义市场经济的发展,域外的法治经验只能作为借鉴对象,而没有唯域外法是尊。这实际上就是确立了主体性意识,也是我们民法学所应当秉持的意识。这种主体性意识也引导了我国民法学的四十年来的发展与繁荣,并对民事立法和司法实践以及经济社会的发展发挥了应有作用。事实上,解决了中国特色的市场经济体制构建中的民商法重大问题,就是解决了全世界关注的问题,就是对世界民商法学发展的贡献。

只有树立主体性意识,我们才能够将目光聚焦到形成具有中国特色的民法学体系这一目标上。有主体性意识,才能形成自己的理论体系、话

---

① 梅仲协:《民法要义》,中国政法大学出版社1998年版,序言。

语体系、知识体系。相反,没有这种主体性意识,仅能话语跟随,会产生"橘生淮南则为橘,生于淮北则为枳"的效果。缺少主体性意识,对社会问题只能采取根据别人的方案予以不停调试的迂回的方式予以解决。在民法典编纂中,无论是为民法典编纂提供理论支撑,还是推进民法学自身的发展,乃至于在民法典颁行之后进行法典的解释和完善,我们都需要树立主体性意识,聚焦于自己的国情,解决自己的问题。

四、在民法典编纂中推进中国特色的民法学体系的发展

我们树立主体性意识后,必然会要求构建中国特色的民法学体系,这是一个自然的过程。什么是中国特色社会主义民法学体系?笔者认为,它是立足于中国实践、内生于中国文化传统、回应中国社会现实需求、展示民族时代风貌、具有浓厚中国特色的知识体系和理论体系。它应以社会主义法治理论体系为基础,充分地反映广大人民群众的利益和意愿,反映公平正义的法治理念,以全面保护公民权利、推进社会主义法治为重要目的。人在天地间贵在自立,国家和民族贵在自强。我们的民法也应当在世界民法之林中确立自己的地位,因而我们的民法学应当创建自己的内容和体系。这不仅是因为我们所处的历史传统和文化积淀有其特性,我们的经济和社会现实独具特点,而且还因为我们应承担将拥有辉煌历史的中华法系发扬光大的艰巨任务。中华法系源远流长,长久地傲然自立于世界法制之林,为人类法制文明作出了重要贡献。作为一个拥有13亿人口的大国,我们应该有自信构建我们自己的民法学体系,并把它发扬光大。当前,中国已经是世界第二大经济体,是崛起中的大国。改革开放以来,社会主义市场经济的伟大实践和法治建设的巨大成就,都为民法学体系奠定了坚实的基础。我们正面临一个改革的时代,这是产生伟大法典的时代,也是产生民法思想的时代。我们的民法也应当在世界民法之林中有自己的重要地位。作为民法学工作者,我们所做的一切,都应是为这个目标而努力。

构建中国民法学体系是服务于社会生活,完成其历史使命的必然要求。民法典的编纂绝不是普通的立法活动,它体现了我们全面推进依法治国的决心,也是对既有民法学研究成果的一次全面梳理。因此,民法学者在参与民法典编纂过程中,也要努力推动形成中国民法学理论体系和话语体系,最终形成具有中国特色的民法学理论体系。在民法典编纂中,

民法学者需要从中国实践出发,在体系和内容上充分回应中国市场经济建设过程中出现的诸种现实问题。不断研究新情况、解决新问题。这个过程本身也是民法学创新的过程,也是一个发展的过程。梅利曼曾指出,法律植根于文化和历史,是对特定社会发展阶段制度需求的反映。[①] 构建中国民法学理论体系也应以具有时代性的中国问题为中心。同时,我国社会主义市场经济的发展和改革开放的深化对民事立法提出了新要求,民法学研究应来源并服务于中国改革开放的伟大实践,对社会生活中产生的现实问题提出创造性的解决方案。有真问题,才可能有真学问。因此,在民法典编纂过程中完成中国特色民法学的构建,这也是回应时代需求的必然。

中国特色民法学应秉持对世界优秀民法文化的开放和包容态度。构建以研究我国现实问题为重心的民法学理论体系并不等于排斥异域法律文化。相反,在全球化背景下,中国民法学体系应是一个包容世界民法文化精髓的体系,它反映了人类社会发展进程中面临的共同问题和应对智慧。对人类法律文明的优秀成果,应秉持鲁迅先生所说的,"我们要运用脑髓,放出眼光,自己来拿"[②]。民法学研究应有广阔的视野和开阔的胸襟,广泛借鉴两大法系的先进经验,服务于我国民事立法和司法需要,"择其善者而从之,择其不善者而改之"。为此,我们需要高度重视比较法研究,高度重视国际上民商法学的发展趋势。当然,比较法不仅仅是对外国制度和学说的表浅介绍,而且要根据制度和学说形成的历史背景加以准确解读,然后结合中国的立法和学说,对二者进行比较分析,最后得出可以指导实践的结论。因为"只有在探讨作为具体研究对象的问题的过程中进行特殊的比较考察时,才能称之为真正的比较法"[③]。如果仅仅谈外国法,而不结合中国实际,那就只是对外国法的介绍,而不是真正的比较法。比较法也不仅仅是比较德国法或者法国法,比较法的视野应是宽广的。我们不仅要关注大陆法系,还要关注英美法系;不仅要关注发达国家,还要关注发展中国家。最重要的是从中国实际出发,外国的制度、理论都只是我们借鉴的素材,但我们的研究绝不能完全从古希腊、古罗马出

[①] See John Henry Merryman, The Civil Law Tradition, 3rd ed., Stanford University Press, 2007, p.150.

[②] 鲁迅:《且介亭杂文》,印刷工业出版社2001年版,第32页。

[③] 〔德〕K. 茨威格特、H. 克茨:《比较法总论》,潘汉典、米健、高鸿钧、贺卫方译,中国法制出版社2017年版,第10页。

发,唯罗马法是从,绝不能"削中国实践之足,适西方理论之履",绝不能在外国学者设计的理论笼子中跳舞,绝不能单纯做西方理论的搬运工,而要做中国学术的创造者,做世界学术的贡献者。

我们的民法学体系应具有科学性。法学虽不同于自然科学,但法学也要探究社会生活的规律,并服务于特定的价值目的,法学需要自身的逻辑体系、概念体系和理论体系,因而它本身也要体现一定的科学性。[①] 民法学之所以是一门科学,是因为民法本身具有科学的理论体系和研究方法。一方面,经过两千多年的发展,民法学在自身独特研究对象的基础上,已经形成了一些具有共识性的概念、规则和制度,形成了富有逻辑的、体系严谨的理论体系。另一方面,民法学以私法自治等原则为基础,构建了自身独特的价值体系,并形成了自身的研究方法。通过运用这些方法,对同一问题能够相互交流,进而达成具有共识性的结论。尤其是民法要适应现代社会互联网、大数据、高科技的发展,回应改革开放和市场经济发展的现实需求,保持与时俱进的品格,彰显鲜明的时代性,这也要求我们民法学体系应当与时俱进,顺应时代发展趋势。笔者认为,我们应把握未来民法学的如下发展:

第一,民法价值的发展。近代民法出现了以财产法为中心,或者说出现了"泛财产化"的倾向[②],并主要以私法自治为价值理念。然而随着市场经济的发展和科技的进步,社会、经济的格局发生了重大变化。进入21世纪以来,尊重与保护人权已经成为整个国际社会的普遍共识。人文关怀价值已经成为民法的重要价值,表现在立法和判例中越来越重视对人格权和其他人身利益的保护。即使在财产交易中,也重视对人格尊严的维护。在人格尊严与私法自治发生冲突的情形下,法律优先保护人格尊严。我国未来民法在理念上,除了强化意思自治,还要将人的尊严和自由作为同样重要的价值,并贯彻在民法制度和体系中。我国正在编纂的民法典应当是一部强化人文关怀的民法典,是一部注重保障人的尊严、意思自治,弘扬私益与私权神圣的观念从而体现了时代精神的民法典,这样一部民法典不仅将是一部垂范久远的民法典,更将引领中国社会迈入一个

[①] Vgl. Rühl, Ist die Rechtswissenschaft überhaupt eine Wissenschaft? Vortrag Bremen, 2005; Rüthers/Fischer/Birk, a. a. O., Rn. 290, 296.

[②] 参见薛军:《人的保护:中国民法典编撰的价值基础》,载《中国社会科学》2006年第4期。

"个人的自治、有尊严的生活"①获得全面实现的美好社会。因此在编纂民法典过程中,应充分考虑社会相对弱势群体一方的利益和诉求,给予相对弱势一方充分表达自己意思的途径,充分尊重其人格尊严,保障其合法权益。在婚姻家庭领域要充分贯彻未成年人利益最大化原则,通过老年监护的制度设计,体现对老年人群体的关爱。

第二,民法内容的发展。民法要随着社会经济的发展不断变化。首先,21世纪是科技爆炸时代,也是互联网高速发展时代。民法要适应社会需求,加强对个人信息、数据财产的保护,加强对人格尊严的保护,防止人客体化而被异化。其次,社会经济的发展促进了对交易安全和信赖利益的保护。表见代理、善意取得、无权处分合同的有效性都为了实现这一需求,体现对市场发展的关切。再次,现代社会是一个风险社会,风险无处不在。大规模事故频繁发生,核事故、严重的交通事故和医疗事故、化学品泄漏等都在威胁个人的安全。市场经济的发展导致侵犯消费者权益现象时有发生,食品安全、产品缺陷等导致的侵权日益严重。生态环境日益恶化,环境污染已经成为严重的社会问题。因此,侵权法调整的范围在不断扩张,其功能不仅在于填补损害,还要积极介入风险源中,从而实现对损害的预防。最后,现代社会是生态环境日益脆弱的社会。资源日益匮乏,人类活动能力日渐增强,日益挤压自然环境,造成对生态环境不可逆转的损害。民法如何在生态环境保护中扮演更为重要的角色,是人类社会之前没有面临过的新课题和新挑战。因此,民法学也应当与时俱进,不断地从丰富的社会生活的需求中,吸收新的营养。

第三,民法体系的发展。人格权和侵权责任法的独立成编,为民法学内容和体系的发展注入了新的活力,同时也将成为未来民法新的增长点。但民法学体系是一个不断变化发展的制度结构,也需要随着社会生活的变化而发展。如前所述,现代民法的重要趋势是民商合一。但传统商法的一些价值也可以逐渐融入民法的价值体系中来。民法也需要吸收商法的制度和规则,正如有学者所指出的,民法与商法的关系恰如冰川与雪的关系,商法为冰川上的雪,虽不断有新雪落下,但降落后便逐渐与作为冰川的民法相融合,为民法所吸收。② 例如,就外观主义而言,民法对此也多有体现。民法的表见代理、善意取得等制度都体现了保护信赖利益精神。另外,在民法内部,既要考虑主体的平等,也要考虑商事交易的特殊性。

---

① 王利明、易军:《改革开放以来的中国民法》,载《中国社会科学》2008年第6期。
② 参见〔日〕我妻荣:《新订民法总则》,于敏译,中国法制出版社2008年版,第5页。

我国民事立法不区分商人和非商人，代理也不区分商事代理和民事代理，行为也同样不区分商事行为和民事法律行为。但在这一背景下，如何对一些弱势群体（如消费者、未成年人、老年人、残疾人等）进行特别保护，强化人文关怀的理念，也是未来民法学必须要应对的特殊问题。

第四，民法解释学的发展。在民法典颁行后，需要学者对法典进行大量的诠释，民法学理论体系也是法律解释工作的重要基础。自《法国民法典》颁布以来二百多年的历史表明，学者对于法典的解释深刻影响民法典的发展。法国学者比涅（Bugnet）曾说："我不懂民法，我只教民法典！"[1]这句话深刻地揭示了民法解释学的重要意义。《意大利民法典》颁布后，立法机关曾经规定，法院在作判决的时候，不得引用法学家的论著，但法官却大量参考了法学家们的思想和学说。[2] 这正如梅利曼所言："在大陆法系国家，尽管法学不是一个正式的法律渊源，但它却有巨大的权威性。"[3]在我国民法典制定以后，必须看到民法典的篇幅和容量毕竟是有限的，立法的理性也是有限的，不能囊括全部，必须借助大量的解释工作，获取民法典中的价值体系，发现民法典的规范内涵，寻找民法典可能的规范漏洞，弥补民法典的规则供应不足。例如，我国民法典可能不会设立债法总则编，如何从既有的合同法总则寻找债法的共同规范，将合同原因之债的规则扩展运用于其他原因发生的债，进而应对纷繁复杂的、新的债的关系之发展。

第五，民法方法的多元化发展。传统民法最初以概念法学为主，注重概念的推导和概念之间的关联，之后逐渐形成由耶林和黑克所倡导的利益法学、埃利希所倡导的自由法学。这些实际上都促进了民法方法的多元化。在民法典颁布后，民法学不能仅仅对民法典进行注释，否则民法学的发展会失去既有的活力，仅仅局限于民法典的框架展开研究，民法学就会成为一潭死水。"问渠那得清如许，为有源头活水来"，我们正处于一个互联网、大数据的时代，科技的发展必然给我们提供新的研究方法。例如，在现代社会大数据时代，数据分析技术的发展，为我们从近五千多万份已经公开的司法判例中，总结提取中国法治问题、深化凝练中国法治经

---

[1] J. Bonnecase, Science du droit et romantisme, 1928, p.8.
[2] 参见〔美〕约翰·亨利·梅利曼：《大陆法系》（第二版），顾培东、禄正平译，法律出版社2004年版，第61页。
[3] 〔美〕约翰·亨利·梅利曼：《大陆法系》（第二版），顾培东、禄正平译，法律出版社2004年版，第61页。

验,提供了有效方法,司法的社会实证分析将更加便利。法律本身是一种社会现象,也应借助伦理学方法研究婚姻家庭,借助经济分析方法研究交易法则,借助逻辑的分析方法研究规则设计的合理性。结合跨学科方法的运用,可以增强民商法学研究的科学性和实用性。① 此外,法经济学、法社会学、法教义学、法伦理学、社会调查等研究方法,都应成为我们民法学研究的重要方法,使民法学摆脱"僵化的法条"的束缚,并推动民法典成为"活法"。

五、结　语

立足中国改革开放和市场经济发展的现实需要,并在借鉴国外的先进立法经验的基础上,制定出一部立足我国国情、面向 21 世纪的、科学的民法典,是时代赋予广大民法学者的神圣使命。编纂民法典也是推动民法学繁荣发展、形成中国民法学体系的良好契机,当然,构建中国特色社会主义民法学体系非一役而能毕其功,要靠几代民法人"一棒接一棒"的努力。今天的民法学研究虽然已经取得了长足的进步,但我们也要清醒地看到,现有民法理论和相应民法制度还未能有效地回应诸多重大现实问题。我国民法学理论的国际影响尚不尽如人意,我国民法学理论的国际话语权仍然有限。某些理论领域仍然缺乏必要的自主意识和独立思考,广大民法学人任重道远,我们仍需砥砺奋进、与时俱进、不断创新,为振兴繁荣民法学作出更大的贡献。

---

① 参见王轶:《对中国民法学学术路向的初步思考——过分侧重制度性研究的缺陷及其克服》,载《法制与社会发展》2006 年第 1 期。

民法学四十年之回顾[*]

2018年是改革开放四十周年,全国各界都在总结、回顾改革开放四十周年的历史和经验,庆祝改革开放四十周年取得的辉煌成就。就民法学而言,作为四十年民法学理论发展的亲历者、见证者、参与者、创业者,我们见证了民法学四十年来不平凡的发展历程,对这个伟大历程进行历史性的总结与回顾,确实也义不容辞。回望中国民事立法发展的历程可以发现,四十年民法学发展历史就是一部浓缩了中国政治、经济和社会生活的变迁史。

一、四十年民法学发展历程的回顾

中华人民共和国成立以后,我国逐渐建立起高度集中的计划经济体制,严重阻碍了商品经济的发展,由于受"左"的思想的影响,实行"割资本主义尾巴"、打击投机倒把等措施,由于市场经济无生存的土壤,作为市场经济基本法的民法当然摆脱不了被完全边缘化的命运。这也导致在改革开放前,社会民众竟普遍不知民法为何物。改革开放后,仅1979年一年,我国就制定了《刑法》《刑事诉讼法》《地方各级人民代表大会和地方各级人民政府组织法》《全国人民代表大会和地方各级人民代表大会选举法》《人民法院组织法》《人民检察院组织法》以及《中外合资经营企业法》七部法律,标志着立法工作打开了新局面。但在20世纪70年代末期,民事立法尚没有被提上立法日程。就民法学而言,改革开放初期的民法学研究园地也可以说是一片荒芜,大学几乎没有民法学教材,当时主要的教材是一本油印本的《民事政策》,其主要内容是有关婚姻损害赔偿等相关政策的规定。在读秀数据库中以"民法"为关键词检索书籍,在1959—1978年这二十年间出版的民法学著作仅有106册,其中绝大部分都是我国台湾地区学者的著作。

---

[*] 原载《江汉大学学报》2019年第1期。原标题为《中国民法学四十年回顾与展望》。

弹指一挥间,四十年过去了,民法学从一片荒芜的园地变成了百花盛开、枝叶繁茂的花园,昔日荒芜地,今朝春满园。四十年来,具有标志性的民法学成就概括起来体现在如下几个方面:

一是民法学基础理论有了长足的进步。从民法方法论到合同法、物权法、侵权责任法、人格权法等基础理论研究方面进步迅速。书店里民法著作琳琅满目、汗牛充栋,再以"民法"为关键词在读秀数据库中进行检索,可搜索得到中文图书 21 059 种,这与四十年前书店里民法书的数量相比简直是天壤之别。在学术论文方面,在中国知网数据库中以"民法"为关键词进行检索,在 1979—1988 年共计 1 030 篇,1989—1998 年共计 4 003篇,1999—2008 年共计 22 929 篇,2009 年至今已经有 29 706 篇。随着民法学研究的深入开展,民法的概念、范畴、原则和制度已经被完整构建起来,民法学者已经就民法的基本话语体系和价值体系达成了共识,也形成了自己的讨论平台。正如有学者所指出的,"改革开放初期深受其影响的苏联民法理论,以阶级斗争学说彻底否定了近代以来民法所接受的人文主义革命、工业革命和启蒙运动的核心价值,即人文主义为核心的思想和价值体系;其计划经济学说,彻底否定了近现代民法的基本观念,如所有权理论、意思自治理论,也完全否定了民法建立的规范市场以及交易的制度体系"①。可以说,中国民法学四十年来的发展就是一个价值重拾与规范重建的过程。随着市场经济体制的逐步建立,私法自治在民法中的基础性地位也逐步得以确立,随着"规范公权、保障私权"法治理念的推进,民法保护私权的基本价值也得到了确立。中国民法通过确立与保护人格权、物权、债权与知识产权等民事权利,建立了较为完善的私权体系,这不仅为市场交易提供了制度前提,而且也奠定了市民社会的法律基础。民法人文关怀理念也被普遍认可,也对民事立法产生了重要影响。②

二是比较法研究成果的大量出现。比较法就是对不同国家或地区相关法律制度的比较研究。自清末变法以来,我国民事立法深受域外法律制度的影响。梅仲协指出:"现行民法采德国立法例者十之六七,瑞士立法例十之三四,而法日苏联之成规,亦尝撷一二。"③但改革开放以来,我们的民法学虽然也注重借鉴外国法,但不仅仅是专注于德国法,法国法、

---

① 孙宪忠:《中国民法继受潘德克顿法学:引进、衰落和复兴》,载《中国社会科学》2008 年第 2 期。
② 参见王利明:《民法的人文关怀》,载《中国社会科学》2011 年第 4 期。
③ 梅仲协:《民法要义》,中国政法大学出版社 1998 年版,序言。

意大利法、日本法、英美法以及一些国际性的示范法的研究等进步迅速。同时,这些年来,我国的罗马法研究也取得了长足的进步,真正开启了比较民法的新篇章。在读秀数据库中以"罗马法"为关键词检索,可以找到2 249种中文图书。此外,四十年来,我国民法学在借鉴域外的法制经验时,并没有完全照搬照抄域外的法制建设经验,而始终保持主体性意识,坚持从我国基本国情出发,这也是我国民法学取得重大发展的基本经验之一。

三是结合我国立法和司法实践以及改革开放的实践需要,推出了一大批专题性的研究和著述。民法学的发展构建了民法基本的概念、术语和体系,对民事立法制度和规则的设计、安排产生了深远影响。同时,我国司法实践中出现的许多新型纠纷,推动了民法学研究的发展,民法学的发展反过来也对民商事司法实践提供了重要的理论支持。"法典化是社会变革的工具,也是巩固改革成果的工具。"[1]改革要于法有据,民事立法可以有效反映社会变革,及时确认社会变革的成果,有效引领社会的发展。随着我国改革开放进程的不断推进,我国经济社会发展中出现了许多新情况、新问题,需要民法学及时作出回答,民法学者对此进行了大量的民法学专题研究,这也推动了我国民法学的发展。例如,关于农村土地制度改革、国有建设用地使用权改革、负面清单管理模式、法人制度改革等,都产生了不少有价值的专题研究著作。

四是方法论的创新。传统民法以概念法学为主,其以民法概念为基础,注重概念之间的推导。但之后形成的以耶林和黑克为代表所倡导的利益法学、以埃利希为代表所倡导的自由法学,都注重在法律中引入多种分析方法,以全方位地观察和分析民法现象。[2] 四十年来,我们的民法学在方法论方面进行了不少创新。首先,立法论与解释论并举,即民法学研究既注重对既有法律规范的阐释,也注重研究如何完善我国的民事立法。其次,引入了法律经济分析方法、法社会学研究方法以及实证研究等方法。中国裁判文书网所发布的民事裁判文书就有3 700多万篇,这为民法学的实证研究提供了丰富的素材,结合这些案例,民法学者出版了不少案例研究和著述。此外,在互联网和大数据时代,大数据为民法学的发展提供了更为广泛、可靠的素材,也推动了民法学研究的精细化。

---

[1]　J. M. Polak, Alternatieven voor algemene wetboeken, 63 Nederlands juristen blad 708, 710 (1988).

[2]　参见吕世伦、孙文凯:《赫克的利益法学》,载《求是学刊》2000年第6期。

五是交叉学科的研究。民法学不仅和其他法学部门如宪法、刑法、诉讼法等相结合,而且与法学外的学科如哲学、伦理学、经济学、社会学、人工智能、统计学等关联密切,这也推动了交叉学科研究在民法学中得到广泛运用。民法与其他学科的交叉一方面拓展了民法学的研究领域,开阔了民法学者的研究视角,丰富了民法学的研究方法,另一方面,也为民法学研究增添了新的生机和活力。

六是新一代民法学学者不断出现,新人大量涌现。伴随着民法学的发展,民法在法学学科中也成为一门显学,新一代青年民商法学者如雨后春笋般地涌现出来,他们既有扎实的民法功底、良好的问题意识,又有较高的外语水平与比较法视野,思维之严谨,研究之深入,掌握的信息之宽泛,都令人耳目一新,从他们身上,我们看到了民商法学未来发展的希望。

改革开放初期,民法学曾经被认为是一门"幼稚的学科",但经过四十年的发展,民法学已经逐步走向成熟。笔者认为,民法学在四十年间取得重大发展的原因主要有如下几点:

第一,四十年来,我国民法学是伴随着我国改革开放进程的推进而不断发展的。"忽如一夜春风来,千树万树梨花开",党的十一届三中全会吹响改革开放的号角,在小平同志的指引下,中国共产党带领全国人民解放思想、实事求是,一心一意谋发展,全心全意抓经济。亿万人民群众辛勤劳作、顽强拼搏、牺牲忍耐,用每个人的双手创造了人间奇迹。同样是那片天,同样是那片地,但四十年的沧海桑田,中国发生了翻天覆地的变化。从一个贫穷落后的国家走上了繁荣富强的现代化道路,已经成为全球第二大经济体。人民群众食不果腹的时代已经结束,进入一个追求更加美好的生活的新时代。改革开放奠定了民法学发展的社会基础,改革开放的四十年,是经济快速发展的四十年,是社会全面进步的四十年,更是民法快速发展的四十年;经济发展与社会变迁为民法学研究提供了十分肥沃的土壤。例如,建设用地使用权、土地承包经营权等用益物权体系,都是伴随着改革的发展而产生和发展的。合同法中合同自由、私法自治原则等都是伴随着改革的深入而发展的,改革始终和民法学形成一种密切的互动关系,民法学伴随改革开放进程而发展和成长,同时也为改革开放和社会主义现代化建设提供了智力支持。

第二,民法学是伴随着我国市场经济的发展而不断发展的。市场经济就是法治经济,民法深深植根于市场经济,它是市场经济的基本法,可以说,没有市场,就没有民法的用武之地,而没有民法,也没有真正的市场经济。有观点认为,四十年的成就主要是经济政策推动的结果,法治的作用微乎其微,这种说法显然是不正确的。改革开放四十年的实践证明,经济发展每个阶段的进步都伴随着中国民商事立法的进步和作用的发挥,与法治特别是民事立法的保障作用是分不开的。例如,2008年4月22日,世界银行和国际金融公司(IFC)联合发布的《2008年全球营商环境报告》中指出,2007年《物权法》的颁布大大改善了中国的商业环境,并因此将中国列为商业环境改革前10位之一。中国房地产产业的蓬勃发展,就与《物权法》的颁布密不可分,特别是与该法第149条关于建设用地使用权期限届满后自动续期的规定,有着非常重要的关系。该项规则的出台首先是突破了七十年住宅使用权的限制,即到期后自动延长,更重要的是,它消除了很多老百姓购房后的担心,真正给老百姓吃了"定心丸",对自己的房产有了一种合理的预期。"有恒产者有恒心",这就为蓬勃发展的房地产业创造了非常有利的法治化环境,提供了制度保障。而在2018年10月底,世界银行集团发布了《2019年营商环境报告》,中国营商环境排名从上期的第78位跃升至第46位,首次进入前50位。其重要原因在于,中国在合同履行、投资者保护、商业纠纷解决等方面表现良好,显而易见,这与中国的民事法律制度的保障作用是密不可分的。总结改革开放四十年民事立法的成就,对其在经济社会中所发挥的重要作用,给予多高的评价都不为过。

第三,民法学的发展是我国立法和司法实践推进的结果。在中国四十年法治建设中,立法始终是法治成就的重要亮点。为适应发展市场经济要求,《民法通则》的颁布极大地提升了民法学的地位。《民法通则》第2条界定了民法的调整范围,结束了20世纪80年代初期民法、经济法的论争,奠定了民法作为市场经济基本法和私法基本法的地位,从此,民法学步入了发展的快车道。之后我国制定了《海商法》(1992年)、《经济合同法》(1981年)、《公司法》(1993年)、《票据法》(1995年)、《担保法》(1995年)、《保险法》(1995年)、《合同法》(1999年)、《物权法》(2007年)、《侵权责任法》(2009年)等。自党的十八届四中全会提出编纂民法典以来,民法典的编纂也开始加速推进,2017年颁布了《民法总则》,2018年8月,民法典各分编也已经提交审议。可以说,中国民事立法用短短四十年的时间走过了西方数百年的道路,不仅构建了市场经济的法律体系,而且构建了民事权利的基本体系,为制定民法典奠定了良好的基础。立法机关开门立法、民主立法,最大限度听取民意,缩短了法律与社会成员的距离,这个过程其实就是一个法律的普及过程、法律的认知过程与法律实施的准备过程。① 立法的每一个步骤、每一个环节都凝聚着广大民法学者的心血,牵动着无数民法学者的神经,也为民法学研究提供了许多新的课题。广大民法学者积极投入民法典编纂的理论研究,从中国的实际情况出发,在借鉴比较法经验的基础上,总结我国的立法和司法实践经验,提出了各种切实可行的规则设计方案,为民法典编纂规则设计提供了合理的选择,也提高了法典的科学性和可适用性。此外,四十年来,中国的司法实践极大地促进了民法学的发展,许多理论的产生与发展都与司法判例的推动作用密不可分。例如,债权人代位权的直接受偿规则、无权处分合同的有效规则、一般人格权的确立、死者人格利益的保护等,都是司法实践推动的结果。

第四,民法学是伴随着互联网、高科技等的发展而不断发展的。法律是时代的一面镜子,我们已经进入一个互联网、高科技、大数据时代,科技的发展对法律特别是民法所提出的最严峻的挑战就是如何强化对隐私和个人信息的保护。有美国学者提出了"零隐权"(Zero Privacy)的概念②,认为我们在高科技时代已经无处藏身,隐私暴露等人格权受侵害的现象已不可避免。人工智能等技术的发展,对民事主体制度、人格权制度以及财产权制度等均带来了一定的挑战。大数据技术的运用为个人信息数据的收集、分析、处理、共享等提供了极大的便利,这也给隐私权、个人信息权的保护带来了极大的威胁。③ 网络侵权、"人肉搜索"、网络谣言、信息泄露等,都是现代社会治理的重要难题,也是民法学研究的新问题。基因技术的发展,则使人的预先定制、复制在技术上成为可能,这对于个人尊严的保护也将是巨大的挑战。总之,现代科学技术的发展使得传统民法的主体、客体、权利等范式面临一场深刻的变革,不少民法学者积极回应这些互联网高科技带来的新问题、新挑战,在人格权、知识产权、侵权责任法等领域产出了不少有价值的成果,这也推动了民法学的发展,使民法学始终保持时代性。

第五,民法学是对国外先进民法文化的借鉴、吸收、消化和创新的过程。改革开放初期,我国民法深受我国台湾地区影响,而后者民法理论则

---

① 参见莫纪宏:《论立法的技术路线——专家立法在立法公民参与中的作用》,载《广东社会科学》2009年第4期。
② See A. Michael Froomkin, The Death of Privacy? 52 Stan. L. Rev. 1461(2000).
③ 参见程啸:《论大数据时代的个人数据权利》,载《中国社会科学》2018年第3期。

来源于德国,因此改革开放初期,我国民法受德国法影响非常深,但随着我国市场经济的发展,相关民事基本法不断制定和颁行,具体的规则设计并没有局限于借鉴某一国的法律规则,而是综合借鉴两大法系先进的立法和司法实践经验。同时,我国的民事立法在借鉴比较法的经验时,并没有照搬照抄国外的法律制度和规则,而是在立足我国基本国情的基础上对国外的相关法律制度和规则进行了消化和吸收,这也促使了民法学者兼收并蓄,广泛借鉴,在许多领域也进行了重大的理论创新。因此,可以说,我国民法学的发展是立足我国国情、广泛借鉴两大法系优秀民法文化和经验的结果。

民法学的发展是广大民法学者辛勤努力创造的结果,是几代民法学人不懈奋斗的结果。佟柔老师最早提出了民法调整商品经济关系的理论,为《民法通则》第2条的确立提供了理论支持,奠定了整个中华人民共和国民法学理论的基础。① 谢怀栻教授关于民法保护民事权利的独特作用、权利本位以及对民事权利体系的构建,促进了民法学的发展。王家福教授关于民法、经济法科学划分的思想、关于更加充分尊重和体现人的尊严和价值思想等,也极大地促进了中国民法学的发展。② 他获评"推动依法治国的理论创新者",并被中央授予改革先锋称号,可以说是当之无愧,这也是民法学界全体同仁的荣耀。江平教授一生为私权呐喊,他关于区分公权与私权,以及规范公权、保障私权的理念,确立了民法学的基本价值理念。③ 魏振瀛教授关于债与责任区分的思想,对我国《侵权责任法》的体系构建和规则设计产生了深远影响。④ "人事有代谢,往来成古今。""羊公碑尚在,读罢泪沾襟。"前辈的业绩如同羊公碑一样,孟浩然的诗句准确地表达了我们这些晚辈民法学人对前辈的追思和感激之情。

此外,四十年民法学发展还有一条弥足珍贵的经验,就是我国民法学的发展始终坚持主体性意识,立足于中国的实际,回应中国实践需求,解决中国的现实问题,这也可以说是我国民法学发展的基本经验。中国的事情还是靠中国人自己解决,中国的法律也要用来应对中国自身的问题,

---

① 参见佟柔、王利明:《我国民法在经济体制改革中的发展与完善》,载《中国法学》1985年第1期。
② 参见王家福:《21世纪与中国民法的发展》,载《法学家》2003年第4期。
③ 参见江平、张楚:《民法的本质特征是私法》,载《中国法学》1998年第6期。
④ 参见魏振瀛:《债与民事责任的起源及其相互关系》,载《法学家》2013年第1期。

对中国的国情来说必须是合身合用的;说到底,外国学者所设计的理论体系是从本国的场景出发的,未必都能适应中国的情形。

当然,在总结成绩时我们也应当看到民法学研究的不足,主要的表现在于,民法学回应改革开放和市场经济建设中的重大问题时显得能力有所不足。从民法学研究成果来看,翻译的作品多,而原创性的作品少;低水平重复研究成果多,而高质量的学术精品少。尤其是我们的民法学研究国际影响力有限,国际话语权微弱,学术研究自信不够,有的学者把外国学者几十年前甚至上百年前为本国所设计的规则和理论当作我们研究的前提,有的学术论文在讨论中国当下的法律问题时,还在引用国外一百多年甚至二百多年前的学说、案例作为解决方案,这实际上是一种时空错乱现象,也解决不好中国的现实问题。有的刊物单纯追求外文引注数量,甚至认为,外文引注不多就是没有学问,这种现象确实在一定程度上影响了民法学理论的健康发展。

二、未来民法学发展的展望

"但见时光流似箭,岂知天道曲如弓。"四十年光阴匆匆,如白驹过隙,未来已来,将至已至,我们已经进入了新时代,改革也已经进入了"攻坚期",市场经济的发展也已经进入关键阶段,在这个时期,我们民法学人责任重大,使命光荣。民法学需要立足于改革开放和市场经济的实践,努力探究民法发展的规律,回应新时代所提出的新挑战、新问题。民法学还要研究民事法律规范的来源和立法原意,分析大量的判例,总结民法规范在适用中的经验,以正确理解和运用民法。我国民法学还要研究民事立法的问题,通过理论和实践的结合,为我国民事立法提供理论依据。笔者认为,当前,中国民法学的发展至少应当承担如下两大重要使命:

一是积极推进民法典的制定,为民法典献言献策。民法典是"社会生活的百科全书",是市场经济的基本法,是市民生活的基本行为准则,也是法官裁判民商事案件的基本依据。但法典不是立法者主观臆断的产物,其需要民法学理论的支撑。艾伦·沃森曾言:"在法典化的前夜,民法法系里的英雄人物是法学家,而非法官。"[1]从历史发展的视角看,民法学对民事立法的影响源远流长,罗马法学家的学说构成了罗马法的重要内容。

---

[1] 〔美〕艾伦·沃森:《民法法系的演变及形成》,李静冰、姚新华译,中国法制出版社2005年版,第236页。

在中世纪罗马法复兴之后,法学家对罗马法的解释在许多国家甚至成为对法院具有拘束力的渊源。① 近代以来民法典的编纂同样离不开民法学理论的贡献,例如,《法国民法典》三编制立法体例和规则设计就离不开多马、波蒂埃、布尔琼、波塔利斯等人的理论贡献。《德国民法典》的五编制模式也源于注释法学派,并经萨维尼、海泽、温德沙伊德等人的发展,是数代德国民法学者智慧的结晶。英国学者梅特兰在评价《德国民法典》时指出:"笔者认为从未有过如此丰富的一流智慧被投放到一个立法行为当中。"②《瑞士民法典》草案第一稿也离不开欧根·胡贝尔的理论贡献,该草案甚至被认为是胡贝尔的一部个人作品。③ 我国民法典已经进入关键时期,"聚万众智慧,成伟大法典"。既然推动民法典的编纂的历史任务落到了我们这一代人的身上,我们每个民法学者能够亲身参与其中,可谓与有荣焉,我们有义务也有责任参与这样一项伟大的、举世瞩目的工程,这也是我们治学报国的最好机遇。民法典是民族智慧的结晶,我们共同的愿望和目标,就是帮助立法机关制定一部科学的、能够屹立于世界法典之林的、21世纪的民法典。当然,民法典颁布以后,民法学者还应当积极投身于民法典的宣传和解释工作,这一任务也同样艰巨。

二是努力构建中国特色社会主义的民法学体系。什么是中国特色社会主义民法学体系? 笔者认为,它首先应当是对中国实践具有解释力的思想和知识体系。也就是说,它应当立足于中国实践、内生于中国文化传统、回应中国社会现实需求、展示民族时代风貌、具有浓厚的中国特色。它应以社会主义法治理论体系为基础,充分地反映广大人民群众的利益和意愿,反映公平正义的法治理念,以全面保护公民权利、推进社会主义法治为重要目的。我们的民法学体系植根于中国的实践,并应当能够接受实践的检验。要回应时代之问、实践之问。我们之所以要构建自己的民法学体系,是因为古老的中华法系源远流长,长久地傲然自立于世界法制之林,为人类法制文明作出了重要贡献。作为一个拥有13亿人口的大国,我们应该有自信构建我们自己的民法学体系,并把它发扬光大。人生在天地间,贵在自立,国家民族贵在自强。特别是在当代,中国已经是世

---

① 参见〔美〕约翰·亨利·梅利曼:《大陆法系》(第二版),顾培东、禄正平译,法律出版社2004年版,第59页。
② 转引自〔德〕K.茨威格特、H.克茨:《比较法总论》,潘汉典、米健、高鸿钧、贺卫方译,法律出版社2003年版,第224页。
③ 参见〔德〕K.茨威格特、H.克茨:《比较法总论》,潘汉典、米健、高鸿钧、贺卫方译,法律出版社2003年版,第254页。

界第二大经济体,是崛起中的大国,改革开放以来,社会主义市场经济的伟大实践和法治建设的巨大成就,都为民法学体系奠定了坚实的基础。我们正面临一个改革的时代,这是产生伟大法典的时代,也是产生民法思想的时代。在这个时代,我们会面临许多新情况、新问题,这些问题的解决无先例可遵循,需要我们去面对、去回答,去发出自己的声音,讲好自己的故事。时代是思想之母,实践是理论之源,我们的民法学体系应当与时俱进,市场经济的发展和改革开放的深化对民事立法提出了新要求,我国民法学也应积极回应实践的需要,总结中国民法的实践经验,迎接新挑战,解决新问题,不断满足社会主义市场经济建设和运行的法治需求。

构建中国民法学体系绝不是自说自话、自拉自唱能够实现的,这个体系至少应当具备如下特点:

一是科学性。民法学之所以是一门科学,是因为民法本身具有科学的理论体系和科学的研究方法。一方面,经过两千多年的发展,民法学在自身独特研究对象的基础上,已经形成了一些具有共识性的概念、规则和制度,形成了富有逻辑的、体系严谨的理论体系。我国民法学体系的构建也应当以既有的民法学理论为基础,但也要适应时代发展的需要,有所创新,有所发展。另一方面,民法学以私法自治等原则为基础,构建了自身独特的价值体系,并形成了自身的研究方法,这也使得对同一问题的探讨、交流进而达成具有共识性的结论成为可能。但民法的价值体系也要适应时代发展的需要,不断丰富和发展,尤其是在现代互联网、高科技时代,更应当注重实现人文关怀的价值理念。

二是开放包容性。我们的民法学体系应当具有对世界优秀民法文化的开放包容性。构建以研究我国现实问题为中心的民法学体系并不意味着对异域法律文化的排斥。这就是说,我们既不崇洋,也不排外,相反,在全球化背景下,中国民法学体系应当是一个包容世界民法文化精髓的体系,并反映人类社会发展进程中面临的共同问题和应对智慧。对人类法律文明的优秀成果,应秉持鲁迅先生所说的"拿来主义"。我们应当立足中国,放眼世界,广泛借鉴两大法系的先进经验,服务于我国民事立法和司法的需要。当然,外国的制度、理论都只能是我们借鉴的素材,我们需要加强比较法研究,但比较法绝不是外国法的介绍,更不是照搬,而应当是将中国法和外国法进行比较,比较法也不仅仅是中国和某一个国家法律制度的比较,而应当具有更为宽阔的视野。中国的民法学研究要从中国实际出发,绝不能"削中国实践之足,适西方理论之履",绝不能在外国学者设计的理论笼子中跳舞,绝不能单纯做西方理论的搬运工,而要做中国学术的创造者,做世界学术的贡献者。应该充分发挥主体性意识,为丰富和繁荣世界法律文化作出贡献,为法律的全球化进程和构建人类命运共同体的伟大实践贡献中国方案和中国智慧。

三是实践性。"道无定体,学贵实用",我国民法学也应当是一门治国安邦、经世济民、服务社会的实践之学,是济苍生、安黎民的有用之学。我国民法学不仅要反映中国的现实,而且要解决现实问题。《慎子》有云:"法者,非从天下,非从地出,发于人间,合乎人心而已。"民法学研究应当来源并服务于中国改革开放的伟大实践,对社会生活中产生的现实问题提出创造性的解决方案。民法学必须以中国的现实问题为依归,提出科学合理的解决方案,在具体规则适用方面,中国民法学应当以我国民事法律法规、司法解释为解释对象,通过法律解释方法的妥当运用,搭建法律与现实之间的桥梁,提出能够指导个案裁判的理论建议。在全面深化改革的时代,社会生活快速变化,作为调整社会生活的民事法律规则在不断调整和变化,民法学也应不断研究新情况、解决新问题。

四是本土性。中国特色的民法学应当从中国的实际出发,在结构和内容上应充分回应中国市场经济建设过程中出现的诸种现实问题,其研究对象应包括作为市场经济基本规则和市民生活"百科全书"的民法和商法。也就是说,中国民法学理论体系应当植根于中国大地,以中国问题为中心。例如,在公有制基础上实行市场经济,是人类历史上从未有过的伟大实践,物权法理论既要维护公有制,又要依据市场经济的基本规律探索土地等资源进入市场、实行资源优化配置的规律。再如,中国民法应当反映我国优秀的传统文化、善良风俗,从传统道德中汲取营养。我们应当努力构建立足我国国情、解决中国现实问题的话语体系、理论体系,而不能盲目照搬国外的学说和理论。

五是时代性。一方面,中国特色的民法学应当不断地与时俱进,随着我国市场经济的发展而不断发展,并与改革开放相伴而行,不断反映和确认改革开放的成果,为国家的法治改革献言献策。另一方面,民法学也应当反映时代精神、体现时代特征。具体来说,应当不断反映互联网时代、高科技时代、大数据时代的特点,反映经济全球化的发展趋势。例如,网络技术的发展,创造出了多项前所未有的权利类型,人格利益也具有多元性,网络虚拟财产权、个人信息权、信息财产权等都亟须在民法中得到确认和保护;电子商务的快速发展使得电子合同的适用范围日益广泛,其订立、确认、履行等规则也需要继续研究。还需要指出的是,法学学科的发展还必须加强法学内部各学科的知识融合,加强法学学科与其他学科的知识协同,中国民法学的发展也应当注重与其他法学学科以及法学以外的其他人文社科之间的有效沟通和交流,避免形成"隔行如隔山"的学科壁垒和知识割裂。法经济学、法社会学、法教义学、法伦理学、社会调查等研究方法,都应当成为民法学研究的重要方法,这些研究方法的引入有利于使民法学摆脱"僵化的法条"束缚,并推动民法典成为"活法",努力构建科学、合理的民法学体系,真正使民法学体系融入整个社会科学知识系统之中。

三、结 语

波澜壮阔的改革开放四十年,是中国社会巨变与进步的四十年,我们用短短四十年的时间,在各个领域创造了无数的奇迹,取得了让世界刮目相看的巨大成就。总结民法学四十年可见,我们仅以四十年之功即获西方社会百余年发展之所成,引致中国历史上最为波澜壮阔的社会巨变与进步,其成就是无论如何不能小觑的。我国民法典将在 2020 年颁布,中国民法学的研究也将迎来一个振兴、发展、繁荣的新时期。当然,即使在民法典颁布后,要真正构建中国特色社会主义的民法学体系,依然任重道远,需要民法学界全体同仁砥砺奋进、不断创新、锐意进取,为振兴繁荣民法学作出更大的贡献。

民法总则

民法典总则设立的必要性及基本结构*

民法总则是共同适用于民商法各个部分的基本规则,统领整个民商立法,也是民法中最抽象的部分。总则编是法学长期发展的产物,它始于18世纪普通法(Gemeines Recht)对6世纪优士丁尼大帝所编纂的《学说汇纂》(Digesten、Pandekten)所作的体系整理;首见于海泽于1807年出版的《普通法体系概论》(Grundriss eines Systems gemeinen Civilrechts zum Behuf von Pandekten-Vorlesungen),而为德国民法所采用,充分展现德意志民族抽象、概念、体系的思考方法。① 因此,"总则编的设置,是潘德克顿法学的产物"②,也是《德国民法典》的一大特色。民法典作为高度体系化的成文立法,其体系性因总则的设立而进一步增强。在我国民法典制定过程中,有关总则设立的必要性及其内容的构建,仍有不同的看法,本文拟对此谈几点意见。

一、关于设立民法总则的必要性

民法总则就是统领民法典并且民法各个部分共同适用的基本规则,也是民法中最抽象的部分。③ 民法典作为高度体系化的成文立法,注重一些在民事领域普遍适用的规则是十分必要的。传统大陆法系国家大都采取潘德克顿体例,在民法典中设立总则,也有一些大陆法系的民法典中没有设立总则。在民法中是否应当设立总则以及应当包括哪些内容,是一个值得探讨的问题。为了尽快制定一部体系完整、内容充实、符合中国国情的民法典,首先必须讨论民法典总则的设立问题。

综观大陆法系各国民法典编纂体系,具有代表性的不外乎罗马式与

---

* 原载《湖南社会科学》2003年第5期。原标题为《民法典总则设立的必要性及基本结构》。

① 参见王泽鉴:《民法总则》(增订版),中国政法大学出版社2001年版,第24—25页。
② 谢怀栻:《大陆法国家民法典研究》,载易继明主编:《私法》(第一辑第一卷),北京大学出版社2001年版,第21页。
③ Vgl. MünchKomm/ Säcker, Einleitung, Rn. 26.

德国式两种。一是罗马式。该体系是由罗马法学家盖尤斯在《法学阶梯》中创设的,分为"人法、物法、诉讼法"三编。这种三编的编纂体系被《法国民法典》全盘接受,但《法国民法典》剔除了其中的诉讼法内容,把物法分为财产及对所有权的各种限制和取得财产的各种方法。由于采纳了此种体系,《法国民法典》没有总则,缺少关于民事活动的一般原则。有关民法的一般规则、原则体现在学者的学理中。瑞士、意大利等欧洲大陆法系国家民法,以及受法国法影响的一些国家的民法典也不采纳总则编的设置或仅设置宣示性的"小总则"。二是德国式。总则编始于 18 世纪日耳曼普通法(Gemeines Recht)对 6 世纪优士丁尼大帝所编纂的《学说汇纂》所作的体系整理;由萨维尼在其潘德克顿教程中系统整理出来,并为《德国民法典》所采用。因为总则的设立,进一步增进了其体系性。因此,许多大陆法系国家和地区的民法,如日本、泰国、韩国、葡萄牙、希腊、俄罗斯以及我国台湾地区、澳门特别行政区等,都采取了潘得克顿体例。

民法总则可以说是《德国民法典》的一大特色。① 在潘德克顿体系中,学者将人法与物法加以区分,深入分析出亲属法、继承法、债法与物法,并且将这种法则的共同点归纳而统摄出总则编。② 这个体系把民法典分为五编,即总则、物权、债权、亲属、继承。它首先确定了总则,规定民法共同的制度和规则,然后区分了物权和债权,区分了财产法和身份法,把继承单列一编,从而形成了完整、明晰的体系。③《德国民法典》设立总则,使各项民事法律制度中具有共性的内容得以在总则中体现,这样,一方面有助于把握各项具体民事法律制度之间的有机联系,使得民法典不致成为各种民事制度的机械组合;另一方面,总则追求的是一种逻辑体系,主要表现的是一种像达维德所说的"系统化精神与抽象的倾向"④。

然而一些学者对总则的设立提出异议,否定设立总则的理由主要有:其一,总则的规定是学者对现实生活的一种抽象,更像是一种教科书的体系。而法律的目的不是追求逻辑体系的圆满,而是提供一种行为规则和解决纷争的准则。而且总则的规定大多比较原则和抽象,缺乏具体的实用性和可操作性。例如,法律行为制度是总则的核心内容,但该部分过于

---

① 参见谢怀栻:《大陆法国家民法典研究》,载易继明主编:《私法》(第一辑第一卷),北京大学出版社 2001 年版,第 21 页。
② 参见蓝瀛芳:《民法各种之债的特征及其探讨》,载《辅仁法学》1990 年第 9 期。
③ Vgl. MünchKomm/Säcker, Einleitung, Rn. 26 ff.
④ 〔法〕勒内·达维德:《当代主要法律体系》,漆竹生译,上海译文出版社 1984 年版,第 84 页。

抽象,很难为一般人所理解。① 其二,总则的设定使民法的规则在适用上的简易性和可操作性反而降低,把原本统一的具体的生活关系割裂在民法中的各个部分。在法律适用时,要寻找关于解决某一法律问题的法律规定,不能仅仅只查找一个地方,所要寻找的有关规定,往往分处于民法典的不同部分,其中,一般性的规定在民法典的前面,特殊性的规定在民法典的后面。这对法律的适用造成了麻烦。② 其三,由于设立总则必须要设定许多民法共同的规则即一般条款,但在设定一般条款的同时必须设立一些例外的规定。哪些规则应当属于一般规定置于总则,哪些规则应当作为例外规定,一般规定和例外规定的关系是什么,在法律上很难把握。其四,总则中的抽象规定难以有效涵盖社会生活中的复杂现象,要使一项规则具有普遍的适用性,该规则就必须抽象,但是,由于社会生活是极其复杂的,如法律行为这一抽象的概念所囊括的买卖、赠与、租赁、婚姻、遗赠协议、遗嘱、解约等就属于性质和功能迥异的概念,在采纳物权行为独立性的制度下,这一概念还包括所有权的移转、他物权的设定以及债权让与等形态。但这一概念很难概括各自纷纭复杂的交易现象,更难以将各类财产行为和人身行为都囊括其中。

尽管民法典总则的设立遭到了许多学者的非难,但《德国民法典》设立总则的意义和价值是绝不可低估的。笔者认为,从《法国民法典》未设总则到《德国民法典》设立总则,本身是法律文明的一种进步。在我国民法典制定过程中,对是否应当确立总则的问题,也有不同看法。有些学者主张我国民法典应当采用"松散式"或"汇编式"模式制定,从而无须设立总则。但大多数学者都赞成设立总则。笔者认为,民法典设立总则是必要的,主要理由在于:

第一,总则的设立可以增强民法典形式的合理性和体系的逻辑性。避免重复,使法典更为简洁,这是民法典科学性的表现。因为民法典的内容过于复杂,条文过多,通过总则的设定,可以避免重复规定。德国马普研究所的卓布尼格(Drobning)教授即认为,设立总则的优点在于:总则条款有利于统领分则条款,确保民法典的和谐性;总则条款有助于减少分则

---

① 参见王泽鉴:《民法总则》(增订版),中国政法大学出版社2001年版,第27页。
② 需要注意的是,在查阅法典时,需要按照从后向前的顺序进行,因为后面的特殊规定排除前面的一般规定的适用,只有在后面无法找到特殊规定的情况下,才能适用前面的一般规定。参见〔德〕迪特尔·梅迪库斯:《德国民法总论》,邵建东译,法律出版社2000年版,第35页。

条款,从而加快立法步伐;总则条款有利于民法典本身在新的社会经济情势面前作出必要的自我调整。① 总则的设立使各个部分形成一个逻辑体系,将会减少对一些共性规则的重复规定,有利于立法的简洁明了。民法总则是对民法各项制度和规范的高度抽象与概括,是历经无数民法学者分析研究后"提取公因式(Von die klammer zu ziehen)的产物"②。民法总则是适用于民商法各个部分的基本规则,它统领整个民商立法,并为民法各个部分共同适用的基本规则,也是民法中最抽象的部分。民法典作为高度体系化的成文立法,其体系性因总则的设立而进一步增强。总则的设立使民法典形成了一个从一般到具体的层层递进的逻辑体系。

第二,总则增加了法典的体系性。凡是有总则的法典,体系性更强。潘德克顿学派设立总则的意义在于使人法和物法二者衔接起来,形成一个有机的整体。"因为在人法(或称身份法)和物法(或称财产法)两部分里,确实存在着共同的问题,从而应当有共同的规则。例如,主体(权利主体),客体(权利客体),权利的发生、消灭与变更,权利的行使等。这样,在人法和物法之上,设一个总则编,规定人的能力、法律行为等,是可能也是应该的。"③另一方面,避免和减少了重复规定,达到立法简洁的目的。在设置了总则之后,《德国民法典》把性质不同的民事关系分别独立出来由分则各编加以规定。并在此基础上构建了两个严密的逻辑体系,按照王泽鉴先生的看法,总则最主要的优点在于,将私法上的共同事项加以归纳,汇集一处加以规定,具有合理化的作用,避免重复或大量采用准用性规定。④ 黑克(Heck)将总则编的这一作用比喻为"列车时刻表符号说明":前面已经说明过的东西,后面就没有必要再重复了。还要看到,依据民法概念抽象基础的不同,出现了概念之间的分层,如民事行为可进一步分为单方民事行为、双方民事行为和共同行为,这种概念的科层性是民法体系得以形成的基础和前提。同时也只有借助民法体系,才能比较准确地把握民法中抽象的范畴。由此,就需要构建完整的民法总则。⑤

---

① 参见徐海燕:《制定〈欧洲民法典〉的学术讨论述评》,载《当代法学》1999年第2期。
② Boehmer, Grundlagen II 1, 1951, S. 72; vgl. auch Zweigert/Kötz, Einführung in die Rechtsvergleichung II, 1969, S. 41; Staudinger/Coing/Honsell, Einl. Rn. 68.
③ 谢怀栻:《大陆法国家民法典研究》,载易继明主编:《私法》(第一辑第一卷),北京大学出版社2001年版,第27页。
④ 参见王泽鉴:《民法总则》(增订版),中国政法大学出版社2001年版,第26页。
⑤ 参见〔德〕迪特尔·梅迪库斯:《德国民法总论》,邵建东译,法律出版社2000年版,第30—31页。

第三,总则的设立更符合民商合一的模式的要求。所谓民商合一并不是说民法典将公司、票据、破产等民事特别法和商事特别法都规定在民法典中,否则民法典将是杂乱无章的。采用民商合一体例,也不能像意大利民法那样,把一些商事特别法都规定在民法典之中,而要承认公司、海商、保险等商事特别法的客观存在,只是没必要再规定一个独立于民法典的商法总则,以明确商人、商行为、商事特别诉讼时效、商事代理等制度。在此种模式下,所有的商事特别法都可以统一适用民法典总则,主体适用民事主体的规定,行为可以适用民事法律行为的规定,诉讼时效适用统一的民事诉讼时效的规定,商事代理可以适用代理的规定,民商合一的主要意义就在于此。民商合一只是意味着这些商事特别法都应当适用民法总则,在民法总则之外不需要再制定所谓商法总则。换言之,在我国不能形成商行为与民事行为的分离、商事主体与民事主体的分离、商事代理与民事代理的分离等。这就有必要在民法典中设立总则,以沟通民法与商法的关系,建立完整的民商法体系。

第四,总则的设立对弘扬民法的基本精神和理念具有重要作用。总则就是要借助抽象的原则来宣示民法的基本理念,例如总则关于民法各项基本原则的规定、主体制度中关于主体人格平等的规定、法律行为中关于意思自治的规定,这些抽象的原则本身就是对民法的平等、自由等精神的弘扬。尤其应当看到,总则本身就是借助抽象的一般原则而为民事主体提供了广泛的私法自治的空间。民法总则编的核心在于民事权利与法律行为,而在这两个核心概念中需要贯彻权利观念与私法自治的观念。根据我国台湾地区学者苏永钦先生的观点,民法在性质上属于自治法,其概念愈精确,规范之间的矛盾愈少,概念抽象的层次愈高,所形成的规范体例能处理自治事务的复杂度也愈高,自然也愈具有时空的超越性。[①] 总则实际上是采用提取公因式的方法,从其下各编中抽象出共同的规则,这就提高了民法的抽象度,确定了民事主体行为的范围,在此范围内民事主体享有广泛的自由,而不是通过具体的个别的规定来限制民事主体的自由。

第五,总则的规定更为抽象,包容性更强,富有弹性,便于法官作出解释[②],因为民法典最大的特点在于其要保持一定的稳定性,而这种稳定性总是与现实生活存在着一定的差异,这就需要授权法官去解释。总则编

---

① 参见苏永钦:《走入新世纪的私法自治》,中国政法大学出版社2002年版,第93页。
② 参见王泽鉴:《民法总则》(增订版),中国政法大学出版社2001年版,第26页。

的设置使得民法可以借法律解释、类推等司法技术的运用而获得发展,并与社会生活保持一致。民法总则是民法规范的生长之源,在民法典其他各编对某个具体问题没有规定的时候,必须通过民法总则中的基本原则、制度加以弥补,从而生长出填补法律漏洞与法律空白的新制度。总则的规定是抽象的、一般的,这就为法律的发展留下了空间。无论立法多么完备,法律漏洞的存在是不可避免的,法律漏洞既可能因为立法之际的认识局限与疏漏而存在,也可能因为嗣后经济社会的发展而产生新的社会纠纷、法律问题而存在,而且一些具体的规则也可能因时间的流逝而无法适应社会生活的发展变化,在此情形下,法官当然可以运用法律解释、类推适用等法律技术来适用法律或发展法律。但在不存在总则的情况下,通过上述法律技术发展法律常常会出现解释明显超出一般语义的情况,这就使得法官对法律的发展虽然具有正当性,但欠缺合法性。而如果存在着总则,由于总则是高度抽象的,总则的规范实际上是高于具体规范的①,这就为民法的发展开辟了空间。

第六,有助于培养和训练良好的法律思维方法。在大陆法系,法律思维的基本方法是演绎法,即通过三段论的逻辑过程将抽象的法律规范运用到作为小前提的法律事实中,从而得出法律结论。民法总则的规定不仅是一般的抽象的法律规范,更是对其他民事法律制度的抽象,总则的设立使民法典形成了一个从一般到具体的层层递进的逻辑体系。因此总则的设立有助于培养良好的法律思维方法。总则的体系构成还有助于培养法律人归纳演绎、抽象思考的能力。② 因而便于运用演绎式教学方法,从一般到具体,循序渐进地去传授,从而保持传授的高效率。近代德国民法学的体系化传统,正是在继受罗马法的过程中,由法学教授们传授罗马法知识的方法形成的。③

法律规则的抽象程度直接影响到法官能动性发挥的程度。德国学者拉伦茨(Larenz)教授将法律的编制模式分为个别情况模式、一般抽象概念模式以及简单指令模式三种,其中个别情况模式是指尽量为生活中的所有情况制定法律规定,将这些情况的一切特征描述出来,对每种情况作极细微的规范。1794 年的《普鲁士普通邦法》即为例证,该法典为了解决

---

① 参见徐国栋编:《中国民法典起草思路论战》,中国政法大学出版社 2001 年版,第 246 页。
② 参见王泽鉴:《民法总则》(增订版),中国政法大学出版社 2001 年版,第 26 页。
③ 参见张俊浩主编:《民法学原理》,中国政法大学出版社 1991 年版,第 35 页。

"从物"的识别问题,竟用了60个段落来完成这一任务,如规定"在一个农场里的牲口为这个农场的属物","公鸡、火鸡、鸭、鸽是农场的属物","门锁和钥匙是建筑物的属物,而挂锁则不是","保护动物的必需品属于动物,使用动物的必需品则不属于动物"等,其目的之一即在于排除法官行使审判自由的可能和解释法律的必要。① 面对依据此种模式编制的法典,法官就只能如同自动售货机一样机械地适用法律。因此,抽象规则的确立,必将给予法官更多的自由裁量的空间。

二、人法不能代替总则

反对制定总则的一种理由是,主体制度可以单独形成为人法。按照徐国栋教授的观点,设立人法而不设德国式的民法典总则,是为了坚持罗马法的"人—物"二分体系,把被大总则淹没的人法凸现出来,并突出人法的特殊性。他建议采用《法学阶梯》的体系,即将民法分为人法、物法和诉讼法三部分,突出人法,从而确立人的中心地位。应当说,这一观点是有其合理性的。

一般来说,凡是在法典中单独制定了人法,便没有必要再规定总则。但人法的内容在不同的法典中是不一样的,主要有三种模式:一是《法国民法典》的模式。《法国民法典》第一卷"人法"的规定,主要是对自然人和家庭关系的规定,其中包括:自然人国籍的取得与丧失、有关身份证书、住所、失踪、婚姻、离婚、亲子关系、收养、亲权、监护等问题。《法国民法典》实际上是对自然人的规定,其中不仅包括自然人的人格,还包括自然人的身份关系,如婚姻、收养等方面的规定。二是《瑞士民法典》的模式。《瑞士民法典》第一编"人法",实际上是对民事主体制度的规定,其中包括了自然人和法人两章,具体对主体享有的权利能力和行为能力、人格的保护等问题作了详细的规定。至于婚姻家庭问题,《瑞士民法典》单独设立第二编"亲属法"进行规定。三是《意大利民法典》的模式。《意大利民法典》在第一编"人与家庭"中详细规定了法典所称的"人"、住所、自然人的失踪及宣告死亡、血亲和姻亲、婚姻、亲子关系、收养、亲权、领养、禁治产等内容。这些内容不仅具有体系性,而且相当全面。在对自然人的人格以及家庭关系作出规定的同时,《意大利民法典》又详细规定了法

---

① 参见徐国栋编:《中国民法典起草思路论战》,中国政法大学出版社2001年版,第321页。

人制度，其中具体规定了社团法人和财团法人以及非法人团体的成立、撤销、变更、清算等问题。但有关继承的问题，《意大利民法典》并没有在人法中规定，而是在第二编单独对继承法予以规定。

《荷兰民法典》没有规定德国式的民法典总则，而是将其内容分解到各编之中。20世纪90年代完成的《荷兰民法典》在体例上又有重大的改变，法典的起草者巧妙地将法国法模式和德国法模式结合起来之后，同时又大量吸收了英美法系的经验，创建了民法典的八编模式。尤其值得注意的是，该法典在债权和物权之上设立了财产权总则，并改造了德国法的总则模式。该法典在颁布之后，得到了包括德国在内的许多国家的民法学者的广泛好评。《荷兰民法典》把人法的内容置于第一编（"自然人法和家庭法"）和第二编（"法人"）中，而法律行为则被放在第三编（"财产法总则"）中。因此，在这种体系下，法律行为应当被理解为只是与财产法有关的制度。①

笔者认为，单独设立人法以代替总则的主要缺陷在于：

第一，此种模式很难用人法来协调现代社会中的各类民事主体制度。民法上的主体是一个特定的法律范畴，它是"私法上的权利和义务所归属之主体"②。它是指依照法律规定能够参与民事法律关系，享受民事权利和承担民事义务的人。民事主体是权利的承担者，也是民法所规范的权利的归属者，所以也称为权利主体。③ 在现代民法中，民事主体包括公民、法人、合伙企业等，国家在一定情况下也可以成为民事主体。如此众多的主体很难在人法中准确地概括。《法国民法典》设立人法而不需要总则，主要是因为该法典仅承认自然人为主体，并没有承认法人。究其原因，是因为拿破仑制定民法典时，害怕封建行会组织利用法人形式进行复辟，同时也由于参与《法国民法典》的立法者受自然法学派以人为中心的个人主义思潮的影响。④ 随着大公司大企业的蓬勃兴起，交易的主体大多表现为团体，团体在经济生活中的作用更为突出，这就在经济上促使了个人本位向社会本位的过渡。公司等社会组织已越来越成为市场经济中的重要主体，显然民法典不能对此漠然视之。但如果规定人法，则重心应当是自然

---

① 参见徐国栋：《民法典草案的基本结构》，载《中国民法典起草思路论战》，中国政法大学出版社2001年版，第77页。

② 〔日〕星野英一：《私法中的人——以民法财产法为中心》，王闯译，载梁慧星主编：《民商法论丛》（第八卷），法律出版社1997年版，第155页。

③ 参见龙卫球：《民法总论》，中国法制出版社2001年版，第187页。

④ 参见罗玉珍主编：《民事主体论》，中国政法大学出版社1992年版，第32页。

人而非法人,且在人法中还要规定人格权和身份权问题,这与公司、合伙等制度很难协调在一起,也很难抽象出共同的规则。

第二,人法的模式实际上没有严格区分主体和权利问题。民事权利能力是国家通过法律确认的民事主体享受民事权利和承担民事义务的资格,它是一个人享受权利和承担义务的基础。权利能力和权利的概念经常容易被混淆。应该看到,这两者之间存在密切联系,但是两者之间也存在明显的区别,表现在:其一,民事权利能力是享有权利、承担义务的资格,是一种法律上的可能性。只有具有这种资格的人,才能享有民事权利和承担民事义务,才能平等地参与民事法律关系,民事权利能力只是享有权利的法律上的可能性,并不意味着就是主体所享有的实际利益。而民事权利是民事主体已经实际享有的现实权利,民事权利都是以一定的实际利益为内容的。其二,民事权利能力,包括享有民事权利的能力,也包括承担民事义务的能力。民法中能够享有权利的人,也即是能够承担义务的人,现代民法中没有仅享有权利而不承担义务的人,也没有仅承担义务不享有权利的人。因此,任何民事主体,既可以享有权利,也必须负担义务。当然,在某一个具体法律关系中,某人可能只享有权利,而另一人只承担义务。而民事权利只涉及享有的权利,而不包括民事义务。[①] 其三,民事权利能力是由国家通过法律直接赋予的,不是由个人自己决定的,也不是由他人决定的。因此,民事权利能力的内容和范围都是由法律规定的,法律不仅规定哪些人享有民事权利能力,而且规定可以享有多大范围的民事权利能力。民事权利能力归根结底决定于社会的物质生活。在不同的社会,法律所规定的权利能力是不同的。而具体的权利,是由个人决定的,只有参与具体的法律关系才能享有[②],权利的范围不仅决定于社会经济生活条件和法律的规定,有时还取决于一个人的财产状况。其四,存续期间不同。公民的权利能力始于出生,终于死亡,伴随民事主体的存续过程。权利是权利主体在其存续过程中介入具体的法律关系而取得的,其存续与否由特定法律事实决定,而与民事主体的存续没有直接关系。其五,民事权利能力是享有权利、负担义务的前提,是作为主体资格的基本条件,所以,与主体有着不可分割的联系,它既不能转让,也不得放弃,而且本人也不得自行处分。而权利除法律另有规定或依其性质或依当事人约定不得处分外,可以自行处分。

---

① 参见佟柔主编:《中国民法》,法律出版社1990年版,第67页。
② 参见佟柔主编:《中国民法》,法律出版社1990年版,第67页。

第三,该模式很难区分人格和身份。因为人法对人的人格和身份都要作出规定,故人法的内容将显得极为庞杂。事实上人格和身份尽管从广义上讲都属于人身权的范畴,但实际上二者之间仍然存在明显的区别。人格权与人格的联系更为密切,而现代意义上的身份权主要是亲属法上的范畴,不宜与人格权在一起合并规定。

第四,一旦设立人法,将使总则的存在毫无意义。法律行为、代理、时效等制度将只能在合同法等法律中分别规定,这就必然造成法律规则的散乱。一旦这些制度从总则中分离出去,总则已经不再是一个真正的总则。换言之,仅仅只是设立人法的模式取消了民法典的总则,而采用了《法国民法典》的模式。此外,这种模式也打乱了民法典的体系。因为在区分民法总则和分则的体系下,分则是按照各项具体的民事权利体系加以编撰而成的,如果将人法独立出来,则很难判断人法究竟是属于总则还是分则。人法包括婚姻、家庭等内容,很难说其适用于分则的各项内容,不能称其为民法总则。但如果将其作为民法分则的内容的话,它又不是具体民事权利的展开,与民法分则的其他内容也显得不协调。

三、总则内容的基本构架

如果民法典中设立总则,毫无疑问总则应当置于各编之首,那么总则的内容和体系究竟应当如何建构,这也是当前民法典制定过程中迫切需要解决的问题。我们首先需要分析《民法通则》的基本架构,《民法通则》具体分为九章,即"基本原则""公民(自然人)""法人""民事行为和代理""民事权利""民事责任""诉讼时效""涉外关系的法律适用""附则"。其中民事权利部分除一般规定外,涉及民法分则的规定,不应再纳入总则之中。有关民事责任中的违约责任和侵权责任的具体规定也应当分别在债和合同法以及侵权责任法中作出规定。至于涉外关系的法律适用的规定本来应当属于国际私法的内容,即使在民法典中规定也应当单独设编,而不应纳入总则。从《民法通则》的内容来看,除去上述应归入分则的内容,已经基本构成了一个总则的体系。

如前所述,实行法制一定要注重法制的连续性和法制成果的积累,法制本身是一个演进过程而不是一个一步到位的"工程"。从制度变迁的角度来看,如果人们希望改革,渐进式的改革总是容易被接受,因为渐进式改革从总体上是一种"帕累托改进"或近似于"帕累托改进"的过程。但激进的改革,则具有"非帕累托改进"的性质,从经济学上说,实行激进式改革的条件是,一个社会已经陷入严重的经济与社会危机,经济增长已长期停滞,旧体制不一定经无法维护现有的人均收入水平,但至少是已经不能再为人们提供收入的增长,不能再提供收入增长的预期,社会上的大多数人已对旧体制失去信心。① 这一理论对我国目前关于民法典编制体例的选用应有参考意义。我们的民法典在总则内容的设计上应当借鉴德国法的模式和经验,但更应当从中国的实际出发,借鉴和沿袭我们已经形成的有益经验,例如德国民法总则中没有关于民事责任的一般规定,这主要是因为在德国法中将民事责任主要规定在债编中,一旦规定了债法总则就基本解决了民事责任的问题,但由于在我国,许多学者建议应当将侵权法从债法中独立出来,形成独立的侵权法体系,因此债法总则不能解决民事责任的一般规定的问题,这就有必要在民法典总则中规定民事责任的一般规则。

总则的设立实际上形成了一种抽象的逻辑体系。特别是将各种民事法律关系分解为主体、客体(物和行为)、权利。总则的重心主要在于规定主体、物和法律行为,代理可以看作法律行为的组成部分。至于权利制度,则由分则的各项内容加以解决。总则实际上形成了一种严谨的法律关系体系和结构。总则关于主体、客体的规定,与任何一项分则规定结合,都形成了一种法律关系的要素,这不仅使民事法律关系得以抽象化,且避免了在各项权利制度中对法律关系主体、客体的重复规定。所以,民法总则的形式合理性正是体现在这一点上。

笔者认为,从《民法通则》的内容及中国的实际情况出发,总则应当按照主体、客体、行为和责任四部分构成。具体来说,总则主要有如下几部分构成:

(一) 主体

民事主体是一个法律概念,属于法律范畴。民事主体主要包括自然人、法人和合伙等,其特征表现为独立和平等。民事主体意味着独立的法律人格,即主体的法律地位不依赖于他人而独立存在,他可以在法律范围内独立自主地进行各项民事活动,不受他人干涉和限制。人格独立是民事主体的充分必要条件。所以,具有独立人格的主体必然具有民事权利能力。任何公民作为民事主体都享有平等的权利能力。民事权利能力是

---

① 参见樊纲:《渐进改革的政治经济学分析》,上海远东出版社1996年版,第155页。

国家通过法律确认的享受民事权利和承担民事义务的资格,它是一个人享受权利和承担义务的基础。不具备民事权利能力,既不能享受权利,也不能承担义务。任何组织和个人,无论其在行政、劳动法律关系中的身份如何,也无论其所有制形式和经济实力如何,他(它)们在从事社会商品经济活动的主体资格皆由民法主体制度所确认,其合法权益共同受民法保护。但总则中不应当包括人格权制度,因为无论是公民还是法人,作为一个平等的人格进入市民社会,就会与他人形成财产和人格上的联系,对这种人格关系显然不是主体制度所能够调整的,主体资格是产生人格关系的前提和基础,但产生具体的人格关系还要依据具体的法律事实,包括人的出生、法律行为等。某人实施了侵权行为对他人人格利益造成侵害,进而产生了侵害人格权的责任,这些显然也不是主体制度所能解决的内容。

(二) 客体

客体是民事权利和义务指向的对象。根据概念法学的体系化思想,应将作为法律规定的客体的构成要件分离出若干要素,并将这些要素一般化,形成类别概念,借着不同层次的类型化,形成不同抽象程度的概念,在此基础上构成体系。① 客体概念的真正形成可以说是概念法学发展的产物。在我国民法典制定过程中,对于是否规定客体的问题曾经有过激烈的争论。不少学者认为,在民法中不存在一般的抽象的客体概念,客体总是和具体的权利相联系,只能有具体权利的客体,如物是物权的客体,知识产权的客体是智力成果,所以只能在各个法律制度中分别规定客体。而不必要在总则中规定客体。这一观点有一定的道理。但笔者认为,总则中应当规定客体制度,主要理由是:其一,整个民法的逻辑体系的构建应当按照法律关系的基本要素展开。民事法律关系主要由主体、客体、内容构成,法律行为是变动民事法律关系的主要原因,法律关系的内容主要以民事权利的形式表现出来,而基于对民事权利保护的需要,也应当设立民事责任制度。所以,完整的法律关系的内涵,应当包括主体、客体、引起法律关系变动的法律行为、权利内容以及对权利保护的规则即责任制度。而整个民法典的体系应当围绕这一法律关系的内涵而展开。总则中应当重点就主体、客体、法律行为及民事责任的一般规则作出规定,而分则则应当以权利以及具体的责任制度为中心展开。只有在总则中规定客体,

---

① 参见〔德〕卡尔·拉伦茨:《法学方法论》,陈爱娥译,五南图书出版公司1996年版,第356页。

在分则中规定具体权利。其二,由于在总则中抽象出来了法律行为的概念,对于法律行为的构成要素的客体是应该也可以抽象出来的。其三,建立抽象的客体概念,可以涵盖未来发展出来的客体。因为客体本身是一个发展的概念,随着科技的迅猛发展以及社会生活的变化,无形财产权利在迅速扩张,近来有学者认为,像养老金、就业机会、营业执照、补贴、政治特许权利等都属于财产权范畴。① 因此,权利客体一词包含的范围十分广泛,这就需要客体概念的包容性更强。

(三) 行为

民事法律行为又称法律行为,它是指民事主体旨在设立、变更、终止民事权利和民事义务,以意思表示为内容的行为。民事法律行为的概念最早由德国学者丹尼埃·奈特尔布兰德(Daniel Nettelbladt,1719—1791)使用。② 1807年,潘德克顿体系的创始人海泽(Heise)的《民法概论——供 Pandekten 教学用》一书出版,专门讨论了法律行为的一般理论,例如概念、类型、要件等,从而把法律行为提到如同今天所理解的体系高度。在该书中,海泽使用了"Rechtsgeschäft"一语,即今天德文的"法律行为"一词。后来萨维尼在其《当代罗马法体系》(尤其第三卷)使法律行为理论精致化。③ 在许多大陆法系民法中都确立了民事法律行为的概念。

民事法律行为是民事法律事实的一种。作为民法总则中的一般规定,民事法律制度及其相关理论在现代民法学说中居于重要地位;尽管在我国不承认物权行为理论,也不承认婚姻为契约行为,但民事法律行为制度的适用范围仍然是十分广泛的,这一制度作为观念的抽象,不仅统辖了合同法、遗嘱法和收养法等具体的设权行为规则,而且形成了民法中不同于法定主义体系的独特法律调整制度,它不仅可以对现有的民事主体之间的行为进行调整,而且能够涵盖许多新的交易形式,对其进行规范;并以完备系统的理论形态概括了民法中一系列精致的概念和原理,形成学说中令人瞩目的独立领域。④

代理制度也与法律行为制度有着不可分割的联系。一方面,代理制度设立的根本原因是民事主体不能或不愿意亲自实施法律行为,所以才

---

① See Lawrence M. Friedman, The Law of the Living, the Law of the Dead: Property, Succession, and Society, 1966 Wis. L. Rev. 340(1966).
② 参见《注释民法》(第三卷),日本有斐阁书屋1980年版,第5页。
③ 参见张俊浩主编:《民法学原理》,中国政法大学出版社1997年版,第208页。
④ 参见董安生:《民事法律行为》,中国人民大学出版社1994年版,前言。

产生了代理,它实际上是起到补充和扩张行为能力的作用。另一方面,代理制度与法律行为制度是相衔接的,因为法律行为的表意人与该法律行为的法律效果承受人应该是同一的,任何人在为法律行为时都应该表明其民事主体的身份,如果行为人不表明是自己为法律行为,法律上也将推定其为该法律行为效果的承受人。① 在显名的情况下,由于代理人是以被代理人的名义从事法律行为,所以该行为的效果应当由被代理人承受。德国学者梅迪库斯指出:"在直接代理中,由代理人发出的或者向代理人发出的意思表示的法律后果,不是由代理人自己承担,而是由被代理人承担。这一事实,通常只有在行为相对人能够直接识别代理人为代理人,并且知道他真正的对方当事人是谁时,才能要求代理人的行为相对人予以接受。因此,直接代理通常必须加以公示。《德国民法典》第164条第1款第1句规定意思表示必须'以被代理人的名义发出',以此来表达这一公示要件。这说明,直接代理一般都是公示的代理。"②所以,两者是密切且不可分割地联系在一起的。

(四) 责任

民事责任是不履行民事义务的结果,也是对不履行义务行为的一种制裁。关于总则中是否应当规定民事责任制度的问题,曾经在学界产生了激烈的争论。有学者建议,我国《民法通则》单设民事责任制度,因此总则中应当规定民事责任制度。笔者认为,总则不可能对民事责任的具体内容进行详细、全面的规定,因为无论是合同责任还是侵权责任,都不属于总则的内容,而是分则的内容。尽管我国《民法通则》规定了民事责任制度,但"民事责任"作为一个概念是必要的,它将各类责任抽象出来确定为一般的规则,从而使其普遍适用于各类民事责任。总则规定民事责任的一般概念和原则是必要的,一方面,总则中规定一般民事责任的概念确定了民事责任的特殊性,因为民事责任的概念只有在总则中规定才是合适的,在总则外的其他任何部分都不宜对此作出规定。另一方面,总则在

---

① 参见江帆:《代理法律制度研究》,中国法制出版社2000年版,第120页。
② 〔德〕迪特尔·梅迪库斯:《德国民法总论》,邵建东译,法律出版社2000年版,第693页。但在大陆法系,如何确定显名代理的方式,在法律上仍不无疑问。"尽管大陆法系只在代理人'以本人的名义'行事时才将代理视为显名代理,但这并不意味着在交易结束时必须指明特定本人的正确的名字,只要根据当时所有的情况使第三人明白权利和责任是属于本人而不是代理人的就足够了。"〔德〕海因·克茨:《欧洲合同法(上卷)》,周忠海、李居迁、宫立云译,法律出版社2001年版,第345页。

规定了法律关系的主体客体以及简单列举了各种民事权利之后规定民事责任，也是顺理成章的。民事责任的概念在法律中明确规定作为《民法通则》的创举应继续保留下来。但笔者认为，民事责任只能作为一般责任规定于总则中，而不能于总则中规定具体民事责任，主要理由在于：

第一，这种做法将导致总则与分则界限不清。因为一旦在总则中规定合同责任和侵权责任，实际上意味着将分则中的内容规定于总则，这是不可取的。总则设立的目的就是要和分则相区分，如果总则规定了大量的分则内容，总则就不具有存在的必要了。至于《民法通则》的体例并未对总则、分则作出严格区分，因为《民法通则》既包括总则又包括分则的内容，所以不能以《民法通则》中的民事责任制度规定了违约和侵权的内容，而作为总则中的民事责任制度应当规定违约和侵权的依据。

第二，此种做法将导致合同法被分解。合同法的规则应当是一个统一的整体，在民事责任中规定合同责任，在民事责任中具体规定合同责任将导致统一的合同法被分为两部分，一部分是关于违约责任的规定，另一部分是违约责任之外的合同法规则。而责任与合同义务不可分割，仅规定合同义务不规定合同责任是不合逻辑的。违约责任本身是违反义务的后果，其既是对违约的补救方式，也是合同效力的具体体现。一旦将违约责任归入民事责任之中，则完整的合同法将完全被分解，在体系上支离破碎，这从立法技术上讲是不可取的。

第三，这种做法也将导致侵权法没有必要作为一个独立的部分存在。如果在民事责任中详细规定侵权责任，则分则中就没有必要再就侵权责任问题作出规定。因为侵权责任也不可能分割为两部分，一部分由总则规定，一部分由分则规定，而只能将两者结合起来统一规定。总的来说，由于侵权法的不断发展，侵权法保障的权利范围在逐步扩大，各种新的侵权行为大量产生。在总则中详细规定侵权责任必然是不完全的。而侵权责任依其性质也只能在分则中规定。因为只有在具体规定了各种民事权利之后，才能具体规定侵权责任。这就决定了侵权责任只能在分则中规定而不能在总则中规定。

第四，这种做法不利于法律适用，也不方便法官适用法律。因为如果将合同责任和侵权责任分割成几部分，公民在理解民法的过程中，法官在审理案件适用法律过程中，不可能先看违约责任，再看合同的其他规则。

我们说，不能在总则中规定民事责任的具体制度，但应当确立民事责任的一般规定，主要是因为民法典的体系也应当考虑到责任的规定。笔者建议,在我国民法典分则中应当将侵权行为责任独立成编,这就是说侵权行为责任独立成编以后,总则中应当有相应的制度与分则中的制度相适应。另外,侵权责任和违约责任存在一些共性,例如关于归责原则、免责条件、刑事附带民事、民事责任与刑事责任的关系、责任形式等。这就有必要在总则中设置一般规定。但有关物上请求权的内容更适合在物权法中作出规定。

民法总则的立法思路*

民法总则是统领整个民法典并且普遍适用于民商法各个部分的基本规则,它是整个民商立法的基本规则,因而构成民法典中最基础、最通用,同时也是最抽象的部分。民法总则是民法典的总纲,纲举目张,整个民商事立法都应当在民法总则的统辖下具体展开。民法总则的制定不仅将增进民法典的体系性,而且有利于整合并完善整个私法体系。下面拟就民法总则的立法思路谈几点建议。

一、以《民法通则》为基础推进民法总则的制定

1986年制定的《民法通则》是改革开放初期重要的立法成果,也是民事立法的重要成就。众所周知,改革开放后,立法机关为推进民事立法工作,曾计划制定一部法典,但囿于当时的立法条件与社会经济条件,只能就民事活动的基本规则作出原则性的规定,从而产生了《民法通则》。虽然该法既包括了总则的规定,也包含了分则的规定,但其大部分内容都是关于总则的规定,以至于其常被认为是民法总则。

我们的民法典体系,要立足于中国的国情和现实,就必须要认真总结、借鉴《民法通则》及其他重要民事立法的经验。法治的建设和进步不是一蹴而就的,它应当是一个渐进的、不断的积累的进程。从制度变迁的角度来看,渐进式的改革总是容易被接受,因为渐进式改革从总体上是一种"帕累托改进"或近似于"帕累托改进"的过程,相比而言,激进的改革常常要以牺牲特定主体的利益为前提,具有"非帕累托改进"的性质,其成本和代价极高。① 所以,凡是《民法通则》中确定的一些已经被证明是先进的、科学的制度和经验,我们应当在民法典中予以吸收和借鉴。

民法典的起草和制定,绝非"平地起高楼"或人为架设空中楼阁,而是要在既有的规则与制度的基础上,通过体系化、科学化的梳理与加工而

---

* 原载《求是学刊》2015年第5期。
① 参见樊纲:《渐进改革的政治经济学分析》,上海远东出版社1996年版,第155页。

成。基于民事生活关系的稳定性,任何法律的制定都不能废除既有的全部规则。这样做会破坏法律的稳定性与延续性,也不符合社会经济生活的延续性发展。我国民法典总则制定不应抛开现有基础而另起炉灶,而应对现有的法律进行充分吸收并在此基础上认真地总结和反思,凡是经过实践检验认为可行的制度,都应当继续吸纳和采用。法律以增进人民的福祉为依归,诚如《法国民法典》起草人波塔利斯所言,"法为人所用,非人为法而生"(les lois sont faites pour les Hommes et non les Hommes pour les lois)。现实生活表明,再理性的立法者也赶不上社会生活的变化。这也决定了立法者无法事前对纷繁芜杂的现存利益冲突和潜在利益冲突作出一一识别或安排。"法与时转则治。"法治的发展不能脱离本国的法制经验的累积,不能脱离本国的基本国情。本土的法律常常最能够被本国人民所接受,也最容易实现其所欲实现的法律效果。

以《民法通则》为基础推进民法总则的制定,首先就是借鉴《民法通则》的基本内容和体系结构。从内容上看,《民法通则》为未来的民法典总则奠定了基础。《民法通则》具体分为九章,即"基本原则""公民(自然人)""法人""民事行为和代理""民事权利""民事责任""诉讼时效""涉外关系的法律适用"和"附则"。除"民事权利"一章主要涉及分则、"涉外关系的法律适用"主要涉及国际私法内容以外,其余内容主要是民法总则方面的规范。从体系上看,《民法通则》规定了民法基本原则、民事主体、民事法律行为、代理、诉讼时效和期限、民事责任的基本规定等内容,基本构建了民法总则的内容。

从价值层面来看,《民法通则》确立了私法主体的平等地位,注重保障人的人格尊严,弘扬私法自治,强化私权神圣,这些都为我国民法典的制定奠定了良好的基础,确立了民事立法的基本框架,在未来民法典的制定中,仍应保持和继续贯彻。尤其应当看到,《民法通则》适应了改革开放的需要,反映了我国改革开放的实践,并有力助推了我国改革开放的进程,具体表现在:一是确立了我国民商事立法的民商合一体制,确定了民法的平等、等价有偿、公平等原则,为中国特色社会主义市场经济法律体系奠定了制度基础,也为我国民事法律体系的逐步完善提供了基本框架;二是对个体工商户、农村承包经营户等重要市场主体的法律地位作出了规定,反映了我国城乡改革的经验,也适应了我国对外开放的需要;三是对"三资"企业的法律地位作出了规定,及时反映了我国改革开放的成果,并为进一步对外开放奠定了基础;四是确立了民事主体制度,为私法自治功能的发挥奠定了基本前提,为私法自治提供了不可或缺的制度保障;五是明确规定了民事主体的独立人格和平等地位,反映了我国改革开放以来对私权进行保护的现实需要。我国民法总则要反映全面深化改革的需要,理所当然也应当继承《民法通则》所确立的有益的立法经验。

然而,以《民法通则》为基础推进民法总则的制定并不等于要全盘照搬《民法通则》。《民法通则》作为民法总则设计的蓝本是必要的,但这并不意味着要将《民法通则》的所有的内容都纳入民法总则中。一方面,立法要与时俱进,回应时代之问,《民法通则》中一些明显已经过时的内容(如关于联营等方面的规定)、其中一些已经被实践检验为明显错误的内容(如规定欺诈导致民事法律行为无效的规定)应当通过制定民法总则加以删除或修正;另一方面,内容上,需要依据民法典总则的内容进行改造。《民法通则》的民事权利部分实际上是对民法分则的规定,不应再纳入总则之中。有关民事责任中的违约责任和侵权责任的具体规定也应当分别在债和合同法以及侵权责任法中作出规定。至于涉外关系的法律适用的规定本来应当属于国际私法的内容,即使在民法典中规定也应当单独设编,也不应纳入总则。为此,需要对《民法通则》进行深入分析和详细检讨。

二、以法律关系为主线构建民法典总则体系

在构建我国民法典体系时,必须要确定其中的核心制度,即所谓"中心轴"。围绕这条"中心轴",民法典中的各项制度和规范将形成逻辑统一体。该"中心轴"究竟是什么,理论上存在不同的看法:一是意思表示说。此种观点认为,民法典应当以意思表示为自己的中心轴。例如,德国学者温德沙伊德认为,意思表示和意思自治贯穿民法的各个领域和环节,整个民法典应当以意思表示和意思自治为核心加以构建。[①] 二是民事权利说。此种观点认为,民法就是权利法,因此民法典体系的构建应当以民事权利为中心而展开。此种学说来源于自然法学派的思想,我国也有学者认为,民法是以人为本位、以权利为中心、以责任为手段对社会关系进行调整的,这种关系的逻辑结构就是"人—权利—责任"的结构,而不是单纯的"人—物"对应的结构或"总—分"对应的结构,因此,民法典的结构

---

① 参见金可可:《论温德沙伊德的请求权概念》,载《比较法研究》2005年第3期。

应按照"人—权利—责任"这一结构来设计。① 三是法律关系说。此种观点认为,应当以法律关系为基础来构建民法典的体系,在这种编排方法中,法律关系被作为整理法律和展示法律的技术工具,而且成为体系构建的基本方法。② 萨维尼以法律关系为中心,从理论上构建了一个民法典的体系,该体系反映出的编排方法被后世学者称为"萨维尼编排法"。③ 潘德克顿学派将整个法律关系的理论运用到法典里面去,构建了一个完整的潘德克顿体系(Pandekten system)。采纳德国法系的国家大都接受了这一体系。④

笔者建议,民法总则基本框架应当以法律关系为中心来构建。一方面,法律关系是对民法规范逻辑化和体系化的基础。法律关系编排方式被大多数学者认为是科学的编排方式,民法的诸制度都是围绕民事法律关系而展开的,法律关系包含主体、客体、内容三项要素,三项要素可以完整覆盖民法典的各项内容。法律关系是一条红线,贯穿于民法各项基本制度,科学而富有逻辑地将各种制度有机地连接在一起。以此为中心,民法总则的内容将更富有体系性和逻辑性。更进一步地增进了其形式理性。另一方面,法律关系编排方法适应了民法发展的需要。民事关系纷繁复杂,但是把握住了民事法律关系的脉络,就把握住了民事关系的核心。"法书万卷,法典千条,头绪纷繁,莫可究诘,然一言以蔽之,其所研究和所规定者,不外法律关系而已。"⑤

具体来说,以法律关系为中心来构建民法总则,要求总则以法律关系的基本要素即主体、客体、法律行为、民事责任富有逻辑地展开。这些内容是各种具体民事法律关系必须要共同具备的要素,按照总则应以提取公因式的方式规定民事法律关系所共同具备的要素的原则,总则规定主体、客体、法律行为等内容,正是符合此种法典编纂逻辑的做法。而有关具体的民事权利、义务的内容,则应当在民法典分则中具体规定。由于民法是权利法,民法典分则将以权利为中心展开。因此,当分则中所规定的

---

① 参见麻昌华、覃有土:《论我国民法典的体系结构》,载《法学》2004 年第 2 期。
② 参见〔葡〕平托:《民法总则》,澳门法律翻译办公室、澳门大学法学院 1999 年版,第 5 页。
③ 参见〔葡〕平托:《民法总则》,澳门法律翻译办公室、澳门大学法学院 1999 年版,第 5 页。
④ 参见〔葡〕孟狄士:《法律研究概述》,黄显辉译,澳门基金会、澳门大学法学院 1998 年版,第 78 页。
⑤ 郑玉波:《民法总则》,中国政法大学出版社 2003 年版,第 93 页。

人格权、物权、债权、亲属权、继承权等权利与主体、客体相结合,就分别形成了相应的人格权、物权、债权、亲属权、继承权等法律关系。这就是民法典编纂的逻辑体系。具体来说,民法总则的制定,应当从如下几个方面着手:

(一) 主体制度

民事主体是"私法上的权利和义务所归属之主体"[①],是指依照法律规定能够参与民事法律关系,享受民事权利和承担民事义务的人。主体是各种法律关系的共同要素。有关民事主体的规范,是民法总则的重要组成部分。在这方面,《民法通则》中的相关规范要进行较大幅度的修改和完善。一方面,民法总则要进一步完善法人制度。《民法通则》对法人的分类以所有制为出发点,将企业法人分为全民所有制企业、集体所有制企业等,并受制于现实而采用了企业、机关、事业单位和社会团体的法人分类体系。这种安排显然不符合社会发展的需要,我国民法典在此方面应当借鉴大陆法系成熟的经验,采用社团法人和财团法人的分类方法,以便于解决和落实基金会法人、仲裁委员会、宗教团体、寺庙等主体地位的问题。此外,还要规定法人的概念、性质、条件、类别、能力、设立、法定代表人、机关、终止、责任等制度。另一方面,要完善非法人团体制度。《民法通则》虽然规定了个人合伙和法人合伙,但并没有从总体上承认合伙企业作为公民和法人之外的非法人团体的主体地位,也没有规定非法人团体作为民事主体的一般规则和条件,此后颁布的《合伙企业法》在内容上也仅限于有关各类合伙企业的具体规范,因此仍有必要在民法总则中对合伙的法律地位等加以详细规定。此外,有关机关法人的民事主体地位、机关法人的民事责任能力、机关法人必须遵循法无规定不可为的原则等规则,也需要在民法总则中加以明确。

仍需要讨论的是,人格权是否应当规定在民法典总则的主体制度之中?笔者认为,将人格权制度与主体制度相等同,混淆了人格的两种不同含义。主体资格与主体所享有的具体权利之间虽然关系密切,但仍存在本质区别,不能混淆。无论是公民还是法人,作为一个平等的主体进入市民社会,就会与他人形成财产和人格上的联系。这种人格关系显然不是主体制度所能够调整的,主体资格是产生人格关系的前提和

[①] 〔日〕星野英一:《私法中的人——以民法财产法为中心》,王闯译,载梁慧星主编:《民商法论丛》(第八卷),法律出版社1997年版,第155页。

基础,但产生具体的人格关系还要依据具体的法律事实,包括人的出生、法律行为等。人格(法律人格)作为一种主体性资格,是主体享有一切财产权利和人身权利的前提,从这一点上讲,人格既不属于财产权,也不属于人身权,而是凌驾于二者之上的统摄性范畴,其核心是人的资格和能力,通常不受到侵权法的保护,故理应纳入民法总则规范。然而,人格权是主体所享有的具体权利,是民事权利的重要组成部分,只能在分则中加以规定。随着人格权的发展,一些新的人格利益和人格权的出现(如个人信息权等),使人格权与主体资格的分离更为明显。在这些利益受到侵害时,也应受到特殊救济。因此,我们在考虑人格权与人格的关系时不能仅从生命、健康、自由等传统权利来考虑,而应从人格权益的整体发展来考虑其性质及其与人格之间的关系。这一变化表明,人格权已渐渐与主体资格分离,仅以生命、健康、自由与主体资格的关联来界定人格权制度是不妥当的。①

(二) 客体制度

客体是民事权利和义务指向的对象,包括物、行为和智力成果等。根据法典编纂的体系化思想,应从作为法律规定的客体的构成要件分离出若干要素,并将这些要素一般化,形成类别概念,并借助不同层次的类型化,形成不同抽象程度的概念,并以此构建体系。② 诚然,权利客体种类繁多,表现形式亦千差万别,但将这些数不尽的客体统一定义并类型化还是有可能和必要的。例如,关于有体物所应适用的基本规则,需要在总则中作出规定。另外,在客体制度中,也应对各类无形财产加以规定,以适应大数据时代和高科技时代知识产权保护的需要。并通过对智力成果的规定,沟通民法典与知识产权法的关系,并以此宣示知识产权法仍然属于民法的组成部分,应当适用民法总则的相关规定。随着科技的迅猛发展以及社会生活的变化,无形财产权利正在迅速扩张,在这一背景下,近年来有学者认为,像养老金、就业机会、营业执照、补贴、国家特许权利等都属于财产权范畴。③ 此外,一些新型的利益如胎儿的权益、网络虚拟财产权、

---

① 参见马海霞:《论人格权在未来我国民法典中的地位》,载《天中学刊》2004年第19期。

② 参见〔德〕卡尔·拉伦茨:《法学方法论》,陈爱娥译,五南图书出版公司1996年版,第356页。

③ See Lawrence M. Friedman, The Law of the Living, the Law of the Dead: Property, Succession, and Society, 1966 Wis. L. Rev. 340(1966).

商业秘密、死者人格利益、特许经营利益等也需要在民法总则中作出规定。

(三) 法律行为和代理制度

我国《民法通则》已经抽象出了法律行为的概念并作出了详尽的规定。尽管在我国不承认物权行为理论,也不承认婚姻为契约行为,但民事法律行为制度的适用范围仍然十分广泛。这一制度作为观念的抽象,不仅确立了合同法、遗嘱法和收养法等具体的设权行为规则,而且能够涵盖新的交易形式并对其进行规范;同时,也为代理等制度的确立奠定了基础。[①] 但是,应当看到的是,《民法通则》关于法律行为的规定仍然存在一定的缺陷。例如,在法律行为的概念上,《民法通则》借鉴了苏联学者的观点,将法律行为视为合法行为,且把意思表示从中舍去。这一安排显然不够严谨,因为法律行为制度也调整"非法行为",如有瑕疵的意思表示(受欺诈、胁迫而作出的意思表示)也受法律行为制度调整。因法律行为是指能够产生当事人所预期之法律效果的意思表示,在法律行为制度中规定欺诈、胁迫、错误等制度并不意味着如此作出的法律行为也应发生当事人所预期的效果,而只是指这些行为都受法律行为制度的调整。设立法律行为制度的目的在于将有关法律行为各个方面的规则作出统一的规定,在法律行为制度中,不仅要规定有关法律行为的概念、生效条件以及无效法律行为的类型、未生效的法律行为等,也需要规定意思表示的概念、效力的发出、到达、解释以及意思表示不真实等各种情形。[②] 另外,法律行为不同于意思表示之处,主要在于其能够产生法律效果,法律行为没有合法与违法之分,违法行为也可能产生法律效果。例如,欺诈行为只要不侵害国家利益,受欺诈者愿意接受欺诈后果的,也可以产生当事人预期的法律效果。

《民法通则》是以直接代理制度为样板而构建代理制度的,因而不涉及有关间接代理的规则。但是,《合同法》适应市场交易的需要,在第402—403条中规定了间接代理,并在其总则第49条规定了表见代理,由于代理不限于合同领域,可以适用于整个法律行为,故间接代理、表见代理均应纳入民法典总则之中,但一旦它们纳入总则,就需要重新构建代理制度,因为现有的代理制度是基于直接代理而形成的,如何理顺它们与间

---

① 参见董安生:《民事法律行为》,中国人民大学出版社1994年版,前言。
② 参见梁慧星:《为中国民法典而斗争》,法律出版社2002年版,第57页。

接代理制度的关系,就需要深入地探讨。笔者认为,未来民法总则的代理制度应当规定直接代理,间接代理应当作为直接代理的特别形式加以规定,其适用范围也应该受到严格限制。

(四) 民事责任

民事责任是违反民事义务的结果。严格地说,对于具体民事责任规范,应在分则中加以规定。只有在分则中详尽规定民事权利义务之后,才能相应规定有关的民事责任。但是,各类民事责任也存在共性的规则,可以通过提取公因式的办法在民法总则中加以规定。这些共性的规则包括民事责任的归责原则、民事责任的方式、责任的竞合、民事赔偿优先规则、民事责任的免除事由等。将这些内容规定在总则之中,可以有效地节省条文,避免重复规定,实现法典的科学化和体系化。

三、以民商合一体例确定民法总则内容

民法总则应按照民商合一的体例进行整体设计和构建。从历史上看,清末变法初期,当时的立法者虽然采取了民商分立的立法模式,但在民国时期,民商合一理论逐步占了上风。① 中华民国政府在制定民法典时,曾经就采纳民商合一还是民商分立体例有过长期的争论,最后形成了《"民商划一"提案报告书》,其中列举了8条支持民商合一的理由②,至此之后,我国民事立法采纳的是民商合一的体例。中华人民共和国成立以来,我国一直采纳的是民商合一的立法体制。20世纪50年代以来的历次民法典制定活动,都是以民商合一作为前提,中国立法机关从未考虑单独为商事法律制定一部商法典,或者为其建构一个独立的法律秩序框架。1986年颁行的《民法通则》是我国第一部调整民事关系的基本法律,是我

---

① 参见何勤华、魏琼主编:《西方商法史》,北京大学出版社2007年版,第350—351页。
② 这8条理由是:其一,因历史关系,认为应订民商统一法典也。其二,因社会之进步,认为应订民商统一法典也。其三,因世界交通,认为应订民商统一法典也。其四,因各国立法趋势,认为应订民商统一法典也。其五,因人民平等,认为应订民商统一之法典也。人民在法律上本应平等,若因职业之异,或行为之不同,即于普通民法之外特订法典,不特职业之种类繁多,不能普及,且与平等之原则不合。其六,因编订标准,认为应订民商统一之法典也。我国如亦编订商法法典,则标准亦难确定也。其七,因编订体例,认为应订民商统一法典也。其八,因商法与民法之关系,认为应订民商统一法典也。参见曾如柏:《商事法大纲》,正中书局1972年版,第590—592页,转引自赵万一:《商法基本问题研究》,法律出版社2002年版,第109—110页。

国民事立法史上一个新的里程碑,其仍然坚持了民商合一的立法体例。在主体制度中,《民法通则》并未区分民事法人和商事法人,例如,该法第2条规定:"中华人民共和国民法调整平等主体的公民之间、法人之间、公民和法人之间的财产关系和人身关系。"可见,《民法通则》并未根据主体或行为的性质来区分普通民事主体和商事主体,并在此基础上规定不同的行为规则,即我国民法不分商事关系而统一调整平等主体之间的财产关系。在法律行为制度中,不存在所谓民事行为和商行为;合同制度中也不存在民事合同和商事合同的区分。在《民法通则》确定的体系下,商法是作为民法的特别法而存在的,并未与民法相分立。《民法通则》致力于构建一个民商统一的私法秩序。

民商合一并不追求法典意义上的合一,在很大程度上只是主张应将单行的商事法视为民法的特别法,受民法总则的统辖。[①] 可见,民商合一主要强调民法总则对商事特别法的指导意义,民法典的总则部分要在内容上能够适用于商事特别法,就需要极大地充实和完善民法典总则的内容,使其能够统辖民事活动和传统商事活动。这也意味着,我们不宜制定商法总则,作为统辖各商事法律的一般总则,而主要应当通过完善的民法总则来调整传统商法的内容。[②] 具体而言,一方面,通过民法总则的指导,使各商事特别法与民法典共同构成统一的民商法体系。民法总则是对民法典各组成部分及对商法规范的高度抽象,诸如权利能力、行为能力、意思自治原则、诚实信用原则、公平原则和等价有偿原则等,均应无一例外地适用于商事活动。[③] 另一方面,通过民法典统一调整民商事活动,而不需要制定独立的商法总则。事实上,通过民法总则指导商法,有利于实现民商事立法的体系化,因为如果仅有商事特别法,而缺乏民法总则的指导,各商事立法就会显得杂乱无章,有目无纲,而且无论每部商事特别法的规定如何详尽,也仍不免挂一漏万,在法律调整上留下许多空白。各商事特别法在价值上和具体规则上也可能存在一定的冲突,这就需要通过民法总则统一调整各种民商事关系。例如,民法的主体制度是对商品经济活动的主体资格的一般规定,公司不过是民法中典型的法人形式,对公司法律地位的确认、公司的权利能力和行为能力、公司的财

---

① 参见石少侠:《我国应实行实质商法主义的民商分立——兼论我国的商事立法模式》,载《法制与社会发展》2003年第5期。
② 参见魏振瀛:《中国的民事立法与民法法典化》,载《中外法学》1995年第3期。
③ 参见赵中孚主编:《商法总论》,中国人民大学出版社1999年版,第7页。

产责任以及公司的监管等规定,都不过是法人制度的具体化。① 此外,所有这些商事法规都要适用民事责任制度,特别是民法典中的侵权责任制度。民法总则是更为抽象和一般的规定,应为其在商法领域的适用留下空间,以便在商事特别法存在法律漏洞的情况下,法官仍可以根据民法总则的相关规定加以解释或者创造新的商事法律规则,弥补法律漏洞。

按照民商合一体制构建民法总则,具体应从以下几个方面着手:

(一) 以民法的基本原则指导商事特别法

民法的核心理念是私法自治,其也是民法的基本原则。民法通过"私法自治给个人提供一种受法律保护的自由,使个人获得自主决定的可能性。这是私法自治的优越性所在"②。正是因为私法充分体现了私法自治原则,市场主体才享有在法定范围内广泛的行为自由,从而依据自身的意志从事各种交易和创造财富的行为。和民法一样,商法也需要以私法自治作为一项基本原则和基础,这实际上需要民法确定价值的基本取向。一旦采用意思自治,则可以把商法、商事特别法所应体现的基本原则都囊括其中。例如,在公司法领域,按照私法自治原则,就应当允许发起人自主订立章程,并使章程具有其应有的拘束力。又如,民法典中的主体制度应当贯彻私法自治原则,全面落实负面清单的基本要求,保障主体的行为自由,要求对市场主体实行"法无禁止即可为",对政府则实行"法无授权不可为"。除私法自治外,民法的公平、诚实信用等基本原则,也是商事特别法应当坚持的基本原则。还应当看到,在我国资源严重紧缺、生态严重恶化的情况下,更应当重视资源有效率的利用。③ 为此,有必要确立保护环境、维护生态的原则,并强化民事主体物尽其用的义务,这些都对商事特别法具有指导意义。

(二) 构建统一的主体制度

民法中所讲的"人",范围广泛,包容性极强,其既可以是商人,也可以是非商人。考虑到民法总则应具有一定的抽象性和广泛的适用性,在民

---

① 参见王保树:《商事法的理念与理念上的商事法》,载王保树主编:《商事法论集》,法律出版社1997年版,第8页。

② 〔德〕迪特尔·梅迪库斯:《德国民法总论》,邵建东译,法律出版社2000年版,第143页。

③ 2006年6月5日,国务院新闻办公室发表了《中国的环境保护(1996—2005)》白皮书。白皮书指出,由于中国人均资源相对不足,地区差异较大,生态环境脆弱,生态环境恶化的趋势仍未得到有效遏制。

法总则的主体制度中不宜规定关于公司、合伙、独资这三类企业的具体规则,而应当留待商事特别法解决。但由于我们采纳了统一的主体制度,对于法人、合伙及其他组织的一般规则,民法总则要作出规定,以便指导商事特别法的立法及适用,同时,如果在相关的商事特别法中找不到具体规则时,仍应适用民法总则中主体制度的一般规定。值得强调的是,随着我国市场经济的发展,市场主体日益多元化,民法总则应当在此基础上,对各种从事民商事交易的市场主体作出规定。近年来,我国虽然修改了《合伙企业法》,确立了有限合伙这一新型主体形态,但总体而言,我国法律认可的市场主体类型仍然比较简单,不能满足市场的多样化需求。特别是与经济发达国家相比,我国的市场主体类型还不够丰富,未能满足我国当前经济发展的实际需要,需要进一步丰富和扩展。在民法总则中,有必要规定营利法人和非营利法人的基本规则,同时可以就非法人团体的典型形态,如独资企业、普通和有限合伙企业等作出规定。

需要探讨的是,商事主体登记的一般规则是否也可以纳入民法总则?笔者认为,商事登记具有很强的技术性,而且其规则较为具体,随着商事交易的发展,商事登记的规则也处于不断的变动之中,而民法典作为私法的基本法,是关于民商事活动的一般规则,在一定期间内也要保持相对稳定性,因此,不应当在民法总则中对商事登记作出系统的规定。但民法总则可以对商事登记的一般规则,如商事登记的范围、效力等予以规定,从而统领各类商事登记。对于商事登记中的特别规则,则可以通过制定独立的"商事登记法"予以规范。此外,关于商事账簿,民法总则的主体部分可作适当的规定,如要求企业法人应当设置商事账簿,也可以对商事账簿应当包含的一般内容作出规定(例如,要求包括会计账簿和财务会计报告等)。而商事账簿的具体内容可通过既有的《会计法》等法律、法规加以规定。从比较法上看,《德国商法典》虽然规定了有关商事账簿的规则,但法律学者对该部分内容较少涉及,对该部分的研究和应用主要是会计、审计等领域的工作。因此,民法总则只需要规定商事账簿的一般规则。

(三) 构建统一的法律行为制度

法律行为也被认为是私法的核心。[1] 民商合一必然要求法律行为制度中包含商行为的内容。在潘德克顿五编制体系中,总则的核心则在法

---

[1] Vgl. Eisenhadt, Deutsche Rechtsgeschichte, 3. Aufl., C. H. Beck., 1999, S. 230.

律行为制度。① 德国虽然采民商分立体制,但其法律行为制度发挥了统一调整交易关系的作用。由于商行为的特殊性已日渐式微,目前已难以和民事行为相区别,完全可以通过统一的法律行为制度加以调整。现行商事立法仅规定了如何规制具体的商事活动,但关于商事交易的一般规则的解释与适用仍需结合民法的一般规则加以考虑。而法律行为包含共同行为、决议行为、双方法律行为、单方法律行为等,从而可以涵盖商行为(如公司决议行为、制定章程的行为等)。至于商主体从事的商事活动,也完全可以依据法律行为的一般规则认定其成立和效力。例如,根据法律行为生效要件确定公司发起协议的效力等。此外,民法总则法律行为制度还应当规定完整的关于法律行为的解释规则,这些规则可普遍适用于各种商事交易活动。因此,民法总则应当依据民商合一体制构建统一的法律行为制度,而不能采用民事法律行为和商事法律行为分立的模式。当然,民事法律行为要考虑到商行为的特殊性,例如,注意外观主义的适用、更强调交易的便捷。

(四) 构建统一的代理制度

民商合一也意味着要求构建统一的代理制度。一方面,在民法总则中,应有必要承认间接代理等制度。所谓间接代理,是指代理人以自己的名义从事法律行为,为了被代理人利益而实施的代理行为。大陆法系国家民法一般将间接代理称为行纪,如德国民法学界就将间接代理的适用归入《德国商法典》第 383 条以下的行纪(der Kommissionär)。② 但我国《合同法》对行纪合同作出的规定,其在性质上即属于间接代理。我国的代理制度主要规定在《合同法》中,其总则第 49 条对表见代理作出了规定,其第 402—403 条中规定了间接代理,但代理制度的适用范围不应限于合同领域,而应适用于整个法律行为,因此,代理制度均应纳入民法典总则之中,但一旦它们被纳入总则,就需要重新构建代理制度,尤其应当对间接代理制度作出规定,并明确直接代理制度和间接代理制度的区别和联系,界定其适用范围,便于法律适用,从而与直接代理共同构成统一的代理法律制度体系。此外,在代理制度的构建中,也要借鉴商法的基本原则。例如,外观主义对表见代理产生了重要影响,这一制度设计也应当能够适用于商事领域。

---

① Vgl. Flume, Allgemeiner Teil des Bürgerlichen Rechts, Band 2, Das Rechtsgeschäft, Springer, 1992, S. 1.

② Vgl. Helmut Köhler, BGB Allgemeiner Teil, 34. Aufl., Beck, 2010, S. 149.

(五) 构建统一的时效制度

我国民法总则中的时效制度应当适用于所有民商事领域,因此,其属于统一的时效制度。从实践来看,我国时效制度统一适用于民事领域和商事交易,而没有两套时效制度。但考虑到商事交易的便捷要求及商事主体的特殊性,商事活动中的时效期间原则上应当短于民事活动中的时效期间。因此,民法总则中应当允许商事特别法就特殊时效作出规定。同时,如果商事特别法没有规定,则商事活动也应当适用民法总则中统一的时效制度。因此,商事特别法中的特殊时效制度与民法总则中关于时效的一般规定并不矛盾,可由民法总则的时效制度统一调整。

总之,我国民法总则的设计应当坚持民商合一的立法理念,在这一理念的指导下,民法总则的相关规则设计应当兼顾商事交易的特殊性,这就需要适当扩张民法总则原则和具体规则的内涵和适用范围,以更好地指导各类商事交易活动。

四、要按照私法基本法的定位来设计民法总则

"不管在哪里,民法典都往往被当做整个法律制度的核心。"[①]艾伦·沃森的这一名言描绘了民法典在大陆法系国家法律体系中的重要地位。即使在采纳民商分立的一些国家,学者也大多认为民法是普通私法,商法是特别私法,民法是私法的核心。[②] 而民法总则又是民法典各项具体制度的总纲,其居于私法基本法的位置,是调整各类私法关系的基本规则。从这一意义上说,民法总则应当是所有民事法律关系的一般性规则,是私法的"基本法",这对我们设计民法总则的具体规则和制度也具有重要的指导意义。

按照私法基本法的定位,首先要根据提取公因式的方法,将民法分则中的基本规则抽象出来加以规定。民法总则是对民法各项制度和规范的高度抽象与概括,是历经无数民法学者分析研究后"提取公因式"(Vor die klammer zu ziehen)的产物,而民法的其他各编则是总则中民事法律关系的具体展开。潘德克顿学派设立民法总则的意义在于,其使主体制度

---

① 〔美〕艾伦·沃森:《民法法系的演变及形成》,李静冰、姚新华译,中国法制出版社2005年版,第191页。
② 参见〔葡〕马沙度:《法律及正当论题导论》(第二版),黄清薇、杜慧芳译,澳门基金会、澳门大学法学院2007年版,第66—67页。

和民事权利制度形成一个有机的整体,如主体、客体、权利的发生、消灭、变更、行使等。黑克(Heck)将设立总则模式的功能喻为"列车时刻表的符号说明",即前面已经说明过的东西,后面就没有必要再重复了。例如,总则在对法律行为的要件、效力等制度作出规定后,在合同等各种具体法律行为制度中就没有必要再重复规定其要件和效力了。因此,在民法总则的制定中,凡是能够适用于分则的、具有一定共性的规则,都可以提炼出来,置于总则之中。具体而言,除前述主体、客体等一般性规则以外,其他诸如民事权利的保护、行使、诉讼时效期间等均应置于总则中加以全面规定。

私法基本法的定位,意味着民法总则不仅是民法典各分则编的"龙头",而且也是大量民商事单行法的总纲。在当今民法典的发展过程中,出现了一股所谓"解法典化"和"去法典化"的思潮,究其实质,乃是认为民事单行法大量衍生出民法典之外的"微系统",缩减了法典的功能,使民法典被"边缘化"。① 但我国现在还不存在民法典,因此还谈不上"去法典化"的问题。与此相反,我国各民商事单行法之间不协调甚至矛盾的现象仍存在,这在很大程度上影响了我国民事立法的体系化,有必要通过制定民法典,协调整个私法体系。在这一过程中,应当重点处理好民法总则与民商事单行法之间的关系,避免总则制定后即被"架空",不能发挥其应有的作用。民商事单行法在民法典之外与民法典并行存在,但这并不当然意味着要"去法典化"。在民法典"再法典化"的过程中,一些国家为彰显民法典尤其是民法总则的基本法地位,将民事特别法的内容吸收到民法典中(如《德国民法典》在修订过程中,就把消费者权益保护法纳入法律中),其实正是看到了民法总则作为私法总则的基础性地位。为贯彻法律的体系性和同一性,民法总则应当为单行法确立基本的适用原则和价值基础,这些原则与价值不仅是民法典分则所应遵循的,而且是其他民商事单行法所应适用和遵循的。另外,民法总则所确立的基本的民事权利,不能通过单行法加以限制或剥夺。就法律适用而言,在民商事特别法未明确规定的情况下,民法典总则始终可以提供兜底性的补充规范。在这个意义上,系统而全面的民法总则有助于使民法典形成一个从一般到具体的层层递进的体系,有助于丰富法律适用的层次,提高法律规则适用的准确性。

---

① 参见张礼洪:《民法典的分解现象和中国民法典的制定》,载《法学》2006年第5期。

作为私法基本法,民法总则确立了民法的基本价值,并应成为指导民商事单行法的基本价值。价值是法律的灵魂,民事立法坚持以法典为中心,就是要坚持民法典所确立的基本价值理念的中心地位,而单行法应当全面贯彻民法典所体现的基本价值,至少不能与这些价值发生冲突。民法典的编纂能确定整个市民社会应采取的价值基调,即"确立反映时代精神的价值概念,奠定法律体系的共同伦理基础"①,并在整个民法领域将该价值贯彻下去,围绕该核心价值形成协调一致的价值体系,由此建立民法的内在体系,实现法律原则的内在一致性。在民法典中,民法总则是规范和确立民法基本价值的最佳载体。民法的自由、安全、平等等价值是构建市场经济的基本要求,民法总则要全面彰显私法自治的精神,并确立与私法自治直接相关联的自己责任、过错责任等原则。需要指出的是,在现代社会中,各种价值相互之间也可能发生冲突,例如实质正义和形式正义、平等保护与弱者保护等相互之间都存在一定的冲突,民法总则的私法基本法的定位也有助于更好地协调这些价值冲突。总体而言,民法总则要坚持抽象的法律人格,不区分其身份而平等对待各类民事主体,对实质正义和弱者保护问题,则主要交由民法分则和单行法加以解决。

五、结　语

制定一部面向21世纪的科学的民法典,不仅能够有效实现我国民事法律的体系化,而且将有力地促进我国民法的现代化,使我国民事立法水平达到一个新高度。目前,在《民法通则》的基础上制定民法总则,已经成为民法学界的共识。民法学界为此也做了大量准备工作,应当尽快启动民法总则的起草工作,并以此作为民法典编纂的先声。

---

① 王卫国主编:《荷兰经验与民法再法典化》,中国政法大学出版社2007年版,第4页。

我国《民法总则》的成功与不足*

2017年3月15日,《民法总则》经过十二届全国人大五次会议审议通过。这在中国民事立法史上具有里程碑式的意义。该法进一步提升了我国民事立法的科学性和系统性,完善了市场经济和社会生活的法律规范,贯彻了创新、协调、绿色、开放、共享的"五大发展理念",为全面深化改革、全面依法治国、实现"两个一百年"奋斗目标和中华民族伟大复兴的"中国梦"奠定了坚实的制度基础。

一、《民法总则》具有重要的历史意义

(一)正式开启了我国民法典编纂的进程

《民法总则》的颁行正式开启了我国民法典编纂的进程。中华人民共和国曾于1954年、1962年、1979年和2001年先后四次启动民法典编纂工作,但受当时的历史条件所限,民法典的制定始终未能完成。① 党的十八届四中全会决定提出"编纂民法典",为我国民法典的制定提供了新的历史契机。② 这也应验了美国学者艾伦·沃森的说法,"对于法典编纂而言,政治因素必定是重要的,当法典问世之时,也必定有适当的政治环境"③。

民法典内容浩繁、体系庞大,涵盖社会生活的方方面面,因此,编纂民法典首先需要制定一部能够统领各个民商事法律的总则。④ 从我国民事立法的发展来看,虽然在已经颁布的250部法律中,半数以上都是民商事法律,但我国始终缺乏一部统辖各个民商事法律的总则。正是在这样的

---

* 原载《比较法研究》2018年第4期。本文为笔者与周友军合著。

① 参见李建国:《关于〈中华人民共和国民法总则(草案)〉的说明——2017年3月8日在第十二届全国人民代表大会第五次会议上》。

② 参见李适时主编:《中华人民共和国民法总则释义》,法律出版社2017年版,第2—4页。

③ 〔美〕艾伦·沃森:《民法法系的演变及形成》,李静冰、姚新华译,中国政法大学出版社1992年版,第130页。

④ 参见李适时主编:《中华人民共和国民法总则释义》,法律出版社2017年版,第4页。

背景下,《民法总则》的制定不仅实质性地开启了民法典编纂的进程,而且,必将有力地助推我国民商事法律体系的完善。因为在《民法总则》颁行后,未来民法典各分编的编纂都要与《民法总则》进行协调,并以《民法总则》所确立的立法目的、基本原则、价值理念为基本的指导,从而形成一部价值融贯、规则统一、体系完备的民法典。

《民法总则》的制定确立了民法典的基本制度框架。民法是权利法,民法典的体系构建应当以民事权利为中心展开。① 以权利为民法典"中心轴"的思想最初起源于自然法学派②,并为近代潘德克顿学派所采纳。一些大陆法系民法典(如《德国民法典》《日本民法典》等)是以权利为中心构建的。我国《民法总则》也是以民事权利为"中心轴"而展开的。在该法中,有关自然人、法人等的规定,是对权利主体的规定;有关民事权利一章的规定,是对民事权利的类型、客体、权利行使方式的规定;有关民事法律行为和代理的规定,是对民事权利行使的具体规则的规定;有关民事责任的规定,是对因侵害民事权利而产生的法律后果的规定;有关诉讼时效的规定,是对民事权利行使期限的限制。《民法总则》采取"提取公因式"的方式,就主体、客体、法律行为及民事责任等的一般规则作出规定,而分则体系将以人格权、物权、合同债权、亲属权、继承权等权利,以及侵害民事权利的侵权责任为主线展开,在此基础上形成完整的制度体系。从这一意义上说,《民法总则》不仅奠定了民法典分则制度设计的基本格局,而且也为整个民事立法奠定了制度基础。

(二) 极大地推进了我国民事立法的体系化进程

民法总则是民法典的总纲。正所谓纲举目张,整个民商事立法都应当在民法总则的统辖下具体展开。《民法总则》是采取"提取公因式"的方式确立的规则,是民法典中最基础、最通用、最抽象的部分③,所以,它可以普遍适用于各个民商事单行法律,它的制定也极大地推进了民事立法的体系化。

---

① 参见〔德〕卡尔·拉伦茨:《德国民法通论》(上册),王晓晔等译,法律出版社2003年版,第276页。

② 参见〔英〕彼得·甘西:《反思财产:从古代到革命时代》,陈高华译,北京大学出版社2011年版,第240—243页。

③ 参见〔德〕卡尔·拉伦茨:《德国民法通论》(上册),王晓晔等译,法律出版社2003年版,第32—36页。

"法典是法律的最高形式,充分体现着人类的理性。"①因此,法典化就是体系化。《民法总则》的制定将使整个民事立法体系更加和谐,更富有内在的一致性。长期以来,由于没有民法典,我国民事立法始终缺乏体系性和科学性,这不利于充分发挥民法在调整社会生活、保障司法公正等方面的功能。② 例如,在欺诈、胁迫行为效力的规定上,《民法通则》与《合同法》就存在明显的冲突。再如,诚实信用原则在《民法通则》中被确认为一项基本原则,但在《物权法》等法律中则未被确认为基本原则,从而导致各个民事立法所认可的内在价值并不具有一致性。《民法总则》确立了普遍适用于各个民事法律制度和规则的基本原则,消除了各个法律相互之间的冲突和矛盾,这就使得民事立法的体系更加和谐一致。

《民法总则》的颁行还有效协调了民法和商法的关系。我国实行民商合一的立法体例,民法与商法(如《公司法》《保险法》《票据法》等)都是规范市场经济交易活动的法律规则,而且,都以调整市场经济作为其根本使命,具有共同的调整手段和价值取向。但《民法总则》应当是所有民商事法律关系的一般性规则,可以说是私法的基本法,因而可以有效地指导商事特别法。③ 民商合一体例并不追求法典意义上的合一,其核心在于强调以民法总则统一适用于所有民商事关系,统辖商事特别法。一方面,通过民法总则的指导,可以使各商事特别法与民法典共同构成统一的民商法体系。《民法总则》是对民法典各组成部分及对商法规范的高度抽象,诸如平等原则、自愿原则、诚实信用原则、公平原则等,均应无一例外地适用于商事活动。另一方面,《民法总则》与各个商事法律构成了有机的整体,二者之间是普通法与特别法的关系。④

《民法总则》整合了司法解释中的大量规定,体现了强烈的实践性。针对民法规范的适用,我国司法机关曾颁行了大量的司法解释,对民事立法作出了细化性的、补充性的规定,对我国民事立法的完善起到了重要作用。在《民法总则》的制定过程中,立法者认真总结了司法实践经验,将比较成熟的司法解释的规则吸纳到法律中。例如,诉讼时效的效力、起算、中止、中断等规则,都大量吸收了司法解释的合理规则。如此,就解决了

---

① 石佳友:《民法法典化的方法论问题研究》,法律出版社2007年版,第6页。
② 参见孙宪忠:《我国民法典编纂中的几个问题》,载《中国人大》2016年第19期。
③ 参见王泽鉴:《民法总则》,北京大学出版社2009年版,第14—15页。
④ 详细的论述,参见王利明:《民商合一体例下我国民法典总则的制定》,载《法商研究》2015年第4期。

司法解释与民事立法之间不协调的问题,消除了二者之间的矛盾,从而促进了我国民事立法的体系化。

(三) 强化了私权保护机制,完善了私权体系

民法典被称为"民事权利的宣言书"。众所周知,现代法治的核心在于"规范公权、保障私权",法律的功能主要是确认权利、分配权利、保障权利、救济权利。《民法总则》广泛确认公民享有的人格权、物权、债权、知识产权、亲属权、继承权等权利,使其真正成为"民事权利的宣言书"。《民法总则》继续采纳《民法通则》的经验,专设"民事权利"一章,集中地确认和宣示自然人、法人所享有的各项民事权利,充分彰显了民法的私权保障功能。《民法总则》在全面保障私权方面呈现出许多亮点,主要表现在如下三个方面:

一是时代性。《民法总则》体现了当代中国的时代特征,回应了当今社会的现实需求。例如,该法首次正式确认隐私权,有利于强化对隐私的保护(第110条)。再如,针对互联网和大数据等技术发展带来的侵害个人信息现象,《民法总则》规定了个人信息的保护规则(第111条),维护了个人的人格尊严,并将有力遏制非法的"人肉搜索"、非法侵入他人网络账户、贩卖个人信息、电信网络诈骗等违法行为。

二是全面性。《民法总则》系统全面地规定了民事主体所享有的各项人身、财产权益。从保护公民财产权利的角度来看,《民法总则》首次在法律上使用了"平等"保护民事主体物权的表述(第113条),这是对《物权法》的重大完善。该法对知识产权的客体进行了详尽的列举(第123条),扩张了知识产权的保护范围,进一步强化了对知识产权的保护。[1] 该法强化了对英雄烈士等的姓名、肖像、名誉、荣誉的保护(第185条),有助于弘扬公共道德,维护良好的社会风尚。

三是开放性。从《民法总则》第126条的规定来看,不论是权利还是利益,都受到法律保护。[2] 这不仅与《民法总则》保护民事权益的基本原则(第3条)相对应,而且也为将来对新型民事权益的保护预留了空间,体现了私权保护的开放性。此外,私权的保护在一定程度上界定了公权行使的范围[3],从而也将起到规范公权的作用。可以说,《民法总则》对私权

---

[1] 参见吴汉东:《知识产权"入典"与民法典"财产权总则"》,载《法制与社会发展》2015年第4期。
[2] 《民法总则》第126条规定:"民事主体享有法律规定的其他民事权利和利益。"
[3] 参见王泽鉴:《民法总则》,北京大学出版社2009年版,第12—13页。

的全面保护,为法治奠定了坚实的基础。

(四) 弘扬社会主义核心价值观,完善社会生活的基本规则

《民法总则》第 1 条开宗明义地宣告,要以弘扬社会主义核心价值观为立法目的,倡导自由、平等、公正、法治等价值理念,并确认了诚实信用原则、公序良俗原则等基本原则,要求从事民事活动,秉持诚实、恪守承诺,这有利于强化人们诚实守信、崇法尚德,推进诚信社会建设。① 社会主义核心价值观还体现在各种具体制度和规则之中。例如,《民法总则》规定了民事权利行使和保护的规则,规定"民事主体行使权利时,应当履行法律规定的和当事人约定的义务"(第 131 条),禁止滥用权利(第 132 条),为人们的交往提供了基本的准则。再如,该法确认了自愿实施紧急救助行为造成受助人损害的,救助人可以免除责任(第 184 条),从而鼓励人们积极从事各种救助行为。

民法典被称为"社会生活的百科全书"。民法调整的人身关系和财产关系涉及社会生活的方方面面,直接关系到人民群众的切身利益和生产生活秩序。《民法总则》从维护广大人民群众根本利益出发,完善了社会生活的基本规则。该法广泛确认了民事主体所享有的各项权益,规定了胎儿利益保护规则(第 16 条)、民事行为能力制度、老年监护制度(第 33 条)、英雄烈士人格利益保护(第 185 条)等,实现对人"从摇篮到坟墓"各个阶段的保护,每个人都将在民法慈母般的眼光下走完自己的人生旅程。此外,该法还规定了民事责任制度,切实保障义务的履行,并使民事主体在其私权受到侵害的情况下能够得到充分的救济。

《民法总则》贯彻了私法自治理念,保障民事主体按照自己的意愿依法行使民事权利,不受非法干涉(第 130 条),并确定了私法自治的边界,保障权利的正当行使。该法第一次在法律上确认了法人、非法人组织依据法律和章程规定所作出的决议行为及其效力,从而使大量的团体规约、章程等,也可以适用民事法律行为的规则,并受民法调整。② 为强化社会自治,提升社会治理水平,《民法总则》确定了以家庭监护为基础、社会监护为保障、国家监护为补充的监护体制,形成了国家和社会的良性互动。同时,《民法总则》确定了法人、非法人组织等社会组织的法律地位,并对

---

① 参见李适时主编:《中华人民共和国民法总则释义》,法律出版社 2017 年版,第 8 页。
② 参见[德]迪特尔·梅迪库斯:《德国民法总论》,邵建东译,法律出版社 2013 年版,第 167 页;[德]卡尔·拉伦茨:《德国民法通论》(下册),王晓晔等译,法律出版社 2003 年版,第 433 页。

其名称、住所、章程等作出了更为细致的规定,这有利于充分实现社会自治。另外,《民法总则》在法源上保持了开放性,第一次明确规定,在法律没有规定的情形下可以适用习惯(第 10 条),这就保持了民法对社会生活调整的开放性[1],同时,使民法可以从符合公序良俗的习惯中汲取营养,完善民法规则,也有助于民众将民法规范内化于心、外化于行。

(五) 完善市场经济基本法律制度,维护市场经济的法治环境

民法典被称为市场经济的基本法。[2]《民法总则》的颁行,有力地促进了市场经济法律制度的完善,助推了国家治理能力的现代化。一方面,《民法总则》确认了自愿原则(第 5 条),弘扬私法自治,为社会经济的创新和发展提供了法律保障。马克思说,"法典就是人民自由的圣经"[3]。《民法总则》通过一系列规则,充分保障了民事主体的行为自由。另一方面,《民法总则》通过对各项权利的保护,有力地维护了市场经济的法律环境和法治秩序。此外,《民法总则》还确定了绿色原则(第 9 条),顺应了保护资源、维护环境的现实需要。[4]

《民法总则》完善了市场经济的基本法律制度。在市场主体制度方面,《民法总则》确立了主体平等的原则(第 4 条),有助于市场经济之间的平等交易;同时,该法明确了法人的分类标准,丰富了法人的类型,确立了营利性法人的一般规则,规定了非法人组织的民事主体地位以及责任,从而将有力地释放和激发市场主体的活力。在市场行为规则方面,《民法总则》确立的民法基本原则,都是市场主体所应遵循的基本规则。该法还详细规定民事法律行为的成立、生效等具体规则,并对意思表示的一般规则进行了规定,进一步完善了代理规则,这些都是市场交易的基本规则。在交易客体层面,《民法总则》广泛确认了市场主体所享有的各项财产权利,如对知识产权的客体进行了详尽的列举以及确认对数据等的保护,适应了创新型社会的发展需要。在市场秩序维护方面,《民法总则》强化对

---

[1] 参见〔德〕卡尔·拉伦茨:《德国民法通论》(上册),王晓晔等译,法律出版社 2003 年版,第 10—20 页。

[2] 必须看到,民法典同时应当具有培育和发展市民社会的功能。正如张谷教授所指出的,我们"应当把民法典看做市民社会的基本法,它在市民社会的组织和构建方面具有不可替代的作用"。参见张谷:《对当前民法典编纂的反思》,载《华东政法大学学报》2016 年第 1 期。

[3] 《马克思恩格斯全集(第一卷)》(第二版),人民出版社 1995 年版,第 176 页。

[4] 参见李适时主编:《中华人民共和国民法总则释义》,法律出版社 2017 年版,第 31—32 页。

交易第三人的保护,注重对信赖利益的保护,也有力保护了交易当事人的合理预期,保障了市场经济的有序进行。

二、《民法总则》体现了鲜明的本土性和时代性

(一)《民法总则》的本土性

"法律制度系社会制度之一种,不能背离人类社会生活实态与需求,否则与社会事实脱节,法律即无实用价值,而形同具文。"①《民法总则》从我国实际出发,总结了改革开放以来的立法和司法实践经验,并回应当代中国的现实需要,彰显了其本土性。

一是《民法总则》是对我国民事立法、司法经验总结和提炼的结果,许多制度和规则都是为了解决中国的具体问题而设计的,使得该法具有大量的中国元素。例如,该法第1条开宗明义地宣告,要以弘扬社会主义核心价值观为立法目的,倡导自由、平等、公正、法治等价值理念,有助于实现民法的基本功能和目的。

二是《民法总则》反映了改革的需要,确认了非法人组织的民事主体地位,规定了多种类型的社会组织,有利于激发市场主体活力。此外,该法还明确规定"民事主体的财产权利受法律平等保护"(第113条),将平等保护原则从物权保护扩大到财产权保护,这是对《物权法》的重大完善,也适应了我国当前改革中强化产权保护的现实需要。《民法总则》确定了以家庭监护为基础、社会监护为保障、国家监护为补充的监护体制,形成了国家和社会的良性互动,这也有利于强化社会自治,提升社会治理水平。

三是强调《民法总则》汲取了优秀传统文化的思想精华,弘扬了社会主义核心价值观。这部法律贯彻了讲仁爱、重民本、守诚信、崇正义等。例如,《民法总则》第26条规定:"父母对未成年子女负有抚养、教育和保护的义务。成年子女对父母负有赡养、扶助和保护的义务。"该条其实就是倡导"父慈子孝"、家庭和睦的文化传统。《民法总则》第10条规定:"处理民事纠纷,应当依照法律;法律没有规定的,可以适用习惯,但是不得违背公序良俗。"习惯是"活的法",已经使人们形成了内心的确信,其也是哈耶克所讲的自然生长的秩序。尊重习惯不仅保持了民法的开放

---

① 黄阳寿:《有当事人能力之非法人团体之权利能力论》,汉兴书局1996年版,第3页。

性,从习惯中吸取丰富的民法渊源,滋养民法的精神,而且使民法的内容更为合理,且制定出来后更容易被人们遵守。

(二)《民法总则》的时代性

所谓时代性,是指民法总则的理念、规则、制度应当解决中国的现实问题,反映时代特征,体现时代精神,表现出法律与时俱进的品格。"法与时转则治"(《韩非子·五蠹》),正是因为《民法总则》体现了时代性,才使得民法典真正符合人民的需要、时代的需要和社会的需要。概括而言,《民法总则》的时代性主要表现在如下方面:

第一,《民法总则》体现了时代精神。如果说 1804 年的《法国民法典》是 19 世纪风车水磨时代民法典的代表,1900 年的《德国民法典》是 20 世纪工业社会民法典的代表,那么,我国的民法典则应当成为 21 世纪后工业社会民法典的代表之作。21 世纪时代精神应该是对人的尊严和自由的保护。① 孟德斯鸠曾言:"在民法慈母般的眼里,每一个人就是整个的国家。"② 民法就是人法,强化人文关怀是当代民法的重要发展趋势,它使得整个民法规则发生一种重大的改变,甚至是革命性的改变。《民法总则》许多条款都反映了人文关怀的精神。例如,宣示对弱势群体利益的保护(第 128 条),强化对胎儿利益的保护(第 16 条),强化对被监护人的保护,规定了成年监护制度(第 28、33 条等),规定紧急救助人的豁免权(第 184 条),等等。

第二,《民法总则》反映了时代特征。21 世纪可以用"高科技时代""互联网时代""大数据时代""信息时代""知识经济时代"等概念予以描述。法律是时代的一面镜子。对于时代的需要,《民法总则》积极地作出了回应,主要表现在:

其一,首次在法律上明确规定了隐私权的概念(第 110 条)。在当代,高科技发明面临着被误用或滥用的风险,会对个人隐私等人格权带来现实威胁。有美国学者提出了"零隐权"(Zero Privacy)③,认为我们在高科技时代已经无处藏身,隐私暴露等人格权受侵害的现象已不可避免。"隐私权"作为人格权的确认,有助于解决高科技时代的社会问题。

其二,规定了个人信息权。虽然《民法总则》没有明确使用"个人信

---

① 参见王泽鉴:《民法总则》,北京大学出版社 2009 年版,第 28—30 页。
② 〔法〕孟德斯鸠:《论法的精神》(下册),张雁深译,商务印书馆 1963 年版,第 190 页。
③ See A. Michael Froomkin, The Death of Privacy? 52 Stan. L. Rev. 1461(2000).

息权"的概念(第 111 条),但在解释上也可以认为,其承认了独立的个人信息权。这就反映了互联网时代、大数据时代和高科技时代的特征。

其三,规定了数据的权利。《民法总则》就数据的保护作出了宣示性的规定(第 127 条)。数据如何保护,是一个值得探讨的问题。笔者认为,首先,如果数据具有独创性,则其可以受到著作权法的保护。其次,个人数据中包含的个人私密信息应当受到隐私权的保护。[1] 数据中的个人信息包含了双重属性,即人格属性与财产属性,但其首先是人格属性。就财产属性而言,个人可许可他人使用其信息,可进行商业化利用。最后,即使没有获得知识产权的数据,也要受到法律保护,包括署名权、数据携带权(也有人称为提取权)等。权利人有权禁止或许可他人将数据转移到另一个载体存放,也有权禁止他人传播数据库中的数据。

其四,规定了网络虚拟财产。虚拟财产是伴随着互联网发展而产生的新的财产,如比特币、网游中的装备、账号等。它们与一般的财产的共同之处在于,都具有一定的经济价值,甚至可以在一定范围内流通。在我国的实践中,已经出现了大量的网络虚拟财产纠纷,但法律上一直没有对此作出规定。因此,《民法总则》对网络虚拟财产的保护作出原则性规定(第 127 条),可以为网络虚拟财产的保护提供法律依据。显然,对网络虚拟财产应当受到财产权保护,而不能用人格权保护方法,但对于网络虚拟财产所享有的权利究竟是物权还是债权,目前仍未达成共识。[2]

其五,扩张了知识产权的客体范围。《民法总则》第 123 条第 2 款明确了知识产权的客体,包括作品、发明、实用新型、外观设计、商标、地理标志、商业秘密、集成电路布图设计、植物新品种以及法律规定的其他客体。这就扩大了知识产权的客体范围,从而适应了高科技和知识经济时代的需求,也符合我国建设创新型国家的需要。

其六,确立了绿色原则。在当下,节约资源、保护生态环境比以往任何一个时代都显得更为迫切。《民法总则》第 9 条规定了绿色原则,要求从事民事活动要保护生态环境、节约资源;第 132 规定的禁止滥用民事权利规则。这些规定回应了现代社会突出的环境问题,传承了天地人和、人

---

[1] 参见王利明:《论个人信息权的法律保护——以个人信息权与隐私权的界分为中心》,载《现代法学》2013 年第 4 期;张新宝:《从隐私到个人信息:利益再衡量的理论与制度安排》,载《中国法学》2015 年第 3 期。

[2] 争议可参见林旭霞:《虚拟财产权性质论》,载《中国法学》2009 年第 1 期;许可:《网络虚拟财产物权定位的证立》,载《政法论坛》2016 年第 5 期;梅夏英:《数据的法律属性及其民法定位》,载《中国社会科学》2016 年第 9 期。

与自然和谐共生的我国优秀传统文化理念。

三、《民法总则》作出了重要的制度创新，推动了民法的制度发展

在我国《民法总则》制定过程中，立法机关"既尊重民事立法的历史延续性，又适应当前经济社会发展的客观要求"①。可以说，这是一部既守成又创新的法律。在总结我国民事立法司法经验、借鉴人类法治文明成果的基础上，推动了我国民法制度的发展。一方面，这部法律总结了我国既有民事立法和司法经验，尤其是改革开放以来的经验，摒弃了苏联民法的不当影响（如"民事行为"的概念、诉讼时效届满的胜诉权消灭主义）。另一方面，这部法律也较多地借鉴了比较法上的经验。比较法体现了人类处理法律问题的智慧和经验，可以发挥"工具箱"的作用。从某种意义上说，比较法的借鉴也是"基于寻求某种权威的需要"②。当然，比较法的借鉴并不等同于盲目的"拿来主义"，必须立基于中国的国情。正如梅仲协教授所言，"民事法规，与一国的国情，关系綦切，非一味模仿外国所能济事"③。

具体而言，《民法总则》中的制度创新主要体现在如下方面：

（一）胎儿利益的保护

《民法总则》第16条确立了概括性地保护胎儿利益的规则④，本条规定的突出特点在于：

第一，通过法律拟制技术的运用，赋予胎儿民事权利能力。⑤ 正如梅因所言："在社会进步到了一定阶段时，法律拟制技术是克服法律严格性最有价值的权宜办法。"⑥《民法总则》在尊重"权利能力始于出生"这一规

---

① 李建国：《关于〈中华人民共和国民法总则（草案）〉的说明——2017年3月8日在第十二届全国人民代表大会第五次会议上》。

② 〔比〕马克·范·胡克主编：《比较法的认识论与方法论》，魏磊杰、朱志昊译，法律出版社2012年版，第6页。

③ 梅仲协：《怎样研究民法学？》，载《读书通讯》1940年第9期。

④ 《民法总则》第16条规定："涉及遗产继承、接受赠与等胎儿利益保护的，胎儿视为具有民事权利能力。但是胎儿娩出时为死体的，其民事权利能力自始不存在。"

⑤ 法律拟制是指法律有意识地将两个不同的事实构成等同，以期待取得预期的法律后果。参见〔德〕伯恩·魏德士：《法理学》，丁晓春、吴越译，法律出版社2013年版，第66页。

⑥ 〔英〕梅因：《古代法》，沈景一译，商务印书馆1959年版，第16页。

则(第13条)的基础上,通过法律拟制技术的运用,将胎儿"视为具有民事权利能力"。① 不过,胎儿娩出时为死体的,其民事权利能力又自始不存在,这可以理解为其权利能力是"附解除条件"的。另外,胎儿的权利能力还是有限的,仅在涉及"胎儿利益保护"时才能享有。

第二,扩大了胎儿利益保护的范围。在比较法上,胎儿权利能力的赋予究竟采概括保护模式(即一般性承认胎儿具有民事权利能力,如瑞士),还是具体列举模式(即仅承认所列举的特定情形下胎儿具有民事权利能力,如法国和德国),有不同的做法。② 过去,我国仅明确了,遗产分割时应该保留胎儿的继承份额(《继承法》第28条)。显然,我国既有规定对于胎儿的保护十分有限。《民法总则》不仅明确了胎儿可以继承遗产,而且明确了其可以接受赠与。此外,《民法总则》第16条还使用了"等"字,表明胎儿还可以享有其他利益,从而明确了我国采概括保护模式。例如,胎儿在未出生之前,健康利益需要受到保护的,也应当视为其具有民事权利能力。

(二) 降低自然人无民事行为能力人的最高年龄标准

《民法总则》将自然人无民事行为能力人的最高年龄从《民法通则》规定的10周岁降低到8周岁(第20条),这适应了我国未成年人心智成熟程度的发展变化。此外,这一规定可以使得8岁至10岁的未成年人实施与其年龄和智力水平相适应的法律行为,从而有利于他们的人格自由发展。

(三) 监护制度的完善

《民法总则》延续了《民法通则》的做法,就监护制度作出了规定,而非将其留给民法典的婚姻家庭编。其理论基础大概在于,监护制度主要是对自然人民事行为能力的一种补充,应成为民事行为能力制度的组成部分。该法在总结我国既有立法经验的基础上,又借鉴了国外的经验,完善了既有的监护制度,主要表现在:

第一,构建监护制度的基本思路。《民法总则》构建了监护制度的基本思路,即以家庭监护为基础,以社会监护为补充,以国家监护作为保障。也就是说,没有监护人的,民政部门作为监护人。这就形成了国家治理和社会治理的良性互动。

---

① 参见王泽鉴:《人格权法:法释义学、比较法、案例研究》,北京大学出版社2013年版,第48—50页。
② 参见尹田:《论胎儿利益的民法保护》,载《云南大学学报(法学版)》2002年第1期。

另外，这里所说的"社会监护"并不包括被监护人所在单位。这就废止了《民法通则》原有的做法，是对我国原来"单位办社会"的不当做法的否定。

第二，确立了新的监护理念。在监护制度的规则设计方面，《民法总则》将被监护人视为独立的主体，尊重其独立的意愿，而不再将其作为管理的对象。传统上的禁治产制度认为，对于无民事行为能力人和限制民事行为能力人或有酗酒、吸毒、赌博和胡乱奢侈消费等恶习的人进行约束，由监护人来代替被宣告为禁治产的人管理财产。① 《民法总则》第35条则明确了，对被监护人有能力独立处理的事务，监护人不得干涉。在监护人履行监护职责时，也应当最大限度地尊重被监护人的真实意愿。② 这些规定充分彰显了民法的人文关怀精神。

（四）法人制度的完善

较之于《民法通则》的规定，《民法总则》中的法人制度有较大的发展变化，主要表现在：

第一，采营利法人和非营利法人的分类。《民法总则》没有采纳比较法上比较普遍的社团法人与财团法人的分类方法，而是在总结我国既有的立法经验（即企业法人和非企业法人分类）基础上，采用了营利法人与非营利法人的分类方法。③ 而且，在分类标准上并不是以法人是否从事经营活动为标准，而是以是否将利润分配给成员为标准。④

第二，完善了营利法人的治理结构。公司的治理结构建立在分权的基础上，是以分权制衡为理论依据而构建的。同时，它又是根据所有权和经营权相分离而形成的组织结构。⑤《民法总则》在总结公司治理结构经验的基础上，完善了公司治理的规则，并将其扩张适用于公司以外的营利法人。

第三，完善了营利法人的相关规则。这尤其表现在两个方面：一是出资人滥用权利损害法人或者其他出资人利益的责任（第83条第1款）。

---

① 参见〔德〕卡尔·拉伦茨：《德国民法通论》（上册），王晓晔等译，法律出版社2003年版，第137—141页；〔日〕我妻荣：《新订民法总则》，于敏译，中国法制出版社2008年版，第70—82页。
② 参见余延满：《亲属法原论》，法律出版社2007年版，第497—498页。
③ 参见赵旭东：《民法总则草案中法人分类体系的突破与创新》，载《中国人大》2016年第14期。
④ 参见〔日〕我妻荣：《新订民法总则》，于敏译，中国法制出版社2008年版，第127页。
⑤ 参见〔美〕斯蒂芬·M.贝恩布里奇：《理论与实践中的新公司治理模式》，赵渊译，法律出版社2012年版，第4—10页。

二是就所有的营利法人,确立了法人人格否认制度(第83条第2款)。这就发展了《公司法》第20条所确立的公司人格否认制度,并且将这些规定扩张适用于公司以外的营利法人。

第四,确立了宗教场所的法人资格。在《民法总则》制定之前,因为没有明确宗教活动场所的法人资格,导致寺院、教堂等不能在银行开设账户,房产、机动车等财产也不能登记在宗教活动场所名下。这些都导致宗教场所财产的权属关系混乱,得不到有效保护和监督管理。《民法总则》第92条第2款明确了宗教活动场所法人属于捐助法人的一种类型,具有重要意义。

第五,确立了特别法人制度。《民法总则》专设"特别法人"一节,对机关法人、农村集体经济组织法人、城镇农村的合作经济组织法人、基层群众性自治组织法人等作出规定。这一做法是我国既有法制经验的体现,弥补了营利法人和非营利法人的分类的不足。

(五) 非法人组织制度

《民法总则》首次确认了"非法人组织"的民事主体地位,将其与自然人和法人并列,作为第三类主体。这是我国民事主体制度的重要发展。具体而言,该法确立的非法人组织制度主要包括:

第一,明确了非法人组织的定义和类型。该法明确了非法人组织是不具有法人资格,但是能够依法以自己的名义从事民事活动的组织(第102条第1款)。同时,明确了个人独资企业、合伙企业、不具有法人资格的专业服务机构,属于非法人组织(第102条第2款)。不过,该法对于非法人组织类型的列举是开放性的,为其他组织纳入其中预留了空间。

第二,确立了非法人组织应当依法办理登记的规则。《民法总则》第103条第1款规定:"非法人组织应当依照法律的规定登记。"该条的目的是为了更好地规范非法人组织,从而明确非法人组织参与市场活动的基本条件。

第三,规定了法人一般规则的准用。《民法总则》明确了,如果没有特别规定,非法人组织要参照适用法人的一般规定(第108条)。这一规定避免了非法人组织制度的遗漏,有利于规范其民事活动。

(六) 民事权利制度

《民法总则》设立了独立的"民事权利"一章,这可能是基于两个原因:一是仅用两个条款规定人格权,为未来在民法典分则中独立成编预留空间。二是解决未来民法典很可能不设立债法总则导致的部分债法总则内容的安放问题。此章宣示性地列举了民事主体所享有的各种民事权益。这不仅间接地明确了民法的调整范围,而且,也有助于民众了解自己享有的权利,提升权利意识。

第一,确立了一般人格权的概念,形成了对人格权进行保护的兜底条款。一般人格权(das allgemeine Persönlichkeitsrecht)的概念来自德国,是德国法院司法造法的结果。① 我国长期以来受这一理论的影响。《民法总则》第109条以《宪法》第37、38条为基础,确立了自然人的一般人格权制度,明确了人身自由和人格尊严是一般人格权的价值基础。这一价值基础可以作为人格权保护的判断标准,即判断某种权益能否作为人格利益进行保护时(如挖掘祖坟、砸毁墓碑、人格歧视等案件中体现的权益),就要看其是否体现了人身自由、人格尊严的价值。② 此外,一般人格权还可以发挥兜底性的作用。因为人格权是一个不断发展的、开放的体系,许多新的人格利益(如声音)可能没有被法律所认可,这就需要一般人格权为法官提供裁判依据。③

第二,第一次在法律上明确规定了隐私权的概念和对个人信息的保护。《侵权责任法》仅在第2条关于保护对象中规定了隐私权,而没有从正面规定隐私权。《民法总则》从正面确权的角度规定了隐私权(第110条第1款)。同时,该法还就个人信息的保护作出了规定(第111条),这可以理解为,认可了隐私权和个人信息权的并存。

第三,完善了财产权的平等保护原则。从保护公民财产权利的角度来看,该法首次在法律上使用了"平等"二字,这是对《物权法》的重大完善。《物权法》第4条虽然确立了平等保护原则,但却没有出现"平等"的表述。④《民法总则》第113条明确规定"民事主体的财产权受法律平等保护",彰显了"私权平等"的价值取向。

第四,规定了数据和网络虚拟财产的保护。我国进入了一个互联网时代和大数据时代,在这一背景下,数据和网络虚拟财产成为重要的财产形态。《民法总则》宣示性地强调了对数据和网络虚拟财产的保护(第

---

① 参见王泽鉴:《人格权慰抚金与法院造法》,载《法令月刊》第44卷第12期。
② 参见[德]汉斯·布洛克斯、沃尔夫·迪特里希·瓦尔克:《德国民法总论》(第三十三版),张艳译,中国人民大学出版社2014年版,第296—298页。
③ 参见[德]卡尔·拉伦茨:《德国民法通论》(上册),王晓晔等译,法律出版社2003年版,第170—174页;[德]迪特尔·梅迪库斯:《德国民法总论》,邵建东译,法律出版社2013年版,第805—811页。
④ 《物权法》第4条规定:"国家、集体、私人的物权和其他权利人的物权受法律保护,任何单位和个人不得侵犯。"

127 条),这一规定为我们正在制定的数据和网络财产立法提供了基本法律依据,并且为相关立法的规则设计指明了方向,这实际上也回应了社会的变迁,满足了社会发展的需要。

第五,首次确立了禁止权利滥用的规则。《民法总则》第 132 条确立了禁止权利滥用的规则,这是我国民法上首次对此作出规定,从而提醒人们注意权利行使的合理边界,保障权利的正当行使。①

(七) 民事法律行为制度

民事法律行为制度是私法自治的工具②,也是私法自治原则的重要体现。因为私法自治原则就是"个体基于自己的意思为自己形成法律关系的原则"③。《民法总则》在我国既有的法律和司法解释等的基础上,完善了民事法律行为制度的若干规则,主要包括:

第一,就决议行为作出了初步的规定。该法就决议行为的成立作出了规定(第 134 条),为决议行为的规范奠定了基础,也在一定程度上推进了民商合一。

第二,首次确立了意思表示解释的规则。《民法总则》在总结《合同法》立法经验的基础上,就意思表示的解释作出了规定(第 142 条),填补了《民法通则》的制度空缺。该条区分了有相对人的意思表示和无相对人的意思表示,分别采表示主义和意思主义的立场,具有积极意义。④

第三,首次确立了通谋虚伪表示的规则。该法首次明确了,通谋虚伪表示无效的规则(第 146 条第 1 款),同时,明确隐藏行为的效力认定规则(第 146 条第 2 款),弥补了既有的制度缺失。

第四,首次规范了第三人欺诈和第三人胁迫的民事法律行为的效力。该法将第三人欺诈和第三人胁迫纳入传统的欺诈和胁迫制度之中(第 149、150 条),从而完善了既有的制度。

第五,将原有的乘人之危制度合并到显失公平制度之中。《民法总

---

① 参见〔德〕汉斯·布洛克斯、沃尔夫·迪特里希·瓦尔克:《德国民法总论》(第三十三版),张艳译,中国人民大学出版社 2014 年版,第 282—283 页;〔日〕我妻荣:《新订民法总则》,于敏译,中国法制出版社 2008 年版,第 32—38 页;〔德〕迪特尔·梅迪库斯:《德国民法总论》,邵建东译,法律出版社 2013 年版,第 108—115 页。

② 参见〔德〕迪特尔·梅迪库斯:《德国民法总论》,邵建东译,法律出版社 2013 年版,第 141 页。

③ 〔德〕维尔纳·弗卢梅:《法律行为论》,迟颖译,法律出版社 2013 年版,第 1 页。

④ 参见〔德〕汉斯·布洛克斯、沃尔夫·迪特里希·瓦尔克:《德国民法总论》(第三十三版),张艳译,中国人民大学出版社 2014 年版,第 72—82 页。

则》第151条废止了《民法通则》中的乘人之危制度,将其整合到显失公平制度之中,避免了原来两个制度并列带来的困扰。

第六,废止了《民法通则》中可变更法律行为制度。《民法总则》取消了法官享有的变更当事人之间的法律行为的权力,这对于贯彻私法自治原则具有积极意义。

(八) 代理制度

代理制度属于广义的民事法律行为制度的组成部分,但考虑到其可以自成体系,《民法总则》专设一章予以规定。概括而言,该法中代理制度的发展主要表现为:

第一,明确了共同代理的规则(第166条)。这为实践中数人同时作为代理人时如何行使代理权确立了规则。

第二,首次确立了禁止自己代理和双方代理的规则(第168条)。这不仅有助于避免代理中的利益冲突,而且为司法实践提供了明确的裁判标准。

第三,增设了职务代理制度(第170条)。这有助于解决实践中法人或非法人组织工作人员在其职权范围内实施法律行为的效力问题。

(九) 民事责任制度

为了强调民事权利的保护,《民法总则》继续了《民法通则》的做法,专设"民事责任"一章。此章的制度发展主要表现为:

第一,认可了惩罚性赔偿是民事责任的一种特殊方式(第179条),将其纳入我国民事责任体系之中。

第二,废止了《民法通则》中的民事制裁制度,解决了实践中民事制裁导致的对当事人利益不当损害的问题。

第三,就自愿实施紧急救助造成受助人损害,明确了无论救助人是否具有重大过失都不必负责的规则(第184条),这是对实践中"老人倒了扶不扶"问题的有力回应。[1]

第四,就侵害英雄烈士等的人格利益的行为,明确了行为人要承担民事责任(第185条)。这是对我国"狼牙山五壮士案""邱少云案"等案件中暴露出来的侵害烈士、英雄等名誉问题的回应。[2]

---

[1] 参见李适时主编:《中华人民共和国民法总则释义》,法律出版社2017年版,第576页。

[2] 参见李适时主编:《中华人民共和国民法总则释义》,法律出版社2017年版,第579—580页。

第五,在民法典总则的层面确立了民事责任优先性规则(第187条),以强化对私人权利的保护。

(十) 时效和期间制度

时效可以分为诉讼时效和取得时效。考虑到取得时效应当在民法典物权编中规定,《民法总则》仅就诉讼时效作出了规定。从《民法总则》第九章和第十章的规定来看,时效与期间制度表现出如下发展:

第一,将《民法通则》规定的两年的诉讼时效延长为三年(第188条),以强化对债权人权利的保护。

第二,新增了非完全民事行为能力人对其法定代理人的请求权,自法定代理终止之日起算的规则(第190条)。这是为了强化对未成年人、精神障碍者等的保护。

第三,首次规定了未成年人遭受性侵害的,诉讼时效期间自其年满18周岁之日起算的规则(第191条)。这对于保护受侵害的未成年人具有重要意义。

第四,明确了不适用诉讼时效的请求权的范围(第196条)。这就使得绝对权请求权、不动产和登记的动产物权的返还请求权等被排除在其适用范围之外。

第五,明确了诉讼时效制度的强行法性质。《民法总则》不允许当事人就诉讼时效的期间、计算方法以及中止、中断的事由作出约定(第197条第1款)。

第六,首次明确了诉讼时效制度可以适用于仲裁时效的确定。从我国现行法来看,规范仲裁的法律(如《劳动争议调解仲裁法》)一般对仲裁时效作出了规定,但为了避免法律的遗漏,《民法总则》将诉讼时效的规则扩张适用于仲裁时效(第198条)。

第七,新增规定期间计算方法的任意法性质。《民法总则》借鉴了比较法上的经验,允许当事人通过约定限制或排除其适用(第204条)。

四、《民法总则》制度与规则的完善

总体上,《民法总则》的历史贡献和时代意义是主要的,不过,因为立法思路所限、立法中的制度依赖、理论准备不充分等各种原因,最终审议通过的《民法总则》也存在一些不足之处。

(一) 存在较多的制度缺失

"作为法典起草的基本方针,是制定一部简明的法典还是一部详细的法典,一部抽象的法典还是一部具体的法典,这是困扰法典起草者的大问题。"①就此问题,在我国民法典编纂中,也存在两种不同的观点:一种观点认为,民法典应当定位为民事基本法,规定总体上比较抽象和原则,具体的问题留给司法解释和学说。另一种观点认为,民法典编纂应当强调法典中心主义,尽可能发挥其规范作用,避免失去其私法一般法的地位。虽然哪一种观点更有利于我国的法治建设还有进一步思考的空间,但笔者更倾向于后一种观点。民法典编纂的最初目的就是要实现法典中心主义,这也就意味着,我们要注重民法典作为私法一般法的地位,其应当规定民法的基本内容。② 如果民法总则过多地依赖司法解释和民事特别法,就在一定程度上背离了法典中心主义的要求。

从法典中心主义和民事立法体系化的要求出发,民法典应当"最大范围内尽可能地就所有的民事事项作出规范"③,就私法关系"作通盘完整的规范"④。比较遗憾的是,我国《民法总则》在诸多问题上并没有作出规定,从而导致较多的制度缺失。当然,就制度和规则的缺失与否的确定,学者之间也难以取得共识。笔者依据自己对于民法总则制度和社会生活实践的理解,认为目前的《民法总则》存在如下制度缺失:

第一,第一章"基本规定"。此章第 10 条就民法的法源作出了规定,改变了《民法通则》第 6 条以"政策"作为法源的做法,值得肯定。但是,仅规定了法律和习惯(实际上应为习惯法)是民法的法源,但是,没有明确如果没有习惯,法官依据何种法律渊源(如是否可以依据法理)进行裁判。

第二,第二章"自然人"。此章对于自然人的规定,存在若干的制度缺失,主要包括:一是没有规定限制民事行为能力人的法定代理人不同意或不追认时的救济措施,法律上应当确立申请法院的同意或追认以代替法定代理人的同意或追认的制度,否则,无法保护限制民事行为能力人的利

---

① 〔日〕民事改正研究会:《日本民法典修正案Ⅰ》,朱晔、张挺译,元照出版有限公司 2016 年版,第 190—191 页。

② 参见〔日〕民事改正研究会:《日本民法典修正案Ⅰ》,朱晔、张挺译,元照出版有限公司 2016 年版,第 386—387 页。

③ G. Svarez, Vorträge über Recht und Staat, in: Hermann Conrad, Recht und Verfassung des Reiches in der Zeit Maria Theresias, 1964, S. 629.

④ 王泽鉴:《民法总则》(增订版),中国政法大学出版社 2001 年版,第 22 页。

益。二是也没有规定人体胚胎的法律地位以及是否受到法律保护的问题,这会给实践带来困扰。三是在遗嘱监护中,如果被监护人的父母双方指定的监护人不同,如何确定监护人(如以后死亡的父母一方的指定为准),《民法总则》并没有作出明确规定。四是没有规定监护人有正当理由时的辞任制度,这就不利于平衡监护人和被监护人的利益。五是缺失监护监督人制度,这就无法回应现实中监护人怠于履行监护职责、滥用监护权的现象。六是缺失财产代管人制作财产清册的规则,这可能不利于预防纠纷的发生,也不利于防止财产代管人滥用权利的行为。

第三,第三章"法人"。此章的制度缺失包括如下方面:一是没有规定社团罚的规则。所谓社团罚,是指针对违反社团章程或作出其他违背社团利益行为的成员的纪律措施。① 目前我国法律缺乏对社团罚的规范,造成了法律空白。二是业主团体的地位不明确。随着我国民众居住方式的改变,业主团体(而非业主委员会)成为社会中重要的组织,法律应当对其民事主体作出回应。三是公法财团法人制度的缺失。公法人的重要类型是公法财团(如社保基金),如果"特别法人"基本上就是公法人,应当在此一节中规定公法财团。四是"特别法人"一节采用封闭式列举的方法,只列举了四种类型的特别法人,但实际上,符合特别法人条件的社会组织是客观存在的,而且将来也会不断出现,完全采用封闭式列举,则不利于确立这些组织的法律地位。

第四,第五章"民事权利"。此章虽然构建了较为完整的民事权利制度,但是考虑到我国将不设债法总则,合同法的债法规则,如不当得利、无因管理等较为复杂,尤其是不当得利制度,在许多国家已经成为合同、侵权之外的第三大领域。②《民法总则》仅用一个条款对其作出规定,而未来又不设置独立的债法编,这将导致制度规则的严重缺失。仅靠目前总则中的一个条文(第122条),无法有效规范当事人之间的关系,也无法实现本法第1条确立的"调整民事关系"的立法目的。

第五,第六章"民事法律行为"。此章的制度缺失主要表现为:一是没有规定民事法律行为制度对于准民事法律行为的准用规则。二是没有明确完全民事行为能力人暂时无意识或精神错乱情况下所实施的法律行为

---

① 参见〔德〕迪特尔·施瓦布:《民法导论》,郑冲译,法律出版社2006年版,第115—116页。

② 参见肖永平等:《英美债法的第三支柱:返还请求权法探析》,载《比较法研究》2006年第3期。

无效的规则。三是缺失了限制行为能力人没有得到法定代理人同意所实施的单方行为无效的规则。四是没有规定真意保留的规则。五是没有规定戏谑表示的规则。六是缺失了无效法律行为的转换规则。① 七是没有规定民事法律行为附不法条件、附不能条件、附既成条件的规则。八是欠缺附条件和附期限法律行为中当事人应当取得的权益的保护和处分的规则。

第六，第七章"代理"。此章的制度缺失主要包括：一是没有明确代理的适用范围可以扩大到准法律行为的规则。二是没有规定法定代理中的共同代理规则。三是没有规定代理行为瑕疵的认定规则，即原则上如何就代理人予以确定。四是缺失法定代理中的复代理规则。五是没有规范借名实施的法律行为（即经过出名人的允许）和冒名实施的法律行为（即未经出名人的允许），导致无法对社会问题作出有效回应。②

第七，第八章"民事责任"。此章的制度缺失主要包括：一是没有规定自助的规则，这不利于民众的自力救济。二是缺失了请求权竞合的一般性规则，目前仅在第186条规定了侵权责任和违约责任的竞合，对于其他请求权竞合（如不当得利返还请求权和侵权损害赔偿请求权的竞合）却没有规范。

第八，第九章"诉讼时效"和第十章"期间计算"。这两章的制度缺失主要包括：一是没有明确规定基于身份关系而发生的不以财产利益为内容的请求权（如子女返还请求权）不适用诉讼时效。二是没有明确规定夫妻关系是时效中止的事由，这不利于司法实践的统一。三是没有就人身损害赔偿请求权规定较长的诉讼时效期间（如10年，参见《德国民法典》第197条），以强化民法的人文关怀。四是没有就期间的自然计算法作出规定。所谓自然计算法，是指依据时间单位以计算时间的方法。我国《民法通则意见》第198条第1款对此作出了规定③，遗憾的是，《民法总则》第十章基本上是就历法计算法作出的规定，而缺失了自然计算法的规则。

（二）存在一些法律体系化方面的欠缺

民法典编纂的重要任务之一就是要实现民事立法的体系化。民法典

---

① 参见〔德〕迪特尔·梅迪库斯：《德国民法总论》，邵建东译，法律出版社2013年版，第395—403页。

② 参见〔德〕迪特尔·梅迪库斯：《德国民法总论》，邵建东译，法律出版社2013年版，第693—695页。

③ 《民法通则意见》第198条第1款规定："当事人约定的期间不是以月、年第一天起算的，一个月为三十日，一年为三百六十五日。"

编纂中要实现的体系化可以从两个方面理解：一是形成外在体系。二是形成内在体系。所谓外在体系，是指以一定的逻辑方式对从各种生活事实层面抽象所得的法的概念、制度加以建构的体系；而所谓内在体系，是指反映民法内在论证关联的根本价值取向体系。① 简言之，外在体系是制度规则体系，而内在体系是价值体系。②

就推动民法外在体系的形成方面，《民法总则》存在如下问题：

第一，民法典总则与分则之间重复现象较为严重。《民法总则》应当与民法典的各个分编共同组成有机的整体。③ 但是，《民法总则》在一定程度上未能很好地与分则编协调。这尤其表现在"民事权利""民事法律行为""民事责任"等章节可能与未来民法典分则编存在较多的重复。例如，该法就物权规定了物权法定原则（第116条），还明确了物权的客体（第115条），但这些内容原本属于民法典物权法编的固有内容，总则中的规定难免与未来民法典的物权法编重复，将来这些规定究竟应当规定在总则中，还是规定在分则中，还有待于进一步完善。

第二，一些分类标准存在不够严谨之处。在外在体系方面，我国立法机关明确了民法典编纂要在总则中规定民法的共性规则，但是，在民法总则立法中，有时却没有贯彻"提取公因式"这一立法技术。例如，在法人制度中，该法采营利法人和非营利法人的分类，并且以是否将利润分配给成员作为分类标准，但在非营利法人中，以取得利润是否分配作为标准，这本身就是值得商榷的。因为非营利法人本来不是为了追求利润，谈不上利润分配问题。再如，特别法人中，农村集体经济组织与村民委员会都作为法人，但二者之间存在许多交叉之处，如何有效区分二者，仍然值得探讨。

第三，规则与规则之间的内在关联性也不明确。例如，《民法总则》以专节的形式对特别法人作出了规定，但各种特别法人之间（如机关法人与农村集体经济组织法人、合作社法人等）的关联性并不明确，将其规定在一节中，各种特别法人是否存在制度上的关联，其在规则适用上是否有相似和可参考之处，并不明确。

---

① Vgl. Philipp Heck, Begriffsbildung und Interessenjurisprudenz, 1932, S. 139 ff., 转引自朱岩：《社会基础变迁与民法双重体系建构》，载《中国社会科学》2010年第6期。

② 关于"外在体系"和"内部体系"的讨论，参见〔德〕卡尔·拉伦茨：《法学方法论》，陈爱娥译，商务印书馆2003年版，第316—362页。

③ 参见〔德〕萨维尼：《当代罗马法体系》（第一卷），朱虎译，中国法制出版社2010年版，第301—302页。

第四,一些规则不够严谨。例如,《民法总则》第166条规定的共同代理放在委托代理中,但其并不仅仅适用于委托代理,也可以适用于法定代理。该法第171条第3款规定:"行为人实施的行为未被追认的,善意相对人有权请求行为人履行债务或者就其受到的损害请求行为人赔偿,但是赔偿的范围不得超过被代理人追认时相对人所能获得的利益。"该条规定在无权代理的情形下,如果行为人的行为未被追认,善意相对人有权请求无权代理人履行债务。该规定缺乏相应的法理基础,因为相对人并没有与无权代理人订立合同的意愿,无权代理人也没有此种意愿。

在诉讼时效制度中,依据《民法总则》第196条第2项规定,"不动产物权和登记的动产物权的权利人请求返还财产"不适用诉讼时效的规定,这是否意味着,未登记的动产物权就可以适用诉讼时效的规定?这一规定显然存在一定的问题,因为物权请求权原则上并不适用诉讼时效制度。例如,甲外出打工几年,其家传古董如果被他人侵占,依据该条规定,其返还请求权可能会受到诉讼时效的限制,这显然是不合理的,也不符合人们的惯行观念。

(三) 人格权条款的规定明显不足

《民法总则》虽然用3个条款(第109、110、185条)规定了人格权保护,尤其是这3个条款第一次规定了一般人格权(第109条)、确认了隐私权和对个人信息的保护(第110条),但从总则关于人格权的规定来看,实际上,相对于世界发展趋势和现实的社会需要,还显得过于原则,未能彰显全面保护人格权益的立法目的。① 要全面保护主体的合法权益,显然不能认为总则的三个条文足以保护全部的人格利益。近几十年颁行的民法典,如1991年的《魁北克民法典》、2002年的《巴西民法典》、2009年的《罗马尼亚民法典》,都有十多个条文规定了人格权,这表明,最新的立法趋势是进一步强化对人格权的保护。② 即使和《民法通则》相比,也是不足够的,因为《民法通则》用了9个条文保护人格权。而在《民法通则》颁布三十多年后,我国人格权保护已经取得了长足的进步,如果将来人格权不能独立成编,那就意味着《民法总则》对人格权的保护还不如《民法通则》,这显然是不妥当的。还要看到,《民法总则》第2条在确定民法的调整对

---

① 参见〔日〕星野英一:《私法中的人——以民法财产法为中心》,王闯译,载梁慧星主编:《民商法论丛》(第八卷),法律出版社1997年版。

② 参见王泽鉴:《人格权法:法释义学、比较法、案例研究》,北京大学出版社2013年版,第13—40页。

象时,明确规定调整平等主体的自然人、法人和非法人组织之间的人身关系和财产关系,并且将人身关系置于财产关系之前,可见,与《民法通则》第2条相比较,该条更凸显了对人身关系的重视。这实际上表明,我国民法典要求进一步强化对人身权益的保护。财产关系已经在分则中分别独立成编,表现为物权、合同债权,而人身关系主要分为两大类,即人格关系和身份关系,身份关系将表现为婚姻、继承,而人格关系则没有对应设编,因此,如果人格权不能独立成编,将成为我国民法典体系的一大缺陷。

有一种观点认为,《民法总则》对人格权仅作简略规定,将为民法典分则中人格权独立成编埋下伏笔。如此设计,毫无疑问是科学合理的。笔者认为,民法典分编制定过程中,应当设立人格权法编,一方面,人格权独立设编是保障每个人人格尊严的需要。我国现在已经成为全球第二大经济体,四十多年改革开放使我国人民生活水平有了很大提高,在这一背景下,更应当重视对个人人格尊严的保护。我国《宪法》第38条确立了"人格尊严"条款。这一规定实际上确立了国家的义务,要求立法机关通过立法的形式落实人格尊严的保护。而人格权法独立设编就应当是履行这一义务的重要途径。另一方面,人格权独立设编也是回应高科技时代、互联网时代和大数据时代的需要。因为所有高科技发明都给人类带来了巨大的福祉,但也都面临着被误用或滥用的风险,它们都有一个共同的副作用,就是对个人隐私和人格权的威胁。① 所以,应当将对人格权的保护作为21世纪民法的重点议题。在实践中,"人肉搜索"泛滥、网络谣言泛滥、非法跟踪、非法窃听、非法收集个人信息、贩卖个人信息、性骚扰等现象都表明,我国人格权保护事业还任重道远,需要在民法法典化进程中加强人格权立法。这是21世纪时代精神和时代特征的体现,也是落实党的十八届四中全会提出的"加强人权方面的立法的要求"的具体举措。因此,可以考虑将人格权的详细内容在独立成编的人格权法中作出详细规定。②

以上意见,仅为一孔之见,是笔者在研习《民法总则》后的一点体会,难谓成熟,提出来仅供立法机关参考。

民法是社会生活的百科全书,是市场经济的基本法,是保护公民权利

---

① See A. Michael Froomkin, The Death of Privacy? 52 Stan. L. Rev. 1461(2000).
② 详尽讨论可以参见王利明:《论民法总则不宜全面规定人格权制度——兼论人格权独立成编》,载《现代法学》2015年第3期;王利明:《再论人格权的独立成编》,载《法商研究》2012年第1期;王利明:《人格权制度在中国民法典中的地位》,载《法学研究》2003年第2期。

的宣言书。民法典是数代民法学人的梦想。在《民法总则》颁行之后,我国将开始民法典分编的制定工作,最终完成民法典的编纂。我们期盼,立法机关能够广泛凝聚共识,制定一部立足于中国国情、广泛借鉴世界优秀法律文化成果的、面向 21 世纪并屹立于世界民法典之林的中国民法典!

民商合一体制下的民法总则[*]

在党的十八届四中全会提出"编纂民法典"之后,作为制定民法典的第一个步骤,我国已启动了民法总则的制定。民法总则的制定首先涉及民法和商法的关系,即是制定一部调整所有民商事关系的民法总则,还是在民法总则之外单独制定一部商法总则?这是民法总则制定过程中的重大疑难问题。笔者认为,现行立法采民商合一体例,不仅符合我国的现实需要,也顺应了世界民事立法的发展趋势。民法总则的内容和体系仍然应当按照民商合一的体制构建。

一、应当在民商合一体例下制定民法总则

民商合一体制的重要特点就在于强调民法总则统一适用于所有民商事关系,统辖合伙、公司、保险、破产、票据、证券等商事特别法。在民商合一体制下,如何制定一部系统完善的民法总则,使其有效地涵盖商事交易规则,这是一个世界性的难题。在大陆法系,《德国民法典》首创民法总则,但其是按照民商分立的体制进行建构的。而采民商合一立法体制的立法,如《意大利民法典》《荷兰民法典》等,大多没有采纳德国的五编制模式来设定系统、完整的民法总则。所以,在民商合一的立法体制下构建系统完善的民法总则体系,在比较法上缺乏先例可循。

改革开放以来,我国已经先后制定了一系列商事特别法,虽然学理上对我国民商事立法应采民商合一还是民商分立体例一直存在争议,但在立法体例上,我国已经作出了明确的选择,即以民法统一调整平等主体之间的人身关系和财产关系,商事法律在性质上属于民事特别法,在商事法律没有就相关问题作出特别规定时,相关的纠纷仍应适用民法的一般规则。1986年颁行的《民法通则》第2条明确规定:"中华人民共和国民法调整平等主体的公民之间、法人之间、公民和法人之间的财产关系和人身

---

[*] 原载《法商研究》2015年第4期。原标题为《民商合一体例下我国民法典总则的制定》。

关系。"依据该条规定,我国民法统一调整平等主体之间的财产关系。《民法通则》并未根据主体或行为的性质来区分普通民事主体和商事主体、民事行为和商事行为,并在此基础上规定不同的行为规则,即我国民法不分民商事关系而统一调整平等主体之间的财产关系,其采纳的就是民商合一体例。

在《民法通则》确定的体系下,商法是作为民法的特别法而存在的,并未与民法相分立。或者说,《民法通则》致力于构建一个民商统一的私法秩序。具体表现为:在主体制度中,其并未区分民事法人和商事法人,而统一规定了包括合伙、企业法人等在内的各类民商事主体;在法律行为制度中,其并未区分所谓民事行为和商事行为,而构建了统一的民事法律行为制度;《民法通则》和《合同法》确立的代理制度还包括了传统商法的相关制度,如表见代理、商事(间接)代理等;《民法通则》也未区分民事时效和商事时效,而规定了统一的时效制度。可见,我国现行民法通则的内容实际上是按照民商合一的体例构建的。根据《民法通则》第 2 条所确立的民商合一精神,《合同法》也采取了民商合一的立法体例,并积累了一些成熟的经验。《合同法》总则可以普遍适用于各种民事和商事合同,《合同法》分则也统一调整各类合同关系,规定了建筑工程合同、融资租赁合同、仓储合同、运输合同、行纪合同等商事合同,而没有作出民事合同和商事合同的区分。《物权法》也根据民商合一体制确立了具有商事性质的担保制度,如商事留置权、应收账款质押等。实践证明,此种做法不仅顺应了民商合一的立法发展趋势,而且确立了统一的民商事规则,统一调整传统的商行为和普通的民事法律行为,也有利于法官适用统一的规则处理合同纠纷。

之所以应当在民商合一体例下制定民法总则,具有如下几个方面的原因。

第一,民法总则是私法的基本法,它应当普遍适用于所有平等主体之间的关系。即使在采纳民商分立的一些国家,学者也大多认为民法是普通私法,商法是特别私法,民法是私法的核心。[1] 民法与商法都是规范、调整市场经济交易活动的法律规则,在性质和特点等方面并无根本差异[2],二者实际上还都具有共同的调整手段和价值取向,都以调整市场经济作

---

[1] 参见〔葡〕马沙度:《法律及正当论题导论》(第二版),黄清薇、杜慧芳译,澳门基金会、澳门大学法学院 2007 年版,第 66—67 页。
[2] 参见赵万一:《商法基本问题研究》,法律出版社 2002 年版,第 113—116 页。

为其根本使命。① 但民法总则应当是所有民事法律关系的一般性规则，可以说是私法的"基本法"，民法总则的这一固有属性和地位决定其可以适用于商事主体之间的关系。例如，意大利在制定民法典之时，立法者认为，全部的私生活要反映在同一部法典中，并以民法典作为基本法，因此其选择了民商合一的立法体例。②

第二，民法总则可以有效地指导商事特别法。民商合一体例的核心在于强调以民法总则统一适用于所有民商事关系，统辖商事特别法。需要说明的是，尽管我国采用民商合一体例，但不能简单地将民商合一理解为民法典要将所有商事法规都包含在内，民法典不宜包括商事特别法。民商合一并不追求法典意义上的合一，而在很大程度上只是主张应将单行的商事法视为民法的特别法，受民法总则的统辖。③ 可见，民商合一主要强调民法总则对商事特别法的指导意义，民法典的总则部分要在内容上能够适用于商事领域，这就需要极大地充实和完善民法总则的内容，使其能够统辖民事活动和传统商事活动。这也意味着，我们不宜制定商法总则来作为统辖各商事法律的一般总则，而主要应当通过完善的民法总则来调整传统商法的内容。④ 具体而言，一方面，通过民法总则的指导，各商事特别法与民法典共同构成统一的民商法体系。民法总则是对民法典各组成部分及对商法规范的高度抽象，诸如权利能力、行为能力、意思自治原则、诚实信用原则、公平原则和等价有偿原则等，均应无一例外地适用于商事活动。⑤ 另一方面，通过民法典统一调整民商事活动，不需要制定独立的商法总则。事实上，民法典主要通过民法总则指导商法，这有利于实现民商事立法的体系化，因为如果仅有商事特别法，而缺乏民法总则的指导，各商事立法就会显得杂乱无章，有目无纲，而且无论每部商事特别法的规定如何详尽，也仍不免挂一漏万，在法律调整上留下许多空白，各商事特别法在价值上和具体规则上也可能存在一定的冲突，这就需要通过民法总则统一调整各种民商事关系。例如，民法的主体制度是对商

---

① 参见马特主编：《民法总则讨论教学教程》，对外经济贸易大学出版社 2006 年版，第 20 页。
② 参见费安玲：《1942 年〈意大利民法典〉的产生及其特点》，载《比较法研究》1998 年第 1 期。
③ 参见石少侠：《我国应实行实质商法主义的民商分立——兼论我国的商事立法模式》，载《法制与社会发展》2003 年第 5 期。
④ 参见魏振瀛：《中国的民事立法与民法法典化》，载《中外法学》1995 年第 3 期。
⑤ 参见赵中孚主编：《商法总论》，中国人民大学出版社 1999 年版，第 7 页。

品经济活动的主体资格的一般规定,公司不过是民法中典型的法人形式,对公司法律地位的确认、公司的权利能力和行为能力,公司的财产责任以及公司的监管等,都不过是法人制度的具体化。① 此外,所有这些商事法规都要适用民事责任制度,特别是民法典中的侵权责任制度。民法总则是更为抽象和一般的规定,应为其在商法领域内的适用留下空间,以便在商事特别法存在法律漏洞的情况下,法官仍可以根据民法总则的相关规定加以解释或者创造新的商事法律规则,弥补法律漏洞。

第三,商事特别法缺乏独特的原则、价值、方法和规则体系,难以真正实现与民法的分立。民商分立的立法体例强调构建民法和商法两套不同的法律规则和制度,但问题在于,如何判断某一法律规则究竟应属于民事规则还是商事规则?在现代社会,每个人都可能参与市场交易,这就使得区分商人和非商人、商事行为和民事行为、商事代理和民事代理、商法上的时效与民法上的时效变得越来越困难。民商分立的立法模式将调整平等主体关系的法律规则人为地区分为两套规则,这就难免导致民法与商法内容的矛盾和重叠。迄今为止,并没有形成一套精确的区分民法规则与商法规则的标准,这无疑会增加法律适用上的困难。同样的一种交易行为,因交易当事人的身份和交易的动机不同而适用不同的法律,显然是不妥当的。

除此之外,作为商法独立存在基础的独立的商人阶层也不复存在,依据商人和非商人来区别适用法律的社会经济条件已经消失,这也从根本上动摇了商法部门独立的意义。最早的商法产生于贸易频繁的地中海沿岸,当时有独立的商人阶层存在,并且因为不存在形式意义上的民法典,而调整村社的地方习惯无法满足商业的充分需求,所以产生了适应商业需求的独立商事法庭、根基于商事管理的商事规则,以实现商人阶层的职业特权。② 但随着历史的发展,独立的商人阶层已不复存在,独立的商事审判观念、程序和规则也被统一于民事审判观念、程序和规则之中。在法典化运动中,虽然法国和德国都制定了独立的商法典,但其影响与民法典不可同日而语。我国民国时期主张民商合一,其中一个重要的理由就在于,"查民商分编,始于法皇拿破仑法典,唯时阶级区分,迹象未泯,商人有

---

① 参见王保树:《商事法的理念与理念上的商事法》,载王保树主编:《商事法论集》(第一卷),法律出版社1997年版,第8页。

② 参见〔美〕哈罗德·J.伯尔曼:《法律与革命——西方法律传统的形成》,贺卫方、高鸿钧、张志铭等译,中国大百科全书出版社1993年版,第413页。

特殊之地位,不另立法典,无法适应之……我国商人本无特殊地位,强予划分,无有是处"①。随着市场经济的发展,人们在经济领域的行为自由进一步增强,各国普遍承认了所谓"营业自由"(包括择业自由、开业自由和交易自由),这就导致个人在经济活动领域中身份的变化越来越频繁。参与经济活动的主体具有普遍性,可以说,在现代市场经济社会中,"商人和非商人的区分已经逐渐为经营者和消费者的区分所替代。传统意义上的(独立的)商法(droit commercial)——这是过去的历史遗迹——迟早要被商事法(droit des affaires)或者经济活动法(droit des activités économique)所取代,后者的范围更为广泛"②。每个主体都可能参与市场交易,法律也不宜再依主体身份来提供特定保护。③

第四,商事活动的特殊性不能否定民法总则对商事特别法的指导意义。应当承认,商事特别法中确有一些与民法不同的规范,但这种差异更多表现为具体内容、规范对象上的差异,在基本规则的适用上,其与民法并无本质区别。实际上,正如学者所指出的:"如果要问哪些剩余部分是真正的商法,结果会显示这一部分确实不多。"④因此,即便商事活动存在一定的特殊性,但民法总则对商事特别法仍具有指导意义。例如,商事习惯对于引导和规范商事交易具有重要意义,民法总则可将商事习惯规定为法律渊源,但商事习惯的具体运用规则应当在合同法、物权法、公司法等法律中规定。我国《合同法》规定交易习惯可作为合同解释的依据,也可作为合同漏洞填补的根据,并可优先于任意法而适用。这在一定程度上就解决了合同关系领域中商事惯例的适用规则问题。再如,商法上所说的代理不同于民法的特殊之处似乎在于,其有间接代理、表见代理、隐名代理、职务代理等制度的存在。但事实上,上述制度完全可以纳入民法总则的代理制度中。我国《合同法》第49条规定了表见代理,第402、403条规定了间接代理制度。因此,完全可以通过民法总则中的代理制度涵盖这些商事交易中的代理。至于商法所说的经理权和代办权也可以看作民法中职务代理、委托代理等的特殊类型。

最后需要指出的是,传统商法可能具有自己的独立价值,但从法律的发展来看,商法的价值日益影响到民法的价值,从而为民法所借鉴和吸收。由

---

① 方俊杰:《最新商事法论》,庆业印务局1938年版,第345页。
② Rubrique, Droit commercial, cejee 11. monblogue. branchez-vous. com.
③ 参见郭锋:《民商分立与民商合一的理论评析》,载《中国法学》1996年第5期。
④ [德]C. W. 卡纳里斯:《德国商法》,杨继译,法律出版社2006年版,第19页。

于"民法商法化,来自于商法的一些制度正在变成普遍的规则,所以也产生了商事化(commercialised)的趋势"①。现代民法本身在价值方面具有多元性和开放性的特征,传统商法的一些价值也可以逐渐融入民法的价值体系中来。正如有学者所指出的,民法与商法的关系,恰如冰川与雪的关系,商法为冰川上的雪,虽不断有新雪落下,但降落后便逐渐与作为冰川的民法相融合,为民法所吸收。② 具体而言,一是对信赖利益及交易安全的保护。对信赖利益的保护,本来是传统商法中重要的价值理念,现在也已经成为民法的重要价值理念。例如,就外观主义而言,民法中对此也多有体现。民法的表见代理、善意取得等制度都体现了信赖利益保护的精神。二是效率价值,现代民法越来越重视效率价值:一方面,现代市场经济是以经济效益为特征的,如果交易是高成本、低效率的,则其不符合市场经济的要求。这就决定了现代民法必须将鼓励交易、降低交易成本作为其重要任务。有鉴于此,我国《合同法》严格限定合同无效的事由,规定严格的合同解除程序和条件,确立合同形式自由原则等,也是为了充分鼓励交易,促进经济的发展和财富的增加。另一方面,现代社会资源稀缺,不能适应人类持续发展的需要。因而,资源的有效利用成为民法的重要任务。我国《物权法》第1条所规定的"发挥物的效用"也容纳了效率价值。以促进物尽其用为其基本宗旨,目的即在于鼓励人们最有效率地利用资源、创造财富。这些都表明,民法正从侧重维护公平逐步转向侧重追求效率。因此,从价值的体系化角度考虑,也没有必要单独制定商法典或商事通则。③ 因此,德国有学者认为,商法规范的特点仅能为一个独立的法律部门提供很微弱的依据,"商法在实质性内容上和民法没有深刻的不同。能作为商法这个独立法律部门的基本特征的,实在不多。……区别于民法实质性的独立性并不存在"④。

总之,我国民法总则的制定应当在民商合一体例下完成。无论是民法典的基本价值还是民法总则制度的具体构建,都必须以该体例为背景

---

① Denis Tallon, Civil Law and Commercial Law, in International Encyclopedia of Comparative Law, Vol. 8, Specific Contracts, Chap. 2, J. C. B. Mohr (Paul Siebeck), 1983, p. 4.

② 参见张谷:《商法,这只寄居蟹——兼论商法的独立性及其特点》,载《东方法学》2006年第1期。

③ 参见伍治良:《"总纲+单行法"模式:中国民法形式体系化之现实选择——兼评民法典体系性之缺陷》,载张礼洪、高富平主编:《民法法典化、解法典化和反法典化》,中国政法大学出版社2008年版,第396页。

④ 〔德〕C. W. 卡纳里斯:《德国商法》,杨继译,法律出版社2006年版,第11页。

进行设计。这一体例不仅有助于实现民法典的体系化,而且有助于构建科学合理的民法总则内容体系。

二、不宜在民法总则之外另行制定商法总则

如前所述,我国未来民法典不可能将各种商事特别法纳入其中,只能通过民法总则对公司法、保险法、票据法等进行指导和统辖。因此,"民商合一"在很大程度上就是以一部民法总则统辖各个民商事法律,而不能在民法总则之外另行制定商法总则。这也留下了一个法律上有争议的话题,即为什么在民法总则之外不能另行制定一部商法总则来统辖商事特别法,而必须通过民法总则来统辖?近年来,我国有学者主张制定商事总则,即通过商法总则统一调整商事活动,协调各商事特别法之间的关系。应当看到,这种观点考虑到了商事特别法的特殊性及在各个商事特别法之上制定统一规则的必要性,这对于促进商事立法体系化具有重要意义。相对于制定大而全的商法典而言,这种模式更为简便易行。

接下来的问题是,如何规定商事一般规则?对此,有两种立法模式可供选择:一是在民法总则之外制定独立的商法总则,二是通过民法总则统一规定有关的商事一般规则。笔者认为,我国未来的立法应当采取后一种模式,即不宜在民法总则之外另行制定商法总则。其主要理由在于:

第一,独立的商法总则将人为造成基本民事制度的分裂。不可否认,商事特别法存在一些共同的规则,如关于主体制度和代理制度的规定,但这些规则完全可以规定在民法总则中。如果在民法总则之外制定独立的商法总则,那么,在民法总则设计时,就应当区分商人和非商人、商行为和民事行为等,从而分别设计相应的规则,这可能人为割裂基本民事制度,不当限缩民法总则的适用范围,即民法总则不再是统一调整交易关系的法律规则,而仅仅是调整普通民事活动的法律规则,这也将从根本上影响民法私法基本法的地位。因此,从比较法上看,即便是采用民商分立立法体例的国家,其民法总则中的主体规范、法律行为规范等,也都适用于商法。在这一背景下,即便在商法总则中对上述制度作出规定,也很可能是叠床架屋式的简单重复。笔者认为,一部严格区分"民"与"商"的民法总则,并非真正意义上的总则,它的调整范围和功能将大为缩减。另外,自《民法通则》颁布以来,我国长期以来采取的是民商合一的立法体例,法官已经习惯于适用民法总则中的法律行为、时效等制度来处理纠纷。只有

遇到特殊情形,才适用商事特别法中的相关规定。因此,如果在民法总则之外制定独立的商法总则,会影响法官准确适用法律,徒增司法成本。尤其是,在民法典之外制定单独的商事总则,再单独规定法律行为、代理等制度,就会形成两套制度,这也会给法官适用法律带来不必要的麻烦。① 事实上,即使在民商分立国家,商法规范往往也需要和民法规范结合起来运用,如德国学者所指出的,在实际案例中,商法规范很少自己单独适用,而往往是和民法规范的所有原则相结合的。② 在我国,这种情况表现得更为明显,如违反《证券法》第86条的规定购买上市公司股份达到一定比例后未进行公告而继续买卖的效力,仍然要结合《合同法》第52条第5项关于强制性规范的规定加以认定。

第二,商法总则难以提出周延的法律概念。例如,若规定商法总则,就要对商行为及其构成要素、特征和法律后果作出规定。然而,抽象的商行为究竟如何定义,其在性质上是否为法律行为,是否以意思表示为构成要素,如何产生特定的法律效果,与民法的法律行为如何区分等,都是立法和司法实践中一直没有厘清的问题。有学者认为,我国存在着诸如合同、代理、证券交易、期货买卖、营业信托、商业票据、商业银行、商业保险、海商等方面的法律,所以可以认为我国已经建立了"具体商行为"制度。③ 但是,"商业活动丰富多彩,商行为的表现形式复杂多样"④,商事总则很难从这些具体的商行为中抽象出商行为的一般规则,即便是一些学者总结出的一些关于商行为的特征,也不周延,尤其没有超出民事法律行为概念和特征的基本范畴。

第三,商法总则难以概括出商事特别法的共同规则。从具体制度来看,商法总则的共性规则主要是有关商主体、商誉、商事登记、商业账簿、商行为、商事代理等的规则。但事实上,我国《民法通则》和《公司法》《合伙企业法》等民事特别法律已经对这些内容作出了一些规定。例如,《民法通则》关于法人人格权的规定可以适用于商誉保护,《合同法》对商事代理作出了规定,《物权法》关于商事留置权也有规定。在这一背景下,若

---

① 参见王玫黎:《通则上的民商合一与各商事单行法独立并行——中国商事立法模式的选择》,载《政治与法律》2006年第3期。
② 参见〔德〕C.W.卡纳里斯:《德国商法》,杨继译,法律出版社2006年版,第6页。
③ 参见范健:《论我国商事立法的体系化——制定〈商法通则〉之理论思考》,载《清华法学》2008年第4期。
④ 范健:《论我国商事立法的体系化——制定〈商法通则〉之理论思考》,载《清华法学》2008年第4期。

仍规定商法总则,必将引发总则性规定与这些商事规则之间的重复或矛盾。相对于民法而言,商事特别法的许多特殊规则缺乏抽象性和概括性,商事特别法大都是就商事领域中的特殊问题所作出的具体规定,其个性远远大于共性,很难用一般的通则规定出来。例如,2004年深圳市人民代表大会修正的《深圳经济特区商事条例》专门用一章规定了"商业账簿",这些规则在公司法中尚有较大的适用余地,但是在票据法、保险法和海商法中,则很难适用。再如,要制定一个商法总则,势必要规定所谓商主体的设立规则和运行制度,但是,不同企业的设立条件和运作模式存在巨大的差异,要想抽象出统一的规则是十分困难的。这些规则只能由公司法、合伙企业法等商事特别法分别作出规定。如保险、证券、海商等具有自己特殊的规范,在这种情况下,无法归纳出商事领域的一般通则。① 因此,所谓商法总则同样存在过于抽象而难以完全指导每一个商事领域的问题。即使强行制定商法总则,其主要也是一些松散规范的集合,而欠缺内在的体系性与完整性,难以有效协调与各商事特别法的关系。

第四,制定商法总则将导致法律规则的叠加、重复,增加法律适用的难度。制定商法总则的一个重要理由在于,其有利于协调各商事特别法之间的关系,减少各商事特别法之间的矛盾和冲突,从而实现商事立法的体系化。但如前所述,因为制定商法总则后,势必形成两套主体制度、行为制度等,这可能导致法律体系的混乱和法律规则适用的困难,也会影响民法典市场经济基本法的地位。从实践来看,这种情况在一些地方也开始出现。例如,在《深圳经济特区商事条例》等地方性法规出台之后,《公司法》《合伙企业法》等特别法中关于商事登记的规范仍然有效,二者之间可能存在一定的叠加、重复,甚至冲突,这就会增加法官适用法律的困难。再如,《深圳经济特区商事条例》第51条第1款规定:"代理商是固定或持续地接受委托,代理其他商人或促成与其他商人进行交易的独立商人。"第52条第1款规定:"代理商在代理其他商人或促成与其他商人交易时,必须首先与委托人订立代理合同,否则其行为适用民事法律的有关规定。"根据这两条规定,代理分为民事代理和商事代理,"与委托人订立代理合同"成为区分二者的主要标准,这也就是说,如果订立了代理合同,则不适用《民法通则》的规定,如果没有订立代理合同,则商人之间的代理要适用民事法律。该规则和民法的相关规则不一致,而且在民法已经对

---

① 参见张加文:《我国制定民法典应坚持民商合一》,载《山西省政法管理干部学院学报》2001年第3期。

相关纠纷作出规定的情形下,从法律适用层面看,相关条例的内容将形同虚设,缺乏实际价值。

第五,商业活动要求不断创新,这导致商法的规则也经常会产生一定的变动。而制定商法总则需要对商业活动的规则进行抽象性规定,可能难以适应商事交易规则的变动,其规则很可能被单行法架空,因此,独立的商法总则将制约商法规范的新发展。相比较而言,单行商法的形式便于及时作出修正,从而更好地适应商事交易规则频繁变化的特点。例如,就商事担保而言,近年来出现了许多新型的担保形式,如股权质押、应收账款质押、收费权质押以及让与担保等非典型担保深刻地改变了传统的担保规则。由此可以看出,若在商法总则中建构统一的商行为规则,要么会过于抽象,难以有效发挥其规范功能,要么会过于具体,无法适应商事交易的急剧变化。

采用以民法总则统辖商事特别法的模式,一方面可形成价值的统一性,即在整个民法总则中将民商事价值各种价值统一起来,贯彻在整个民法的内容体系之中。另一方面,其也可以实现外在体系的统一性,构建完整的民商事法律制度,以一部民法总则来统一调整。如果要单独制定商法总则,实际上是要制定两套主体、两套法律行为、两套时效和两套代理制度,可能导致法律适用的混乱。① 据学者考证,在20世纪之后的民事立法之中,还没有哪个国家制定一般的商法总则。② 采用这种模式,既可以实现法律制度的内在统一,避免体系冲突,降低法律适用的成本,也有助于尊重个别商事部门法的特殊性,避免无谓的抽象性规范干扰商事部门法的有效运行。可见不制定商法总则更符合立法趋势。

总之,我国民法总则的制定应当坚持民商合一体制,以一部民法总则统辖所有的基本民商事法律规则,从而实现对民商事活动的统一调整,为此,在民法典制定过程中,应当尽可能将商事特别法的共性规则纳入其中。通过完善的民法总则来涵盖传统商法的内容,统一协调各商事特别法的关系。当然,这并不意味着一部民法总则是包罗万象的,可以将所有的商事规则都纳入其中,确实,有一些商法的共性规则,如营业转让等,难以完全纳入民法总则之中,将来是否有必要单独制定商事通则涵盖这些商事活动的共性规则,则有待于进一步探讨。

---

① 参见魏振瀛:《中国的民事立法与民法法典化》,载《中外法学》1995年第3期。
② 参见王玖黎:《通则上的民商合一与各商事单行法独立并行——中国商事立法模式的选择》,载《政治与法律》2006年第3期。

三、民商合一体制下民法总则的具体构建

　　民法总则的制定本身是民商事法律体系化的根本标志。我国民法典的编纂应当坚持民商合一的体制,即从民法典总则到民法典分则,再到商事特别法,从而形成一个完整的民商合一的内在逻辑体系。一方面,从内在价值层面来说,民商合一的体系就是要将民法、商法共同的平等、自由、正义、效率等价值观念统一加以规定。既然民法总则对商事特别法具有指导作用,必然要求民法总则自身应具有很强的包容性和开放性。也就是说,民法典要吸纳商法的一些价值理念,从而具有普遍适应性,能够适用于商法以及其自身发展的需要。这就要求民法总则规则的设计应当尽可能考虑商事特别法的规则和商事活动的特殊性,相关规则的设计也应当保持一定的开放性。另一方面,从外在规则体系来说,应当明确民法典总则与商事特别法是一般法与特别法的关系。此外,在民法总则中也应当设置专门的衔接或引致条款,以表明其可以适用于商事特别法。例如,在法律行为制度之中,可以规定公司章程的制定等行为适用决议行为的一般规则。

　　按照民商合一体制构建民法总则,具体应从以下几个方面着手。

(一) 以私法自治作为统辖商事特别法的基本原则

　　私法自治是私法的基本原则,也是私法与公法相区别的主要特征。民法通过"私法自治给个人提供一种受法律保护的自由,使个人获得自主决定的可能性。这是私法自治的优越性所在"[①]。正是因为私法充分体现了私法自治原则,市场主体才享有在法定范围内广泛的行为自由,从而依据自身的意志从事各种交易和创造财富的行为。和民法一样,商法也需要以私法自治作为一项基本原则和基础,这实际上需要民法确定价值的基本取向。我国现行立法一般使用"自愿"原则[②],严格地说,"自愿"原则的表述不如"私法自治"原则清晰、明确。自愿只是表明民事主体愿意从事某种法律行为,但此种表示能否产生应有的法律拘束力。另外,私法

---

　　① 〔德〕迪特尔·梅迪库斯:《德国民法总论》,邵建东译,法律出版社 2000 年版,第 143 页。
　　② 例如,《民法通则》第 4 条规定:"民事活动应当遵循自愿、公平、等价有偿、诚实信用的原则。"《合同法》第 4 条也规定:"当事人依法享有自愿订立合同的权利,任何单位和个人不得非法干预。"

自治保障个人具有根据自己的意志,通过法律行为构筑其法律关系的可能性。① 而自愿原则没有体现意思的拘束力,而且其主要着眼于意思形成时的自愿,而意思自治的内涵要宽泛得多。一旦采用意思自治,则可以把商法、商事特别法所应体现的基本原则都囊括其中。例如,在公司法领域,按照私法自治原则,就应当允许自主订立章程,并使章程具有其应有的拘束力。又如,民法典中的主体制度应当贯彻私法自治原则,全面落实负面清单的基本要求,保障主体的行为自由,要求对市场主体实行"法无禁止即可为",对政府则实行"法无规定不可为"。

(二) 在法律渊源方面应承认商事习惯

民法总则应当将商事习惯规定为法律渊源。也就是说,在不违反社会公德和社会公共利益的情况下,可以将商事习惯作为法律渊源,在法律解释上要尊重商事习惯。习惯具有长期性、区域性、惯行性的特点。它是人们行为中所自觉或不自觉受其约束的一种规则②,主体需要依据交易惯例和特别规则规范自己的行为,这些惯例往往会给商事主体施加较重的注意义务,体现了商事活动自律性的特点。例如,在"曾意龙与江西金马拍卖有限公司、中国银行股份有限公司上饶市分行、徐声炬拍卖纠纷案"中,最高人民法院认为,"三声报价法"是拍卖行业的惯例,"虽然法律、拍卖规则对此种报价方式没有规定,但行业惯例在具体的民事活动中被各方当事人所认同,即具有法律上的约束力,本案拍卖活动的当事人必须遵守"③。在法律渊源方面,承认商事习惯不仅为法官裁量提供了依据,更重要的是,其也可以成为沟通民法总则和商事特别法之间的桥梁,从而实现商法和民法的接轨。

(三) 构建统一的主体制度

民法中所讲的"人",范围广泛,包容性极强,其既可以是商人,也可以是非商人。考虑到民法总则应具有一定的抽象性和广泛的适用性,在民法总则的主体制度中不宜规定关于公司、合伙、独资这三类企业的具体规则,而应当留待商事特别法解决。但由于我们采纳了统一的主体制度,对

---

① 参见〔德〕迪特尔·梅迪库斯:《德国民法总论》,邵建东译,法律出版社 2000 年版,第 8 页。
② 参见姜堰市人民法院:《司法运用习惯 促进社会和谐——人民法院民俗习惯司法运用经验》,载公丕祥主编:《审判工作经验(三)》,法律出版社 2009 年版,第 338 页。
③ 最高人民法院办公厅编:《中华人民共和国最高人民法院公报(2006 年卷)》,法律出版社 2007 年版,第 176 页。

于法人、合伙及其他组织的一般规则,民法总则要作出规定,以便指导商事特别法的立法及适用,同时,当在相关的商事特别法中找不到具体规则时,仍应适用民法总则中主体制度的一般规定。值得强调的是,随着我国市场经济的发展,市场主体日益多元化,民法总则应当在此基础上,对各种从事民商事交易的市场主体作出规定。近年来,我国虽然修改了《合伙企业法》,确立了有限合伙这一新型主体形态,但总体而言,我国法律认可的市场主体类型仍然比较简单,不能满足市场的多样化需求。特别是与经济发达国家相比,我国的市场主体类型还不够丰富,未能满足我国当前经济发展的实际需要,需要进一步丰富和扩展。在民法总则中,有必要在自然人和法人之外,确认独资企业、普通和有限合伙企业、基金及适应市场需求的其他商事组织的主体地位。主体制度中也可以适当规定商事主体的登记等内容,并尽可能地涵盖到所有类型的商事主体。

商法上所说的商主体,常常是指依法通过商事登记而设立的各类主体,因此,商事登记成为商法的重要内容,但商事主体登记的一般规则也可以纳入民法总则中,在主体部分对商事登记作出一般性规定,从而统领各类商事登记。对于商事登记中的特别规则,则可以通过制定独立的"商事登记法"予以规范。此外,关于商事账簿,民法总则的主体部分可作适当的规定,如要求企业法人应当设置商事账簿,也可以对商事账簿应当包含的一般内容作出规定(例如,要求包括会计账簿和财务会计报告等)。而商事账簿的具体内容可通过既有的《会计法》等法律、法规加以规定。从比较法上看,《德国商法典》虽然规定了有关商事账簿的规则,但法律学者对该部分内容较少涉及,对该部分的研究和应用主要是会计、审计等领域的工作。因此,民法总则只需要规定商事账簿的一般规则。

(四) 构建统一的法律行为制度

法律行为被认为是私法的核心。[1] 民商合一必然要求法律行为制度中包含商行为的内容。在潘德克顿五编制体系中,总则的核心则在法律行为制度。[2] 德国虽然采用民商分立体制,但其法律行为制度发挥了统一调整交易关系的作用。由于商行为的特殊性已日渐式微,目前已难以和民事行为相区别,完全可以通过统一的法律行为制度加以调整。现行商

---

[1] Vgl. Eisenhadt, Deutsche Rechtsgeschichte, 3. Aufl., C. H. Beck., 1999, S. 230.

[2] Vgl. Flume, Allgemeiner Teil des Bürgerlichen Rechts, Band 2, Das Rechtsgeschäft, Springer, 1992, S. 1.

事立法仅规定了如何规范具体的商事活动,而关于商事交易的一般规则的解释与适用仍须结合民法的一般规则加以考虑。法律行为包含了共同行为、决议行为、双方法律行为、单方法律行为等,从而可以涵盖商行为(如公司决议行为、制定章程的行为等)。至于商主体从事的商事活动,也完全可以依据法律行为的一般规则认定其成立和效力,例如,根据法律行为生效要件确定公司发起协议的效力等。此外,民法总则中的法律行为制度还应当规定完整的关于法律行为的解释规则,这些规则可普遍适用于各种商事交易活动。因此,民法总则应当依据民商合一体制构建统一的法律行为制度,而不能采用民事法律行为和商事法律行为的区分。当然,民事法律行为要考虑到商行为的特殊性,例如,注意外观主义的适用、更强调交易的便捷。

(五) 构建统一的代理制度

民商合一也意味着要求构建统一的代理制度。一方面,在民法总则中,应有必要承认间接代理等制度。所谓间接代理,是指代理人以自己的名义,为了被代理人利益而实施的代理行为。大陆法系国家民法一般将间接代理称为行纪,如德国民法学界就将间接代理的适用归入《德国商法典》第383条以下的行纪(Kommissionär)。[1] 但我国《合同法》对行纪合同作出的规定,其在性质上即属于间接代理。我国的代理制度主要规定在《合同法》中,其总则第49条对表见代理作出了规定,其第402、403条规定了间接代理。但代理制度的适用范围不应限于合同领域,而应适用于整个法律行为,因此,代理制度均应纳入民法总则之中。一旦它们被纳入总则,就需要重新构建代理制度,尤其应当对间接代理制度作出规定,并明确间接代理制度和直接代理制度的区别和联系,界定其适用范围,便于法律适用,从而与直接代理共同构成统一的代理法律制度体系。此外,在代理制度的构建中,也要借鉴商法的基本原则。例如,外观主义对表见代理产生了重要影响,这一制度的设计也应当能够适用于商事领域。

(六) 构建统一的时效制度

我国民法总则中的时效制度应当适用于所有民商事领域,因此,其属于统一的时效制度。从实践来看,我国的时效制度统一适用于民事领域和商事交易,不存在两套时效制度。但考虑到商事交易的便捷要求及商事主体的特殊性,商事活动中的时效期间原则上应当短于民事活动中时

---

[1] Vgl. Helmut Köhler, BGB Allgemeiner Teil, 34. Aufl., Beck, 2010, S. 149.

效期间。因此,民法总则中应当允许商事特别法就特殊时效作出规定。同时,如果商事特别法没有规定,则商事活动也应当适用民法总则中统一的时效制度。因此,商事特别法中的特殊时效制度与民法总则中关于时效的一般规定并不矛盾,可由民法总则的时效制度统一调整。

总之,民法总则的具体制度设计应当根据民商合一体制构建。从而使民法总则真正发挥统辖商事特别法的功能,并真正实现民商事法律的体系化。

论公序良俗原则与诚实信用原则的界分[*]

公序良俗原则与诚实信用原则都是民法的基本原则,早在1986年,我国《民法通则》就已经确认了这两项基本原则[①],《民法总则》又分别在第7、8条明确规定了诚实信用原则和公序良俗原则。这两项基本原则都是对民事主体行为的基本要求,从价值理念上看,公序良俗原则与诚实信用原则都体现了对社会公共道德的维护,都反映了社会主流的价值观和道德观,而且二者都在一定程度上具有弥补法律规定不足、限制私法自治的功能。[②] 这两项基本原则在适用中存在许多交叉和重合之处,在许多情况下,违反诚实信用的行为同时也违反公序良俗。因此,二者在适用过程中有一定的交叉,在司法实践中,往往出现法官同时援引两项基本原则作出裁判的情况。例如,在《最高人民法院公报》刊载的"莒县酒厂诉文登酿酒厂不正当竞争纠纷案"中,法院在裁判中就同时援引了这两项原则进行裁判。[③] 笔者认为,这两项基本原则在适用要件、适用范围、功能等方面存在区别,应当对二者进行必要的区分,这也有利于司法实践中准确适用这两项基本原则,充分发挥二者的功能。本文拟对此谈几点意见。

一、适用范围的区别

诚实信用原则与公序良俗原则都起源于罗马法,但二者产生的路径并不相同。诚信原则最早起源于罗马法,被称为"善意"(bona fides)[④],具

---

[*] 原载《江汉论坛》2019年第3期。
[①] 尽管《民法通则》没有明确确认公序良俗原则,但一般认为,《民法通则》第7条事实上确立了该原则。
[②] 参见石宏主编:《〈中华人民共和国民法总则〉条文说明、立法理由及相关规定》,北京大学出版社2017年版,第18—21页。
[③] 参见《最高人民法院公报》1990年第3期。
[④] 例如,罗马法中除所谓善意第三人、善意占有和取得及守信履约之外,还有善意行为、善意诉讼等概念。

有法律原则的功能。① 一些学者认为,诚实信用原则起源于罗马法的"一般恶意抗辩"(cexceptio doli generalis)。根据裁判官法,在当事人因误信有债的原因而承认的债务实际上并不存在时,可以提出诈欺抗辩,以拒绝履行。同时依市民法规定,当事人如因错误而履行该项债务时,得提起"不当得利之诉"(condictio indebiti)。② 其对于法律关系内容的控制、填补以及合同条款的解释都能够发挥作用。③ 当然,罗马法上的诚实信用原则仅适用于一些特殊的情形,在罗马法中权利行使自由(Ouiiure utitus nemini farit inicuriam)的原则,包括行使权利不得含有加害意思(Animus Vicno nocendi)及应善意衡平(Konum acquum)进行诉讼程序的内容④,其中就包括了诚信的思想。从立法层面看,诚实信用原则最早为1804年的《法国民法典》第1134条所正式确认,并为后世民法普遍认可,逐渐成为一项"帝王规则"。

公序良俗的概念同样起源于罗马法。按照罗马法学家的看法,所谓公序,即国家的安全、人民的根本利益;良俗即人民的一般道德准则,这两个概念的含义非常广泛,而且是随着社会的发展而不断变化的。例如,优士丁尼的《学说汇纂》就认为,订立合同约定终身不结婚或者必须结婚、必须信奉某种宗教或者不信奉某种宗教、限制宗教和遗嘱自由等的行为,以及以赌博为内容的行为等都属于违反公序良俗而无效的行为。⑤《法国民法典》将两者统称为公序良俗。⑥ 而《德国民法典》仅规定了善良风俗,而没有采纳公共秩序的概念。⑦

从公序良俗原则和诚实信用原则产生的历史渊源来看,二者产生的路径并不相同,这也导致二者在适用范围上存在一定的差别。诚信原则主要适用于权利行使和债务履行中,而公序良俗原则主要适用于维护公共道德和公共利益的情形。《法国民法典》中的诚信原则仅适用于合同法,但自1861年《巴伐利亚王国民法典草案》和1866年《德累斯顿草案》

---

① Vgl. Roth/Schubert, in: Münchener Kommentar zum BGB, §242, Rn. 17.
② 参见何孝元:《诚实信用原则与衡平法》,三民书局1977年版,第14页。
③ Vgl. Roth/Schubert, in: Münchener Kommentar zum BGB, §242, Rn. 17.
④ 参见林诚二:《民法理论与问题研究》,中国政法大学出版社2000年版,第5页。
⑤ 参见周枏:《罗马法原论》(下册),商务印书馆1994年版,第599页。
⑥ 《法国民法典》第6条规定:"个人不得以特别约定违反有关公共秩序和善良风俗的法律。"日本民法也采纳了这种规定,参见《日本民法典》第90条。
⑦ 参见《德国民法典》第138、826条。

(Dresdener Entwurf)开始,诚信原则已经被视为一项债法的基本原则①,并最终在《德国民法典》第242条中获得确认。20世纪以来,诚信原则在大陆法系国家民法中得到迅速发展。1907年的《瑞士民法典》最早突破了诚信原则仅适用于债法的德国法模式,而将其作为民法的一项基本原则加以规定。该法典第2条规定:"任何人都必须诚实信用地行使其权利,并履行其义务",这不仅将诚信原则的适用由单纯约束义务人扩张至对权利人行为的规范,更将诚信原则的适用由债务关系扩张至一般的民事权利义务关系,从而真正明确了诚信原则的地位和作用。《日本民法典》最初并未规定诚信原则,但经过战后修改,该法典也将其作为一项民法的基本原则加以规定。按照王泽鉴教授的看法,在德国民法中,尽管诚信原则在体系上规定于债编之中,实际上它是一项基本的法律,不仅要适用于民法,还适用于公法及诉讼法,所以诚实信用实际上被称为"帝王条款"(der Könige Paragraph),君临一切法域。② 可见,诚信原则主要是用来规范当事人的交易行为,防止当事人从事有损商业道德的行为。

公序良俗原则也是民法中广泛适用的一项基本原则,严格地说,公序良俗是由公共秩序和善良风俗所组成的。公共秩序一词本身并没有十分确定的含义。"有时候它所包含的内容,完全就是法律演变过程中,立法或司法功能上,最根本的伦理、政治和社会等诸原则和概念;而某些时候,它本身就只是一法律名词,而意味着'公共利益的好处',意即任何合法行为,若有侵害大众或违反公共利益之虞时,即应加禁止。"③在缺乏可供援引的规则的情况下,法官根据公共政策的考虑而作出裁判,已成为适用法律的一种方式。④ 所谓善良风俗,简称良俗,也称为社会公共道德,它是指由社会全体成员所普遍认许、遵循的道德准则。⑤ 史尚宽认为,良俗,即善良风俗,是指"社会之存在及其发展所必须之一般道德",且须为"现社会所行的一般道德"⑥。依据《德国民法典》第138条第1款,违反善良风俗的法律行为无效,《日本民法典》第90条、《瑞士债法典》第20条也采用了

---

① Vgl. Roth/Schubert, in: Münchener Kommentar zum BGB, §242, Rn. 18.
② 参见王泽鉴:《民法学说与判例研究》(第一册),三民书局1979年版,第330页。
③ 邓衍森:《法律哲学上司法造法的若干问题》,载《东吴法律学报》第1卷第2期。
④ See Percy H. Winfield, Public Policy in the English Common Law, 42 Harv. L, Rev. 76 (1928).
⑤ Vgl. Brox/Walker, Allgemeiner Teil des BGB, 32. Aufl., Carl Heymanns Verlag, 2008, Rn. 329, S. 138.
⑥ 史尚宽:《民法总论》,中国政法大学出版社2000年版,第334页。

类似的表述。由此可见,公序良俗原则在交易关系中,主要起到的是防止交易损害国家和公共利益的把关作用。

虽然我国《民法总则》在确定两项基本原则的同时,没有界定二者不同的适用范围,但从总体上看,两者所调整的民事关系的范围不同。诚实信用原则传统上适用于合同法等领域,但现在有逐渐扩张的趋势。通常其主要适用于财产关系,尤其是交易关系,以弥补当事人意思自治的不足,但该原则很难适用于人身关系,如人格权、婚姻、继承等领域,在侵权责任关系中通常也不适用诚实信用原则。而公序良俗具有很强的道德评价色彩,其适用范围较为广泛,可以适用于婚姻、继承等领域。从微观上看,二者在适用中也存在一定的区别,具体体现为:

第一,当事人之间的关联程度并不完全相同。诚实信用原则虽然适用范围较为广泛,但当事人依据诚实信用原则所负担的义务本质上是一种较高的注意义务,其一般适用于当事人之间存在一定的关联关系的情形,而善良风俗则一般适用于当事人之间不存在特别关联的情形。[1] 也就是说,一般情况下,如果当事人之间不存在特殊的关联,则应适用善良风俗原则,而不宜适用诚信原则。

第二,当事人之间是否存在允诺关系不同。依据《民法总则》第7条的规定,"民事主体从事民事活动,应当遵循诚信原则,秉持诚实,恪守承诺"。这就意味着在诚信原则适用的情形下,一方通常对另一方作出了一定的允诺,因此依据诚信原则,当事人应当按照自己作出的允诺履行义务,言而有信。[2] 这种允诺既可能是一方对对方作出了允诺,也可能是双方互相作出的允诺。例如,在合同订立后,履行期到来前,如果一方合理信赖另一方会履行,并为履行作出准备,而另一方未尽到协力、准备等义务,也可能构成对诚信原则的违反。甚至在一方对另一方作出允诺后,如果没有订立正式的书面文本,在特别情形下,法律也规定依据诚信原则,当事人应当遵循允诺。[3] 但是在

---

[1] 参见于飞:《公序良俗原则与诚实信用原则的区分》,载《中国社会科学》2015年第11期。

[2] 参见石宏主编:《〈中华人民共和国民法总则〉条文说明、立法理由及相关规定》,北京大学出版社2017年版,第18页。

[3] 最高人民法院《关于审理商品房买卖合同纠纷案件适用法律若干问题的解释》第3条规定:"商品房的销售广告和宣传资料为要约邀请,但是出卖人就商品房开发规划范围内的房屋及相关设施所作的说明和允诺具体确定,并对商品房买卖合同的订立以及房屋价格的确定有重大影响的,应当视为要约。该说明和允诺即使未载入商品房买卖合同,亦应视为合同内容,当事人违反的,应当承担违约责任。"

适用善良风俗原则的情形下,当事人之间通常并不要求存在允诺关系,只要从事某种民事活动,就应当遵守善良风俗原则,因为善良风俗是个人从事民事行为的底线性要求。

第三,双方是否存在信赖关系不同。在适用诚信原则的情形下,即便当事人没有作出允诺,但对方当事人基于信赖关系,也要求当事人在行为时必须遵守诚实信用原则,以保护当事人之间的合理信赖。19 世纪法国法社会学家杜尔克姆曾提出了社会有机体学说,认为社会是一个整体,每个人是这个整体不可分割的部分,基于社会连带的思想,所以合同各方应当负担协力义务。[1] 在市场经济社会,交易中的协作关系变得更为重要。合同的双方当事人都不应辜负对方的合理期待,任何一方都必须尊重另一方的利益。正是因为合同所表现的交易不是一种零和游戏,而是一种互赢的关系,因此,依据诚信原则,合同当事人负有协作、协力的义务。[2] 诚实信用原则主要是为了保护对方当事人的利益。因此,该原则往往赋予一方当事人要求另一方当事人为特定行为的权利,如合同当事人可以基于此原则要求其履行附随义务。而公序良俗原则往往侧重于保护第三人的利益和一般社会大众的利益,因此,公序良俗原则的适用并不要求当事人之间存在信赖关系。从这一意义上说,公序良俗原则设定了私法自治的框架,消极地限制法律行为的效力,当事人通常并不能以此为基础要求对方当事人为特定行为。

第四,是否涉及公共利益不同。诚实信用原则一般是对当事人之间行为的要求,一方当事人违反诚信原则,通常也只是损害对方当事人的利益,而通常不会损害社会公共利益。而当事人违反公序良俗原则的行为则虽未必损害对方当事人的利益,但一定会危及社会公共秩序和公共利益。公共秩序包含对国家最为重要的社会制度与秩序;善良风俗的范围要相对狭窄,一般是指特定社会良好的道德与观念。[3] 一般而言,作为交易当事人的行为标准而言,诚实信用的要求显然高于公序良俗的要求。也正是因为如此,诚实信用原则更容易被违反,而善良风俗则旨在划定行

---

[1] 参见刘波、黄昭宇:《英国学派多元主义与社会连带主义论争——一种比较视角》,载《国际观察》2009 年第 1 期。

[2] 参见郑强:《合同法诚实信用原则价值研究——经济与道德的视角》,载《中国法学》1999 年第 4 期。

[3] Muriel Fabre-Magnan, Droit des obligations, 1-Contrats et engagement unilatéral, PUF, 2016, pp.77-79.

为人行为的底线,违反善良风俗会直接导致行为的无效。①

二、两者的价值和功能不同

价值是制度的灵魂,制度是价值的体现。民法原则的价值受不同历史时期、不同历史文化传统和不同社会经济条件等方面的影响。其随着社会的演进而逐渐发展和变化,许多国家的立法都对公序良俗原则和诚实信用原则作出了规定,这也反映出二者具有自身独特的价值。在我国司法实践中,法院在一些案件中之所以适用两项原则,是因为两者在价值上具有趋同性。因为公序良俗和诚实性用一样,都具有价值宣示和裁判规范的功能。② 而且从实践来看,二者都可发挥弥补现行法不足,限制私法自治等方面的作用,但仔细分析,二者在功能、价值等方面仍存在一定的差异。

(一) 关于弥补强行法规定不足的功能

民事领域纷繁复杂,立法者受自身理性所限,不可能对全部事项作出规定,因此需要借助诚实信用和公序良俗原则弥补立法的不足。这两项原则既包含不确定概念,也是弹性条款,所以它们能够有效地弥补成文法的不足。

法律之所以需要确认公序良俗这一弹性条款,根本原因在于,强行法不能穷尽万千生活的全部,其适用范围不能将各种民事活动都涵盖其中。民事活动纷繁复杂,强行法不可能对其一一作出规定,但是法律为了实现对社会秩序的控制,需要对民事活动设定禁止性规范。这种规范不仅要靠强行法来完成,还需要通过法律上设立抽象的弹性条款来实现。此种抽象的弹性条款为民事行为提供更为全面的规则,并对其效力作出评价。③ 例如,尽管民法中许多条款反映了很多道德规则,但民法也不可能将道德全部摄入其中。民事活动,无论是交易活动还是一般的社会生活,大都离不开道德的评价和规制,违反了社会所普遍接受的道德准则,不仅

---

① 参见于飞:《公序良俗原则与诚实信用原则的区分》,载《中国社会科学》2015 年第 11 期。

② 参见罗时贵:《中国民法公序良俗原则的法律性质》,载《重庆大学学报(社会科学版)》2018 年第 5 期。

③ 参见郑显文:《公序良俗原则在中国近代民法转型中的价值》,载《法学》2017 年第 11 期。

可能会给当事人造成损害,也会对社会秩序造成一定的妨害。公序良俗原则作为强行法的补充,具有配合各种具体的强行法规则对民事活动起到调控的作用。正是由于这个原因,需要在民法中引入公序良俗原则。正如曾世雄所指出的:"作为或不作为脱序,而强行法又苦无强制或禁止之规定可用时,公序良俗之规定,方始发生补充之功能。……但公序良俗并非当然适用,惟在法律明文揭示适用下,始见功能,因而其为法源之特质已被法律规定吸收,因致常被忽略。"①可见,公序良俗的弥补作用主要体现为弥补强行法调整范围的不足,从而有效应对不断发展的社会生活和实践。

诚信原则的内涵较为抽象和宽泛,这也决定了诚信原则不能像公序良俗原则那样发挥行为底线的作用。例如,斯波达(Spota)就认为,诚信原则虽然是道德的体现,但不过是一个中等的人的道德标准,但是何为一个中等人的道德标准,则往往难以准确界定。②但也有学者将诚信认为是一种交易的道德,诚信原则的作用在于,使人们在交易场上可以得到道德的保障,虽然许多强行法无法涵盖的行为也可以被解释为违反诚信原则的行为,从而使诚信原则也发挥弥补强行法规定不足的作用,但诚信原则对强行法规定的弥补作用更多地体现为对强行法规范的解释以及通过课以相关主体按照诚信原则行为的义务等方式,更好地实现强行法规范的目的。③

(二) 关于对私法自治进行必要的限制

无论是诚信原则还是公序良俗原则,都旨在对私法自治进行必要的限制。④ 公序良俗的原则是对私法自治的一种限制。我国台湾地区学者蔡章麟认为,诚信原则是给法官的"空白委任状"⑤。而我国大陆学者也认为,公序良俗也具有同样的功能。⑥ 然而两者对私法自治原则限制的方

---

① 曾世雄:《民法总则之现在与未来》,中国政法大学出版社2001年版,第28页。
② Véase Manual Dela Puente y Lavalle, El contrato en general, El fondo para publicacion del PUC del Peru, 1996, p.31.
③ 参见郑显文:《公序良俗原则在中国近代民法转型中的价值》,载《法学》2017年第11期。
④ 参见于飞:《公序良俗原则与诚实信用原则的区分》,载《中国社会科学》2015年第11期。
⑤ 蔡章麟:《债券契约与诚信实用原则》,载刁荣华主编:《中国法学论著选集》,汉林出版社1976年版,第416页。
⑥ 参见于飞:《公序良俗原则与诚实信用原则的区分》,载《中国社会科学》2015年第11期。

式是不同的,公序良俗原则具有对行为的内容进行审查的功能,而诚实信用原则并无这一功能。

以公序良俗限制私法自治的范围,是罗马法以来公认的原则。事实上,民法对意思自治的限制也在不断加强,这种限制除表现为引入强行法规则之外,还表现为在法律上确立公序良俗原则。这一原则更直接地体现在法律行为制度中,在实践中,符合公序良俗原则是法律行为生效的一个重要的条件。这就是说,任何法律行为不仅要符合法律法规的规定,还要符合公序良俗的原则。各国立法都确认了违反公序良俗或公共秩序的合同无效的原则。例如,《法国民法典》第6条规定:"个人不得以特别约定违反有关公共秩序和善良风俗的法律。"《德国民法典》第138条规定:"违反善良风俗的行为无效。"《日本民法典》第91条也规定:"以违反公共善良风俗的事项为标的的法律行为,为无效。"公共秩序和善良风俗原则对于维护国家、社会一般利益及社会道德观念具有重要价值。在我国,尽管为了适应市场经济的需要应当扩大民事主体的意思自治的范围,允许其在民事活动领域依法享有广泛的行为自由,然而意思自治原则必须要依赖于公序良俗原则与其配套,因为法律设立公序良俗原则的一个重要目的就是对意思自治进行必要的限制。我国《民法总则》也通过公序良俗对个人的私法自治进行限制,例如,该法第153条规定:"违反法律、行政法规的强制性规定的民事法律行为无效,但是该强制性规定不导致该民事法律行为无效的除外。违背公序良俗的民事法律行为无效。"依据该条规定,违反公序良俗将导致民事法律行为无效。民事主体依法享有意思自治,其真实含义就是在不违反强行法和公序良俗的前提下而实现意思自治。

诚信原则主要是合同履行的一项原则,通常并不涉及对民事法律行为的内容进行审查,因此其不会对私法自治进行直接限制。也就是说,诚信原则并不对当事人违反诚信原则的效力作出明确界定,违反诚实信用原则也并不当然导致法律行为无效。在实践中,法官往往运用诚实信用原则解释出当事人之间没有约定的义务和法律没有直接规定的规则。而与之相反,法官也很少以公序良俗原则为基础解释出新的规则和制度,其重要原因在于,诚信原则的内涵较为宽泛,由于违反诚信原则的行为的严重性程度不同,很难对其效力作出统一地界定。诚信原则对民事行为的调整作用主要体现为:其一,对当事人行为方式的规范,即当事人负有按照诚信原则行为的义务,这实际上也对当事人的行为具有一定的引导功能。其二,附随义务和先合同义务的确认。现代合同法的发展趋势之一就是在合同当事人约定的内容之外,产生了附随义务。附随义务主要是依据诚信原则而产生的。它通常是指合同当事人应当对相对人负有保护、照顾、保密、通知、协助等义务。诚实信用原则是附随义务确立的重要依据。① 具体而言,在合同领域,附随义务可以存在于合同订立阶段、合同履行阶段以及合同终止之后,诚实信用原则使得附随义务得以具体化和扩张。② 在合同订立阶段,尽管合同尚未成立,但当事人彼此间已具有订约上的联系,应依据诚实信用原则,负有忠实、协助、保护、保密等先合同义务。其三,衡平的功能的发挥。法谚云:"法爱衡平",法律作为一种协调社会利益关系的工具,其本身就是利益衡量的结果。诚信原则要求平衡当事人之间的各种利益冲突和矛盾。许多学者认为,诚信原则是一项重要的衡平法。③ 史尚宽先生甚至将诚信原则视为掌握在法官手中的衡平法。④ 平等主体之间的交易关系,都是各个交易主体因追求各不相同的经济利益而产生的,而各方当事人之间的利益常常会发生各种冲突或矛盾,这就需要借助诚信原则来加以平衡。例如,一方交货在量上轻微不足且未致对方明显损害,则可以使出卖人承担支付违约金等责任,但不应导致合同的解除,否则对出卖人是不公平的。诚信原则不仅要平衡当事人之间的利益,而且要求化解当事人的利益与社会利益之间的冲突与矛盾,即要求当事人在从事民事活动中,要充分尊重他人和社会的利益,不得滥用权利,损害国家、集体和第三人的利益。

(三) 关于弘扬社会公德、维护秩序的功能

诚实信用和公序良俗之所以成为民法的基本原则,是因为它们直接关涉民法与道德之间的互动关系问题。一般来说,法律体现了最基本的道德规范,民法作为市民社会的基本法更是应当体现社会的道德伦理价值,因此不可避免地会出现市民社会生活的一些道德观念、道德规范对民法的渗透,借助诚实信用和公序良俗原则,使越来越多的道德规范被上升为民法的基本规范。⑤ 另外,借助这两项原则也能有效地弘扬正确的道德观念,防止违反社会公德行为的发生。但是这两项原则在弘扬社会公德、

---

① Vgl. Roth/Schubert, in: Münchener Kommentar zum BGB, §242, Rn. 166.
② Vgl. Roth/Schubert, in: Münchener Kommentar zum BGB, §242, Rn. 167.
③ 参见徐国栋:《民法基本原则解释》,中国政法大学出版社1992年版,第36页。
④ 参见史尚宽:《债法总论》,荣泰印书馆1978年版,第319页。
⑤ Vgl. MünchKomm/Armbrüster, §138, Rn. 3.

维护秩序的功能方面的表现形式是不同的。

公序良俗就是要以确定最低限度的道德标准的方式,强调民事主体进行民事活动必须遵循社会所普遍认同的道德,从而维护社会生活有序发展,其主要发挥一种维护行为底线的功能。刘得宽先生认为,这一概念表现了一般的伦理观念,它是"将道德伦理摄入于法的境界里,而对于其违反行为从法的领域驱逐"①。例如,违反性道德的合同、借腹生子合同、赌债偿还合同、贬损人格尊严和限制人身自由的合同等,如果允许其生效,无疑将严重危害社会秩序。公序良俗具有一种调节性的功能。在法的现实与理想之间,或者法与道德之间呈现缺口,而公序良俗原则正可以填补这一缺口。② 它实际上赋予法官一定的自由裁量权,"公序良俗的调整机能由确保社会正义和伦理秩序向调节当事人之间的利益关系、确保市场交易的公正性转变,从而使法院不仅从行为本身、而且结合行为的有关情势综合判断其是否具有反公序良俗性"③。公序良俗原则还具有对利益冲突的协调功能,表现在:一方面,如果民事主体因为追求利益的最大化所从事的行为,和社会公共利益发生冲突和矛盾,不管是否存在着对强行法的违反,首先应当维护社会公共利益;另一方面,一些法律法规所确定的强行法规则可能过于僵化,缺乏弹性,或者在适用中具有明显的不合理性,此时法官就可以援用公序良俗原则以妥善解决个人利益与社会公共利益的冲突。违反公序良俗原则的行为无效,这就通过对当事人特定行为进行一种消极的、否定性的评价的方式,使相应的行为不能发挥当事人所预期的效果,从而实现对社会公德和秩序的维护。

诚信原则主要通过积极引导的方式而不是通过消极禁止的方式来实现其弘扬社会公德、维护秩序的功能。诚信原则一般通过设定行为人所应当履行的义务,来调整交易行为。按照于飞等人的看法,如果说违反善良风俗是一种背俗行为,那么违反诚实信用则是一种背信行为。背俗行为会涉及对普遍公共利益、社会风俗的违反,而背信行为则往往只在特定当事人之间产生效果。④ 而公序良俗原则一般通过消极设定行为人不得从事某种行为的不作为义务来实现,也就是说,行为人在民事行为实施的

---

① 刘得宽:《民法总则》,五南图书出版公司 1996 年版,第 420 页。
② 参见〔日〕四宫和夫:《日本民法总则》,唐晖、钱孟珊译,五南图书出版公司 1995 年版,第 209 页。
③ 李双元、温世扬主编:《比较民法学》,武汉大学出版社 1998 年版,第 70 页。
④ 参见于飞:《公序良俗原则与诚实信用原则的区分》,载《中国社会科学》2015 年第 11 期。

过程中,不得从事违反该原则的行为。它通常通过课以当事人按照诚信原则行为的义务的方式,发挥弘扬公德、维护秩序的功能。诚信原则经常用于填补法律漏洞和合同漏洞。正是因为这一原因,在诚信原则的基础上产生了许多新的规则,如合同正义原则、禁止暴利原则、禁止滥用权利原则、缔约过失责任规则、当事人应承担附随义务的规则等。

三、两项原则在司法实践中的具体运用

无论是诚信原则,还是公序良俗原则,都可以在裁判中加以运用。尤其应当看到,两项原则都赋予了法官一定的自由裁量权力,使法官能够根据具体的案情进行具体的利益衡量。[1] 笔者认为,司法实践将这两项原则作为裁判规则加以运用时,首先应当遵守法律适用的基本规则:一方面,与具体的法律规则不同,除非穷尽法律规则,或在法律没有明确规定时,基本原则通常不能够直接适用。法律原则的基本特点在于:"它不预先设定任何确定的、具体的事实状态,没有规定具体的权利和义务,更没有规定确定的法律后果。但是,它指导和协调着全部社会关系或某一领域的社会关系的法律调整机制。"[2]所以在适用两项原则时,必须首先适用具体的规则,即便存在法律漏洞,也应当首先通过类推的方式适用有关的具体规定,只有在不能使用具体规定时,才能适用法律的基本原则。[3] 当然,在法律有特别规定时,基本原则也可能具体化为具体的法律规则,从而可以直接适用于具体的案件。例如,依据《民法总则》第153条的规定,违背公序良俗的民事法律行为无效。在此情形下,公序良俗实际上已经具体化为法律规则,可以直接适用。另一方面,无论是诚实信用还是公序良俗,它们既是基本原则,又是不确定概念,无法通过定义的方式确定其内涵,因此在具体运用中,必须要通过对概念的类型化,从而使法官在适用中能够寻找到更为确定的标准。在对概念进行类型化时,应当遵循社会特定时期的主流价值观念。由于道德观念本身是在不断发展变化的,所以,应当以当下的价值观念作为标准。就公序良俗原则而言,拉伦茨认

---

[1] 参见于飞:《公序良俗原则与诚实信用原则的区分》,载《中国社会科学》2015年第11期。

[2] 〔美〕迈克尔·D. 贝勒斯:《法律的原则——一个规范的分析》,张文显、宋金娜、朱卫国、黄文艺译,中国大百科全书出版社1996年版,第468页。

[3] Vgl. Bamberger/Roth/Wendtland, §138, Rn. 4.

为,善良风俗的内容依据法伦理原则和社会伦理原则来界定,前者由法秩序内部固有的伦理价值和原则形成,后者则源于社会和经济交往中必不可少的集体价值观①,应当以社会的主流价值观念作为解释公序良俗内容的依据。无论是诚信原则还是善良风俗的内涵,都会随着社会变迁而变化,而且这种变化会独立于实证法本身的变化。这种变化不仅体现在交往范围的观念变化上,还可能体现在整个法律共同体的基本价值上。② 所以,法官在解释这两项原则时不能以过去的价值观念为依据。要根据特定历史时期人们主流的道德观念、价值观念等进行判断。现阶段要以社会主义核心价值观为指导解释这两项原则。

除遵守上述法律适用的基本规则外,诚信原则与公序良俗原则在司法实践中的具体适用也存在一定的差别,在如下情况下,法官在运用这两项原则时,还应当对二者的功能、适用范围等进行必要的区分。

(一) 对合法利益的保护

民法以保护权利为中心,但除权利外,实践中出现了大量的民事利益需要借助基本原则进行保护,诚信原则和公序良俗原则都可以成为保护民事利益的重要方式。公序良俗原则旨在通过对相关行为的效力或效果作出否定性评价的方式保护民事利益,如否定违反公序良俗的合同的效力,认定违反公序良俗损害他人利益的行为构成侵权等。同时,公序良俗所保护的民事利益的范围较为广泛,并不要求当事人之间具有特定的法律关系。公序良俗原则的确定有助于形成对合法利益予以补救的标准,因为从制度设计的初衷来看,公序良俗不仅仅保护法律明文规定的权利,对于无明文规定的法益,也发挥着重要的保护功能。一方面,公序良俗作为抽象的原则,赋予法官一定的自由裁量权,使其能够根据具体情况判断公序良俗是否受到侵害,从而确定是否应当对受害人予以保护。通过公序良俗原则确定法益的范围,将许多法律所不能包容的利益,纳入规范性调整范围之内。当然,从防止诉讼泛滥、维护个人行为自由出发,并非所有受公序良俗保护的法益都应当纳入侵权法的保护范围,在法律上应当对此作出必要的限制。③ 另一方面,公序良俗原则可以作为判断侵害利益

---

① Vgl. Larenz/Wolf, Allgemeiner Teil des Bürgerlichen Rechts, 9. Aufl., 2004, §41 Rn. 12 ff.

② 参见梅仲协:《民法要义》,中国政法大学出版社1998年版,第119页。

③ 参见白飞鹏、李红:《私法原则、规则的二元结构与法益的侵权法保护》,载《现代法学》2002年第2期。

的行为是否构成侵权的标准。侵权责任的认定需要平衡行为自由与权益保护之间的关系,对权利以外的利益保护而言,一般情况下,只有在行为人以违背善良风俗的方法侵犯他人的合法利益时方构成侵权。绝大多数情况下,如果行为人没有采取不当方式故意侵害他人利益,尽管客观上造成了他人的一定损害,也不应当以此简单地认为其构成侵权,否则尽管强化了对受害人的保护,但会妨害行为人的自由。将公序良俗原则引入侵权法后,也对部分侵权行为的认定提供了一项不可或缺的标准。当然,何种行为违反了公序良俗原则,只能由法院根据具体案情作出判断和认定。①

诚信原则保护民事利益的方式主要是通过积极设定行为义务的方式实现的,即通过课以相对人按照诚信原则行为的义务,从而保护相对人的利益。当然,诚信原则所保护的利益主要是具有特定法律关系的当事人之间的利益。由于诚信原则的内涵较为宽泛,行为人违反诚信原则可能有不同程度的区分,对于严重违反诚信原则的行为,可以认定其无效,而对轻微违反诚信原则的行为,则很难直接认定其无效。而公序良俗是对行为人行为的一种底线要求,行为人的行为一旦违反公序良俗原则,则应当直接对其作出否定性评价,如果是民事法律行为,则应当直接认定其无效。当然,诚信原则在解释相关规则、判断行为的效力时,也可以发挥一种指引功能。

(二) 填补法律漏洞的方式

"法典不可能没有缝隙。"② 所谓法律漏洞,是由于立法者未能充分预见待调整社会关系,或者未能有效协调与现有法律之间的关系,或者由于社会关系的发展变化超越了立法者立法时的预见范围等原因导致立法缺陷,这种缺陷表现为:调整特定社会关系的具体法律规范的缺失,或者既有法律规范之间存在矛盾,或者既有法律规则在今天的适用明显违背了法律对公平正义的基本要求。③ 公序良俗原则与诚信原则都具有填补法律漏洞的作用,但二者填补法律漏洞的方式存在一定的区别。公序良俗原则主要

---

① 参见李岩:《公序良俗原则的司法乱象与本相——兼论公序良俗原则适用的类型化》,载《法学》2015 年第 11 期。

② Hans Hattenbauer, Einführung, in: Allgemeines Landrecht für die preußischen Staaten von 1794, Frankfurt am Main, 1970.

③ 在学理上,法律漏洞也通常被界定为"违反立法计划的不圆满状态",参见黄茂荣:《法学方法与现代民法》(第五版),法律出版社 2007 年版,第 377 页。

发挥一种维护行为底线的功能,法官通常是对其进行类型化,并判断相关行为是否违反了公序良俗原则,而没有必要据此创设新的法律规则。公序良俗原则是较为抽象的原则,只有在现行法缺乏相关规定或者发生规范冲突时才能适用,以免发生"向一般条款逃逸"的现象。而诚信原则在司法实践过程中具有法律续造的功能①,以填补现有的法律漏洞。

(三) 填补合同漏洞

公序良俗原则只是涉及行为标准问题,其可以作为强行法的补充并以此判断合同效力,但很难成为填补合同漏洞的依据。所谓合同漏洞,是指当事人在合同中对于合同条款没有约定或者约定不明确的现象。② 诚信原则要求秉持诚实、恪守承诺,可以成为填补合同漏洞的依据。该原则的功能主要在于避免双方之间的义务出现失衡;在合同法领域,诚信原则主要用于维持契约正义。诚信原则要求当事人以正直、诚实的品格行事,顾及他方的合理利益。从诚信原则出发,发展出通知、合作、协力等契约附随义务以及情势变更等规则。诚信原则主要是要求当事人以善意的方式行事。在合同法中,诚信原则是合同解释的重要原则。③ 也正是因为这一原因,诚信原则常常成为填补法律漏洞的基本依据。当法官在其判决缺乏其他规范的文义或者目的支持时,就可以求助于诚实信用原则。④ 我国《合同法》第125条第1款也确认了诚信原则在弥补合同漏洞方面的作用。而公序良俗原则主要发挥一种维护行为底线的功能,通常难以成为合同漏洞填补的依据。

四、结 语

我国《民法总则》同时规定了诚信原则与公序良俗原则,二者作为民法的基本原则,在功能、适用条件等方面具有很大的相似性,在适用中也存在一定的交叉。但诚信原则与公序良俗原则在制度功能、价值基础、适用范围等方面存在区别,在法律适用过程中需要对这两项原则进行必要的区分,以保障二者的准确适用,并充分发挥其制度功能。

---

① Vgl. Roth/Schubert, in: Münchener Kommentar zum BGB, §242, Rn. 23.
② 参见《合同法》第61、139、141、154、156、159、160、161条等。
③ Muriel Fabre-Magnan, Droit des obligations, 1-Contrats et engagement unilatéral, PUF, 2016, pp. 96-99.
④ Vgl. Roth/Schubert, in: Münchener Kommentar zum BGB, §242, Rn. 23.

论习惯作为民法渊源*

我国民法总则的制定揭开了新一轮民法典编纂的序幕,重新开启了民法典编纂的进程。在民法总则制定的过程中,就习惯能否作为民法的渊源、哪些习惯可以作为法律渊源以及习惯与民法基本原则的关系等问题,学界存在诸多争议。笔者认为,将习惯作为民法渊源,不仅有利于丰富民法规则的内容,而且可以保持民法规则体系的开放性,保障民法规则的有效实施。我国民法总则有必要借鉴比较法的经验,承认习惯的民法渊源地位,并进一步明确习惯作为民法渊源的具体条件。

一、民法总则应当确认习惯是重要的民法渊源

民事习惯是指在某区域范围内,基于长期的生产生活实践而为社会公众所知悉并普遍遵守的生活和交易习惯。习惯是人们长期生活经验的总结,它既是人与人之间正常交往关系的规范,也是生产生活实践中的一种惯行。此种惯行得到了人们的普遍遵守,尤其是对一些习惯而言,其效力在长期的历史发展过程中已经得到了社会公众的认可,长期约束人们的行为,因此也被称为"活的法"。法谚云:"习惯乃法律之最佳说明(optimus legum interpres consuetudo; optima est legis interpres consuetudo; custom is the best interpreter of law.)。"[1]习惯可以被看作社会发展的纽带,无论社会发展变化多么迅速,都无法摆脱与过去的纽带关系,也不可能同过去的历史完全割裂。许多法律规则都根植于习惯,并从习惯中汲取营养,习惯是重要的法律渊源。

从比较法的经验来看,各国在法典化的进程中大都注重对本国既有习惯做法的梳理和总结。习惯法是罗马法的重要组成部分,是罗马法的

---

* 原载《法学杂志》2016 年第 11 期。
[1] Paulus Dig. 1.3.37.

法源(die Rechtsquelle)之一。① 根据罗马法记载,"古老的习惯经人们加以沿用的同意而获得效力,就等于法律"②。习惯是法律解释的重要依据。萨维尼指出:"如果罗马法承认有权解释(die authentische Auslegung)和习惯解释(die usuelle Auslegung)的决定性力量,则在此承认中并未包含特殊的法观点,毋宁说,它仅仅是以下事实的一个简单推论,即制定法和习惯被承认为法律渊源。"③普通法又称为判例法,其主要是在先例的基础上形成的法律体系,但先例大量都是以习惯为基础的。故此,有学者就指出:"英格兰普通法实际上就是习惯法体系延续而来的结果(result of the survival of a system of customary law)。"④时至今日,在现代英国法上,习惯仍属于一种重要法源,在许多领域与成文法具有同样的效力。⑤

近代以来,习惯的作用也得到了确认。尤其是在商事领域,习惯具有非常重要的作用。可以说,近代商法(lex mercatoria)就是从习惯法发展而来的,其基本内容就是商事习惯。⑥ 法国法学家波塔利斯曾言:《法国民法典》实现了成文法和习惯法的折中⑦,习惯法占据了该法典的重要内容。《德国民法典》中的习惯法尤其集中于所谓"固有法"领域,如家庭法(如夫妻财产制度,收养制度)和继承制度(如长子继承制,配偶在继承法上的法律地位等)等领域。在物权法领域,人役权制度也是典型的习惯法产物。

在德国法中,习惯也占有重要地位。在历史法学派的理论之中,习惯法是基于民族确信(die Volksüberzeugung)直接产生的法,法律本身就是民族习惯的产物,故习惯法和制定法、法官法都是法源,甚至可以说,习惯法甚至是最优位的法源(Rechtsquelle par excellence)或原始的法源(die

---

① Vgl. Savigny, System des heutigen römischen Rechts, Band 1, Berlin, 1840, S. 34 ff., 66, 76 ff.

② 〔罗马〕查士丁尼:《法学总论——法学阶梯》,张企泰译,商务印书馆1989年版,第11页。

③ Savigny, System des heutigen römischen Rechts, Band 1, Berlin, 1840, S. 296.

④ Samuel, Common law, in Jan M. Smits, Elgar Encyclopedia of Comparative Law, Edward Elgar Publishing, 2006, p.146.

⑤ 参见〔美〕罗斯科·庞德:《法律史解释》,邓正来译,中国法制出版社2002年版,第12页。

⑥ See Moses, The Principles and Practice of International Commercial Arbitration, 2nd ed., Cambridge University Press, 2012, p.64; Bederman, Custom as a Source of Law, Cambridge University Press, 2010, p.117.

⑦ See Alan Watson, The Evolution of Western Private Law, Johns Hopkins University Press, 2000, Chapter 5, Fn. 6; Alain A. Levasseur, Code Napoleon or Code Portalis? Tulane Law Review, Vol. 43, 1969, p.763.

ursprüngliche Rechtsquelle),因为制定法是间接体现民族确信的法。① 在《德国民法典》制定之时,关于是否应当将习惯法纳入其中,曾经引发了人们的争议。《德国民法典第一草案》第2条只是有限度地承认了习惯法的法源地位,即仅在法律援引习惯法时,习惯法上的法规范才能适用。但该规定在第二草案中被删除。按照《德国民法典施行法》第2条的规定,《德国民法典》中的法律是指法规范(die Rechtsnorm),因此,习惯法所产生的法规范也属于《德国民法典》和《德国民法典施行法》中所说的法律。但《德国民法典》的起草者最终接受了温德沙伊德(Windscheid)的观点,认为司法适用习惯法并不会导致习惯法具有独立、自洽的权威(die eigene, autonome Autorität)②,即习惯法的效力并非因司法适用而产生。德国法也保留了大量的习惯法,例如,德国物权法中的不少规则如土地债务、定期土地债务等规则都来源于习惯法。在当今德国实践中,习惯法也可以通过法官法(das Richterrecht)产生。③ 例如,对商业确认函的沉默可能导致合同成立,这一规则是当前德国法中习惯法的典型。④

《瑞士民法典》第1条明确承认了习惯法(das Gewohnheitsrecht)为法律渊源,使习惯法在法律体系中的地位得以正式确认。该法第1条第2项规定:"法律无规定之事项,法院应依习惯法裁判之。"该条规定开创了大陆法系国家确认习惯法为民法渊源的先河,同时明确了习惯法是一种补充性的民法渊源。从该条规定来看,其保持了民法渊源的开放性,除制定法之外,习惯法也可以成为法官裁判案件的依据。当然,该条对习惯法的司法适用进行了限制:一是只有在法律没有就某种事项作出规定时法官才有可能援引习惯裁判;二是并非所有的习惯法都可以作为案件裁判的依据,只有公认的惯例(即习惯法)才可以成为裁判依据。⑤ 该条确立了习惯法的法源地位,既在一定程度上赋予了法官在运用习惯法裁判时

---

① Vgl. Stier-Somlo, Die volksüberzeugung als rechtsquelle, 1900, S. 3; Stammler, Lehrbuch der Rechtsphilosophie, 1928, §65, S. 137; Dias, Rechtspositivismus und Rechtstheorie, Mohr Siebeck, 2005, S. 34; Schröder, Methodenlehre, historisch, in: Enzyklopädie zur Rechtsphilosophie, 2013, Rn. 30.

② Vgl. Sächer, in: MüKoBGB, Einleitung, Rn. 93.

③ Vgl. Thomas Zerres, Bürgerliches Recht, Heidelberg, 2013, S. 10. Vgl. Larenz/Wolf/Neuner, Allgemeiner Teil des Bürgerlichen Rechts, 10. Aufl., 2012, §4, Rn. 8.

④ Vgl. Reinhard Bork, Allgemeiner Teil des Bürgerlichen Gesetzbuch, Tübingen, 2006, Rn. 20.

⑤ 参见厉尽国:《论民俗习惯之民商法法源地位》,载《山东大学学报(哲学社会科学版)》2011年第6期。

的自由裁量权,也建立了一种将习惯法导入司法的制度机制。①

《日本民法典》也注重借助习惯保持民法典的本土性和适度开放性。在《日本民法典》制定时,日本东京大学的毕业生团体法学士会在其发表的《关于法典编纂的意见书》中解释道:"因我国社会脱于封建旧制,于百事改观之际,变迁不宜过急……若勉强完成民法,则恐有悖民俗,致使人民受法律繁杂之苦。所以不若以近日必要事务为限,以单行法加以规定,法典应待民情风俗稳定时完成之。"②《日本民法典》的规则虽然整体上照搬了西方民法,但在家庭法等领域则借助习惯保持了一定的本土性,大量吸收了习惯的内容。《日本民法典》的许多物权规则也来源于习惯。

总之,"在现今各国法制,在民事方面,不论其法典本身有无明文规定,几无不承认习惯为法源之一种"③。当然,尽管习惯在现代社会中作为一种法律渊源得到了法律的认可,但其适用范围仍然受到严格限制,主要原因在于:一方面,现代社会成文法的调整对象越来越庞杂,调整程度越来越详尽,留给习惯调整的空间在日益缩小;另一方面,随着现代社会经济的发展,社会变迁日益剧烈,社会分工日益精细,规则也日益具体,传统社会中习惯的适用空间也因而被大大压缩。这就是说,习惯直接作为案件裁判依据的功效正在逐步减弱。美国大法官卡多佐曾经宣称:"在普通法发展中,习惯在今天的创造能力已不如它在过去的年代了。"④事实上,大陆法系国家也是如此。不过习惯仍然是重要的民法渊源,其在民法规则的创设和解释方面仍然具有重要作用。

从我国民事立法的历史来看,我们也曾经注重对民事习惯的整理。早在清末变法时,修订法律大臣俞廉三将制定《大清民律草案》的宗旨概括为四项,即"注重世界最普遍之法则""原本后出最精确之法理""求最适于中国民情之法则"和"期于改进上最有利益之法则"。其中,"中国民情"就包括了习惯。沈家本在《裁判访问录序》一文中就曾经指出:"夫必熟审乎政教风俗之故,而又能通乎法理之原,虚其心,达其聪,损益而会通

---

① 参见王洪平、房绍坤:《民事习惯的动态法典化——民事习惯之司法导入机制研究》,载《法制与社会发展》2007年第1期。
② 张生:《中国近代民法法典化研究(一九〇一至一九四九)》,中国政法大学出版社2004年版,第24—25页。
③ 王伯琦:《近代法律思潮与中国固有文化》,清华大学出版社2005年版,第306页。
④ 〔美〕本杰明·卡多佐:《司法过程的性质》,苏力译,商务印书馆1998年版,第35页。

焉,庶不为悖且愚乎。"①其观点旨在强调在民法典制定中,只有注重善良风俗,才能使法律不悖于民情,充分吸纳民情民意,以符合现实需要,展现时代特色。清末民初曾经进行过两次全国性的民事习惯调查活动,民国时期曾经整理出版过《民事习惯调查报告录》。虽然国民党"民法"大量借鉴了《德国民法典》等法典的经验,甚至一些条款直接照搬他国,但其不少规则仍然来源于本土的习惯。以"物权编"为例,地上权、永佃权、典权等主要来自于习惯。

中华人民共和国成立以来,我国多部民事立法也充分考虑到了对生活习惯和交易习惯的尊重,早在1951年,最高人民法院西南分院在《关于赘婿要求继承岳父母财产问题的批复》中指出,"如当地有习惯,而不违反政策精神者,则可酌情处理"。有些地方法院就曾经专门整理民风民俗,并研讨其对民事审判的影响。② 一些法院的法官也重视援引民间习惯来解释法律或填补法律漏洞。③ 我国现行法律也明确规定,在某些情形下可以适用习惯,如《婚姻法》第50条也曾经规定,"民族自治地方的人民代表大会有权结合当地民族婚姻家庭的具体情况,制定变通规定"。这实际上强调对少数民族婚俗习惯的尊重。再如,《合同法》的许多规则也都特别强调当事人的约定和交易习惯可以优先于合同法的规定而优先适用。④ 尤其需要指出的是,我国《物权法》中有多个条款都确立了习惯的法律地位,如该法第85条在处理相邻关系时也规定,"法律、法规没有规定的,可以按照当地习惯"。该法第116条第2款规定:"法定孳息,当事人有约定的,按照约定取得;没有约定或者约定不明确的,按照交易习惯取得。"但是,由于我国迄今为止尚未制定民法总则,习惯在民法规则体系和司法裁判中究竟处于何种地位尚不明确,司法实践中法官不敢大量直接援引习惯裁判。在许多虽然找不到法律依据但可以寻找到习惯的情况下,法官没有援引习惯裁判,而直接援引法律原则裁判,这样看似是"依法裁判",

---

① (清)沈家本:《历代刑法考》,邓经元、骈宇骞点校,中华书局1985年版,第2237页。
② 参见姜堰市人民法院:《司法运用习惯 促进社会和谐——人民法院民俗习惯司法运用经验》,载公丕祥主编:《审判工作经验(三)》,法律出版社2009年版,第338页。
③ 参见2004年10月28日姜堰市人民法院审判委员会讨论通过了《关于将善良风俗引入民事审判的指导意见》,2007年又制定了《关于将善良风俗引入分割家庭共有财产的指导意见》。
④ 例如,《合同法》第61条规定:"合同生效后,当事人就质量、价款或者报酬、履行地点等内容没有约定或者约定不明确的,可以协议补充;不能达成补充协议的,按照合同有关条款或者交易习惯确定。"

实则会使法官享有过大的自由裁量权。

笔者认为,我国制定民法总则时,应当借鉴比较法的立法经验,承认习惯的民事法律渊源地位,从而为习惯的司法运用提供基本依据。《民法总则(草案)》第10条规定:"处理民事纠纷,应当依照法律规定;法律没有规定的,可以适用习惯,但是不得违背公序良俗。"这实际上也确立了习惯的民法渊源地位。在总则中确认习惯的民法渊源地位具有如下重要意义:一是丰富民法规则的渊源,保持民法典的开放性。法律的发展史已经证明,立法者企图通过一部法典而预见一切情况、解决一切问题的愿望是难以实现的。正如拉伦茨(Larenz)所指出的:"没有一种体系可以演绎式地支配全部问题;体系必须维持其开放性。它只是暂时概括总结。"①社会生活纷繁复杂,一部法典不可能解决未来社会的全部问题,将习惯作为重要的民法渊源,则使民法典的规则既能根植于社会生活,适应社会经济发展的需要,又能不断与时俱进。二是有利于丰富法律规则内容,降低立法成本。将习惯纳入民法渊源体系,也有利于实现立法的简约。例如,《合同法》的许多规则都规定了当事人另有约定或者有交易习惯的除外,实际上是认可了其具有优先于法律的任意性规则的效力,这就有利于补充成文法在调整私人关系方面的不足,从而实现立法的简约。三是限制法官自由裁量权,保障法律的准确适用。相对于法律原则,习惯的内容较为具体和明晰。在缺乏具体的法律规则时,适用习惯则有利于防止法官直接援引法律原则裁判,这有利于保障法律的准确适用。司法裁判中习惯法的效力应弱于成文法规则,其只有在无具体的法律规则时才能适用,故此,肯定习惯的法律渊源地位并不会削弱成文法的地位,相反可以丰富成文法的内容,并对成文法形成有益的补充。② 四是有利于法律的遵守和实施。习惯通常是指特定群体在特定时期所普遍遵守、约定俗成的习俗。由于有些习惯已经内化为人们的行为准则③,将此类习惯的内容部分上升为法律规则,符合群体的法感情,有利于人们自觉遵守法律规则,提高民众对法律规则的认同感,也有利于保障法律规则的有效实施。

---

① 〔德〕卡尔·拉伦茨:《法学方法论》,陈爱娥译,商务印书馆2003年版,第49页。
② 参见李可:《论习惯法的法源地位》,载《山东大学学报(哲学社会科学版)》2005年第6期。
③ 参见高其才:《作为当代中国正式法律渊源的习惯法》,载《华东政法大学学报》2013年第2期。

二、民法总则应当规定习惯成为渊源的条件

民法总则不仅应当确认习惯的法律渊源地位,而且还应当明确规定习惯作为法律渊源的条件。并非所有的习惯都能成为习惯法,并被认可为民法渊源。习惯作为千百年以来人们生产、生活经验的总结,林林总总、包罗万象,不可能将所有的习惯都认定为民法渊源,更不能将所有习惯都直接作为司法裁判的依据。严格地说,"习惯"一词主要是一个事实概念,不具有价值上的褒贬评判,它是人们日常生活中经过反复实践的交往规则。这些习惯能否被承认为习惯法,还需要区别对待。习惯法是指长期和恒定、获得特定群体内心确信为行为规则的习惯。按照德国学者的观点,习惯法具备三项要件:该习惯在相当长的时间内持续适用(eine längere Zeit andauernde Übung, longa consuetudo),参与的法共同体成员(Rechtsgenossen)对该习惯的适用具有法的确信(die Rechtsüberzeugung, consensus omnium),以及按照这一法的确信,在法共同体成员的观念中,该习惯是具有约束力的规则(eine verbindliche Norm; opinio iuris oder necessitatis)。[1] 笔者认为,并非所有的习惯都能成为民法渊源,能够作为民法渊源的习惯应当具备如下条件。

(一) 积极条件

1. 具有长期性、恒定性、内心确信性

按照萨维尼的观点,在认定某一行为规则是否属于习惯时,必须存在较多数量的行为,不间断的同样行为,能在足够长的时间内重复出现、基于内心确信而作出行为等。[2] 习惯要成为民法渊源,应当具有长期性、恒定性和内心确信性的特点。一是长期性,即习惯是在人们长期的生产生活实践中形成的一些行为规则。习惯应当有一定的历史积淀,如果某一行为规则只是偶尔的适用,则不应被视为习惯。二是恒定性(constant),也称为惯行性、"反复适用性",即习惯是人们行为中确信某个习惯为生活

---

[1] Vgl. Staudinger/Honsell, Einleitung zum BGB, 2013, Rn. 234. 也有学者将其总结为两项构成要件,即长期的适用(longa consuetudo)和法的确信(opinio necessitatis)。参见 Larenz/Wolf/Neuner, Allgemeiner Teil des Bürgerlichen Rechts, 10. Aufl., 2012, §4, Rn. 5; Hübner, Allgemeiner Teil des Bürgerlichen Gesetzbuches, 1996, Rn. 37。

[2] 参见〔德〕萨维尼:《当代罗马法体系》(第一卷),朱虎译,中国法制出版社2010年版,第139页以下。

规范,从而自觉或不自觉受其约束①,属于在长期的历史中形成的内容恒定的规则。习惯是人们在长期的生活和交易过程中逐步自发形成的。例如,在有些地方建造粪坑、汪溏、灰堆等,不能正对邻居家的门窗;烟囱的安置不得对准邻居的大门;航行中,装有粪便等污秽物品的船只应当避让其他船只;等等,这些习惯都是人们在生产、生活过程中自发形成的。② 三是内心确信性(conviction)。习惯要成为民法的渊源,则其应当是基于长期的适用而产生的,而且应当被所涉及的圈子(die Rechtskreise)认为具有法律拘束力(rechtverbindlich),即该圈子对这一习惯形成了统一的、占统治地位的法的确信(opinio necessitatis)。③ 这就是说,特定的群体具有将其作为行为规则、约束自身行为的内心确信。由于习惯是在共同生活中反复实践的基础上产生的,并为这一群体内心所确信,在实践中也为他们所遵循,从这个意义上说,其也是这个群体共同意志的体现。④ 有的习惯已经作为行为规则存在,并受到了普遍认可,有的习惯仅仅是在特定条件下、特定时期内形成的,其适用需要满足一定的条件。

2. 具有具体行为规则属性

能够作为法律渊源的习惯不同于人们内心的道德规范,其并非宽泛的道德评价标准,而应当能够具体引导人们的行为,即具有具体行为规则的属性。习惯法作为人们生产生活中实际遵守的行为规则,相关内容应当是预先明确的,行为的界限是清晰的。它已经在社会生活实践中自发地调整人们的行为,为特定区域、行业、圈子内的社会成员所普遍认可的规则,成为这些社会成员的共同法律信念。⑤ 如果某一习惯并不具有行为规则的属性,不应将其纳入民法渊源的范畴。同时,习惯并非由国家通过法典的形式确定下来,只是通过长期的适用而形成的,这种适用具有持续性、稳定性、统一性和普遍性,从而被参与的法共同体成员承认为具有约束力的法规范(die verbindliche Rechtsnorm)。⑥ 习惯发挥着规范人们行

---

① 参见姜堰市人民法院:《司法运用习惯 促进社会和谐——人民法院民俗习惯司法运用经验》,载公丕祥主编:《审判工作经验(三)》,法律出版社2009年版,第338页。
② 参见汤建国、高其才主编:《习惯在民事审判中的运用:江苏省姜堰市人民法院的实践》,人民法院出版社2008年版,第61—62页。
③ Vgl. Thomas Zerres, Bürgerliches Recht, Heidelberg, 2013, S. 10.
④ 参见高其才:《中国习惯法论》(修订版),中国法制出版社2008年版,第4页。
⑤ 参见[德]卡尔·拉伦茨:《德国民法通论》(上册),王晓晔等译,法律出版社2003年版,第7页。
⑥ Vgl. BVerfGE 28, 21 (28f.).

为、指导人们生活的作用,虽然其没有国家强制力保障实施,但它仍然具有一定的约束力。①

3. 具有可证明性

由于作为习惯法本体的习惯是长期形成的,而且人们对此具有内心确信,因此习惯法具有可证明性。同时,习惯法的本体是长期适用的习惯,是一项事实问题,应该遵循"谁主张谁举证"的原则,因此援引习惯法的当事人应当举证证明习惯法的存在。当然,审判实践中经常出现一方当事人主张存在某种习惯,而对方当事人否定该主张的情形,此时,如果法官内心存在疑问,可以依据职权予以调查。正如王泽鉴先生所言,习惯法不得背于公序良俗,主张习惯法者,对于习惯法的存在,"固应负举证责任,惟法律亦应依职权调查之"②。

与成文法的规则不同,习惯的内涵往往并不确定,而且不同主体对某一特定习惯的认识也可能存在一定的差异,这也导致习惯的适用不同于法律规则的适用:法律规则的适用并不需要当事人证明存在特定的法律规则,法官可以直接援引适用;而在习惯的适用过程中,当事人主张存在某种习惯时,其应负担相应的证明义务,即当事人应当举证证明存在该特定的习惯。在司法裁判过程中,习惯的证明与事实的证明类似,二者均需要当事人举证证明。每一方当事人都有义务证明和质证该习惯的存在和内容。不过,对习惯的证明又不同于对事实的证明,因为一方面,对事实的证明应当在特定的诉讼环节进行,而习惯则可以在诉讼的任何阶段对判决产生影响。另一方面,在司法裁判过程中,当事人所证明的事实属于司法三段论的小前提,而习惯在司法裁判中属于司法三段论的大前提,也就是说,不论习惯被用于解释法律规则,还是被用于填补法律漏洞,其实际发挥的是司法三段论中大前提的功能。此外,事实应当由当事人举证证明,而在司法裁判中,由于习惯主要起到案件裁判法律依据的作用,因此其既可以由当事人举证证明,也可以由法官依据职权予以查明。

(二) 消极条件

习惯要真正上升为习惯法,应符合公序良俗,而且不得违反法律的强制性规定。虽然习惯可以作为法律渊源,但并不意味着所有的习惯都可

---

① 参见姜堰市人民法院:《司法运用习惯 促进社会和谐——人民法院民俗习惯司法运用经验》,载公丕祥主编:《审判工作经验(三)》,法律出版社2009年版,第337页。
② 王泽鉴:《民法总则》(增订版),中国政法大学出版社2001年版,第57—58页。

以直接作为法律规则来填补漏洞。能够作为习惯法来填补漏洞的习惯，都是符合法律规定和公序良俗的习惯。① 那些符合公序良俗原则且与国家整个法制精神相统一的习惯，可以被承认为习惯法；反之，那些违背公序良俗，与一国整体法制精神相违背的习惯，则无法被承认为习惯法。除法律有特别规定外，地方性或职业性的习惯也不能发生法的效力。② 因此，习惯要转化为习惯法并成为民法的渊源，其必须经过"合法性"判断，即不得违反法律的强制性规定和公序良俗。

1. 不违反法律的强制性规定

不论是作为具体裁判规则的习惯，还是用于填补法律漏洞的习惯，都应当与其他法律渊源之间保持一致性，而其内容都不得违反法律的强制性规定。违反法律强制性规范的习惯不能作为漏洞填补的依据。例如，在我国，法官不得运用习惯来填补法律漏洞从而将典权和居住权认定为物权。这是因为，我国《物权法》第 5 条明确规定了物权法定原则，即物权的种类和内容由法律规定。这一法律规定属于强制性规范。法官如果依据习惯将典权和居住权认定为物权，就违反了这一强制性规定。再如，按照有的地方的习俗，"拜师学艺期间，马踩车压，生病死亡，师傅概不负责"③。此类习惯显然与我国现行法中雇主应当对雇员在执行工作任务中遭受的人身伤害承担赔偿责任，以及当事人不能约定免除人身伤害的赔偿责任的法律规则之间存在冲突，因此不得作为民法的渊源。

2. 不违反公序良俗

德国法学家普赫塔曾经指出，如果习惯法与宗教规定(die göttliche Vorschriften)不符，或与善良风俗相悖，或与位阶更高的法原则(die höhere Rechtsprinzipien)存在冲突，那么就不应该承认习惯法的效力(die Autorität)。④ 美国法理学家博登海默认为，法院不能以一种不合理的或荒谬的习惯去影响当事人的法律权利。⑤ 因此，习惯要上升为习惯法，其内容就不得违

---

① 参见郑玉波：《法谚(一)》，法律出版社 2007 年版，第 44 页。
② 参见王伯琦：《近代法律思潮与中国固有文化》，清华大学出版社 2005 年版，第 311 页。
③ 汤建国、高其才主编：《习惯在民事审判中的运用：江苏省姜堰市人民法院的实践》，人民法院出版社 2008 年版，第 288 页。
④ Vgl. Puchta, Das Gewohnheitsrecht, Teil II, 1837, S. 61.
⑤ 参见〔美〕E. 博登海默：《法理学：法律哲学与法律方法》，邓正来译，中国政法大学出版社 2004 年版，第 495 页。

背公序良俗。① 比较法上普遍承认习惯不得违背公序良俗。因为公序良俗是从民族共同的道德感和道德意识中抽象出来的。如果承认与该公序良俗相悖的习惯具有法的确信,则会产生损害法秩序的后果。在我国,公序良俗在内涵上是由社会公共秩序和生活秩序以及社会全体成员所普遍认许和遵循的道德准则所构成的,它是中华民族传统美德的重要体现,也是维护社会安定有序的基础。习惯作为法律渊源,能够弥补法律规定的不足,使法律保持开放性,但如果习惯本身与法律规则和公序良俗相冲突,甚至与整个社会公认的伦理道德观念相冲突,将其引入法律渊源体系,则可能导致体系违反的现象,也会破坏现有的法秩序。例如,个别地方的习惯不允许寡妇改嫁、禁止嫁出去的女儿享有继承权、允许买卖婚姻、对宗族械斗者予以奖励、对违反族规者实行肉体惩罚甚至加以杀害等,这些陈规陋习不仅不能成为法律渊源,而且应当被法律所禁止。因此,法官在适用这些习惯时,应当通过法律规定和公序良俗对其效力进行审查。②

总之,从法律渊源的角度来看,区分习惯和习惯法的意义在于,只有那些合法的、符合公序良俗的习惯,才能成为民法的渊源。因此,我国的民法总则应当明确规定,只有符合法律规定和公序良俗的习惯,才能成为民法的渊源。正如拉伦茨所说的,不遵守交易惯例者,可能会因此遭受损害,因为法律制度通常保护那些期待或可以期待其对方当事人遵守交易惯例的一方的利益。然而,违反交易惯例,还不足以使某项行为"违法"。③ 也就是说,交易惯例和商业习惯只有在符合法律制度的价值标准的范围内才具有意义,其本身并不当然属于习惯法。

三、民法总则应当明确习惯法与基本原则的关系

习惯法不得违反法律的强制性规定,这些规定是否包括民法的基本原则?在具体的法律适用过程中,如何协调习惯与民法基本原则的关系?从原则上讲,习惯法应当符合现行法规定,包括符合法律的基本原则和价值。由于民法的基本原则通常都反映了民法的基本价值理念,因此,习惯

---

① 参见黄茂荣:《法学方法与现代民法》,中国政法大学出版社2001年版,第6—7页。
② 参见广东省高级人民法院民一庭、中山大学法学院:《民间习惯在我国审判中运用的调查报告》,载《法律适用》2008年第5期。
③ 参见〔德〕卡尔·拉伦茨:《德国民法通论》(上册),王晓晔等译,法律出版社2003年版,第12页。

法通常不会与民法的基本原则相冲突。习惯法与基本的法律原则和具体的法律规范在逻辑上具有一致性,习惯法的适用结果不能和法律精神或具体的强制性法律规范相冲突。否则,当事人可能会借助习惯法而规避法律的规定。习惯法之所以要符合民法基本原则,是因为民法基本原则体现了民法规则体系的基本精神和价值,其也是民法具体规则设计的基础和基本指引。如果某一习惯不符合民法的基本原则,可能导致该习惯与具体的法律规则相冲突,从而不能将其认定为习惯法。虽然习惯法应当在无具体法律规则的情形下才能适用,但如果适用该习惯将违背其他具体的法律规则,则该习惯的适用也欠缺正当性。

在具体法律适用过程中,习惯与民法基本原则也可能发生冲突。例如,在"丁某某、卢某某诉丁某某、于某某房屋居住权案"[①]中,原告请求被告搬出原告三间五架梁瓦房中的西房间,被告提出,子女在原居住地居住生活已是当地的习惯,即使被告在别处已有住房,被告对原房屋仍有居住权。法院认为,习惯不得违反法律的规定,被告所主张的习惯与法律关于财产权的相关规定和精神相冲突,因此对该习惯不予采纳。在该案中,法院实际上是以民法基本原则否定了相关习惯的适用。笔者认为,因为当事人之间没有租赁关系,被告继续居住他人房屋,即使存在借用合同关系,在被告已经另有新居的情况下,原告也有权解除借用合同。因此,该案中被告的行为并非是违反民法基本原则的问题,而是违反具体法律规则的问题。

就习惯与民法基本原则的适用关系而言,在司法实践中,习惯法在作为法律渊源的适用过程中,常常涉及其与民法基本原则之间的关系问题,即在二者都可以适用的情形下,究竟何者优先适用的问题。在上例中,假如被告的行为并没有违反法律的具体规定,其继续居住符合当地习惯,但原告则提出,此种行为与民法的公平原则不符,在此情形下究竟应当适用该习惯还是适用民法的基本原则,值得探讨。

笔者认为,确定习惯法与民法基本原则的关系的主要目的是为了确定二者的适用顺序。对于习惯法与民法基本原则的适用关系,学界存在不同观点:一种观点认为,应当优先适用法律原则,毕竟法律原则是法律明确规定的,可以看作法律的组成部分;另一种观点认为应当优先适用习惯法,毕竟法律原则较为抽象、概括,不利于具体确定当事人的权利义务

---

① 参见姜堰市人民法院(2005)姜法顾民初字第0287号民事判决书。

关系,而习惯法则较为具体,优先适用习惯法有利于保持法律秩序的稳定。

关于习惯法与法律原则在法律适用中的顺序问题,笔者认为应当优先适用习惯法,主要理由在于:

第一,从法律规定来看,在填补法律漏洞时,我国相关的法律强调习惯法具有优先于法律原则适用的效力。例如,《物权法》第85条确立了"法律、法规没有规定的,可以按照当地习惯"的规则。[①] 此处所说的法律法规是指具体的法律规范,而不应包括法律的基本原则。因此,从该条规定来看,习惯法的适用顺序虽然在"法律、法规"之后,但应当在法律原则之前。同时,如果承认习惯法作为法源,即习惯法虽然不是具体的法律规则,但也是"法律"的一种,其适用顺位应当优于抽象的法律原则。

第二,从内涵来看,习惯法较之于法律基本原则更为具体。肯定习惯法具有优先于法律基本原则适用的效力,可以有效防止案件裁判出现"向一般条款逃逸"(Die Flucht in die Generalklauseln)[②]的现象。"向一般条款逃逸"是指在存在法律规则的情况下,法官不援引法律规则而直接援引法律原则来作出判决。在司法实践中,由于习惯作为法律渊源的地位不明确,所以在缺乏具体的法律规则时,法官并不主动寻找相关的习惯规则,甚至在当事人举证证明存在习惯规则时,法官也拒绝援引,而直接依据法律原则裁判。此种做法可能导致具体规则被虚化、被架空,而法官自由裁量权过大,甚至被滥用,也因此出现同案不同判的现象。[③] 法律原则是高度抽象的,通常只有在存在法律漏洞而又无法通过习惯等填补漏洞的情况下才能适用。在存在习惯可以援引的情况下,习惯比法律原则更为具体、明确,以此作为裁判依据,有利于克服法官裁判的恣意,保障裁判的统一性。当然,在习惯的内容体现民法基本原则的情况下,可以将该习惯理解为基本原则的具体化从而直接适用,无须再适用法律基本原则。与民

[①] 应当指出的是,交易习惯并非习惯法,因为当事人在运用交易习惯时一般不会有法的确信,即当事人知道这是交易习惯,但不会将其作为具有法的约束力的法规范。参见 Hübner, Allgemeiner Teil des Bürgerlichen Gesetzbuches, 1996, Rn. 42; Staudinger/Honsell, Einleitung zum BGB, 2013, Rn. 236; Thomas Zerres, Bürgerliches Recht, Heidelberg, 2013, S. 10。

[②] Vgl. Hedemann, Die Flucht in die Generalklauseln: eine Gefahr für Recht und Staat, Mohr, 1933.

[③] 参见梁慧星:《诚实信用原则与漏洞补充》,载梁慧星主编:《民商法论丛》(第二卷),法律出版社1994年版,第71页。

法基本原则相比,习惯法更为具体,确定习惯法优先于民法基本原则适用,有利于尽可能地限制法官的自由裁量权,保障法院严格"依法裁判"。

第三,从方便法官具体操作来看,在运用法律的基本原则进行漏洞填补时,法官虽然可以寻找到可供适用的法律的基本原则,但是法律的基本原则都是法律的价值取向的体现,其具有抽象性的特点,法律的基本原则要运用于漏洞填补还必须经过一个程序,即将法律的基本原则具体化为可供适用的规则。而在运用习惯法进行漏洞填补时,法官虽然也需要寻找、确定习惯法的存在,但这些习惯作为客观事实是已经实际存在的,且必然在审判中为当事人所提及和辨认,故法官在适用习惯法时相对将更为便捷,法官运用习惯法来填补法律漏洞的可操作性较强。可见,即使是从法律适用经济性的角度考虑,法官也应当首先选择以习惯法来作为法律渊源,而不是法律的基本原则。

总之,在民法总则起草过程中,如果承认习惯法的法律渊源地位,则需要妥善处理其与民法基本原则之间的关系。如果存在比法律的基本原则更为具体的规则,就应当适用具体的规则。与民法的基本原则相比,习惯的内容更为具体确定,因此在存在习惯法可以适用的情形下,法官不应当直接适用民法的基本原则。

四、民法总则应当明确习惯法与法律规则的适用顺序

(一)有法律依法律,无法律依习惯

关于习惯法与法律规则的适用关系,有的国家和地区立法对此作出了规定。例如,我国台湾地区"民法"第 1 条规定:"民事活动,法律有规定的,依照法律;法律没有规定的,依照习惯;没有习惯的,依照法理。"从该条规定来看,习惯法的适用顺序是在具体法律规则之后,但在法理之前。我国现行立法没有对习惯法与具体法律规则的适用关系作出具体规定,但《民法总则(草案)》第 10 条借鉴比较法的经验,采纳"有法律依法律,无法律依习惯"的规则,也就是说,在存在具体法律规则时,应当优先适用该具体的法律规则,而不能直接适用习惯法。此处所说的"法律"是指具体的法律规则,不包括法律的基本原则。只有在不存在具体的法律规则时,法官才考虑适用习惯法。之所以采纳这一规则,主要原因在于:

首先,法律的地位优于习惯法。虽然在历史法学派看来,法律和习惯法都是民族精神和人民意志的体现,二者在这方面并不存在本质区别,但

法律是立法机关通过法定程序制定出来的,且具有普遍适用性;而习惯法虽然可能是世代相传所形成的行为规则,但其并没有经过法定程序予以确定,且具有区域性、行业性等特点。正如有学者所指出的:"在视礼与法何为最高标准之前提下,二者同时并行,或将互相矛盾,难定一尊。然非谓崇法律即不必有习惯。与法律互相矛盾的习惯之存在,固足以阻碍法律之推行;法律之彻底浸透民众意识,成为普遍的社会行动规范,亦须以与法律互相适应的习惯为先锋。"① 在司法裁判中,法律规则的适用顺序应当优先于习惯法,即在法律就某事项设置具体规则的情形下,除非立法者允许通过习惯法来变通该规则的适用,否则,法官应当严格依据法律规则裁判,不能忽视该具体规则而直接依据习惯法裁判。这不仅是合法性原则的要求,也是分权原则的具体体现,即在存在具体法律规则的情形下,法院应当受该具体法律规则约束,而不能以适用习惯法为由变相规避制定法规则的适用,否则将构成对立法者权限的侵夺。

其次,现代法律体系中,习惯法并非主要的法律渊源,而只是补充性的法律渊源,其发挥的是补充成文法的作用,而非替代成文法规则。因此,在法律已经就某事项作出规定时,即便存在某种习惯法,也应当优先适用该具体的法律规则。例如,《婚姻法司法解释(二)》第 10 条规定:"当事人请求返还按照习俗给付的彩礼的,如果查明属于以下情形,人民法院应当予以支持……"此处所称"当事人请求返还按照习俗给付的彩礼的",表明必须"按照习俗"来决定婚前给付的礼物哪些属于彩礼、应当返还多少以及如何返还等问题,这实际上就是授权法院可以直接依据当地的"习俗"作为裁判相关彩礼返还案件的依据。但这只是在法律没有作出规定的情况下,习惯法才能起到补充作用。虽然习惯法也包含一定的行为规则,而且与法律原则相比更为具体,但无论如何其效力显然低于具体的法律规则,确认法律规则效力优先有利于维护法律的权威和秩序,这也是建设法治社会的基础。优先适用法律规则也有利于对法官的自由裁量权进行必要的限制以维护法律秩序的稳定。在法律已经就某事项作出规定的情形下,法官不应当直接援引习惯裁判,即便相关的法律规则属于任意性规范,其适用也应当优先于习惯。

最后,习惯不得与法律规则相抵触,明确具体法律规则优先于习惯适用,也为法官通过法律规则对习惯进行审核提供了依据。

---

① 蔡枢衡:《人治、礼治与法治》,载蔡枢衡:《中国法理自觉的发展》,清华大学出版社 2005 年版,第 148 页。

综上，法官在适用习惯时，首先应当穷尽具体的法律规则，即便是任意性规范，原则上也应当优先于习惯法而适用。当然，如果法律明确规定应当依据习惯裁判，或法律明确规定在适用时应当考虑习惯①，则该习惯法已经成为具体法律规则的组成部分，不再是纯粹的习惯法了。此时，法官可以直接援引该习惯法作出裁判。需要指出的是，虽然习惯法的适用顺序在法律规则之后，但习惯法可以作为解释法律规则的依据。例如，一些交易习惯已经成为惯例，成为商事法的重要内容，这对于解释商事规则具有重要意义，如在拍卖行业中，"三声报价法"是行业惯例也是交易习惯，可以直接用于解释拍卖法的规则。也就是说，习惯可以成为法官解释适用法律规则的重要依据。

（二）当事人的特别约定和商事交易习惯应当优先于法律的任意性规定

民法规则可分为强行性规则和任意性规则，对任意性规则而言，从尊重当事人私法自治角度看，如果当事人的约定不同于该任意性规则，则应当优先适用当事人的约定。就习惯法的适用而言，如果当事人约定按照某种习惯法确定权利义务关系，基于私法自治原则，应当肯定当事人约定的效力，则该习惯法可以成为确定当事人权利义务的依据。因此，如果当事人约定依据某种习惯法确定其权利义务关系，则应当尊重当事人的约定。

此外，在商事交易中，商事交易习惯也应当优先于任意法规则而适用。② 商事习惯是当事人之间长期从事某种交易所形成的习惯，按照系列交易理论，如果当事人之间多次或重复进行某类交易，由此所形成的习惯将会使当事人产生一种合理的信赖，即相信此次法律行为将会发生与以往相同的法律效果。因此，系列交易所形成的习惯可以自动纳入合同之中，成为弥补合同漏洞的条款。在商事交易中，对当事人意思表示的解释应当考虑当事人之间的交易习惯。③ 系列交易理论以该交易具有"规则

---

① 参见《奥地利民法典》第 10 条。

② 关于交易习惯的认定，《合同法司法解释（二）》第 7 条规定："下列情形，不违反法律、行政法规强制性规定的，人民法院可以认定为合同法所称'交易习惯'：（一）在交易行为当地或者某一领域、某一行业通常采用并为交易对方订立合同时所知道或者应当知道的做法；（二）当事人双方经常使用的习惯做法。对于交易习惯，由提出主张的一方当事人承担举证责任。"

③ Vgl. RGRK/Mezger, §433, Rn. 81; Flume, Allgemeiner Teil des Bürgerlichen Rechts, Band 2, Das Rechtsgeschäft, 1992, §16 3 d, S. 312 ff.; Hübner, Allgemeiner Teil des Bürgerlichen Gesetzbuches, 1996, Rn. 42.

性"和"一致性"为基础。① 我国《合同法》的相关规则也确立了商事交易习惯优先于任意法规则适用的效力。例如,《合同法》第 61 条规定:"合同生效后,当事人就质量、价款或者报酬、履行地点等内容没有约定或者约定不明确的,可以协议补充;不能达成补充协议的,按照合同有关条款或者交易习惯确定。"再如,就买卖合同而言,依据《合同法》的相关规定,如果当事人没有约定标的物的交付期限或者约定不明确的,则可以根据交易习惯加以确定(《合同法》第 139 条);如果当事人没有约定交付地点或者约定不明确的,则可以根据交易习惯来确定(《合同法》第 141 条);如果当事人对标的物质量要求没有约定或约定不明确,则可以依据交易习惯加以确定(《合同法》第 154 条);在当事人对包装方式没有约定或者约定不明确时,可以依据交易习惯加以确定(《合同法》第 156 条);如果当事人对价款的数额、支付价款的地点、支付价款的时间没有约定或约定不明确的,则可以根据交易习惯加以确定(《合同法》第 159—161 条)。由于法律的任意性规则主要用于弥补当事人约定的不足,主要适用于当事人就特定事项未作约定或者约定不清晰的情形。当事人在交易时通常都知道存在特定的商事习惯,并且在交易时有适用该商事习惯的意愿,因此应当尊重当事人的意愿,肯定商事习惯具有优先于法律任意性规则适用的效力。对于此项规则,如果民法总则不便作出规定,则可以考虑将来在民法分则中予以规定。

(三) 将习惯法作为解释和适用法律规则的参考

法官在解释和适用民法典具体条文的过程中,可以参考某一特定的民事习惯,赋予民法典特定条文在具体案件中的具体含义。"法无解释不得适用。"法律规则的解释需要准确理解法律规则、概念、术语的内涵。一些法律规则所使用的概念、术语直接来源于习惯,此时就不应当按照该术语的通常文义来理解,而应当结合其所产生的背景加以理解,这可能需要考虑相关的习惯。例如,国际贸易中的许多贸易术语都来源于商事惯例,如果某一交付条件蕴含了风险负担规则。在当事人选择该交货条件时,实际上选择了风险负担规则,发生争议时可以依据贸易术语裁判。当然,在将习惯法作为狭义法律解释的根据时,其本身不是直接作为一个法律渊源存在的,而只是作为阐释法律规范的根据和辅助手段,是为了帮助法官更好地理解、说明法律文本的含义。例如,在"李金华诉立融典当公司

---

① 参见崔建远:《合同法总论》(上卷),中国人民大学出版社 2008 年版,第 150 页。

典当纠纷案"中,当事人就绝当后当户能否再单方要求赎回当物发生争议。对此,《典当行管理办法》没有作出明确规定,上海市静安区人民法院认为,绝当后消灭当户基于典当合同对当物的回赎权,既不违反法律规定,也符合典当行业的惯例和社会公众的一般理解。典当行业有自己的一些行业习惯,这些行业习惯在不违反现有法律、法规禁止性规定的前提下,也应当作为处理典当纠纷时的参照。① 再如,关于家庭共有财产的分割,哪些人属于家庭成员并可以参与共有财产的分割,哪些财产属于共有财产并可以分割,以及在实际分割中应当采用哪些方法,也可以考虑当地的习俗。② 因此,即便法律没有规定将习惯规定为法律渊源,习惯仍然可以作为解释法律规则的参考因素。

五、结　语

"问渠哪得清如许,为有源头活水来。"习惯就是民法规则的一脉源头活水,一根法律规则与社会生活之间的纽带。一部科学的、符合现实需要的、面向未来的民法典,也应当是一部忠实于历史传统、尊重民间习惯的法典。只有从习惯中汲取营养,以习惯作为法律渊源,民法典才能深深植根于社会生活之中,保持其旺盛的生命力和开放性。

---

① 参见《最高人民法院公报》2006 年第 1 期。
② 例如,家神柜一般分给长子;大银杏树可以分给长子,银杏树大小不等的,适当贴补差价;对于家庭贡献较大的长子,可分给长孙适当的份额。参见姜堰市人民法院审判委员会讨论通过:《关于将善良风俗引入分割家庭共有财产的指导意见》。

试论民法中的一般条款[*]

所谓一般条款(clausula generalis, die Generalklausel),是指在成文法中居于核心地位的,具有高度概括性和普遍适用性的条款。[①] 一般条款不仅可以避免决疑式立法所导致的法律烦琐,而且,可以提升法律的体系性,保持法律的开放性,对于适应不断发展的经济社会生活作出妥当规范。鉴于一般条款在民法中的重要作用,有必要对其进行探讨。

一、一般条款在民法中居于重要地位

一般条款是指在成文法中居于重要地位的,能够概括法律关系共通属性的,具有普遍指导意义的条款。[②] 在罗马法上,因为采取决疑式的方法,重视具体问题具体解决,在法律上尚未出现过多的一般条款。此外,罗马法坚持"严格法"(ius strictum)的理念,强调法律用语的精确性[③],也导致其难以运用一般条款。[④] 例如,古罗马的阿德亚鲁斯皇帝曾命令尤里安颁布《永久告示》,剥夺了裁判官的衡平立法权。[⑤] 在优士丁尼编纂法典时,他仍然奉行"严格法"的理念,尽可能对法官的自由裁量进行限制。所以,在古罗马法中,极少出现一般条款。但是,在罗马法后期,基于善和公正之法(ius bonum et aequum),严守文义的立场开始出现松动,对文义的解释逐渐变得弹性化。[⑥] 当然,这与当时的立法技术水平以及当时社会关系的复杂程度都有密切的关系。在近代以来的大陆法国家的法典化运

---

[*] 本文完稿于1997年。
[①] 参见张新宝:《侵权行为法的一般条款》,载《法学研究》2001年第4期。
[②] 参见张新宝:《侵权行为法的一般条款》,载《法学研究》2001年第4期。
[③] Vgl. Martin Schmidt, Konkretisierung von Generalklauseln im europäischen Privatrecht, 2009, S. 16, Rn. 89.
[④] Vgl. Hedemann, Die Flucht in die Generalklauseln, 1933, S. 1 f.
[⑤] 参见徐国栋:《民法基本原则解释》,中国政法大学出版社2001年版,第232页。
[⑥] Vgl. Martin Schmidt, Konkretisierung von Generalklauseln im europäischen Privatrecht, 2009, S. 16, Rn. 89.

动中,由于法典的制定者希望借助法典全面规范社会生活,法典成为唯一的法律渊源。但是,鉴于法律规定过于具体、详尽,又难以具有足够的包容性,也可能使法典内容过于庞杂。在此背景下,学者们提出了立法节制的思想。"节制精神是立法者的真正精神。"认为立法者在立法时,有必要保持某种谦卑的心态,不能认为自己具有预见一切的能力,而要承认认知力的局限,从而给未来的发展预留空间。① 在此指导思想之下,《法国民法典》大量采用了一般条款,最典型的就是第1382条,该条被认为是自然法思想"任何人不得伤害他人"的法律表述。②《瑞士民法典》也借鉴了法国法上运用一般条款的经验,比较广泛地使用了一般条款。"《瑞士民法典》的一个特色是,它广泛地使用了一般条款。"③到20世纪初,德国学者黑德曼也提出了一般条款的概念,并与特别条款(die Spezialklausel)相互区分,从而在德国开始了对一般条款的讨论。④

一般条款在民法中居于重要地位,这是因为一般条款本身作为一种重要的立法技术,其是保持民法典开放性的手段。在现代社会,经济生活和科技发展变化极快,社会生活变动不居,社会关系越来越复杂,因此,需要借助一般条款来保持民法的开放性,以适应社会生活的变化。正如庞德所指出的,"法律必须稳定,但又不能静止不变。因此,所有的法律思想都力图使有关对稳定性的需要和变化的需要方面这种互相冲突的要求协调起来。我们探索原理……既要探索稳定性原理,又必须探索变化原理"⑤。而一般条款具有高度概括性和抽象性,能够使法官享有一定自由裁量的权力,为法官根据具体社会生活变化的情况提供适用法律的空间。因此,在民法典中设置一般条款,可使法典保持开放性,并成为法典始终充满能动性的重要保障。⑥

我国虽然没有颁布民法典,但在民事法律中仍然有性质上属于一般

---

① Pierre Serrand, La loi dans la pensée des rédacteurs du Code civl, in Droits, PUF, Vol. 42, 2006, pp.34-35.

② 《法国民法典》第1382条规定:"任何行为使他人受损害时,因自己的过失而致行为发生之人对该他人负赔偿责任。"

③ 〔德〕K.茨威格特、H.克茨:《比较法总论》,潘汉典、米健、高鸿钧、贺卫方译,贵州人民出版社1992年版,第313页。

④ Vgl. Hedemann und Justus Wilhelm, Die Flucht in die Generalklauseln, Eine Gefahr für Recht und Staat, 1933.

⑤ 〔美〕罗斯科·庞德:《法律史解释》,曹玉堂、杨知译,华夏出版社1989年版,第1页。

⑥ Vgl. Martin Schmidt, Konkretisierung von Generalklauseln im europäischen Privatrecht, 2009, S. 19.

条款的规定。尤其是在我国,立法历来都坚持"宜粗不宜细"的指导思想,立法之中大量出现了比较原则性的规定,其中不少属于一般条款。另外,立法者考虑到转型时期的特点,也注重运用一般条款来保持法律的开放性和适应性。例如,《侵权责任法》第6条第1款规定:"行为人因过错侵害他人民事权益,应当承担侵权责任。"该条就是过错侵权的一般条款。一般条款之所以在法律上具有重要性,其原因在于:

第一,一般条款具有统率性。一方面,现代的社会关系通常都十分广泛复杂,法律规范也十分复杂。另一方面,某些情况下,立法者也难以通过具体的法律规范对各种类型的社会关系都进行调整。在这一背景下,一般条款既具有统领现有具体的规范的作用,也有在欠缺具体规范时提供指引的作用,从而使法律保持较高的适应性。一般条款通常体现了对社会行为的一定评价标准,往往成为具体规定适用的基础性规则,它具有统率作用,可以统率多个规则。例如,《侵权责任法》第6条第1款关于过错责任的一般条款,它表达了侵权责任法最核心的价值判断结论,表明一个国家和地区在平衡受害人救济和社会一般行为自由方面最重要的价值判断结论,确立了最重要的归责依据,即根据过错确立归责的依据。

第二,一般条款具有概括和抽象性。一方面,一般条款是对某一类法律问题的概括性规定,也就是说它不是针对某一种类型的社会现象所作出的规定,而是对某一类的社会现象作出集中的规定。这种规定并非针对某一个别问题而言的,而是对所有问题的共通性要素的提炼。[①] 例如,广西某地曾发生热气球爆炸导致多人伤亡的案例。由于热气球不属于高空作业,因而不能适用《侵权责任法》第73条的规定,但可以适用《侵权责任法》第69条高度危险责任的一般条款。另一方面,正是因为一般条款要涵盖所有具体的类型,因此,其具有较高的抽象性。概括是归纳的体现,抽象则是演绎的结果。在抽象出相应规范后,又可以此为基础推导出适用各类具体的情形的规范。据此,一般条款在功能上超出了狭义法律解释所能达到的范围,需要借助具体化才能弥补法典的局限性。[②]

第三,一般条款具有开放性。所谓开放性,是指一般条款的内涵与

---

① Vgl. Martin Schmidt, Konkretisierung von Generalklauseln im europäischen Privatrecht, 2009, S. 20.
② 参见石佳友:《民法典与法官裁量权》,载《法学家》2007年第6期。

外延不是封闭的,可以适应社会的发展而不断变化,接纳随着社会发展新出现的价值标准。① 正如拉伦茨(Karl Larenz)所指出的:"没有一种体系可以演绎式地支配全部问题;体系必须维持其开放性。它只是暂时概括总结。"② 一般条款的最大优点是"能够立即适应新的情况,特别是应对社会、技术结构变化所引发的新型损失。此外,一般规则对人为法变化产生了有益影响,因为它开辟了一条道路,用以确认某些主观权利,实现对人的更好的保护"③。例如,《侵权责任法》第6条第1款就可以适应关于过错责任的一些新类型案件的发展而为受害人提供救济。一般条款在许多情况下往往可以与例示性规定合并运用,从而可以弥补例示性规定的不足。一般条款的基本功能就在于使法律具有包容性和适应性,使其能够面对不断变化的社会生活需要,以便法官在日后的法律适用中,根据社会发展的实际需要,对这些范畴进行灵活的解释,这是为了确保法律的开放性和维持法律生命力的需要。④ 例如,在1804年《法国民法典》制定的时候,尚未预见到不正当竞争、欺骗消费者以及各种侵害人格利益的情况,而法院通过适用一般条款,对受害人进行了有效的损害赔偿救济,取得了良好的效果。法国最初就是通过《法国民法典》第1382条关于侵权行为的一般条款来规制不正当竞争行为的。⑤

第四,一般条款具有基础性。一般条款体现了特定法律制度的一般原则和精神,实际上构成了该制度的基础,为具体规则的设立与阐释提供参照。相比统率性而言,基础性特征表明它并不包含具体规则,主要确立特定的价值基础,为其他制度提供了构建与发展的起点。拉伦茨将类型归属表述为一种价值导向的思考程序,也实际上说明了这些条款的基础性。⑥ 与一般条款配合使用的具体规定,往往都是这一原则和精神的具体体现,或者说是在典型案型中的运用。以一般条款为中心的各个具体法律制度,应以一般条款所确立的精神和规则为基础。

---

① Vgl. Martin Schmidt, Konkretisierung von Generalklauseln im europäischen Privatrecht, 2009, S. 19.
② 〔德〕卡尔·拉伦茨:《法学方法论》,陈爱娥译,商务印书馆2003年版,第49页。
③ 〔法〕热内维耶夫·维内:《一般条款和具体列举条款》,载全国人大常委会法工委编:《"侵权法改革"国际论坛论文集》(2008年6月),第1页。
④ 参见石佳友:《民法典与法官裁量权》,载《法学家》2007年第6期。
⑤ 参见石佳友:《民法典与法官裁量权》,载《法学家》2007年第6期。
⑥ 参见闫军:《概念与类型法律思维之比较》,载《福建法学》2009年第1期。

第五,一般条款具有兜底性。所谓兜底性条款,是指为了防止法律的不周严性,以及为了使法律适应社会情势的变迁而制定的具有总括性质的条款。在民法中设置兜底性条款的主要目的是为了给民法预留发展的空间,以期保持民法典长久的生命力。由于一般条款的概括性较强,因此其具有兜底性条款的性质,能够使民法典保持足够的适应性,并满足社会发展的需要。① 法律之所以设置一般条款,一方面是为了保持立法的简洁性,另一方面也是为了保持立法的开放性,从而使法律能够适应社会生活的发展变化。以《侵权责任法》中的过错责任一般条款为例,侵权形态成千上万,凡是找不到具体可以适用的法律规则时,都可以适用《侵权责任法》第6条第1款关于过错责任的一般条款,该条规定:"行为人因过错侵害他人民事权益,应当承担侵权责任。"如果将《侵权责任法》第6条第1款和该条第2款和第7条比较,就可以发现,在关于过错推定责任和严格责任中,出现了"法律规定"四个字,而在过错责任的规定中没有出现这四个字。从立法目的考量,立法者的立法意图在于,过错推定责任的规定和严格责任的规定都适用于法律有特别规定的情形,而过错责任可以适用于法律没有规定的情形。这就表明,过错责任是普遍适用于法律规定和没有规定的各种情形的一般条款。

二、一般条款与不确定概念之间存在区别

不确定概念(die Unbestimmte Rechtsbegriffe)是作为与确定概念相对应的术语被提出来的,是指在内涵和外延上都具有广泛不确定性的概念,例如公共利益、公序良俗、合理期限等。② "不确定法律概念是指未明确表示而具有流动的特征之法律概念,其包含一个确定的概念核心以及一个多多少少广泛不清的概念外围。此种不明确的概念,多见于法规之构成要件层面,亦有见于法规之法律效果层面。"③不确定概念最早是奥地利法学家藤策尔(Tenzer)教授提出,它主要是针对行政法上的自由裁量权问题提出的,阐明了研究不确定概念的重要性。④ 后来,这一概念被法

---

① Nastelski GRUR 1968,545.
② Nastelski GRUR 1968,545.
③ 翁岳生:《行政法》(上册),中国法制出版社2002年版,第225页。
④ 参见翁岳生:《行政法与现代法治国家》,台湾大学法学丛书编辑委员会1982年版,第37页。

律解释学所采纳。一般来说,法律概念都具有抽象性,因为它们是对社会生活事实的提炼和总结。"但凡自然反映生活的语言,必然不够精确,精确的语言又必然不自然。"①以内涵和外延是否确定为标准,法律概念大致可以分为两类。一类是确定概念,它是指内涵和外延相对确定的法律概念,对于某一法律事实是否属于此概念的范畴,解释者能够根据其特征作出直接的判断。另一类是不确定概念,它是指一种内容与范围均广泛不确定的概念。② 例如,"合理期限""善意""公序良俗""显失公平""相当数额"等。现代民法为了克服法律的滞后性,避免法律的僵化,大量运用不确定概念,以保持法律的适度,更好地适应社会的发展,并能够维持其开放性。所以,不确定概念已经成为立法中常用的技术,而因为其特殊,也导致对不确定概念的解释成为解释学中的重要问题。

一般条款与不确定概念具有相似性,二者都是立法者在立法中保持一定的抽象性、模糊性和开放性,从而在一定程度上赋予法官自由裁量权,允许法官进行价值补充。据此,有人认为,一般条款与不确定概念没有本质区别,甚至有人认为,一般条款属于不确定概念的次类型③,或者认为一般条款是包含了不确定性概念或需要进行价值填充的概念的规定。④从解释学的角度来看,法官对于一般条款和不确定概念都要进行价值补充(die Wertungsausfüllung),或者说是按照立法者的价值引导进行具体化(die Konkretisierung)。从解释学上,我们可以将二者都归入价值补充的范畴,因此两者之间没有实质性的差异。一般条款和不确定概念确实存在联系,前述的原则性一般条款和规则性一般条款,都有可能包含不确定概念。同时,有一些概念本身具有双重属性,既可能是不确定概念,又可能是一般条款。例如,维护社会公共利益和公序良俗条款中的"公序良俗"就是不确定概念。

虽然一般条款和不确定概念都是价值补充的对象,但它们仍然是存在区别的,德沃金没有使用"不确定概念"与"一般条款"等概念,但他注意到了二者的差别。他认为,一些模糊概念如"合理的""过失""不公平""意义重大的"等词的存在,使得这些概念看起来似乎变得更像"法律原

---

① 苏永钦:《寻找新民法》,台北元照出版有限公司2008年版,第66页。

② Vgl. K. Engisch, Einfuehrung in das juristische Denken, 8. Aufl., 1983, S. 108 f.

③ Vgl. Peztoldt, Die Problematik der Generalklauseln im Nebenstrafrecht und im Ordnungswidrigkeitenrecht, 1968, S. 7.

④ Kamanabrou AcP 2002, 662, 664.

则",但他认为这些概念在性质上属于规则性的,其与原则仍是有差别的。不确定概念的存在"并没有把规则完全变成一条原则,因为虽然这些词汇的界限很微妙,但它仍然限制着这条规则所依赖的其他原则和政策的种类。如果我们接受'不合理的合同'一概无效或者严重'不公平'的合同一概不得履行这样的规则约束,那么,同没有这些词汇的时候相比,就需要多方面的判断"[①]。也就是说,在存在这些不确定概念的法律规范中,尽管因此导致条文的内涵和外延具有模糊性,但是,因为它们不是原则,所以对这些概念的阐释仍要遵循既有的案件类型积累,包括要遵循一般条款和法律原则的主旨。由于德沃金所说的原则实际上包括一般条款,因此表明其对不确定概念和一般条款作出了区分。笔者认为,一般条款和不确定概念的区别具体表现为:一方面,从包容性的程度来看,一般条款所具有的包容性更强,其可适用的范围更为广泛;另一方面,从文本的表述来看,不确定概念体现为法律概念,其自身通常无法形成独立的条款,而一般条款虽然是由概念组成,但本身形成了一个完整的条款,而不仅仅是一个概念、术语。例如,在没有规定合同履行期限的情况下,债权人应当为债务人保留合理的期限。其中,"合理期限"就属于不确定概念,而不能理解为一般条款。而不确定概念甚至在整个条款中并不是占据核心的位置。此外,通常来说,如果一般条款之中包含了多个不确定概念,就首先需要对不确定概念进行阐释,然后再将该概念适用于特定的案件。例如,我国《民法通则》第106条第2款之中,就包含了"过错""财产""人身"等多个不确定概念。在解释该条的时候,就要首先对这些概念进行阐释。但不确定概念的复杂程度通常相对简单,一般不可能再包括一般条款。

三、一般条款与法律原则之间的关系

我国学者所指称的一般条款具体包括两种类型:一是具有基本原则性质的一般条款,此类条款是指在性质上具有双重属性,既可以作为一般条款,又兼承担基本原则功能的条款。其中最典型的是诚实信用原则。诚实信用原则是民法的基本原则,同时又作为"帝王条款",其内容极为抽象,在适用具体案件时,必须经过具体化才能进行适用。[②] 在民法解释学

[①] 〔美〕罗纳德·德沃金:《认真对待权利》,信春鹰、吴玉章译,上海三联书店2008年版,第49页。

[②] 参见杨仁寿:《法学方法论》,三民书局1986年版,第172—173页。

上,学者所谓"避免向一般条款逃逸"中的"一般条款"通常是指具有基本原则意义的一般条款。二是作为具体裁判规则的一般条款,大量的一般条款主要存在于具体规则之中。虽然其须经过具体化方能使用,但较之于基本原则更为具体,调整范围也有所限定。例如《侵权责任法》第6条第1款规定的过错责任原则,第24条规定的公平责任原则,其并不适用于某一种具体案件,而是调整某一类的案件类型。在民法各个具体部分中,学者通常所谓一般条款是可以作为具体裁判依据的一般条款。区分这两种类型的一般条款的主要意义在于,针对具有基本原则性质的一般条款,应当区分其不同的性质确定其在法律解释中不同的功能。如果是作为一般条款适用,应通过具体化的方式适用,但作为基本原则,则只能通过填补漏洞的方式适用,而作为具体裁判规则的一般条款则不存在此种情况。

　　从比较法上来看,法律原则性条款可以作为一般条款。此类条款在性质上实际上具有双重性,既是一般条款,又是基本原则。但大量的一般条款都是作为具体规则的一般条款。无论是何种一般条款,其与法律原则都具有一定的相似性,表现在:一方面,二者都具有较高的普遍性和抽象性,可以比较广泛地适用于法律中的某个领域。一般条款都是法律原则的具体化,甚至某些一般条款就是法律原则本身。例如,依据《合同法》第52条,"损害社会公共利益"的合同无效,这实际上就是公序良俗原则的具体化。德国学者迪特尔·施瓦布认为,一般条款指的是以非常一般性的方式表述的思想内容,这些思想内容被赋予原则性意义,如"诚实信用"原则(《德国民法典》第242条)、"善良风俗"原则(《德国民法典》第138、826条)等。也正是基于这样的原因,有的学者并没有严格区分法律原则和一般条款。① 另一方面,与作为具体规则的一般条款一样,法律原则也具有抽象性、概括性和开放性的特征。有学者认为,"一般条款是法律原则的一种表现形式或者形态"②。笔者认为,这种观点值得商榷。诚然,在某些情况下,法律的基本原则是以一般条款的形式表现出来,或者说,可以从一般条款之中提炼出法律的基本原则。例如,我国《民法通则》第58条规定"违反法律或者社会公共利益的"法律行为无效。该条就属于一般条款,从这个一般条款之中,我们可以解释出公序良俗原则。

　　虽然一般条款与法律原则具有类似性,但不能说一般条款就是法律

---

① 参见[德]迪特尔·施瓦布:《民法导论》,郑冲译,法律出版社2006年版,第107页。
② 谢晓尧、吴思罕:《论一般条款的确定性》,载《法学评论》2004年第3期。

原则的简单表现或者将两者完全等同。具体来说,二者之间存在如下区别:

第一,性质不同。法律原则是指不能为个别或具体的法律规则所涵盖的,贯穿于整个法律之中的法律的基本价值与精神。在国外,法律原则大多源于判例与学说的总结,并不直接以独立条文的形式规定在法律之中。而在我国,立法中首先都集中规定基本原则,为法官的审判活动提供基本的指导。从我国的立法规定来看,与法律原则不同的是,一方面,一般条款本质上还是法律规则,通常是由立法机关制定的,可导致确定法律后果的行为规则,适用于较为具体的事项。① 法律原则仅仅是价值的宣示,它只是一般的法律思想,例如,个人责任原则、尊重人格尊严的原则等。但是,法律原则并不包括构成要件和法律后果,难以直接适用于具体案件之中。② 另一方面,法律原则体现了整个法律的价值和精神。相对于一般条款而言,其具有更高的价值位阶和更高的抽象性程度。而一般条款虽然也宣示了价值,但同时包含了构成要件和法律后果。例如,《侵权责任法》第24条规定:"受害人和行为人对损害的发生都没有过错的,可以根据实际情况,由双方分担损失。"显然,在该条中,就预设了特定情况下的法律后果。所以,我们在谈及法律原则时,并不是指法律规则意义上的权利,而是指规则之外的具有普遍指导意义的原则,一般条款仍然具有规则的意义。

第二,功能不同。一般条款作为法律规则,是裁判性规范,为诉争中的司法裁判提供了直接依据和准则,法官在确定案件事实之后,通常可以直接根据三段论的推理方式得出裁判结果。而法律原则通常并不能作为裁判的直接依据,其更多是对立法、司法、执法和守法提供基础性的指导。即便其在司法裁判结论的演绎中具有指导意义,但裁判结论仍然是通过适用一般条款和具体规定等法律规则得出来的。

第三,法律层次不同。从相对应的概念来看,一般条款是与具体列举相对应的,而法律原则是与法律规则相对应的。与法律原则相比,一般条款仍然对其所包含的众多不特定的个案设置了特定的权利义务关系和法律后果。一般条款与个案式具体列举的结合通常有两种模式:一种模式是,一般条款在先,具体列举在后。具体列举的作用在于以一定的方式局

---

① 参见《元照英美法词典》,法律出版社2003年版,第1211页。
② 参见秦季芳:《概括条款之研究》,台湾大学法律学研究所1994年硕士学位论文,第62页。

部地突出一般条款的范围。另一种模式是,一般条款在具体列举之后,一般条款对于弥补个案式列举的不足具有重要作用。例如《侵权责任法》第24条关于公平责任一般条款的规定,是与该法第32条关于监护人责任中的公平责任的具体规定相结合的。而法律原则是与法律规则相对应的概念,其并不直接涉及当事人的权利义务关系,通常不与具体的条款直接对应。

第四,法律适用上的不同。由于一般条款与基本原则相比较,在具体性方面的程度更强。因此,在有一般条款的情况下,应当先引用该一般条款,而不能直接引用法律原则。例如,关于公平责任的适用规则,应当适用《侵权责任法》第24条关于公平责任的规定,而不能直接援引《民法总则》第6条关于公平原则的规定。正如日本著名民法学家我妻荣指出的:"一般条款也叫做概括条款,通常是指把法律上的要件制定为抽象的、一般规定的条款,其具体的适用听任法官,具有灵活性,在根据社会情况变化可追求妥当性这一点上,是有特点的。"[①]由于一般条款仍然规定了特定的构成要件,对一类社会关系具有直接的调整功能。如果某社会关系并没有个案式的具体规定予以规范,则通常可以归入某一般条款所规范的范畴,可以通过适用一般条款得出法律结论。与此不同的是,法律原则的意义在于对立法、司法和执法提供指导思想,一般不能直接适用于个案。即使是因为填补漏洞的需要,有必要援引基本原则时,也必须是在穷尽了所有的填补漏洞的方法之后才能援引基本原则填补漏洞。

第五,法律原则具有层次性,这就是说,在民法中,有贯穿于民法各个领域的基本原则,也有仅在民法的某一个领域存在的原则,它们都构成民法的基本原则,但在层次上还是有区别的。例如,民法的基本原则是平等,而婚姻法的基本原则是男女平等。民法奉行私法自治原则,在合同法中体现为合同自由。这就体现了法律原则的层次性,也是法律价值体系的表现。而一般条款则不具有层次性,它们相互之间不存在抽象与具体的区分。此外,法律原则包括成文化的和不成文化的两种,而一般条款都是成文化的,不存在所谓"不成文化的一般条款"。因此,法律原则并非必然存在于制定法之中,而一般条款必然存在于制定法之中。

---

① 〔日〕我妻荣主编:《新法律学辞典》,董璠舆等译,中国政法大学出版社1991年版,第25页。

四、一般条款的类型化

一般条款虽然具有开放性,但又具有高度的抽象性,所以,难以给法官指明如何具体适用。在法律规定一般条款的情形,应当通过类型化的方法,以便利法官的具体适用。所谓类型化,是指通过某一类事物进行抽象、归类,从而对一般条款进行具体化。一般来说,类型化是以事物的根本特征为标准对研究对象的类属划分。① 当然,一般条款的具体化,除类型化以外,还包括其他的解释方法,狭义的法律解释方法在某些情况下也可以起到具体化的作用。例如,文义解释、体系解释等也可以作为一般条款的解释方法。

从表面上看,类型化本身作为一种解释方法,并没有探求立法的原意,也没有足够清楚地澄清文义。从这个意义上说,类型化似乎不是一种法律解释技术,而只是作为一种概念所指涉事物的归纳和整理。但如果我们仔细分析,类型化仍然是法律解释方法,理由在于:

第一,它是针对一般条款的特殊解释。如前所述,类型化是针对一般条款所采取的特定的价值补充的方法。由于一般条款的解释无法通过狭义法律解释方法得到完全清楚的解释,这些概念和条款因其抽象性、模糊性等特点,不能自动地与案件相连接,但它如何才能适用于具体案件中呢?在实践中,只有借助类型化的方式,才能将其含义阐释清楚。通过类型化,使得一般条款变得更为具体、明确,尤其是使其能够与特定的案件相连接。而且法官直接面对案件事实,能够通过司法审判来对一般条款进行具体化。类型化推动了法律的发展,也是保障司法公正的重要手段。通过类型化,使得理论的研究与生活事实的联系更为紧密,同时,它也促使理论研究更为深入化和精致化。类型化实际上是在具体和抽象之间寻求一个平衡点,从而有助于实现法的安定性与个案正义之间的平衡。

第二,它是阐明法律文义的方式。诚然,在一般的法律概念中,也可能出现分类的问题,例如,占有可以分为善意占有和恶意占有。但这种分类不能等同于类型化,类型化特指对不确定概念和一般条款进行具体化的方式。类型化的重要功能就是要阐释法律文本的含义。在类型化的过程中,法官通过归类的方式,实际上是对一般条款含义进行不完全的、具

---

① 参见李可:《类型思维及其法学方法论意义——以传统抽象思维作为参照》,载《金陵法律评论》2003年第2期。

体化的列举。类型化所列举的类型越详细,就越贴近社会生活,也就越能阐明法律文本的含义。虽然类型化中的具体化具有不完全列举的特点,但其毕竟在一定程度上阐明了法律文本的含义。

第三,它是寻找大前提的过程。法律解释不同于一般的解释,其都是要为司法三段论的推理寻找大前提,从而为涵摄作必要准备。类型化同样如此。它在对一般条款的解释中,实际上是以具体案件为基础的,也是为了实现大前提和小前提之间的连接。

第四,类型化具有狭义的法律解释方法和漏洞填补方法不可替代的功能。类型化既不同于狭义的法律解释方法,也无法通过漏洞填补的方式来解决。由于类型化在功能上的不可替代性,它作为一种法律解释方法,具有独立存在的价值。

第五,我国司法实践的经验证明,类型化是解释法律的有效方式。事实上,类型化的方法还可以运用于制定法律和制定司法解释领域。尤其是司法解释之中大量运用了类型化的方式,并取得成功的经验。例如,申请宣告死亡的申请人顺序并没有在《民法通则》中规定。但是,作为司法解释的《民法通则意见》对其进行了类型化的规定,同时,对于申请人的顺序进行了规定。司法解释中的类型化,使得法律的抽象规定变得适度具体,从而便于法官裁判案件,也有利于司法的统一。虽然司法解释不完全是法律解释,而具有准立法的性质。但是,其中运用类型化的经验表明,类型化可以作为法律解释的方法。

类型化既不同于狭义的法律解释方法,又不同于漏洞填补方法。在现代法律解释学上,类型化作为专门的术语,具有其特定的含义。它不同于其他解释方法的特点表现在:

1. 对象的特殊性

类型化的对象主要是一般条款,而不是一般的法律文本。与一般的解释方法不同,它仅限于针对一般条款进行具体化,其原因在于:

第一,一般条款的不确定性和模糊性,决定了其无法通过定义的方式来界定其内涵,而只能通过具体化的方式来把握其内涵。由于一般条款的特殊性,难以进行概念的定义,这也是概念思维的局限性所致。拉德布鲁赫(Radbruch)提出,"生活现象的认识只是一种流动的过渡,但概念却强硬地要在这些过渡中划分出一条明确的界限。在生活现象仅仅显得'或多或少'的(模糊)地带,概念却要求须作出'非此即彼'的判断",因此,"概念的主要成就并不在于'包含':包含某种特定的思维内涵;而在于'界定':作为一道防护墙,使概念得借以向外界隔绝其他的思维内涵"①。此时就要借助归类整理的方式进行解释,这就是通常意义上所说的类型化。

第二,一般条款的宽泛性决定了其适用范围广泛,且难以把握其可能文义的范围,不仅其边缘文义的范围难以确定,而且其核心文义的范围也难以确定。也有学者将这一特点称为"流动性"或"边界的不明确性",即一个类型到另一个类型之间是由"流动的过渡"相连接的。②

第三,一般条款的开放性和发展性决定了类型化的特殊性。一方面,一般条款总是处于发展和变动的状态,其内涵与外延均有不确定性,无法用定义的方式来界定,也无法用完全列举的方式来界定。针对这一特点,需要运用类型化的方式进行解释。例如,文义解释、体系解释都要确定可能文义的射程,但在适用于一般条款时,难以借助狭义法律解释方法来阐明其含义。另一方面,一般条款的设立本身就体现了立法技术上的特点,即发挥其发展性和开放性功能,以适应不断变化之中的社会生活。立法者通过一般条款的运用,赋予法官一定的自由裁量权,使其能够应对社会发展变化的需要,衡平个案中当事人的利益冲突,使一般条款能够涵盖争议的案件,并使其能够妥当适用于具体个案。所以,类型化"乃是弥补抽象概念的不足掌握生活多样的生活现象与意义脉络的生活样态"③。

2. 方法的特殊性

由于一般条款无法通过狭义的解释方法来阐释其含义。因此只能通过类型化等具体化的方式来使其具体明确,从而适用于具体案件。类型化的方法与狭义的解释方法的区别主要表现在:

第一,类型化的特点不是要澄清概念等客观文义,而是通过将某一类事物进行分类、归纳、列举的方式,将具有相似性的事物纳入特定的法律条文之下。类型的特点表现在它的"同意义性",即同类型的各种事物之间具有一定程度的相似性,可以归纳为一类而进行比较。④

第二,狭义的解释方法都必须在文义的可能范围内进行,因此需要明确法律文义的射程范围。而类型化的方法针对的是一般条款,它们的外

---

① G. Radburuch, Klassenbegriffe und Ordnungsbegriffe im Rechtsdenken, in: Internationale Zeitschrift für Theorie des Rechts XII (1938), S. 46.
② Vgl. Detlef Leenen, Typs und Rechtsfindung, 1971, S. 34 f.
③ 舒国滢等:《法学方法论问题研究》,中国政法大学出版社2007年版,第449页。
④ 参见林立:《法学方法论与德沃金》,中国政法大学出版社2002年版,第128页。

延并不确定,类型化的过程并非为归纳出其所有的外延,而只是要归纳出其部分典型的形态。它不是穷尽性地阐明法律文本的含义,而只是就其中所包含的内容作开放式的列举。所以在进行类型化的过程中,不一定需要明确概念和条款的文义射程。

第三,在类型化的过程中,首先要对一般条款进行类型整理,再将待决案件纳入特定的类型之中,这一特点是狭义的法律解释中不具备的。类型化的方法就是要把握特定概念的属性,将符合该属性的事物进行归纳列举,从而实现概念的具体化。① 类型化不是将各种毫无关联的事物聚拢组合在一起,而应当在归类的过程中,依据一定的生活经验和案件类型进行归类。② 某个法律事实是否属于这一抽象概念的范畴,要依据这一法律事实所具有的特征与抽象概念特征的相似性来判断。如果它符合抽象概念的某些特征,就可能要归入这一类事物之中。有学者认为,类型的特点在于:一是多次重复出现,二是具有大致相同的外部特征。③ 类型的构建主要是找出某类事物的共通因素,并加以总结表达,构成法律中的类型。④ 这些观点不无道理。类型化具有分类的功能,但它不是简单的分类,而是从具体事物出发进行的归类操作。类型化实质上是一种提炼、抽象和概括,是将具有相同特征的事物归纳为同一类别的过程。类型化只是对于生活中频繁发生的、理论上比较成熟的类型进行归纳,而不可能对其所涵盖的所有类型进行归纳。⑤

第四,在类型化过程中,法官往往要创造性地确定其内涵,从而使得成文法能够适应现实生活的变化。而在一般的狭义法律解释中,法官不需要开展太多的创造性活动,而更多应去发现法律的原本含义。通过类型化,实际上是将司法的经验和生活的经验进行归纳整理,并将其列举出来。通过这一过程,拉近了抽象的法条和生活经验之间的距离,从而使抽象的概念或条文趋于具体化,尤其是通过分层次性的类型化,使得分类越来越接近现实生活。⑥ 因为实务经验和生活经验是纷繁复杂的,我们不可能借助立法将一般条款具体化。只能在一般条款规定之后,留给法官对

---

① 参见许中缘:《体系化的民法与法学方法》,法律出版社 2007 年版,第 101 页。
② 参见闫军:《概念与类型法律思维之比较》,载《福建法学》2009 年第 1 期。
③ 参见〔德〕亚图·考夫曼:《类推与"事物本质"——兼论类型理论》,吴从周译,学林文化事业有限公司 1999 年版,第 13 页。
④ 参见许中缘:《体系化的民法与法学方法》,法律出版社 2007 年版,第 106 页。
⑤ 参见朱岩:《危险责任的一般条款立法模式研究》,载《中国法学》2009 年第 3 期。
⑥ 参见许中缘:《体系化的民法与法学方法》,法律出版社 2007 年版,第 101 页。

审判实践和生活经验进行归纳整理。

3. 思维的特殊性

类型化是以类型思维为基础的法律解释方法。所谓类型思维,是指以特征为判断标准,以归类列举为手段,以变动和开放为特点的思维方式。一般认为,"类型"理论源自于著名社会学家马克斯·韦伯提出的"理想类型"(Idealtypus)。[1] 类型思维是和概念思维相对应的,两者通常被认为是基本的思维方式。[2] 两者的区别表现在:一方面,概念思维是以定义的方式表现,其通常采用的方法是种属加差别的方法(per genus et differentiam)。此种思维模式的特点是将某类事物定性,明确其本质属性,并在此基础上将特定事物归于一定的种属,然后表明其区别于其他事物的差异。[3] 例如,动产就是可以移动且移动不影响其价值的有体物。动产的"种属"是有体物,其与不动产的"差别"就是可以移动且不影响其价值。而在类型思维中,无法界定某类事物的本质属性,而只是借助事物的主要特征来进行描述。它所指称的事物无法通过抽象概念来界定。另一方面,在概念思维中,事物的本质属性已经被界定,可以通过举例等方式来阐明其特点,而且通过分类的方式进行完全的类别划分。而在类型思维中,事物的本质属性无法被准确界定,只能通过其主要特征来描述。[4] 因而,只能以主要特征为基础,不完全地列举其中的若干次类型的事物,而且,各个次类型之间还具有变动性的特点。产生这种区别的原因在于,社会生活纷繁复杂,在实际生活中,很多生活关系的特征具有模糊性,这些特征是定性的,不符合抽象概念的所有特征,而只能借助具有模糊性的不确定概念来指称,从而导致类型化适用的必要。从总体上说,类型化思维弥补了概念思维的不足,或者说,它是概念思维之外的独特思维方式。从法律解释学的角度来看,类型化思维的适用范围宽泛,不仅在价值补充中有类型化的方法,而且在其他法律解释方法中也有类型思维的体现。例如,类推适用也在一定程度上运用了类型思维,它是对一般条款进行适当解释。类型化作为一种解释方法,在一般条款的运用中,可以说是最恰当、最准确的解释方法。因为定义解释仍然是概念思维,其无法运用于一

---

[1] 参见胡玉鸿:《韦伯"理想类型"及其法学方法论意义——兼论法学中"类型"的建构》,载《广西师范大学学报(哲学社会科学版)》2003 年第 4 期。

[2] 参见林立:《法学方法论与德沃金》,中国政法大学出版社 2002 年版,第 125 页。

[3] 参见林立:《法学方法论与德沃金》,中国政法大学出版社 2002 年版,第 125 页。

[4] 参见李可:《类型思维及其法学方法论意义——以传统抽象思维作为参照》,载《金陵法律评论》2003 年第 2 期。

般条款之中,借助类型化使得一般条款得到了具体化,而且使得待决案件能够有效与其连接。

正是因为类型化是一种特殊的方法,所以,类型化作为一种解释方法,也常常被称为"合类型解释方法"。有学者认为,它是一种实用的法律解释方法。① 因为这一原因,可将其作为独立的法律解释方法。

五、一般条款的适用

一般条款具有概括性、开放性等特点,其赋予法官较大的自由裁量权。这既是一般条款的优点,也是其缺点所在。因为法官享有较大的自由裁量空间,所以应当对其进行必要的限制,避免法官滥用其权力。借鉴国外的立法和理论研究成果,在一般条款的适用中,应当确立如下规则:

1. 禁止"向一般条款逃逸"

所谓"向一般条款逃逸",是指在存在法律具体规定的情况下,法官不援引具体法律规定,而直接援引抽象的一般条款或法律原则来作出裁判。在适用法律中应当禁止"向一般条款逃逸",因为此种做法不能保证法律的准确适用,既然法律已经规定了具体的规则,法官在裁判中就应当运用该具体规则进行裁判,在存在具体的法律规则的情形,如果法官按照一般条款进行裁判,将有违立法目的。且允许法官绕开具体规则直接依据一般条款裁判,会赋予法官较大的自由裁量权,影响法律秩序的稳定。还要看到,"向一般条款逃逸"也会导致裁判的不统一,影响法律的准确适用,甚至使得具体的法律规则虚化。因此,法官在裁判案件时,有具体规定的,应当援引具体规定,而不应援引一般规定,法官援引的规定越具体、与案件联系越紧密,对法官的自由裁量限制就越多,案件的裁判就越精确。然而,在实践中,不少法官仍然偏爱选择抽象的一般条款,而不愿意过多援引具体规则。以中国裁判文书网所载案例为例,直接适用《侵权责任法》第6条第1款的案件有十万件以上。事实上,《侵权责任法》第6条第1款属于过错责任的一般条款,在有具体法律规则可以适用时,应当适用具体的法律规则,而不应当适用过错责任的一般条款。

2. 谨慎适用兜底性规定

兜底性的规定通常是在无法找到例示性规定的情况下才能适用,因

---

① Vgl. Zippelius, Der Typenvergleich als Instrumengt der Gesetzesauslegung, in: Jahrbuch für Rechtssoziologie und Rechtsthorie, Band 2, S. 486.

为与例示性的规定相比,兜底性的规定更为原则和抽象,所以,对兜底性的规定应当谨慎适用。具体而言,适用兜底性的规定应当遵循如下规则:首先,在法律有特别规定的情形,应当先适用特别规定。其次,在法律有例示性规定时,应当按照例示性的规定,确定兜底条款的内容。例如,我国《合同法》第42条规定:"当事人在订立合同过程中有下列情形之一,给对方造成损失的,应当承担损害赔偿责任:(一)假借订立合同,恶意进行磋商;(二)故意隐瞒与订立合同有关的重要事实或者提供虚假情况;(三)有其他违背诚实信用原则的行为。"该条第3项与第1、2项之间形成了兜底条款与例示性规定的并用。因此,在解释"其他违背诚实信用原则的行为"时,就必须考虑其与例示性规定的关系。在解释一般条款时,也需要参照例示性规定。

3. 如果不存在法律漏洞,一般不能直接援引法律原则进行裁判

法官在适用法律裁判的过程中,首先应当寻找具体的法律规则,只有当没有具体规定可适用时,才可以寻求基本原则(如诚信信用、公平原则等)进行裁判。在有具体的法律规则时,如果不援引具体的法律规则进行裁判,就可能导致具体规则失去意义,并可能影响法律适用的统一性。对于特定案件,通常只有在缺乏具体的可以适用的法律规范时,才能依据法律原则填补法律漏洞。

4. 一般条款应当具体化

一方面,一般条款与不确定概念一样,都因其特殊性而决定了其解释方法上的独特性。一般条款的含义很难通过文义解释的方法准确界定,也难以通过其他狭义解释方法清晰地阐明其含义。另一方面,一般条款开放性的特点也决定了无法通过法律解释穷尽其含义,这与不确定概念类似,必须借助类型思维的方式,通过类型化的方式进行具体化的操作。因为一般条款在内容上往往难以把握,在适用中也有一定的技术障碍和技术困难,因此,在审判实践中往往极少运用一般条款判案,甚至宁愿选择基本原则条款也不愿采用一般条款。例如,在一个双方都有过错的案件中,法院没有援引《民法通则》第132条的规定(即公平责任),而是直接援引了《民法通则》第4条的规定作出判决。[①] 在法律解释中,如何正确运用一般条款裁判对于保障裁判的公正具有重要意义。

具体来说,对于一般条款的解释,应当从如下几个方面着手:

[①] 参见国家法官学院、中国人民大学法学院编:《中国审判案例要览(2004年民事审判案例卷)》,中国人民大学出版社2005年版,第302页。

第一,一般条款的具体化首先要从文义解释着手①,判断某个条款是属于一般条款还是具体的裁判规范,或者是法律原则。如果是具体的裁判规范,则应纳入狭义的法律解释方法中处理;如果属于法律原则,则应当纳入漏洞填补的范围内。以《民法通则》第106条第2款为例,它究竟适用于什么情形,这需要法官进行判断。而在判断其适用范围时,需要考虑文义、立法目的、体系等因素。从该条的规定来看,其立法目的在于,确立过错责任原则,作为侵权法的兜底性条款,因此,凡是法律没有特别规定的侵权行为,可适用该条来裁判。

第二,对一般条款的具体适用范围的确定。例如,诚实信用和善良风俗都涉及道德要求的法律化,但二者的适用范围存在差异。诚实信用是最低限度的商业道德的法律化,通常适用于财产法领域;而善良风俗则确定了在伦理生活领域的,不得逾越的道德准则,通常适用于亲属法和人格权法领域。② 再如,《侵权责任法》第6条第1款仅仅适用于侵权,而不适用于合同等行为。

第三,从案件的积累出发,找出特定的典型案件类群(bestimmte typische Fallgruppen),进行类型化处理。也就是说,应当对一般条款所适用的案件进行归类整理,确定一般条款所能够涵盖的范围。③ 例如,前述缔约过程中违反诚信原则的情况类型较多,某些案件究竟属于《合同法》规范的范围,还是《侵权责任法》规范的范围,需要首先加以确定。其次,还要判断《合同法》第42条第3项中规定的行为究竟包括哪些类型。如果案件并无适用的案件类型群或没有具体化的原则,或不知有此原则,则适用法律的人要自己去建造案件类型群以及找出处理此案件类型群的原则。④ 但是,对于一些直接确定裁判规则的一般条款,则需要确定待决案件的事实是否属于该条款所能调整的对象。

第四,认定个案情况(Umstände des Einzelfalles)⑤,并与特定案件类型

---

① Vgl. Martin Schmidt, Konkretisierung von Generalklauseln im europäischen Privatrecht, Walter de Gruyter, 2009, S. 62.

② 参见马俊驹、余延满:《民法原论》(第二版),法律出版社2005年版,第39—47页。

③ Vgl. Martin Schmidt, Konkretisierung von Generalklauseln im europäischen Privatrecht, Walter de Gruyter, 2009, S. 38.

④ 参见秦季芳:《概括条款之研究》,台湾大学法律学研究所1994年硕士学位论文,第98页。

⑤ Vgl. Martin Schmidt, Konkretisierung von Generalklauseln im europäischen Privatrecht, Walter de Gruyter, 2009, S. 154.

相联结,即确定前述的案件类型群是否可以与待决的特定案件相互联结。这就需要法官进行比较处理。如果待决案件与案件类型群之间存在可联结性,就应当将其归入特定的类型。例如,在缔约过程中,撤销有效的要约导致相对人信赖利益损失,确实属于《合同法》第 42 条第 3 项所规定的案件类型。

  第五,说理论证。一般条款的适用需要伴随说理论证。例如,就法律行为是否违反公序良俗,应就法律行为的内容、附随情况以及当事人的动机、目的及其他相关因素客观地综合判断。论证越充分,就越能保障一般条款适用的合理性,从而保证个案的公正裁判。[①]

[①] Vgl. Schmalz, Methodenlehre für das juristische Studium, 2. Aufl., 1990, S. 128.

自然人民事责任能力制度探讨*

在大陆法系国家,责任能力制度是责任承担的基础。该制度在传统民法上主要适用于侵权法领域,它既是判断过错的前提条件,又是贯彻意思自治的重要技术工具,对于维持民法价值评价的一致性具有重要作用。但这一制度在我国侵权责任法中的地位究竟如何,它与行为能力、过错之间的关系为何,与无行为能力人、限制行为能力人责任的展开具有何种逻辑关系,这些问题都有待于在理论上作进一步的澄清。

一、责任能力制度的缘起和意义

所谓"责任能力"(die Deliktsfähigkeit, tortious capacity),也称为"归责能力"(die Zurechnungsfähigkeit)或"过错能力"(die Verschuldenfähigkeit),是指行为人侵害他人民事权利时能够承担民事责任的资格,或者说是对自己的过失行为能够承担责任的能力。[①] 根据这一制度,在德国民法中,只有当行为人对其行为的性质及其后果具有识别能力,也即"认识到其行为的不法以及随之的责任,并且以任何方式理解其行为的后果"时,行为人才有可能承担责任。[②] 在以《德国民法典》为代表的法律之中,主要依据行为人的年龄、精神状况来判定责任能力的有无,例如,根据《德国民法典》第828条第1款的规定,不满7周岁的行为人为无责任能力人,因而其对造成的损害不承担责任。责任能力包括侵权责任能力、违约责任能力和其他责任能力。[③] 但由于责任能力主要适用于侵权法,因此大陆法系国家和地区大多在侵权法中对其作出规定,而对于违约责任能力则通常规定可以准用侵权责任能力的规定。[④]

---

* 原载《法学家》2011年第2期。

① 参见〔德〕卡尔·拉伦茨:《德国民法通论》(上册),王晓晔等译,法律出版社2003年版,第156页。

② Vgl. Münch Komm-Mertens, 1999, §828, Rn. 1.

③ 参见龙卫球:《民法总论》,中国法制出版社2001年版,第266页。

④ 参见《德国民法典》第276条、我国台湾地区"民法"第221条。

责任能力是过错认定的前提,没有责任能力就无法认定过错,更不会承担过错责任。① 在传统民法中,每个人只对自己的过错行为承担责任,而过错的存在首先要求行为人具有识别能力,如果行为人不具备识别能力,则行为人在主观上就不可能具有过错。正是在这个意义上,责任能力也被称为"过错能力"。具体而言,一方面,责任能力制度强调,加害人行为的可谴责性以其精神正常或具有一定程度的智力能力为前提,因而只有具备一定的认识自身行为及其后果能力的人,才能够被认定从事的行为具有过错,并对这种过错所致的后果负责。因此,行为人承担损害责任的前提在于,行为人必须具有"认识其责任所必需的理解力",也即行为人具有责任能力。另一方面,如果行为人不具备责任能力,则法官可无须审查行为人在具体情况下是否尽到了应有的注意义务。② 如果行为人根本不具备责任能力,这意味着他根本不能理解和认识到其行为所可能产生的一般责任,此时就没有考虑是否具有过错的必要。此外,与行为能力的不同之处在于,责任能力虽然也以一定的客观要素如年龄为标准,但在认定时仍应具体判断。③ 例如,一个具有行为能力的人,可能因各种特定因素如疾病、醉酒、吸毒等暂时处于无意识状态,从而使自己不具备承担特定责任的能力。如果行为人对自己暂时丧失意识能力没有过错,行为人不需要承担责任。④ 所以,从责任主体的角度来看,责任能力实际上将一些民事主体排除在侵权责任主体之外。只有在确定行为人具有责任能力之后,才需要进一步考查他的行为是否有过错。⑤ 正如王泽鉴教授所指出的,"因故意或过失侵害他人权利者,具有主观'可归责性',而此项可归责性须以责任能力(归责能力)为前提,此属侵权行为人负损害赔偿责任的资格,故亦称为侵权行为能力,在思考逻辑上应先肯定加害人有责任能力,再进而认定其有无故意或过失"⑥。

当然,责任能力并不完全是决定责任"有"或"无"的"非此即彼"的标

---

① 参见余延满、吴德桥:《自然人民事责任能力的若干问题——与刘保玉、秦伟同志商榷》,载《法学研究》2001年第6期。
② 参见〔德〕卡尔·拉伦茨:《德国民法通论》(上册),王晓晔等译,法律出版社2003年版,第156页。
③ 参见王泽鉴:《民法总则》,北京大学出版社2009年版,第97页。
④ 参见〔德〕卡尔·拉伦茨:《德国民法通论》(上册),王晓晔等译,法律出版社2003年版,第156页。
⑤ 参见〔德〕马克西米利安·福克斯:《侵权行为法》(第五版),齐晓琨译,法律出版社2006年版,第86—87页。
⑥ 王泽鉴:《侵权行为法》(第一册),中国政法大学出版社2001年版,第275页。

准,它在判断过错,尤其是未成年人的过错方面,也提供了一些可供具体操作的程度性标准,即行为人的成熟情况和行为控制能力等因素也对过错的认定具有影响,在评判过错时也发挥着重要作用。在考查过失时,需要关注的问题在于,以未成年人的同龄人发育的一般状况为基准进而判断该未成年人是否达到了可以确定他的过失的必要的成熟程度。① 这里,过失的判断是依据客观标准,而不是依据个人特征,也就是说,所要求的注意程度并不是针对具体的未成年加害人,而是以他的一般同龄人为标准。②

责任能力这一概念的核心是"认识其责任所必要的理解力"③,由此,责任能力制度就不仅仅与过错有关,也与其更深层次的基础即私法自治理念发生了联系。私法自治是贯穿于民法始终的价值理念,按照私法自治的要求,每个人都要依其意思做出行为,其反面要求就是每个人要对自己的行为负责。自主决定与自己负责正是自由意志的两大根本原则,即意思自治(或私法自治)原则与过失责任原则的法哲学基础。④ 侵权法的主要任务在于实现行为自由和法益保护之间的平衡,而责任能力制度有助于行为自由的充分展开,因此,责任能力制度的重要优势就在于能够于民法体系中逻辑一致地贯彻意思自治的基本理念。

责任能力制度作为判断过错的前提要素,还具有如下五方面功能。

第一,保护未成年人的功能。责任能力制度最初是为了保护未成年人,未成年人因不具有责任能力,如果让其对自己在没有认识能力的情况下所造成的损害负责,就可能出现因为其未成年时期的错误行为导致其终身负担极为沉重的赔偿责任的后果,致使其"未来发展的权利"(Recht auf eine Zukunft)难以实现。⑤ 也就是说,由于未成年人通常无法完全认识到其行为的后果,如果让未成年人承担完全的侵权责任,可能会使得未成年人的责任过重。基于责任能力制度的要求,如果未成年人不具有责任能力,则无须再对未成年人在具体情形下是否具有过错进行判断,未成

---

① BGHZ 39, 281, 283.
② 参见 BGH NJW 1970, 1038, 1039;〔德〕马克西米利安·福克斯:《侵权行为法》(第五版),齐晓琨译,法律出版社2006年版,第94页。
③ 《德国民法典》第828条。
④ 参见〔德〕卡尔·拉伦茨:《法学方法论》,陈爱娥译,五南图书出版公司1996年版,第391页。
⑤ 参见〔德〕布吕格迈耶尔、朱岩:《中国侵权责任法学者建议稿及其立法理由》,北京大学出版社2009年版,第85页。

年人对其行为所造成的后果也不承担责任。因此,责任能力制度的重要功能之一即是保护未成年人。正如冯·巴尔教授所指出的那样,不考虑责任能力"剥夺要求儿童有辨别能力的这一保护性条件,是给他们在开始自己的生活之前就加上了沉重的义务"①。

第二,惩罚过错的功能。从责任能力作为过错认定前提的功能出发,依反面解释,行为人具有责任能力时,应对其过错承担责任,从而该制度可以发挥惩罚过错的功能。责任有无的依据是行为人是否具备认识能力,行为人具备了认识能力,意味着其认识到了行为的危险,因此可能就具备了主观可谴责性,让其承担责任就实现了侵权法的制裁功能;无认识能力的人不能意识到其行为的危险,对其行为不能够选择和控制,因此不宜让无认识能力的人承担责任。②

第三,体系协调性和完整性。虽然大陆法系国家主流学说区分了责任能力制度和行为能力制度,但两者是密切相关的。一方面,行为能力制度是以一定的年龄为标准进行判断,这同样可以适用于责任能力。另一方面,没有行为能力,一般也没有责任能力。从这个意义上看,责任能力是行为能力的展开。此外,责任能力主要以智力发展状况作为认定依据,因此与行为能力制度的判断依据具有类似之处。总体上观察,民法所适用的领域可以区分为交易领域和非交易领域,与这两个领域相对应的分别是法律行为领域和侵权领域,在法律行为领域中,行为能力发挥着调控的作用;而在侵权领域中,责任能力同样具有一种调控的作用。由此可以看出,通过行为能力和责任能力在不同领域发挥作用,可以保持民法制度的体系性和完整性。

第四,行为自由的维护。19世纪的侵权法着力于在"自由的合法行为"与"应负责任的不法行为"之间划定一个界限,以维护人的行为自由。德国民法法典化之初,保护行为自由被视为"当务之急的法律政策"③,此种思想便是指导整个立法的基本逻辑。在那个时代,之所以特别强调自然人的责任能力,从根本上讲,就是强调侵权法维护行为自由的功能。在制度根源上,责任能力制度是受19世纪占据思想统治地位的意志主义哲学影响的产物。按照理性主义哲学的观点,只有在一个人就行为时的动

---

① 〔德〕克雷斯蒂安·冯·巴尔:《欧洲比较侵权行为法》(上卷),张新宝译,法律出版社2001年版,第101—102页。
② 参见王泽鉴:《侵权行为》,北京大学出版社2009年版,第381页。
③ S. Fuchs, Deliktsrecht, 7. Aufl., Springer, 2009, S. 3.

机、目的、后果具有充分的判断时,其就其行为所引起的后果承担责任才是合理的。康德所称的"意志",就是一种能力,它"能够使人超出自然的规定性之上,根据自己的判断去行动。如果人没有能力按照自己的意愿行事,它就根本不可能是自由的"①。所以,只有人才有自由意志,"那种可以由纯粹理性决定的选择行为,构成了自由意志的行为"②。在意志主义哲学中,人之所以成为人并具有人的尊严,根本原因是意志自由。此种思想反映在侵权法中,就是对行为自由的维护。在19世纪的大部分时间中,强调行为自由的优先性,与鼓励自由竞争的经济制度密切相关。③ 行为自由的优先性要求行为人承担责任的前提是行为产生于行为人的自由意志,而行为人的自由意志则要求行为人须具有对行为一般后果进行预知和判断的能力,这种能力就是责任能力。

第五,沟通了侵权法和刑法的联系。德国民法中的责任能力制度是以刑法中的责任能力制度作为蓝本的。④ 这样,侵权法中的责任能力制度和刑法中的责任能力制度的功能自然就具有相似之处,从而可以使法律对同一行为的评价具有大体上的一致性,避免法律体系内部的评价矛盾。例如,如果一个未成年人在侵权法中承担了严重的侵权责任,而在刑法中却不承担任何责任,这就有可能出现评价矛盾⑤,而责任能力制度在一定程度上可以有效避免这种评价矛盾。

正是出于上述原因,责任能力制度成为侵权责任法中的一个重要课题,成为解释与适用有关侵权法规则的前提。

二、责任能力制度与侵权法救济功能的冲突

责任能力的上述功能,在其产生之初,具有充分的理论与社会需求支撑。但随着社会经济的演进,这一制度也日益受到冲击。自20世纪以来,我们进入了一个正如德国社会法学家乌尔里希·贝克教授(Ulrich

---

① 李梅:《权利与正义:康德政治哲学研究》,社会科学文献出版社2000年版,第131页。
② 〔德〕康德:《法的形而上学原理——权利的科学》,沈叔平译,商务印书馆1991年版,第13页。
③ 参见〔德〕马克西米利安·福克斯:《侵权行为法》(第五版),齐晓琨译,法律出版社2006年版,第2页。
④ Vgl. Deutsch, Deliktsrecht, 4. Aufl., Carl Heymann Verlag, 2002, Rn.133.
⑤ 参见〔德〕布吕格迈耶尔、朱岩:《中国侵权责任法学者建议稿及其立法理由》,北京大学出版社2009年版,第85页。

Beck)所言的"风险社会":风险无处不在,且难以预测,其所产生的损害也往往非常巨大。① 伴随着这一发展,相关新型法律制度也随之大量产生,侵权法作为其中的典型代表,被称为是最具活力、发展变动最快的民事法律②,日益强调在受害人遭受侵害以后,要通过侵权责任的承担,使其尽可能恢复到如同侵害未发生的状态。③ 艾伦·沃森指出,民法典的价值理性,就是对人的终极关怀。④ 现代侵权法体现了人本主义的精神,其基本的制度和规则都是"以保护受害人为中心"建立起来的,最大限度地体现了对人的终极关怀。既然侵权法是通过救济来保护私权,那么它的本旨就在于救济。现代侵权法发展的普遍趋势是强化救济功能。"法律的重点已从承担过错转移到补偿损失。"⑤

在这一背景下,责任能力制度与侵权法救济功能是相互冲突的。这种冲突主要表现在:一方面,现代侵权法首先关注的是如何对不幸的受害人提供救济,其分析问题的出发点是受害人,而非加害人,处理问题的思考角度已发生变化。责任能力制度虽然考虑到了对无责任能力人,特别是未成年人的关爱,但未考虑受害人也可能是未成年人,或是无认识与躲避风险能力的成年人,简单规定此种情形中的行为人不承担责任,难谓公平。即便受害人不是未成年人或无行为能力的成年人,在加害人无民事行为能力时完全让受害人承担全部损害后果,无法体现对受害人的充分保护。应当认识到,民事责任毕竟不是刑事责任,其所着眼的主要仍是赔偿和利益权衡的问题。过度考虑责任能力,难以体现民事责任的固有属性。另一方面,按责任能力制度的设计,如果行为人无责任能力即不负责任,将导致侵权法的救济功能无法实现,走向另一个极端。尤其是在贫富分化的社会中,富者造成了穷困者的损害,若可因无责任能力而免责,将有违实质正义,进一步加剧社会不公。还要看到,暂时丧失意识能力进而丧失责任能力的成年人,即便对其责任能力的丧失没有过错,若完全不承担责

---

① Vgl. Ulrich Beck, Risikogesellschaft: Auf dem Weg in eine andere Moderne, Suhrkamp Verlag, 1986.
② 参见石佳友:《论侵权责任法的预防职能——兼评我国〈侵权责任法(草案)〉(二次审议稿)》,载《中州学刊》2009年第4期。
③ 参见张新宝:《侵权责任法立法:功能定位、利益平衡与制度构建》,载《中国人民大学学报》2009年第3期。
④ 参见〔美〕艾伦·沃森:《民法法系的演变及形成》,李静冰、姚新华译,中国法制出版社2005年版,第269页。
⑤ 〔德〕马克西米利安·福克斯:《侵权行为法》(第五版),齐晓琨译,法律出版社2006年版,第5页。

任,也有违社会一般的公平观念。例如某人在开车过程中突发心脏病,造成多个行人伤亡,若可因无责任能力而免责,则对无辜受害人显然有失公平。

进入20世纪之后,随着经济社会的发展和风险社会的来临,为了适应侵权法发挥救济功能的需要,侵权法的具体制度设计也发生了变化,这些变化必然会对责任能力制度产生冲击,具体而言,包括以下四个方面。

第一,过错概念的客观化。责任能力制度与主观过错概念是密切关联的。责任能力制度主要考查特定行为人的内在认识能力,主要考虑行为人的特定状况尤其是考虑该特定行为人的内在主观认识能力。在注重责任能力的时期,过错的判断标准更多强调的是主观过错,而这种过错标准显然与责任能力制度是相衔接一致的。20世纪以来,为了适应侵权法过错救济的需要,过错的判断标准已日趋客观化。在大陆法系国家,客观过错概念主要采取"善良家父"标准,考虑的是一般理性人的外在注意表现,这首先要求考虑一般的理性人,而非特定行为人的特殊状况。按照法国法,"善良家父"标准适用于任何人,不管是成年人还是未成年人,不管是智力健全的人还是心神丧失的人。法国法院认为,过错应该抽象地说明,应该通过与一个细心和谨慎的人的智力状态相比较从而发现是否有过错。我们应该使每个未成年人赔偿损害,正如我们要使一个身体残废的人赔偿损害一样,尽管这种残废只是因先天的生理缺陷形成的。如果认为这样做有些不合适,这只是因为我们惯于在过错的概念中塞入某些道德的内容。德国法中的客观标准是根据行为人所属的社会群体来决定的。而相关群体的划分依据要根据具体的损害事实来决定。① "行为人如欠缺同职业、同社会交易团体成员一般所应具有之智识能力时,即应受到非难。"② 另外,客观过错概念考虑理性人的外在客观注意义务,而非行为人的内心状况;由于责任能力制度主要考虑行为人主观上有没有能力认识到其行为的一般法律后果,这与客观过错概念主要以外在的行为是否违反了客观的注意义务而加害他人,而不考虑行为人主观上的实际意图显然不符。所以过错概念的客观化所

---

① See P. Widmer, Unification of Tort Law: Fault, Kluwer Law International, 2005, p. 109.

② 〔德〕卡尔·拉伦茨:《德国法上损害赔偿之归责原则》,转引自王泽鉴:《民法学说与判例研究》(第五册),北京大学出版社2009年版,第184页。

导致的考量重点的转变,已经与责任能力最初联系在一起的主观过错概念存在明显区别。

第二,替代责任的发展。责任能力制度主要围绕着自然人作为侵权主体而展开,因此其侧重于自然人的内心认识和过错,注重的是个人责任,且与责任自负的原则相一致。但随着社会经济的发展,侵权法救济功能的扩张,替代责任也迅速发展起来。所谓"替代责任"(vicarious liability),是为他人的侵权行为承担责任。此种责任是自己责任的例外,且与责任能力制度并不衔接。替代责任最主要的思想基础是"归责为上"(respondeat superior)的思想,即由雇主对雇员的致害行为承担严格责任。[1] 其价值理念是通过损失分担来实现社会正义。意外的损失都要通过损失分担制度得以弥补,借此实现社会的公平正义。例如,在德国,为了应对责任主体组织化的趋势,采用了"组织过错"等概念,即在出现因非企业经营活动导致他人遭受损害的情况下,推定存在一个组织过错。[2] 甚至有学者在此基础上进一步认为,企业责任、职业责任与国家责任应是一种"去个人化"的独立责任形态,应在侵权法中承认组织责任作为一种独立的责任类型,并逐渐替代个人责任。[3] 在此发展趋势下,与自然人联系在一起的责任能力制度无法涵盖替代责任,因而其能否作为侵权法中的一般制度就颇为值得怀疑了。

第三,严格责任的发展。严格责任(strict liability),是指行为人的行为造成他人的损害,不论该行为人是否具有过错,如不存在法定的免责事由,都应当承担侵权责任。[4] 严格责任属于客观归责(die objektive Zurechnung)的范畴,其归责的依据并非是过错,而是危险活动及其带来的损害后果。其价值理念并非矫正正义,而只是对不幸损害的一种分配,更多的是建立在分配正义原则的基础上。[5] 在德国法中,由于受耶林等学者关于"过错为归责的唯一基础"的影响,19世纪的侵权法仍然是以过错责任为中心,严格责任处于边缘地位。在过错责任占主导地位的时期,责任能力制度具有其重要性。但随着严格责任的发展,由于此类责任不考虑过错,因而作为过错判断前提的责任能力制度的价值也有所降低。

---

[1] See Dobs, The Law of Torts, Vol. 2, West Group, 2001, p. 905.
[2] BGHZ 51, 91; BGHZ 116, 104.
[3] 参见〔德〕布吕格耶尔、朱岩:《中国侵权责任法学者建议稿及其立法理由》,北京大学出版社2009年版,第88页以下。
[4] 参见李仁玉:《比较侵权法》,北京大学出版社1996年版,第152—153页。
[5] Vgl. Esser, Grundlagen und Entwicklung der Gefährdungshaftung, 1969, S. 69 ff.

可以说,严格责任的适用范围越扩张,过错责任的适用范围则相应缩小。自然人责任能力的适用范围也相应随之萎缩。正如有学者指出,自然人的民事责任能力即自然人的侵权行为能力,是从过失责任主义演绎而来的,因而无过错责任(严格责任)、公平责任中自无民事责任能力制度适用的余地。①

第四,公平责任的发展。鉴于在无责任能力的情况下,行为人完全免责而导致不公正,一些国家通过逐渐发展公平责任来加以应对。从一定程度上讲,公平责任是不考虑意识状况只考虑财产状况而确定的责任。有学者解释认为,自然人民事责任能力的判断标准,应以基于意思能力而确定的行为能力状况为一般标准,以财产状况作为确定欠缺行为能力人责任能力的例外标准。限制行为能力人也应有限制的民事责任能力②,对责任能力的判断,则采取的是个别判断的办法,即要根据每个具体不法行为人的意思能力和财产状况等分别进行判断。③ 这一说法看似不无道理,但实际上是牵强的。笔者认为,责任能力在本义上并不考虑财产状况,而主要考虑意思能力。应当看到,公平责任的发展旨在弥补责任能力制度的不足。采纳责任能力制度的国家的法律,试图通过公平责任来扩张责任能力的概念,认为责任能力包括了自身财产状况的因素,这无异于将两个互不兼容的制度混在一起,将导致责任能力制度自身价值的丧失。

责任能力制度以行为人的主观可谴责性为基础确定行为人的责任承担,这在理论上不无根据,但没有满足侵权法功能的需要。在由古典工业社会逐渐转型到工业风险社会的过程中,侵权法的目的从主要维护行为自由,转变为对受害人进行救济,侵权法的任务从而转变为如何对受害人提供充分的救济。此时,如果按照传统侵权法的思路,只有行为人具有主观可谴责性才能导致行为人的责任承担,那么当行为人不具备主观可谴责性时,则行为人将不承担责任。依此推论,侵权法就无法实现其目标和任务的转变,无法适应工业风险社会的要求,主观可谴责性在判断责任承担中的重要性就大大降低。责任能力制度的实质就是判断行为人主观可

---

① 参见余延满、吴德桥:《自然人民事责任能力的若干问题——与刘保玉、秦伟同志商榷》,载《法学研究》2001 年第 6 期。
② 参见刘保玉、秦伟:《论自然人的民事责任能力》,载《法学研究》2001 年第 2 期;李庆海:《论民事行为能力与民事责任能力》,载《法商研究(中南政法学院学报)》1999 年第 1 期。
③ 参见郑玉波:《民法总则》,中国政法大学出版社 2003 年版,第 122 页。

谴责性之有无,如果主观可谴责性不再是判断责任承担的重要依据,那么责任能力制度在社会生活中的作用也相应地大为降低。

三、对基于责任能力判断过错的必要性之质疑

首先,以贯彻私法自治为由,无法完全解释责任能力存在的合理性。拉伦茨有一句名言:"主动承担责任以及被对方要求承担责任,是人的特权,也是人的负担。"①他认为"被对方要求承担责任"也是一种"特权",就体现了"无责任能力则无责任"的精神。据此,大陆法系的主流观点认为,责任能力制度是将意思自治贯彻于侵权法的具体体现。坚持责任能力涉及对意思自治价值的坚守,而责任能力制度正是实现此种价值的可选择的工具之一。在消极层面上,意思自治的价值理念必然要求行为人对自己的过错行为自负其责。如果行为人不具有或不可能具有过错,按照意思自治的价值要求,就不能要求行为人承担责任。如果一个人不具备责任能力,其在行为时就不可能具有过错。但实际上,此种思想并未完全顾及侵权法在民法领域中的特殊性。主要原因在于:第一,侵权法是责任法,旨在基于侵权行为确定责任,在责任的承担上,一方面要考虑私法自治的问题,另一方面更多是国家强制性贯彻责任、分配损害的问题。侵权责任法是调整有关因侵害他人财产、人身的行为而产生的相关侵权责任关系的法律规范的总和。② 从基本内容上看,侵权法主要规定民事责任,围绕侵权行为及其责任而展开,主要规定侵权行为的含义和种类、侵权民事责任的构成要件、归责原则、免责条件、责任形式、赔偿的原则和范围等。③ 第二,侵权法是强行法,侵权法与保险法等社会保障制度的区别就在于,侵权法应当同时满足威慑功能和社会救济功能④,由于侵权责任法的主要功能并不在于对权利的确认,而是对权利的保护或对侵权行为的制裁,这种制裁乃是与侵权人的意愿和目的相反的,因此侵权责任法主要是强制性规范而非任意性规范。私法自治的观念与强行法的性质是有一定差异的。第三,侵权法是救济法。在侵权法中,其责任构成、过错和因

---

① 〔德〕卡尔·拉伦茨:《德国民法通论》(上册),王晓晔等译,法律出版社2003年版,第51页。
② 参见张新宝:《中国侵权行为法》,中国社会科学出版社1998年版,第22页。
③ 参见房绍坤等:《民商法原理》(三),中国人民大学出版社1999年版,第382页。
④ 参见〔德〕格哈特·瓦格纳:《当代侵权法比较研究》,高圣平、熊丙万译,载《法学家》2010年第2期。

果关系的认定方式、责任减免事由等,都应按救济理念来完成。救济是侵权法的基本理念,也是体现侵权法对人的关怀和保护的基本理念。正是因为侵权法具有上述的特殊性,导致其不能像合同法一样全面地贯彻私法自治的理念,而只能是在一个比较狭小的范围内体现这种理念。基于这一原因,以贯彻私法自治来解释责任能力存在的合理性,是不能成立的。换言之,私法自治的价值理念完全可以通过其他技术方式有效实现,而不必通过责任能力制度来体现。

其次,责任能力制度在维护行为自由方面的功能是极为有限的。许多学者认为,取消责任能力制度可能会妨碍行为自由。但是,行为自由是否会被妨碍主要还应该从后果上进行判断,如果施加给行为人过重的责任确实有可能导致对行为自由的妨碍。但需要注意的是,一方面,不具有责任能力的人,其对自身行为的性质缺乏认识,因而基于责任能力制度使其免责,难以体现维护行为自由的功能。依据德国联邦最高法院的观点,所谓识别能力是"认识到其行为的不法以及随之的责任,并且以任何方式理解其行为的后果。对此,仅需要以下一般性的理解,即其行为能够成为其负责的根据"①。既然不具备认识到自身行为及其后果的能力,便难谓有真正意义上的"行为自由"。另一方面,在现代社会中,随着危险数量、种类及其复杂性的增加,对认识因素的强调,更多关注的是对危险的发生、后果及可能产生的影响的认识,这并不必然导致对行为自由的限制。因而在大陆法系国家,判例和学说逐渐地对责任能力的内容提出了新的看法。"辨别和实施行为的能力"这一前提条件被"少年人必须能够认识到其危险行为导致的责任"的要求所取代,即被"立即对其行为承担某种责任的义务"所取代。② 在德国,一些判例也认为,这种认识并非以具备面临何种特别危险的观念为前提,如果认识到一般的危险和一般的损害,那么就足够了。③ 这意味着,既然责任能力不是强调认识与控制自身行为的能力,其在行为自由方面所发挥的作用也必然是有限的。

再次,责任能力制度在未成年人保护方面的功能也是有限的。这主要是因为,一方面,在侵权行为中,受害人也可能是未成年人,与作为加害人的未成年人一样也需要保护;另一方面,侵权责任主要是财产责任,这

---

① Münch Komm-Mertens, 1999, §828, Rn. 1.
② 参见〔德〕克雷斯蒂安·冯·巴尔:《欧洲比较侵权行为法》(上卷),张新宝译,法律出版社2001年版,第105页。
③ Münch Komm-Mertens, 1999, §828, Rn. 1.

种责任可以由有财产的未成年人承担,也可以由其监护人承担。在由监护人承担的情况下,并不会造成未成年人的负担。在由有财产的未成年人承担的情况下,也不会造成该未成年人的负担;而在未成年人无财产的情况下,即使在不承认责任能力的国家(如法国),也并不必然导致该未成年人在未来承担沉重的债务负担。此外,在未成年人保护的问题上,德国法模式和法国法模式实际上恰恰是两个极端。按照德国法模式,无责任能力就导致行为人不承担责任,虽然会通过监护责任和公平责任予以补充,但仍可能不利于对受害人的救济;而按照法国法模式,行为人责任的承担完全不考虑行为人的认识能力,这可能不利于保护未成年人。[1] 在此情形之下,我们应当考虑的是一种折中的模式,将这两种模式加以衔接,既能够救济受害人,又能够实现对未成年人的保护。笔者认为,对未成年人应予以特别保护,但不能基于责任能力制度,使未成年人在实施侵权行为后,即使有责任也予免责。

此外,责任能力制度也并不是行为能力制度的自然展开,换言之,有行为能力制度,并不必然要求建立相应的责任能力制度。在一些未承认责任能力制度的国家(如法国),有行为能力制度,但并没有责任能力制度。这也说明,二者间不具有必然的关联,更不能说没有责任能力制度就导致行为能力制度的功能受到限制。两者的主要区别在于:其一,适用范围不同。严格地说,法律上设立行为能力制度,其主要功能在于服务于交易,尤其是服务于缔约中保护未成年人、维护交易安全。所以,行为能力制度主要适用于交易关系,而侵权责任并不是一种交易关系,并不一定要全面适用行为能力制度。其二,判断标准不同。一方面,"在侵权行为,行为人有无侵权能力,系就具体情事加以判断;在法律行为,行为人有无行为能力,原则上以一定之年龄作为标准。之所以作此区别,其主要理由系法律行为上的行为能力,须予以制度化,使有客观的标准,期能对智虑不周者的保护及交易安全,兼筹并顾。反之,侵权行为涉及行为人应否在法律上负损害赔偿的责任,宜采具体判断标准,就个案加以判定"[2]。责任能力的判断往往采取一般认定和个别认定相结合的方式。《德国民法典》对于7周岁以下的儿童认定一概无责任能力,而对于7周岁以上的儿童

---

[1] Geneviève Viney, Patrice Jourdain, Les conditions de la responsabilité, LGDJ, 3e éd., 206, p.594.

[2] 王泽鉴:《民法总则》,北京大学出版社2009年版,第97页。

以及精神病人,则采取个别认定标准。① 另一方面,行为能力不考虑危险的判断,但大陆法系国家侵权法出现的新发展趋势是,日益注重未成年人危险认识与判断能力。此外,责任能力制度不仅仅适用于对加害人过错的判定,也同样适用于对受害人过错的判定,这和行为能力制度是明显不同的,行为能力一般不可能适用到受害人。

最后需要指出的是,责任能力制度在沟通侵权法和刑法的相互关系上,并无太大的现实意义。从侵权法的发展上看,在侵权法确立的早期,两法曾经交织在一起,甚至进入 19 世纪的法典化时期,侵权法也仍受到刑法的影响。在这一过程中,责任能力制度的建立本身,也是受刑法影响的结果。但是,随着社会的发展和法律的演进,二者早已分离,这已成为法律文明进化的一个趋向。二者的分离,很大程度是建立在二者功能的差异上:侵权法是救济法,刑法是制裁法。这决定了它们必然朝着不同的目标发展。反过来,既然两法的区分已经确立,并已日益朝不同的方向发展,也就不需要再借助责任能力制度来衔接两法的关系。

四、对我国《侵权责任法》中责任能力制度的分析与评价

在《侵权责任法》制定过程中,对于责任能力制度的取舍,曾经有过争议。但立法者最终从强化侵权法的救济功能出发,为全面保护受害人而未采纳责任能力制度。具体体现在如下三个方面:其一,侵权法并未借鉴德国等国家和地区的经验,在侵权责任法中确立关于责任能力的一般规定。② 其二,对未成年人致人损害,并未以责任能力为判断过错的前提。根据《侵权责任法》第 32 条第 1 款的规定:"无民事行为能力人、限制民事行为能力人造成他人损害的,由监护人承担侵权责任。监护人尽到监护责任的,可以减轻其侵权责任。"该规定与采纳民事责任能力制度的国家有明显不同。立法者在此回避了被监护人的责任能力,也没有根据责任能力来判断被监护人是否有过错的问题。具体来说,一方面,责任能力不是决定过错的前提。在无行为能力人和限制行为能力人致人损害后,立法者并没有表明是否要判断其具有过错。因为承认过错,就可能要使其独立承担责任,这与监护人责任制度不相符合。如果承认其没有过错,又

---

① Vgl. BGH MDR 84, 40; Deutsch, Deliktsrecht, 4. Aufl., Carl Heymann Verlag, 2002, Rn. 135.
② 如《德国民法典》第 828 条。

可能因为监护人无力承担责任而导致无人负责的现象。而且,在被监护人没有过错而未成年人拥有财产的情况下,追究监护人的责任,从理论上也难以成立。正是由于这一原因,我国《侵权责任法》回避了无行为能力人和限制行为能力人的过错问题。因而,也就没有必要以责任能力作为判断过错的标准。另一方面,责任能力不是确立责任并认定责任主体的条件。因为无论被监护人是否具有责任能力,只要其造成损害,都要由监护人承担责任。被监护人是否具有责任能力,就不再是决定过错和责任的基本条件。按照立法者的解释,在法律制定过程中,有人建议根据行为人的年龄,增加行为人责任能力的规定,但《侵权责任法》对此没有作出规定。① 第三,尤其应当看到,我国《侵权责任法》实行了归责原则的多样化,并在此基础上构建了一个独特、严谨而完整的侵权法体系。通观全篇,我国《侵权责任法》体系就是完整地按照归责原则建立起来的体系。《侵权责任法》在规定过错推定和严格责任归责原则的基础上,规定了各种特殊侵权责任。从大陆法系国家来看,很多国家在民法典之中仅规定了单一的过错责任原则,而对于严格责任都规定在特别法之中,德国、日本等国家即采用此种模式。而我国《侵权责任法》将严格责任纳入其中,并且还将过错推定独立出来作为一种归责原则,这是十分独特的。由于《侵权责任法》在分则中大量规定了严格责任的形态,甚至在第69条规定了高度危险责任的一般条款,这决定了在我国《侵权责任法》中,严格责任具有较为宽泛的适用范围,这在一定程度上限制了过错责任以及建立在过错基础上的责任能力的适用范围。

从根本上说,我国《侵权责任法》未采纳责任能力制度,是从侵权法的救济功能出发而作出的选择,同时也是对我国长期以来立法和司法实践经验的系统总结。我国《侵权责任法》第1条开宗明义规定:"为保护民事主体的合法权益,明确侵权责任,预防并制裁侵权行为,促进社会和谐稳定,制定本法。"《侵权责任法》的立法目的是把保护民事主体的合法权益放在首位的,这也符合现代侵权法从制裁走向补偿的大趋势。该法在第2条有关民事权益的列举次序上,把生命权置于各种权利之首,体现了立法者把生命作为最重要的法益予以保护的以人为本的理念,体现了对人的关怀。《侵权责任法》从受害人角度出发关注的重点是如何为受害人提供救济;而责任能力则以行为人为出发点,所关注的重点是行为人是否具有

---

① 参见全国人大常委会法制工作委员会民法室编:《〈中华人民共和国侵权责任法〉条文说明、立法理由及相关规定》,北京大学出版社2010年版,第125页。

意思能力。例如,某个精神病人将一个无辜的受害人打成重伤,依据责任能力制度,从维护行为自由出发,因行为人不具有意思能力,即使他(她)有财产也不需负责。而我国《侵权责任法》所关注的是在此情况下如何对无辜受害人提供充分的救济,如行为人有财产则应负责。事实上,我国自《民法通则》颁布以来,就采取了此种做法,多年的司法实践也已经证明,法律上即使不规定责任能力,也能够妥善解决无行为能力人和限制行为能力人致人损害的问题,《侵权责任法》也从这一司法实践经验出发,没有规定侵权责任能力。可见,我国《侵权责任法》排斥将责任能力作为认定过错和确定责任的依据,是对我国司法实践经验的总结。①

但是,应当看到,责任能力的概念在《侵权责任法》中并非毫无意义。从比较法的角度来看,责任能力对责任范围的确定是有意义的。在绝大多数国家,受害人的过错能力都是过失相抵中需要考虑的因素。② 在我国《侵权责任法》中,责任能力也会直接影响到责任范围。《侵权责任法》第32条规定,"监护人尽到监护责任的,可以减轻其侵权责任"。这实际上就意味着,法官在考虑减轻责任时,可以考虑被监护人责任能力的因素,来确定监护人的责任范围。《侵权责任法》的相关规定中,也涉及了责任能力问题,具体体现在如下三个方面。

第一,《侵权责任法》第32条规定,"监护人尽到监护责任的,可以减轻其侵权责任"。此处所说的减轻责任的依据是什么?有学者认为,监护人减轻责任的依据仍然是被监护人的责任能力。而且,从审判实践来看,法院考虑减轻监护人的责任,主要是考虑被监护人的年龄大小。如果被监护人的年龄低于10周岁的,对监护人责任减轻要比较谨慎,因为年龄较小的未成年人需要更重的监护责任。这似乎表明,减轻监护人的侵权责任的标准仍然是责任能力。笔者认为,被监护人作为侵权人时,对于责任的成立并没有实质影响。因为减轻监护人的责任,其依据是监护人是否尽到监护职责,被监护人的年龄越小,其监护职责越重。所以,这里实质上所涉及的是监护职责的问题,而不是侵权责任能力的问题。

第二,《侵权责任法》第33条第1款规定:"完全民事行为能力人对自己的行为暂时没有意识或者失去控制造成他人损害有过错的,应当承担

---

① 参见全国人大常委会法制工作委员会民法室编:《〈中华人民共和国侵权责任法〉条文说明、立法理由及相关规定》,北京大学出版社2010年版,第125页。

② See U. Magnus and M. Martin-Casals(eds.), Unification of Tort Law: Contributory Negligence, Kluwer Law International, 2004. p.265.

侵权责任;没有过错的,根据行为人的经济状况对受害人适当补偿。"从反面解释而言,如果行为人对于自己的暂时没有意识是无过错的,其就不必承担过错责任,而只需要承担公平责任。例如,行为人不知道自己是生理性醉酒,因过量饮酒突然导致行为失去控制而打伤他人,此时,其就不必承担过错责任,而应承担公平责任。该条区分了完全民事行为能力人和欠缺民事行为能力人,这似乎考虑了责任能力问题。在没有得到法院等有权机关认定的情况下,对这些有一定精神疾病的成年人,法律上仍然应当推定其为"完全行为能力人"。暂时丧失意思能力人的通常情况下具有意思能力,可以自行保护自己的人身和财产安全,而且,是否暂时无意思能力也具有偶然性和无法预见性,所以,法律上不需要也不可能为其设置监护人。因此,在暂时丧失意思能力的情况下致人损害的,不属于监护人责任的范畴。换言之,如果由于暂时丧失意思能力的人达到设立监护人的要求,且已经为其设置了监护人,那么,其致人损害的,可以适用相应的监护人责任规则。但是,在其还没有被确认为无行为能力或限制行为能力人时,即便其是在欠缺相应意思能力的情况下致人损害的,也不应当归为监护责任。由于暂时丧失意思能力的人是因一定事由而暂时丧失了意思能力并致人损害的,如果不区分暂时丧失意思能力人的责任和无行为能力人或限制行为能力人的责任,将会导致法律适用的混乱。从这个意义上说,又没有完全采纳国外的责任能力制度。

第三,《侵权责任法》第38条规定:"无民事行为能力人在幼儿园、学校或者其他教育机构学习、生活期间受到人身损害的,幼儿园、学校或者其他教育机构应当承担责任,但能够证明尽到教育、管理职责的,不承担责任。"《侵权责任法》第39条规定:"限制民事行为能力人在学校或者其他教育机构学习、生活期间受到人身损害,学校或者其他教育机构未尽到教育、管理职责的,应当承担责任。"这两个条文区分了无行为能力人和限制行为能力人作为受害人时,教育机构所承担的不同责任。在考虑责任能力问题时,与无行为能力人遭受损害时采取过错推定原则不同,《侵权责任法》对于限制行为能力人遭受损害的,采用了过错责任原则。这主要是因为限制行为能力人已经具有一定的识别能力,具有一定的社会经验,能够对事件的性质和原因作出判断和理解,换言之,其具有一定的举证能力,应该能够理解自己行为的性质和后果,并对事情的原因进行判断,从而证明相关主体的责任。因此,在限制行为能力人遭受损害后,应当由受害的限制行为能力人就教育机构的过错承担举证责任。如果限制行为能力人及其监护人不能证明教育机构的过错,则应免除教育机构的责任。显然,教育机构对限制行为能力人的责任较之于对无行为能力人的责任要轻。例如,如果某个5岁的儿童在幼儿园学习期间擅自跑到门外,在门口被自行车撞伤,应当直接推定幼儿园具有过错,除非其能够证明这是因第三人行为等造成的。但如果是已满14岁的中学生,其在上课时离开教室从校园中走出,在门口被自行车撞伤,学校原则上不应当承担责任,除非受害人能够证明学校确实具有过错。

综上所述,在我国《侵权责任法》中,未将与免责联系在一起的责任能力设立为一般制度,而只是在相关具体制度中涉及责任能力,即便在这些制度中,责任能力也并非决定过错和免责的依据,其主要功能在于辅助判断过错程度的认定,并作为过错减轻的理由。在一定程度上对过错责任作用的发挥提供支持,从而更好地实现《侵权责任法》的救济功能。在比较法上,这样的制度设计具有鲜明的中国特色,是立法者在对责任能力制度优劣进行认真细致地比较权衡后的慎重选择,是我国长期司法及实践经验的总结,也契合了我国社会经济发展的需要。从今后的发展方向来看,断言责任能力制度将彻底从我国《侵权责任法》中消亡未免言过其实,但在我国现有制度体系下,将该制度的重要性提到不恰当的高度,也未尽妥当。未来相当长时间内,侵权法仍是对不幸受害人提供救济的主要渠道,这必然决定了与免责联系在一起的责任能力制度,不可能像在德国法中那样发挥重要的作用。但是在相关制度中,其仍然可以作为减轻责任的因素,纳入司法裁量的视野之中。

论国家作为民事主体^{*}

一、国家作为民事主体与国家所有权

自国家产生以来,国家作为政权主体和作为财产权主体的身份是可以分开的,国家可以国有财产为基础,以民事主体的身份从事某些交易活动。恩格斯曾经指出,国家产生以后,只是作为一个与社会相脱离并凌驾于社会之上的政治力量。但是,"随着文明时代的向前发展,甚至捐税也不够了;国家就发行期票,借债,即发行公债"[①]。国家为筹资而向私人举债,是国家作为民事主体的最初表现。随着商品交换的内容和形式的发展、国家职能的扩大,国家作为民事主体所能从事的交易的范围也逐渐扩展。

当代西方国家作为民事主体的活动,主要体现在"政府的合同代替了商人的习惯和意志"[②],政府成了交换商品和劳务的合同当事人。至于国家作为民事侵权损害赔偿之债的债人,并不是国家主体的主要标志。在各种交换商品和劳务的合同中,虽然政府机构仍然代表国家执行公务,但它们主要是基于国有财产权而不是基于主权和自主权所产生的行政权在活动。其原因在于:第一,合同的缔结是按照竞争原则、依循私法的规则签订的,政府机构不能依单方意志指定另一方合同当事人,也不能依单方意志决定另一方当事人的法律地位。第二,对政府机构而言,订立合同仍然是执行公务的行为[③],但在合同订立过程中,必须充分尊重另一方当事人的意志,合同必须依双方的合意而形成。第三,政府机构不履行合同,另一方当事人有权请求赔偿损失和解除合同。[④] 在这里,政府机构并

---

* 原载《法学研究》1991 年第 1 期。
① 《马克思恩格斯全集》(第二十一卷),人民出版社 1965 年版,第 195 页。
② Lawrence M. Friedman, The Law of the Living, the Law of the Dead: Property, Succession, and Society, 1966 Wis. L. Rev. 340(1966).
③ 参见王名扬:《法国行政法》,中国政法大学出版社 1988 年版,第 180—190 页。
④ 参见王名扬:《法国行政法》,中国政法大学出版社 1988 年版,第 180—190 页。

不具有基于行政权所产生的优越地位,对另一方当事人来说,"政府的财产采取了私有财产的形式"①,政府只是以财产所有者和交换者的姿态出现的。尽管某些政府参与的合同规定了政府机关享有某些特权,可以依职权解除和变更合同,并可以对合同的履行具有指挥和监督权力,但这些规定的效力,是以另一方当事人的接受和同意为前提的。这些条款并不意味着主权仍然在发生作用,而只是表明双方当事人有意使合同不受私法规则支配②,或经双方的合意改变了私法的任意性规定。

由此可以看出,国家作为民事主体,主要是指国家在以国有财产为基础从事各种交易活动时形成的民事关系中的法律地位。显然,国家享有所有权或作为财产权主体,是国家作为民事主体的前提。按照马克思的观点,商品交换是指"一切商品对它们的所有者是非使用价值,对它们的非所有者是使用价值。因此,商品必须全面转手,这种转手就形成商品交换"③。可见,商品交换的本意,是指商品所有者之间让渡和转移商品所有权的过程,交换发生的前提是交易双方互为所有者。但是国家享有所有权,并不等于国家必然会成为民事主体从事商品交换。我们知道,在古代和欧洲中世纪,对土地的主权性质、土地的多重的等级占有结构、国家对土地之上的臣民的人身支配,都使国有的土地难以作为商品进入商品流通领域。古印度《摩奴法典》中提到土地国有,却宣称国王为"大地的主人",土地是"国王领土"。④ 在古代巴比伦《乌尔纳姆法典》(公元前2095年至公元前2048年)中,曾提及"田地由尼斯库官吏管辖",却没有提到土地由国家出租甚至转让的情况。土地不能作为商品交换,国家自然不能以国有土地为基础,作为民事主体从事商品交换。所以,国家作为民事主体从事活动的前提是国有财产与主权分离,而作为可转让的商品进入交换领域。如果国家不能对财产作出任何法律上的处分,国家就不能成为国有财产的交换者,必然大大限制国家作为民事主体的能力。

国有财产权与国家主权的分离,使国有财产可以转让,由此也决定了国家可以作为民事主体活动。在罗马法中,按照盖尤斯的分类,公有或国有财产分为"神法物"和"人法物"。"神法物"是不可转让的,而列入"人

---

① Lawrence M. Friedman, The Law of the Living, the Law of the Dead: Property, Succession, and Society, 1966 Wis. L. Rev. 340(1966).
② 王名扬:《法国行政法》,中国政法大学出版社1988年版,第180—190页。
③ 《马克思恩格斯全集》(第二十三卷),人民出版社1972年版,第103页。
④ 参见《摩奴法典》,〔法〕迭朗善译,马香雪转译,商务印书馆1982年版,第134页。

法物"中的财产,如意大利的土地等大都是可以转让的。在《优士丁尼法典》中,"公有物"(Res publicae)和"市有物"(Res universitatis)是可以由国家或公共团体处分的。在法国,1756 年曾颁布过一个法令,规定国王的财产不能转让,目的在于防止国王的浪费行为,当时在法律上没有公产和私产的区分。在法国大革命时期,国王的一切财产都转化为法兰西民族的财产,而这些归于民族的财产均可以转让。至 19 世纪初,法学家根据《法国民法典》第 537 条的规定①,提出了国家公产和国家私产的分类、公产不得转让的原则,从而限制了某些财产的转让。不过,对公产不得转让的原则一直存在着争论。② 在《日本国有财产管理法》中,也有关于可转让的和不可转让的国有财产的划分。③ 在英美法中,从 19 世纪以来,就有关于两类公共财产的划分,即由"政府控制"(government controlled)的公共财产和由社会控制的"固有的公共财产"(inherently public property)。对第一类财产由政府直接控制,并可由政府转让;而后一类财产由"无组织的"公众所有,根据信托理论由公众移交给政府管理,但不得转让。④ 所以,法律允许对某些国有财产进行转让,这就意味着国家可以国有财产为基础进入交换领域,只有在这个领域而不是在隶属的、依附的行政关系领域,国家作为平等的民事主体的地位才得以体现。

但是,财产的可转让性,只是使国家可以参与各种民事关系,国家要作为民事主体,还必须直接参加各种民事活动。这就是说,只有在国有财产实际进入流通领域以后,国家作为主体的地位才明确化。国家所移转并通过移转所取得的财产规模越大,意味着国家作为主体的活动越频繁、越活跃。同时,对国有财产利用的日益广泛和复杂,必将拓展国家作为主体活动的范围。在现代社会,国家不仅可以通过国有财产的买卖、租赁等活动来实现国家的收益权,而且可以通过发行公债、国债等方式取得财产,或通过购买债券和股票获取红利和股息,或通过存款和贷款取得利息。特别是国家广泛参与各种投资活动,从而能够实现国家的所有权和国家的经济政策。

狄骥认为,他"在财产上看到一种主观的法律地位,这就是看到由意

---

① 该条规定:"不属于私人所有的财产依关于该财产的特别规定和方式处分并管理。"
② 参见王名扬:《法国行政法》,中国政法大学出版社 1988 年版,第 322—323 页。
③ 参见《日本国有财产管理法》第 3、13、14 条。
④ See Carol M. Rose, The Comedy of the Commons: Custom, Commerce and Inherently Public Property, 53 Univ. of Chicago L. Rev. 711 (1986).

志表示人的理智行为决定范围的一种个人的地位和一种特殊、具体和暂时的地位"①。在他看来,按照自己的意志对财物进行利用、享受和支配,这不是一个单纯行使权利的问题,而是一种地位问题。这种看法否定了主体的人格由法律创设的一般原理,因而并不确切,但是它强调财产对人格的客观决定作用,是不无道理的。事实上,国家作为民事主体,以国有财产权与主权的分离为先决条件,这种权利和主权的分离决定了国家进入民事领域的时候,其双重身份可以发生分解。财产权利的单一性决定了国家可以单一的财产权主体的身份进行民事活动。然而,要使国家从事民事活动所形成的民事关系稳定化,国家必须服从交换的基本规则,这是由交换的必然性决定的。马克思和恩格斯曾以普鲁士国王弗里德里希·威廉四世为例子,指出"他不妨颁布一条关于 2 500 万贷款(即英国公债的 1/110)的命令,那时他就会知道他的统治者的意志究竟是谁的意志了"②。交换的平等性必然排斥国家的特权进入交换领域,否则,交换将会变成政治权力对经济的掠夺、凭行政强制对财产的无偿占有。所以,当国家进入市场领域以后,国家能否保持民事主体的身份,取决于国家是否服从于交易的规则,国家是否作为商品的"监护人"服从于等价交换的法则,而不是凭借其优越的行政权力占有财产。所以,国家真正以平等的所有人身份从事民事活动,就必须受制于民法规则的支配。

在公有制国家,国家是以双重身份从事经济行政管理和经济活动的。在分配领域中,国家既可以作为所有人获取收益,也可以作为政权的承担者取得税收,但这并不排斥国家可以作为民事主体以国家所有的财产为基础从事民事活动。事实上,社会主义公有制和国家所有权制度的建立,不仅使国家获得广泛干预和管理经济的职能,而且也为国家广泛参与交换过程、与各类民事主体发生各种民事关系提供了坚实的基础。国家从事的各种民事活动,实质上不过是国家行使其所有权的一种方式而已。这种方式不同于集中型体制下国家行使所有权的方式,这种方式的重点在于国家单纯是以财产所有人的身份,而不是以主权者和管理者的身份与其他主体发生联系的。在这里,国家只是交换关系中的一个独立主体,它所从事的活动必须受民法规则的支配。

对于公有制国家来说,国家作为民事主体活动的物质基础是雄厚的,

---

① 〔法〕莱翁·狄骥:《宪法论(第一卷)——法律规则和国家问题》,钱克新译,商务印书馆 1959 年版,第 319 页。

② 《马克思恩格斯全集》(第三卷),人民出版社 1960 年版,第 379 页。

但国家能否作为民事主体活动,还要取决于公有制国家是否应该服从于民法规则的支配。按照苏联学者的看法,由于国家可以凭借主权而规定国家作为所有人所享有的权能,从而使国家所有权的内容具有"无限"的、"无所不包"的、"国家认为必须怎样对待财产就怎样对待财产"的特点。① 这种看法实际上是混淆了国家作为主权者和国家作为财产所有人两者的不同,也否定了国家的民事活动要受制于民法的规定。如果国家所有权的创设可以由国家的任意行为来决定,那么不仅集体的、个人的所有权将因此受损害,而且商品交换所要求的平等规则也必然受到破坏,从而导致国家自身也不可能真正作为民事主体而存在。当国家作为一个与公民和法人相对的民事主体时,它的意志与体现在法律中的国家的意志是相对独立的。国家的利益在所有制关系和政治关系中,与公民和法人的利益是一致的;但是在交换关系中,作为民事主体的国家利益,又具有相对独立性。当国家单纯以所有人的身份从事交换活动,以民事主体的资格出现在民事关系之中时,意味着国家所有权本身必须而且已经与主权和行政权发生分离。

我们说国家所有权本身要与主权分离,这并不是说,国家作为民事主体从事民事活动以后,国家就要放弃对某些国有财产的主权。在任何一个国家,国家对土地及其自然资源都享有主权,依据主权,国家可以将这些资源国有化。在我国,所谓国有土地和自然资源的国家专有性,指的是这种财产权利是基于主权产生的。国家绝不允许任何人对国有土地和自然资源享有排他的所有权,否则,不仅仅是对所有权的侵犯,而且涉及对主权的损害。就国有财产和资源的归属来说,主权与财产权是不能分离的。但是,为了更好地利用和保护有限的自然资源,国家必须将国有自然资源的所有权权能(如使用权)移转给公民和法人有偿使用,由于这种移转并不是所有权的移转,因而丝毫不影响所有权的归属和主权的完整性。在这种权能移转过程中,国家也可以作为一个商品交换者即民事主体而存在。至于除国家专有财产以外的大量的国有财产,只涉及国家所有权与行政权的分离问题,而不涉及主权问题。在这些财产的实际交易中,国家所有权和行政权发生分离,只不过意味着国家所有权的行使方式发生了变化而已。

---

① 参见〔苏〕B. Л. 格里巴诺夫、C. M. 科尔涅耶夫主编:《苏联民法》(上册),中国社会科学院法学研究所民法经济法研究室译,法律出版社1984年版,第307、327页。

二、国家作为特殊的民事主体

国家作为民事主体的物质基础是国有财产,国有财产的范围在一定程度上决定着国家从事民事活动的范围。当国家出现在民事领域,并使自己服从于交易的一般规则,实际上意味着国家已确认自身作为民事主体的存在。所以,在我们看来,国家是否作为民事主体,并不一定要通过成文法形式予以肯定。问题的关键在于,国家在民事领域活动时,是否服从于交易的一般规则,换言之,是否服从于作为调整商品交换活动的基本法律的民法规则。遵从民法规则本身,意味着国家已经不是以宪法和行政法主体身份,而是以民事主体身份出现在民事领域中的。

但是,应该指出,国家作为何种类型的民事主体出现在民事领域,即作为法人还是不同于法人的特殊的民事主体,应该由民法加以确认。这个问题直接关系到国家的能力、国家的财产责任等问题。

国家在民法上是作为法人还是作为特殊的主体存在,各国民法对此存在着不同的观点。"国家法人说"在西方一直是一种流行的观点,这一学说曾经由政治学家和公法学者提出,目的在于借用民法的法人理论,解释国家在公法上的地位。在资本主义社会发展初期,这一理论曾经是削弱教会权力、强化王权的重要依据。霍布斯曾认为君王是国家法人的代表,享有最高的主权。梅特兰认为,主权就是以国王为首的集体法人。① 在近代,许多公法学者主张"国家法人说",旨在为资产阶级民主宪政服务。这一理论强调了国家人格的永恒性和国家元首、政府的暂时性,主权不是元首和政府的固有化,而是国家作为独立人格的必然产物。法国学者拉彭德(Laband)以自治为基础,提出了国家应作为公法人存在的基础,认为从根据公法观点把国家作为一个法人的概念看来,国家权力的所有者是国家本身。②

在民法上,"国家法人说"实际上起源于罗马法。按照罗马法学家的观点,国家在公法上的人格为最高的人格,地方团体不过是受国家的授权和委托而存在的,它们并不具有独立人格。然而在私法中,各种政治团体包括国家本身可以作为法人而存在。由于私法关系不过是个人之间的关

---

① 参见龚祥瑞:《比较宪法与行政法》,法律出版社 1985 年版,第 192 页。
② 参见李建良:《论公法人在行政组织建制上的地位与功能——以德国公法人概念与法制为借镜》,载《月旦法学》2002 年第 84 期。

系,因而团体人格是法律所拟制的个人。这种"国家法人拟制说"对现代民法也产生了重要影响,不少民法学者认为,国家作为法人乃是法律拟制的结果。萨柏思指出:"一个社团是一个法人,意思就是它的人格——权利和义务的主体是经法律承认的。在这方面,国家也和其他团体一样,它也是一个法人,因为它被法律所承认。"①这一理论虽然区别了国家作为法人的意志与国家作为主权者的意志,但是却无法解释,既然国家具有主权,为什么作为法人要由法律拟制,特别是难以解释国家作为"拟制"的法人,是否会限制国家的能力。

继"国家法人拟制说"之后,德国法学家布林兹(Brinz)等人提出了"法人目的财产说"。这一理论认为,财产有的属于特定的个人,有的属于特定的目的,前者是有主体的,后者是无主体的。为达到特定的目的而由多数人管理的财产集合而成的财产,已经不属于单个的个人,而成为一个由法律拟制的人格。法人本身不是独立的人格,而是为了一定的目的而存在的财产,即"目的财产"(das Zweckvermoegen)。② 按照这一理论,国家分裂为双重人格,即公共权力的人格和国库的人格,国库本身就是法人。③这一理论区别了公共权力与国有财产权利,但是将国有财产等同于国家的人格,将客体主体化,显然是不正确的。

19世纪末期,以个人本位为基础的"拟制说"受到种种非难,而以基尔克(Gierke)为代表的"法人有机体说"应运而生。基尔克认为,"人类的历史也是团体的历史"。人类社会中既有个人意思,又存在着共同意思,共同意思的结合便成为团体的意思。④ 按照基尔克的看法,国家也是具有独立意志的团体,"它们意志和行动的能力是从法律获得一种法律行为能力的性质,但决不是由法律创造出来的。法律所发现的这种能力是事先就存在的,它不过是承认这种能力并限定这种能力的作用罢了"⑤。国家作为法人,是由国家所具有的自身的独立意志和能力决定的。基尔克的理论把国家的意思能力与主体资格联系在一起,说明了国家作为主体的存在是一种客观的现象,但这一理论并没有解释国家作为民事人格的意

---

① 〔英〕克拉勃:《近代国家观念》,王检译,商务印书馆1957年版,第33页。
② Brinz, Pandekten I, (2), 1873, §50 ff.
③ 参见〔法〕莱翁·狄骥:《宪法论(第一卷)——法律规则和国家问题》,钱克新译,商务印书馆1959年版,第369页。
④ Vgl. Gierke, Deutsches Privatrecht I, §59.
⑤ 转引自〔法〕莱翁·狄骥:《宪法论(第一卷)——法律规则和国家问题》,钱克新译,商务印书馆1959年版,第348页。

志与国家作为主权者的意志的相互关系。

尽管某些西方国家的民法采纳了"国家法人说",但这一理论在提出以后,遭到一些学者的反对。他们认为,国家的一切行为都是一个统一人格的行为,国家如作为民法的法人则限制了国家的主权。如米旭认为,国家公共权力和私法上的法人共同组成单一的法律主体,如果认为国家的人格是二元的,那么,"我们必定要说,国家按公共权力来说,对于国家按私人所作的行为是不能负责的,反过来说也是一样"①。这种看法虽然有失偏颇,但也有一定的道理。在我们看来,国家主权与国家财产权是可以分离的,因而,国家作为主权者与作为财产所有者和交换者的身份,在具体的法律关系中又可以是二元的。这种"分离"在国内民事关系中,有利于保障当事人在国家参与的民事关系中的交易平等和在诉讼中的地位平等,有利于财产交换秩序的稳定和国家职能的充分实现。而在国际经济贸易关系中,这种"分离"是不完全的,国家主权与国家财产权密切地联系在一起,由此产生了在国际经济关系中的国有财产豁免问题。事实上,"国家法人说"与对国有财产的豁免是相互矛盾的。因为在国际经济贸易关系中,国家的财产才是主权的象征,从而根据许多国家的观点,可以享受豁免的特权②,而法人的财产与主权并没有直接联系,往往不能享受到豁免的待遇。

在公有制国家,从国家享有的特殊能力出发,大都认为国家在民法上只是特殊的主体,而不是一个法人。笔者认为,在我国民法中,把国家作为特殊主体对待是正确的,由于国家主权与国家财产权的分离只是相对的,二者之间是相互影响的,由此也决定了国家享有的能力是特殊的,与法人的能力是完全不同的。国家的特殊能力体现在:

第一,国家享有的从事某些民事活动的能力,往往是由国家所专有的,不能由任何公民和法人享有。例如,只有国家才具有发行国家公债的能力。国家的民事权利能力和民事行为能力在很大程度上是由国家作为政权的承担者和主权者所决定的。

第二,国家所享有的民事权利能力和民事行为能力的范围,是由国家通过立法程序所决定的。国家可以为自己设定能力,这是由国家主权决定的。但是,这并不意味着国家可以无视客观经济生活的规律,为自己任

---

① 转引自〔法〕莱翁·狄骥:《宪法论(第一卷)——法律规则和国家问题》,钱克新译,商务印书馆1959年版,第445页。

② 参见黄进:《国家及其财产豁免问题研究》,中国政法大学出版社1987年版,第86—89页。

意设定民事权利能力和民事行为能力。国家作为民事主体的能力要受到客观经济关系的制约。同时,国家的能力在由法律规定以后,国家必须在法律所规定的能力范围内活动,必须遵守民法关于民事主体地位平等的规定和民事活动应当遵循的规则。国家在不履行债务时,也要承担清偿债务和损害赔偿的责任。但是,无论如何,国家的能力的取得和国家参与民事法律关系的方式具有自身的一些特点。例如,国库券的偿还办法,即国库券所产生的债务的履行程序,是由国家以法律形式规定的。

第三,国家享有的能力是广泛的,国家虽不能享有专属于公民的和法人的能力,如公民的人格权、法人的名称权等,但法律对公民和法人的民事权利能力和民事行为能力的限制,一般也不适用于国家。国家享有广泛的民事能力,并不意味着国家要以自己的名义去从事各类民事活动,而只是根据需要从事某些民事活动。

第四,在涉外民事关系中,国家作为民事主体是以国库的财产为基础,以国家的名义从事民事活动的。公有制国家大都区别了在涉外关系中的国有财产和法人财产。在苏联,对国有财产坚持豁免原则,但对某些负有独立经济责任的法人组织,苏联国家对其债务不负责任,即使能够对苏联的作为法人的公司提起诉讼,也不得对苏联国有船舶实施扣押或强制执行。① 同样,我国也一贯坚持国有财产豁免这一公认的国际法原则,任何国家的法院对中华人民共和国的国有财产进行扣押和强制执行,都视为对我国国家主权的不尊重和侵害。但是对于自负盈亏的国营企业来说,根据我国的一般理论,由于其财产已与国库相区别,因此国家对其债务不负无限责任。② 全民所有制企业法人不能享受豁免的待遇。

总之,由于国家主权和国有财产权的相对分离,使国家能够作为民事主体广泛参与民事法律关系。但是,国家的主权仍然决定了国家只是一个特殊的民事主体而不是一个法人。

三、国家主体的意志执行机构

国家不过是团体人格在民法上的确认,所以,国家作为民事主体,必

---

① 参见黄进:《国家及其财产豁免问题研究》,中国政法大学出版社 1987 年版,第 204、208、294、295 页。

② 参见黄进:《国家及其财产豁免问题研究》,中国政法大学出版社 1987 年版,第 204、208、294、295 页。

须要有自己的意志形成和执行机关。国家作为民事主体的意志,与国家作为公法主体的意志应该是不同的。但是,在公有制条件下,国有财产是全体人民的共同财产,而不是用于满足任何个人和狭隘的小集团利益的财产,国家只是代表社会全体成员支配这些财产,当国家以全民的财产为基础从事民事活动时,其意志应该完全体现为全体人民的共同意志。由此决定了国有财产权的行使和国家作为民事主体的活动,必须由国家最高权力机关及其常设机关、中央人民政府通过其颁布的法律、法规等决定。这些机构也就是国家作为民事主体的意志形成的机关。

国家主体意志的产生,必须通过一定机关的活动来实现。从法律上说,国家主体的意志执行机关只是那些能够以国库的财产为基础、代表国家从事民事活动的国家机构。然而,在我国原有的体制下,国家兼有政治权力主体和国有财产所有者的双重身份,并行使着政权与所有权的双重权利(力),这样,国家管理经济的行政职能与其作为所有人所行使的所有权职能、国家作为政权机关的行政意志与其作为所有者的利益要求,相互重叠、密切地结合在一起。以至于任何机关都可以代表国家行使所有权,从而造成管理多头、职责不清甚至无人负责,国有财产不能得到有效的使用和保护。这种状况也是国有财产的流动、国家作为民事主体活动的最大障碍。一方面,在国有财产权主体与行政权主体重合的情况下,国有财产难以突破行政权的束缚进入流通领域,而国家也就难以以民事主体的身份进行活动。另一方面,如果任何国家机关都可以代表国家行使财产权,财产权权能在各个国家机关之间就会发生复杂的"分裂"和分配,将导致每一个机关享有的权利都不可能是完整的,都没有足以代表国家从事活动的权利,谁也难以作为所有者的代表从事民事活动。只要支配国有财产的主体是多元的、庞杂的,没有一个专门代表国家行使所有权的机构,就很难确定国家作为民事主体的意志执行机构。

在笔者看来,国家主体的意志执行机构应该是能够充分代表国家行使所有权的机构。它们代表国家依法从事的民事活动,就是国家的活动,由此产生的一切民事法律后果均由国家承担。既然这个机构的行为不是自己的行为而是国家的行为,它们在从事民事活动中所取得的利益都应该归于国家。由此可见,国家主体的意志执行机构,不应该是在民法上独立自主、自负盈亏的法人。法学界曾经有一种流行的观点认为,代表国家行使所有者职能的任务,只能由法人而不能由国家机构承担。否则,不利于政企分开和国有财产的有效经营。有人建议"在全国人民代表大会之下,设立一个民事性的经营管理全民财产的全国性经济组织……它没有任何行政权力的性质,是一个纯民事主体——法人"①。这种看法虽不无道理,但在理论上却很值得商榷。

从国外的国有财产管理经验来看,无论是国家公产还是国家私产,不管是以信托、委托的方式还是由国家法律直接确定政府为所有权的主体,在法律上,政府机构是国有财产的管理者,甚至是所有者。② 就国家和国有企业的关系来看,虽然某些国家的议会可通过法律直接创设国有企业(这种企业在英国称为法定公司),但国有企业的创设、投资、监督和控制,以及股票的买卖,对控股公司的控制等,主要是政府机构的职责。尤其应该看到,尽管西方国家的法律大都承认国家、省、市政府为公法人,但在它们从事商业活动时,并不承认其为私法的法人,其原因在于,它们不可能独立承担风险和责任,亦不可能破产。

在笔者看来,任何企业法人都不能承担代表国家统一行使国有财产所有权的职责。法人作为"依法独立享有民事权利和承担民事义务的组织"(《民法通则》第36条),总是与特定的意志、利益和责任联系在一起的。法人以独立财产和独立的财产责任为其存在的条件和特点,而这些特点必然决定了法人可能是有效经营国有财产的组织,但不能成为国有财产所有者在法律上的代表。因为,一方面,法人的独立财产制决定了它不能代表国家行使所有权,也不能支配全部国有财产。否则,不仅国有财产与法人财产之间难以界定,而且极有可能导致国有财产转化为法人财产。另一方面,法人的独立财产制决定了它占有的国有财产只能是有限的,财产占有的有限性以及由此决定的有限责任,将有可能导致它的破产。但是,如果法人能够代表国家行使所有权,在民法上就会弄不清它是否独立承担财产责任并适用破产程序,否则,它作为法人的存在究竟有什么意义呢?

国家所有权所具有的全民意志,应该是通过我国全国人大的活动产生并由其通过的法律形式体现的。但是,这种意志的执行,只能由能够代表国家的政府机构来完成,政府作为国家所有权主体的代表,是由政府本身的性质决定的。当然,政府代表国家作为所有者,并不是说各个政府机构都有权代表国家行使所有权,也不是说这种行使方式只能采取行政方

---

① 寇志新:《从民法理论谈国家所有权和企业经营权的关系及其模式设想》,载《西北政法学院学报》1987年第3期。

② 参见王名扬:《法国行政法》,中国政法大学出版社1988年版,第307页。

式。在笔者看来,促使国家所有权和行政权分离,并不是彻底否定政府作为所有者的代表身份,另外寻找出一个法人来代表,而只是意味着应该建立一个专门管理国有财产的机构,作为民事主体的国家的意志执行机构,代表国家广泛从事民事活动。

在我们看来,为保障国家主体的意志执行机构有效、高度负责地管理好国有财产,应主要借助民主和法治的方式,而不宜通过在这个机构内实行有限责任制和独立财产制的方式来实现。因为后一种办法不仅不符合国家所有权本身的性质,而且在目前的条件下也不现实。通过民主和法治保障国家主体的意志执行机构行使好国有财产权,就是说,一方面,国有财产管理部门的主要领导人应由全国人大及其常委会任命,在管理国有财产的过程中,必须充分地体现民意。例如,定期向人大代表报告国有财产的负债、损益分配等资产保值和增值情况,经常接受人大代表的质询,沟通与人民群众接触的各种渠道。另一方面,全国人民通过全国人大通过的法律将全民财产委托给国有财产管理部门,并明确其职责和权限,受托人要直接向委托人负责,如未尽职责,将依法追究有关当事人的法律责任,从而努力解决在国有财产管理上谁都有权而谁也不负实质性责任、权责脱节、管理混乱的现象。

当前,为了有效地管理好国有财产,国家设立了国有资产管理机构,其主要职责就是代表国家行使国有财产的所有权,推动国有财产的有效使用和优化配置,组织对国有财产价值的正确评估,努力实现国有财产的保值、增值。在各级国有资产管理机构设立以后,它们就是国家主体的主要的意志执行机关。当然,应该看到,由于国有资产管理机构仍然是政府机构,这个机构设置以后,如何处理好它与实际经营国有财产的企业的关系、促使政企职责分开、促进国有财产的合理流动和有效益的使用,尚需作进一步的探讨。

四、结　语

国家作为民事主体广泛从事民事活动,其意义是极为深远的。国家只有作为民事主体活动,才能实际参与市场、培育和完善市场,并使国家对市场的调控职能得以充分发挥。国家作为民事主体活动,极有利于促进政企职责分开、正确处理国家与企业之间的财产关系和利益关系,促进我国有计划的商品经济的发展。国家广泛作为民事主体活动,也能使国有财产冲破"条块"的分割状态而合理流动,从而促进资源得以优化配置和高效益的使用,国家也将获得巨大的动态财产的收益。所以,在当前治理整顿和深化改革的过程中,需要结合我国的实际情况,对国家作为民事主体问题进行深入研究和探讨,从而为改革开放和社会主义现代化建设服务。

公司的有限责任制度的若干问题[*]

党的十四届三中全会通过的《中共中央关于建立社会主义市场经济体制若干问题的决定》,明确提出要建立现代企业制度。什么是现代企业?所谓现代企业,主要是指以公司形式表现的企业形态。建立现代企业制度的主要原因在于:一方面,公司是现代社会化大生产和市场经济发展到一定阶段的产物,也是社会经济组织经过长期演化的结果。另一方面,因为公司具有合理的财产和利益机制(如内部管理机制和权力制衡机制),这就使其能够成为现代市场经济中最活跃、最重要的企业形态。因此,建立现代企业制度在很大程度上就是要建立和完善公司制度。然而,公司作为现代企业的基本形态,是以有限责任作为其责任形式和基础的。从历史上看,有限责任制度的产生曾为公司在社会经济生活中发挥重要作用奠定了基础,它像一股神奇的魔力,推动了投资的增长和资本的积累。在公司法中,有限责任制度也居于核心地位,并被一些学者称为公司法"传统的奠基石"(traditional cornerstone)[①],公司法的许多规则在很大程度上是由有限责任制度决定的。所以,按照一般的理解,现代企业制度的主要内容乃是有限责任制度。[②] 鉴于有限责任制度的重要性,下面就此谈几点看法。

一、何谓有限责任?

责任是债务人不履行其应为的债务所发生的法律后果。责任是以债务为前提的,无债务即无责任,因债务的发生才有可能产生责任。一般来说,任何债务人均应以其全部资产对其债务负清偿责任,除法律另有规定

---

[*] 原载《政法论坛(中国政法大学学报)》1994年第2期、第3期。

[①] See Cook W. W., "Watered Stock": Commissions: "Blue Sky Laws": Stock Without Par Value, 19 Mich. L. Rev. 583 (1921).

[②] 参见宋光华:《转换企业经营机制 建立现代企业制度》,载《河南社会科学》1994年第1期。

之外,债务人的责任都是无限的①、独立的。正如王泽鉴先生所指出的:"债务人原则上应当负无限责任,即应以财产的全部——除不得查封的物品或不得为强制执行的权利外——供债权人得依'强制执行法'的规定,满足其债权的担保。"②可见,无限清偿责任应为民事责任的基本形态,有限责任应为例外。因此,在法律没有特别规定的情形下,任何民事主体所应承担的责任应当是无限责任,而非有限责任。

有限责任作为法律规定的责任形态,主要有两类表现形式:一类是民法上一般的有限责任。此种责任是指根据法律规定或债的约定,债权人仅以其全部财产的一部分承担清偿债务的责任,债权人也仅就债务人的部分财产请求和强制执行,这就是所谓"有限制"的责任,此种责任又称为物的有限责任。在此种责任中,债权人只能就特定的财产执行,即使其债权未因此而获得全部清偿,对于其他财产也不能强制执行。不过,此种有限责任的适用范围,必须由当事人自行约定,法律只是在例外的情况下(如继承法规定继承人仅以被继承的财产对被继承人生前的债务负责)才作出规定。③ 另一类有限责任则是指公司或法人的有限责任,此种有限责任不同于民法上一般的有限责任。在这里,"有限"的含义不是指作为债务人的公司仅以其部分资产对其债务负清偿责任,也并非公司的债权人只能就公司的部分资产请求清偿债务,而是指公司首先应以其全部资产承担清偿债务的责任,债权人也有权就公司的全部财产(das Gesellschaftsvermögen)要求清偿债务。④ 在公司的资产不足以清偿全部债务时,尽管会出现责任在范围上小于债务的范围的情况,但公司的债权人仍不得请求公司的股东承担超过其出资义务的责任,公司也不得将其债务转换到其股东身上。一般而言,"有限责任是指股东对其公司或公司的债权人没有义务支付超出其股份的价值的义务"。有限责任意味着每个成员对其认购的股份的全部价值,在要求支付时应负出资的义务。⑤ 由此可见,"有限"的含义在很大程度上并不

---

① 所谓无限责任,是指应以全部财产(除不得查封的物品或强制执行的权利以外)清偿债务。
② 王泽鉴:《债法原理》,北京大学出版社 2009 年版,第 23 页。
③ Vgl. Brox/Walker, Erbrecht, 28. Aufl., 2018, §37, Rn. 4.
④ Vgl. BeckOK GmbHG/Wilhelmi, 2018, GmbHG §13, Rn. 49 f.; MüKoGmbHG/Merkt, 3. Aufl., 2018, GmbHG §13, Rn. 332.
⑤ See John H. Farrar, Nigel Furey, Brenda Hannigan and Philip Wylie, Farrar's Company Law, 4th Revised edition, Butterworths, July 1998, p.67.

是针对公司而言的,而是针对股东而言的,它并不意味着清偿债务的财产的有限性、特定性,而是指责任的不可转换性以及股东责任的受限制性,这就和民法上一般的有限责任的含义有所区别。正如王泽鉴先生所指出的,"此项计算上的有限责任,非属真正的责任限制,而是关于债务内容之限制,对于此种约定或法定'定额有限责任',债务人仍须以全部财产负其责任"①。

公司应以其全部财产对其债务负责,这是由民事责任的一般原则和公司的独立人格所决定的。一方面,在民法上,任何债务人均应以自己的全部资产承担清偿债务的责任。因此,在公司作为债务人时,亦应和自然人一样以自己的全部财产负责。另一方面,相对于自然人而言,公司也是作为独立的民事主体而存在的,它与自然人一样都在法律上具有独立的人格。作为一个独立主体,它具有自己的独立财产,此种财产与公司成员及创立人的财产是分开的。所以,公司只能以自己的独立财产承担清偿债务的责任,公司股东对公司债务,不承担超出其出资义务的责任。按照许多学者的观点,公司的人格与其成员的人格的分离,乃是有限责任产生的条件,不理解公司的独立人格,也就不能理解公司的有限责任。

公司独立人格制度和有限责任制度为公司戴上了一层面纱(the veil of incorporation),它把公司与其股东分开,保护股东免受债权人的直接追索。那么,股东负有什么责任呢?显然,股东应负出资的义务。如果股东以金钱出资,其应向成立中的公司的特定账户注入其认购股份的价金;如果股东以实物出资,股东责任表现为其应当按照约定交付实物。在这里,股东所负有的出资义务的法律性质值得探讨,学说上对此存在争议。第一种观点认为,股东的责任是其对债权人所负有的责任,因为只有在股东履行了出资义务以后,公司才可能有足够的资产清偿债务,债权人的权利才能得到保障。第二种观点认为,股东通过对公司负出资义务,从而对债权人负有间接责任,换言之,股东的出资是对公司的直接责任,但这种责任和债权人之间具有一定的联系,它对债权人来说是一种间接责任。第三种观点认为,股东对债权人不负责任,债权人只是公司的债权人,而不是股东的债权人,股东和债权人之间没有什么关系,股东未履行其出资义务(如迟延支付价款等),只能由公司提出请求,而债权人不能直接对股东

---

① 王泽鉴:《债法原理》,北京大学出版社2009年版,第48页。

提出请求。① 我国《有限责任公司规范意见》和《股份有限公司规范意见》第 1 条均规定了股东以其所认购股份对公司承担有限责任。② 由此可见，我国立法均认为有限责任是对股东而言的，股东并不是不承担责任，只是不对公司的债权人直接负责，而是对公司负责。

笔者认为，就股东缴纳出资、认购股份来说，股东将直接和公司发生联系而不是直接与债权人发生联系，只是在特殊情况下，股东才直接对债权人负责。例如，根据我国《股份有限公司规范意见》的规定，公司在清算时，若公司违反法定程序分割财产，债权人有权要求股东返还。所以，就出资义务的履行来说，股东显然只应对公司负责。在股东缴纳出资以后，股东出资形成公司的资产，并使公司具有独立财产。此后，公司以独立的人格对公司债权人负责。然而，由于出资本身使股东与公司之间发生股权关系，而股权关系既不同于传统的所有权关系，也区别于普通的债的关系。股东缴纳出资会使其对公司享有管理的权利，甚至在股东出资的数额达到一定规模时，股东会享有对公司的控制的权力，这就有可能使股东通过行使控制权力而对公司施加不正当影响，从而损害债权人的利益。同时，由于公司的人格毕竟是法律拟制的结果，公司背后站立的仍然是各个股东，在很多情况下，股东极有可能利用公司的独立人格从事各种违法和规避法律的行为，对债权人的利益造成损害。所以，从维护社会秩序，保护债权人利益出发，在特殊情况下，应依法排除有限责任的限制，使股东直接对债权人负责。

还应当指出，有限责任是法定责任而不是约定责任，这就使它不同于免责条款。所谓免责条款，是指当事人之间通过约定，免除或限制其未来可能承担的责任的条款。免责条款主要有两种类型：一类是限制责任条款，另一类是完全排除责任条款。无论是哪一种形式，都是对当事人未来可能发生的责任，通过约定方式加以限制或排除。免责条款只能在特定的当事人之间发生，不能在公司与不特定的第三人之间发生，不管公司与某个特定的人之间订立了何种免责条款，都不对第三人

---

① 《有限责任公司规范意见》第 70 条规定："股东未按本规范的规定缴纳出资的，公司有权向股东追缴。经公司追缴股东仍不履行缴纳义务的，公司可以依诉讼程序，请求人民法院追究股东的违约责任。"

② 《公司法》第 3 条第 2 款规定："有限责任公司的股东以其认缴的出资额为限对公司承担责任；股份有限公司的股东以其认购的股份为限对公司承担责任。"

产生效力。①

二、有限责任制度的价值

自产生以来,有限责任制度就使公司具有独特的功能,从而对市场经济的发展起到强有力的推动作用。在评价公司制度对美国经济发展的作用时,美国学者伯纳德·施瓦茨曾谈道,"正是公司制度使人们能够聚集起对这个大陆进行经济征服所需要的财富和智慧"②。公司的产生为社会化大生产提供了适当的企业组织形式,并在更广泛的范围和更深层面促进了市场经济的发展,从而使资本主义在短时期内创造出了比以前所有社会都大得多的生产力。然而,公司以有限责任为其显著特征,公司制度的核心特征之一正是有限责任。因此,美国前哥伦比亚大学校长巴特勒(Butler)在 1911 年曾指出:"有限责任公司是当代最伟大的发明,其产生的意义甚至超过了蒸汽机和电的发明。"③前哈佛大学校长伊洛勒(Eliot)也认为,有限责任是基于商业的目的而产生的最有效的法律发明。许多学者认为,有限责任改变了整个经济史。那么,有限责任的价值是什么呢? 从公司制度的发展历程来看,它实际体现了如下几方面的价值:

第一,减少和移转风险。在市场经济社会,竞争充满了风险,但风险总是与投资的利润相伴随。正如戴尔芒德(Diamond)所指出的,希望获得的利润越大,则风险也越大,只有在投资的预期利益超过预期的风险时,才能促使投资者投资,而预测和减少风险,就要靠限制责任的办法实现。如果对股东的责任没有限制,而单个的股东又不能完全控制公司,那么当公司欠下大笔债务时,有可能使众多股东个体破产。而有限责任是减少风险的最佳形式。因为一方面,有限责任促使投资分散,无论投资多么复杂,只要股东依法履行了出资义务,就不会受到追索;另一方面,有限责任促使股东自由转让其投资。有限责任制度降低了股东的投资风险,有利于鼓励股东以出资转让的方式进行更多投资,提高资本的流通速度和利

---

① See Tim Frazer, Limited Liabilcty and the Corporation, 3 International Review of Law and Economics 208(1983).

② 〔美〕伯纳德·施瓦茨:《美国法律史》,王军等译,中国政法大学出版社 1989 年版,第 67 页。

③ Tim Frazer, Limited Liabilcty and the Corporation, 3 International Review of Law and Economics 208(1983).

用效率。假如股东要承担无限责任,公司的责任与个人的责任难以分开,股份则不能随意转让,证券市场也难以形成。所以,有限责任"对投资者的广泛参与投资形成了有效的刺激"[1]。

第二,鼓励投资。有限责任的最大优点在于通过使股东负有限责任,从而发挥鼓励投资的功能。社会经济的发展需要靠投资推动,但鼓励投资应通过良好的法律形式实现,"只有当立法者为资本设计出有限责任与一种特殊形式,投资者才能通过此形式而自由地扩大其权力"[2]。有限责任不仅减轻了投资风险,使投资者不会承担巨大的风险,而且使股东能够事先预测投资风险,即最大投资风险不超过其出资额,这就给予投资者一种保障。从公司制度的发展历史来看,有限责任制度在历史上的作用主要是通过鼓励投资的作用来实现的。马克思曾在 1848 年的《共产党宣言》中指出:"资产阶级在它的不到一百年的阶级统治中所创造的生产力,比过去一切世代创造的全部生产力还要多,还要大。"[3]这在很大程度上与有限责任制度鼓励投资、创造财富的功能有着密切的关系。

第三,促使所有权和经营权的分离,提高财富利用效率。投资者(股东)是公司的最终所有者,但投资者不一定实际参与管理与经营,投资者是否应实际参与管理和经营,在很大程度上要受到责任形式的影响。在负无限责任的情况下,投资者为避免承担不可预测的巨大风险,很可能要求实际参与公司的管理,从而难以促成所有权与经营权的分离。所以,按照许多国家的法律规定,无限责任公司的股东应参与公司的管理。但在有限责任的情况下,由于风险的事先确定性和有限性,股东通常没有必要实际参与管理从而控制公司。所以,伊斯特布鲁克和费斯凯尔(Easterbrook & Fischel)认为,有限责任导致了投资与经营管理的分离,促进了劳动的合理分工,产生这种现象的原因在于,有限责任吸引更多的股东,而股东的增多必然使许多股东鲜有机会参与管理,从而将经营管理权专门交给一部分人来行使;反过来说,正是因为在一个公司中,许多股东不能实际参与管理,如果要求由股东对公司的全部债

---

[1] Tim Frazer, Limited Liabilcty and the Corporation, 3 International Review of Law and Economics 208(1983).

[2] Frank H. Easterbrook and Daniel R. Fischel, Limited Liability and the Corporation, 52 U. Chi. L. Rev. 89, 93-94(1985).

[3] 《马克思恩格斯选集》(第一卷),人民出版社 1972 年版,第 277 页。

务负责,对股东来说也是不公平的,所以,有限责任制度极大地促使了所有权和经营权的分离。① 而所有权与经营权的分离促进了资本经营管理的专业化,提高了社会财富的社会利用效率。

第四,促进股权转让,增进市场交易。新西兰著名公司法学者费勒(Faraar)指出,有限责任和股份的自由转让是联系在一起的,由于投资风险的有限性,增强了股份在市场上的可转让性,从而增进了证券市场上的股份交易,促使资源实现优化配置。② 由于有限责任促使投资增加、股权分散、股份可以转让,因此导致了这样一种结果,即"股东之间并没有什么人身关系,他们可能彼此互不相识,他们也不会承担超出其股份利益的义务,他们所希望的是利润的最大化,在出售股票时尽可能从公司中得到一切"③。所以,有限责任促进了证券市场的发展。

此外,有限责任也具有减少交易费用的功能。例如,有限责任制度避免了债权人直接针对单个股东提起诉讼的情况,这样债权人只是在公司不履行其义务时,直接对公司提起诉讼,而不必对每个股东提起费用高昂的、程序烦琐的诉讼。总而言之,有限责任所具有的上述价值使这一制度在历史上发挥出巨大的作用。随着社会经济的发展,这一制度必然会释放出新的能量,发挥出更大的功效。

三、对有限责任制度的再探讨

从历史上看,有限责任制度的确起到了鼓励投资、促进资本积聚、促使所有权与经营权的分离、提高财富利用效率等作用。但是,这些价值一直面临诸多挑战。正像硬币存在正反两面一样,有限责任在发挥积极作用的同时,必然也会显现一些负面效应,这就导致一些学者对有限责任制度的价值和功能提出质疑。一方面,虽然有限责任具有减轻和转移风险的作用,但事实上,这种作用正逐渐为保险所替代。例如,在美国,困扰公司和股东的最大责任是产品责任,但这种责任现在可通过责任保险方法来限制或避免。而由于有限责任制度可以减轻投资者风险,许多人因承

---

① See Frank H. Easterbrook and Daniel R. Fischel, Limited Liability and the Corporation, 52 U. Chi. L. Rev. 89, 93-94(1985).

② See John H. Farrar, Nigel Furey, Brenda Hannigan and Philip Wylie, Farrar's Company Law, 4th Revised edition, Butterworths, July 1998, p.67.

③ Tim Frazer, Limited Liabilcty and the Corporation, 3 International Review of Law and Economics 208(1983).

担风险有限而热衷于冒险,从而造成投资不谨慎、风险投资过度的现象。另一方面,虽然有限责任制度有利于鼓励投资,但集资主要是靠证券市场中公开发行股票的方式实现的。而在许多国家,现行的有限责任公司绝大多数为中小型公司,其规模、经营风险和损失都有其局限性,此时,有限责任对资本的集聚作用有限。此外,虽然有限责任有利于促进所有权与经营权的分离,但也都会限制投资者参与管理。由于管理决策将直接影响到公司的利润和股东投资的回报,投资者也有必要参与管理。所以,有限责任的存在价值也是有限的。

有限责任制度在发挥其巨大作用的同时,也显现出一些弊端,并受到一些学者的诟病。归纳起来,对有限责任制度的批评主要包括如下几个方面:

第一,对债权人不公正。债权人通常无权介入公司的管理过程,甚至对公司的内部管理一无所知,一旦公司因经营管理不善等原因造成亏损,蒙受损失最大的还是债权人。如果股东负有限责任,则对债权人来说是不公平的。从法律上看,股东是公司的最终所有者,其享有管理公司的权利,不论实际情况如何,股东在理论上都有权管理公司,然而,股东却仅以其出资为限对公司债务承担责任,这显然与其享有的权利是不相称的。也有学者认为,既然股东已经意识到其投资是有风险的,那么其为什么要将其经营风险转移给外部的债权人?还有学者认为,股东获得股息、红利等会超出其全部投资额,而债权人却可能因为有限责任而变得两手空空。所以,有限责任制度注重了对股东的保护,却忽略了对债权人的保护。①

第二,为股东特别是董事滥用公司的法律人格提供了机会。公司的运作是靠人来实现的,在某些情况下,董事可能利用公司的人格从事各种欺诈行为,牟取非法所得。而即使出现此种情况,由于有限责任的存在,阻碍了债权人要求董事负责的请求。还有一些董事常利用公司的人格从事各种隐匿财产、逃避清偿债务的责任等行为。集团公司中也可能出现利用子公司规避债务的情况,即集团公司中的附属公司可能并没有财产,只是被母公司用来作为欺诈他人、规避法律的工具,而有限责任的存在则会阻止债权人对董事直接提出请求。

第三,对侵权责任的规避。许多学者将合同之债中的债权人称为自

---

① 参见龙英锋:《"揭开公司面纱"理论之探析及借鉴》,载《现代法学》1995年第1期。

愿的债权人(voluntay creditor),而将侵权之债中的债权人称为非自愿的债权人(involuntary creditor)。在现实生活中,任何不特定的当事人均可能因为公司的侵权行为而遭受损害,成为非自愿的债权人。特别是在现代社会中,产品致人损害的侵权行为频繁发生,且可能发生大规模侵权事件,使得受害人的规模成倍增长。但由于有限责任的存在,这些受害人在遭受人身伤害和死亡的情况下通常难以获得过多的赔偿。因此,一些学者认为,在采纳有限责任制度之后,对侵权受害人的保护力度不够。该制度只是为了保护投资者的利益,而不利于保护广大消费者的利益。[1] 也有一些学者认为,有限责任制度阻碍了侵权行为制度的功能发挥。[2] 不过,一些美国学者认为,在考虑有限责任制度是否会对侵权责任制度产生损害时,应看公司的侵权行为侵害的是何种利益,若侵害的是个人人身利益,则受害人应享有充分赔偿的请求权,但如果侵害的是商业利益,则受害人的补偿问题可以通过保险的方法来解决,而不必涉及有限责任制度。[3] 不过,这些学者也建议,为保护侵权行为的受害人,法律应通过对公司提出最低资本数额要求、实行强制性保险、增加无过失责任等措施以弥补有限责任制度的不足。[4]

在公司内部,当公司的雇员因公司的行为受到损害时,因有限责任的存在,使得雇员很难对股东提出请求,尤其是在公司因经营不善而宣告破产的情况下,因不能对股东提出请求,雇员的利益很难得到保障。为弥补这一缺陷,美国一些州(如纽约州、威斯康星州等)的法律规定,股东应对工人未支付的工资负责[5],加拿大的法律也有类似的规定。

正是因为有限责任制度被一些学者认为具有上述缺陷,他们在肯定有限责任制度所发挥的历史作用的同时,认为有限责任制度已不再适应现代市场经济社会的发展需要;也有人认为,有限责任与自由市场行为是

---

[1] See Christopher D. Stone, The Place of Enterprise Liability in the Control of Corporate Conduct, 90 Yale L. J. 1, 65–70(1980).

[2] See Paul Halpern et al., An Economic Analysis of Limited Liability in Corporation Law, 30 U. Toronto L. J. 117, 148–149(1980).

[3] See Paul Halpern et al., An Economic Analysis of Limited Liability in Corporation Law, 30 U. Toronto L. J. 117, 145–147(1980).

[4] See Robert C. Clark, The Regulation of Financial Holding Companies, 92 Harvard Law Review 787, 789–825(1979).

[5] N.Y. Bus. CORP. LAW § 620(a)-(c) (McKinney 1963).

不协调的,尤其是不利于保障债权人的利益。① 据此,许多学者主张应改变责任形式,塑造新的公司类型。这些学者提出了三种主张:

第一种观点认为,公司应选择无限责任形式,使股东个人对公司的债权人直接负责。此种观点认为,无限责任在市场竞争中应扮演重要作用。无限责任制度有力地保护了债权人,鼓励了谨慎的投资和市场行为,并且与民事责任的基本规则是协调一致的。因此应鼓励无限责任公司的发展。②

第二种观点认为,应采取双重责任并存的模式,即在一个公司中使有限责任股东和无限责任股东同时并存,负有限责任者则不参与管理,无限责任股东直接管理公司。在这方面,可以借鉴美国有限合伙制度。③ 在有限合伙中,一般合伙人与有限合伙人并存,既可保护有限合伙人的责任负担,又能对债权人有所保障。

第三种观点认为,应采取按比例分担责任(pro rata liability)制度,即股东各依其投资比例对债权人直接负责。美国加利福尼亚州自1853年开始就采用这一制度,一直沿用到1931年。最初,法律要求股东直接对公司的债权人负责,但有最高限额的限制,而最高限额为股东在公司中的股份。在这之后,这一制度得到了发展,股东可根据其股份比例直接对各债权人负责。虽然这一制度已停止使用,但许多美国学者认为,按比例分担责任制度既可避免无限责任和有限责任的缺点,亦可发挥有限责任的优点,应在实践中采用。

上述各种观点均认为,有限责任制度已不适应社会经济发展的需要,应用其他责任形式加以取代。诚然,前述担忧不无道理,但是否应废除有限责任制度呢？笔者认为,有限责任制度在历史上曾经发挥过的筹集资金、分散风险、促进所有权与经营权的分离等作用是不可否认的,但时至今日,有限责任制度之所以招致诸多批评,主要是因为如下原因:

第一,随着社会经济的发展,法律制度所追求的目标有所改变。市场经济发展到了一定阶段以后,必然会对交易安全、投资安全、市场秩序等

---

① See Geoffrey Christopher Rapp, Preserving LLC Veil Piercing: A Response to Bainbridge, 31 Journal of Corporation Law 1063(2006).

② See Geoffrey Christopher Rapp, Preserving LLC Veil Piercing: A Response to Bainbridge, 31 Journal of Corporation Law 1063(2006).

③ 参见周晓红:《台湾学者谈"有限公司"的变革》,载《中国法学》1993年2期。

提出更高要求。根据许多学者的观点，现代社会法律的目标不是鼓励过度的风险投资和聚集资本，而是如何完善投资环境、创建公平竞争的市场。这就需要加强对债权人利益的保护，而这也正是有限责任制度的薄弱之处。但对于这一缺陷，可以通过一些配套措施的完善来加以弥补，而不能因噎废食，并据此废除有限责任制度。

第二，公司的一些侵权责任，特别是产品责任的发展，使公司与广大消费者之间可能会直接发生损害赔偿的关系，尤其是在产品缺陷致受害人遭受人身伤害，甚至是死亡的情况下，对受害人的赔偿数额可能是巨大的。因此，一些公司特别是那些为广大消费者提供产品的公司，势必要承担未来可能要支付巨额赔偿的风险；而有限责任因其本身的内涵必须要限制责任，这样可能会对消费者不利。

然而，就未来不可预测的损害赔偿风险来说，若要求股东对产品致人损害等承担全部赔偿责任，则成千上万的公司将面临破产的风险，无限责任制度无法避免此种风险。解决产品责任等问题必须通过责任保险等保险措施，使损害结果分散并由社会大众分担。保险制度和限制责任的有限责任制度是完全不同的，保险制度在发挥作用的同时，并不影响有限责任的存在价值。正如美国学者阿洛尔所指出的，"保险虽然起到一定的作用，但不能完全代替有限责任"[1]。

第三，证券市场的发展造成一种假象，似乎集资途径主要靠公司在证券市场挂牌上市。所以，有观点认为，对于非上市公司来说，公司的集资功能是有限的，有限责任制度作为刺激集资的手段主要在上市公司中发挥作用。笔者认为，这种看法是不妥当的。诚然，公司挂牌上市可以向社会公众募集到更多的资本，但上市公司在公司中仅占很小的比例，绝大多数公司都是非上市公司，若不采取有限责任制度，则这些公司将很难吸引投资，不断发展。

各种关于根本改变有限责任制度的观点都是值得商榷的。首先，无限责任公司虽有其优点，但因为无限责任对投资者来说所承担的风险太大，并不能鼓励投资者进行广泛的投资；而且由于无限责任公司中实行所有权与经营权的合一，也不利于公司的发展。其次，双重责任并存的公司类似于大陆法系中的两合公司，这类公司因实行两种责任，具有两类不同的股东，由于两类股东所享有的权益不同，很难协调一致，容易发生纠纷，

---

[1] K. Arrow, Essays in the Theory of Risk-Bearing, Markham Pub. Co., 1971, p.140.

因而,这类公司其实并不具有旺盛的生命力。从采纳双重责任并存制度的国家的立法来看,其也并非典型的公司形态。至于有限合伙制度,虽有其优点,但毕竟是合伙的一种类型,不能代替公司这种企业形态。最后,采纳比例分担责任的办法在实践中操作起来是很难的,这种责任形式能够实现的前提是,股东和债权人能够直接发生联系,这在小公司中或许能做到,但在大公司特别是具有成万上万股东的大公司中,要让股东和每个债权人发生联系,则几乎是不可能的。因此,很难将债务分摊在每个股东身上。更何况,证券市场的形成使每个股东可以自由转让其股份,这也使得股东本身不断变化,具有很大的流动性,从而难以使债权人和某个特定的股东发生联系。

笔者认为,有限责任制度的缺陷是存在的,但是随着社会经济的发展和法律制度的逐渐完善,此种制度的许多弊端正在逐渐被克服。例如,保险制度特别是责任保险制度的产生,解决了有限责任制度所未能解决的公司的侵权责任问题,由于国家对公司的行政监督管理制度的强化、公司特别是上市公司应向社会披露其内部情况,如公司制度的完善,促使与公司进行交易的当事人能够全面地了解公司的资信情况和偿债能力,从而有助于避免债权人不必要的损失。此外,公司的资本保护等制度的逐渐完善,都有助于维护债权人的利益。总之,有限责任制度的一些重大缺陷可以通过各种措施加以弥补,不能简单地从有限责任制度的缺陷中得出取消该制度的结论。

我国当前在发展社会主义市场经济的过程中,必须要建立现代企业制度,为此,必须实行公司的有限责任制度。我们要利用法律机制鼓励投资和资本积累、促使企业转换经营机制、实行所有权与经营权的分离等,所有这些都要求在公司形态中普遍实行有限责任制度。没有有限责任制度,就不可能广泛开辟筹资来源,吸引广大投资者投资,从而促进公司的蓬勃发展;没有有限责任制度,不可能促进所有权与经营权在公司内部的分离,形成公司内部科学的管理体制;没有有限责任制度,也不可能促进股份的流通,推动证券市场的发展。总之,有限责任制度是市场经济条件下企业成长的重要条件,也是经济发展的巨大动力。当然,在认识到有限责任制度的价值的同时,也应当注意到这一制度所固有的缺陷,并寻求适当的措施来消除这些缺陷,从而更好地发挥有限责任制度在发展社会主义市场经济中的作用。笔者认为,从我国当前经济体制改革中转换企业经营机制、推行和发展公司制的情况来看,当前存在的最大问题是在观念上将公司的独立人格绝对化。一些人因此误认为股东在任何情况下都无须对公司债务承担责任,一些股东甚至借公司的法律人格从事各种不法行为,并对债权人造成损害。在此情况下,由于有限责任制度的存在,债权人难以对从事不法行为并获得利益的股东提出赔偿请求。这样一来,有限责任制度就可能被个人利用作为欺诈他人、规避法律的工具。为了弥补有限责任制度这方面的不足,笔者认为,应借鉴国外流行的"揭开公司面纱"制度,即在特殊情况下不考虑公司的独立人格而由股东直接承担责任的办法来弥补有限责任制度的不足。

四、揭开公司面纱制度

事实上,有限责任制度的主要弊端是对债权人保护的薄弱,其中最突出的问题是在股东滥用公司人格而损害债权人的利益时,债权人不能对股东直接提出赔偿请求。公司的有限责任制度和独立人格像罩在公司头上的一幅面纱,它把公司与股东分开,保护了股东免受公司债权人的追索,这样在公司的资产不足以清偿债务时,不仅不能使债权人的利益得到保护,而且在一定程度上也损害了社会经济利益。当然,法律可以通过规定行政责任甚至刑事责任来制裁不法行为人,但这些责任并不能使债权人所遭受的损害得到恢复。借鉴国外的立法和司法经验,在此情况下,可以允许司法审判人员根据具体情况不考虑公司的独立人格,直接追究股东的个人责任。这种措施在英美法中称为"揭开公司的面纱"(lifting the veil of incorporation),在德国法中称为"直索责任"(Durchgriff)。

所谓"揭开公司的面纱",是指司法审判人员在特殊情况下,即公司股东特别是董事在管理公司的事务中从事各种不正当行为对公司的债权人造成损害时,应不考虑公司的独立人格,而要求公司的股东向公司债权人直接承担责任。"公司的面纱"即公司与其成员相分别的制度,最初于1897年的萨洛蒙诉萨洛蒙有限公司一案中得到确认。[1] 随着社会生活的发展,法院在实践中逐渐意识到"公司的面纱"经常被公司的股东利用来从事各种不正当行为,掩盖股东的个人行为,并保护股东免受债权人的追索。因此,在特殊情况下应揭开公司的面纱,将股东以公司名义行为的效果直接归属于股东自身。按照英美学者的理解,"揭开公司的面纱"主要

---

[1] See Salomon v. Salomon & Co. Ltd. [1897] UKHL A. C. 22.

有两项内容,即确认某个公司与其成员、董事为同一人格,确认某个集团公司为一个单纯的商业实体。① "揭开公司的面纱"的重要目的是防止欺诈、防止通过借助公司形式而规避法律义务。例如,在 Gilford Motor Co. Ltd. v. Horne② 和 Jones v. Lipman③ 案件中,法院并不考虑公司的独立人格,而是责令公司的股东对债权人负责。而在 Unit Construction Co. Ltd. v. Bull-cock l960 一案中,某个英国公司拥有三个均在肯尼亚注册的公司,尽管公司章程确认各个公司的董事会应在肯尼亚召开,但事实上三个公司完全由控股公司管理。法院认为,公司在肯尼亚注册实为一个骗局,三个公司的住所地均应为英国,并应在英国纳税。

德国法在近几十年来也注意到有限责任制度在这方面的弊端,而开始确立直索责任以弥补有限责任制度的不足。所谓直索责任,按照德国联邦法院在某个判决中指出的:虽不应轻易地置法人的独立人格于不顾,但如果生活实际现象及事实均有排除法人权利主体独立性之必要时,应不考虑法人的独立人格。④ 然而,就直索责任的理论依据和适用范围,学界和司法实践仍然存在争议。⑤ 德国学说上对此主要存在两种不同的理论,即混合说(das Missbrauchslehren)和连带责任说(die Haftung neben der Gesellschaft)。按照第一种观点,自然人负责的基础是人格混同,即法人人格和自然人人格不再区分(die Trennung);按照第二种观点,自然人人格和公司人格仍然应当区分,但是自然人应当在特定情形下承担连带责任,这一连带责任的理论基础主要是规范目的说,或者是规范适用说(die Normzweck-und Normanwendungslehre)。⑥ 在德国法中,按照有限责任制度,分离原则(das Trennungsprinzip)即法人独立人格与其成员相分离的原则仍为一般原则,而直索责任为例外情况。⑦

日本公司法也开始重视直索责任问题。日本的商法有限公司法修正案正试图以加重董事、代表董事、支配股东的责任来保护公司债权人的利

---

① See Vanessa Stott, Hong Kong Company Law, 5th ed., Pitman Publishing Asia Pacific, 1994, p.9.
② See Gilford Motor Co. Ltd. v. Horne [1933] Ch 935.
③ See Jones v. Lipman [1962] 1 All ER 442.
④ Vgl. BGHZ § 10, 205, 54, 222, 61, 380.
⑤ Vgl. Michalski/Heidinger/Leible/J. Schmidt, GmbH-Gesetz, 3. Aufl., 2017, GmbHG § 13, Rn. 378.
⑥ Vgl. Michalski/Heidinger/Leible/J. Schmidt, GmbH-Gesetz, 3. Aufl., 2017, GmbHG § 13, Rn. 379 f.
⑦ Vgl. Sudhoff Unternehmensnachfolge/Froning, 5. Aufl., 2005, Rn. 119.

益。日本相关法律规定,在资本未满5 000万日元的有限责任公司中,持有公司已发行股份总数1/2的股份的股东,如为公司董事或代表董事,或对董事的执行职务发挥重要的影响力者,对居此地位期间公司所发生的劳动债权或侵权行为债权,当公司不能清偿时,应负直接清偿责任。当公司不能偿清债务时,公司债权人得请求股东返还过去一定期间(如2年内)从公司所受的利益。①

直索责任并不意味着在公司的股东实施不正当行为导致公司债权人损害时,公司债权人直接基于侵权行为的规定而请求公司的股东负责,也不意味着公司与公司债权人之间的债的关系要转化为公司的股东与公司债权人之间的侵权损害赔偿关系。从比较法上来看,直索责任的理论根据不是侵权行为,而是公司的人格被不正当地使用并造成公司债权人的损害。其理论根据主要有如下几种:第一,滥用公司人格说。滥用行为又分为两种,一种是主观滥用说,即认为只要行为人主观上具有滥用的故意时,就构成滥用。德国学者西内克(Serick)指出,法人的法律地位,如被有意滥用于不正当的目的时,则不被考虑。另一种是客观滥用说,即对于隐藏于公司之后的自然人的直索,不以主观故意为要件,而以其行为客观上构成滥用为要件。第二,欺诈说。此种观点认为,公司股东实施欺诈公司债权人的行为,并致公司债权人损害,此时,公司债权人可向股东直索。例如,董事故意隐瞒负债大于资产的事实,仍与公司债权人订约而取得财产,遂构成欺诈。许多国家的公司法中规定,在欺诈的情况下允许直索,如《英国公司法》第630条规定了若董事实施欺诈行为,可向董事直索。第三,违法说。此种观点认为,若区分公司与其成员的地位将造成违法的后果时,应允许公司债权人向公司的股东直索。美国的法院在实践中大都认为,公司的人格必须用于合法的目的,若用于非法目的,则应"揭开公司的面纱"。

总之,笔者认为,直索责任的理论根据在于,公司的独立人格被不正当使用,公司的人格掩盖了个人不正当的、非法的行为,并造成了对债权人的损害,因而对公司的人格不予考虑,而应允许债权人对公司的股东直索。这就是说,一方面,公司的法律人格、公司的法律地位是法律确认社会经济组织作为民事主体、广泛从事民事活动的法律形式,但如果公司的主体地位被用来作为掩盖公司的成员从事不法行为、规避法律的工具,则公司的独立人格也就失去了其存在的价值。因此,司法审判人员在考虑

---

① 参见周晓红:《台湾学者谈"有限责任"的变革》,载《中国法学》1993年第2期。

行为人的责任时,不应拘束于公司的独立人格。这里所说的滥用,并不一定意味着行为人主观上具有故意或恶意,只要行为人的行为在客观上导致了公司的人格被不正当使用,就应认为已构成滥用公司人格。另一方面,行为人的行为已损害了公司债权人的利益,这里所说的损害不仅包括公司债权人现有财产的减少、灭失,也包括公司债权人应该得到的利益没有得到。如果滥用公司人格并没有造成对公司债权人的损害,就不应发生直索问题。直索责任或"揭开公司的面纱"制度是在特殊情况下不考虑公司的独立主体资格,这并不是要否定公司独立人格制和有限责任制。事实上,直索责任只能在例外的情况下采用,不可能作为公司法的一般原则,而公司的独立主体资格和有限责任制仍然是一般原则。强调公司的独立主体资格,将公司与公司的股东、公司财产与其成员的个人财产分开,是使公司能够成为在市场经济中真正独立的、自负盈亏的经济实体的基础,也是社会经济充满生机与活力的动力所在。这一制度作为基本原则在任何时候都不能动摇,但为防止公司股东基于不正当目的滥用公司形式,逃避债务和其他义务,并致债权人损害,则需要在特殊情形下承认直索责任。从民法上看,直索责任具有如下特点:

第一,公司债权人直接向股东提出请求,这就排除了公司的独立人格障碍,但是这并不意味着在此情况下公司的责任完全转化为股东个人的侵权责任;相反,在公司债权人直接向股东提出请求时,也应不排除公司对其债权人应负的责任。

第二,直索责任在性质上是民事责任。我国现行法律注意到了公司法定代表人及其他工作人员的责任,其中也包括了造成公司债权人损失的责任,但仅规定了行政或者刑事责任,而没有专门规定民事责任。例如,根据《民法通则》第49条的规定,对法定代表人从事抽逃资金、隐匿财产等行为,可给予行政处分、罚款,构成犯罪的,依法追究其刑事责任。严格地讲,这些责任都只是对国家所负的责任,而不是对公司债权人所负的责任,公司债权人所受的损失并没有因为这些责任的承担而得到弥补。直索责任主要是为了保护公司债权人的利益,它在性质上并不是行政或者刑事责任,而只是民事责任。

第三,直索责任应为公司责任的补充,如果公司具有足够的资产清偿债务,债权人可以不必要求直索。直索责任一般是在公司资产不足以清偿其债务时,由公司的股东负个人责任,这样可使公司债权人的债权得到充分保障。当然,在特殊情况下,法律也可以规定,即使公司具有足够的财产清偿债务，若公司的股东从事不法行为，亦应使其向债权人负责。笔者认为，既然直索责任设立的目的是保护债权人的利益，即公司股东滥用公司法人独立地位和股东有限责任，逃避债务，严重损害公司债权人利益的，则应允许公司债权人直接向股东提出请求。当然，如果公司的财产足以保护债权人，则债权人就没有必要提出直索。对公司债权人而言，其关注的主要不是对某个股东因直索而实行制裁的问题，更重要的是其损失的补偿问题。所以，如果公司债权人能够从公司获得清偿，则没有必要向股东提出直索。

从国外的情况来看，直索责任大都是由司法审判人员根据具体情况所确立的。然而，由于直索责任在一定程度上限制了公司的独立人格制度和有限责任制度的适用，因此也应当在法律上对直索责任的适用范围进行一定限定。否则，允许司法审判人员随意确定直索责任，可能会严重妨碍公司法基本原则的适用，影响公司法律内部体系的和谐一致。所以，一方面应允许直索责任以弥补有限责任制度，另一方面又要对司法审判人员在适用直索责任中的自由裁量权进行必要的限制，对直索责任的适用规定严格的条件，从而充分发挥这种责任的作用。

五、在何种情况下应"揭开公司的面纱"

由于直索责任在一定程度上限制了有限责任制度的适用，因此，应严格规定直索责任的适用条件。这些条件主要就是适用直索责任的具体情况，即在何种条件下可以适用直索责任。应该看到，我国目前还处于市场经济发展初期，法制尚不健全，公司制度有效实施的客观环境和条件尚未真正形成，一些不法行为人借助公司形式规避法律、从事欺诈等不法行为的现象也比较普遍。因此，实践中可以适用直索责任的情况是很复杂的，也是需要在法律上予以明确的。当前，某些司法审判人员中存在一种不恰当的观点，即除非行为人的行为已构成犯罪，否则不能适用直索责任。对一些明显应适用直索责任的情况，某些审判人员碍于公司的独立人格制度和有限责任制度，不能有效追究不法行为人的责任，并充分保障债权人的利益。例如，一人设立两个公司，实际上是一套人马，当其中一个公司因经营不善欠下大量债务时，该公司的资产就被迅速转移到另一个公司的账目上，最终使债权人落得两手空空。对此种情况，某些审判人员即使在证据确凿时也不动用另一个公司的资产清偿债务，认为这样做不符合有限责任的规定。实际上,若有限责任制度被用于逃避债务、规避义务,则根本不符合该制度存在的目的。如果片面强调公司法人独立人格和股东有限责任的绝对性,认为在任何情况下都不能"揭开公司的面纱",则必然难以使债权人的利益得到保障、社会经济秩序得到维护,而有限责任制度也不能真正发挥作用。

那么,在哪些情况下可以"揭开公司的面纱",适用直索责任呢?笔者认为,主要有如下几种情况:

(一) 财产混合

所谓财产混合,是指公司的财产不能与该公司的成员及其他公司的财产作明晰的区分。公司的财产与其成员和其他公司的财产的分离是股东有限责任存在的基础。也就是说,只有实现公司财产与公司股东财产的分离,公司才能以自己的财产独立地对其债务负责。许多国家的法律为保证公司具有足够的资产清偿债务,都规定了资本维持原则,要求公司应有独立的公司财产,并在范围上将公司财产与公司股东的财产进行明确的区分。如果公司财产与公司股东财产发生混合,则不仅难以实行有限责任,而且也极容易使一些不法行为人借此隐匿财产,非法移转财产,逃避债务和责任,也会使某些股东非法侵吞公司财产。

财产混同也可能是由于利益的一体化,即公司的盈利与股东的收益之间没有区别,公司的盈利可以随意转化为公司成员的个人财产,或者转化为另一个公司的财产,而公司的负债则为公司的债务。这种情况已表明公司并没有自己的独立财产。至于公司债权人能否在公司账目混乱的情形下主张直索责任,则应视具体情况而定。如果公司账目混乱并未导致公司财产与股东以及其他公司财产混合,则不能据此认定应"揭开公司的面纱"。

(二) 人格混同

所谓人格混同,是指公司与其成员之间及该公司与其他公司之间没有严格的分别,在实践中一套人马、两块牌子,名为公司实为个人等,都属于人格混同的情况。按照美国学者高尔夫的观点,若公司与个人之间无分离的业务,则属于人格混同。但大多数学者认为,若数个公司之间具有共同的董事、股东和共同利益,则为人格混同。[①] 从实践来看,人格混同现象主要有如下几种:

[①] See John H. Farrar, Nigel Furey, Brenda Hannigan and Philip Wylie, Farrar's Company Law, 4th Revised edition, Butterworths, July 1998, p.63.

一是一人组成数个公司，各个公司表面上是彼此独立的，实际上在财产利益、盈余分配等方面成为一体，且各个公司的经营决策等权利均由该投资者所掌握。此时，各个公司之间及各个公司与该投资者之间可能已发生人格混同，这种现象在社会中比较普遍。一人办数个公司的优点是有助于减轻投资风险和灵活经营，但有可能因此导致人格混同。

二是相互投资引起的人格混同。依据《股份有限公司规范意见》第24条第2项的规定，一个公司拥有另一个企业10%以上的股份，则后者不能购买前者的股份，这一规定主要就是为了避免相互持股引起的一系列问题。从各国情况来看，相互持股极易引起人格混同。因为在相互持股的情况下，一方持有对方一定量的股份，有可能就是对方出资给该公司的财产，这样双方就这部分股份并没有出资。如果双方就此持有的股份占据了两个公司的大部分，则两个公司表面上是独立的，实际上已结为一体，这就导致了人格混同。

三是因为母公司和子公司之间的相互控制关系而引起的人格混同。《有限责任公司规范意见》第77条规定："一个公司对另一个公司（企业）的投资额达到控股时，该公司即成为母公司，被控股公司（企业）即成为该公司的子公司（企业）。该子公司（企业）具有独立法人资格。"但是，在现实中，尽管母子公司均为独立法人，但子公司可能因为母公司的过度控制而使其完全变成母公司的代理人，此时，即可以认定母公司与子公司发生了人格混同。美国著名法官卡多佐指出：过度控制使"母公司变为被代理人、子公司成为代理人"，则应"揭开公司的面纱"。① 汉德（Hand）法官也认为，仅仅通过股份所有权的控制方式并不能使子公司丧失其独立存在价值，但一个公司可能在从事交易过程中变为另一个公司的代理人，此时即应"揭开公司的面纱"。② 美国学者曾区分了两种控制方式，即"资本控制"和"职能控制"，资本控制就是通过股份资本的所有权实施控制，而职能控制则涉及直接经营管理另一个公司。他认为，资本控制本身并不能在两个公司之间形成代理关系，而职能控制则有可能形成代理关系，从而造成人格混同。③ 在我国现实生活中，母公司和子公司因控制关系而完全

---

① Berkey v. Third Avenue Railway Co. 244 N.Y. 602 (1927).

② See Kingston Dry Dock Co. v. Lake Champlain Transport Co., 31 F.2d 265, 267 (2d Cir. 1929).

③ See John H. Farrar, Nigel Furey, Brenda Hannigan and Philip Wylie, Farrar's Company Law, 4th Revised edition, Butterworths, July 1998, p.62.

成为一体的现象经常存在,而且也极易产生欺诈。因此,在此情况下,应"揭开公司的面纱"。

(三) 虚拟股东

所谓虚拟股东,是指公司的人数并没有达到法定人数,而采取虚拟其他股东的方法使公司成员满足法律规定的最低人数的要求。但事实上,公司的股东数量并没有达到法律规定的人数要求。实践中,虚拟股东主要有如下几种情况:

第一,为成立中外合资、合作企业,从而享有优惠待遇,虚构外方投资,搞假合资、假合作,实际上外方根本没有出资。此种行为损害国家利益,同时也可能对债权人造成损害。

第二,为凑足股东人数,虚拟出资和股份形式,名为公司,实为独资。例如,一个股东持有的股份与其他股东持有的份额极不相称,或者股东全部为家庭成员,这就极有可能存在着假股东。

在实践中,股东违反义务,在出资以后撤回出资,有可能对公司资产和股东产生重大影响,撤资是否导致撤资人股东地位的丧失,是一个在理论上值得探讨的问题。笔者认为,撤资本身既违反了法定义务,也违反了股东之间的约定义务,撤资不能使撤资人的股东地位丧失,并使其免予承担公司债务,更不能据此"揭开公司的面纱"而使无过错的当事人承担过重责任。至于股东违反义务拒不出资,则主要应由公司催告其出资,不能据此适用直索责任。

(四) 以公司名义从事不法行为

行为人以公司的名义从事不法行为,主要是实施一些欺诈行为,如以公司名义生产伪劣产品,牟取获利;或者以公司名义签订合同骗取大量的预付款,供个人挥霍浪费;再如,为逃避债务,将应交付给债权人的货物转卖给一个由债务人所控制的公司,并以原物已归其他公司为由拒不向债权人交付货物等。以公司的名义从事不法行为,极易造成一种假象,即这些行为是公司的行为而不是个人的行为,因此应由公司而不是个人负责。实际上在此种情况下,公司人格已被滥用,公司成为个人从事非法行为的工具。因此,这类公司应被取缔,个人亦应对其违法行为负责。在国外的司法实践中,许多法官也认为,如果公司作为个人欺诈的工具,则不应考虑公司的独立地位,因为如果给予公司主体地位,将会导致"不公正、欺诈或不公平"的后果。① 我国法律虽对公司的法定代表人及其他工作人员以公司的名义从事欺诈等行为,规定了行政甚至刑事责任,但并未规定对债权人所应负的责任,仍需将来立法予以完善。

(五) 不正当的控制

所谓不正当的控制,是指一个公司对另一个公司通过控制而实施了不正当的,甚至非法的影响。原则上说,自然人控制一家公司,本身并不能构成股东的直索责任,导致直索责任的必须是控制本身具有不正当的甚至非法的行为。所以许多学者认为,法律将企业塑造为独立的权利义务主体,要求其能够独立行为,如果一个公司成为另一个公司争取利益的工具并且丧失了独立行为的能力,已经不符合法律承认这些公司独立地位的目的,这就表明这些控制本身具有不正当甚至非法之处,因此应"揭开公司的面纱"。

在英美法中,有关不正当控制问题有几种理论:一是工具理论(instrumentality doctrine)。此种理论认为,如果一个公司完全成为另一个公司的工具,则应揭开这些公司的面纱。这一理论最初由美国学者弗雷德里克·鲍威尔(Frederick Powell)在1931年提出,以后在 Baltimore & Ohio R. Co. v. Goodman 一案中被正式采用。② 二是过度控制理论。根据这一理论,如果一个公司对另一个公司实行了过度控制,则应"揭开公司的面纱"。什么是过度控制?许多学者认为必须是一个公司完全操纵了另一个公司的决策过程,并使被操纵的公司完全丧失了其独立性,如果控制仅仅是为了获取一定的利益,则不能认为是过度。也有一些法官认为,决定过度的标准是通过控制而实施了不正当的行为,违反了法定义务,而控制一方实施的不正当行为与原告的损害之间存在着因果关系。③ 因此原告要证明控制是过度的,必须证明在不当行为和原告遭受损害之间存在着因果联系,如果某个股东的不正当行为并没有给债权人造成损害,则不存在请求的基础。三是"改变自我"(the alterego doctrine)理论。这一理论认为,如果母子公司之间存在着所有权和利益的一体化,则公司已改变了自我,它不再是一个独立的公司,因此应"揭开公司的面纱"。在这里,"所有权和

---

① See M/V American Queen v. San Diego Marine Constr. Corp., 708 F. 2d 1483, 1491 (9th Cir. 1983).
② See Baltimore & Ohio R. Co. v. Goodman, 275 U.S. 66 (1927).
③ See Lowendahl v. Baltimore & O. R. R., 247 App. Div. 144, 157, 287 N.Y.S. 62, 76. (1936).

利益的一体化"(untiy of ownership and interest)是决定是否"改变自我"的标准。① 上述英美法的有关理论,对我们在实践中认定不正当控制问题具有一定的借鉴意义。

笔者认为,自然人作为股东控制某个公司,本身并不能构成对该股东的直索责任,因为控制权力是基于股权而产生的,当股东的股权持有量达到一定规模时,必然会产生资本的控制,所以资本的控制是不可避免的,也是合法的。但是,如果股东通过控制实施了某种不正当的行为,或控制的目的是为了从事有悖于法律、章程所规定的行为,则在此情况下可产生直索责任。

六、结束语

现代企业制度是与有限责任制度密切联系在一起的,否定了有限责任制度,也就否定了现代企业制度存在的必要性。我国当前在逐步建立现代企业制度以推进改革、发展市场经济的情况下,必须建立作为现代企业制度基本内容的有限责任制度。但在推行有限责任制度时,必须认识到该制度的缺陷,并通过"揭开公司的面纱"措施的采用,弥补该制度的缺陷。为此,笔者认为有限责任是指对公司的债务,公司应以其全部资产负责,每个股东以其所认缴的出资额对公司负责,而在股东滥用公司的人格、从事有害于公司债权人的行为时,应依法对公司的债权人负赔偿责任。

---

① See Bonanza Hotel Gift Shop, Inc. v. Bonanza, No. 2, 596, P. 2d 227, 230 (Nev. 1979).

论股份制企业所有权的二重结构*

股份制作为近几年来深化企业改革的一项措施，以其开拓性的实践证实了它不仅将对经营机制的转换产生重大影响，而且将促使财产关系按照商品经济的需要发生深刻的变化。在法律上正确认定和解决股份制企业的财产权问题，从而处理好国家与企业之间的财产关系，是当前改革面临的和需要着力解决的难题。

郭锋同志的《股份制企业所有权问题的探讨》①一文（以下简称"郭文"）对股份制企业财产权问题作出了可贵的探索。但是缕析全文，笔者认为其基本观点在理论和逻辑上均难以成立，因此，本文拟就以下几个问题加以论证，并与郭文商榷。

一、公司内部"两权分离"的深化是否改变了股东的所有者地位

20世纪以来，西方国家股份公司的发展呈现出这样一种趋势，即由于股东人数的增多和股票的分散而导致股权的分散，同时，随着企业规模的扩大、激烈的竞争对企业应变能力的要求，使股东的所有权与经营权在内容上的分离不断深化。然而，从这种"两权分离"的现象中是否就能得出郭文所称的"股东个人所有权与公司整个经营管理权的分离""继续用所有权理论来解释股东与公司之间的财产关系已经行不通了"以及股东因此丧失了所有权的结论呢？

按照马克思的观点，"两权分离"是股份公司内部"资本所有者"即股东的权利与"别人资本的管理人"即经理所享有的经营权的分离。从法律上来看，所有权和经营权无论依循何种形式进行，也无论这种分离的程度如何，都只能是所有权权能的分离，而不是任何意义上的所有权的转移和相对消灭。经营权乃是所有权内在的权能所派生出来的权利，它只是所

---

* 原载《中国法学》1989年第1期。

① 参见郭锋：《股份制企业所有权问题的探讨》，载《中国法学》1988年第3期。

有权的部分权能而不是其全部权能。如果"两权分离"将导致原所有权的全部转移和相对消灭，那么，这种现象已经不再是法律意义上的"两权分离"，而是所有权的转让了。所以，就股份公司内部的"两权分离"而言，一方面，这种分离不可能使股东所有权消灭；另一方面，这种分离也不可能使经营者从"别人资本"的管理人身份变为自己资本的管理者。如果是这样的话，则股东的所有权岂不是被经营者所剥夺了？显然，这是不符合所有权的基本原理的。

"两权分离"导致股东所有权丧失的结论，曾经是西方某些"人民资本主义"的理论家所着力宣扬的观点。从米音斯到阿道夫·贝利、从熊彼特到加尔布雷斯，他们认为股份公司的发展经历了企业主（股东）控制、大股东控制和经理阶层控制三个阶段。① 20世纪以来，大股东集团"既同所有者的职能相分离，也同所有者的地位相分离"，大公司是20世纪资本主义基础上的革命工具②，按熊彼特的话来说，经理革命的时代已经到来，私有制正在发生悄悄的革命，社会主义制度比其他制度更呈现出特色，资本主义正在逐渐进入社会主义。③

我们并不否认股权分散所导致的社会财产权方面的某些变化及"两权分离"的深化对西方公司法规定的股东和董事的权利结构所形成的冲击。然而，从大量材料中，从西方社会的现实中，我们看到的是另外的现象，而这些现象只能使我们得出与股东丧失所有权的观点正好相反的结论。

第一，股票分散极容易而且事实上也造成了股票的相对集中，这种集中导致大股东对公司独占的控制权。列宁在批判所谓"股权的民主化"的观点时，认为大股东"只要占有40％的股票就能操纵股份公司的业务，因为总有一部分分散的小股东实际上完全不可能参加股东大会"④。实际上，现代公司的股票分散程度使大股东完全不必持有40％的股票，而仅仅

---

① 参见〔美〕加尔布雷斯：《新工业国》，转引自〔苏〕米克希主编：《反马克思主义的资本主义现代经济理论批判》，陈靖国等译，社会科学文献出版社1987年版，第17页。
② 参见〔美〕阿道夫·贝利：《二十世纪的资本主义革命》，钟远蕃译，商务印书馆1964年版，第6页。
③ 参见〔美〕约瑟夫·A.熊彼特：《资本主义、社会主义与民主》，吴良健译，商务印书馆1970年版，第213页。
④ 《列宁全集（第二十二卷）》（第二版），人民出版社1990年版，第220页。

持有5%左右的股票就可以控制公司。① 所以,股票的分散使大股东更有可能以他人的资本冒险投资,从而获取利润,更有可能以较少的资本成为公司的实际控制者。郭文曾大段引证了阿道夫·贝利在《没有财产权的权力:美国政治经济学的新发展》一书中提出的股东控制权丧失的观点,却避而不谈贝利在该书中多次提及的股票集中的现象。② 股票集中意味着什么呢？只能意味着控制权的集中。

第二,个人控股形成对经营者权利的强有力的约束,并且左右着公司的存亡兴衰。许多大资本家并不甘心作为赘瘤被经营者从公司的肌体上切除,他们往往借助这样一个法宝,即通过成立一个控股公司专司购买和抛售某一公司的股票业务,进而强有力地控制着该公司。这些控股公司掌握了某一公司的大量股票,即使它不行使法定的权利,而仅仅采取对该公司股票的大量购进和售出的方式,就可以把公司变成它"手中的一张牌"来玩弄。多姆霍夫在《当今谁统治美国》一书中,最终得出这样一个结论:"关于家族办公室、控股公司和家族在大企业公司中的所有权的研究成果使人联想到很多大公司继续受主要业主的控制。"③控股公司的存在意味着美国公司法中已废除的"强盗贵族法则"仍然在产生效力。

第三,公司之间的互相控股表明股东所有权事实上并没有丧失。西方国家的反垄断法总是极力限制甚至禁止一个公司购买另一个公司的股票以遏制控股和垄断的发展,但是西方公司法又往往给公司之间的互相控股打开了方便之门。当今西方社会,母公司和子公司以及孙子公司之间的金字塔式的层层控股、一个公司与另一个公司之间的环状控股、某个跨国公司对遍及世界各地的附属公司的控股,正是公司在激烈的竞争中为保持竞争的优势而采取的对策。在公司控股的背后,我们看到的是银行资本家如何操纵工业资本家、大资本家如何操纵小资本家以及资本家彼此间相互勾结和尔虞我诈的场面。控股既是对自由竞争规则的违反,也是对所谓"股东非所有者"的观点的否定。

---

① 根据多姆霍夫的调查,在某些公司中,公司创业者的后嗣拥有的股票不到5%,却控制了公司,多姆霍夫引证了美国法人资料研究所的调查材料,证实了股票集中的结论。参见〔美〕多姆霍夫:《当今谁统治美国》,沈泽芬、郑须弥译,中国对外翻译出版公司1985年版,第68页。

② 参见〔美〕阿道夫·贝利:《没有财产权的权力:美国政治经济学的新发展》,江清译,商务印书馆1962年版,第57页。

③ 〔美〕多姆霍夫:《当今谁统治美国》,沈泽芬、郑须弥译,中国对外翻译出版公司1985年版,第69页。

以上的分析表明,20世纪以来的股份公司内部的"两权分离"不仅没有达到郭文所说的"彻底分离",而且更没有实现像郭文所说的股东所有权的丧失。"两权分离"只是事实上(不是在法律上)剥夺了小股东对公司的支配权,非但没有剥夺反而强化了大股东的权利。对于大股东来说,其是实际行使权利,还是像郭文所说的"乐于坐享其成",往往取决于他的投资能否给他带来预期的收益。公司经营良好,他可能把他的权利暂时搁置起来,一旦公司经营不善,他不能再"坐享其成",就要把搁置的权利捡起并运用起来。甚至为了避免投资损失,他要随时通过控股等方式控制公司。因此,"两权分离"在很大程度上从属于大股东追求投资利润的需求。

如果"两权分离"真的使股东丧失了所有权,则我们将如何理解公司资本在股票市场上发生移转、交换,整个公司如何在市场上被贪婪而又疯狂的"套利者"买来卖去呢?我们又如何理解公司兼并浪潮的兴起及众多的公司改变归属以及董事会人马的大更换呢?如果股东不享有所有权,我们甚至很难理解市场如何按照所有权移转的法则来配置资源。尤其具有讽刺意味的是,如果认为"两权分离"将导致股东所有权的丧失,那么,西方国家通过购买私人企业的股票而产生的国有企业(西方的国有企业大多数都是通过这种办法产生的)[①],私人所有者通过出资形成的私人所有的股份企业,就成为既不是国有企业,也不是私人企业的企业了。于是,公司的财产将失去最终的归属,大规模的国有企业将不复存在,而那些"剥夺者"也将被自己创设的公司所剥夺,资本主义真的要像熊彼特所说的将"长驱直入"社会主义。显然,这只能在臆想的神话中存在,只能是某些"人民资本主义"的理论家所编造的假话。

二、"两权分离"是否使股份关系转化为债的关系

从形式上看,股票持有者能够对公司享有支配权的根据是股票,那么,股票的法律性质是什么呢?郭文认为,"20世纪以后,股票就纯粹变成了反映债的关系、是定期领受收益的支取凭证","如果说股东还享有所有权的话,那是就股票这张纸而言"。笔者认为,在这里,郭文犯了两个不应有的失误:一是忽略了股票这张纸所代表的股份内容;二是忽略了股份

[①] 一般来说,国家在股份公司中购买的股票占据50%以上,则该公司就被命名为国有企业。

关系和债的关系在法律性质上存在着的根本区别。

股票是股份的证券形式,股份是什么呢?"股份系指资本之成分"①,是出资者将其财产定量地投入公司,其财产在整个出资财产中所占的份额。而股份的证券化形式是股票,股份的持有在形式上是股票的持有,因此,股票成为马克思所说的"所有权的凭证",它代表着现实的资本。② 不管股票持有者的数量、股票在市场上的价值发生何种变化,都不改变它所反映的股份关系,即所有权关系的性质。由于股份关系是所有权关系,因此股票购买者(出资者)要对他购买的股票(出资)承担损益的风险。他的出资数额将与他所享有的权利和承担的风险成正比例关系。同时,由于股份关系是所有权关系,因此股票的转让意味着所有权的转手。任何人购买某个公司的股票,他都将跨入该公司所有者的行列,一旦他买到该公司的全部股票,则该公司在法律上即成为他独占的财产,他将接管该公司,解散董事会,任命新的管理者。美国一位公司股票的套购者,曾经向国会夸耀,他就是用这种办法,把不少公司从"自满、僵化和衰弱的官僚主义的死手"中救出。③ 所以,股票的交易正是以证券交易形式表现出来的所有权的交换,而绝不是像郭文所说的"实际上就是买卖一种领取股息收入的凭证,而不是所有权的凭证"。

就公司内部来说,公司发行股票所代表的股份关系与其发行债券所代表的债的关系是应该严格区别的。公司的债务对公司而言是外在化的、他人的资本,是公司对其债权人所负的义务。而股份乃是公司自己的资本,股份的总和是公司的全部财产。因此,一方面,在公司存续期间,公司负有向债权人偿还债务的义务而没有向股东返还股本的义务,公司解散以后,首先要以股东出资的财产清偿债务,剩余的财产才能返还给它的所有者即股东;另一方面,股东购买股票而持有股份,股东并不是公司的债权人,公司也不是股东的债务人,只有在股东转让股票而购买债券以后,他才从公司的所有者变为债权人。所以,如果股票变成了像郭文所说的"反映债的关系"的证券,那么西方公司法、证券交易法的内容将要发生重大的改变,各种关系恐怕要重新构造了。

郭文认为,目前"股票与债券的差别正在逐步缩小",似乎区别两者的意义已经不大。诚然,由于无表决权股、优先股、所得公司债、永久公司债

---

① 梁宇贤:《商事法要论》,三民书局1981年版,第110页。
② 参见《资本论(第二卷)》(第二版),人民出版社2004年版,第387页。
③ 参见常建强:《美国大公司企业的合并热潮》,载《国际科技交流》1986年第2期。

等证券的产生和发展,导致了公司债的股份化和公司股份的债权化倾向,这种倾向与西方国家民法中的物权债权化和债权物权化趋向是一致的。但是,这种现象只是反映了物权和债权关系通过它们的证券形式的相互渗透,而绝不是意味着,物权以及它们的证券形式即股票已不再是物权和股票、债权以及它的证券形式即债券已不再是债权和债券。

是什么原因造成股份关系转化为债的关系,股东由所有者变为债权人呢?郭文认为这是"两权分离"的结果。因为"股东对公司的经营管理和参加股东大会行使权利漠不关心",因此,若继续用所有权理论来解释股东与公司之间的财产关系就已经行不通了。笔者认为,这种观点是很值得商榷的。如前所述,大股东受其利益的驱使是不可能对其能够左右公司的权利"漠不关心"的,而只有那些一般小股东因其权利的微弱,使其只能处在对其权利"漠不关心"的状态。即使我们假定所有的股东对其权利都是"漠不关心"的,那么,是否意味着他们的所有权就丧失了呢?按照郭文的逻辑,不行使权利就是权利的消灭,这显然是把客观权利和主观权利两个不同的范畴混淆了。

股东的权利即由所有权产生的自益权和共益权,作为客观的权利,无疑是公司法确认和保护的所有权,整个西方公司法正是以保护股东的所有权从而维护私有制为其宗旨的。在英美法系国家,法官和学者经常用信托制度来解释股东和公司经营者之间的关系,股东作为信托人将其财产交给受托人经营,这并不改变其所有者地位。① 但是,股东的客观权利并不等于他实际享有的主观权利。股东是否行使以及能否行使其所有权,不仅取决于他自身的意志,而且还受到各种阻碍权利行使的因素的制约。正如马克思所指出的"占有首先必须受到占有对象的制约","这种占有还受到占有的个人的制约","占有还受实现占有所必须采取的方式的制约"。② 股东不行使其所有权,可能是因其乐于坐享其成,不愿在行使权利上操心,也可能是其权利微弱或者因其不熟悉公司的经营而难以行使权利。然而,这些因素都不妨碍他依法享有的所有权的存在,除非他转让、抛弃了股票,否则就不会丧失他的所有权。如果认为不行使权利就丧失权利(这里不涉及时效问题),那么,法定的权利还有什么现实意义呢?

---

① 英国的股份公司在名称上仍沿用"joint stock companies",表明股份公司是股东的出资所构成的"资合公司"。
② 《马克思恩格斯选集》(第一卷),人民出版社1972年版,第74—75页。

正如前述,股票的分散造成股权的分散和众多小股东权利的减弱,面对着日益扩大的公司财产,单个小股东的投资显得越来越小,这当然促使小股东成为仅考虑公司盈余分配多寡的"投资股东"或仅关心股票价格涨跌的"投机股东"(Speculationar)。但是,某个股东在股份持有量上的增加必然形成股权的增加,一旦股份持有量达到一定规模,则不仅使其实际支配公司成为可能,而且使其利益和公司的利益结合得更为紧密。在这种条件下,他能够对其投资以及投资所产生的支配权表现得漠不关心吗?而且,如果说股份持有量的增加可以改变股东的权利性质,这在理论和逻辑上也是不可思议的。所以,笔者认为,股东无论其股份持有量是否存在着巨大差别,也无论其是否实际行使或能否行使其对公司的支配权,都不改变其作为所有者的地位和其享有的所有权的性质。"两权分离"绝不会导致股东所有权向债权的转化。

三、公司的双重所有结构是否"开始崩溃"

股份公司的成熟化是以其享有法人所有权为标志的。13 世纪在欧洲一些城市中诞生的股份公司,其财产是由各个股东直接支配并获取收益的,因此这些组织实际上是合伙。以后,不管是"康曼达"组织还是家族公司,不管是政府兴办的海外公司还是私人出资形成的公司,基本上都采取单一的财产共有形态,公司并没有作为独立的人格享有法人所有权。直到 19 世纪以后,由于企业规模的扩大阻碍了股东对其出资财产的实际占有和支配、商品经济的发展对交易安全提出了更强烈的要求,促使公司开始形成旨在担保债务和承担责任的独立的、稳定的财产。因此,股东对其出资的财产逐渐从实际占有和直接占有向价值占有和间接占有转化,同时公司开始以自己的名义直接地、稳定地占有股东出资的财产。当这种变化为立法所确认以后,股东遂对其出资财产丧失了占有、使用和部分处分权,这些权利转移给公司享有,从而使公司具备了由该三项权能构成的法人所有权。

股份公司享有法人所有权并不是对股东所有权的否定,只是股东所有权表现为收益权和部分处分权(公司法规定的共益权)而不再是完整的所有权。从表面上看,这种双重所有权结构似乎与大陆法系传统的"一物一权"主义相违背,实际上两者之间并不矛盾。严格地说,"一物一权"是指对特定财产的所有权所产生的排他的支配权只能由所有人享有,而不是所有权的各项权能只能归属于一人。在笔者看来,对公司财产的支配权实际上是属于股东而不是属于公司的。因为公司以及公司的财产不过是法律拟制的产物,公司的财产最终归属于股东。股东持有的股份和合伙人的应有份一样,是所有权量的分割的产物,它们都是出资者在一个组织体(公司和合伙)的财产中所占的比例。① 从表面上看,股东不能像合伙人那样实际支配自己出资的财产,而是由公司的机关根据公司的意志来支配的。但是这并不意味着股东的支配权已经丧失,因为公司本身的存续或解散是由股东决定的,公司机关的产生最终要体现股东的意志和利益。而且公司解散以后,公司的财产在清偿债务后有剩余的,最后要返还给股东从而使所有权权能完全复归于股东。所以,股份公司的财产权结构是公司的财产由公司所有、公司本身由股东共有的二重结构,这种双重结构不过是"一物一权"规则的特殊表现形式。

按照郭文的观点,股份公司的双重所有权结构已经成为历史的陈迹。由于20世纪以来"股东所有权向债权的转化""股份公司所有权的二元性结构开始崩溃",其结果是"公司作为所有权的唯一主体,完全按照自己的意志占有、使用、收益、处分属于自己的财产,而不必像以前那样受公司股东的左右和控制"。如前所述,"两权分离"并没有使股东丧失所有权或使其所有权转化为债权,所谓"二元性结构开始崩溃"的观点是不能成立的。郭文所称的单一的法人所有权形式只不过是郭文设计的模式,现在且不谈这种模式是否符合现实,先让我们来考查一下它的合理性以及存在的价值问题。

笔者认为,单一的法人所有权形式至少存在着如下缺陷:

第一,公司的财产没有最终的归属。如果法人所有排斥了股东所有,那么股东所创建的公司将形成一个对他们来说是"异己的""对立的"共同体,这不仅将进一步泯灭股东的团体意识、割断他们与公司之间的利害关系,而且将使公司财产成为抽象的、没有最终归属的物,股东的许多权利(如优先认购新股的权利等)也将失去依据。尤其是公司解散以后,在清偿债务后所剩余的财产将成为无主财产。单一的法人所有,将破坏资本市场中所奉行的股票所有权移转规则,股票的买卖双方将不再是公司财产所有权的出卖人和买受人。这种所有权形式最终有可能导致财产由公司经营者事实上所有,而这种后果是法律所不能接受的。

---

① 英国法中的"share",既指股份公司中的股份,又可指合伙中的应有份。

第二,公司内部权力制衡机制失调。现代股份企业成功的实践表明,由于把政治上的分权学说运用到企业中来,形成企业内部的权力制衡机制,从而使股份制企业能够保持旺盛的生命力。这种权力制衡机制正是以双重所有结构为基础的,如果要变双重所有为单一的法人所有,则权力制衡机制将被完全打乱,因为股东所有权的丧失就是股东共益权的丧失,一旦股东丧失了共益权,则公司的经营者将不再是股东选举产生的、其行为受股东制约的管理者。如此,经营者的权利不受所有者制约,也就是说不受股权的制约,其结果只能使经营者的权利绝对化,而绝对的权利又往往是与权利的滥用和腐败联系在一起的。在权力制衡机制失调以后,股份公司能否保持持续地成长和发展,恐怕是值得怀疑的。

第三,股东的利益缺乏现实的保障。股东的股票能否获得股东预期的收益,表面上似乎取决于股票市场的行情波动,实际上在很大程度上取决于企业的经营状况,特别是经营者的经营行为。公司经营者操纵股市而获取暴利,曾经是许多富豪发财的秘密。所以,一旦股东失去了所有权,特别是失去了对经营者制约的权利,则股东出资的安全系数和损益后果就完全维系在经营者身上,股东的利益将没有现实的保障。经营者极有可能滥用职权,通过损害股东利益而牟取个人利益(如利益输送、不分配股息、随意减少股息分红比例等)。

在郭文看来,公司对其占有的财产享有最充分、最完全的法人所有权而不是相对法人所有权,是最优化的财产权模式。然而现代社会,任何所有权都是受限制的所有权,不存在什么"最充分""最完全"的所有权。郭文设计的这种不现实的单一法人所有模式,不仅在根据上难以成立,而且在提法上也很值得推敲。如认为由于股东的"传统物权已经弱化",其享有的就不再是物权而变为债权;由于股东依法享有的权利不行使,"这种所有权已经丧失其法律意义",从而,公司享有"最充分、最完全的法人所有权"。这些提法本身是欠妥当的。

许多人往往以"一物一权"为准则,从非此即彼的逻辑推理中得出公司财产要么为股东所有,要么为公司所有的结论,而这两种选择都将使我们在理论和实践中陷入困境。如果认为财产只能由股东所有,把法人所有视为"纯粹观念上的虚构"[1],则不仅忽略了从合伙财产中演化出来的

---

[1] 孙志平:《对股份及股份公司财产关系的再认识》,载《中国法学》1988年第3期。

法人独立财产制的巨大作用和意义,使法人与合伙无法区别,而且将从根本上否认法人作为独立人格的存在。如果认为财产只能由法人所有,则将无法弥补上述缺陷。在笔者看来,股份公司在市场经济社会能够保持旺盛的生命力,其根本原因在于它采取了双重所有权结构。尽管由于市场经济的发展,特别是股票的广泛发行和企业规模的扩大,使每一个层次的权利在内容上发生了某些变化,但是双重所有权结构在根本上是不会改变的。这种双重结构是市场经济条件下任何股份公司内部都具有的财产权结构,它不仅没有破坏"一物一权"的规则、导致财产归属上的混乱,反而真正明确了财产的归属;也就是说,股东凭借其所有权享有股东的自益权和共益权,而公司凭借其所有权,作为法人进入民事流转领域,独立享受民事权利和承担民事义务。这种双重结构也保证了公司内部权力配置和相互制衡的和谐状态,从而使股份制的生命力长盛不衰。

四、全民所有制企业实行股份制以后国家所有权的命运问题

从以上分析可见,双重所有仍然是而且必然是支撑现代股份公司的两根支柱,抽掉任何一根,都将使股份大厦倾覆。这一点是我们试行股份制应予高度重视的问题。

诚然,在公有制国家对国有企业实行股份制改造,目前尚无成功的经验可循。在我国当前的改革中,要使股份制成为深化企业改革、理顺财产关系和转换经营机制的良好方式,首先我们需要在股份制企业内部财产权模式上作出抉择,即应采取单一的法人所有模式还是双重所有模式。不同模式的选择直接决定着国家所有权的命运,即国家所有权是应该存在还是应该取消。

郭文从上述西方股份公司内部所谓股东丧失所有权、法人享有"最充分""最完全"的所有权的根据出发,认为全民所有制企业实行股份制以后,"国家把国有股份的财产投入股份企业后即丧失法律上的所有权","国营企业股份制改造的过程,实质上就是国营企业财产权的转移过程";国家与企业之间成为债的关系,企业享有法人所有权。简言之,就是要通过实行股份制取消国家所有权,产生股份企业的法人所有权。

国家所有和法人所有,究竟哪一种是公有制理想的产权模式,我们在这里不作探讨。应该指出的是,在现有的条件下,要把反映全民所有制的

国家所有权变为法人所有权,如果不能找到一种既符合全民所有制的本质要求又符合所有权移转原则的恰当途径,恐怕这种变革本身的合理性是值得怀疑的。我们知道,西方国家企业的国有化和国有企业的私有化,都要依循等价有偿的财产所有权移转规则。西方企业的国有化和国家对企业的控股(通过购买股票的方式产生),国家非但不丧失所有权,反而借此强化国家对企业的约束,实现国家的产业和就业等政策。那么,在公有制国家,国家所有权的移转更应该采取等价有偿的原则,这既符合市场经济所要求的所有权移转规则,又体现了公有制本身包含的社会全体成员平等地、共同地占有全民财产的内容。如果按照郭文所说的国家在入股以后就丧失了所有权,国营企业在法定范围内把国家委托给自己经营管理的财产投入股份制企业,就是受国家的授权把财产让渡给了股份制企业,则与等价有偿的所有权移转规则是大相径庭的。

正如前文已经指出的,股份公司的法人所有并不排斥单个股东的所有,因此,实行股份制从而确立企业法人所有权,并不意味着国家所有权的丧失。下面,笔者将就郭文所提出的单一法人所有权的合理性问题作一探讨:

第一,笔者认为,单一的法人所有不仅不能实现郭文所说的"使财产关系明晰化",反而会使已经模糊的财产关系更加模糊。如果国家所有权丧失,则国有财产将变为抽象的、由法律所"拟制"的法人的财产,其结果是:一方面,在法人存续期间,由谁来制约实际支配财产的经营者?在原有财产之上增值的财产在法律上归属于谁?是由国家和其他股东共同决定整个法人财产的命运还是由经营者作出决定?这恐怕是一个很难解决的问题。另一方面,随着激烈的竞争所导致的企业兼并的发展,某个股份企业被集体企业甚至私人企业兼并以后,兼并者购买企业所支付的价款应归属于谁?尤其是,谁来决定企业的解散?在企业解散以后,企业清偿完债务所剩余的财产归谁所有?这势必会造成许多财产在法律上找不到明确的归属,并为事实上的占有和支配、为私欲膨胀的个人化公为私和损公利己提供了条件。还要看到,由于国家和其他股东所有权的丧失,在股东所有权层次上的多元化、股东和法人的财产的二元化体系被破坏,则各个主体基于其所有权产生的利益和责任的独立性以及因为资产的融合产生的利益、责任的共同性和相互约束的和谐状态将被彻底打乱,本来没有理顺的财产关系和利益关系更将成为一团乱麻。

第二,笔者认为,单一的法人所有尽管使企业完全摆脱了国家和其他股东的控制,但是却毁灭了股份企业所特有的权力制衡机制,其结果是将加剧企业行为的短期化和不合理化。我国改革的实践证明,从谋求行政监督管理的适度和行政授权的适度上解决企业行为的短期化问题,将是一个无解的方程。企业行为的短期化问题只能通过建立企业的自我约束机制和权力制衡机制来解决。而建立前一种机制需要赋予企业以法人所有权,使其真正独立自主和自负盈亏;建立后一种机制又必须明确国家和其他股东的所有权,形成企业内部股东对经营者行为的制约。这种制约机制是因为双重所有的存在而自然形成和实现的。股东所有权的存在、股东财产在法人内部的融合所形成的共同利害关系都会促使股东主动地约束企业经营者的行为。但是,一旦股东丧失了所有权,则这种制约机制将不复存在,国家作为股东也失去了对企业法人的约束力。尤其是,如国家不能享有并行使所有权,则目前企业中存在的消费膨胀、"投资饥渴"和国有资产不能受到有效管理和保护的种种弊端将难以根治,总供给和总需求不平衡的矛盾将不能缓解,必然导致经济运行中的宏观失控。

第三,笔者认为,单一的法人所有使国家的利益不能得到切实的保障。股份企业的持续和稳定的发展是股东资产能够增长收益的前提,而企业能否发展又取决于企业经营者的经营能力,尤其是他们能否正当地施展其才能、正当地行使其经营权利。如果国家和其他股东一样丧失了所有权,则国家不能和其他股东、劳动者共同抉择经营者,不能行使对经营者的监督权和重大经营事项的表决权。这样,国有资产能否收益以及收益的程度完全取决于经营者的行为选择,国家的利益将被置于一种极不安全的状态,其结局如何是可以预料的。如果说承包、租赁等方式借助于经营者向所有者提供财产担保的措施,尚不能有效地约束经营者,那么单一的法人所有将最大限度地赋予经营者以行为自由和操纵企业命运的权利,这不仅不能解决承包、租赁等方式没有解决好的矛盾,反而会加剧矛盾的发展。所以,郭文认为"国家对股份企业财产权的丧失,不但不会造成国家的经济损失,而且还会增加收益",恐怕是一种不现实的愿望。

值得注意的是,郭文列举了改革中"两权分离"所产生的弊端,但这些弊端的产生恰好是郭文所说的在企业内部"企业生产资料所有者的利益无人代表""企业领导者实际上成了企业利益的代表者"所造成的;也就是说,正是因为企业内部缺乏国有资产的代表者以及国家所有权、经营权无法相互制约才导致这些弊端的产生。可见,郭文一方面主张要取消国家所有权,另一方面又认为消除"两权分离"的弊端要借助国家所有权来解决,这本身是一种矛盾的认识。

　　股份制并不排斥国家所有。然而,不少人对此存在着疑虑,认为国家持股是否会重蹈国家直接经营企业并进行直接干预的覆辙。笔者认为,这种担心是不必要的。实行股份制以后,股份公司与国家之间是一种平等的民事关系而不再是行政隶属关系,股东、董事、经营者都依据公司法规定行使权利,他们共同代表公司进行经营管理,在行使投票权、决策权时一律平等并且相互制约。由于公司的经济效益直接关系到股东的收益,如果公司经营不善,蒙受损失最大的是大股东。因此,即使在国家股份占多数的情况下,国家委派参与企业经营管理的代表也必然会和其他管理人员以及其他股东同心协力办好公司。在一般情况下,国家也不能再对股份制企业采取下达指令性计划、实行价格管制和工资总水平限制等直接控制措施。所以,国家所有权的存在并不必然导致国家的直接干预和管理。

　　最后,应当指出的是,否认股东享有所有权,必将成为吸收劳动者投资入股、使劳动者成为所有制上的主人和法律上的所有者的双重身份的障碍,不能发挥股份制应有的增强劳动者的责任感和积极性的作用。股份制实行的经验表明,吸收职工入股,从资产收益、企业亏损和破产将导致的入股资金的减少和丧失的状况出发,必将使劳动者更密切关注企业的生产经营状况和效益,主动行使管理企业的各项权利。如果职工对于其入股的资产不享有所有权,则很难实现这一目标,从而不能使股份制的作用得到充分发挥。

论民法典对合伙协议与合伙组织体的规范*

一、问题的提出

合伙是指两个或两个以上的自然人、法人或者非法人组织,根据合伙协议而共同出资、共同经营、共享收益、共担风险的营利性组织,合伙人对外一般承担连带无限责任①,或者依法承担有限责任②。在现代社会,合伙已经成为社会经济生活的主体之一,并逐渐成为人们参与交易关系的重要方式,合伙企业也已成为现代企业制度的一种典型形态。

合伙类型十分复杂,通常分为商事合伙与民事合伙。所谓商事合伙,是指以营利为目的而设立的,具有一定组织性和持续性的主体;而民事合伙通常是指以非营利为目的设立的,且不具有较强组织性的民事合同关系。③ 两者的区别主要表现在:第一,是否通过营业行为专门从事营利活动。商事合伙一般都通过持续性的营业行为从事商事交易活动,而民事合伙虽然也可能从事一定的营利性活动,但其并不从事持续性的营业行为,本质上并非营利主体。④ 第二,是否具有一定的组织性,并能单独以自己名义从事活动。相对而言,民事合伙表现方式更为自由,其属于合同关系,而不属于独立的民事主体,各个合伙人无法以合伙组织体的名义从事

---

* 原载《甘肃社会科学》2019 年第 3 期。

① 《民法通则》第 30 条规定,"个人合伙是指两个以上公民按照协议,各自提供资金、实物、技术等,合伙经营、共同劳动。"

② 《合伙企业法》在普通合伙之外,还承认了有限合伙,有限合伙中的有限合伙人对合伙企业的债务承担有限责任。我国《合伙企业法》第 2 条第 1 款规定:"本法所称合伙企业,是指自然人、法人和其他组织依照本法在中国境内设立的普通合伙企业和有限合伙企业。"第 2 款规定:"普通合伙企业由普通合伙人组成,合伙人对合伙企业债务承担无限连带责任。本法对普通合伙人承担责任的形式有特别规定的,从其规定。"第 3 款规定:"有限合伙企业由普通合伙人和有限合伙人组成,普通合伙人对合伙企业债务承担无限连带责任,有限合伙人以其认缴的出资额为限对合伙企业债务承担责任。"

③ 参见江平、龙卫球:《合伙的多种形式和合伙立法》,载《中国法学》1996 年第 3 期。

④ 参见江平、龙卫球:《合伙的多种形式和合伙立法》,载《中国法学》1996 年第 3 期。

民商事活动;而商事合伙属于独立的民事主体,能够以自己的名义从事民商事活动。① 基于此,也导致两类合伙所适用的法律规范存在诸多差别。例如,在商事合伙中,合伙人之一死亡是当然退伙事由,但并不当然导致合伙组织的终止;而在民事合伙中,合伙人之一死亡会导致合伙协议的终止,当然,各个合伙人也可以通过事先或事后协议的方式,使得合伙协议持续下去。再如,在合伙财产的归属上,商事合伙中由于形成了民事主体,所以合伙财产应当归于合伙组织体所有;而民事合伙并不属于民事主体,因此,其合伙财产的归属就更为复杂。第三,是否具有持续性不同。就民事合伙而言,各个合伙人之间通常是临时性地共享收益、共担风险,各个合伙人之间也并无长时间共同从事相应事务的合意,因而具有临时性、偶然性、一次性的特点②;而商事合伙具有很强的组织体属性,并且具有持续性的营业意愿。第四,两者适用法律规范不同。在我国,商事合伙主要是指合伙企业,专门通过《合伙企业法》予以调整③,在商法学理论上这一法律归属于组织法的范畴,同时因为合伙协议具有契约属性,所以合伙企业能够同时适用合同法等法律规范;而民事合伙主要表现为协议,所以其法律适用以合同法为主,无法适用《合伙企业法》关于合伙组织体的规则。

民事合伙基于合伙协议而成立,其在性质上属于纯粹的合同关系,当事人之间的法律关系相对简单,其主要适用民法典合同编的规范。但就大量的商事合伙而言,其虽然也是基于合伙协议而成立,但具有很强的组织体属性,与公司极其相似。合伙作为一种灵活便利的创业投资方式,在人数、法定资本等方面一般不受严格限制,同时对债权人而言,由于各个合伙人对外承担无限连带责任,与公司股东的有限责任相比,这也能给债权人以更好的保障。④ 具体而言,商事合伙具有如下双重属性:

一是协议性。所谓协议性,是指合伙人之间需要订立一定的合伙协议,明确其权利义务关系,并明确其内部管理和对外承担责任等关系。合伙协议是确定合伙人之间权利义务关系的协议,是调整合伙内部关系的

---

① 在我国有学者将民事合伙与商事合伙分别称之为"契约型合伙"和"组织体形式的合伙",可能关键还是取决于所谓"合伙意愿"(affectio societatis)。

② 参见肖海军、傅利:《合伙契约性与主体性的解构——基于民法典分则"合同法编"的视角》,载《当代法学》2018 年第 5 期。

③ 参见朱庆育:《民法总论》,北京大学出版社 2016 年版,第 489 页。

④ Philippe Merle, Droit commercial, Sociétés commerciales, 11e éd., Dalloz, 2007, p.162.

依据。① 合伙协议也称为合伙合同,是指由全体合伙人协商一致、依法达成的有关共同出资、共同经营、共担风险的协议。合伙协议是一种共同行为。这就是说,合伙协议是全体合伙人共同意思表示一致的行为,它与一般的合同属于双方法律行为是不同的。② 例如,合同的成立需要当事人就合同内容达成一致,而在合伙协议中,即便某个合伙人对合伙协议的部分内容存在异议,但其一旦同意签订该协议,即应当毫无保留地接受合伙协议的全部条款。各个合伙人应当按照合伙协议行使权利和承担义务,任何一个合伙人违反协议对其他合伙人都构成违约。③ 尽管合伙协议的内容不能排除法律关于合伙人对外责任的规定,也不能对抗善意的第三人,但其对各个合伙人仍具有严格的拘束力。

二是组织性。所谓组织性,是指合伙作为独立的民事主体,可以自己的名义对外活动,并享有权利,负担义务。④ 合伙的组织性也使其有别于纯粹的合同关系。合伙以经营共同事业为目的,通常有一定的组织。⑤ 合伙必须要有两个或者两个以上的人组成,单个民事主体无法形成合伙。因为合伙人成立合伙的目的是从事共同的事业,其应当共享收益、共担风险。这种利益的共同性决定了合伙一般是基于人身信任关系而结成的组织,各个合伙人之间的相互信任是合伙企业存续的重要保证。所以,合伙企业具有高度的人合性质。⑥ 合伙虽然是基于合同而成立的组织,但与普通的合同关系不同,合伙具有组织性,合伙组织体具有一定的财产归属资格,合伙财产不能完全等同于合伙人的个人财产,合伙财产与合伙人财产具有一定程度的分离性。同时,合伙组织本身也有一定的稳定性和持续性。合伙可以自身的名义对外从事活动,而不需要以合伙人的名义活动。《民法总则》第102条将合伙企业规定为非法人组织的一种,合伙企业都

---

① 参见邱聪智:《新订债法各论》(下),中国人民大学出版社2006年版,第7页。
② 参见韩长印:《共同法律行为理论的初步构建——以公司设立为分析对象》,载《中国法学》2009年第3期。
③ 参见林诚二:《民法债编各论》(下),中国人民大学出版社2007年版,第5页。
④ 参见佟柔主编:《中国民法》,法律出版社1990年版,第131页。
⑤ 参见邱聪智:《新订债法各论》(下),中国人民大学出版社2006年版,第7页。
⑥ 参见高富平等:《合伙企业法原理与实务》,中国法制出版社1997年版,第6页。所以,新入伙的合伙人原则上应当取得全体合伙人的同意。一个合伙人死亡,其继承人成为合伙人的,也应该取得其他合伙人的同意。他们在合伙关系中具有平等的法律地位,所以合伙人彼此之间必须具有高度信任关系,否则不可能保持合伙的稳定性,也不利于促使合伙事业的发展。

具有营利性,而一般民事合伙大多是非营利性的。①

可以说,商事合伙具有组织体和协议双重属性,商事合伙对外以组织体形式出现,而内部则通过合伙协议连接各个合伙人之间的关系,从这一意义上说,合伙协议是组织体的基础和设立的依据。正是因为商事合伙的特殊性,因此,民商分立国家通常将商事合伙纳入商法调整的范围,但在我国实行民商合一的立法模式下,既要考虑商事合伙之中存在这样一种组织体和合伙协议的双重关系,又要考虑到民事合伙只是单独的合同关系,因此,民法典和有关的单行法如何规范民事合伙与商事合伙,成为当前民法典编纂中的重要议题,我国未来民法典应如何处理这两者之间的关系,是构建民法典完整体系所必须解决的问题。本文拟就此谈些初步看法。

二、民事合伙主要受民法典合同编调整

如前所述,民事合伙主要是一种合同关系②,当事人之间主要通过合伙协议来调整合伙人之间的法律关系。合伙协议作为合同,是合伙人之间就共同出资、共同经营、共担风险而形成的合意。合伙协议必须要全体合伙人意思表示一致。合伙协议的订立既然要求全体合伙人一致同意,就意味着其不同于决议行为,不应当以多数决的方式达成协议。从内容上看,合伙协议是一种有关风险收益的合同安排,其与一般的对待给付双务合同有所不同,合伙协议并不是利益相对的双方之间的协议,而是利益指向同一方向的数方主体之间的协议。各个合伙人的权利义务并不具有相对性,而具有共同目的性。合伙协议是合伙人之间基于共同的目的而订立的合同。传统上人们常称其为"合"与"同"行为。例如,二人共同出资购买一套房屋,约定每人居住其中一间,并共同维护,共同交纳有关费用,此种情形即不属于合伙的范畴,而只是一般的合同关系。但如果二人共同出资购买房屋用于出租,共享收益,共担风险,则应当构成合伙。合伙人之间并非互负对待给付义务,一方负担义务,并不意味着另一方就相应地享有权利。从总体上说,因为合伙协议不是双务合同,所以,双务合

---

① 参见房绍坤、张旭昕:《民法典制定背景下的合伙立法》,载《吉林大学社会科学学报》2016年第1期。

② 除合同关系外,确实也存在着一些民事合伙团体,如以合伙形式成立的民办事业单位、社会中介团体等。参见朱庆育:《民法总论》,北京大学出版社2016年版,第489页。

同的规则(如同时履行抗辩权等)难以适用于合伙协议。

民事合伙协议应当受到民法典合同编调整。从比较法上看,许多国家债法中的合伙协议就是以民事合伙作为原型进行设计的,这意味着很多规则与商事合伙企业的合伙协议规则是不同的。我国民法典合同编是否应当将民事合伙纳入合同编有名合同序列、应当规定哪些内容,一直以来都存在争议。目前,我国《民法典合同编(草案)》已经将合伙协议作为有名合同正式纳入,笔者赞同民法典合同编所持的这一立场,主要理由在于:

第一,民事合伙是实践中应用非常普遍的合同形式,是非常重要的交易形式,具有广泛适用性。合伙协议虽然不同于一般的双务合同,但其本质上仍然是一种民事合同,理应受到合同法的规范,因此,其仍应遵循合同法的基本规则。合伙协议的订立属"合同行为",因此需要当事人意思表示一致才能达成,其特点在于:必须经过全体合伙人的一致同意。因为合伙协议是全体合伙人共同意志的体现,也是实现合伙目的的基础。正是因为合伙协议本身也属于民事合同,所以合同法总则中关于合同的订立、履行、变更、解除等规定大多可以适用于合伙协议,同时,也应当遵循合同自由、诚实信用等原则。同时,合伙人违反合伙协议时,也应依据合同法的规定而承担相应的违约责任。民法典合同编将合伙协议纳入之后,调整合伙协议的一般规则,就没有必要在《合伙企业法》中重复作出规定。

第二,合伙协议并不是全部都以成立合伙组织体为目的,部分合伙并不属于组织体,因此,合同法规定合伙作为一种合同类型,更具普遍性和一般性。[①] 对于合伙协议的具体内容,应当在民法典合同编中进行规定。将合伙协议规定在合同法之中,实际上仍是基于对意思自治的尊重。民事主体制度大量的是强制性规范,体现了浓厚的国家干预色彩,通常不允许当事人通过意思自治进行自由约定。而合同法规范则以任意性规范为主,允许当事人进行自由约定。合伙协议的订立仍以合意为基础,因此,对于合伙协议的内容,仍应当由民法典合同编加以规范。

第三,合伙协议确立了合伙人的基本权利义务关系。合伙人在目的事业上具有共同性,在追求这一目的的过程中,各个合伙人要相互合作,共同实现其经营共同事业的目的。在民事合伙中,需要通过合伙协议规

---

① 参见肖海军:《民法典编纂中非法人组织主体定位的技术进路》,载《法学》2016年第5期。

定有关出资、合伙事务管理、盈利与亏损分配及入伙、退伙等事项。合伙人行使权利、承担义务的基本依据就在于合伙协议的约定。合伙协议之于合伙,如同章程之于公司,是合伙组织最重要的内部法律文件,是确定合伙人之间权利义务关系的基本依据。无论合伙是否形成组织体,都需要通过合伙协议调整其内部关系。正是因为合伙协议规定了合伙人的基本权利义务内容,所以在新的合伙人入伙时,必须无条件地接受合伙协议。

第四,合伙协议是合伙人承担责任的法律依据。如前所述,合伙分为对内和对外关系,因此,合伙人的责任也可以分为对内责任和对外责任。就外部关系而言,虽然合伙协议也进行调整,但外部关系主要由法律法规的强制性规定调整,因此对外部关系上的责任承担主要应根据法律的规定加以确认。从这个意义上说,违反合伙协议的责任主要发生在合伙内部关系中。合伙协议中关于合伙人内部关系的规定是确定合伙人权利义务的基本规范。因此,合伙人违反了合伙协议的规定,也构成违约,需要承担违约责任。在合伙人违反义务时,也应当受合同法相关规则的调整。

第五,合伙的成立以订立合伙协议为条件。从存续期限上看,合伙可分为持续合伙和偶然合伙。持续合伙是指合伙人之间订立的在较长期限内持续存在的合伙。偶然合伙是指合伙人之间为了特定事项而临时组成的持续时间较短的合伙。① 无论是持续合伙还是偶然合伙,其都具有特定的合伙目的。在目的实现之后,合伙通常会随之终止。② 例如,合伙人约定共同出资购入食品等,以在元宵节庙会当天进行销售,在庙会结束后,合伙人之间的合伙关系即消灭。当然,若待完成的事项较为重大复杂,也不排除成立企业型的合伙组织体。

正是因为合伙协议是合伙成立的前提,因此,许多国家和地区在民法典债编规定了合伙。③ 我国台湾地区"民法"就在债编中对合伙作出了规定。这一做法就准确地反映了民事合伙协议的性质。我国民法典合同编也有必要对合伙协议作出规定。

应当看到,在民法典合同编规定民事合伙时,也必须注意到其具有不同于一般民事合同的特殊性。我国民法典合同编在规定合伙协议时,应

---

① 参见黄立主编:《民法债编各论》(下),中国政法大学出版社2003年版,第724—725页。
② 参见黄立主编:《民法债编各论》(下),中国政法大学出版社2003年版,第724页。
③ 例如,《德国民法典》《瑞士债法典》《俄罗斯民法典》都采取了此种做法。

当注意民事合伙的如下特殊性:一是共同性。这就是说,合伙协议在性质上属于共同法律行为,一般通过共同的意思表示形成合意,合伙人数量并不局限于双方的情形,而是多数人合意共同从事某种事业。二是组织规则性。这就是说,民事合伙的合伙协议也具有一定的组织规则的属性。因为民事合伙并不纯粹是一种单纯的合同关联,也可能成为一种组织体,在此情形下,合伙协议的订立也可能成为形成组织体的基础,从而发挥组织规则的功能。所谓组织规则,是指组织体进行对内和对外行为所应遵循的规则。组织规则的本质在于为主体资格的确认提供制度框架,为组织的决策与管理提供协商机制,为组织财产的独立及与组织相关的第三人提供保障。① 在公司中,组织规则主要是以章程表现出来,就合伙而言,法律并未要求合伙组织体应订立章程,因此,合伙协议在一定程度上就具有类似于章程的组织规则属性。各合伙人必须按照合伙协议的约定维持合伙的财产、对内履行出资等义务、对外共同行为并承担责任。就对内责任而言,合伙的双重属性决定了合伙人违反合伙协议的双重责任,即一方面,合伙人违反合伙协议需要对其他合伙人承担相应的责任,此种责任仍然属于典型的债务不履行的责任。另一方面,违反合伙协议的合伙人需要对合伙组织体承担责任。所谓违反合伙协议的责任,是指合伙人违反法定或约定的义务,而应对其他合伙人及合伙组织体承担的责任。三是有别于一些双务合同规则的特性。双务合同中的许多规则,一般都难以适用于合伙协议,例如,由于某合伙人没有出资,其他合伙人能否享有同时履行抗辩权?有观点认为,不管合伙人人数多寡,任何合伙协议关系均可以适用同时履行抗辩权。因为合伙协议是双务合同的一种,各合伙人为达到共同的目的,都负有协力出资的义务。各个合伙人所负的义务之间具有对价的关系,因而各个合伙人履行义务之间均可适用同时履行抗辩权。② 笔者认为,合伙人订立合伙协议的目的不在于交换财产,而旨在经营合伙事业,某一合伙人履行其出资义务不是为了直接换取另一方的对价,而是为了形成合伙财产、从事合伙经营,因此合伙协议在本质上不属于一般以财产交换为目的的双务合同,不能适用同时履行抗辩权。如果允许某一合伙人可以根据其他合伙人未履行出资义务为由,拒不履行其应负的出资义务,则不仅难以形成合伙财产,且合伙事业也难以经营下

---

① 参见许德风:《组织规则的本质与界限——以成员合同与商事组织的关系为重点》,载《法学研究》2011年第3期。
② 参见苏俊雄:《契约原理及其实用》,台北中华书局1978年版,第92页。

去。所以,在一合伙人未履行出资义务时,其他合伙人只能根据其违反合同而获得补救,而不能行使同时履行抗辩权。

正是因为合伙协议不同于一般民事合同的特点,所以我国民法典合同编对合伙协议作出规定时必须考虑到合伙协议的特殊性,而不宜将双务合同的规则简单地套用于合伙协议之中,如此才能使相应法律规定更具针对性和适用性。

三、商事合伙的特殊性需要通过民法典和单行法共同调整

(一)商事合伙需要民法典确认其民事主体地位

合伙不仅仅是一种协议关系,大量的合伙是在当事人之间形成组织体,此类合伙就是商事合伙,也就是说,此类合伙具有合伙协议和组织体的双重属性。正如有些学者所言,合伙在本质上虽为一种合同,但是因合伙人订立合同是为了经营共同事业,通常须有一定的组织、财产及管理机制作为维系或存续的基础,因而其同时具有团体性,即组织性。① 那么,对此类合伙,民法典应当如何加以规范呢?笔者认为,法律应当作出特殊的回应,即法律应当承认商事合伙的组织性,认可其在符合一定条件时可以成为民事主体,从而便于其以自己的名义享有权利、承担义务并从事民事活动。②《民法总则》第 102 条第 2 款规定:"非法人组织包括个人独资企业、合伙企业、不具有法人资格的专业服务机构等。"严格地说,不具有法人资格的专业服务机构也主要是《合伙企业法》所规定的普通合伙。③ 当然,并非所有的商事合伙都可以成为《民法总则》所规定的非法人组织,只有那些符合特定条件的才能具有这一法律主体地位,具体而言,至少应当包含如下要件:

第一,必须具有组织性。作为非法人组织的合伙是一种组织体,具有一定的组织性。合伙的组织性表现在,一方面,合伙企业内部具有团体利益和团体意志。合伙利益是全体合伙人的共同利益,它与每个合伙人的

---

① 参见邱聪智:《新订债法各论》(下),中国人民大学出版社 2006 年版,第 14 页。
② 参见王肃元、任尔昕:《我国合伙法律制度的现状及检讨》,载《中国法学》2003 年第 1 期。
③ 参见张新宝、汪榆淼:《〈民法总则〉规定的"非法人组织"基本问题研讨》,载《比较法研究》2018 年第 3 期。

个人利益既有联系,但又不尽一致,因此,合伙利益是一种整体利益。另一方面,合伙企业具有一定的独立性。由于某一个合伙人的死亡、退伙等并不当然导致合伙的解散,可见,合伙企业具有一定程度的独立性。① 还要看到,合伙的经营也体现了其组织性。关于合伙事务的经营,《合伙企业法》第 26 条第 1 款规定:"合伙人对执行合伙事务享有同等的权利。"该条虽然规定各个合伙人有权执行合伙事务,某一合伙人执行事务,应当视为合伙组织的行为,其他合伙人当然应当对此负责。当然,合伙事务的执行也体现了全体合伙人的利益,因此,单个合伙人不能决定合伙的重大事务,对重大事务的决策必须取得全体合伙人的同意。

第二,作为非法人组织的合伙能够以自己的名义对外从事民事活动,享有权利并承担义务。一方面,非法人组织虽然不是法人,但也是组织体,其与单纯的不具有法人资格的财产的集合体(如信托财产、破产财团等)是有区别的②,它是人合性而非资合性的组织。另一方面,从实践来看,社会组织的种类多种多样,但并非所有的社会组织都属于非法人组织。依据《民法总则》第 102 条的规定,非法人组织必须能够以自己的名义从事民事活动。因此,作为一种组织体,其并非民事主体的松散集合,而是能够以自己的名义对外行为的、具有一定组织机构和组织规则的、在结构上较为稳定的社会组织。③ 如果合伙人因执行职务造成他人损害,其他合伙人应当负连带责任。可见,合伙的组织性对合伙人责任的承担具有一定的影响;也就是说,一个人的行为会使其他人对此行为负责。这就表明合伙人执行职务的行为在性质上不是个人行为,而是组织的行为。在这一点上,合伙与独资企业也是有区别的。如果独资企业的工作人员在执行职务期间造成他人损害,受害人只能要求独资企业的出资者负责。

第三,作为非法人组织的合伙也具有自身的独立财产。《民法总则》第 104 条第 1 句规定:"非法人组织的财产不足以清偿债务的,其出资人或者设立人承担无限责任。"这就表明,非法人组织也可能具有自己的财产,如果非法人组织有自己的财产,则首先应当以自己的财产对外承担责任。可见,非法人组织也要有独立的财产。虽然合伙企业的财产具有共

---

① 参见马俊驹、余延满:《合伙民事主体地位的再探讨》,载《法学评论》1990 年第 3 期。
② 参见朱庆育:《民法总论》,北京大学出版社 2016 年版,第 468 页。
③ 参见杨立新主编:《中华人民共和国民法总则要义与案例解读》,中国法制出版社 2017 年版,第 383 页。

有属性,但是合伙企业也在一定程度上具有财产归属资格①,与个人财产存在一定的区别。合伙财产是由合伙人的出资以及以合伙企业的名义取得的收益所构成的。②《合伙企业法》第 20 条规定:"合伙人的出资、以合伙企业名义取得的收益和依法取得的其他财产,均为合伙企业的财产。"在承担债务时,首先以合伙企业的财产承担责任,只有在合伙财产不足以承担责任时,才由各合伙人承担无限连带责任。

第四,作为非法人组织的合伙必须办理登记手续,才能依法成立。依据《民法总则》第 103 条的规定,非法人组织原则上都需要进行登记,对于未进行登记的社会组织,其在性质上就不属于非法人组织意义上的民事主体,而应当属于民事合伙,此类社会组织不享有民事权利能力,不能以自己的名义实施民事法律行为,也不能享有权利,承担义务。因此,依法登记是合伙取得独立主体资格的前提条件,如果不办理登记,而只存在合伙协议,最终将被作为民事合伙予以对待。此类未经登记的社会组织不受《民法总则》中民事主体制度的调整,而应当受到合同法的调整。

应当看到,在现代社会,商事合伙作为一种现代企业,具有不同于公司等企业形态的重要特征,因其具有组织形式灵活、责任方式独特等特点,使其能够充分适应和满足不同的投资需要,在现代市场经济社会中发挥着越来越重要的作用。③从现代民法的发展趋势来看,合伙日益突破了纯粹民事合同的属性,其组织性特征日益凸显,许多国家和地区的立法也都承认了其民事主体资格。④而正是因为合伙的组织属性逐渐增强,我国《民法总则》单设第四章"非法人组织",承认在自然人、法人之外存在着第三类主体,其中就包含合伙企业在内,应该说这是符合比较法发展趋势的。

(二) 商事合伙协议需要《合伙企业法》与民法典合同编予以调整

然而,即便承认合伙是一种特殊的民事主体,其与合伙协议是何种关系? 尽管合伙通常表现为一种组织形态,尤其是随着有限合伙的发展,这种组织形态逐渐取得了民事主体资格,但这并未改变合伙协议作为合伙

---

① 参见张新宝、汪榆森:《〈民法总则〉规定的"非法人组织"基本问题研讨》,载《比较法研究》2018 年第 3 期。
② 参见王肃元、任尔昕:《我国合伙法律制度的现状及检讨》,载《中国法学》2003 年第 1 期。
③ 参见魏振瀛主编:《民法》(第四版),北京大学出版社 2010 年版,第 102 页。
④ 参见马俊驹、余延满:《民法原论》(第二版),法律出版社 2005 年版,第 149 页。

组织体法律基础的作用。因此,仅通过主体制度调整合伙组织体是不够的,还应当看到其协议的属性。一方面,合伙协议是规范合伙人与合伙组织体的基本依据。例如,就合伙人的出资义务而言,其并非针对某一合伙人,而是对合伙组织体履行该义务,在某一合伙人违反出资义务时,其他合伙人有权依据合伙协议请求其履行该义务。再如,合伙协议有关合伙人出资义务、盈余分配的约定,既涉及合伙人的利益,也涉及合伙组织的利益。当然,合伙组织的财产不同于各个合伙人的个人财产,其与合伙人的个人财产具有一定的分离性,这尤其体现在合伙对外承担责任方面,即在对外承担责任时,首先应当以合伙组织体的财产承担责任,在合伙组织体的财产无法承担全部责任时,才由合伙人的个人财产承担责任。[①] 另一方面,合伙协议能够发挥自治的功能。所谓自治功能,是指市民社会中的成员通过法定或者约定的程序自主决定、管理共同事务,自我负责的一种治理方式。这就是说,合伙协议本身并不仅是作为一种合同而存在的,其同时也是合伙组织体的组织规则,因而可被视为合伙人活动的"宪章",是各合伙人以及合伙组织体行为的章程。在社会自治过程中,自治团体的成员可以通过达成一定的决议来调整自身的行为。对于此种决议,其作为成员的行为规范,只要符合法律的规定,行政权或其他权力就不应进行不当干预。在合伙关系中,其与公司等企业法人不同的地方在于合伙人之间必须通过协议来调整他们之间的相互关系,这种自治的特点体现得尤为明显。由于合伙人之间主要通过合同规范他们之间的关系,这就决定了合伙与公司相比较,其具有更强的自治性特点,这就是说,合伙人之间的关系大多需要根据当事人之间的意思来决定,而应尽量减少国家的干预。此外,在合伙企业中,合伙协议成为类似于公司章程的文件,因此其不仅具有确立权利义务的特点,而且具有设立组织的特性。[②] 虽然法律对合伙企业的设立并未要求制定独立的章程,但在法律关于合伙企业设立时需要提交的合伙协议内容的规范上,有诸如合伙企业的名称、主要经营场所的地点、合伙目的和合伙经营范围、合伙事务的执行、入伙与退伙、争议解决办法、合伙企业的解散与清算等内容,而这些内容远远超出了民事合同的范畴,已具有组织性规则的特征。当事人之间有关利益分配、入

---

① 参见王肃元、任尔昕:《我国合伙法律制度的现状及检讨》,载《中国法学》2003年第1期。

② 参见韩长印:《共同法律行为理论的初步构建——以公司设立为分析对象》,载《中国法学》2009年第3期。

伙退伙、对外事务的执行,都可以依据合伙协议确定。

正是因为商事合伙具有组织体和协议性的双重特征,因而仅在《民法总则》中确认其主体资格和条件是不够的,还有必要通过专门的规则调整其协议关系。我国《合伙企业法》已经对合伙企业中的协议关系作出了规范,笔者认为,通过《合伙企业法》专门调整商事合伙协议是必要的,理由主要在于:

第一,民法典合同编主要调整民事合伙,其与商事合伙虽然具有相似性,但二者存在重大差异。一方面,民事合伙是通过合同确立各个合伙人之间的法律关系,一般虽具有持续性,但期间较短,而商事合伙协议一般具有很强的持续性。另一方面,民事合伙协议并不在于设立组织体,而商事合伙协议的订立则是为了设立商事合伙这一组织体。还应当看到,由于商事合伙协议是商事合伙这一组织体的存续基础,商事合伙组织体的属性也会对商事合伙协议产生许多重要影响,如在入伙、退伙等内外部关系方面更为复杂;而民事合伙协议的法律关系相对简单,通常不会受到合伙组织体属性的影响。

第二,现代商事合伙产生了一种新的合伙形式,即有限合伙,它是指由普通合伙人和有限合伙人所共同组成的合伙企业,其中普通合伙人负责企业的经营管理,并对企业债务承担连带责任;而有限合伙人并不负责企业的经营管理,其也仅以其认缴的出资额对合伙企业的债务承担责任。有限合伙兼顾人合性和资合性的属性①,其不仅与一般的合伙存在区别,而且也与民事合伙存在本质区别,其更类似于公司形式。② 在实践中,许多高科技、创新型企业、微小企业大量采用了有限合伙的企业形式,一般的合伙规则都无法调整此类法律关系,民事合伙的法律规则更是难以适用。

第三,从比较法上看,单纯从合同角度调整合伙关系显然是不足够的。例如,我国台湾地区"民法"将合伙置于债法中加以规定,"因合伙无独立人格,故其所具有的团体性仅是在实质内涵上具备,在法律形式上,合伙仍不能脱离契约的本质。因此,民法关于合伙的规定,大多是强调合伙人,而非若法人或公司等以法人或公司为制度的主体"③。可见,其主

---

① 参见李飞主编:《中华人民共和国合伙企业法释义》,法律出版社2006年版,第194页。
② 参见宋永新:《关于我国合伙法律制度的若干问题》,载《中国法学》2001年第4期。
③ 邱聪智:《新订债法各论》(下),中国人民大学出版社2006年版,第16页。

要是将合伙定位为一种债的关系而非民事主体。许多学者认为,仅仅强调合伙协议作为民事合同的性质仍然是不够的,这可能会忽略合伙的组织性属性,也会造成对合伙协议功能认识的不充分,不能发挥其兼具民事合同与组织规则的功能。从内容上看,合伙协议所涉及的问题非常宽泛,诸如合伙人的退伙、入伙等,这远非债务关系所能涵盖。正如有的学者所指出的,"合伙虽为一种契约,但民法上对于已成立的合伙,赋予其团体性。例如,各合伙人的出资构成合伙财产、区分合伙人个人债务与合伙的债务等皆为合伙团体性的表现,无法单以债之契约关系加以说明"①。此外,合伙协议的订立也并非是为了使某个合伙人负担相应的债务,而是为了成立合伙组织体,并确立全体合伙人作为一个团体对内、对外进行相应行为时的共同规则。

民法典合同编关于合伙协议的规则不能完全适用于商事合伙协议,所以,仍然需要通过特别立法调整商事合伙协议,我国《合伙企业法》专门对商事合伙协议作出规定,此种立法经验值得肯定。然而,《合伙企业法》关于商事合伙协议的规定也不能替代民法典合同编的规定。在民法典编纂中,有观点认为,在《合伙企业法》已经对合伙协议作出规定的情形下,民法典合同编就没有必要再规定合伙协议。笔者认为,此种观点显然是不能成立的,一方面,商事合伙协议只是合伙协议的一种类型,而非合伙协议的一般性规范。有关合伙协议的一般性规范仍有必要通过民法典合同编专门作出规定,从而确立合伙协议的一般规范。另一方面,随着市场经济的发展,合伙的类型也在不断发展,合伙协议的类型也在不断发展,通过民法典合同编对合伙协议的一般规则作出规定,也可以有效应对合伙类型发展的现实需要。

因此,对商事合伙协议而言,有必要通过《合伙企业法》与民法典合同编共同调整。按照特别法优先于普通法的规则,对商事合伙协议而言,首先应当适用《合伙企业法》的规则。如果《合伙企业法》没有作出规定,则可以适用民事法律行为关于共同法律行为的规定,我国《民法总则》第134条确立了共同法律行为的规则,该规则应当可以直接适用于商事合伙。同时,鉴于商事合伙协议与民事合伙协议具有很大的相似性,而且《民法典合同编(草案)》中民事合伙的规则在很大程度上也是对于合伙协议的一般性规定,因此,对于《合伙企业法》没有作出规定的事项,也应

---

① 郑玉波:《民法债编各论》(下),1981年自版,第641页。

当可以参照适用民事合伙协议的规则。

四、民法典总则、合同编、《合伙企业法》共同调整合伙协议与合伙组织体的关系

从我国现行立法来看,一方面,我国《民法通则》第二章在"自然人"中规定了个人合伙,在第三章"法人"中规定了联营,其中涉及合伙。《民法总则》第四章"非法人组织"的规定就包含了合伙的内容,尤其是《民法总则》第102条在列举非法人组织形态时明确提到了合伙企业。另一方面,《合伙企业法》也对合伙协议作出了规定,该法第4条规定:"合伙协议依法由全体合伙人协商一致、以书面形式订立。"同时,我国《民法典合同编(草案)》(第三稿)也明确将合伙协议规定为独立的有名合同。可见,我国民事立法在规定合伙制度时实际上是采取了分别立法的模式。① 此种立法模式符合合伙的双重属性,值得肯定。笔者认为,应当通过民法典总则、合同编、《合伙企业法》等共同调整合伙制度,具体而言:

第一,综合调整是由我国采纳民商合一立法模式所决定的。在民商分立的情形下,民事合伙和商事合伙可以分别由民法和商法规范调整,但我国民事立法历来采民商合一模式,这就决定了我国不可能分别由民法和商法对民事合伙与商事合伙进行调整②,民法典必须要承担对合伙的调整任务。一方面,鉴于商事合伙是一个组织体,具有一定的组织性,从合伙的发展趋势来看,其组织性越来越强。合伙、有限合伙作为现代企业的一种形式,在社会经济生活中发挥着广泛的作用,实际上已经成为一种特殊的民事主体,法律上必须通过登记等制度对此加以确认。有学者甚至主张,组织型合伙已经成为现代合伙的主导形式,民事合伙虽然仍大量存在,但实际上已经退居次要地位。③ 因此,我国未来民法典应当保留《民法总则》中关于非法人组织的规定,在非法人组织的规定中应当明确确认具备非法人组织条件的合伙能够作为特殊的民事主体,在法律上确认其

---

① 此种立法模式在比较法上也有先例可循,例如,《德国民法典》在705条以下规定了合伙协议的内容,《德国商法典》在第105条以下则规定了合伙组织法的事项,显然也是采取了分别立法的模式。

② 参见肖海军、傅利:《合伙契约性与主体性的解构——基于民法典分则"合同法编"的视角》,载《当代法学》2018年第5期。

③ 参见肖海军、傅利:《合伙契约性与主体性的解构——基于民法典分则"合同法编"的视角》,载《当代法学》2018年第5期。

特殊主体地位,有利于这些合伙组织能够对外广泛从事民事活动、吸引投资,从而促进市场经济的繁荣与发展。另一方面,民法典也需要在合同编中对合伙协议进行调整,以适应合伙的协议性特征的需要,并对《合伙企业法》进行有效的补充。①

第二,商事合伙的特殊性决定了其必须通过专门立法调整。如前所述,商事合伙具有组织性和协议性的双重属性,立法需要兼顾合伙的协议性与组织性特征。这就需要通过《合伙企业法》调整商事合伙关系。在民法典编纂中,有一种观点认为,在民法典合同编全面规定合伙协议之后,合同编与《民法总则》中关于非法人组织的规定已足以调整合伙关系,《合伙企业法》不应继续保留。笔者认为,这一观点值得商榷,即便合同编规定了合伙协议,但其无法替代《合伙企业法》中关于商事合伙的组织性规则和协议性规则,尤其是,合伙企业类型复杂,其中涉及有限合伙和特殊的普通合伙等,在设立、入伙、退伙、经营管理、对外责任、解散、清算等多方面都存在特殊的规则,无法直接适用民事合伙协议的规则,而必须由兼顾组织性和协议性双重属性的《合伙企业法》进行专门的、有针对性的调整,唯有如此,才能保障合伙企业这一现代企业制度的健康发展,并妥当调整其内部关系和对外关系。如前所述,民事合伙的法律规则难以有效调整商事合伙制度,民法典虽然可以确认合伙企业的民事主体资格,但无法有效调整商事合伙制度。因此,仍有必要通过《合伙企业法》专门调整商事合伙制度,其既包括商事合伙的组织性规则,也包括商事合伙协议的规则。应该看到,相对于民法典而言,专门调整合伙企业的《合伙企业法》其实属于特别法,在具体的适用上,如果民法典合同编与《合伙企业法》中关于合伙企业的内容不一致,则应当优先适用《合伙企业法》的相关规定。

第三,必须有效衔接民法典合同编与《合伙企业法》中关于合伙协议的规定。虽然我们认为,民事合伙协议与商事合伙协议存在一定的区别,但二者又无法截然地分开。一方面,民法典关于合伙协议的一般规则仍然可以作为合伙的一般法适用。《民法典合同编(草案)》(二次审议稿)第751条规定:"合伙合同是二人以上为了共同的事业目的,订立的共享利益、共担风险的协议。"该条规定其实是关于合伙协议的一般性规则,其既调整民事合同,也涵盖了商事合伙。另一方面,《合伙企业法》规定的合

---

① 参见房绍坤、张旭昕:《民法典制定背景下的合伙立法》,载《吉林大学社会科学学报》2016年第1期。

伙协议要适用民法典合同编总则的相关规定。由于合伙协议是全体合伙人共同意志的体现,也是实现合伙目的的基础,因此,除双务合同的一些特殊规则不能适用于合伙协议之外,合同法总则的一般规则大量可以适用于民事合伙协议和商事合伙协议。[①] 订立合伙协议应经全体合伙人的一致同意。订立合伙协议的过程应当适用合同法总则关于合同订立的一般规定。合伙协议内容的变更仍应适用合同法中关于合同变更的规定。因为合伙协议具有民事合同的属性,而合同的变更需要当事人之间协商一致,因此,合伙协议内容的变更通常应当经全体合伙人的同意。对于设立合伙企业的合伙协议而言,如果协议订立之后,当事人需要对原合伙协议进行修改,在合伙人将合伙协议修改或补充完毕之后,还应当将新的合伙协议提交给国家登记机关进行相应的变更登记,以新的合伙协议代替原合伙协议。尤其应当看到,民法典合同编关于合伙协议的规定可以弥补《合伙企业法》规定的不足。例如,《民法典合同编(草案)》(第三稿)第759条第1款规定:"合伙人负担与合伙事务无关的债务的,债权人不得以其债权抵销其对合伙人负担的因合伙事务产生的债务。"第760条第2款规定:"合伙期限届满,合伙人继续执行合伙事务,其他合伙人没有提出异议的,原合伙合同继续有效,但是合伙期限为不定期。"这些规定都是《合伙企业法》没有规定的,但其也可以准用于合伙企业。

因此,法律在调整合伙制度时,既需要区分合伙协议与合伙组织体,又要注重两者之间的内部关系,分别形成由民法典总则、《合伙企业法》以及民法典合同编对合伙的分别调整模式,这种模式调整的主要特点在于民法典总则确立了商事合伙的独立法律地位,为该类合伙广泛从事民事活动奠定了基础、提供了保障;《合伙企业法》则专门调整商事合伙,一体调整商事合伙协议和商事合伙组织,全面调整此类合伙的内部关系和外部关系;民法典合同编则主要调整民事合伙,侧重合伙协议本身和合伙内部关系,较少涉及组织问题和外部关系,并且作为商事合伙的补充法存在。应该说,此种分别立法模式形成了一种对合伙予以全面调整的法律规则,彼此间相辅相成、相互补充,构成了我国关于合伙制度的内部有机统一的整体。从《合伙企业法》的规定来看,其既包括合伙企业组织体的规则,也包括合伙协议的规则,在民法典合同编对合伙协议作出规定的情况下,需要对《合伙企业法》中的合伙协议规则与民法典合同编所规定的

---

① 参见肖海军、傅利:《合伙契约性与主体性的解构——基于民法典分则"合同法编"的视角》,载《当代法学》2018年第5期。

合伙协议的适用进行必要的区分,也就是说,在调整作为组织体的合伙企业涉及合伙协议的事项时,应当适用《合伙企业法》的规则,而在调整民事合伙中涉及合同的事项时,则应当适用民法典合同编中关于合伙协议的规则。针对商事合伙协议,如果《合伙企业法》中没有相关规定,则可以参照适用民法典合同编的规则。

当然,分别立法模式也存在一定的问题,其最大问题是可能造成规则的相互重复,不利于立法简约化。如前述,有关合伙协议内容的规则,其不仅仅是合同条款的问题,也是合伙组织体的行为准则和组织规则。以入伙为例,由于入伙涉及合同主体的变更,并亦会对合伙中原有其他合伙人权益产生影响,因此应取得原合伙人的同意,在合伙企业新增合伙人时,还应采用特定的形式。入伙之所以必须经过原合伙人的一致同意,是因为合伙具有人合性质,它是基于合伙人之间的信任关系而设立的团体,法律要求新合伙人的入伙一定要取得原全体合伙人的同意,既符合合伙的性质,也是为了保持合伙人之间的信任关系。同时,合伙企业的管理也因为其人合的性质而具有独特之处。如果原合伙人对新合伙人缺乏信任,则会严重影响合伙企业经营活动的开展,从而在合伙内部出现矛盾,影响合伙事业的进行。所以,入伙必须得到全体合伙人的一致同意。可见,入伙问题涉及合伙协议与合伙组织体,也涉及商事合伙和民事合伙,因此,有关入伙的问题,就有必要在民法典和《合伙企业法》中作出妥当安排。再如,《民法通则》第31条和《合伙企业法》第18条对合伙协议应当载明的事项都作出了规定,这也可能导致立法的重复。因此,采取分别立法模式需要妥当处理好民法典总则、民法典合同编以及《合伙企业法》之间的关系,从而减少法律规则的冲突与矛盾。

五、结　语

合伙协议的性质表明,既然其具有组织性和协议性的双重属性,在民商合一的立法体例下,必须采取民法典总则、民法典合同编与《合伙企业法》之间的综合调整模式,共同对合伙的相关法律问题加以规定。因此,在我国未来民法典的制定中,应当充分考虑到合伙以及合伙协议所具有的双重属性,从而作出相应的法律对策。鉴于一些商事合伙协议符合非法人组织的条件,应依据《民法总则》确认其主体地位;鉴于民事合伙主要具有民事合同属性,故应当将其作为有名合同的一种类型在合同法中作出规定,并重点规定民事合伙、合伙协议、合伙的内部关系。同时,也应当在《合伙企业法》中对商事合伙的组织性规则和协议性规则作出全面规定,在对合伙关系的调整上形成由民法典、《合伙企业法》共同构成的一般法与特别法的体系,两者相互衔接、密切配合,从而构建完善的合伙法律制度。

市场主体法律制度的改革与完善[*]

一、引 言

历史和现实经验已经证明,构建现代市场体系的关键在于激活市场主体的活力。有数据表明,2008年以来,我国的市场主体平均发展速度保持在8%以上,与我国GDP的发展速度存在着正相关关系。[①] 要确保市场主体参与和推动我国社会主义市场经济发展的动力,保持其蓬勃发展的活力,必须要有完备的法律制度给予保障。党的十八届三中全会决议提出,要推进国家治理体系和治理能力的现代化,从而寻找治国理政的新规则,首先要在经济层面建立一个公平、开放、透明、有序竞争的市场规则体系,而使市场主体充满活力、有序经营的法律制度正是这个体系不可或缺的部分。市场主体的形态很多,除了自然人,还有公司、合伙企业、个人独资企业、个体工商户等专门从事经营活动的组织体。在自然人方面,我国相关的法律制度基本齐备,能满足实践的需要。但在组织体方面,经济发展和观念更新不断提出新命题和新需求,既有的市场主体法律制度不能完全适应构建现代市场体系的需要,因此,有必要从类型、资本、准入、登记、退出等方面改革和完善市场主体法律制度。

二、市场主体的类型制度

根据对市场主体类型及其法律制度的整体认识,它具有法定性、多样性、规范性、灵活性和统一性,深刻理解这几个特性,有助于市场主体类型制度的改革和完善。

---

[*] 原载《中国高校社会科学》2014年第4期。
[①] 参见《工商总局:推进工商登记制度改革促市场主体发展》,载中国网(http://www.china.com.cn/news/2013-11/07/content_30524056.htm),访问日期:2014年4月25日。

(一) 市场主体的法定性

在现代市场经济社会,市场主体的类型及其组织规则采法定主义,只有符合法律规定的条件,才能成为适格的市场主体①,这意味着,市场主体的类型不能通过当事人的约定来确定。虽然合伙等一些市场主体的成立基础是当事人的约定,但其前提仍在于法律规定。

市场主体的类型之所以法定,主要有以下原因:一是有助于维护交易安全。不同类型市场主体的责任形态存在一定的区别,法律明确规定市场主体的类型,有利于提高交易相对人的合理预期,维护交易安全。二是有助于降低交易费用。正如科斯所言,企业的本质目的在于降低交易成本,通过法律确认企业的治理结构等,将有助于实现这一目的。② 具体说来,交易者在从事交易时,总希望便捷地获取相对方主体的基本信息,如企业的责任形态、责任财产、治理结构等,以便判断相对方的资信状况和交易前景。如果市场主体不采用法定的形式,那么,市场主体在开展交易时就需要为了解和确定相对方的属性付出大量时间成本和物质成本,会大幅降低市场交易的效率。而采用市场主体法定原则,交易者只需了解相对方的法定类型,就能够便捷地知晓对方的各种信息,能及时决定和实施交易互动,提高经济交易效率。③ 三是有助于落实主体责任。市场主体在从事交易和其他社会活动时,难免会与第三人发生法律关系,并对第三人承担法律责任,若不由法律明确规定,也就无法有效厘定市场主体的责任形态,也无法确立有限责任、无限连带责任等责任制度。四是有助于鼓励投资。市场主体本身就是投资的工具,在将其类型交由法律规定后,可增加投资者的预期,起到鼓励和保护投资的作用。

(二) 市场主体的多样性

概括现代各国的经济和法律实践情况来看,市场主体类型的发展趋势是,越来越多的市场主体类型得到法律的承认,市场主体的法定形式越来越丰富。比如,信托、基金等在初始阶段,仅仅是私人之间简单的合同安排,随着其广泛融入市场,逐渐上升为组织形式,成为独立的市场主体。

---

① 参见徐学鹿:《论市场经济的立法原则》,载《中国法学》1996 年第 1 期。
② See R. H. Coase, The Nature of the Firm, 4 Economica 386(1937).
③ 参见赵万一:《商法的独立性与商事审判的独立化》,载《法律科学(西北政法大学学报)》2012 年第 1 期。

又如,不同层面的社会需求对应了不同的企业类型,以美国为例,其商事组织形式除了常见的合伙、有限合伙、有限公司,还包括商事信托、公共公司、社区公司、慈善公司、一人公司、家庭公司、职业公司等多种形式。[①] 市场主体的类型之所以有如此多样性的发展和创新,主要源于盈利模式和商业模式的不断变革,源于立法对社会发展的及时回应。以美国为例,其企业主体的类型确立,主要由各州主导,而为了发展州内经济,吸引企业来州内注册,各州都努力创新和改进自己的企业类型。可见主体类型的丰富对于吸引投资,发展经济具有重要作用。

限于市场主体类型的法定主义,我国市场主体类型的发展受到了一定限制。近年来虽然修改了《合伙企业法》,确立了有限合伙这一新型主体形态,但总体而言,我国法律认可的市场主体类型仍然比较简单,仍不能满足市场的多样化需求。特别是与经济发达的国家相比,我国的市场主体类型还不够丰富,未能满足我国当前经济发展的实际需要,需要进一步丰富和扩展。

(三) 市场主体的规范性

市场主体类型要由法律规定,实际上也体现了法律对市场主体的组织架构等结构性调整,这体现了市场主体的规范性。从目前我国的实际情况来看,落实市场主体的规范性,重点是完善企业法人的治理结构。党的十八届三中全会决议明确提出,要健全协调运转、有效制衡的公司法人治理结构,还要建立职业经理人制度。健全公司法人的治理结构,就是要健全股东会、董事会、监事会、经理人制度,理顺投资者与管理者之间的关系,并通过不同机构间的相互制衡,确保公司科学决策。此外,在当今市场环境中,还应特别强调职业经理人的忠诚、勤勉义务,因为职业经理人通常不持有公司股份,一旦缺乏这些义务,就可能存在道德风险,为谋取个人利益而损害公司利益,国企、上市公司中存在的内幕交易、关联交易、向第三人输送利益等行为,都反映了这方面的问题。

目前,除了进一步完善公司法人治理结构的法律规范,还要下力气增强和完善其他市场主体的规范性,在这方面,信托具有典型代表意义。中国信托业协会最新发布的数据显示,截至 2013 年三季度末,67 家信托公

---

① See James D. Cox and Thomas Lee Hazen, Cox & Hazen on Corporations, 2nd ed., Aspen Publishers, 2003, pp. 2 ff.

司管理的信托资产规模突破了 10 万亿元大关,达到了 10.13 万亿元,同比增幅高达 60.3%,信托业已经超过了保险业,成为仅次于银行业的第二大资产行业。① 据估计,照此发展下去,信托业在未来十年之内甚至达到 80 万亿的规模。② 但目前我国的信托行业所从事的业务,绝大部分并非真正意义上的信托业务,大多是与银行合作,为银行变相发放贷款提供通道,信托因此也被称为"影子银行",这种经营方式可能会引发集中度风险和政府融资平台违约风险。而且,信托规范性存在种种问题,如信托公司治理结构不健全,管理人员忠实义务不足,通过关联交易进行利益输送,等等,这些问题必然会产生巨大的交易风险,最终还可能需要银行为其兜底。中诚信托 30 亿元信托项目到期无法偿还,引发社会的广泛关注③,虽然这一危机最终有效化解,但其引起的震动已经说明了问题的严重性,也说明在法律上很有必要完善信托的规范性。

(四) 市场主体的灵活性

虽然市场主体的类型由法律规定,但随着市场发展,市场主体类型越来越多样化,而且更加灵活。与这种大趋势相适应,就要求在市场主体规范经营的基础上,尽量提升其灵活性,即在强化对债权人保护和市场秩序维护的前提下,赋予投资者、管理者更多的自治权利,法律上不必对其在经营管理上进行过多干预。

以公司的治理结构为例,对于大型的、股东众多的股份公司而言,治理结构应有详细的法律规定,但对于中小公司而言,法律在治理结构上应更多适应公司自身的需求和尊重投资者自己的设计,而不必作出太多的强制性规定,其组织内部的治理事项,如架构、财务和投资等,应允许当事人通过合同、章程、内部规章制度加以确定。

就我国《公司法》而言,它在某些方面体现了市场主体灵活性的发展趋势,如根据该法第 13 条的规定,法定代表人可以是董事长,也可以是总经理。但它在某些方面又过于僵化,如根据其第 44 条第 1 款的规定,有限责任公司董事会成员为 3 人至 13 人,而像华为公司这样一个大型的、

---

① 参见《我国信托资产规模突破 10 万亿元》,载新华网(http://news.xinhuanet.com/2013-11/05/c_118017111.htm),访问日期:2014 年 4 月 25 日。
② 参见《今年信托资产规模或超 10 万亿元》,载证券时报网(http://kuaixun.stcn.com/2013/0916/10757152.shtml),访问日期:2014 年 4 月 25 日。
③ 参见郑智:《中诚信托 30 亿矿产信托惊魂——有些风险在来时的路上就如影随形》,载《21 世纪经济报道》2012 年 6 月 27 日。

跨国的、非上市的有限责任公司,董事会需要处理的事务较为繁杂,13人的上限可能远远不够,但又无法增加董事会人数,显然不利于公司发展。又如,根据《公司法》第44、50、51条的规定,即使公司股东只有两三个人,也要设立董事会或执行董事,还要设置监事会或执行监事,显然过于死板。综合上述,《公司法》的这些僵化规定过于脱离实际,不能灵活应对实践需求,应予改革和完善。

(五) 市场主体的统一性

党的十八届三中全会决议特别提出,要统一内外资法律法规,保持外资政策稳定、透明、可预期,这实际是强调了市场主体的统一性,不能根据投资者的身份而实行内外两套不同的市场主体制度。据此,应把"三资企业法"与其他企业法通盘考虑,一并改革和完善,基本思路是对于公司制的三资企业,应适用《公司法》,否则,则应适用《合伙企业法》或《个人独资企业法》。

"三资企业法"给予了三资企业超国民待遇,这在我国改革开放初期吸引外资中发挥了重要作用。但是,发展到今天,我国原来资本匮乏的情况已经得到了很大的缓解,目前甚至不少民间资本找不到投资的出路,已经没有必要再给三资企业超国民待遇。在这样的背景下,涉及三资企业的法律改革和完善的方向不再是能提供什么优惠,而是应着力于营造良好的市场法治环境,这就需要强化市场主体的平等法律地位,统一市场准入的标准,适用相同的投资规则。

"三资企业法"与《公司法》等有不小的差异,例如,中外合资经营企业和中外合作经营企业中没有股东会和监事会的制度设计,董事会通常为公司的权力机构,这就导致国际通行的资本多数决规则无法在三资企业中贯彻执行。又如,在中外合资经营企业中,一方指派董事应经合资对方的同意,这很容易造成公司僵局,影响企业的正常经营。再如,三资企业的合资合同、合资协议、合资企业章程等均需审批,这在实践中产生不少问题,如有些合资企业已经开始运营,但一方却不想长期经营,就通过拖延审批的办法达到撤销企业的目的;还有的合资企业由于疏忽忘记审批,就股权比例等问题产生不必要的纠纷。要解决这些问题,就应在促进市场主体统一性的方向引导下,把"三资企业法"和《公司法》等企业法一体审视,一并修改和完善。

三、市场主体的资本制度

在此所说的市场主体资本制度,主要涉及公司的资本制度。公司的资本是公司的财产基础,也是公司作为法人而独立承担法律责任的保障。我国2005年《公司法》采用了法定资本制,即在公司设立时,必须在公司章程中对公司的资本总额作出明确规定,并且在公司成立时由发起人或股东一次全部认足或募足的公司资本制度。[1] 这主要表现为:一是要求最低注册资本,即对有限责任公司、一人有限责任公司和股份有限公司分别规定了3万元、10万元和500万元的最低注册资本。二是出资额实缴制,即公司股东(发起人)应当自公司成立之日起2年内缴足出资,投资公司可以在5年内缴足出资,一人有限责任公司股东应当一次足额缴纳出资。三是有限责任公司的股东货币出资比例不得低于注册资本的30%。2013年12月28日,十二届全国人大常委会第六次会议审议通过了关于修改《公司法》的决定,在资本制度方面的改革主要表现为:

(一) 原则上取消了法定最低注册资本制度

根据2013年《公司法》第26、80条的规定,除法律、行政法规以及国务院决定对公司注册资本最低限额另有规定的外,公司原则上没有最低注册资本的限制。综合国内外的实践情况来看,取消公司法定最低注册资本的好处在于:

第一,鼓励投资,带动就业,促进竞争。有学者指出,最低注册资本要求在实践中发挥的功能有限且妨碍个人开办公司的自由,设置这样的门槛,会限制充分的市场竞争。[2] 而废弃这样的门槛,无疑会极大增加人们投资实业的兴趣,开办更多公司,进而增加就业机会,促进市场竞争。从2013年《公司法》修改前的试点经验来看,取消最低注册资本的改革效果良好,有助于促进企业的设立和增强经济的活力。

第二,拉动科技创新,推动科技企业的发展。科技创新经常被简单地理解为个人单枪匹马的智力发明活动,但现代科技创新已经进入了一个合作开发的时代,每个人和每种要素都可能成为创新力量,投资投入无疑

---

[1] 参见王保树:《现代股份公司法发展中的几个趋势性问题》,载《中国法学》1992年第6期。

[2] 参见于呐洋:《我国将取消公司最低注册资本限制专家认为或将推动公司法等相关法律修改》,载《法制日报》2013年11月20日。

是其中之一。① 美国等科技强国的历史经验表明,虽然国家的强力推动和支持是科技发展的重要原因,但一个宽松自由的市场环境是科技进步和相应领域经济发展的核心要素。② 与此相比,我国的科技创新和科技经济对政府的依存度很高,市场主体的自主创新活力远远没有得到有效激发和释放,其中一个原因就在于,科技企业存在最低注册资本的限制。取消这种限制,无疑会扫清民间资本进入科技创新领域的障碍,推动科技创新企业的发展。

第三,实现立法本身的科学性。立法上对最低注册资本的规定,本身缺乏科学性。例如,零售业公司原本以3万元为最低注册资本,其统一适用于大型连锁超市与小卖部,显然没有考虑二者的实际差别。再如,在淘宝等新兴网络购物平台上,有大量从事各种小本经营的市场参与者,它们有的以有限责任公司的形式出现,对它们实行3万元最低注册资本要求,实在没有必要。故而,取消公司最低注册资本的要求,有利于实现立法本身的科学性。

(二) 从实缴制到认缴制的转变

党的十八届三中全会决议明确强调,注册资本实缴登记制要逐步改为认缴登记制,即允许公司发起人分期分批缴纳出资。据此,2013年《公司法》允许公司股东(发起人)自主约定认缴出资额、出资方式、出资期限等,并记载于公司章程。从实缴制向认缴制的转变,有利于资金得到更有效的利用,避免资本浪费。从公司经营的角度看,在其经营初期,往往并不需要巨额的资金储备,而实缴制会导致一部分资金闲置不用,造成资金浪费。正因为这一原因,实践中抽逃出资的现象屡见不鲜,工商行政部门也无法管控。通过认缴制的推行,不仅上述问题可迎刃而解,还能使公司的资本随着经营状况而弹性变化,有利于公司的经营发展。2013年新注册企业增加了27.6%,其中私营企业新增30%,这也表明,这一转变对促进企业发展是十分有利的。由于实缴制给投资者带来的经济负担的确要比认缴制高,在资本全球化流动的大背景下,这种转化有利于中国公司在

---

① See John A. Alic, Everyone an Innovator, in Fred Block and Matthew Keller ed., State of Innovation: The U. S., Government's Role in Technology Development, Paradigm Publishers, 2011, pp. 236–261.

② See Fred Block, Innovation and the Invisible Hand of Government, in Fred Block and Matthew Keller ed., State of Innovation: The U. S., Government's Role in Technology Development, Paradigm Publishers, 2011, pp. 1–27.

国际市场中的竞争力。[1]

这一改革也符合现代公司法的发展趋势。从世界范围来看,从实缴制向认缴制的转变是一个大趋势,以欧洲为例,在欧盟一体化进程的推动下,投资者会选择成本最低的国家注册公司,如在英国注册公司的要求极低,很多德国投资者就选择在英国注册公司,然后以该公司的名义在德国经营,从而产生欧盟范围内"公司法竞争"的问题,这迫使德国等国家对自己的公司法制度进行改革,包括允许分期缴纳、降低最低资本制,简化公司注册手续等。[2] 可以说,认缴制具有强大的生命力和广泛的市场需求,我国从实缴制到认缴制的变化,符合现代法律发展的潮流,适应市场经济发展的内在需求。

(三) 不再限制股东(发起人)的货币出资比例

2013年《公司法》删去了2005年《公司法》有关股东货币出资比例不得低于注册资本30%的规定,这大大降低了创办科技型创新企业的门槛,有利于社会财富的创造。在实践中,许多创业的科研人员有知识产权或技术,但没有足够的货币,在此种情况下,限制股东(发起人)的货币出资比例,可能会影响科技类企业的创办与发展。

在讨论当前的公司资本制改革时,不应忽视资本制度的意义,取消法定最低注册资本制度,并不等于没有注册资本,更不等于取消公司资本制度。如果设立公司不需要任何财产,公司在交易中可能无法取得对方的信任,市场秩序也很难得到维护和保障。无论何时,公司资本制度都是公司制度的核心制度。同时,由实缴制到认缴制的转变也不意味着开设公司不需要任何资本,甚至可以办皮包公司。社会上说的"一块钱办公司"只是形象的比喻,并不是说开办公司没有任何条件、无须出资。所谓认缴制,只是说发起人在公司设立时不需要实际缴付出资,而不是说之后也无须实际出资。实际上,只要认缴了资本,股东便对公司负担了出资的义务,该义务必须实际履行,若不履行,公司、公司的债权人都可以要求其履行。对此可形象地讲,是"可以零首付,但不得开办皮包公司"。这涉及对有限责任的认识问题,19世纪至20世纪被称为第二次全球化时期,因为公司的融合、跨国公司的发展,推进了全球化的进程,在这一过程中,有限

---

[1] 参见王保树:《竞争与发展:公司法改革面临的主题》,载《现代法学》2003年第3期。
[2] 参见蒋舸、吴一兴:《德国公司形式的最新变革及其启示》,载《法商研究》2011年第1期。

责任制度是促进投资和财富增长最有效的法律形式。美国前哥伦比亚大学校长巴特勒(Butler)在 1911 年曾指出:"有限责任公司是当代最伟大的发明,其产生的意义甚至超过了蒸汽机和电的发明。"①从有限责任的角度来看,责任财产是公司对外承担责任的基础,而责任财产源自股东的出资,也就是说,公司的股东要负有限责任,其必须要有出资,否则,公司相当于没有财产,股东有限责任也就失去了存在的基础。在公司资本认缴制下,股东也不得任意抽逃出资,在法律上,投资者一经认缴出资,就应当按照约定的期限出资,而且在缴纳出资后,投资者也不能任意抽走,否则可能会损害债权人利益,危害交易安全。也就是说,投资者仍应遵守资本维持原则和资本不变原则,保证公司具有与其经营内容、经营风险相适应的资本额,这既是公司财产独立性的基本保障,是债权人保护的基础,也是股东受有限责任制度保护的前提。与限制股东抽逃出资密切相关的,是法律发展出"揭开公司的面纱"制度,以弥补有限责任制度适用的不足,实现权利与义务的平衡,这在两大法系均得到认可,我国也同样如此。

还需要指出的是,党的十八届三中全会决议不仅促进了公司资本制度的改革,也必将促使相关法律的修改完善,这意味着,2013 年《公司法》的修改要想在实践中切实发挥作用,还需要辅以相应的立法配套,国务院应修订完善公司登记等相关的行政法规,并主导清理、修改、废止相关规章、规范性文件。最高人民法院也应对相关司法解释进行修改和完善。尤其应当看到,《刑法》中有关于抽逃资本罪和虚假出资罪的规定,应随着《公司法》的修改而被删改。原因在于,一方面,虚假出资已经没有实际意义。虚假出资的初衷主要在于规避最低注册资本和实缴出资的要求,所以一些资金不足的创业者,往往为了更快地设立公司,"打肿脸充胖子",采取虚假出资的方式设立公司。现在既然实缴制已经改为认缴制,就没有必要再为了规避法律而虚假出资。而且在实缴制改为认缴制后,股东对于公司注册资本有了一定的决定权,其不必将资金闲置在公司银行账户上,可以根据公司发展的需要逐步增加或减少出资,从而也使抽逃出资罪失去了存在基础。② 另一方面,虽然在实行认缴制后仍应严格禁止抽逃资本的行为,但抽逃出资的行为可以通过民事责任、行政责任的方式予以

---

① Tim Frazer, Limited Liabilcty and the Corporation, 3 International Review of Law and Economics 208(1983).
② 参见刘宪权:《中国(上海)自由贸易试验区成立对刑法适用之影响》,载《法学》2013 年第 12 期。

规范,是否必须认定为犯罪,值得探讨。即使仍然保留抽逃出资罪,也应区分不同情况分别予以认定,在认定抽逃出资行为的法律责任时,尤其应当考虑该行为是否造成了债权人损失,危害了交易安全,是否给债权人造成重大损害。① 如果抽逃行为被及时发现,股东及时将资本充实,并没有给债权人造成损失,那么其行为就不应认定为犯罪。此外,实践中抽逃出资和虚假出资已成为一个口袋罪,有的经营者之间发生矛盾,就举报其他经营者抽逃出资或虚假出资,可以说,这两个罪名已经成为悬在企业家头上的达摩克利斯之剑。甚至个别司法机关以此为借口违法介入经济案件,非法查封、非法扣押、非法没收企业财产,因此,这两个罪名存在的合理性确实存在疑问,法律不应该为此种违法行为提供任何借口。

四、市场主体的准入制度

党的十八届三中全会决议指出,实行统一的市场准入制度,在制定负面清单基础上,各类市场主体可依法平等进入清单之外领域,据此,我国在市场主体的准入制度上实行了负面清单管理模式。

(一) 负面清单管理模式的优越性

负面清单(negative listings),又称为"否定清单""负面列表""否定列表",是相对于正面清单的概念,它是指仅列举法律法规禁止的事项。② 对于列举以外的事项,法律法规不会进行干预,市场主体有行为的自由。可以说,负面清单符合"法不禁止即自由"的法治理念。上海自贸区率先在外商投资的准入领域实行负面清单制度,将原来的正面清单管理模式转变成"非禁即入"的负面清单管理模式,从而充分发挥市场作用,降低经济运行成本,这是转变经济和社会治理模式的积极探索,也是新时期治国理政方法的重大转变。上海自贸区的这种经验值得在全国范围内复制、推广。李克强总理近期就指出,在清单以外,一律不得实施行政审批,市场主体"法无禁止即可为"③,这实际上就是在整个经济管理中推行了负面清单管理模式。与正面清单管理模式相比较,负面清单管理模式具有

---

① 参见孙力:《虚假出资、抽逃出资罪研究》,载《法学家》2000年第5期。
② 参见龚柏华:《中国(上海)自由贸易试验区外资准入"负面清单"模式法律分析》,载《世界贸易组织动态与研究》2013年第6期。
③ 方烨、梁倩、赵婧:《李克强答记者问畅谈改革方略:让市场主体"法无禁止即可为"》,载《经济参考报》2014年3月14日。

以下优越性：

第一，有助于激活市场主体的活力。在正面清单管理模式下，只有法律法规明确规定的事项，市场主体才有相应的行为自由，但社会经济生活纷繁复杂，法律列举的事项是极为有限的，在大量的经济生活领域，法律法规都没有明确作出规定。特别是随着社会的发展，各种新的业态不断出现，市场主体能否进入这些领域，必然成为法律调整的空白地带，成为"法律的沉默空间"。按照正面清单管理模式，市场主体无法自由进入这些空白领域，这就严格限制了市场主体的经济活动自由。而在负面清单管理模式下，只有法律法规明确禁止的领域，市场主体才无法进入，凡是清单没有列明的领域，市场主体均可以进入，因此，与正面清单管理模式相比，负面清单管理模式赋予了市场主体更充分的行为自由。即便在"法律的沉默空间"，政府机关也不得设置额外的审批程序，变相规避行政许可法定的原则。[1] 这说明，在负面清单管理模式下，除非法律有明确的限制，否则市场主体均可自由行为，且都属合法。从法治的层面看，负面清单管理模式体现了法无禁止即自由这一私法自治的基本价值，体现了保障私权和尊重自由的精神。我们知道，改革开放以来，中国经济的迅速发展是与市场主体自由的扩大紧密相连的，自由意味着机会，自由意味着创造，自由意味着潜能的发挥，故而，负面清单管理模式是一种激活主体活力、促进社会财富创造的法律机制。

第二，有助于规范政府的自由裁量权。正面清单管理模式的基本理念是由政府对社会经济活动进行较大程度的管理，政府因此享有极大的裁量权力，特别是对于大量的"法律的沉默空间"，市场主体能否进入，在很大程度上取决于政府的自由裁量，由此就产生了权力寻租等社会问题。而负面清单管理模式在基本理念上发生了根本变化，对政府行为采取"法无授权不可为"的原则，政府的权力能够得到有效的规范和约束，其权力仅限于保证那些被列入清单的领域切实得到规范或禁止。而且，在负面清单管理模式下，"法律的沉默空间"原则上属于主体自由行为的空间，市场主体可以自由进入，行政机关不得设置额外的市场准入条件[2]，这就使得政府的自由裁量权受到规范限制，从而能真正保障市场主体的行为自由。

---

[1] 参见龚柏华：《"法无禁止即可为"的法理与上海自贸区"负面清单"模式》，载《东方法学》2013 年第 6 期。

[2] 参见魏琼：《简政放权背景下的行政审批改革》，载《政治与法律》2013 年第 9 期。

第三,有助于促进行政行为的公开化、透明化。在正面清单管理模式下,市场主体是否可进入大量的"法律的沉默空间",完全取决于政府的自由裁量,由于缺乏明确的法律依据,政府在审查和决策过程中主要采取非公开的自由裁量方式,这就难免出现暗箱操作等现象。在负面清单管理模式下,需要行政机关审批的领域仅限于法律明确列举的事项,并要对市场准入的限制条件进行合理说明,从而有利于推动行政行为的公开化、透明化。

第四,有助于提高监管效率。在正面清单管理模式下,市场主体要进入特定的市场领域,需要经过行政机关的审批,进行事前的监管,这可能导致企业负担过重,且效率低下。据了解,有的地方从事餐饮业的小型个体工商户,办理开业过程中需在消防、环保、卫生防疫、公安以及房产等部门盖几十个公章。[①] 2005 年,美国哈佛大学、耶鲁大学和世界银行的四位教授曾经对 85 个国家和地区的创业环境进行调查,结果表明,从注册一家公司到平均开业,所必经的审批程序,加拿大需要 2 天,而中国需要 111 天;注册审批费在美国、加拿大、英国平均不到人均年薪的 1%,而在中国占到人均年薪的 11%。[②] 不仅如此,烦琐的审批程序也容易诱发权力寻租现象,同时,由于缺乏事后的监督机制,行政机关难以准确把握市场经济状况,因此,正面清单的管理模式效率比较低下。而在负面清单管理模式下,市场主体只要符合法定的准入条件,行政机关就应当许可和批准,相应地也会加强事后监管,即准入之后、运营之中的监管,这更有利于准确掌握市场主体的实际经济活动状况,并因时制宜地采取相应的管理措施,会更有效率。从事前监管到事后监管的转变,必然要求政府形成一套高效而完善的备案体系和其他公示公信制度,如信息公示、信息共享、信息约束等制度,并加强事后监管力度,积极处理备案制度中可能产生的问题,以管控市场风险、保障市场秩序。

(二) 负面清单管理模式与政府职权法定原则的衔接配合

负面清单管理模式是法治理念和社会管理理念的根本转变,遵循了市民社会管理的基本规律,体现了市场经济内在发展的需要,但要在实践中良性运作,离不开政府职权法定原则的支持和配合。所谓职权法定,是

---

① 参见聂小军:《关于观上镇民营企业人力资源管理现状的调查报告》,载《卷宗》2013 年第 4 期。
② 参见周天勇、董书芳:《处理好行政工商监管与服务和发展的关系》,载《中国工商管理研究》2007 年第 9 期。

指政府的职权、机构设置、行为方式等都必须由法律明确规定。形象地说,职权法定的内涵就是"法无授权不可为""法无授权即禁止"(all is prohibited unless permissible),它与负面清单管理模式所体现的"法无禁止即可为""法无禁止即自由"(all is permissible unless prohibited)有着相辅相成的关系,体现了"规范公权、保障私权"的现代法治理念。①

负面清单管理模式要求,对市场主体,是"法无禁止即可为";而对政府,则是"法无授权不可为"。② 负面清单管理模式与职权法定原则的衔接配合关系主要表现为:

第一,落实负面清单管理模式,需要结合职权法定原则来合理限制行政权,防止行政权的自我膨胀,妨碍市场主体的行为自由。负面清单管理模式旨在保障市场主体的行为自由,为此就要合理限制行政权的不当干涉,而职权法定原则的目的正在于限制和规范公权力,即要求公权力对任何民事权利的限制都必须有法律依据。19世纪曾经流行过"无法律则无行政"原则,虽然20世纪以来,这一原则有放宽趋势,但职权法定原则仍然是一项基本原则,这主要是因为行政权力本身天然存在着自我膨胀和扩张的趋势,如果不对其依法进行规范,将可能导致对私权利的侵害。③孟德斯鸠所说的"绝对权力导致绝对的腐败""权力必然被滥用"等名言,均是对公权力特点的生动写照,这也提醒我们,现代法治的核心就是规范和限制公权力。按照职权法定原则,政府的权力是依法规定的,即政府只能做法律授权它做的事,在法律规定范围之外,政府不得擅自行为,这也是负面清单管理模式得以有效实施的前提和基础。

第二,落实负面清单管理模式,需要结合职权法定原则合理规范政府的行政许可行为,减少政府对资源的直接配置。职权法定的一项重要内容就是许可法定,依据《行政许可法》第14条的规定,企业登记前置许可,只能由法律法规和国务院决定设立。而这一点在我国实践中并未完全实现。据统计,我国目前在国务院层面的行政审批项目就有1 700余项,

---

① 参见龚柏华:《"法无禁止即可为"的法理与上海自贸区"负面清单"模式》,载《东方法学》2013年第6期。
② 参见方烨、梁倩、赵婧:《李克强答记者问畅谈改革方略:让市场主体"法无禁止即可为"》,载《经济参考报》2014年3月14日。
③ 参见罗豪才、宋功德:《行政法的治理逻辑》,载《中国法学》2011年第2期。

2011年取消了221项,政府预计要再取消三分之一。① 减少和规范行政许可,有利于减少负面清单实施中的障碍。除此之外,还要清除以核准、备案、达标、验收等形式存在的变相许可。例如,在某小区业主诉当地政府小区办的诉讼中,业主重新成立业主委员会,但小区办提出业主行为不符合政府指导性意见,因而作出对新业主委员会"不予备案"的决定,并认为设立行为无效。② 笔者认为,依据《物权法》的规定,只要业主经过法定程序成立业主委员会,该委员会即已经成立和生效,该小区办作出的"不予备案"决定,实际上将备案作为了一种前置审批程序。事实上,备案的主要目的并不是对备案事项的许可,而是向主管机关报告事由存案以备查考,同时借助备案以国家承认的形式使社会成员知晓并尊重备案事项业已取得的法律效力。换言之,备案的作用仅是告知备查,不需要备案机关回复。除非法律特别规定将备案作为从事某些行为的前置条件,否则在主体没有备案时,行政机关虽然可以依法对其作出处罚,但并不会影响设立行为的法律效力。③ 总而言之,依据职权法定原则,除法律明确规定的情形外,备案、达标等形式不是行政许可,即便市场主体的行为不具备这些形式要件,也不影响设立行为的效力,这也有利于减少负面清单管理模式实施的障碍。

第三,落实负面清单管理模式,需用职权法定原则来确立依法行政的制度框架,理清市场和政府的关系。在正面清单管理模式下,对大量的法律空白地带,政府享有管理权,甚至可设定审批或者变相审批权,同时可能附带设置许多监管权力,有的执法机关动辄以各种条件不符合为由进行罚款、查封或扣押,这就会严重影响市场主体的正常经营,妨碍其经营自由。而负面清单管理模式是一个以市场机制发挥主导性作用的模式,清单本身就为市场行为和政府职权行为划了一条界线,凡是未明文禁止的法律空白地带,市场主体即享有行为自由和经营自由,而无须政府机构的审批和干预。要实现这一点,就必须通过职权法定原则来确立依法行政的制度框架,进而有效规范政府权力,明确划定政府干预民事活动的边

---

① 到2010年年底,国务院的行政审批项目大约在3600余项,各省区市的行政审批项目大约在54 200余项。2012年9月,国务院决定取消的行政审批项目有171项,国务院决定调整的行政审批项目目录有143项。

② 参见颜雪明:《业主自筹业委会,政府有无权力"不予备案"?》,载《住宅与房地产》2010年第2期。

③ 参见陈文曲、郑宁:《业主委员会成立备案制度研究》,载《政治与法律》2009年第2期。

界。也就是说,通过职权法定,能够使政府真正从无限政府转变为有限政府或法治政府,并使政府划定私法活动范围的职权受到了限制和规范[①],市场主体对经营活动的后果和效力就具有更强的可预期性。

第四,落实负面清单管理模式,需用职权法定原则来确立负面清单的制定、变更。负面清单制定和变更的方式,决定了负面清单的内容及其合理性,其本身需要与职权法定原则相结合,即制定负面清单的公权力机构应自觉遵守开门决策、科学决策、民主决策、透明决策的执政理念,合理运用公共权力,必要时还可以召开由投资者代表、外商代表、消费者代表参加的听证会,制定科学合理的负面清单内容。负面清单在变更时也需同样如此,要剔除无须再进行管制的内容,并及时吸纳社会经济发展所要求的新事项。只有这样,才能确保负面清单的合理性和科学性。

概括而言,我国市场经济发展到今天,公权绝对控制市场的治理模式难以适应现代市场经济环境下的治理需求,但这不是说应强调私权的无限膨胀和公权的极度不彰,后者同样也不利于社会的高效治理。西方社会近三十多年来的发展趋势之一,就是过多地受到新自由主义的影响,因而过于强调私权的无限扩张,其结果是在经济治理结构上出现了某种失衡,近年来的经济危机也有力地说明了这一点。[②] 强调通过行政机关职权法定,与保障市场主体行为自由的负面清单管理模式衔接配合,不仅能在规范和约束公权的同时,实现对私权的培育和强化,还能合理划分政府和市场的边界,这既是构建和谐社会和法治社会的要求,也是完善社会主义市场经济的必然要求。

五、市场主体的登记制度

党的十八届三中全会决议提到,要推进工商注册制度便利化,并建设法治化的营商环境,其关键在于改革和完善市场主体登记制度。由于信息披露是治理模式有效运转的基础性保障,因此,创新政府的监管方式,也要善于利用信息披露方式维护市场秩序。

(一) 转变对登记的观念认识

在传统观念认识中,无论是企业登记还是财产登记,均被当成行政管

---

① 参见章剑生:《现代行政法基本原则之重构》,载《中国法学》2003 年第 3 期。
② 参见吕海霞:《论走向衰落的新自由主义》,载《生产力研究》2010 年第 1 期。

理手段,是国家管理社会的工具。但随着政府职能的转变和人们认识的深化,登记的法律定位发生了变化,它不是行政审批,主要功能也不是行政管理,而是一种将登记的事项向社会公开的公示制度。① 比如,企业登记就是要将企业的信息对外公布,物权登记就是要将不动产的信息对外公开。既然登记是一种公示手段,那么它就应当成为一项重要的信息提供和搜集工具,在此定位基础上,建设高效的、透明的登记制度,这对于国家准确掌控国民经济运行态势、掌握宏观的企业经营信息、研究宏观调控的必要性和可行性方案等问题至关重要,也是建设法治化营商环境的必要措施。而且,建设高效的登记制度,也要求政府创新监管方式,通过真实全面的信息披露来维护市场秩序,督促市场主体合法经营,自主选择,择善而从,从而能更妥善地处理政府与市场主体的关系,确保新型社会治理模式的有效运转。

(二) 建立统一的登记制度

实践中常常将登记简单地等同于行政管理,政府从事何种管理事务,就相应地承担何种登记职责,从而导致登记机构与行政机关的设置与职能合一,且针对不同事项有不同的登记机制,由此在市场主体登记上形成不统一的分散特点,主要表现在:一是法律根据不统一,如既有按照企业所有制形式等标准运行的《企业法人登记管理条例》,又存在打破所有制划分的、配合《公司法》实施的《公司登记管理条例》。二是登记程序不统一,不同的市场主体对应不同的登记程序,如公司、合伙企业、个人独资企业各有登记程序,它们互不相同。三是登记簿设置不统一,如《公司登记管理条例》要求建立公司登记簿,其他法律法规则不要求建立企业登记簿。四是登记事项不统一,因为不同的法律依据采用不同的登记标准,结果导致登记事项不统一。五是法律后果不统一,因为法律根据、登记程序之间的差异,不同市场主体从事同一性质的违法行为,所承担的法律后果有可能不同。② 市场主体登记的不统一,在实践中已经产生不良后果,改革和完善的途径就是确立统一的市场主体登记制度。目前,深圳、珠海等地方实行工商登记制度改革,开始探索市场主体登记制度的统一,将来应在总结这些实践经验的基础上,结合商事登记的理论积累,从法律依据、

---

① 参见姚辉:《不动产登记机构赔偿责任》,载《法学》2009年第5期。
② 参见冯果、柴瑞娟:《我国商事登记制度的反思与重构——兼论我国的商事登记统一立法》,载《甘肃社会科学》2005年第4期。

登记程序、登记簿、登记事项、法律后果等方面统一登记制度。①

（三）健全登记查询制度

登记是一种公示机制，除非法律另有规定，市场主体的财产经营状况、经营范围、组织形式、权益状况等登记信息向社会如实公开是其题中之义，利害关系人、权利人等均有权进行必要的查询，只有这样，才能充分发挥登记的信息交流平台作用。但是，登记查询在实践中存在严重问题，因为根据《企业登记档案资料查询办法》第7条的规定，只有公安机关、检察机关、审判机关、国家安全机关、纪律监察机关持有关公函，并出示查询人员有效证件，才可以向工商部门查询完整的企业档案资料，这实际上关闭了社会公众查询企业完整信息的大门。在实践中，因为规则不明确，有些工商管理部门对于律师和公众的查询采取消极应对的态度，如要求律师提交人民法院的立案证明才可查询，而一些法院又以律师必须提供被告人详细的工商登记信息作为立案前提，结果相互"踢皮球"，查询人仍然无法查询，这对交易安全和权利保护都很不利。要解决这些问题，就必须在把登记作为公示机制的基础上，建立健全登记查询制度。

（四）建设信息共享制度

在市场主体的准入放宽后，市场秩序需要政府各个部门协同维护，全社会共同治理。目前，各部门之间的协同监管机制尚未完全建立，处于"铁路警察，各管一段"的阶段，这就导致"违法成本低，执法成本高"，监管效率低下。要改变这种情况，就应尽早建立协同监管机制，从单一部门、单一地区的监管执法，向跨部门、跨地区的协同监管的综合执法转变，形成使违法行为人"一处违法、处处受限"的联合惩戒效果。② 与此相应，在信息平台建设方面，就有必要改变现在各部门信息平台孤立存在、信息分割的格局，尽快实现信息共享，市场主体登记在此方面也不例外。其实，改革和完善市场主体登记制度的目的，是把登记作为信息平台和公示机制，其中就包含了它不应是信息孤岛的意思。市场主体的登记应与银行、法院等其他社会管理中必要的信息平台进行共建、共享、联网、联动，只有这样，才能为产业发展确定合理分工，为环境和社会管理方面的合作共治提供坚实的信息基础。

---

① 参见李国政：《深圳珠海正式实施商事登记改革》，载《中国工商报》2013年3月2日。
② 参见肖春飞、周蕊、章苒：《应形成"一处违法，处处受限"的联合惩戒》，载《新华每日电讯》2014年3月7日。

六、市场主体的退出制度

党的十八届三中全会决议指出,要建立健全优胜劣汰的市场退出机制,企业破产制度的完善有利于市场交易秩序的稳定和对债权人的保护,故应予以重视。

(一) 促进《企业破产法》的有效实施

1986年,全国人大常委会审议通过了《企业破产法(试行)》,这对市场经济改革、建立现代企业制度、规范企业的破产行为、保护债权人的合法权益等发挥了一定的积极作用。但随着市场经济的发展,该法已远远不能适应市场的需求,在此背景下,我国于2006年制定了规则相对完备的《企业破产法》。不过,该法的实践效果并不理想。根据国家工商行政管理总局的统计,自2000年到2012年,生存时间在五年以下的企业占企业总量的49.4%,生存时间为五至十年的企业占企业总量的32.9%,生存时间为十年以上的企业仅占企业总量的17.7%。[①] 也就是说,从设立登记开始,不到五年的时间,就有近一半的企业关闭了,真正能够做大做强、持续发展的企业很少。这样算来,每年应有将近500万家企业被注销或吊销,但每年实际上只有4 000多件破产案件,近几年破产案件的数量更是减少到年均2 000多件。也就是说,企业退出市场一般很少适用破产程序。这种做法可能引发一系列不良后果,如无法清偿债权人债务,有些甚至连职工工资、社会保险金都不能支付,这也容易引发一系列职工上访告状等影响社会稳定的行为。

之所以产生此种现象,主要原因在于,一方面,一些企业经营不善后,往往采用自生自灭的方法,长期不办年检,任由工商行政管理部门吊销其营业执照,而不采用破产程序。另一方面,一些濒临破产的企业已经没有任何资产清偿债务。此外,一些法院也不愿意受理破产案件,如果企业没有足够财产清偿职工工资和社会保险金,在没有政府介入的情况下,法院也无法解决相关纠纷,最终只能成为法院的包袱。显然,要化解破产案件受理难的现象,就应从社会保障、法院内部管理等方面着手,为《企业破产法》的良好实施提供外部配合机制。对此,必须切实强化清算程序,只要

---

① 参见国家工商总局企业注册局、信息中心:《突破"瓶颈期"与"危险期"迎接成长关键期——全国内资企业生存时间分析报告》,载《中国发展观察》2013年第9期。

企业资不抵债达到破产条件,就应当按照《企业破产法》的规定进入破产重整程序。

(二) 建立个人破产制度

所谓个人破产,是指作为债务人的自然人不能清偿其到期债务时,由法院依法宣告其破产,并对其财产进行清算、分配,或者进行债务调整,对其债务进行豁免以及确定当事人在破产过程中的权利义务关系。① 个人破产应当先从商个人开始适用②,以个人名义从事商事经营的自然人主体,以及承担无限连带责任的合伙人、个人独资企业的投资人,都有可能因资不抵债而破产。

破产其实也是一种保护措施,善良的债务人可以通过破产得以免责,还有东山再起的机会。如果没有完备的个人破产制度,债务人就要长期背债,甚至父债子偿,温州等地出现的商人逃跑甚至跳楼等现象,均与此有一定关系。由于没有个人破产制度,目前法院等部门只能对拒不执行生效裁判的债务人实行"限制高消费"等措施,但这并不能从根本上督促此类债务人积极履行债务。在法律上仍有必要通过建立完善的个人破产制度,依法督促债务人清偿债务,并对善良的债务人提供破产保护。

(三) 妥善适用"揭开公司的面纱"制度

"揭开公司的面纱",是指在股东滥用公司独立法人人格和股东有限责任时,法院根据具体情形,否认公司的法人人格,由股东对公司债务承担连带责任。正如前文所述,在公司资本制度改革后,注册资本制已较为宽松,为了保护债权人的利益,债权人可依据《公司法》第20条提起公司人格否认之诉,请求由股东对公司债务承担责任。

在市场主体退出时,"揭开公司的面纱"制度也能发挥积极作用。在实践中,有的投资者在公司盈利时,把利润转移和分配掉;在公司亏损时,就任其自生自灭,由公司的债权人承担企业经营失败的后果,然后再投资经营其他公司。此种行为不仅损害债权人利益,而且也危害了交易安全和秩序。此时,应妥善运用"揭开公司的面纱"制度,特别是在公司资本制度改革之后,更应重视该制度的运用,即在投资者利用准入门槛低的便利而设立公司并滥用公司法人人格时,将产生对公司债务承担连带责任的

---

① 参见许德风:《论个人破产免责制度》,载《中外法学》2011年第4期。
② 参见何骧:《文化语境下的我国个人破产制度建构之路——以美国相关立法为研究视角》,载《贵州社会科学》2013年第1期。

后果,从而提醒投资者审慎投资经营,不得滥用公司的独立人格和有限责任为自己牟取非法利益。

由于在市场主体退出时,"揭开公司的面纱"制度能起到有效保护债权人、维护正当交易秩序的重要作用,实践中应进一步完善该制度适用的具体条件,以充分发挥其作用。[①] 比如,工商行政管理部门、人民银行等监管部门应对公司等市场主体的资本状况或资金移转状况实施动态监测,确保公司在进行外部融资或从事相关交易时,有足够的资本承担相应的风险,并明晰公司与股东之间的资金往来关系。又如,对于投资者借用空壳公司与他人进行交易,在获得借款、货款等资金后,立即转移资产、逃避债务等行为,相关监管部门也应当予以有效制裁。

七、结 语

全面深化改革的总目标是完善和发展中国特色社会主义制度,推进国家治理体系和治理能力现代化。国家治理体系的核心理念仍然是依法治理,国家治理体系是以法治为基础建立的规范体系,国家治理体系包括规范行政行为、市场行为等的一系列制度和程序,政府治理、市场治理是现代国家治理体系中最重要的内容。而政府治理、市场治理的关键是要以保障市场主体行为自由为内容的负面清单管理与政府职权法定为原则。在此方面,交易实践为制度改革和完善提供了素材和依据,党的政策为制度改革和完善提供了方向和推力,公司资本制、负面清单管理模式等改革就是典型明证。这些改革初见成效,并已经法律制度化,体现了凡属重大改革都要于法有据的基本要求。依据党的十八届三中全会的总体设计,将会在市场主体的类型、资本、准入、登记、退出等方面实施进一步的改革,这必然促进法律制度的改革,也有利于为市场主体改革提供坚实的法治保障。

---

① 参见于呐洋:《健全诚信系统 防"皮包公司"招摇撞骗》,载《法制日报》2013年11月21日。

法律行为制度的若干问题探讨[*]

法律行为是以意思表示为核心,以产生、变更、消灭民事法律关系为目的的行为。易言之,法律行为是以发生私法上效果的意思表示为要素的行为。它既是实现私法自治的工具,也是民法的重要调整手段。它通过赋予当事人自由意志以法律效力,使当事人能够自主安排自己的事务,从而实现民法主要作为任意法的功能。因此,法律行为是民法中的一项核心的制度。然而,我国在民法典制定过程中,关于法律行为制度的若干问题仍存在各种争议,故有必要对该制度进行深入的研究与探讨。

一、法律行为制度的演进

罗马法中并不存在法律行为的概念,但罗马法对契约、遗嘱等现在公认的具体法律行为已经作了较为详尽的规定。虽然这一制度仍带有身份色彩和强烈的形式化特征,但它毕竟是现代法律行为制度的渊源。① 德国学者胡果等人正是在解释罗马法的基础上,创立了法律行为理论。

在罗马法以外,法律行为理论在发展演变的过程中也深受日耳曼法的影响。在日耳曼法中,誓言的约束力来源于人们对神灵的信仰,虽然此种约束力的本质是一种自我约束与自我控制,但是,誓言必须信守实际上就体现了当事人自我意识之中所蕴含的约束力。中世纪以后,随着新型国家的出现,当事人意思的拘束力不可能单纯地来源于人们的自我信仰与自我约束,必须依靠国家强制力的保障,只有在当事人的意思与国家的意思相结合的情况下,法律行为才具有完整的拘束力。

1804年的《法国民法典》并没有规定法律行为,但是许多法国学者认为,由于法典中使用了"意思表示"的概念,确认了意思自治的原则,且对法律行为的一般规则作出了规定,因此也可以认为法国法承认了法律行

---

* 原载《中国法学》2003年第5期。
① 参见董安生:《民事法律行为——合同、遗嘱和婚姻行为的一般规律》,中国人民大学出版社1994年版,第17—19页。

为制度。该法典中还明确规定了表意行为"有效成立的必要条件",确立了行为能力原则、标的确定原则、内容合法原则、自愿真实原则、公平善意原则等,而且详细规定了"意思表示解释"规则,以及对单方行为与双方行为等同适用的附条件和附期限行为的规则等。①《法国民法典》的上述规定为学者研究法律行为理论提供了依据。因此,虽然在法国的法律中尚未正式出现"法律行为"(acte juridique)一词,但是法律行为的概念已为学者在研究中所广泛运用。②

"法律行为"(das Rechtsgeschäft)一词最初是由德国注释法学派学者所创立的。这些学者通过对罗马法的分析与整理提炼出了一套完整的法律行为理论。就谁最早提出"法律行为"一词,理论界一直存在争论。有人认为,德国学者古斯塔夫·胡果(Gustav Hugo,1764—1844)在《当代罗马法教科书》中最早提到了"法律行为"。③ 不过,胡果在使用"Rechtsgeschäft"一词时主要是用来解释罗马法中的"适法行为",其内涵指具有法律意义的一切合法行为。因此,学者认为,胡果并没有就交易、行为和意思表示进行深入研究,故没有提出法律行为的概念。④ 相反,据学者考证,最早在现代意义上使用"法律行为"一词的应当是德国学者丹尼埃·奈特尔布兰德(Daniel Nettelblandt,1719—1791),因为他首先将行为人的意思作为法律行为的最典型特征。⑤ 还有的学者认为,潘德克顿体系的创始人海泽(Heise)在1807年出版的《共同民法体系的基础——潘德克顿教程》(Grundriss eines Systems des gemeinen Civilrechts: zum Behuf von Pandecten-Vorlesungen)一书中,最早提出了法律行为的概念与系统完整的理论。该书第六章以"行为的一般理论"(von den Handlungen im Allgemeinen)为题,并在第二节专门讨论了法律行为的一般理论,例如概念、类型、要件等,从而对法律行为作了极为系统完整的论述,而且在后面也对侵权行为进行了分析,尤其是他将意思表示作为所有行为共通的一

---

① 参见董安生:《民事法律行为——合同、遗嘱和婚姻行为的一般规律》,中国人民大学出版社1994年版,第24—25页。格劳秀斯在其名著《战争与和平法》中提出的诺言(promise)概念,类似于今天的意思表示,强调意思表示的法律效力。
② 参见尹田:《法国现代合同法:契约自由与社会公正的冲突与平衡》,法律出版社1995年版,第1页。
③ Vgl. HKK/Schernrnier, vor. §104 BGB, 2003, Rn. 3.
④ Vgl. Ulrike Köbler, Werden, Wandel und Wesen des Deutschen Privatrechtswortschatzes, Peter Lang Pubiishing, 2010, S. 93.
⑤ Vgl. Ulrike Köbler, Werden, Wandel und Wesen des Deutschen Privatrechtswortschatzes, Peter Lang Pubiishing, 2010, S. 94.

般的要素,因而丰富了法律行为理论。① 以后,萨维尼在其名著《当代罗马法体系》(尤其是第三卷)一书中对意思表示和法律行为理论作了更加深入、细致、详尽的研究,从而极大地丰富了法律行为理论。② 萨维尼强调应当以法律行为的概念代替意思表示,意思表示只是法律行为的构成要素。③

最早在立法中接受了注释法学派的研究成果,采纳了意思表示的概念的是1794年的《普鲁士普通邦法》(ALR)。该法第一编第四节规定了"关于意思表示"(Von Willenserklärungen),其条文多达169条,第五编规定了"关于合同"(Von Verträgen)。此外,该法第一编第四节第1条规定,"欲以行为设定权利,则行为必须自由"④。第3条规定:"完全丧失自由行为的能力的人,实施的行为依法不具有拘束力。"⑤1863年的《萨克森民法典》(Das Bürgerliche Gesetzbuch für das Königreich Sachsen)在总则编第四章(关于行为)第三节(法律行为)的第88—102条规定了概念和要件,第102—107条规定了无效和可撤销,第108—115条规定了其他规定。该法第88条规定:"如某行为与法律要求相符,旨在设定、废止、变更法律关系的意思表示,即为法律行为。"这是法典对法律行为这一概念以及制度的首次承认。1881年《奥地利民法典》(AGBG)第849条的规定中已经包含了法律行为的内涵,该法典也对意思表示作出了较为详尽的规定。

第一次系统、完善地规定法律行为制度的应为1900年的《德国民法典》。该法典在总则编第三章中用了59个条文规定了法律行为(das Rechtsgeschäft)的有关问题。该法典不仅规定了法律行为、意思表示(die Willenserklärung)、行为能力(die Geschäftsfähigkeit)、法律行为有效成立的条件、法律行为的解释规则,而且肯定了法律行为理论中形成的要式行为与不要式行为、有因行为与无因行为、处分行为与负担行为等行为的分类,有些就是对意思表示理论研究成果的直接吸收,如意思要素与表示要素、行为意思、法效意思等。值得注意的是,《德国民法典》中并没有对

---

① Vgl. Arnold Heise, Grundriss eines Systems des gemeinen Civilrechts, 1807.
② Vgl. Ulrike Köbler, Werden, Wandel und Wesen des Deutschen Privatrechtswortschatzes, Peter Lang Pubiishing, 2010, S. 104.
③ Vgl. Savigny, System des heutigen römischen Rechts, Band 3, S. 99, 258.
④ Sollen aus Handlungen Rechte entstehn, so müssen die Handlungen frei sein.
⑤ Wo das Vermögen, freyzuhandeln, ganzmangelt, da findet keine Verbingdlichkeit aus den Gesetzenstatt.

"法律行为"的概念作出界定。《德国民法典》一稿的起草者有意地回避了有关该概念的规定,但一稿意见书中却出现如下内容:"在本草案意义上,法律行为是旨在引起法律后果的个人意思表示,之所以依据法律规定出现该法律后果,是因为该法律后果是行为人所期望的。法律行为的本质就在于:发出一个旨在引起法律效力的意思,并且法律规定通过承认此种意思从而实现了该所意愿的法律世界中的法律塑造。"[1]由于《德国民法典》没有对法律行为的概念作出明确规定,因此,有关法律行为的内涵、与意思表示的关系等问题在学术界一直存在巨大的争论。例如,就法律行为究竟应为"法律上的行为"(juristic action),还是仅指"法律上的交易"(legal transaction),学理上存在不同的看法,甚至英美法学者在如何翻译"法律行为"一词上都有争议。

《德国民法典》中的法律行为制度对后世许多国家的民法典都产生了重大的影响,一些国家都在自己的民法典中采纳了法律行为的概念以及相应的规则,例如《日本民法典》《希腊民法典》等。1922年的《苏俄民法典》以及1964年《苏俄民法典》也采纳了《德国民法典》的经验,规定了较为完备的法律行为制度。

我国最初是从日本民法中引入了法律行为的概念,而且日本学者在继受德国法时将"Rechtsgeschäft"一词直接翻译为"法律行为"。由日本学者帮助起草的1911年的大清民律草案就直接采纳了法律行为的概念。1925年的民国民律草案以及1933年的《中华民国民法典》亦采纳了法律行为的概念并作出了较为详细的规定。中华人民共和国建立后,虽然因废除了旧法统而没有采纳民国政府的法律,但是我国民法深受苏联民法的影响。1964年《苏俄民法典》中采取了法律行为的概念,该法典对我国1986年的《民法通则》的起草产生了重大的影响。《民法通则》借鉴苏俄民法的经验,规定了民事法律行为制度(第四章第一节),其中规定了民事法律行为的概念、要件、无效的民事行为、可撤销的民事行为等。与德国民法中的法律行为制度相比,我国《民法通则》确立的法律行为制度具有以下特点:

首先,法律行为前面有"民事"的限定,在法律行为概念中并未强调意思表示的内涵,而只是强调了法律行为的效果,即产生、变更、终止民事法律关系。

---

[1] Flume, Allgemeiner Teil des Bürgerlichen Rechts, Band 2, Das Rechtsgeschäft, Springer, 1975, S. 23. (参见《〈德国民法典〉一稿立法理由书》第一卷第一百二十六节。)

其次,由于我国《民法通则》第54条明确规定法律行为必须是合法行为,因此对于那些无效的或者可撤销的法律行为,就无法加以容纳,只能在民事法律行为之上再抽象出一个上位概念,即民事行为。在法律行为的逻辑体系上增加民事行为的上位概念,包括无效、可撤销、可变更、效力待定的民事行为。

最后,在《民法通则》的整个法律行为制度中,更加强调的是国家的意志而非私法自治,例如,对于法律行为的概念强调其合法性、将欺诈行为作为无效而非可撤销的行为加以规定等。这与当时我国的经济体制改革尚未全面展开,社会生活中国家行政干预色彩浓厚等原因有关。

由于法律行为制度具有其自身独特的功能,且因为我国《民法通则》颁布后,法律行为制度已经为我国民事司法实践所广泛采纳,因此,我国未来民法典中应当采纳法律行为制度。

二、法律行为概念的界定

德国学者对法律行为概念的表述通常从两个方面考查:一是从法律行为的内涵即意思表示的角度来概括法律行为的概念。萨维尼曾经在其《现代罗马法体系》中对法律行为作出过一个经典的定义,他认为,法律行为是指"行为人创设其意欲的法律关系而从事的意思表示行为"。法律行为以意思表示为核心,法律行为的概念是对总则之下民法各编规定中行为的抽象,大多数德国学者都接受了这种观点。二是从法律行为的功能角度来界定法律行为的概念,例如,温德夏特认为:"法律行为是旨在法律效力的创设的私的意思宣告。"[1]弗卢梅认为,法律行为旨在通过个人自治,即通过实现私法自治的原则以设定一个调整内容的方式成立、变更或解除一个法律关系。[2]

在我国,关于法律行为概念的认识主要有以下几种:一是意思表示要素说。佟柔教授指出:"民事法律行为,又称法律行为,系法律事实的一种,指民事主体以设立、变更或终止民事权利义务为目的,以意思表

---

[1] 〔法〕莱翁·狄骥:《拿破仑法典以来私法的普通变迁》,徐砥平译,会文堂新记书局1915年版,第86页。

[2] Vgl. Flume, Allgemeiner Teil des Bürgerlichen Rechts, Band 2, Das Rechtsgeschäft, Springer, 1975, S. 23.

示为要素,旨在产生民事法律效果的行为。"①民事法律行为是指以意思表示为要素,依其意思表示的内容而引起法律关系设立、变更和终止的行为。② 二是合法行为说。有学者认为,我国《民法通则》在构造民事法律行为制度时,分别提出了"民事行为"与"民事法律行为"两个基本概念。前者,不必具备合法性特征,属"中性"上位概念,后者,必具备合法性特征,其必备合法性就决定了它是必然有效的,故不存在无效或可变更可撤销的问题。③ 所以,民事法律行为是指公民或者法人设立、变更、终止民事权利和民事义务的合法行为。④ 三是私法效果说。梁慧星教授指出,所谓民事法律行为,指以发生私法上效果的意思表示为要素之一种法律事实。⑤ 这一概念强调民事法律行为以意思表示为核心,但也突出其私法效果。

上述各种观点都不无道理,笔者认为,关于法律行为的概念实际上有三个核心问题需要加以讨论。

(一) 关于合法性要求

我国《民法通则》第 54 条规定:"民事法律行为是公民或者法人设立、变更、终止民事权利和民事义务的合法行为。"据学者考证,该定义来源于苏联学者阿加尔柯夫,阿加尔柯夫认为应当将法律行为界定为合法行为,因为法律一词本身就包括了正确、合法、公正的含义。⑥ 应当看到,强调法律行为的合法性有一定的道理。

首先,它揭示了法律行为产生法律效力的根源。法律行为不仅仅是行为人作出的一种意思表示,而且是一种能够产生法律拘束力的意思表示。当事人的意思表示之所以能够产生法律拘束力,并不完全在于当事人作出了一种旨在引起民事法律关系产生、变更和终止的真实的表示,而主要因为当事人作出的意思表示符合国家的意志。法律行为的效力,从表面上看,是当事人意思表示的产物,但实质上来源于国家法律的赋予。也就是说,因为当事人的意思表示并不违背国家意志,具有合法性,因此国家赋予当事人的意思表示以法律约束力。如果法律行为不符合国家意

---

① 佟柔主编:《中国民法》,法律出版社 1990 年版,第 161 页。
② 参见马俊驹、余延满:《民法原论》(上),法律出版社 1998 年版,第 236 页。
③ 参见柳经纬主编:《中国民法》,厦门大学出版社 1994 年版,第 105 页。
④ 参见马原主编:《中国民法教程》,中国政法大学出版社 1996 年版,第 97 页。
⑤ 参见梁慧星:《民法总论》,法律出版社 1996 年版,第 152 页。
⑥ 参见龙卫球:《民法总论》,中国法制出版社 2001 年版,第 478 页。

志,该行为不仅不能产生当事人预期的效果,甚至当事人要承担一定的法律责任。所以,从这个意义上,强调法律行为的合法性是必要的。

其次,在法律行为概念中突出合法性内涵,也有利于发挥法律行为制度在实现国家公共政策和公共利益方面的作用。尽管法律行为是实现意思自治的工具,但意思自治并不意味着,当事人具有任意行为的自由,当事人的行为自由也应当限制在法律规定的范围内。民事主体基于私法自治可以充分表达其意志,其意思表示依法可以产生优越于法律的任意性规范而适用的效果,但当事人的意思并不是无拘无束的。强调法律行为的合法性有利于国家通过法律行为来对民事行为进行必要的控制。

但是,过度强调法律行为的合法性,也会产生一定的弊端:

第一,过分强调法律行为的合法性,会人为地限制法律行为制度所调整的社会行为的范围。合法与非法是相对应的,而发生法律效果与不发生法律效果,是两对不同的法律概念。行为合法与否是指该行为是否违反了强行性或者禁止性法律规范,但调整法律行为制度的是任意性法律规范,非法的行为也可能发生法律效果。例如,欺诈行为属于非法行为,但是它可能产生合同被撤销等法律效果。如果从广义上理解非法,则意思表示不真实、无权处分、无权代理等效力待定的行为等都是不合法的,但并不一定是无效的。如果因为这些行为不合法,从而确认其行为无效,也极不适当地干预了行为自由,并且不利于鼓励交易。有效、可撤销、效力未定和无效四种,其与是否合法无法形成一一对应的关系。这一定义无法解决有效行为、无效行为、效力不确定行为和效力可撤销行为之间的矛盾关系:某一具体表意行为可能并不属于合法有效的"法律行为",但其并非不能产生任何效果。

第二,过分强调合法性的要求,将不适当地突出国家对民事主体行为自由的干预,限制了私法自治。例如,尽管欺诈行为是违法的,但对于因欺诈而订立的合同,要按照私法自治的精神,充分尊重受欺诈人的意愿。这就是说,要赋予受欺诈人撤销合同的权利,使其能够审时度势,在充分考虑到自己的利害得失后,作出是否撤销合同的决定。从实际情况来看,由于受欺诈人所作出的意思表示是意思表示不真实的行为,而其意思表示是否真实,局外人常常无从判断,即使局外人知道其意思表示不真实且因此受到损害,但如果受欺诈人从自身利益考虑不愿意提出撤销,按照意思自治和合同自由原则,法律也应当允许而不必加以干预。由于《民法通则》过分强调法律行为的合法性,因此该法第58条将以欺诈而为的民事行为规定为无效的民事行为。这就对民事行为作出了不适当的干预。

第三,过度地强调民事法律行为的合法性,还会造成我国民法体系内概念和规则间的不和谐。民事法律行为必须是合法行为,而其中又包括了无效、可撤销的行为。① 为此必须在民事法律行为概念之上再创造一个上位概念,其目的之一是为了避免"无效民事行为"这样的不准确用语。结果就出现了许多概念上的冲突,人为地形成了民事行为、民事法律行为、民事违法行为等多个概念,这就很难区分法律行为与法律事实之间的关系。

综上所述,笔者认为,在确定法律行为的效力时必须要强调合法性要件,即只能以违反法律法规规定的强行性规则作为判断的标准。一方面,必须是违反了法律和行政法规的强行性规定,才能导致法律行为无效。另一方面,必须是强行性规定中的效力性规定。如果违反的法律、法规的规定并非效力性规定,而是管理性规定,则并不一定导致法律行为的无效。法律、行政法规没有明确规定违反其规定必然导致合同无效的,则要根据法律或行政法规的立法目的、涉及公共利益和公共秩序的程度以及救济措施等多方面来考虑合同是否无效。此外,损害社会公共利益和公共道德的也应当被宣告无效。

(二) 是否需要在法律行为中突出意思表示

意思表示(die Willenserklärung)作为一个法律术语,为18世纪沃尔夫(Wolff)在《自然法论》(jus Naturae)一书中所创。② 《德国民法典》对"意思表示"没有明确定义,我国学者一般解释为:所谓意思表示是指向外部表明意欲发生一定私法上效果之意思的行为。③ 它是旨在达到某种特定法律效果的意思的表达。

意思表示作为一个法律术语,究竟是谁首次提出一直存在争议。④ 但大多数学者认为,该词为18世纪沃尔夫在《自然法论》一书中所创。⑤ 意思表示是德国法律行为理论中最为基础的法律概念和制度构造,是法律

---

① 参见董安生:《民事法律行为——合同、遗嘱和婚姻行为的一般规律》,中国人民大学出版社1994年版,第100—107页。

② 参见沈达明、梁仁杰:《德意志法上的法律行为》,对外贸易教育出版社1992年版,第49页。

③ 参见梁慧星:《民法总论》(第二版),法律出版社2001年版,第189页。

④ 有学者主张为Thomasius,也有学者主张为Christian Wolff。其首次使用是在《普鲁士普通邦法》中。

⑤ 参见沈达明、梁仁杰:《德意志法上的法律行为》,对外贸易教育出版社1992年版,第49页。

行为制度的精华所在。① 民事法律行为都是通过意思表示作出的,即表意人将其内心意思表示于外,为他人所知晓。意思表示是法律行为的核心,如果民事法律行为能够产生主体预期的后果,按照当事人的意愿安排他们之间的利益关系,当事人必须能够自主作出意思表示,而且这种意思表示能够依法在当事人之间产生拘束力,意思表示为法律行为不可或缺的构成要素。然而我国《民法通则》第 54 条关于民事法律行为的概念中并没有表明意思表示为法律行为的内涵。

在萨维尼看来,法律行为不同于其他行为,"尽管一项行为也许不过是其他非法律目的的手段,只要它直接指向法律关系的产生或消灭,这种法律事实就被称为意思表示(die Willenserklärungen)或法律行为(das Rechtsgeschäft)"②。法律行为与事实行为的根本区别也在于,是否作出了意思表示且这种意思表示能否产生拘束力。在一些事实行为中,当事人也可能作出某种表示,但由于其不符合法律行为的本质要求而不能产生相应的法律拘束力,只是导致了法律直接规定的后果,因此不能认为是意思表示。换言之,在事实行为中,意思表示并不被考虑。当然,意思表示也不能完全等同于法律行为,两者之间也存在一定的区别。

(三) 是否需要强调法律行为应产生一定的私法效果

首先,法律行为作为引起法律关系变动的原因,不仅导致民事法律关系的产生,而且可以成为民事法律关系变更和终止的原因。所谓产生民事权利义务关系,是指当事人通过法律行为旨在形成某种法律关系(如买卖关系、租赁关系),从而具体地享有民事权利、承担民事义务。所谓变更民事权利义务关系,是指当事人通过法律行为使原有的民事法律关系在内容上发生变化。变更法律关系通常是在继续保持原法律关系效力的前提下变更其内容。如果因为变更使原法律关系消灭并产生一个新的法律关系,则不属于变更的范畴。所谓终止民事权利义务关系,是指当事人通过法律行为消灭原法律关系。无论当事人从事法律行为旨在达到何种目的,只有当事人达成的法律行为依法成立并生效,才会对当事人产生法律效力,当事人也必须依照法律行为的后果享有权利和履行义务。

其次,法律行为并不是产生任何法律上的效果,而仅仅是产生私法上的效果。我国学者一般认为应采传统民法中法律行为的定义,只是为了

---

① 参见龙卫球:《民法总论》,中国法制出版社 2002 年版,第 502—503 页。
② Savigny, System des heutigen römischen Rechts, Band 3, S. 5 f.

区别于其他法律领域中的法律行为的概念,才冠以"民事"二字。① 我国传统民法一般认为"法律行为是以私人欲发生私法上效果之意思表示为要素,有此表示,故发生法律上效果之法律事实也"②,其所谓私法上之效果即私权的产生、变更、消灭。由于法律行为的概念已被行政法、法理学等广泛使用,所以明确法律行为发生私法效果,有助于将民法上的法律行为与其他法律部门中的概念相区别。

最后,法律行为不仅能产生私法上的效果,而且能够产生当事人所预期的私法上的法律效果。因为在民法理论中,行为是与事件相对的引起民事法律关系产生、变更、终止的法律事实。能够引起民事法律关系产生、变更、消灭的合法行为很多,如拾得遗失物、自助行为等,但它们并不是法律行为。法律行为不同于事实行为在于其能够产生当事人预期的法律效果。《德国民法典》立法理由书指出:所谓法律行为,是指私人的、旨在引起某种法律效果的意思表示。此种效果之所以得依法产生,皆因行为人希冀其发生。简言之,法律行为即旨在引起法律效果的行为。③

总之,笔者认为,法律行为是民事主体旨在产生、变更、终止民事权利义务关系,以意思表示为要素的行为。这一定义的特点表现在:第一,这一定义并没有突出法律行为是一种合法行为,当然,这并不是说要放弃强调法律行为的合法性要件,而只是要进一步严格界定法律行为的合法性要件。在法律行为的生效要件中应进一步明确法律行为的生效要件之一是"不违反法律、行政法规的强制性规定和社会公共利益或者社会公共道德",这实际上就严格限定了判断法律行为效力的标准。但合法性仅是法律行为的效力判断规则,而非其本质构成。第二,这一定义强调意思表示在法律行为中的重要意义,意思表示乃法律行为之要素,法律行为本质上是意思表示。④ 法律行为可能是一个意思表示,也可能是两个或多个意思表示相一致,但绝不可没有意思表示。并且,传统民法只是把产生、变更、终止民事法律关系作为法律行为的目的,法律行为并不必然发生行为人所期待的法律后果。在法律行为的概念中,必须以意思表示为构成要件。第三,这一定义明确了法律行为是民事主体旨在变动私法关系的行为。

---

① 参见梁慧星:《民法总论》,法律出版社 1996 年版,第 152 页。
② 胡长清:《中国民法总论》,中国政法大学出版社 1997 年版,第 184 页。
③ 参见〔德〕迪特尔·梅迪库斯:《德国民法总论》,邵建东译,法律出版社 2000 年版,第 143 页。
④ 参见刘清波:《民法概论》,开明书店 1979 年版,第 79 页。

"旨在变动"实际上就是强调当事人对其行为效果的预期性。当事人对无效的民事行为也有一定的预期,但其不能产生当事人预期的效果。所以民事法律行为并不是当事人随心所欲能够实现其任何目的的行为。如果当事人的意志与国家的意志不符合,那么其就不能产生当事人预期的法律效果。

三、法律行为与意思表示

如前所述,民事法律行为是以意思表示为核心的行为,没有意思表示就没有法律行为。18世纪萨维尼在其《当代罗马法的体系》一书第三卷中阐释了意思表示理论。萨维尼首先在法律行为中论述了意思要素,"意思理论"从而与萨维尼的名字联系在一起。萨维尼将"法律行为"和"意思表示"视为同义语。① 该观点为《德国民法典》所采纳。《〈德国民法典〉一稿立法理由书》第一卷第一百二十六节就《德国民法典》使用该两个概念作出如下说明:"意思表示是指法律行为的意思表示。通常可以同义使用意思表示和法律行为的两种表达方式。在突显意思表示或将意思表示仅作为一个法律行为事实构成中一个组成部分看待的情况下,通常选择前者(意思表示)。"除《德国民法典》之外,凡是接受法律行为概念的国家,都将意思表示作为法律行为的必备要素,其本质是行为人设立法律关系意图的外在表现,其效力须依行为人意思表示的内容而发生。而事实行为则不依行为人的主观意图,只依法律规定就能产生民事法律后果。《荷兰民法典》第33条规定:"法律行为应当具备产生法律效果的意思,该意思应当对外作出表示。"法律行为要解决当事人意思如何形成,按照社会一般标准如何判断,具备何种效果的问题。法律行为本质上是一种表意行为,只要当事人的意思不违反强行法的规定,就可以发生当事人期望实现的目的,法律行为就是要赋予当事人广泛的行为自由,充分体现民法的意思自治。意思自治与法律行为实际结合在一起,法律行为制度为意思自治原则提供了基本的空间。

法律行为必须以意思表示为要素,如果某一民事行为不以意思表示为要素,就不能认为是法律行为。在此需要讨论所谓"事实上的契约关系"理论。豪普特(Haupt)于1941年发表的演说《论事实上的契约关系》

---

① Vgl. Flume, Allgemeiner Teil des Bürgerlichen Rechts, Band 2, Das Rechtsgeschäft, Springer, 1975, S. 30.

中对传统的意思表示理论进行了抨击,震动整个德国法学界,形成新旧两派观点,争辩至今。豪普特认为由于强制缔约制度的存在,尤其是一般契约条款的普遍适用,在许多情形下,契约关系之创设,不必采用缔约方式,而可以因事实过程而成立,故当事人之意思如何,可不必考虑。① 如电气、煤气、自来水、公共汽车等现代经济生活不可缺少的给付,它们通常由大企业来经营,这些大企业就使用条件及所产生的权利义务订有详细的规定,相对人缺少选择自由,对企业订立的条款也很难变更,这种情况也属于事实合同。② 德国联邦法院在著名的"汉堡停车场案"的判决中援引了豪普特的观点③,认为合同只能通过要约和承诺而成立的观点,已经不适应生活现实;除此之外,还存在着以某项"社会的给付义务"为基础的"事实上的合同关系"。在这一理论下,法律行为成立中的自愿因素常常可以为实际行为所完全取代,由此产生的结果是人们可以不必作出意思表示。④ 但笔者认为,按照事实合同理论,合同的成立不需要经过订立阶段,也不必考虑当事人的意思表示是否一致,仅仅根据事实行为就可以成立合同,所以,事实合同理论的核心在于推翻以意思的合意为本质的整个合同法理论,"其威力有如一颗原子弹,足以摧毁忠实于法律的思想方式"⑤。这将从根本上动摇合同法的基本理念和制度。因为合同都必须以双方的意思表示一致为内容,如果没有合意,"合同"在性质上已经不是一种合同了。事实行为如果不能体现为一种意思表示,或不能通过事实行为而使双方意思表示一致,则不能成立合同。即使就豪普特所指出的典型的事实合同如格式合同等,也不是纯粹依事实行为订立的。格式合同虽然在缔结合同的方式上存在着特殊性,但它仍然需要完成要约和承诺阶段,相对人具有作出承诺和不承诺的权利,订约双方的意思表示在内容上也必须一致。如果格式合同是事实合同,也排除了相对人对格式合同的不合理条款提出异议的可能性。所以,这一理论无非是承认法律对

---

① 参见王泽鉴:《民法学说与判例研究》(第一册),中国政法大学出版社1998年版,第105页。

② 参见王泽鉴:《民法学说与判例研究》(第一册),中国政法大学出版社1998年版,第93—96页。

③ 该案件缘起于德国汉堡市将公共广场的一部分改为收费停车场,并标明缴费字样,一驾车人停放汽车,但不承认看管合同成立,并拒绝为此付酬,遂发生纠纷。

④ 参见[德]罗伯特·霍恩、海因·科茨、汉斯·G.莱塞:《德国民商法导论》,楚建译,中国大百科全书出版社1996年版,第84—85页。

⑤ 王泽鉴:《民法学说与判例研究》(第一册),中国政法大学出版社1998年版,第97页。

当事人行为所体现出的意思所作出的推定,是大规模定型化交易快速、便捷要求的客观体现。在这类行为中,意思表示依然存在,只不过是通过其实际行为外在化了。而出于保护交易安全和消费者权利的需要,一般情况下不得通过举证推翻这种推定,但并未否认意思表示在法律行为中的重要性。

按照传统民法理论的观点,可以将意思表示细分为五个要素,即目的意思、效果意思、表示意思、行为意思、表示行为。一是目的意思,是指明民事行为具体内容的意思要素,它是意思表示据以成立的基础。二是效果意思,是指当事人欲使其目的意思发生法律上效力的意思要素。三是表示意思,是指行为人认识其行为具有某种法律上的意义。例如,打电话表示订货,对其行为的法律意义具有认知,可认为具有表示意思,但如果在拍卖场所不知交易规则,向友人举手示意,则因为不具有表示意思而不构成竞买行为。表示意思与效果意思不尽相同,前者实质是对某种事实的认知,后者是行为人追求某种效果的意志,如甲给乙1万元购买乙的摩托车,但误写为10万元,其真实的效果意思与表示意思产生不一致。四是行为意思,它是指行为人自觉地从事某项行为的意思。① 例如,在路边招呼出租车,行为人的招呼行为所具有的自觉性,表明其具有行为意思。但某人被麻醉而失去知觉,他人将其手指在文书上按指纹,其行为不具有行为意思。五是表示行为,它是指行为人将其内在的目的意思和效果意思以一定方式表现于外部,为行为相对人所了解的行为要素。

也有许多学者认为,采用五项要素过于烦琐,学说上往往进行取舍和整合。如有学者认为意思表示仅包括效果意思和表示行为两个要素。也有人认为包括目的意思、效果意思和表示行为。② 这些看法都不无道理,笔者认为,意思表示从大的方面来说,大致可分为两大类:

第一,主观要件。主观要件主要包括行为意思、表示意思、目的意思和效果意思,之所以要同时具备上述意思,是因为当事人作出意思表示就是为了设立、变更、终止法律关系,因此没有目的意思就无法确定表意人所意欲发生的法律关系变动的内容;而没有效果意思,则不能确定当事人是否具有追求法律关系变动后果的意图;而欠缺行为意思,就无法确立是否为行为人有意识的自觉行为;如果欠缺表示意思,也无从确定行为人是

---

① 参见王泽鉴:《民法总则》(增订版),中国政法大学出版社2001年版,第336页。
② 参见董安生:《民事法律行为——合同、遗嘱和婚姻行为的一般规律》,中国人民大学出版社1994年版,第227—235页。

否意识到其意思能否发生法律上的效果。按照《合同法》第14条的规定，要约应当内容具体确定，而且要表明经受要约人承诺，要约人即受该意思表示约束。在这两项条件中，"内容具体确定"按照学者通常的理解即应当包括未来合同的主要条款，显然是对要约这种意思表示中目的意思的要求，而"表明经受要约人承诺，要约人即受该意思表示约束"则为对效果意思的要求。

第二，客观要件。客观要件就是指表示行为。所谓表示行为，是指行为人将其内在意思以一定的方式表示于外部，并足以为外界所客观理解的要素。换言之，是指表意人将效果意思表现于外部之行为。① 或者说，表示行为是客观上可以认为表意人表达了某种法律效果意思。② 表示行为包括两方面的内容，一是表示行为必须是表意人有意识的自主行为，表示行为是将目的意思和效果意思表示于外部，其前提就应当是表意人具备目的意思和效果意思，因此其是表意人有意识的行为。二是表示行为必须要足以为外界所客观上理解。正如史尚宽先生所言，表示行为"谓将效力意思使外部认识之行为"③。如果仅有表意人的发出行为，但并没有到达相对人，且未能为相对人所认识，则不构成完整的意思表示。德国民法理论将表示行为具体分为意思表示的发出和意思表示的到达，是不无道理的。

应当承认，意思表示与法律行为的关系很难区分。《德国民法典》第三章的标题为"法律行为"。但是在第三章中，立法者却不断地混用"法律行为"和"意思表示"的概念，例如，第111条规定的是"法律行为的无效"，第125、134、138以下诸条都使用的是"法律行为"，而第116—124条使用的是"意思表示"。《德国民法典》的立法理由书中写道："就常规而言，意思表示与法律行为为同义之表达方式。使用意思表示者，乃侧重于意思表达之本身过程，或者乃由于某项意思表示仅是某项法律行为事实构成之组成部分而已。"④据此，有不少学者认为，法律行为与意思表示是不能分开的，意思表示就是法律行为。但笔者认为，这一观点并不妥当，意思表示与法律行为尽管有密切的联系，但仍然存在明显的区别，主要表

---

① 参见郑玉波：《民法总则》，三民书局1959年版，第244页；另参见刘清波：《民法概论》，开明书店1979年版，第99页。
② 参见王泽鉴：《民法总则》，北京大学出版社2009年版，第267页。
③ 史尚宽：《民法总论》，中国政法大学出版社2000年版，第350页。
④ 〔德〕迪特尔·梅迪库斯：《德国民法总论》，邵建东译，法律出版社2000年版，第190页。

现为如下几点:

第一,意思表示只能是单一的意思表示,而法律行为则可能包含一个或多个意思表示,这就是说,与意思表示的概念相比较,法律行为所包含的内容更为广泛。法律行为可以仅由一个意思表示构成,这通常是指一些单方的行为,如代理权的授予、追认权的行使、设立遗嘱等。法律行为也可以是双方的行为,即合同行为。合同一旦成立,则不仅是意思表示,还是法律行为。拉伦茨指出:"我们所称的'法律行为'并不是指单个的意思表示本身,如买受人和出卖人的意思表示,而是指合同双方当事人之间根据两个意思表示所进行的相互行为。只有通过合同这种一致的行为,才能产生法律后果。合同也不仅仅是两个意思表示的相加之和。由于两个意思表示在内容上相互关联,因此合同是一个有意义的二重行为。"[①]合同的成立必须具有两个意思表示(即要约、承诺)才能成立,其中缺少任何一项意思表示则法律行为均不能成立。法律行为还可以由多方意思表示构成。例如公司章程行为,它不仅需要各方作出意思表示,还可能需要遵循有关的表决程序和规则,例如要按照少数服从多数原则进行表决。

第二,法律行为与意思表示的成立要件是不同的。关于法律行为的一般成立要件,学界通说认为包括当事人、意思表示与标的,这三者构成一个整体,因为既然存在意思表示,则必然有其表意人存在,而意思表示也必然有其欲发生的法律行为的标的,因此当事人的意思表示是一个整体,既包括意思表示主体,也包括意思表示的标的。但法律行为的成立要件是不同的,除当事人的意思表示之外,还可能存在法定的或约定的特殊成立要件。例如,法律规定必须要以订立书面形式或登记、审批,或当事人可特别约定公证的形式作为法律行为的特别成立要件。

第三,法律行为与意思表示的成立时间是不同的。就法律行为的成立而言,如果是无相对人的单方法律行为,原则上以意思表示的作出为成立;如果是有相对人的单方法律行为,则以意思表示的到达为成立;如果为双方或多方行为,则以当事人意思表示的合致为成立。而且,当事人可以自由约定其法律行为的成立条件。例如,当事人可以约定以公证为法律行为的成立要件。对一些特殊的行为,如要物行为,则根据法律的规定,不仅需要意思表示的一致,当事人之间还需要完成一定的实际交付行为才能导致法律行为成立。而意思表示的成立通常以意思表示的发出为

---

① 〔德〕卡尔·拉伦茨:《德国民法通论》(下册),王晓晔等译,法律出版社2003年版,第427页。

成立条件。

第四，法律行为与意思表示的生效是不同的。根据大陆法系国家的民法，对于意思表示的生效一般应当区分是否有无相对人，如果意思表示有相对人的，则意思表示一旦到达相对人就生效；如果意思表示没有相对人，则意思表示一经作出即可发生效力。但意思表示发生效力以后，并不一定产生法律行为的效力，能否产生法律行为的效力，还要看该意思表示是否符合法律行为的生效要件，单纯的意思表示可能并不直接构成法律行为的意思表示，不一定能够产生当事人预期的法律效果，但法律行为一般要产生当事人预期的效果。例如，要约并非单方法律行为，而只是要约人的意思表示，要约的拘束力主要是使承诺人取得承诺的资格，而不能发生要约人所预期的法律效果，即成立合同。即使是承诺，也只是一种意思表示，但不能构成一个完整的法律行为。因为承诺发出以后，可能因实质性地变更要约而构成反要约，也可能因承诺迟延等原因而导致合同不能成立。所以，它们尽管是一种意思表示，但由于不能必然产生当事人预期的法律效果，所以不是法律行为。

第五，法律行为的解释与意思表示的解释是不同的。对意思表示的解释，可以从狭义和广义两个方面来理解，如果从广义上理解，则意思表示的解释包括了法律行为的解释，法律行为的解释不过是意思表示的解释的主要形态。从狭义上理解，意思表示的解释是除法律行为之外的各种意思表示的解释。如果按照狭义理解，它和法律行为的解释确实有一定的区别。意思表示的解释以探求当事人的真实意思为目的。它注重的是意思的真实性，而法律行为的解释不一定强调意思的真实。法律行为的解释要客观化，有关法律行为的解释规则更加宽泛，例如诚信原则的采用，使得法律行为的解释更加客观化。可见法律行为的解释不一定要探究当事人的真意，一些专门适用于交易的解释规则，如适用交易习惯的解释，就不适用于意思表示的解释。近百年来，表示主义取得明显优势，其目的在于侧重保护相对人的信赖和交易安全，其结果是法律行为的解释方面越来越注重表示主义，而不强调探究当事人的内心真意。

正确区分意思表示与法律行为，对于准确理解法律行为的内涵、意义都具有十分重要的意义。

四、在我国民法典总则中设立法律行为制度的必要性

在民法典总则编制定过程中，学者对是否应规定法律行为制度存在

着不同意见。赞成者认为,我国《民法通则》已经对法律行为作出了规定,法律行为的概念已经为法官和民众所接受,应该继续保留这一概念。从实践来看,法律行为制度的设立对法律的适用起到了重要作用,应当继续予以保留。反对设立法律行为制度的主要理由是:法律行为制度主要适用于合同关系,它是以合同为对象而抽象出来的概念,由于我国合同法对有关合同法总则的规定已经十分详尽,再设立法律行为制度,必然与合同法总则规定发生重复;并且我国未采纳物权行为概念,因此法律行为适用范围已经十分狭窄。许多大陆法系国家民法中也没有这一概念,这主要是德国民法中的特有概念,因此认为不应采纳这一概念。笔者赞成设立法律行为制度,主要理由如下:

(一) 法律行为制度是实现私法自治的工具

德国学者海因·科茨指出,"私法最重要的特点莫过于个人自治或其自我发展的权利。契约自由为一般行为自由的组成部分……"[①]意思自治又称私法自治,是指"各个主体根据他的意志自主形成法律关系的原则",或者是"对通过表达意思产生或消灭法律后果这种可能性的法律承认"。[②] 法律行为制度作为实现私法自治的工具,其作用表现为如下方面:

首先,法律行为制度的设立解释了私法自治的基本精神。法律行为解释了为什么能够产生、变更和终止法律关系是基于当事人的意愿。对某些行为,法律允许当事人通过其以民事法律关系发生变动为目的的意思表示来引起民事法律关系的产生、变更或消灭,只要当事人的意思符合法定的条件,就可以实现当事人的目的,依法发生当事人所期望的法律后果。对于另一部分行为,法律则根本不考虑当事人的目的,只要该行为符合法律规定的要件(如侵权行为),即发生法律所规定的后果。前者即传统民法所言的法律行为,后者则是传统民法所言的事实行为。

其次,法律行为制度为意思自治原则提供了基本的空间,符合市场经济的内在要求。一方面,法律行为制度进一步解释了为什么民法规范以任意性规范为主要类型。所谓任意性规范,是可以由当事人通过约定而加以排除的规范。任意性规范的功能在于当事人可以其约定优先于法律

---

① 〔德〕罗伯特·霍恩、海因·科茨、汉斯·G. 莱塞:《德国民商法导论》,楚建译,中国大百科全书出版社1996年版,第90页。
② 〔德〕迪特尔·梅迪库斯:《德国民法总论》,邵建东译,法律出版社2000年版,第142页。

规范而适用,如此可以极大地发挥当事人的积极性与主动性。法律行为在本质上就是允许当事人通过其意思表示决定其相互间的权利义务关系,并由其意思表示变更、消灭其相互关系。这正是市场经济内在要求在法律上的表现。另一方面,在民法典的总则编确认私法自治原则,必须通过法律行为制度加以落实。私法自治原则是民事主体根据其意志自主形成法律关系的原则,是对通过表达意思产生或消灭法律后果这种可能性的法律承认。私法自治原则具体体现为所有权神圣、合同自由、婚姻自由、家庭自治、遗嘱自由以及过错责任等民法的基本理念。私法自治原则强调私人相互间的法律关系应取决于个人的自由意思,从而给民事主体提供了一种受法律保护的自由,使民事主体获得自主决定的可能性。而法律行为制度充分体现了民法精神或私法精神,承认个人有独立的人格,承认个人为法的主体,承认个人生活中有一部分是不可干预的,即国家在未经个人许可时也不得干预个人生活的这一部分。①

在现代市场经济条件下,由于市场经济的要求以及法律传统、社会生活实践等的影响,各国法律在绝对权的保护上,通常都是采用法定主义的模式予以调整。而引起绝对权变动的法律事实中,事件和事实行为的法律效果都是由法律直接规定的,关于绝对权的类型和变动的原因及变动的效果,一般没有当事人实现意思自治的空间。但是,即便如此,在绝对权的设定以及变动过程中,法律行为制度依然具有广泛的适用范围。

最后,法律行为制度为建立有限的服务型政府奠定了基础。现代市场经济条件下,政府应当是有限的服务型政府,"法无授权不可为",政府的行为应当局限于法律的授权范围内,凡是涉及社会成员私人生活的领域,只要不涉及公共利益、公共道德和他人的利益,都应当交给任意法来处理,即允许社会中私人之间的财产关系、人身关系应当由私人依法依据自己的意思加以创设、变更或消灭。这就需要明确强行法的控制范围和任意法的调整范围,对于本属于私人之间的事务应当更多地交给其自行处理。既然意思自治主要体现在法律行为制度中,民法作为市场经济的基本法,有必要在总则中规定法律行为制度,充分体现法律行为以及意思自治在整个民商法体系或者整个市场经济法律体系中的重要位置,在民事领域,"法无禁止皆可为",从而合理界定国家干预与意思自治的界限,为实现建立有限政府的行政体制改革奠定坚实的法律基础。

---

① 参见谢怀栻:《从德国民法百周年说到中国的民法典问题》,载《中外法学》2001年第1期。

(二) 法律行为制度整合了民法的体系

19世纪末期,在经过了数十年的法典论战后,《德国民法典》的起草者采纳了由潘德克顿学派所提出的民法典体系,这即是今天所说的五编制的"德国式"模式。"德意志编别法创设总则编之一举,意义甚为重大,当时德国法律学者皆认为,对各种法律关系共同事项,另有谋设一般的共同规定之必要。"① 而总则编形成的主要原因是潘德克顿学派通过解释罗马法而形成了法律行为的概念,从而使得物权法中的物权行为、合同中的合同行为、遗嘱中的遗嘱行为、婚姻中的婚姻行为等都通过法律行为获得了一个共同的规则。法律行为是各种分则中的行为提取公因式(vor die Klammer zu ziehen)的结果。法律行为的设定使得代理也能够成为总则中的规则而存在。也就是说,潘德克顿学派因为设立了完整的法律行为制度,从而构建了一个完整的民法典总则的体系结构。

我国学术界大多数学者都认为,民法典应当设立总则。通过设立总则才能使民法典更富有体系感。总则中如果缺少法律行为的规定,则代理制度也不能在总则中作出规定,而因为缺乏对行为的抽象,对客体的抽象也变得没有必要,这就使总则只剩下主体制度,从而民法典中就只需要保留人法,而没必要设立总则。许多大陆法系国家的民法典都只有人法,而没有总则,这在很大程度上是因为其没有采纳法律行为制度造成的。

法律行为制度在总则中具有举足轻重的地位。因为民法总则应当以主体、客体、行为、责任来构建,通过这一体系展示了民法的基本逻辑关系,这就必须以法律行为制度为基础。从逻辑体系上看,行为能力确定的是意思能力,而法律行为确立的是意思表示,没有法律行为概念,难以解释意思能力。代理是指在本人不能作出意思表示时,如何由他人代理从事意思表示。如果民法典总则中有代理而无法律行为,就缺乏代理的前提。从主体到代理,中间缺乏一个环节。取消法律行为制度以后,代理制度将不能在总则中规定,而只能在合同法中规定,将代理放在合同中规定将导致体系上的矛盾。例如我国合同法将间接代理置于委托合同中,而关于表见代理、无效代理的规定则将放在总则中。但事实上,指定代理与合同并没有发生关系,而代理权的授予与委托合同也是有区别的,所以在合同中规定是不妥当的。

如果没有法律行为制度,那么民法的各个部分是散乱的,很难形成民

---

① 陈棋炎:《亲属、继承法基本问题》,三民书局1980年版,第3页。

法的总则,总则部分最多只能包括一个主体制度。正是由于法律行为制度的设立,才使得散见在民法各个部分的杂乱无章的表意行为有了共性的规则,从而形成了一个统一的制度。当然,遗嘱和合同行为存在着质的区别:前者为单方行为,后者为交易行为。但两者还存在着许多共同之处,可以将其共同之处抽象出来。所以,法律行为制度是民法总则中的不可或缺的内容。

(三) 法律行为制度的设立对于民法的完善

《民法通则》已经对法律行为制度作出了规定,其概念已经为理论界和实务界所普遍接受。法律行为将各种以意思表示为核心的行为作出统一规定,避免了立法的重复,实现了立法的简约。法律行为制度有助于法官、学者和民众正确理解民法的制度,尤其是对债法中的各项制度,具有制度解读功能。它为法官依据《民法通则》的总则性规定弥补法律漏洞、解决新型案件提供了基础。法律行为是高度抽象化的产物,它把合同、遗嘱等抽象为法律行为制度,并通过法律行为的成立、生效要件,体现了国家对民事主体行为的干预,彰显了一种价值判断。从审判实践来看,法律行为制度也已经成为民事的裁判规则。法官常常要引用法律行为制度的规定作为判案的依据。既然我国《民法通则》已经对法律行为制度作出了规定,该制度已经为大家所普遍接受,这种制度安排也没有表现出体系上的缺陷,如果没有充分的理由就不应当取消该制度,因此应当为未来民法典明确规定。

(四) 法律行为制度具有较为广泛的适用范围

如前所述,法律行为作为民法总则中的一项重要制度,是因为该制度能够广泛适用于民法分则的各个部分,也只有这样才能体现其作为总则的价值。然而,有一些学者认为,由于我国物权法中不承认物权行为理论,且因为我国不承认婚姻、收养为合同行为,因此法律行为制度主要适用于合同关系中。由于法律行为主要适用于合同而不适用于其他关系,因而该制度不具有总则的意义,只需要在合同法总则中作出具体的规定,就完全可以实现法律行为的功能。因此,在总则中规定法律行为制度是不必要的。笔者不赞成这一看法,主要原因是法律行为适用范围仍然十分广泛,具有普遍的工具性意义。法律行为适用范围的广泛具体体现在:

第一,合同法总则不能完全代替法律行为的规定。尽管法律行为是对合同法总则高度抽象的产物,但合同法总则不能完全代替法律行为。主要是因为:一方面,就合同而言,除有名合同之外,法律行为对于无名合同具有适用的意义。如企业内部承包不适用合同法,但却可适用法律行为制度。由于法律行为制度较之于合同的规则更为抽象,所以它具有更为广泛的适用范围。另一方面,尽管法律行为制度主要适用于交易关系,但在我国社会生活中,单方法律行为广泛存在,如悬赏广告等。由于其也属于当事人以变动法律关系为目的的意思表示,也应当适用法律行为制度的规则。此外,大量的多方法律行为,特别是章程行为,还要遵守一些订立章程的规则、程序,这些都不宜完全适用合同法的规定,但可以适用民法总则中关于法律行为的规定。法律行为制度作为对合同、遗嘱等行为高度概括的制度,不仅具有较为广泛的适用范围,而且也为新型的法律行为留下适用的空间。

第二,法律行为在物权法中具有一定的适用空间。尽管我国物权法并不承认物权行为理论,也不承认物权行为独立性、无因性,但这并不意味着物权法中就不能适用法律行为制度,这主要是因为:一方面,物权法中存在许多设立他物权的合同。例如,抵押权设立合同、质押合同、出典合同、国有土地使用权出让合同、地役权设立合同,它们仍然是产生民事权利义务关系的行为,它们不仅可以适用合同法总则的规定,也可以适用民法总则中法律行为的规定。另一方面,物权法中有关所有权权能的分离、侵害相邻权获得补偿、共有物的分割等,也会通过合同的方式来完成。这些行为也可以适用法律行为的规定。如果民法总则中不设立法律行为制度,那么在物权法中就有必要规定这些行为适用合同法规定的准用条款,从而使得法律规定非常烦琐。

第三,法律行为制度可以适用于婚姻、遗嘱、收养等身份关系。遗嘱行为是一种典型的单方法律行为,完全可以适用法律行为制度关于法律行为成立、效力等方面的一般规定。至于婚姻行为,我国现行立法不承认婚姻为合同,法律行为制度难以适用于这一领域,法律不应也不能对这一过程进行调整,否则,就意味着国家对个人私生活领域的过分干预。因此,对这一过程中行为的调整应当通过道德规范来进行。我国《婚姻法》不承认婚约的效力,我国《合同法》第2条明确规定,婚姻、继承、收养不适用合同法的规定,但这并不完全排斥法律行为的适用,在婚姻收养领域,至少有如下行为可以适用法律行为制度:一是无效婚姻和可撤销婚姻,在没有明确规定的情况下,可以参照适用有关法律行为的规定;二是夫妻财产约定的问题,完全可以适用法律行为的有关规定;三是离婚协议,尤其是离婚时双方对有关财产的分割等事项的约定;四是收养协议;五是遗赠扶养协议；六是委托监护等。由此可见，就身份上的行为而言，尽管法律行为制度主要适用于财产关系，但对于亲属、继承方面的双方行为，由于其也是以意思表示的合意为核心，关于其意思表示的形成与解释、其成立及效力也可以适用法律行为的规定，如收养协议的效力可以根据法律行为规则判断。对于继承法上的遗嘱行为，显然不能适用《合同法》，而应适用法律行为制度。

第四，在人格权和知识产权制度中也可以适用法律行为制度。就人格权制度而言，虽然人格权不能移转，但随着社会经济的发展，肖像权的使用权等人格权的利用权的转让日渐增加，对此也可适用法律行为制度加以调整。知识产权法等法律中也涉及一些法律行为，如有关专利权或著作权的转让、许可等合同。

第五，实现与商法的协调。我国实行民商合一，商事特别法要适用民法总则的规定。商法中涉及大量的法律行为的问题，如公司的设立过程中公司股东或发起人之间的协议关系等，商法对其成立、效力、解释等内容一般不作规定，这就需要到民法总则的法律行为制度中寻找依据。如果不规定法律行为，将会使商法中的许多问题缺乏规范。

五、关于法律行为制度内容的构架

民法总则中的法律行为制度应当如何建构，取决于我国民法典中有关总则的规定、是否设立债法总则以及合同法总则的内容。因此，必须深入探讨法律行为制度与这些相关制度的关系，下面笔者逐一加以论述。

（一）法律行为制度在民法总则中的地位

既然民法总则以主体、客体、行为等法律关系的要素来构建其内容，那么有关法律行为的内容就应当是在民事主体、民事法律关系客体的规定之后，在民事权利以及民事责任之前加以规定。问题在于，法律行为制度是否应当包括代理的内容？按照《民法通则》的体例，民事法律行为与代理并列规定在第四章，这种体例表明了《民法通则》的起草者认识到了法律行为制度与代理制度之间的关系。因为法律行为的核心是意思表示，而代理制度主要解决的是他人代为作出意思表示的问题，它是民事主体实施民事法律行为的延伸与辅助。所以代理制度与法律行为制度是不可分割的。但是，代理制度毕竟是民法中的一项独立制度，完全将其纳入法律行为制度之中也是不妥当的。笔者认为，民法总则中应当首先规定法律行为制度,然后再规定代理制度。

(二) 法律行为制度与债法总则的关系

关于民法典中是否要设立债法总则的问题,存在不同的看法,笔者认为,未来民法典中应当设立债法总则。如果设立了债法总则,就必须要处理好债法总则与法律行为制度之间的关系。我们必须看到,法律行为制度与债法总则具有密切联系性。一方面,债法总则中主要适用于合同的一些规则会与法律行为制度重复;另一方面,有关债的转让、变更、抵销、消灭等制度也必须通过法律行为制度加以实现。还要看到,债的履行大多是一种事实行为,但也有些是采取法律行为的方式。例如,委托合同中受托人需要以订立合同的方式履行义务,协议抵销、协议解除合同以及通过票据进行支付的票据行为等也是法律行为。这就表明了债法总则和法律行为制度具有十分密切的联系。

但是,我们必须合理地设计法律行为制度与债法总则之间的关系,防止出现相互重复与矛盾的规定。笔者认为,未来制定民法典时可以从以下几方面加以考虑:

首先,法律行为制度中主要规定的是意思表示与法律行为的概念、法律行为的成立、法律行为的效力、附条件的法律行为、附期限的法律行为等内容,而债法总则中主要规定的是债的发生原因、标的、种类、效力、变更、保全、转让和消灭等。尤其需要强调的是,债法总则中可以对债的发生原因作出规定,但不必对合同之债的成立、生效以及无效、可撤销等问题作出具体规定。有关意思表示与法律行为的解释可以放在民法总则中加以规定,债法总则中无须对解释的问题作出规定。

其次,凡是要适用法律行为制度的内容,就无须在债法总则中加以规定,例如,解除协议有效成立的判断标准、免除债务的意思必须到达对方时生效等内容完全可以适用法律行为的规定,无须在债法总则中重复规定。

最后,关于单方法律行为发生的债主要在法律行为中加以规定,而不必要在债法中加以规定。单方法律行为与双方法律行为在债法总则中都属于债的发生原因,但是在债法总则中无须对其成立与生效等问题作出规定,应当统一由民法总则中的法律行为制度加以规定。

(三) 法律行为制度与合同法总则的关系

法律行为制度与合同法总则之间的关系最为密切,因为法律行为制度本身就是对合同进行高度抽象后的产物,其绝大多数规定都是以合同作为适用对象的。所以,要设计一套完整的法律行为制度就必须正确处理其与合同法总则之间的关系。从原则上说,既然我国合同法中已经有一套非常完备的合同总则的规定,因此没有必要在合同法总则之外再规定较为完备的、详尽的法律行为制度。我们没有必要像《德国民法典》的总则那样,将法律行为制度规定得十分详尽,否则,难免出现叠床架屋的现象,导致法律行为制度与其他制度的重复。《德国民法典》将合同的成立放在法律行为中,而非在债法总则中加以规定,其目的也是为了避免这种重复现象。

有关法律行为与合同制度的关系,笔者认为可以从以下几点加以考虑:

第一,有关意思表示的概念、构成要件、效力规则应当在法律行为制度中作出规定,而合同法不能对此作出规定。

第二,有关合同的成立问题涉及要约与承诺制度的详细规定,不仅技术性很强,而且程序性很强,其主要适用范围是合同,因此应当在合同法总则中加以规定,但关于法律行为成立与生效的一般规则,由于涉及合同及其他法律行为,所以可以在法律行为中加以规定。

关于法律行为的效力与合同的效力的规定也应当有所区别。合同的生效条件和遗嘱的生效条件不完全相同。尽管合同和遗嘱都是法律行为,要符合法律行为的一般生效要件,但各具不同的特殊要件。再如,在行为人欠缺行为能力时,如限制行为能力人订立的合同属于效力待定的合同,而限制行为能力人订立的遗嘱则属于无效遗嘱,因此两者的无效条件也是不一样的。如果只是在合同法总则中规定合同行为的效力问题,则对于其他法律行为还要一一进行规定,过于重复和烦琐,也影响了法律行为规则的完整性。因为,法律行为制度的目的就在于对符合或者至少不违背国家意志的当事人自由变动法律关系的意思加以认可并赋予法律上的效力,如果没有在法律行为中规定效力问题,就很难实现这一目的。

第三,有关单方法律行为和多方法律行为的规则应当在法律行为制度中规定而不能在合同法中规定。就合同而言,我国合同法所适用的领域不包括身份关系中的双方法律行为,也无法涵盖单方法律行为,因此,对其中的一些共通性的内容应当置于法律行为制度中规定,而仅适用于合同关系的内容或主要适用于合同关系的内容则应规定在合同法总则中。

第四,关于法律行为的解释和合同的解释应当分开。法律行为制度可以对涉及法律行为和意思表示的各种解释规则作出全面规定,但合同法主要应规定格式合同的解释,以及根据交易习惯解释合同的规则。有关意思表示和法律行为的解释问题,可以在法律行为中规定一般规则,而合同法可以针对合同的解释作出具体规定,二者不可代替。例如,合同可以根据交易习惯来解释,这些不能适用于一般的法律行为的解释。因为交易习惯主要适用于合同关系,而不能广泛适用于各种非合同的法律行为。

笔者认为,我国民法典总则应当保留法律行为的基本概念和制度,但该制度的内容应当简化。其主要规定法律行为的概念、法律行为成立和生效的一般规则、各种单方及多方法律行为、附条件或期限的法律行为。至于各种具体的法律行为成立、生效要件、特殊的效力控制规则,如合同的成立与生效、格式条款的无效和可撤销、合同免责条款的特殊规制等,则不宜在法律行为制度中加以规定,而应当在合同法等法律中规定。

无效抑或撤销

——对因欺诈而订立的合同的再思考*

一、引　言

欺诈(dolus, dolo, betrug, fraud, deceit)，乃是一种故意违法行为，根据最高人民法院的解释，是指"一方当事人故意告知对方虚假情况，或者故意隐瞒真实情况，诱使对方当事人作出错误意思表示"①的行为，因欺诈而订立的合同，是在受欺诈人因欺诈行为发生错误而作意思表示的基础上产生的。它是欺诈行为的结果，但其本身与欺诈行为是有区别的。

所谓因欺诈而订立的合同的效果，是指法律对此类合同的效力评价及责任确定。效力评价首先是指法律应否承认此类合同有效，如果不符合法律的生效要件，则此类合同应属于无效或可撤销的范围。同时效力评价也包含了欺诈行为人的责任认定问题。欺诈行为常常因触犯多个法律部门的规定，从而将使行为人承担多种法律责任(刑事、行政或民事责任)。即使就民事责任而言，欺诈行为人所应承担的民事责任后果也是多样的，本文对此不作探讨。在此需要讨论的是，因欺诈而订立的合同的效力问题。

因欺诈而订立的合同"谓依他人之欺骗行为陷入错误而为之意思表示"②，并在此基础上订立的合同。它是在意思表示不真实的基础上产生的合意。然而，因欺诈而订立的合同究竟是绝对的、当然的无效合同还是属于可撤销的合同类型，受欺诈人是否有权决定此类合同的效力，则是一个自《民法通则》颁行以来，在学理上一直存在争议的问题，而在我国统一合同法的起草过程中，对该问题的认识亦不尽一致。鉴于实践中欺诈行

---

* 原载《法学研究》1997 年第 2 期。
① 《民法通则意见》第 68 条。
② 史尚宽:《民法总论》，正大印书馆 1980 年版，第 381 页。

为的严重性及因欺诈而订立的合同的大量存在,因而讨论因欺诈而订立的合同的效果,对统一合同法的制定及司法实践中正确处理此类合同纠纷,均不无意义。

二、比较法的分析——可撤销制度是一项完美的制度安排

从大陆法系的传统来看,欺诈历来属于可撤销的范畴。欺诈一词在罗马法中称为"dolo",罗马法学家拉贝奥给欺诈下的定义是"一切为蒙蔽、欺骗、欺诈他人而采用的计谋、骗局和手段"①。早期的罗马法因注重法律行为的形式,认为法律行为只要符合法定形式,即为有效。而对于表意人的意思表示与内心效果意思是否一致,则不予考虑。因此,如果因欺诈而订立的合同符合形式要件的规定,也认定为有效。至共和国末期,罗马法产生了"欺诈之诉"(actio de dolo malo),允许受欺诈人请求确认其因受欺诈而从事的行为无效。② 然而,按照罗马法,欺诈按其本身来说"不使行为当然地无效。人们可以说,意思虽然被歪曲了,但依然存在……"③因欺诈而订立的合同在性质上属于可撤销的合同。④

大陆法系国家沿袭罗马法的规定,基本上都认为因欺诈而订立的合同属于可撤销的合同。⑤ 如《德国民法典》第 123 条规定,"1. 因被欺诈或被不法胁迫而为意思表示者,表意人得撤销其意思表示。(1)如诈欺系由第三人所为者,对于相对人所为的意思表示,以相对人明知诈欺的事实或可得而知为限,始得撤销之。(2)相对人以外的,应向其为意思表示的人,因意思表示而直接取得权利时,以该权利取得人明知诈欺的事实或可得而知者为限,始得对其撤销意思表示"。《日本民法典》第 96 条规定:"由于欺诈或胁迫而作出的意思表示,得予撤销。关于对某人的意思表示,是

---

① 〔意〕彼德罗·彭梵得:《罗马法教科书》,黄风译,中国政法大学出版社 1992 年版,第 72 页。
② 参见周枏:《罗马法原论》(下册),商务印书馆 1994 年版,第 591 页。
③ 〔意〕彼德罗·彭梵得:《罗马法教科书》,黄风译,中国政法大学出版社 1992 年版,第 73 页以下。
④ 参见〔意〕彼德罗·彭梵得:《罗马法教科书》,黄风译,中国政法大学出版社 1992 年版,第 73 页以下。
⑤ 参见刘守豹:《意思表示瑕疵的比较研究》,载梁慧星主编:《民商法论丛》(第一卷),法律出版社 1994 年版,第 73 页。

在第三者进行欺诈的情况下进行的,只有对方知道其事实时,始得撤销其意思表示。"不过,根据该条规定,因欺诈而撤销其意思表示的,不得以此对抗善意的第三者。在法国民法中,尽管对"无效"与"可撤销"概念未作出明确区分,特别是因欺诈而缔结的合同并没有被明确确立其究竟是属于无效行为,还是属于可撤销行为。① 但法国学者一般认为:在法国民法上,因欺诈而订立的合同属于"相对无效合同"。法律规定其为"相对无效合同",旨在强调对一方当事人利益的保护。而所谓"相对无效合同",实际上相当于德国法中的可撤销合同。② 大陆法系之所以将因欺诈而订立的合同作为可撤销的合同对待,其根本原因在于,因欺诈而订立的合同在本质上属于意思表示不真实的合同。正如《德国民法典》起草人所指出的:因欺诈或胁迫而撤销是以意思缺乏自由为根据的,欺诈是当事人一方对另一方采取的手段,即欺诈人为影响相对方的意思所使用的手段。这种手段是不正当的,法律就应允许表意人收回他的意思表示。③ 确认受欺诈而订立的合同可撤销,旨在保护受欺诈一方的利益。

英美法系中一般将欺诈置于"不实陈述"(misrepresentation)之中。④ 所谓"不实陈述"是指一方因故意或过失使所陈述的内容与事实不符,致使他人因信赖该意思表示而与之缔结合同。不实陈述既可以是故意的,也可以是过失的。如果是基于故意的不实陈述,即为民法上之欺诈行为,从而构成欺诈性不实表示(fraud of misrepresentation)。⑤ 欺诈性不实表示在普通法中逐渐发展为一种欺诈性的侵权行为。自 1789 年英国的一个判决(Pasley v. Freeman)之后⑥,欺诈(deceit)成为侵权行为的一种,受欺诈人可请求欺诈方赔偿。⑦ 不过,合同法依然对欺诈受害人提供了补救。这种补救主要表现在两个方面:一是英国 1778 年的一个判例(Stuart v.

---

① 如《法国民法典》第 1117 条规定,"因错误胁迫或欺诈而缔结的契约并未依法当然无效,仅……发生请求宣告契约无效或撤销契约的诉权"。又如该法典第 1304 条规定,"请求宣告契约无效或撤销契约之诉权,应在 5 年内提出……"
② 参见尹田:《法国现代合同法:契约自由与社会公正的冲突与平衡》,法律出版社 2009 年版,第 203 页。
③ 参见沈达明、梁仁洁:《德意志法上的法律行为》,对外贸易教育出版社 1992 年版,第 143 页以下。
④ "misrepresentation"也翻译成"不实表示""不实说明""虚假表示"等。
⑤ See Robert Upex and F. R. Davies, Davies on Contract, 7th ed., Sweet & Maxwell, 1995, p.100.
⑥ See Pasley v. Freeman, 3 T. R. 51(1789).
⑦ See Pasley v. Freeman, 3 T. R. 51, 100 Eng. Rep. 450(1789).

Wilkins)确定了受欺诈的一方可以违约诉讼(action of assumpsit)请求赔偿,其赔偿根据在于欺诈方违反了其应负的担保义务(breach of warranty)。[1] 二是允许受欺诈的一方要求宣告合同无效。[2] 在英美法系中,请求确认合同无效,也被一些法官称为"终止合同"(recession of contract)。英国1967年《不实陈述法》(The Misrepresentation Act 1967)也确认当事人可以撤销合同(to rescind the contract)。那么,"终止合同"的含义是什么呢?根据英国学者的观点,"终止(recession)一词的含义是根据法院的命令而取消合同……它是指可表示撤销的合同(avoidable)"[3]。因此按照该理解,英美法系中的欺诈合同是可撤销(avoidable)而不是无效(void)合同。国际统一私法协会制定的《国际商事合同通则》(Principles of International Commercial Contracts)将因欺诈而订立的合同列入"可撤销合同"(avoidance of a contract)的范围。

从上述分析可见,两大法系的立法在对待因欺诈而订立的合同的效力问题上,存在着惊人的相似之处,即都将其视为可撤销合同,而并非绝对无效的合同。在这一点上,两大法系的判例学说也基本上不存在重大分歧。事实上,无论是在崇尚个人主义和契约自由的自由资本主义时代,还是在强调契约公正的当代,无论是从合同法既往的演化过程还是从合同法今后的发展趋向来看,将因欺诈而订立的合同作为可撤销合同而不是无效的合同对待,基本上已形成一项成熟的规则和制度。这一规则和制度的合理性之所以极少受到怀疑,乃是因为其本身体现了法律规则设计上的精巧与法律制度所要体现的社会价值目标的完美结合。数百年来,此项规则所体现的功能至少表现在以下三个方面。

第一,对意思自治原则的维护。当事人在法律规定的范围内依其意志自由创设、变更、终止民事法律关系的意思自治原则是合同法的精髓,也是民法赖以建立的基石。在西方国家的民法中,它被奉为神圣的、不可动摇的法律准则。[4] 根据这一原则,受欺诈人因受欺诈所作的意思表示属于不真实的意思表示,而意思表示是否真实,完全由表意人自己决定,局外人不得干预。因而,将因欺诈订立的合同作为可撤销的合同,由受欺诈

---

[1] See Stuart v. Wilkins 1 Doug. 18, 99 Eng. Rep. 15(1778).
[2] See Antony Downes, Textbook on Contract, Blackstone Press, 1987, p. 205.
[3] Robert Upex and F. R. Davies, Davies on Contract, 7th ed., Sweet & Maxwell, 1995, p. 101.
[4] 参见尹田:《法国现代合同法:契约自由与社会公正的冲突与平衡》,法律出版社2009年版,第12页。

人决定是否撤销,乃是对受欺诈人意愿的充分尊重,从而也充分体现了意思自治原则。

第二,对受欺诈人利益的充分保护。郑玉波先生指出,法律区分无效和可撤销的合同的原因在于,"此乃立法政策之问题,亦即视其所欠缺生效要件之性质如何以决定。其所欠缺之要件,如属有关公益(违反强行法规或公序良俗),则使之当然无效;如仅有关私益(错误、误解、被欺诈胁迫等)则使之得撤销"①。因受欺诈而订立的合同,主要涉及受欺诈人的意思是否真实及对其利益如何进行保护的问题。因此,应将此类合同归入可撤销的合同范畴,而不是绝对无效的合同范畴。由受欺诈人根据其自身利益的考虑决定是否撤销合同、是否保持合同的效力,才能最充分地使受欺诈人的利益得到尊重和保护。

第三,对交易安全的维护。由受欺诈人选择对其最为有利的请求权而向欺诈人提出请求,其结果将使欺诈人承担对其最为不利的责任,这本身可以形成对欺诈行为的有效制裁和遏制。同时,将因欺诈订立的合同作为可撤销的合同,法律规定了受欺诈人行使撤销权的期限以及合同的撤销不得对抗善意第三人等,都极有利于维护交易的安全和秩序。

将因欺诈而订立的合同作为可撤销合同对待,使撤销制度发挥了神奇的综合功能,它不仅包含了无效制度的全部功能,同时弥补了无效制度无法体现意思自治、难以保障受欺诈人利益的缺陷。它在柔化无效制度的刚性的同时,并没有丧失其本身所具有的制裁和遏制违法行为的功能。所以说,此项规则和制度是一项综合、完善、精巧的安排。

然而,从强调维护经济秩序和制裁欺诈行为的角度考虑,我国现行的民事立法并没有将其确认为可撤销的合同,而确认其为无效的合同。根据我国《民法通则》第58条的规定,因欺诈而为的民事行为无效。由此可见,《民法通则》在对待因欺诈而订立的合同的效果方面,采取了与两大法系的规则截然不同的观点。

上述规定在目前统一合同法的制定中,是否应继续保留,值得探讨。诚然,在因欺诈而订立的合同的法律效果问题上,我们在未深入研究该规则本身是否合理、是否符合中国国情的情况下,就完全照搬大陆法系的制度或简单"移植"英美法系的规则,是极不妥当的。我们的规则应当植根于我国社会经济生活条件,切合中国实际并能在实践中行之有效。但是,

---

① 郑玉波:《民法总则》,中国政法大学出版社2003年版,第440页。

如果仔细分析我国现行规则所依据的理由,就不难发现,由于我们一直缺乏对可撤销制度和无效制度的功能的认真研究和全面认识,因此为现行规则的成立而提出的各种理由具有明显的片面性,也对一些重要范畴和概念(如欺诈行为与因欺诈而订立的合同、对欺诈行为的法律制裁与对因欺诈而订立的合同所导致的民法效果的确认、对欺诈行为的法律惩戒与对受欺诈者的民法保护等)发生了严重的混淆。因此《民法通则》所确立的规则的合理性和科学性问题,是极值得怀疑的。

三、概念的区别——欺诈行为不等于因欺诈而订立的合同

欺诈行为常常使受欺诈人陷入错误,从而与欺诈人订立合同,因而因欺诈而订立的合同乃是欺诈行为的结果。基于这一原因,许多学者认为因欺诈而订立的合同乃是欺诈行为的引申。他们认为"欺诈必须是一种意思表示行为,即欺诈人为了引起一定民事活动,并达到一定目的所表现的行为",此类欺诈的意思表示是故意违法行为,当然"应属无效行为"。[①] 如果使因欺诈而订立的合同有效,将意味着法律听任欺诈人畅通无阻地实现自己的意愿[②],从而将会纵容欺诈行为。也有一些学者认为因欺诈而订立的合同就是欺诈合同,欺诈行为的非法性必然导致欺诈合同的违法性和无效性,而确认此类合同无效乃是法律对欺诈行为予以制裁的应有内容。

笔者认为,首先应区别因欺诈而订立的合同与欺诈合同,两者并非同一概念,不能加以混淆。所谓欺诈合同,是指双方当事人之间恶意串通,订立旨在欺诈第三人的合同,如双方订约虚设债务从而为一方当事人逃避对他人的债务找到借口;或双方恶意串通虚设担保物权,从而使一方破产时另一方优先受偿,并欺诈其他债权人。在此类合同中,双方当事人都从事了欺诈他人并损害国家、集体和第三人利益的行为,且都具有欺诈的故意,因此双方都是欺诈人,无所谓欺诈者和被欺诈者之分。对此类合同,毫无疑问应宣告其无效,并应对当事人予以制裁。如使该合同有效,则任何受欺诈人的利益均得不到保护,且欺诈行为不能得到有效的制裁。

[①] 沈乐平、汤遵元:《试论民事行为的无效与撤销》,载《法律学习与研究》1989年第4期。

[②] 参见周林彬主编:《比较合同法》,兰州大学出版社1989年版,第430页。

但是因欺诈而订立的合同并非欺诈合同,此类合同的特点是:欺诈人从事了欺诈行为,而受欺诈人并未与欺诈人恶意通谋,其只是因欺诈而陷入错误,但其本身并没有从事欺诈行为。

诚然,在因欺诈而订立的合同中,必有一方当事人实施欺诈行为。欺诈行为都是行为人故意告知对方虚假情况或隐瞒真实情况,诱使对方当事人做出错误意思表示的行为。各种欺诈行为在本质上都违反了法律关于民事行为应遵守诚实信用原则、不得欺诈他人的规定,在性质上都是故意违法的行为。从实践来看,欺诈行为对社会经济秩序和交易秩序构成极大的威胁,许多欺诈行为甚至已转化为诈骗犯罪。可见与欺诈行为作斗争也是建立社会主义市场经济法律秩序的一项重要内容。但欺诈行为与因欺诈而订立的合同是两个不同的概念。对因欺诈而订立的合同中的一方的欺诈行为予以制裁,不应绝对地使整个合同无效。

早在20世纪50年代,我国就有学者明确地指出不能将欺诈行为与受欺诈的法律行为"这两种行为混为一谈",前者可能涉及"行为的法律责任",而后者仅为效力问题。① 但遗憾的是,这一观点在学术界并没有引起应有的重视。相反,将欺诈合同的概念与因欺诈订立的合同的概念相混同的观念却极为盛行。而《民法通则》第58条将欺诈作为无效民事行为对待,"究其原因在于欺诈本身是一种违法行为,我国立法对此类行为一向采取严格禁止的态度"②。自《民法通则》颁布以来,许多学者深感将因欺诈而订立的合同作为无效合同对待的观点并不妥当,并提出了各种理由,试图说明因欺诈而订立的合同应为可撤销的合同而不是无效合同。但这些学者大都未能从区分欺诈行为与因欺诈而订立的合同着手解释这一问题。

笔者认为,不能因为一方实施了欺诈行为而宣告因欺诈而订立的合同无效。其重要原因在于,欺诈行为与因欺诈而订立的合同存在如下区别:

第一,欺诈行为本身仅指由欺诈者实施的单方违法行为,并不能因此成立具有双方意思表示(尽管一方的意思表示不真实)的因欺诈而订立的合同,后者属于双方的行为。既然双方并没有共同实施欺诈行为,那么,

---

① 参见吕敏光:《关于违反自愿原则的法律行为的几个问题》,载《教与学》1957年第1期。

② 刘守豹:《意思表示瑕疵的比较研究》,载梁慧星主编:《民商法论丛》(第一卷),法律出版社1994年版,第73页。

对于因欺诈而订立的合同的处理，便不能像对待欺诈合同那样，简单地宣告合同无效，而应当充分考虑到被欺诈方的意志及对其利益予以保护的问题。

第二，欺诈行为并不必然导致因欺诈而订立的合同的产生。因欺诈而订立的合同的产生，不仅以欺诈行为为前提，而且还要有受欺诈一方因受欺诈而陷入错误认识并作出意思表示。如果欺诈一方实施了欺诈行为，不能使他方陷入错误而作出意思表示或虽陷入错误但未作出意思表示，亦不能产生因欺诈而订立的合同。可见，欺诈行为与因欺诈而订立的合同是不同的。

第三，受欺诈人因受欺诈而作出意思表示，本身并未实施任何不法行为。受欺诈人因受欺诈而作出的意思表示毕竟不是欺诈人的真实意思表示，由于欺诈人和受欺诈人的意志及利益是完全不同甚至是对立的，因此，受欺诈人因欺诈而作出意思表示并由此订立的合同并非完全体现欺诈人的意思。法律使因欺诈而订立的合同有效，并不是使欺诈人的意志得以体现；相反，在许多情况下使欺诈人受到合同的拘束，使其承担因不履行或不完全履行合同所产生的违约责任，将会使欺诈一方承受比在合同确认无效情况下更大的不利益。

因欺诈而订立的合同完全体现的是欺诈人的意志吗？事实并非如此，为了说明问题，我们不妨将实践中发生的因欺诈而订立的合同归纳为如下三类并对其进行一一分析。

第一，履行对受欺诈人有利的合同。此类合同为司法实践中所常见。具体又可分为三种情形：一是欺诈人为骗取他人财物而故意隐瞒真相或作了虚伪陈述，诱使他人订约，但合同本身可以履行且履行对受害人有利。如虚报财产状况、隐瞒真实情况而向银行借款，借款后有能力偿还但不偿还。二是欺诈人在订立协议并占有对方财物后，故意隐匿财产或与他人虚设债务及使用其他欺诈手段，以拒不履行或不完全履行其义务。三是欺诈人在履行合同过程中从事各种欺诈行为。[①] 如以二锅头代替合同约定的茅台酒交给对方；再如，合同约定的标的物为腈纶短纤布料，却故意交付涤纶短纤布料。大量出售假冒伪劣商品的欺诈行为，都属于此类履行中的欺诈行为。实践中一些案例表明，尽管受欺诈人遭受了欺诈，

---

① 严格地说，第二、三类行为下订立的合同不应属于因欺诈而订立的合同的范畴，但因为我国司法实践和民法理论大都将其作为因欺诈而订立的合同对待，在此笔者也不表示异议。

但如果责令欺诈人按照合同的约定履行其义务,对受害人来说可能不一定是有害的。显然,就这些合同本身而言,并非体现的是欺诈人的意志。

第二,根本不能履行的合同。此类合同是指欺诈人在订立合同时根本不具有履行合同的能力,却故意捏造虚假情况或隐瞒真实情况,谎称自己具有履行合同的能力,诱使对方违约,从而占有对方的预付款、定金甚至实际交付的货物或价款。例如,谎称自己拥有某种专利产品或稀缺物资,而实际上并没有;或谎称自己具备承揽某项工程的能力而实际上根本不具备。在这些合同中,由于欺诈人不具备实际履行合同的能力,因此合同根本不可能得到履行。如果不考虑合同不能履行的因素,假定合同真正能够得到履行,对受欺诈人来说是有利的,而对欺诈人而言,反而是不利的。此类合同毫无疑问也并非体现的是欺诈人的意志。尤其应当看到,合同不能履行并不能导致合同无效。因为,履行不能是由欺诈人的过错造成的,据此欺诈人应对因自己的行为造成合同不能履行的后果承担违约责任,而违约责任承担的前提是合同有效而不是合同无效。

第三,履行对受欺诈人不利的合同。例如,欺诈人冒用或盗用他人名义订立合同,谎称其出售的标的物具有某种功能而实际上并无此功能;或出售假冒他人商标的商品等。这类合同的主体一方或合同的基本条款(如关于标的物的约定)本身是虚假的,如果履行这些虚假的条款,只能使受欺诈人蒙受损害。这些条款确实体现的是欺诈人的意志,受欺诈人接受这些条款,乃是遭受欺诈的结果。但此类合同在因欺诈而订立的合同中毕竟并不十分普遍,对其可以用撤销合同的办法使受欺诈人获得救济。由受欺诈人提出撤销合同,即可完全达到该效果。

以上分析表明,因欺诈而订立的合同并不都是欺诈人意志的体现。而使此类合同有效,并非完全符合欺诈人的意志和利益。相反,在许多情况下,合同的实际履行与欺诈人的意志和利益是完全违背的。由此可见,那种关于制裁欺诈行为必须确认因欺诈而订立的合同无效的观点是极不妥当的。

严格地说,因受欺诈而为的意思表示在本质上属于一种意思表示不真实,学者通常将其称为"有瑕疵的意思表示"[1],或者说表意人在缺乏意思自由的情况下作出的意思表示。[2] 这就是说,从表面上看,受欺诈一方

---

[1] 史尚宽:《民法总论》,正大印书馆1980年版,第381页。
[2] 参见沈达明、梁仁洁:《德意志法上的法律行为》,对外贸易教育出版社1992年版,第144页。

表达了自己的意思,但由于其意思是在欺诈方提供虚假情况、隐瞒事实的情况下所形成的,受欺诈人因对方的欺诈行为而陷入一种错误的认识,从而缺乏完全的意志自由和判断能力,因此其所表达的意思与其追求的订约目的和效果可能不完全符合。这样,法律赋予受欺诈人撤销合同的权利。

将因欺诈而订立的合同作为可撤销的合同对待,是民法的意思自治原则及合同自由原则的必然要求。由于法律对因欺诈而订立的合同的着眼点在于为受欺诈人提供救济,因此,在处理此类合同时,即应按照意思自治和合同自由的精神,充分尊重受欺诈人的意愿,这就是说,要赋予受欺诈人一方撤销合同的权利,使其能够审时度势,在充分考虑自己的利害得失后作出是否撤销合同的决定。从实际情况来看,由于受欺诈人所作出的意思表示乃是意思表示不真实行为,而其意思表示是否真实,局外人常常无从判断,即使局外人知道其意思表示不真实且因此受到损害,而受欺诈人从自身利益考虑不愿意提出撤销,按照意思自治原则和合同自由原则,法律也应当允许而不必加以干涉。尤其应当看到,我国法律承认重大误解属于可撤销合同的范畴,而重大误解下订立的合同与因欺诈而订立的合同,在表意人发生认识错误且基于此错误认识而作出意思表示方面是相同的,只不过两者发生的原因有所不同罢了(错误通常是因自身的原因造成的)。所以,我们赞成这一种观点,"若撇开原因不管,那么在表意人不知发生错误认识进而为错误表示方面,错误与欺诈并无差别"①。既然我国法律将重大误解下订立的合同作为可撤销合同,那么,同样也应该将因欺诈而订立的合同作为可撤销合同对待。

四、保护功能——允许受欺诈人选择保护方式是可撤销制度的独特功能

将因欺诈而订立的合同作为无效合同而不是可撤销合同对待,表面看来似乎对受欺诈人有利。因为宣告因欺诈而订立的合同无效后,责令欺诈一方返还其所占有的受欺诈人一方的财物,并赔偿其给受欺诈人造成的损失②,确实可以为受欺诈人提供一种补救。受欺诈人因合同的无效

---

① 刘守豹:《意思表示瑕疵的比较研究》,载梁慧星主编:《民商法论丛》(第一卷),法律出版社1994年版,第73页。

② 参见《民法通则》第61条。

而获得上述补救措施,可使自己达到合同从未订立即没有受到欺诈的状态,这可能对受害人有利。据此许多学者推论,凡是宣告合同无效,都是有利于受欺诈一方的,尤其是由法院主动确认合同无效,更能及时保护受欺诈人的利益。①

笔者认为,上述观点虽不无道理,但具有明显的片面性。一方面,无效制度对受欺诈人提供的救济手段和保护措施通过可撤销制度完全可以达到。换言之,宣告无效和撤销的后果完全是一样的。正如《民法通则》第61条第1款所规定的:"民事行为被确认为无效或者被撤销后,当事人因该行为取得的财产,应当返还给受损失的一方。有过错的一方应当赔偿对方因此所受的损失,双方都有过错的,应当各自承担相应的责任。"可见,就返还财产和赔偿损失的补救方式来说,确认无效和撤销都是一样的,确认无效对受害人的保护作用完全可以通过撤销制度来达到。另一方面,如果确认因欺诈而订立的合同是无效合同,国家应对该合同进行干预,不管受欺诈人是否主张无效,这类合同都应当是当然无效的。这就会使欺诈一方根本不受合同效力的拘束,从而不利于对受害人的保护。即使由法院决定是否宣告合同无效,也因为法院一旦发现合同有欺诈因素,则不管受欺诈一方是否愿意保持合同的效力,都应当主动地确认合同无效。这就完全限制了受欺诈人的选择权利,忽视了对受欺诈人的利益的保护。下面试举一案分析:

在"浙江省兰溪市灵洞纺织厂诉浙江省新昌县粮油综合大楼等无效连环购销合同质量纠纷案"②中,第三人曾于1991年5月初与被告口头协定,第三人有1.5×38巴西腈纶短纤200吨提供给被告。被告表示同意,但要求第三人提供腈纶短纤的商检单及小样。第三人明知是1.5×38巴西涤纶的商检单及小样,仍以所谓1.5×38巴西腈纶短纤的商检单、收据及小样提供给被告。被告以为第三人提供的是巴西腈纶短纤,又以同样的方式与原告签订了购销巴西腈纶短纤合同一份。合同约定,由被告向原告提供1.5×38巴西腈纶短纤40吨,每吨人民币1.33万元,交货日期为同年6月10日之前,对技术标准和质量要求,以被告提供的商检单、收据和小样为准。同年6月11日、21日,原告、被告与第三人一起到上海市吴泽关港仓库提货,两次共提59件,合计重量为19.984吨。原告提货后,先用手工方式进行鉴别,发现质量有问题,即送交浙江省纤维检验所

---

① 参见刘斌:《民事诈欺新探》,载《政治与法律》1990年第1期。
② 参见中国高级法官培训中心、中国人民大学法学院编:《中国审判案例要览(1993年综合本)》,中国人民公安大学出版社1994年版,第808页。

鉴定,结果证明原告所送交的样品为涤纶,不是合同约定的 1.5×38 巴西腈纶短纤。原告立即与被告交涉,后在法院提起诉讼。上海市闵行区人民法院于 1992 年 3 月 10 日作出判决,认定该连环购销合同因第三人使用欺诈手段订立而无效,原告、被告应相互返还货物或货款,原告的经济损失 29 840.89 元由第三人负责赔偿。

应当说,该案中法院认定的事实是清楚的,法院援用《经济合同法》(现已失效)第 7 条关于采用欺诈、胁迫等手段所签订的合同为无效的规定,判决原告、被告及第三人之间所订立的连环购销合同为无效合同具有法律依据。问题在于,从该案及有关的情况来看,法律关于因欺诈而订立的合同均为无效合同的规定,确实严格限制了受欺诈方的选择,而不利于充分保护受欺诈方的利益。具体来说:

第一,关于合同的效力确定问题。一审法院认为,该案中第三人与被告之间订立购销 1.5×38 巴西腈纶短纤的合同,被告又与原告订立同一标的物的购销合同,因此成立了连环购销合同。在此情况下,若第一个购销合同因欺诈而被确认为无效,则后一个购销合同自然也应被确认为无效。笔者认为,从该案来看,尽管是连环购销合同,但却是两个完全不同的合同关系,被告与第三人之间的合同属于欺诈合同并应被确认为无效,然而在原告与被告之间的合同关系中,不能认定被告具有欺诈行为。因为被告确实不知第三人提供的货物不是巴西腈纶短纤而是涤纶,特别是因为第三人向被告提供的虚假的商检单、收据及小样均使被告信以为真。第三人在交货时,被告又没有加以检验,因此被告并没有故意告知虚假性情况和隐瞒真实情况,诱使对方当事人作出错误意思表示,可见被告只是因发生了误解而销售了与合同约定的标的不符的物品,其本身并未实施欺诈行为。所以,认为连环购销合同中一个合同无效必然导致另一个合同无效的观点,既否认了合同的相对性规则,而且也与该案的情况不符。然而,由于法律将因欺诈而订立的合同规定为无效合同,因此我国司法实践一般认为,在连环购销合同中,第一个合同因欺诈而无效,第二个合同的当事人无论是否从事了欺诈行为,也因为标的物的同一性而应被确认为无效。因为欺诈行为违反诚实信用原则,是社会主义市场经济的道德规则与法律规定所不容许的,理应受到制裁。[①]

由此可见,将因欺诈而订立的合同规定为无效合同,不仅使得在连环

---

① 参见中国高级法官培训中心、中国人民大学法学院编:《中国审判案例要览(1993年综合本)》,中国人民公安大学出版社 1994 年版,第 809 页。

合同中一个涉及欺诈的合同无效，而且将导致与前一个合同相联系的第二个乃至第三个合同无效。对这些合同的效力的确定，受欺诈人丝毫不能作出选择。如果因欺诈而订立的合同属于可撤销的合同，那么，在连环购销合同中第一个合同是否应被撤销完全可由受欺诈的一方当事人决定。即使受欺诈人选择了撤销，其撤销也不得对抗善意第三人，不应当然使第二个合同无效。尤其应当看到，可撤销的合同常常是与合同的变更联系在一起的。根据《民法通则》第59条的规定，可以将可撤销合同称为"可变更、可撤销的合同"，允许当事人既可以主张变更，又可以主张撤销。由于合同的变更是在维护原合同效力的情况下，对原合同关系作出某种修改或补充。合同的变更仅影响到合同的局部内容，而不导致合同的消失，所以法律对可撤销的合同允许当事人既可以撤销又可以变更，这不仅使当事人享有了选择是否维持合同关系的权利，而且在当事人选择了变更合同而不是撤销合同的情况下，对稳定合同关系、鼓励交易也是十分有利的。例如，在该案中，如果被告与原告都希望得到第三人实际交付的标的物即巴西腈纶短纤，那么双方协商变更合同的价格等条款，就使受欺诈人与善意的第三人获得了一种选择是否消灭合同的机会和权利。这对其当然是十分有利的。如果受欺诈人能够作出这些选择，将会避免许多合同因被宣告无效而消灭，将会减少许多财产的损失和浪费。

第二，当事人对债权请求权的选择。请求权是指请求他人为一定行为或不为一定行为的权利。债权人向债务人提出请求，若其请求权得到实现，则意味着债务人将承担相应的责任。所以，债权人基于何种请求权而提出请求，不仅将决定其权利的实现，而且将直接影响到债务人所承担的责任。在因欺诈而订立的合同成立以后，受欺诈一方能够向欺诈一方提出的请求越多，则意味着能够维护其自身利益的手段就越多，其权利的实现就越有保障。

就上面所举案例来说，如果第三人与被告之间的合同属于可撤销的合同，则该合同的效力不应影响到原告与被告之间合同的效力。在此情况下，原告至少可以对被告提出三种请求：其一，根据重大误解请求撤销原告与被告之间的合同。从该案来看，将涤纶作为巴西腈纶短纤出卖给原告，乃是当事人对合同的重要内容即标的发生的误解。且此种误解给原告造成重大损失，因此可以构成重大误解。据此原告可以要求撤销合同。其二，根据被告的违约行为要求被告承担违约责任。从该案来看，被告交付的货物与合同约定的标的物完全不符，已构成违约。即使被告以其发生误解为由提出抗辩,也不能成立。因为,误解并不是违约的合法抗辩事由,在交易中,任何出卖人都不能以自己不了解自己出售的标的物的情况,对自己出售的标的物发生认识错误等为由否认违约行为的成立,并否认违约责任。一旦出卖人交付的货物不符合合同约定且无法定或约定的正当理由,则应负违约责任。更何况,在该案中,被告在与第三人订约后对第三人出售的货物不作详细了解就与原告订约,在第三人交货以后,被告不作检验即交付给原告,这些都表明被告具有明显的过错。原告基于被告的违约,可要求被告承担违约责任。其三,根据被告的违约行为而解除合同。在该案中,被告交付的货物完全不符合合同的约定,属于交付异种物的行为,异种物的交付不是交付的商品有瑕疵,而是在性质上应认为根本没有交付。此种违约行为使非违约方不能得到其订立合同所期待的利益,因此构成根本违约。据此,在该案中,原告如果希望继续得到合同约定的货物,可要求被告继续履行;如不愿意接受该批货物,可要求解除合同。如果被告是欺诈人,则原告在因欺诈而订立的合同不属于无效合同的情况下,也可以选择上述各项债权请求权。由于上述方式均可以由原告作出选择,这样原告可以选择对其最为有利的方式以维护其利益。但如果将因欺诈而订立的合同作为无效合同处理,则将会出现该案的判决结果,即因被告与第三人的合同涉及欺诈而无效,原告与被告之间的合同被宣告无效。原告只能接受一种后果即无效的后果,不能作出其他的选择。

第三,对责任形式的选择。责任形式是指承担民事责任的方式,如损害赔偿、支付违约金、实际履行、双倍返还定金等各种责任形式。如果因欺诈而订立的合同属于无效合同,欺诈人主要应承担返还财产和赔偿损失的责任,而不应当承担其他的责任。但如果因欺诈而订立的合同属于可撤销的合同,那么受欺诈一方可以对多种责任形式进行选择。例如,在前述案件中,如果被告希望得到合同约定的标的物(1.5×38 巴西腈纶短纤 40 吨),可以要求第三人实际履行合同,或请求其更换货物。如果合同中约定了定金和违约金,适用定金和违约金责任对其更有利,也可以不撤销该合同而要求第三人承担违约责任。如果该批货物市价上涨得很高,被告也可以请求第三人赔偿合同价与市价之间的差额,而此种赔偿只有在合同有效的情况下才能提出请求。例如,合同约定巴西腈纶短纤的每吨价格为人民币 1.33 万元,而市场价已涨至 1.5 万元,那么被告向第三人提出赔偿的数额可为:$(1.5 - 1.33) \times 40 = 6.8$(万元)。对于原告来说,同样可如此请求。如果其与被告之间的合同不受先前合同效力的影响,那么,原告可以要求被告更换标的物,支付违约金,也可以要求被告赔偿期待利益的损失。

第四,对责任竞合的选择。欺诈行为不仅仅导致因欺诈而订立的合同的产生,而且也可能成为民法上的侵权行为。根据许多大陆法系和英美法系国家民法的规定,构成侵权行为的欺诈是指行为人"通过欺诈或隐瞒等手段"故意从事不法侵害他人生命、身体、健康、自由、所有权或其他权利,对被害人负损害赔偿责任的行为。① 在英美法系中,自 1798 年 Pasley v. Freeman 一案以后,便开始将欺诈行为作为侵权行为的一种类型而对待。② 当然从英国 1778 年 Stuart v. Wikins 一案开始,英美法系认为,凡违反担保义务(breach of warranty)的应以违约起诉,而不应以侵权行为之诉请求赔偿。但这个标准并没有区分欺诈情况下违约与侵权的界限。英美法系通常都将故意的不实表示称为"欺诈性的侵权行为"(the tort action of deceit)③,受欺诈人既可以基于侵权行为要求赔偿,也可以基于违约责任而要求赔偿。

笔者认为,受欺诈人因欺诈行为而作出了意思表示,如果此种意思表示对其有利,自然无损害可言,也不会成立侵权行为。如果因欺诈行为确实对另一方造成了重大损害,而仅仅允许其撤销合同难以提供补救,应允许受害人既可以根据侵权行为要求赔偿损失,也可以根据违约责任要求赔偿其期待利益的损失,以充分维护受害人的利益。例如,在前述案件中,原告、被告遭受了各种费用的损失,则可以这些损失是因第三人欺诈性的侵权行为所致为由,要求其赔偿损失。即使原告与第三人之间没有合同关系,也可以根据侵权请求权向第三人要求赔偿费用的损失。同时,被告可以基于违约请求第三人赔偿期待利益的损失,原告也可以基于违约要求被告赔偿期待利益的损失。

上述违约责任和侵权责任竞合现象的产生对受欺诈人毫无疑问是有利的,使其可选择不同的请求权以维护其利益。但是,责任竞合只有在将因欺诈而订立的合同作为可撤销合同对待的情况下才有可能产生。如果因欺诈而订立的合同属于无效合同,则只能将此类合同确认为无效,并按无效合同处理,而不可能发生责任竞合。我国司法实践中基本不承认因

---

① 参见王家福主编:《民法债权》,法律出版社 1991 年版,第 349 页。
② See Pasley v. Freeman, 3 T. R. 51, 100 Eng. Rep. 450(1789).
③ See W. Prosser, W. Keeton et al., Prosser and Keeton on the Law of Torts, 5th ed., West Publishing Co., 1984, p.205.

欺诈而订立的合同中的竞合现象,其原因也在于此。实践证明,这对保护受欺诈人的利益来说并非最好的选择。

总之,将因欺诈而订立的合同作为无效合同处理,并不利于充分保护受欺诈一方的利益。确认无效对受害人的保护作用,完全可以通过撤销合同的办法来达到。但是,将因欺诈而订立的合同作为可撤销的合同,由此所产生的对受害人的各种保护措施和作用是简单地确认合同无效的办法所不可能具有的。据此,笔者认为,将因欺诈而订立的合同确认为无效合同,并不符合合同法所确立的切实保障当事人合法权益的目的。

有一种观点认为,将因欺诈而订立的合同作为无效合同对待,其宗旨在于加强国家对于合同关系的干预。因为"我国民法与西方国家民法在法律行为概念上的这种差别,反映社会本位与个人本位的不同立场,以及国家对民事领域进行干预的不同态度"①。此种观点有一定道理。但笔者认为,加强国家干预,本身就是为了充分保护受欺诈人的利益,防止因欺诈行为而使广大消费者蒙受损害。加强国家干预与保护受欺诈人利益并不矛盾。那么,受欺诈人是否会因无力提出或不知如何提出请求而需要国家干预,由法院主动确认合同无效?笔者认为,从实践来看,受欺诈人即使遭受欺诈,一般也均能根据自己利益的考虑作出是否撤销合同的决定。尤其是随着市场经济的进步与发展、公民法律意识的逐渐增强,当事人不仅是自身利益的最佳判断者,也完全有能力通过行使法律赋予的权利而保护自己的利益。私法自治是市场经济的必然要求,使因欺诈而订立的合同成为可撤销的合同也是私法自治的体现。在这个问题上,法律没有必要也不可能越俎代庖去充当万能的保护人。

五、制裁功能——无效制度较之于可撤销制度具有明显缺陷

将因欺诈而订立的合同作为无效合同的主要理由是:欺诈行为乃是一种故意违法行为,对于欺诈行为人予以制裁,可以限制和消除此类不法行为,维护社会经济秩序。只有确认因欺诈而订立的合同无效,才能体现对欺诈行为的制裁。② 而使因欺诈而订立的合同成为可撤销的合同,就可

---

① 佟柔主编:《中国民法》,法律出版社1990年版,第176页。
② 参见叶向东:《民事欺诈行为的认定和处理》,载《中央政法管理干部学院学报》1994年第1期。

能使这类合同有效,其结果将会纵容欺诈行为。

笔者认为这一观点是值得商榷的。如前所述,欺诈行为并不等于因欺诈而订立的合同,由于因欺诈而订立的合同在多数情况下并不完全体现欺诈人的意志,从而,合同的实际履行反而是符合受欺诈人的意志及利益并有利于受欺诈人的。因此,使合同有效并由欺诈人承担合同的履行责任和其他违约责任,不仅能对受欺诈人提供充分的补救,而且由于这种责任正是欺诈人所根本不愿承担的,结果将会形成对欺诈人的有效制裁。具体来说表现在如下六点:

(一)实际履行责任的确定

对于因欺诈而订立的合同,如果受欺诈人愿意继续保持合同的效力,则可以要求欺诈人继续履行合同。在许多情况下,继续履行合同对受欺诈人是有利的。如欺诈行为人故意隐瞒商品的瑕疵、出售假冒伪劣产品等,也并不意味着继续履行合同对受欺诈人是完全不必要的,更不意味着继续履行合同必然不利于受欺诈人。如果受欺诈人希望得到合同约定的标的物,其可以要求欺诈一方交付该标的物。即使欺诈的一方交付的是假冒伪劣产品,受欺诈的一方如果认为只有得到合同约定的产品才能达到其订立合同的目的,他可以要求欺诈方依据合同约定予以更换、重作或者对标的物进行修理。"在假冒商品买卖中,消费者凭借商标识别和选择商品,接受卖方提出的价格,双方拍板成交。当消费者交付货款之后,商家绝对有义务交付与商标一致的货物。"[①]事实上,欺诈行为中销售假冒伪劣产品或故意隐瞒商品的瑕疵,都表明欺诈方根本不愿意按合同约定的质量标准交付标的物,换句话说,其根本不愿意履行合同所约定的义务。对受欺诈人来说,合同的履行虽使其蒙受了欺诈,但其真实意愿是得到合同约定的标的物。假如确认合同无效,欺诈人不再承担交付合同约定的标的物的义务,不仅将使受欺诈人的订约目的不能得到实现,而且使欺诈人免除了按合同约定交付标的物的义务。这样的结果,即使不是欺诈人最愿意获得的目标,至少也是其愿意接受的结果。这如何能体现对欺诈人的制裁呢?

在许多借款合同中,某些借款人常常以其欺骗了贷款人(如银行)为由,要求确认合同无效,从而使其不受合同的拘束,并被免除支付利息和

---

① 方流芳:《从王海现象看受欺诈人的法律救济问题》,载胡旭晟主编:《湘江法律评论》(第一卷),湖南出版社1996年版,第302—319页。

罚息的责任。这当然对受欺诈的贷款人是不利的,而只有继续保持合同的效力,使恶意的借款人承担依合同约定还本付息、支付罚息的责任,才能体现对欺诈人最为严厉的制裁作用。

(二) 损害赔偿责任的确定

对因欺诈而订立的合同而言,如果该合同被确定为有效,根据两大法系的观点,受害人有权基于合同要求欺诈一方赔偿合同在正常履行情况下所应得的利益,即要赔偿期待利益的损失。所谓期待利益,是指当事人在订立合同时期望的在合同严格履行情况下所能够得到的利益。对期待利益进行保护,可以有效地防止实行欺诈行为的被告从其欺诈行为中获取不当利益,同时也极有利于保护受欺诈的一方。因为受欺诈人尽管受到了欺诈,其仍可以获得从交易中或基于对方的允诺所应得到的全部利益。在因欺诈而订立的合同仍然有效的情况下,受害人的期待利益应根据其应该得到的利益与其实际得到的利益之间的差距来计算。如果对方拒绝履行,则受害人的期待利益就是违约方应该作出的全部履行。在欺诈一方不适当履行的情况下,受害人的期待利益可根据其应该得到的履行价值与实际得到的利益之间的差距来确定。

期待利益的赔偿,对受害人最为有利的是可以请求所失利益的赔偿。根据英美法,在故意欺诈情况下,原告可以请求对方赔偿所失利益。所谓所失利益是指双方依商业交易契约之约定,被告若无故意不实表示,原告可合理确定(reasonable certainty)之利益。例如甲为诱使乙以 1 万元购买某物,甲对乙声称该物价值 15 000 元,乙完全信以为真,但物实际上只值 7 000 元,这样受欺诈人可根据所失利益理论,请求赔偿 8 000 元(15000 - 7000 = 8 000),亦即损害赔偿系原告实际所受价值与原告应受价值之差价。[①] 在我国司法实践中,尽管可得利益的赔偿适用范围并不广泛,但是为适应市场经济的发展,适用范围将会逐渐扩大,因为只有赔偿可得利益的损失,才能充分保护受害人的利益,并使受害人获得合同在正常履行情况下所应得到的利益,从而有利于维护合同的效力。

对期待利益的赔偿只限于在合同正常履行的情况下才能获得,如果合同被确认为无效,则因为当事人之间根本不再存在合同关系,受欺诈人就不能获得合同在正常履行情况下的利益,也就不能主张期待利益的赔

---

① See W. Prosser, W. Keeton et al., Prosser and Keeton on the Law of Torts, 5th ed., West Publishing Co., 1984, p. 768.

偿。如果受欺诈人遭受了损害,则按照两大法系的判例和学说,受害人所能获得的赔偿乃是信赖利益(reliance interest)赔偿。所谓信赖利益是指"法律行为无效而相对人信赖其为有效,因无效之结果所蒙受之不利益,故信赖利益又名消极利益或消极的契约利益"①。可见,信赖利益的赔偿主要适用于合同被确认无效以后的赔偿问题。信赖利益的赔偿运用的基本目的是使当事人处于合同订立前的状况。当事人在合同订立以前的状况与现有状况之间的差距,就是欺诈人所应赔偿的范围。如果合同尚未履行,其履行费用一般不高于期待利益的损失。② 在前引浙江省兰溪市灵洞纺织厂诉浙江省新昌县粮油综合大楼等无效连环购销合同质量纠纷一案中,第三人向被告出售假货,被告因误解将假货又出售给原告。如果不确认连环合同当然无效,原告可以要求被告依照合同的约定交付真货,也可以要求被告赔偿期待利益的损失,即赔偿真货的市场价格与合同价格的差价。如果原告与他人订立了转售合同,对因转售可获得的利润可以要求被告赔偿,而被告在向原告赔偿以后,可将其损失转嫁给第三人。如果确认第三人与被告、被告与原告之间的合同都无效,原告只能要求被告赔偿信赖利益的损失,即只能要求被告赔偿其为履行合同所支付的各种费用。显然,这些费用的损失大大低于其蒙受的利润损失。由于被告应向原告赔偿的数额不大,所以真正的欺诈人即第三人所承担的赔偿责任也将明显减少。可见,确认因欺诈而订立的合同当然无效,欺诈人所承担的赔偿责任将明显少于在合同有效情况下所应承担的赔偿责任。正如有的学者所指出的,即使在欺诈人出售假冒伪劣产品的情况下,受欺诈人主张合同有效,要求违约损害赔偿对其十分有利。③ 他如果愿意保留假货,可以要求欺诈人赔偿其因交付假货所遭受的利润损失(如转售利润的损失、合同价格与真货的市场价格的差额等)。由此也说明在因欺诈而订立的合同当然无效的情况下,就损害赔偿而言,许多情况下只会利于欺诈人而不利于受欺诈人,从而也就难以体现对欺诈人的制裁。

(三) 惩罚性损害赔偿的运用

针对交易中各种严重的欺诈行为,特别是出售假冒伪劣产品的欺诈

---

① 林诚二:《民法上信赖利益赔偿之研究》,载《法学丛刊》1973 年第 73 期。
② 只有在例外情况下受欺诈一方由于信赖合同有效和将要被履行而付出了巨大的代价,这些花费甚至超过了期待利益。也就是说,超过了在合同履行情况下应该获得的利益这种情况下,则赔偿信赖利益的损失对原告更为有利。
③ 参见方流芳:《从王海现象看受欺诈人的法律救济问题》,载胡旭晟主编:《湘江法律评论》(第一卷),湖南出版社 1996 年版,第 302—319 页。

行为的大量存在,1994 年《消费者权益保护法》第 49 条明确规定:"经营者提供商品或者服务有欺诈行为的,应当按照消费者的要求增加赔偿其受到的损失,增加赔偿的金额为消费者购买商品的价款或者接受服务的费用的一倍。"这就在法律上确立了惩罚性损害赔偿制度。惩罚性损害赔偿制度的运用无疑对鼓励消费者运用法律武器同欺诈行为作斗争、切实保护其自身利益方面具有重要作用。但惩罚性损害赔偿适用的前提究竟是有效合同还是无效合同,值得探讨。有一种观点认为,惩罚性损害赔偿并不是以合同有效为前提的损害赔偿。① 笔者认为,惩罚性损害赔偿的适用应以合同有效为前提。因为合同被确认为无效后,双方不存在合同关系,当事人应当恢复到合同订立前的状态。受欺诈人可以请求获得赔偿的损失应当为其在合同订立之前的状态与其现有状态之间的差价。这就是我们所说的信赖利益的损失。如果在无效情况下仍然适用惩罚性损害赔偿,那就意味着双方并没有恢复到原有状态,受害人因此获得了一笔额外的收入。但如果在合同有效情况下适用惩罚性损害赔偿,则可以认为这一赔偿代替了受害人可以获得的、在实践中又难以计算的可得利益的损失。从这个意义上讲,受害人获得该种赔偿也是合理的。总之,如果将因欺诈而订立的合同作为无效合同对待,是很难解释惩罚性损害赔偿的运用问题的。如不能适用惩罚性损害赔偿,将大大减轻欺诈人的责任,这当然不能体现制裁欺诈行为的作用。

(四) 违约金和定金责任的承担

所谓违约金责任是指预先确定的、在违约后生效的独立于履行行为之外的给付。违约金适用的前提是一方已构成违约并应承担违约责任,而违约责任是指一方违反了有效合同约定的义务所应负的责任。可见,违约金作为违约后生效的一种补救方式,只适用于合同有效的情况,而不适用于合同无效的情况。如果合同明确约定了违约金数额,而请求欺诈一方支付违约金对受欺诈一方极为有利,那么受欺诈一方应选择使合同有效,并要求欺诈人承担违约责任。同样的道理,如果当事人在合同中约定了违约损害赔偿的数额和计算方法,适用违约损害赔偿对受欺诈人有利,其也应当根据有效合同提出请求。但是,如果将因欺诈而订立的合同作为无效合同对待,受欺诈人则不可能作出此种选择。

---

① 参见方流芳:《从王海现象看受欺诈人的法律救济问题》,载胡旭晟主编:《湘江法律评论》(第一卷),湖南出版社 1996 年版,第 302—319 页。

如果当事人在合同中约定了定金,那么在合同被确认无效的情况下,也不应适用定金罚则。我国《担保法》第 89 条规定,"给付定金的一方不履行约定的债务的,无权要求返还定金;收受定金的一方不履行约定的债务的,应当双倍返还定金"。可见,我国法律规定的定金罚则仅适用于不履行行为即违约行为,定金罚则乃是违约责任。而违约责任存在的前提是合同有效,如果合同已被撤销,则根本不存在合同义务及违反合同义务的问题,因此也就不能适用违约责任包括定金责任。尤其是在主合同无效以后,作为从合同的定金也应随之而无效,这是由从债附随于主债的规则所决定的。可见,如果将因欺诈而订立的合同作为无效合同对待,将会完全剥夺受欺诈一方要求支付定金的权利。

(五) 担保责任的承担

如果主合同设有担保之债,那么在主合同被确认无效的情况下,依据主合同效力决定从合同效力的原则,担保合同也自然无效,担保人也自然不再承担担保责任,而只能根据《担保法》第 5 条的规定按过错分担一部分赔偿责任。而对于因欺诈而订立的合同而言,如果简单地宣告其无效,并使担保合同也相应失效,这对受欺诈的债权人来说并不有利。例如,在借款合同中,如果借款人以其实施了欺诈行为为由而要求确认借款合同无效,则银行不能请求担保人代为履行,而只能请求担保人依据其过错承担部分责任,这当然是对银行极为不利的。如果主债务人既是债务人又是担保人,则确认合同无效,将使其免除担保责任,这正是其极力追求的结果。

正是因为上述原因,在因欺诈而订立的合同中,受欺诈一方即使遭受了重大损害,继续保持合同的效力,常常最能充分保护受欺诈人。当然无效的评价使欺诈人根本不受合同效力的拘束,根本不用承担任何实际履行的责任和违约责任,"这实际上为不法行为人利用法律行为形式从事欺诈活动留下漏洞"[1]。如果欺诈人在标的物的市场价格已经上涨,不愿意以合同约定的价格交付标的物时,他可以公开承认自己实施了欺诈行为,主动要求法院确认合同无效。如果他不愿意承担偿还利息的责任、支付约定的损害赔偿金的责任,及支付一大笔可得利益损失的赔偿金的责任,或者在提供担保以后不愿意承担担保责任等,他也必然会不知羞耻地承认自己从事了欺诈行为,并以欺诈为借口要求确认合同无效。由于现行

---

[1] 董安生:《民事法律行为——合同、遗嘱和婚姻行为的一般规律》,中国人民大学出版社 1994 年版,第 138 页。

立法规定因欺诈而订立的合同属于当然无效的合同,这样,一旦欺诈人提出合同具有欺诈因素,要求确认合同无效,法院也只能被迫确认合同无效。这就出现了一种奇怪的现象,即无效制度的初衷是为了制裁欺诈人,不使其意志得以实现,但适用的结果却使欺诈人的意志和利益得以畅通无阻地实现。确认合同无效使欺诈人承担赔偿损失和返还财产的责任,常常并没有使其蒙受多少不利益。欺诈人实施欺诈行为最终所付出的成本是很小的,这样的规则根本不能体现对欺诈人的制裁,反而从某种意义上纵容了欺诈行为。

(六) 无效并不利于维护交易秩序

所谓秩序,是指社会中存在的某种程度的关系的稳定性、结构的一致性、行为的规则性、进程的连续性、事件的可预测性以及人身财产的安全性。[①] 所谓交易秩序,是指在商品和劳务的交换活动以及其他的财产流转中所应具有的稳定性和规则性。只有在交易有序进行的情况下,交易当事人才能最大限度地实现其通过交易所取得的利益,特别是期待交易所实现的利益。交易的有序性也是经济能得到高效率运行的前提,任何无序状态都会造成交易的低效率和社会资源的浪费。合同法作为以调整交易关系为主要目的的法律,必然应以维护交易秩序作为其基本任务。

将因欺诈而订立的合同作为无效合同对待,其主要理由在于维护社会经济秩序。此种观点认为,由于当前我国正处于新旧体制转轨时期,市场经济秩序尚未真正建立,加上执法监督不力,在市场交易活动中,欺诈行为相当普遍,而且愈演愈烈,有的甚至触犯刑法而构成犯罪。为了限制和防止欺诈行为的发生,维护社会主义经济秩序,就需要将欺诈行为作为一种无效行为对待并制裁不法行为人。[②] 这种观点有一定的道理,因为在确认因欺诈而订立的合同无效以后,责令欺诈人向受欺诈人返还财产、赔偿损失,在某些情况下对欺诈人是不利的,据此可以体现对欺诈人的制裁和对秩序的维护。然而,正如笔者在前面的分析中所指出的,确认合同当然无效,使欺诈人不再受合同的拘束,不承担任何违约责任,在许多情况下对欺诈人反而是有利的,从而根本不能体现维护交易秩序的作用。

就维护交易秩序而言,强调无效制度的作用而忽视违约责任制度的

---

① 参见张文显:《法学基本范畴研究》,中国政法大学出版社1993年版,第258页。
② 参见叶向东:《民事欺诈行为的认定和处理》,载《中央政法管理干部学院学报》1994年第1期。

重要意义,是对合同法规范的功能缺乏足够的认识和了解的表现。美国学者杨格指出:"市场活动只在得到确定保障的情况下才会进行。一个整体的法律秩序对一个市场的存在是必不可少的。合同法为市场的运转提供保障、秩序和必需的手段,并且提供整个体制稳定发展的活力。"[1]合同法的全部规则都是为维护交易安全而设定的,而违约责任制度乃是确保"合同必须严守"的规则得以实现、严格维护合同效力从而维护交易安全的重要措施。因为有法律责任的强制性作为保障,当事人的合意才能像一把"法锁"一样拘束着他们自己。责任的强制性和制裁功能是纠正不法行为、预防和减少违约的发生、维护交易秩序所必需的。可以说,违约责任制度在合同法中是维护交易秩序最重要的规则。由于这一制度适用的前提是合同有效而不是合同无效,因而宣告因欺诈而订立的合同无效的必然结果是免除欺诈人的违约责任。这样,在欺诈人所应当承担的违约责任明显重于其在合同被宣告无效后所应承担的责任的情况下,欺诈人必然会出于对自身利益的考虑,主动承认自己具有欺诈行为,并要求法院根据其欺诈行为而确认合同无效。所以,承担合同无效后的责任对欺诈人并没有形成硬化的"成本约束",换言之,欺诈人从事欺诈行为所付出的代价很少。这样"一个明显具有恶意的欺诈人,往往在履行合同对自己不利而违约赔偿又超过无效合同赔偿的情况下,可以自动承认欺诈而主张合同无效,从而全部或部分地逃避责任。实施欺诈的一方取得了法律赋予的一种特权"[2]。这在某种程度上纵容了欺诈行为的发生。因为一个人在从事了欺诈行为以后,还会在法院主动承担欺诈的责任,表明欺诈的责任对其并无重大不利,他可以继续再从事类似的欺诈活动。这不仅不能起到维护社会经济秩序的作用,反而有害于交易秩序。

欺诈人主动请求确认合同无效,也使受欺诈人因合同无效而不能得到在合同有效的情况下所应该得到的利益。因合同无效使受欺诈人订立合同所追求的目的也完全落空,这对受欺诈人来说是极不公平的。在这些情况下,对受欺诈人利益的维护在很大程度上受制于欺诈人,欺诈人要求确认合同无效,受欺诈人也被迫接受明显对其不利的后果。因而无辜的受害人在法院起诉要求获得保护的时候,反而受到恶意的欺诈人的控

---

[1] 转引自王家福、谢怀栻、梁慧星等著:《合同法》,中国社会科学出版社1986年版,第7页。

[2] 方流芳:《从王海现象看受欺诈人的法律救济问题》,载胡旭晟主编:《湘江法律评论》(第一卷),湖南出版社1996年版,第302—319页。

制。这正像一些学者所指出的:"乃是一种奇怪的法律!"①

对交易秩序的维护重在对"动的安全"的维护,交易越发展,"动的安全"越重要。确认因欺诈而订立的合同无效,除不能有效地制裁欺诈人以外,其不利于维护交易"动的安全"的特点还表现在如下三个方面。

第一,由于确认因欺诈而订立的合同无效,乃是一种当然的绝对的无效,因此在任何一方没有向法院请求确认合同无效以前,该合同也应该是当然无效的,此类合同不待任何人主张,也不待法院或仲裁机关确认和宣告,即属无效。② 这就使此类合同在订立以后其效力处于一种极不稳定的状态。一方面,欺诈人如果不愿意履行合同(如故意将假货说成真货,不愿意交付真货),可以欺诈为由提出合同无效;另一方面,如果受欺诈人在合同订立以后虽感到自己遭受了欺诈,但考虑到对方作出的履行正是自己所需要的,或者认为其所蒙受的损害是轻微的,他可能不愿意提起诉讼。对此法律本不应作出干预,但如果将此类合同作为无效合同处理,任何人都可以主张该合同无效。这就会使许多受欺诈人不愿宣告无效的合同处于一种效力不确定状态,其结果并不利于交易秩序和交易安全的维护。但如果将此类合同作为可撤销的合同对待,这样,仅允许受欺诈人提出撤销合同,而且该合同是否应该撤销,均由法院予以确认,这就可以解决上述问题。

第二,由于确认因欺诈而订立的合同无效,乃是绝对的无效,不发生依照意思表示内容实现法律效果的效力,即使此类合同已经得到履行,也是自始的、确定的和当然的无效③,这对于交易安全的维护也是不利的。因为,一方面,此类合同在履行以后,当事人之间新的财产关系已经确立,特别是在合同履行以后,已经经过很长的时间,如果任何人还可以主张合同无效,重新推翻已经履行的合同的效力,极不利于财产关系的稳定。另一方面,即使对受欺诈人来说,在合同已经履行以后,其要求宣告合同无效,也应该在合理期限之内提出,但是如果将此类合同作为无效合同对待,则自其权利受侵害之日起,在两年时效期限之内均可以在法院提出合同无效及要求法院保护的问题,甚至两年时间已经过,还会发生时效的中止、中断或延长问题。这未免给予其过长的时间来提出要求法院宣告合

---

① 方流芳:《从王海现象看受欺诈人的法律救济问题》,载胡旭晟主编:《湘江法律评论》(第一卷),湖南出版社1996年版,第302—319页。
② 参见张俊浩主编:《民法学原理》,中国政法大学出版社1991年版,第255、265页。
③ 参见张俊浩主编:《民法学原理》,中国政治大学出版社1991年版,第255、265页。

同无效的问题,从而不利于维护合同的效力和交易的安全。但是,如果将因欺诈而订立的合同作为可撤销的合同对待,则法律可以明确限定撤销权人(即受欺诈人)行使撤销权的期限。如规定行使撤销权的期间为一年①,并规定此期间为"除斥期间",不得发生中止、中断或延长问题,则可以有效地弥补因将此类合同作为无效合同所产生的上述缺陷。

第三,由于确认因欺诈而订立的合同无效乃是绝对的无效,因此,该合同被确认为无效以后,将产生对抗善意第三人的效果,也就是说,如果欺诈人或受欺诈人将标的物转让给第三人时,即使该第三人取得该物是出于善意,其与欺诈人或与受欺诈人所订立的合同也应归于无效,已经取得的财产应当返还。例如,在前引"浙江省兰溪市灵洞纺织厂诉浙江省新昌县粮油综合大楼等无效连环购销合同纠纷案"中,第三人从事欺诈行为向被告出售假货,而被告因发生误解,将该假货作为真货卖给原告(善意第三人)。由于第三人与被告之间的合同涉及欺诈,因而导致原告与被告的合同被迫确认为无效,原告也被迫向被告返还财产。这就使许多不应当被确认为无效的合同被宣告为无效,且使许多善意第三人利益不能得到保护。这样一来,善意第三人在与他人从事交易的活动中,常常要受到对方从事过欺诈行为,或者标的物是因欺诈而取得等情况的困扰,并因为这些因素而使其与对方的交易处于极不稳定状态,这也极不利于维护交易安全与秩序。但是,如果将因欺诈而订立的合同作为可撤销合同对待,那么,即使受欺诈人提出撤销合同,合同被撤销也不应对抗善意第三人,不能影响其他合同的效力。②

还应当看到,将因欺诈而订立的合同作为可撤销合同对待,有利于鼓励交易,提高效率。因为当然无效的结果造成许多本不应被消灭的合同被消灭。如果赋予受欺诈人提出撤销的权利,那么,受欺诈人出于自身利益的考虑将可能选择使许多因欺诈而订立的合同继续有效。这就会增加交易,增加社会财富,并且会尽量减少因消灭合同关系、返还财产所造成的财产损失和浪费。在实践中,如果受欺诈人仅提出变更合同而未提出撤销合同的请求,则法院不应撤销合同。甚至如果受欺诈人已提出撤销合同,而变更合同足以维护其利益且不违反法律和社会公共利益时,笔者认为法院也可以不撤销合同,而仅应作出变更合同条款的决定。

---

① 参见《民法通则意见》第73条。
② 参见《日本民法典》第96条。

六、结 束 语

统一合同法的起草工作,是一项举世瞩目的浩大的工程,而要制定出一部先进的面向21世纪且符合中国国情的统一合同法,迫切需要我们认真检讨现行规则、全面总结实践经验、仔细研究并借鉴国外的立法成果。尤其是在对待像因欺诈而订立的合同的效果等重大问题上,我们绝不能受现行规则的束缚,而应当以科学的、实事求是的态度研究这些问题,寻找出合理的、先进的、在实践中行之有效的规则,从而使统一合同法的立法达到应有的目标。

论授权行为*

授权行为是指授予代理人代理权的行为,它是意定代理权产生的基础,也是代理权行使的合法依据。代理人在行使代理权过程中,任何无授权、超越授权范围等情况均可能构成无权代理,并因此使得代理行为对被代理人不发生效力,因此,授权行为构成了代理权的核心,并成为代理权制度中的关键。但是对于授权行为的性质、特征和授权行为存有瑕疵时的法律效果等问题,存有争议。本文拟对此谈一点看法。

一、授权行为的法律特征

授权行为是意定代理权产生的前提,其目的和意义即在于授予代理权,授权行为只是授权代理人在特定的范围内从事法律行为的依据,只要在代理权的权限范围内,代理人可以独立作出意思表示,从事法律行为,代理人并不需要准确把握授权人的授权意图,因此,在授权人的授权范围内,代理人具有一定的行为自由空间。[①] 格劳秀斯(Hugo Grotius)在其名著《和平与战争法》中认为,代理人的权利直接来源于被代理人的授权,可以作出"以接受某物的人的名义"的允诺。[②] 授权行为具有不同于其他行为的一些特征,在代理关系中,授权行为具有单方性、独立性、无因性的特点。

(一) 授权行为具有单方性

所谓授权行为的单方性,是指代理权授予行为是一种单方行为,只要被代理人作出单方意思表示即可产生效力。关于授权行为的性质,大陆法系曾出现过三种学说:一是委任契约说。此说认为在委任契约之外,无所谓代理权授予的行为,被代理人与代理人的委任契约将直接产生代理人的代理权。二是无名契约说。此说认为代理权虽非产生于委任契约本身,但它是

---

* 本文完稿于 2000 年 2 月。
① 参见唐晋伟:《论德国民法中的授权行为》,载《德国研究》2004 年第 3 期。
② 参见《和平与战争法》(第二卷第十一章第十八节),转引自〔英〕施米托夫:《国际贸易法文选》,赵秀文选译,中国大百科全书出版社 1993 年版,第 370 页。

附随债权契约的一种无名契约。三是单方法律行为说(ein selbständiges einseitiges Rechtsgeschäft)。此说认为,委托代理权是通过单方的需要相对人的意思表示授予的,无须被授权人的接受或者同意。此说源于《德国民法典》第167条关于代理权授予之规定,即认为代理权之授予由被代理人向代理人或其为代理行为之第三人以意思表示为之,即可发生效力。在德国民法中,如果被授权人不愿意作为代理人,可以准用《德国民法典》第333条中权利的拒绝的规定来拒绝此项授权,或者直接放弃此项代理权。[①]

比较上述各种观点,笔者认为应当采取单方法律行为说,即授权行为在性质上是一种单方法律行为,仅有一方的意思表示就可以成立,不需要代理人和被代理人就代理权的授予达成协议。其主要理由在于:第一,将授权行为视为双方法律行为既不符合授权的性质,也混淆了基础行为和授权行为之间的关系,因为基础关系大多都是合同关系,当事人不可能在基础关系成立以后再订立一个关于授权行为的合同。代理权的产生并不一定要求被授权人作出同意的意思表示。[②] 第二,授权行为在很大程度上是为了让相对人知晓被代理人的授权,使代理人的代理权能够产生公示效力。代理人与被代理人的权利义务关系已经在基础关系中得到了解决。所以,授权行为只需有被代理人的单方意思表示即可,无须代理人的同意。第三,如果将授权行为定义为双方行为,则将很难发生对于无权代理的追认、承认等行为,尤其是在被代理人向第三人表示其作出授权,而代理人也从事了代理行为的情况下,代理人和被代理人根本没有合意,也仍然应当承认代理的效力。总之,确定代理行为的单方性对于保证代理关系的稳定性、保护交易安全和善意第三人的利益都有相当的意义。

虽然在有些场合,代理权的授予是通过双方签订协议的方式进行的,但这并不意味着代理权的授予就是双方行为。[③] 授权行为作为单方行为,也有相对人,但该相对人既可以是代理人也可以是其他人。因为,授权的意思表示既可以向代理人作出,也可以向被代理人意欲与之进行交易的相对人作出。向代理人作出的授权,称为内部授权;向相对人作出的授权,称为外部授权。[④] 在法律上区分内部授权和外部授权具有重要意义。

---

① Vgl. Münch Komm/Schramm, §167, Rn. 4 ff; Larenz/Wolf, Allgemeiner Teil des Bürgerlichen Rechts, 9. Aufl., 2004, §47, Rn. 15 ff.
② 参见唐晋伟:《论德国民法中的授权行为》,载《德国研究》2004年第3期。
③ 参见余能斌、马俊驹:《现代民法学》,武汉大学出版社1995年版,第274页。
④ 参见王泽鉴:《民法总则》,新学林出版股份有限公司2014年版,第509—510页。

首先,在外部授权的情形下,因为涉及交易相对人,因此,意思表示的解释应当采客观解释的立场,以保护交易相对人的合理信赖;而在内部授权的情形下,因为不涉及第三人,所以,解释上主要采主观解释的立场,尊重被代理人的意愿。对外部授权而言,不仅明确的口头授权可以使第三人相信无权代理人具有代理权,而且被代理人对无权代理人从事的无权代理行为的容忍,也可以使第三人相信无权代理人享有代理权。另外,如果外部授权是对社会公众发出意思的,或者以公告方式发出授权书的,则仅依据客观标准和交往上通常的意义来理解授权行为表彰的代理权范围。①其次,有学者主张在不同的授权方式中,授权行为与原因行为的关系不同。②

在被代理人以明示的方法对特定的或不特定的第三人告知其对代理人授权以后,被代理人又撤销了对代理人的授权,此种撤销能否对第三人产生效力?笔者认为,在被代理人作出内部授权的情况下,代理人没有与第三人从事法律行为之前,被代理人向第三人作出撤回代理权的意思表示,可以认为被代理人自始没有授予代理权。由于代理人尚未与第三人发生联系,第三人不应当相信其有代理权。所以,一旦作出撤回的表示,代理权就已经终止。但是,被代理人在作出限制和撤回代理权的意思表示以后,并没有及时收回代理证书及其他授权文件,无权代理人继续从事代理行为的,也有可能使第三人相信其具有代理权。在此情况下,仍然可能发生表见代理的效果。如果被代理人在对代理人的代理权作出限制和撤销以后,又向第三人作出授权的表示或者容忍无权代理人从事无权代理行为,其内部撤回的意思表示与其外部的授权的意思之间产生了矛盾,在此情况下也应当产生有权代理的效果。

(二) 授权行为具有独立性

授权通常在一定基础关系之上产生,基础关系可以是多种合同,包括委托合同、劳动合同等。在绝大多数情况下,授权行为以基础关系的存在为前提。因此,在代理理论发展中,学者大都认为授权行为与基础关系是不可分离的,后经德国学者拉邦德(Laband)长期研究,提出基础关系与授权行为应当分离,从而形成了授权行为的独立性理论。③ 该理论认为,授

---

① Vgl. Münch Komm/Schramm, §167, Rn. 81.
② 参见杨代雄:《民法总论专题》,清华大学出版社2012年版,第223页。
③ 参见王泽鉴:《债法原理》(第一册),1999年自版,第324页。

权行为也可以脱离基础关系而存在,或者与基础关系相分离。① 这主要有三种情况:第一,有授权行为但没有基础关系。在默示授权的情况下,通常没有基础关系,但发生了代理权的授予。实践中,有时被代理人和代理人虽然无基础关系,但被代理人向第三人明确告知其已经授予代理人从事某种事务的代理权,而代理人也以被代理人名义从事了该种事务,也可以视为授权,成立有权代理,由被代理人承担相应的法律后果。第二,有基础关系但没有授权行为。这主要表现在,双方订有委托、雇佣合同,但一方并没有向另一方作出明确的授权,也没有向第三人告知其作出某种授权。在有基础关系而没有授权行为的情况下,也有可能构成无权代理。② 第三,在基础关系发生时,尽管没有授权,但代理人从事了代理行为以后,被代理人可以补充授予代理权;或者在代理人从事了某种代理行为以后,由被代理人追认其行为的效力。从以上情况来看,授权行为和基础关系是可以分离的。

正是因为授权行为可以独立于基础关系而存在,授权行为才具有独立性。授权行为与基础法律关系的功能不同,前者旨在赋予代理人一种法律上的权限,而后者则旨在确定被代理人与代理人之间的权利义务关系。③ 明确授权行为的独立性的意义在于:第一,确定是否产生代理法律关系或是否产生代理后果,要看是否存在授权行为,有之则产生代理关系,无之则不产生代理关系。如果没有授权行为,即便存在基础关系,也不能产生代理关系。第二,即使在缺乏基础关系的场合,也不能直接否定有代理权的授予,因为并非所有代理权的授予都伴随基础关系。

(三) 授权行为原则上具有无因性

授权行为不仅是独立的而且是无因的。关于授权行为在性质上为有因还是无因,学理上有两种观点。一是有因说。此种观点认为,授权行为必须基于基础关系而存在,并且与基础关系同命运。如果基础关系无效、被撤销或者终止,则授权行为也将不产生效力。例如,委托合同被宣告无效,授权行为自然不产生任何效力。二是无因说。此种观点认为,授权行为独立于基础法律关系而存在,所以基础法律关系不成立、无效、被撤销

---

① Vgl. Münch Komm/Schramm, §167, Rn. 3; Larenz/Wolf, Allgemeiner Teil des Bürgerlichen Rechts, 9. Aufl., 2004, §46, Rn. 136.
② 参见王泽鉴:《债法原理》(第一册),1999年自版,第325页。
③ 参见江俊彦编著:《民法债编总论》(第二版),新学林出版股份有限公司2011年版,第148页。

或者终止,授权行为的效力不受影响,代理关系可以继续有效。①

笔者认为,这两种观点各有优劣。有因说可以使法律关系简化,在实务中操作起来简便,但其最大缺陷在于,不利于对善意第三人的保护,不利于维护交易安全。因为基础关系毕竟只是代理人和被代理人之间的内部关系,对此种内部关系,第三人往往并不了解。② 如果因内部关系存在效力瑕疵而被宣告无效或被撤销,或因为被代理人和代理人之间的原因而终止了合同,第三人对此情况并不知晓,仍与代理人从事代理行为,最终因为基础关系无效、被撤销或终止导致代理行为无效,善意第三人的利益很难得到保障。③ 甚至即便第三人在与代理人从事交易行为之前,也没有办法了解代理人和被代理人之间的内部关系是否具有瑕疵,并无法预料基础关系是否将被终止。如果善意第三人的利益不能受到保护,将使其承担极大的交易风险,会阻碍交易活动的进行。在司法实践中,一些审判人员在确定代理行为的效力时,要求代理人提供其与被代理人的委托合同,一旦委托合同无效,便宣告代理行为无效,此种做法显然并不妥当。④

笔者认为,原则上应当肯定授权行为具有无因性。授权行为的无因性主要表现在两个方面:一方面,授权行为不以基础行为的有效性为前提。代理行为一般以一定的基础关系为其存在的前提,如双方订立委托合同,基于该合同,委托人向受托人进行了授权,但基础关系不成立、无效或被撤销,不影响授权行为的效力。例如,委托人与受托人的委托合同已经终止,但授权证书未收回,此时授权行为仍然有效,构成有权代理。另一方面,实践中存在无基础关系的授权行为,也就是说,在例外情况下,即便当事人之间不存在基础关系,也可以成立授权行为。⑤ 例如,甲授权乙购买手机,但当事人之间并未订立委托合同,此种情形即属于无基础关系的授权行为。当然,尽管授权行为的无因性有利于保护相对人的利益和交易安全,但是如果第三人在与代理人从事民事行为时明知基础关系有无效的因素,或者明知基础关系已经终止,仍然与其进行交易行为,此时

---

① Vgl. Reinhard Bork, Allgemeiner Teil des Bürgerlichen Gesetzbuchs, 2. Auf., Rn. 1487, S. 560.
② 参见王泽鉴:《债法原理》(第一册),1999年自版,第327页。
③ 当然,也有观点认为,在采授权行为有因说的情况下,授权行为虽然会受到基础关系效力的影响,但可以通过权利外观理论保护交易安全。参见江俊彦编著:《民法债编总论》,新学林出版股份有限公司2011年版,第152页。
④ 参见蓝承烈:《民法专题研究》,黑龙江人民出版社1999年版,第118页。
⑤ 参见黄立:《民法债编总论》,中国政法大学出版社2002年版,第139页。

第三人不应当受到保护。采纳无因说的主要理由在于:一是保护善意第三人的利益,维护交易安全。无因说的最大优点在于,不管内部关系是否发生变动,只要善意第三人不知情,就不应当影响到合同的效力。这对于保护善意第三人的利益十分重要。① 二是有利于督促被代理人在基础关系解除、终止、被撤销以后,及时通知第三人,或者及时收回代理证书,从而防止有关代理纠纷的发生,减少财产的损失和浪费。三是有利于保障代理权的正常行使,尽可能地减少和避免无权代理的发生。因为授权行为具有公开性,相对人在与代理人进行交易时容易考察,而基础关系是代理人和被代理人之间的内部关系,相对人难以考察或考察成本较高。所以,承认授权行为具有无因性,可以降低相对人的交易成本,节约社会资源。

应当指出,在被代理人和代理人的内部关系上,为了保障被代理人意思的实现,仍然应该采纳授权行为有因说。采纳此观点的主要原因在于代理制度的功能就是为了保障或者拓展被代理人的能力、实现被代理人的意志。② 代理行为有因性主要体现在,一方面,代理行为的产生需要以被代理人的委托授权、法律规定、法院指定等方式产生。另一方面,当代理行为终止时,代理人应当及时交回代理证书等资料,若代理人拒绝交回代理证书等资料,被代理人则可以通过发布公告等形式宣布代理关系的终止。此外,为了保护授权人的利益,在当事人之间的基础关系消灭后,在授权人没有其他表示时,则应当推定代理权也归于消灭。③

关于无因性和表见代理的关系也值得探讨。应当看到,这两种制度都旨在保护善意第三人的利益,维护交易安全。④ 但这二者是有区别的,不能以表见代理制度来替代无因性规则,主要原因在于:第一,二者适用的范围各不相同。无因性解决的是基础关系与代理权授予行为不明确、不一致的情况下,代理权有效与否的问题,或者该代理行为属于有权代理还是无权代理的问题。而表见代理解决的则是在无权代理情况下,代理行为的效力问题。表见代理属于广义的无权代理的一种类型,它只是在代理人无代理权、超越代理权和代理权终止以后才发生的。如果授权行为因内容和形式违法而无效,不能适用无因性规则,但代理人从事了一定

---

① 参见马俊驹、余延满:《民法原论》(第二版),法律出版社2005年版,第231页。
② 参见〔日〕我妻荣:《新订民法总则》,于敏译,中国法制出版社2008年版,第302页。
③ 参见黄立:《民法债编总论》,中国政法大学出版社2002年版,第139页。
④ 参见杨代雄:《民法总论专题》,清华大学出版社2012年版,第227页。

的无权代理行为,也可能符合表见代理的构成要件。第二,如果代理人已经获得授权并从事了一定的代理行为,但被代理人事后撤销授权,该行为仍构成有权代理而非表见代理。但是,如果被代理人和代理人之间形成某种基础关系,因为基础关系被宣告无效或被撤销或被代理人解除了该基础关系,授权行为依然发生效力。在此情况下,根据无因性规则,代理人所从事的代理行为仍然有效。对于这种情况,不能通过适用表见代理而使代理有效。因为表见代理以无权代理为前提,而在上述情况下,代理人有权实施该代理行为。第三,如果被代理人在授权以后,发现授权范围超越了基础关系所确定的委托范围,故又对代理权依照基础关系确定的范围进行了限制,则根据无因性规则,在限制以前所发生的代理行为都可以称为有权代理,在限制以后超越该限制所实施的行为构成无权代理,而表见代理只是在无权代理的情况下才能构成。

二、授权行为与委托的关系

委托合同,又称委任合同,是指当事人约定,一方委托他方处理事务,他方承诺为其处理事务的合同。① 委托合同是提供服务的合同的一种类型。在罗马法中,委托概念已经形成,但是代理制度则还没有出现。② 因此,也没有区分代理和委托。1804 年《法国民法典》和 1807 年《法国商法典》接受了罗马法的委托概念及其与代理不加区分的做法。《法国民法典》第 1984 条规定:"委任或委任书为一方授权他方以委托人的名义处理其事务的行为。"可见法国法中并没有严格区分授权行为与委托。根据《德国民法典》第 662 条的规定,受任人负有为委托人无偿处理委任人委托事务的义务,可见德国法严格承继了罗马法的无偿原则。③ 而且,《德国民法典》的起草者区分了委任和代理④,将代理纳入总则之中加以规定,而将委任作为合同进行规定,从而将委托和代理区分开来。这也就提出了授权行为和委托的关系如何处理的问题。

---

① 参见郑玉波:《民法债编各论》(下),1981 年自版,第 412 页。
② 参见〔意〕彼德罗·彭梵得:《罗马法教科书》,黄风译,中国政法大学出版社 1992 年版,第 382 页。
③ Vgl. Seiler, in: Münchener Kommentar zum BGB, 6. Aufl., §662, Rn. 1.
④ 德国学者拉邦德区分了授权行为和作为代理权基础的委托合同,这被称之为法学上的重大发现。参见〔德〕汉斯·杜勒:《法学上之发现》,王泽鉴译,载王泽鉴:《民法学说与判例研究》(第四册),北京大学出版社 2009 年版,第 3 页以下。

授权行为和委托的关系,长期以来也是困扰民法学者的难题,19世纪以后,德国习惯法已经产生了代理制度,但是学理上一直没有严格区分授权行为与委托,认为代理权的授予与委托属于同一法律关系。① 但德国学者拉邦德(Laband)在1866年发表于《商事法杂志》上的论文中区分了代理权的授予与委托合同的关系,他认为,授权行为可以独立于作为基础关系的委托合同关系,在此基础上,以后的德国民法学者建立了授权行为无因性理论。② 拉邦德的理论被喻为"法学上一项伟大之发现"。自拉邦德以后,理论与实务界普遍接受了代理权的授予与基础关系的区分,并且认为,代理权的授权行为的效力独立于作为基础关系的委托合同的效力。

一般而言,委托合同是授权行为的基础,即当事人可以通过委托合同进行授权,在许多情况下,代理权的授予通常是通过委托合同实现的。例如,甲委托乙购买一套两室一厅的房屋,每平方米1万元,并承诺支付一定报酬,乙接受甲的委托。该例中,甲与乙之间的委托合同即为授予代理权的授权行为的基础。虽然委托合同是代理权授予行为的基础,但代理权的授予行为在效力上独立于作为基础关系的委托合同,这主要表现在委托合同不成立、无效或者被撤销,都不影响授权行为的有效成立。③ 例如,甲通过电话委托乙承租一套一室一厅的房屋,租金不超过3 000元,乙有权代其承租。但乙认为甲没有明确告知其找到房子后应当给其多少报酬,因而乙并没有承诺必须为甲承租房屋,后乙的朋友丙告知其有一套一室一厅的房屋并愿以2 500元的价格出租,乙认为价格合适,便以甲的名义与丙订立了房屋租赁合同。在此案中,甲已经对乙作出了授权,即使当事人没有就委托合同达成合意,委托合同不成立,但该授权行为的效力独立于委托合同,仍然有效。可见,委托合同不成立并不影响授权行为的效力。

授权行为与委托合同的区别主要体现在如下五个方面。

第一,性质不同。委托合同在性质上属于双方法律关系,它是委托人和受托人之间形成的一种合同关系,相对于第三人而言,它是一种内部关系。④ 受托人既可能基于委托合同与第三人从事法律行为,也可能基于委

---

① 参见王泽鉴:《民法学说与判例研究》(第四册),北京大学出版社2009年版,第4页。
② 参见王泽鉴:《民法学说与判例研究》(第四册),北京大学出版社2009年版,第3—4页。
③ 参见邓海峰:《代理授权行为法律地位辨析》,载《法律科学(西北政法学院学报)》2002年第5期。
④ 参见邓海峰:《代理授权行为法律地位辨析》,载《法律科学(西北政法学院学报)》2002年第5期。

托合同仅仅涉及事务的处理,委托事项属于事实行为(如交税、代办出关手续等),并不与第三人发生关系。而授权行为属于单方行为①,它是代理人授予被代理人代理权的行为。由于代理人需要以被代理人的名义从事法律行为或者准法律行为,相关的行为后果也归属于被代理人与第三人,因此,授权行为在效力上通常会涉及第三人的利益。

第二,委托合同可成为授权行为的基础,但授权行为具有无因性。代理赖以产生的基础关系,除委托合同之外,还包括劳动合同、合伙协议、身份关系等。即使在委托代理中,代理权授予的基础还包括其他的形式(如合伙等)。由于授权行为具有无因性,即便没有基础关系的存在,授权行为的效力仍然不受影响。② 例如,被代理人单方面给予代理人委托书,虽没有基础关系,仍然可以产生代理权。委托合同的成立和生效,使得受托人享有了处理他人事务的权利,并由此使得直接产生代理关系的代理权授予行为具有了法律基础,但委托合同本身并不当然地产生代理权,只有在委托人同时实施了授权行为以后,受托人才享有代理权。③

第三,受托人或者被代理人是否以委托人的名义行为不同。对授予代理权的行为而言,代理人原则上应当以被代理人的名义从事活动。而委托合同中的受托人,其在从事民事活动时可以委托人的名义,也可以受托人自身的名义。受托人是否以委托人名义处理事务,并不影响委托合同的性质。

第四,从事的行为范围不同。这就是说,代理人基于被代理人的授权所从事的代理事务仅包括法律行为和准法律行为,但一般不包括事实行为。因此,代理人从事代理行为时必须作出具有法律意义的意思表示。而委托合同中的受托人既可以根据委托实施法律行为,也可以根据委托实施事实行为。④ 由此可见,较之于代理事务,委托事项的范围更为宽泛。

第五,效力不同。授权行为的效力只是使代理人享有一定的代理权,并不在当事人之间产生债的关系。而委托合同则在委托人与受托人之间产生债的关系。在既存在委托合同又存在授权行为的情形下,代理人的义务并不是来自授权行为,而是来自委托合同。正如王泽鉴教授所指出

---

① 参见王泽鉴:《债法原理》,北京大学出版社 2009 年版,第 222 页。
② 参见[德]卡尔·拉伦茨:《德国民法通论》(下册),王晓晔等译,法律出版社 2003 年版,第 855、856 页。
③ 参见郭明瑞、王轶:《合同法新论·分则》,中国政法大学出版社 1997 年版,第 303 页。
④ 参见陈甦编著:《委托合同·行纪合同·居间合同》,法律出版社 2000 年版,第 11 页。

的,"本人虽对于代理人授予代理权,代理人对于本人并不因此而负有为法律行为的义务。其使代理人负有此项作为义务的,乃本人与代理人间的委托、雇佣等基本法律关系,而非代理权授予行为。代理权之授权本身,在当事人间既不产生何等债权债务关系,自非为债之发生原因"①。

三、代理权授予的特殊方式:默示授权
（die stillschweigende Bevollmächtigung）

代理权可以明示或默示的方式授予。虽然代理权的授予方式采自由原则②,但代理权的授予主要采用明示的方式,并以单方意思表示的方式作出授权。在授予过程中,必须要有授权的意思,且该意思应当被表达出来。授权的意思既可以采用内部授权的方式,即向代理人作出授权表示;也可以采用外部授权的方式,即向与代理人为法律行为的相对人作出授权。只要这种表示是明确的,就可以产生授权的效力。③ 除明示方式外,在特殊情形下,代理权的授予也可以采取默示的方式。所谓默示的方式,是指根据被代理人的行为,在特殊情况下推定被代理人具有授权的意思。换言之,被代理人仍然具有授予代理权的意思表示,此项意思表示通过各种具体的情事可以推知。默示授权的范围也是通过授权的具体情况来推定的。④ 在德国民法上,最典型的例子是保险公司的职员签发保单,可认为是公司默示授权。

与默示授予代理权相类似的概念是容忍授权。我国《民法通则》第66条第1款规定,"本人知道他人以本人名义实施民事行为而不作否认表示的,视为同意"。此种情况在民法理论上称为"容忍授权"。⑤ 所谓容忍授权,是指被代理人没有向代理人明确授予代理权,但在其知道后者以其代理人的身份行事时,听任其作为代理人行事,此时,被代理人基于权利外观的事实就代理人行为对善意的相对人负责(die Rechtsscheinhaftung,权利外观责任)。⑥ 容忍授权具有如下法律特征:第一,被代理人并没有明确的授权

---

① 王泽鉴:《债法原理》(第一册),1999年自版,第329页。
② 参见王泽鉴:《债法原理》(第一册),1999年自版,第319页。
③ 参见黄立:《民法债编总论》,中国政法大学出版社2002年版,第140页。
④ Vgl. Münch Komm/Schramm, §167, Rn. 37.
⑤ 参见〔德〕迪特尔·施瓦布:《民法导论》,郑冲译,法律出版社2006年版,第55页。
⑥ 参见〔德〕卡尔·拉伦茨:《德国民法通论》(下册),王晓晔等译,法律出版社2003年版,第887页。

表示,更没有颁发代理授权证书。第二,代理人以被代理人名义实施代理行为,被代理人知道这种情况,而未作任何否认的意思表示,这就表明其愿意承受该代理行为所产生的法律后果。此时,相对人据此有正当理由相信代理人具有代理权,为了保护交易相对人的合理信赖,维护交易安全,应当由被代理人承担相应的法律后果;或者说,视为被代理人已经对代理人作出了默认的授权。至于代理人的行为是否为被代理人带来了利益则不予考虑。第三,在容忍授权的情况下,当事人之间通常没有基础关系,但存在代理权的授予。

关于默示授权与容忍授权的关系,有观点认为,二者属于同一概念,并不存在区别。例如,有学者认为,如果被代理人有意识地听任他人以自己代理人的身份活动,即表明被代理人承认了其为他的代理人,这就属于依法律行为授予的代理权,也就是说,以可推知的行为授予了代理权。[1] 有学者亦认为,被代理人容忍他人以自己的名义从事代理行为,属于"表见代理权"的一种,或称为"容忍代理权"(die Duldungsvollmacht)。[2] 但也有许多学者认为,默示授权与容忍授权之间存在区别,因为默示授权不等于缄默不作为,被代理人仍然从事了一定的行为。[3] 笔者认为,默示授权不同于容忍授权,在默示授权的情形下,被代理人虽然没有明示授权,但仍通过其行为作出了授权,因此,其性质属于有权代理,代理人在实施代理行为之前已经获得了代理权。而在容忍授权的情形下,被代理人并没有通过其行为进行授权,而只是在他人以其代理人身份行为时,其在知情后并没有予以否认,这种行为具有让相对人信赖的外观,依据外观法理才赋予其一定的效力。与默示授权不同,在容忍授权的情形下,代理人在实施相关行为时并没有代理权。

在容忍授权的情形下,就"本人知道他人以本人名义实施民事行为",应由相对人进行举证。一般来说,对"本人知道"的判定主要依据两种情

---

[1] Vgl. Flume, Allgemeiner Teil des Bürgerlichen Rechts, 4. Aufl., Band 2, Das Rechtsgeschäft, 1992, § 49 3, S. 828.

[2] 从表面上看,《合同法》第 48 条第 2 款与《民法通则》第 66 条第 1 款存在一定冲突。即无权代理发生以后,相对人催告被代理人予以追认的,被代理人沉默未作表示的,按照《民法通则》第 66 条第 1 款第 2 句的规定,被代理人没有否认表示的,视为同意;但是按照《合同法》的规定,被代理人没有表示,视为拒绝追认。因此,笔者认为《合同法》已经修改了《民法通则》的规定。

[3] 参见〔德〕迪特尔·梅迪库斯:《德国民法总论》,邵建东译,法律出版社 2000 年版,第 732 页。

况:一是相对人已经向被代理人发出了确认代理人是否具有代理权的催告,或者与合同履行有利害关系的当事人向被代理人发出了要求确认代理人是否有代理权的通知。被代理人在收到催告或通知以后,没有在规定的时间或合理的期限内作出答复。二是根据被代理人的特定行为推定被代理人已经知道。例如,被代理人将具有证明代理权的证件、印鉴等出借给行为人。在此情况下,不需要相对人催告,便可以认定被代理人已经知道行为人可能会以自己名义行为。① 此时,被代理人知道他人以自己名义实施民事行为而保持沉默的,则应当按照《民法通则》第66条第1款的规定,视为其同意。②

被代理人知道他人以其名义实施民事行为而不作否认表示的,视为同意。问题在于,被代理人在知道代理人以自己名义行为以后,应当在何时作出否认表示?有观点认为,被代理人应在合理期限内作出否认表示,经过合理期限不作出否认表示的,即应视为同意。也有观点认为,被代理人不论在行为人以被代理人名义实施民事行为过程中,还是在行为成立后到履行前的期间知道的,均应作出否认表示,否则即视为同意。笔者认为,对此应具体分析,如被代理人在合同成立过程中已经知道代理人以自己名义行为而不及时作出否认的表示,直到合同成立并生效以后才作出否认的表示,则应认为被代理人已接受该行为的后果。但如果被代理人在合同订立过程中并不知道他人以自己名义行为,而直到合同成立以后才知道这一情况,在合同成立后,只要其及时作出否定表示,则并不构成容忍授权,而应构成狭义无权代理。

问题在于,被代理人应向谁作出否认的表示?许多学者认为,被代理人只有向相对人作出否认表示才能产生否认的效力。③ 笔者认为,如果相对人已向被代理人发出催告通知或者被代理人知道与代理人正在从事交易的特定相对人,则被代理人应当向相对人作出否认的表示。同时,被代理人向从事代理活动的行为人作出否认的表示,相对人明知的,则该否认行为也应当发生效力。此外,如果被代理人确实不知道相对人是何人,只知道代理人以自己名义行为,则被代理人只有对一定范围的公众作出否认表示,才能产生否认的效力。

---

① 参见孔祥俊:《民商法新问题和判解研究》,人民法院出版社1996年版,第95页。
② 参见"甘肃稀土公司为购销稀土合同纠纷申请再审案",载《最高人民法院公报》1992年第2期。
③ 参见孔祥俊:《民商法新问题和判解研究》,人民法院出版社1996年版,第96页。

四、授权不明及其责任

所谓授权不明,主要指代理的范围、期限等内容不明确。① 授权不明具体包括如下情形:一是代理的范围不明确,即代理人所代理的事务或其权限不明确。二是代理期限不明确,即对代理人究竟在多长时间内行使代理权未作出规定。② 三是代理人究竟是一人还是多人,职责如何界定,不够明确。在授权不明的情况下,虽然代理人从事代理行为没有完全的合法依据,但毕竟存在着授权,所以不同于完全的无权代理行为。另外,在授权不明的情形下,也涉及意思表示的解释,即如果通过解释可以明确被代理人的授权,则应当直接适用代理制度的一般规则。③ 通常认为,在解释时应当充分考虑授权书所记载的文字、代理人的地位、所代理事项的性质等,进行综合认定。④

空白授权是否属于授权不明,值得探讨。所谓空白授权,是指被代理人向代理人出具了授权委托书,并已经在授权委托书中签字或盖章,但授权委托书中没有填写任何具体的授权内容。对空白授权究竟是全部授权还是完全未授权或者授权不明,学理上有几种不同的看法。⑤ 笔者认为,此时应当认定其属于授权不明,因为被代理人虽然作出了授权,但并不能认为被代理人的意思就是允许代理人从事任何行为,毕竟被代理人签字可能是因为误解或疏忽等造成的,但在被代理人没有具体填写代理事项或期限等内容时,代理人也有义务要求被代理人予以明确。如果出现空白授权委托书意味着代理人可以从事任何行为,并要求被代理人负责,则对被代理人风险过大,对被代理人也是不公平的。至于被代理人在授权委托书中没有填写这些条款,虽然不符合《民法通则》的规定,但该规定并

---

① 参见葛云松:《委托代理授权不明问题研究——评民法通则第65条第3款》,载《法学》2001年第12期。

② 通常代理权的期限同基础关系的期限保持一致,但是也存在基础关系成立后单独授权或在基础关系存续中撤回授权的可能。参见施启扬:《民法总则》,中国法制出版社2010年版,第288页。

③ 例如,在授权不明的情况下,应当对被代理人的意思进行解释。解释时应当考查代理人应当和能够如何理解此项意思表示的含义,以及与授权行为有关的各种情事。如果能够通过解释查明被代理人的意思,就属于一般的代理。参见 Münch Komm/Schramm,§167, Rn. 79。

④ 参见〔日〕我妻荣:《新订民法总则》,于敏译,中国法制出版社2008年版,第316页。

⑤ 参见迟颖:《意定代理授权行为无因性解析》,载《法学》2017年第1期。

非强制性规定,不能认为不符合该规定就导致授权无效。尤其是代理人在授权委托书上填写了有关内容之后,第三人并不了解是代理人还是被代理人填写的内容,因此第三人是善意的。如果认为此种情况应当导致授权无效,则极不利于对善意第三人的利益和交易安全的保护。因此,应当将空白授权认定为授权不明。

如果被代理人向代理人作出的口头授权是清晰的,而代理人对此发生误解,此种情况是否属于授权不明?对此存在两种观点。一种观点认为,被代理人既可以向代理人授权也可以向第三人表示,只要代理的意思到达对方,授权就是明确的,如果代理人对此发生误解,超越权限行为,就应当按照越权行为处理。另一种观点认为,此种情况属于授权不明。[1] 因为尽管被代理人向代理人作出的授权是明确的,但对第三人而言是不明确的,也属于授权不明。笔者认为,应当将其理解为授权不明,理由在于:其一,代理人和被代理人之间的关系属于一种内部关系,他们之间是否发生误解,第三人并不知情,如果因代理人对被代理人的口头授权发生误解,应当由被代理人和代理人负责。但如果将代理人因对授权发生误解所从事的行为认定为越权行为,在不构成表见代理且被代理人拒绝追认的情形下,将导致代理行为无效,这必然会使不知情的交易第三人蒙受损害,其结果是使第三人承担因内部授权的问题而导致的不利后果,这显然有失公允。其二,从责任自负等民法基本原理来看,代理人和被代理人之间发生误解应该由他们自己承担责任,如果此种后果由第三人承担,就会纵容被代理人有违诚实守信原则的行为。比如被代理人要代理人购买某种物品,双方都没有发生任何误解。但是当代理人购买了该物品以后,如果被代理人不需要此物品,其就可能会以代理人对授权发生了误解、其需要购买的是彼物而非此物为借口,使得代理人和第三人都处于一种不利的境地。其三,尽管代理权授予行为可以采取口头和书面的形式,但立法应当鼓励当事人采取书面的形式。如果被代理人一定要采取口头形式进行授权,他就必须承担因此而产生的风险。毕竟如果被代理人采取书面的形式授权,则可能避免相关的误解。

在授权不明的情况下,虽然代理人从事代理行为没有完全的合法依据,但毕竟存在着授权,所以不同于完全的无权代理行为。关于授权不明的责任,根据《民法通则》第65条的规定,在授权不明的情况下,代理人应

---

[1] 参见佟柔主编:《中国民法学·民法总则》,中国人民公安大学出版社1990年版,第283—284页。

当与被代理人承担连带责任,此种规定曾引发争议。笔者认为,这种规定未尽妥当:一方面,授权不明的主要原因来自被代理人,相对而言,被代理人的过错程度更重。① 如果要采用连带责任,最终可能使代理人承担全部责任,这对代理人是不公平的。另一方面,尽管发生了授权不明,但仍然存在授权,在授权不明的情况下实施代理的行为和完全在无权代理下实施的行为在性质上是有区别的。如果要代理人承担全部责任,实质上是宣告代理行为无效,根本不符合授权不明行为的性质和特点,也可能妨碍交易的安全和秩序。正是因为这一原因,《民法总则》删除了关于授权不明情况下代理人与被代理人共同承担责任的规定,这显然是必要的。

问题在于,在出现授权不明以后,如何确定其法律后果?笔者认为,在授权不明情形下,代理人的代理行为可能构成有权代理、狭义的无权代理或者表见代理。② 因此,首先应当确定代理行为的效力,如果构成有权代理或者表见代理,则应当由被代理人承担代理行为的法律后果;如果构成狭义的无权代理,则应当由代理人对相对人承担责任。

---

① 参见江帆、孙鹏主编:《交易安全与中国民商法》,中国政法大学出版社1997年版,第147—148页。

② 参见王叶刚:《论委托代理授权不明时代理人的责任》,载《法学杂志》2018年第4期。

试论无权代理人对相对人的责任*

一、前　言

无权代理的含义有广义与狭义之分,广义上的无权代理包括狭义无权代理和表见代理,本文中的无权代理是指狭义的无权代理,它是指行为人既没有代理权,也无法满足表见代理构成要件的代理。① 在行为人实施狭义无权代理行为后,由于其可能损害被代理人或者相对人的利益,因而法律有必要规定无权代理制度,确定狭义无权代理的效力及无权代理人的责任等问题。尤其是,无权代理人在没有代理权的情况下实施代理行为,事后该无权代理行为未被代理人追认,又无法成立表见代理,相对人能否请求无权代理人承担责任？如何在无权代理人、被代理人以及善意相对人之间合理分担责任？这些问题值得探讨。

二、无权代理人的责任性质

在大陆法系国家,尤其是德国,其对狭义无权代理中代理人责任的性质,一直存在争议,主要有如下几种观点：

1. 侵权责任说

侵权责任说最早被提出,此种观点认为,在无权代理中,代理人应当就因其无权代理行为给相对人造成的损失承担侵权责任。早在19世纪中期,以萨维尼为代表的学者就主张,可以通过恶意(dolus)与过失(culpa)的"契约外责任"来解释狭义无权代理人的责任,也就是说,如果相对人是善意的,则无权代理人的行为应当构成侵权,即无权代理人所从事的行为给相对人造成了损害,因而应当向相对人承担侵权损害赔偿的责任

---

* 本文完稿于2010年,2018年修改。
① 参见江帆:《代理法律制度研究》,中国法制出版社2000年版,第163页。

形式。①

2. 合同责任说

合同责任说认为,一旦发生无权代理,在被代理人拒绝追认的情况下,相对人可以选择请求无权代理人履行合同义务,或者承担违约损害赔偿。在这种情况下,原本可能发生于被代理人与相对人之间的合同关系转化为无权代理人与相对人之间的合同关系。当然,要求无权代理人履行合同也好、赔偿损失也好,都只是使相对人恢复到原状的手段而已,并不是非要在立法上确认契约在相对人与无权代理人之间有效成立。②

3. 缔约过失责任说

缔约过失责任说认为,无权代理人向相对人承担的责任应当适用缔约过失责任,因为无权代理人在与相对人订立合同时是具有过失的,而正是由于该过失,导致了合同不能对被代理人发生效力。该观点出现于《德国民法典》出台前后,此种观点是在德国学者耶林提出缔约过失理论之后发展起来的一种学说。拉班德(Laband)和米特斯(Mitteis)借鉴耶林的缔约过失理论,将代理人责任作为缔约过失责任,因而其应当对相对人的信赖利益损害进行赔偿。③ 梅迪库斯也认为,无权代理人责任在性质上属于缔约过失责任,但是其指出,《德国民法典》第 179 条第 1 款(非善意无权代理人的责任)同其他的缔约过失责任的法律后果明显不同,会导致履行利益的赔偿或履行债务;第 179 条第 2 款(善意无权代理人的损害赔偿责任)规定中的责任是缔约过失责任。④

4. 默示担保契约说

由于缔约过失责任无法解释合同当事人并不包括无权代理人的问题,因而学界试图寻找无权代理人与相对人之间的合同关系,由此产生了默示担保契约说。此种观点认为,在无权代理的场合,如果无权代理人不作出相反的意思表示,那么其与相对人间会成立一种特别的默示合同,即无权代理人担保相对人不会受到损害的合同。根据这一观点,默示合同从属于无权代理的合同,而无权代理人的责任是因为违反了该从合同而

---

① 参见刘春堂:《民商法论集(一)》,台湾辅仁大学法学业书编辑委员会 1985 年版,第 43 页。
② Vgl. in: Historisch—kritischer Kommentar zur BGB, Band I, §179.
③ Vgl. Windseheid/Kipp, Pandektenrecht, 9. Aufl., Bd. I, 1906, §74, S. 369.
④ 参见〔德〕迪特尔·梅迪库斯:《德国债法总论》,杜景林、卢谌译,法律出版社 2004 年版,第 101 页。

产生的责任。① 该观点由德国学者巴赫(Bach)等人提出。温德沙伊德(Windscheid)也认为,代理人责任是一种担保责任(Garantie),即担保被代理人会同意无权代理行为或担保自己具有代理权。②

5. 法律特别责任说

法律特别责任说认为,无权代理人对第三人负责的原因在于法律的特别规定,因而是法律所规定的一种特别责任。此种观点的代表性人物厄特曼(Oertmann)认为,与侵权责任一样,代理人责任是一种法定责任(das gesetzliche Haftung),但代理人责任在依据和内容上与侵权责任并无关系。③ 德国学者弗卢梅(Flume)认为,如果无权代理人在实施代理行为时声称其具有代理权,则其必须因其自称具有代理权而履行自己的诺言;同时,弗卢梅认为,无权代理人的责任在性质上并非缔约过失责任,其远远超出缔约过失制度的范围,而应当是一种法定责任。④ 我国许多学者也采纳此种观点。

笔者认为,上述各种观点都不无道理,但都值得进一步探讨,具体而言:

第一,侵权责任说并不符合无权代理行为的特点,也不利于保护相对人的利益。一方面,代理人实施的行为通常表现为与相对人订立合同,或者从事其他民事法律行为,而侵权行为则是行为人实施的侵害他人人身权益和财产权益的行为;无权代理行为通常需要有意思表示,而侵权行为通常并不需要有意思表示。可见,无权代理行为显然不同于侵权行为。另一方面,由于侵权行为以过错为要件,而在无权代理中,代理人可能并无过错,因而无须承担责任。但是,在无权代理人没有过错的场合,法律也肯定无权代理人应当承担责任,这就与侵权责任的构成要件不相符合。因此,这一理论在保护善意相对人的层面存在不足,因而较少被判例和学说所采纳。

第二,关于合同责任说,如果将无权代理作为效力待定的行为对待,则当被代理人不追认该合同时,合同效力为无效,但是如果该合同无效,无权代理人为何仍要负担合同责任?这显然是值得追问的。如果从有利于保护相对人的利益考量,则可以通过法律拟制的方法,使得相对人与无权代理人

---

① 参见刘春堂:《民商法论集(一)》,台湾辅仁大学法学业书编辑委员会1985年版,第45页。

② Vgl. Windseheid/Kipp, Pandektenrecht, 9. Aufl., Bd. I, 1906, §74, S. 369.

③ Vgl. Oertmann, in: Kommentar zum Bürgerlichen Gesetzbuch, 2. Aufl., Bd. I, Allgemeiner Teil, 1908, §179, S. 550.

④ 参见[德]维尔纳·弗卢梅:《法律行为论》,迟颖译,法律出版社2013年版,第960页。

之间存在合同关系,且履行请求权的内容依据无效的代理行为而定。①《德国民法典》第179条第1款规定:"作为代理人订立合同的人不能证明其代理权的,有义务依另一方的选择,或者向另一方履行,或者赔偿损害,但以被代理人拒绝追认合同为限。"按照德国学界的通说,这一债务是选择之债②,即相对人可以自行选择无权代理人的责任形式。如果相对人选择请求履行债务,无权代理人的地位就跟合同有效时正常的合同相对人或有权代理中的被代理人一样,通过履行或代替履行的损害赔偿,使相对人处于和有权代理一样的处境。③我国《民法总则》第171条第3款吸收了这种经验,明确规定:"行为人实施的行为未被追认的,善意相对人有权请求行为人履行债务或者就其受到的损害请求行为人赔偿,但是赔偿的范围不得超过被代理人追认时相对人所能获得的利益。"依据这一规定,在无权代理的情况下,相对人可以自行选择就其损害由无权代理人进行赔偿,或直接请求无权代理人履行债务。此种观点的合理性在于,对相对人而言,如果其认为合同继续履行对其有利,因而主张合同有效最能实现其订立合同的目的,也有利于保护其利益。如果相对人选择履行债务,则无权代理人的责任性质属于合同责任。当然,合同责任说实际上也是一种拟制,即在被代理人拒绝追认后,法律拟制了相对人与无权代理人之间的合同关系,基于这一拟制的合同,无权代理人事实上成为拟制合同中的当事人,负有履行合同债务的义务。

第三,关于缔约过失责任说,这一观点曾获得普遍支持,但也有人提出,由于缔约过失责任以无权代理人具有过失为要件,因而极易导致其免责④,对相对人也是极不公平的⑤。可见,该学说在相对人利益保护方面同样存在一定的缺陷。但笔者认为,无权代理人的缔约过失责任性质具有一定的合理性。其理由在于,如果善意相对人选择请求无权代理人赔偿损失,其不再是基于有效的合同请求权,而是基于合同无效而遭受的损

---

① Vgl. Larenz/Wolf/Neuner, Allgemeiner Teil des Bürgerlichen Gesetzbuchs, 11. Aufl., C. H. Beck, 2016, §51, Rn. 23 f.; Bork, Allgemeiner Teil des Bürgerlichen Gesetzbuchs, 4. Aufl., Mohr Siebeck, 2016, Rn. 1627; MüKoBGB/Schubert, 8. Aufl., 2018, BGB §179, Rn. 39.

② Vgl. MüKoBGB/Schubert, 8. Aufl., 2018, BGB §179, Rn. 37.

③ Vgl. Larenz/Wolf/Neuner, Allgemeiner Teil des Bürgerlichen Gesetzbuchs, 11. Aufl., C. H. Beck, 2016, §51, Rn. 25; Bork, Allgemeiner Teil des Bürgerlichen Gesetzbuchs, 4. Aufl., Mohr Siebeck, 2016, Rn. 1627.

④ Vgl. in: Historisch—kritischer Kommentar zur BGB, Band I, §179.

⑤ Vgl. in: Historisch—kritischer Kommentar zur BGB, Band I, §179.

失,这种损害之所以能够获得赔偿的依据在于缔约过失责任制度。具体而言:一方面,在被代理人拒绝追认的情况下,无权代理人所订立的合同无效,该无效是因为代理人欠缺代理权限造成的。在订立合同时,无权代理人使用被代理人名义而非自己名义订立,一旦被代理人拒绝追认,则意味着其行为并不一定符合被代理人的意志和利益,只能作为其自身行为,由此给相对人带来损失的,应当由无权代理人对其过错行为承担责任。另一方面,通常无权代理人进行代理行为时,知道或者应当知道自己是否具有代理权,在明知或过失不知代理权欠缺时,如果仍然以被代理人名义从事法律行为,已经构成了对诚实信用原则所产生的忠实、诚实等先合同义务的违反,并已给相对人造成损失,由于其具有过失,因此应对其过失行为负责。正是因为损害赔偿的依据是缔约过失,因此,就赔偿范围而言,其主要应当是对信赖利益损害的赔偿,即善意相对人因为信赖无权代理人有代理权、合同会有效成立而遭受的损害。① 由于信赖利益一般受到履行利益的限制,因而这一赔偿不能超过法律行为被追认时相对人所能获得的利益。我国《民法总则》第 171 条第 3 款规定:"行为人实施的行为未被追认的,善意相对人有权请求行为人履行债务或者就其受到的损害请求行为人赔偿,但是赔偿的范围不得超过被代理人追认时相对人所能获得的利益。"从该规定来看,相对人所主张的损害赔偿范围不得超过履行利益,因而应当认为,该条所坚持的损害赔偿范围应当是信赖利益,因此,这与无权代理人的缔约过失责任性质是一致的。

第四,关于默示担保契约说,此种观点虽不无道理,但也存在一定的问题:一方面,默示担保契约在一定程度上也是一种法律的拟制,因而可能违背了当事人的真实意思。另一方面,如果无权代理行为未被追认,因而被宣告无效后,作为从契约的默示担保契约,应当因主契约的无效而被宣告无效。有效的从契约不能独立存在。② 因此,这种学说也受到了不少学者的批评。

第五,法律特别责任说实际上并未真正解释无权代理人责任的法律性质,此种观点将无权代理人的责任界定为不同于既有民事责任类型的一项特别法定责任,其成立前提应当是既有的民事责任体系无法有效解释无权代理人的责任,否则有过度突破既有法体系之嫌。因此,对于这一

---

① 参见迟颖:《〈民法总则〉无权代理法律责任体系研究》,载《清华法学》2017 年第 3 期。
② 参见刘春堂:《狭义之无权代理之研究》,载郑玉波主编:《民法债编论文选辑》(上),五南图书出版公司 1984 年版,第 416—417 页。

学说的采纳应当十分慎重,同时,由于法律责任的概念仍然十分宽泛,如果采纳此种观点,需要完全构建新的责任体系,未免过于烦琐,因此,在其他责任性质能解释无权代理人责任的情况下,不应采纳此种观点。

总之,从学理上说,认为无权代理人的责任性质应当属于缔约过失责任较为合理,从《民法总则》第171条第3款的规定来看,其中损害赔偿的责任形式即对应此种责任性质。当然,从《民法总则》第171条第3款的规定来看,在无权代理的情形下,相对人可以选择履行债务的责任形式,据此可以认为,我国《民法总则》实际上也认可了合同责任说。

三、无权代理人责任的成立是否以其具有过错为要件

依据《民法总则》第171条第3款的规定,无权代理人从事无权代理行为,被代理人拒绝追认的,则相对人既可以选择请求无权代理人履行债务,也可以请求无权代理人承担缔约过失责任。但是,无论选择哪一种责任,无权代理人责任的成立是否要求其具有过错,是确定无权代理人法律责任的一个重大问题。

从比较法上来看,大陆法系国家特别是德国法,对此一直存在争议,主要有两种观点:

一是否定说。此种观点认为,无权代理人责任的成立并不要求其具有过错。[①] 德国学界主流观点认为,该信赖利益赔偿责任不以无权代理人具有过失为要件,无权代理人过失不知自己欠缺代理权的,并不影响其承担责任。[②] 要求代理人承担责任时必须有过错,可能会不当增加相对人的举证负担,不利于对相对人的保护。从被代理人、无权代理人与相对人之间的关系来看,如果代理人自愿以被代理人的代理人身份从事法律行为,则其应当对相对人承担信赖利益损害赔偿责任的风险,尤其是与交易相对人相比,代理人与被代理人关系更为密切,更能发现其欠缺代理权的事实,更应承担代理行为无效引起的损害。[③] 当然,在认定无权代理人的责任时不要求其具有过错,并不是完全忽视对代理人利益的保护,无权代理人在对相对人承

---

① Vgl. Larenz/Wolf/Neuner, Allgemeiner Teil des Bürgerlichen Gesetzbuchs, 11. Aufl., C. H. Beck, 2016, §51, Rn. 25.

② Vgl. Bork, Allgemeiner Teil des Bürgerlichen Gesetzbuchs, 4. Aufl., Mohr Siebeck, 2016, Rn. 1632; MüKoBGB/Schubert, 8. Aufl., 2018, BGB §179, Rn. 51.

③ Vgl. Larenz/Wolf/Neuner, Allgemeiner Teil des Bürgerlichen Gesetzbuchs, 11. Aufl., C. H. Beck, 2016, §51, Rn. 33.

担责任后,如果无权代理人没有过错的,则其应当有权向被代理人追偿。①

二是肯定说。此种观点认为,无权代理人承担责任的前提是其具有过错,如果无权代理人不知道且不可能知道自己没有代理权,其就无须负责,比如被代理人因意思表示瑕疵而授予代理权的,被代理人撤销其授权,无权代理人可能并不知晓。② 一旦相对人请求无权代理人承担其信赖利益损害的赔偿,如果无权代理人并无过错,应当允许其主张免责。

上述两种观点都不无道理,但笔者认为,关于无权代理人责任的成立是否要求其具有过错,应当结合无权代理人责任性质进行判断,这就是说,根据相对人选择请求无权代理人承担责任的性质,具体确定无权代理人承担责任时是否要求其具有过错,而不能泛泛地探讨其承担责任是否要求其具有过错。在相对人请求无权代理人履行债务时,并不需要无权代理人具有过错;而在相对人请求无权代理人承担缔约过失责任时,则应当要求无权代理人具有过错。

(一) 合同责任中不要求过错

如果相对人选择请求无权代理人履行债务,则无权代理人不能以其没有过错而主张免责。依据《民法总则》的上述规定,相对人有权请求代理人履行债务,合同不能约束被代理人,但可以约束代理人。这就意味着,在此种情况下,合同当事人就发生了变化,即合同当事人由原来的被代理人和第三人转化为无权代理人和相对人。虽然无权代理人以被代理人名义从事法律行为,但是,法律从保护善意第三人出发,使第三人可以根据自己的实际情况,确定采取请求债务人履行债务的方式保护自己的利益。③ 由于合同责任是严格责任,因此并不要求无权代理人具有过错。《合同法》第107条规定:"当事人一方不履行合同义务或者履行合同义务不符合约定的,应当承担继续履行、采取补救措施或者赔偿损失等违约责任。"从该条规定来看,只要一方当事人不履行或履行不符合约定,就应当承担违约责任,而不需要其具有过错。在我国司法实践中,有的法院认

---

① Vgl. MüKoBGB/Schubert, 8. Aufl., 2018, BGB §179, Rn. 52.
② Vgl. Flume, Allgemeiner Teil des Bürgerlichen Rechts, 4. Aufl., Band 2, Das Rechtsgeschäft, 1992, §47 3 c, S. 807 f.; Hübner, Allgemeiner Teil des Bürgerlichen Gesetzbuchs, 2. Aufl., De Gruyter, 1996, Rn. 1315; Canaris, Die Vertrauenshaftung im deutschen Privatrecht, 1971, S. 535, Rn. 53.
③ 参见石宏主编:《〈中华人民共和国民法总则〉条文说明、立法理由及相关规定》,北京大学出版社2017年版,第403页。

为,在无权代理行为未被被代理人追认的情形下,相对人有权请求无权代理人承担继续履行的责任。例如,在"广东省煤炭建设(集团)有限公司与李某某等租赁合同纠纷案"中,法院认为,在无权代理行为未被被代理人追认的情形下,无权代理人应当向相对人支付建筑材料租金。① 从该案来看,法院并没有要求相对人就无权代理人具有过错进行举证。

问题在于,在被代理人不予追认时,赋予善意相对人请求无权代理人履行债务的权利是否正当？善意相对人和无权代理人之间的合同关系从何而来？德国学者利特勒认为,之所以存有履行债务的责任形式,是因为发生了意定(通过法律行为)的合同的移转。② 拉伦茨也认为,一旦第三人选择履行债务的责任形式,那么该合同就由代理人承继,代理人直接成为合同的当事人,其本质上是依据法律的规定而发生的债的关系的移转。③ 但是法定的合同移转与合同的意思自治存有矛盾。现今的德国通说认为,在第三人请求无权代理人履行债务的场合,是由法律在当事人之间直接创设法定债之关系作为基础的,当事人之间债之关系的内容与代理人拥有代理权时的内容相同。④ 相对人的履行请求权是一种法定之债(gesetzliches Schuldverhältnis),从利益关系上来看,无权代理人的地位就跟合同有效时正常的合同相对人或有权代理中的被代理人一样,通过履行或代替履行的损害赔偿,代理人的地位可以达到有权代理的效果。⑤ 当然,如果代理行为涉及的是人身性给付,即被代理人亲自实施的给付,那么,相对人就没有履行请求权。⑥

但也有观点认为无权代理人履行债务的责任形式对于无权代理人太过严苛,且可能产生其他一系列的后续问题。批评者认为,如果第三人选择履行债务的责任形式,这并不意味着代理人可以依据无权代理的合同

---

① 参见广州市中级人民法院(2006)穗中法民二终字第1322号民事判决书。

② 参见〔德〕卡尔·拉伦茨:《德国民法通论》(下册),王晓晔等译,法律出版社2013年版,第878—879页。

③ 参见〔德〕卡尔·拉伦茨:《德国民法通论》(下册),王晓晔等译,法律出版社2013年版,第878—879页。

④ 参见 Reinhard Bork, Allgemeiner Teil des BGB de Bügerlichen Gesetzbuchs, 3. Aufl., 2011, Rn. 1627 f., 转引自朱庆育:《民法总论》(第二版),北京大学出版社2016年版,第362页。

⑤ Vgl. Larenz/Wolf/Neuner, Allgemeiner Teil des Bürgerlichen Gesetzbuchs, 11. Aufl., C. H. Beck, 2016, §51, Rn. 25; Bork, Allgemeiner Teil des Bürgerlichen Gesetzbuchs, 4. Aufl., Mohr Siebeck, 2016, Rn. 1627.

⑥ Flume, Allgemeiner Teil des Bürgerlichen Rechts, 4. Aufl., Band 2, Das Rechtsgeschäft, 1992, §47 3 b, S. 806.

同样诉请第三人履行合同债务,而只能等到第三人实际向他提出履行请求时,通过同时履行抗辩权这一媒介获得对待给付。① 而且即便在有权代理的情形下,被代理人能否完全履行全部债务也存在一定的不确定性,因此,在无权代理的情形下,能否允许相对人请求无权代理人履行债务,也存在一定疑问。笔者认为,从私法自治的角度看,无权代理人只是以被代理人名义实施行为,而并没有自己与相对人从事法律行为的意愿,并且相对人也只是有与被代理人订立合同的意愿。从立法论上来讲,能否直接推定在无权代理人和相对人之间成立合同关系,值得进一步探讨。但从解释论上来看,《民法总则》已经承认了相对人请求履行债务的权利。从代理人作出意思表示的角度加以解释,代理行为不仅体现被代理人的意志,也体现了代理人的意志。在无权代理的情形下,如果被代理人没有追认,那么,此时就完全代表代理人自己的意思。因此,法律推定在代理人和相对人之间可以形成合同关系,基于此种关系,善意相对人有权请求无权代理人履行债务,因而,在此种情况下,合同当事人就发生了变化。在法律上可以认定,无权代理人和相对人之间成立合同关系,善意相对人有权请求无权代理人履行债务。尤其是这种规定有利于保护善意相对人,免除了善意相对人就无权代理所造成的损害的举证负担。② 善意相对人请求无权代理人履行债务,也有利于更好地实现善意相对人的订约目的。因而,根据《民法总则》的规定,一旦相对人选择履行债务的责任形式,则会出现相对人与无权代理人之间的合同关系,而以无权代理人具有过错为要件。

(二) 缔约过失应当以过失作为要件

如果相对人选择请求无权代理人承担信赖利益的损害赔偿责任,即缔约过失责任,那么应当要求其证明无权代理人具有过错,相对人应对此负担举证责任。德国判例学说认为相对人仅能请求赔偿信赖利益的损失。也就是说,相对人不得请求无权代理人履行,而只能请求消极利益赔偿(das negative Interesse),即信赖损害(das Vertrauensschaden),从而,其利益状况就相当于他没有与代理人联系、没有订立合同时一样。③ 如前所

---

① 参见〔德〕迪特尔·梅迪库斯:《德国民法总论》,邵建东译,法律出版社2000年版,第744页。
② 参见迟颖:《〈民法总则〉无权代理法律责任体系研究》,载《清华法学》2017年第3期。
③ Vgl. Larenz/Wolf/Neuner, Allgemeiner Teil des Bürgerlichen Gesetzbuchs, 11. Aufl., C. H. Beck, 2016, §51, Rn. 25; Bork, Allgemeiner Teil des Bürgerlichen Gesetzbuchs, 4. Aufl., Mohr Siebeck, 2016, Rn. 1631; MüKoBGB/Schubert, 8. Aufl., 2018, BGB §179, Rn. 51.

述,笔者认为,我国《民法总则》第171条第3款所规定的赔偿责任的请求权基础应当是缔约过失责任。而缔约过失责任成立的前提是行为人具有过失。一般认为,所谓过失,是指行为人故意或过失的心理状态,这是主观的过失。但缔约过失中的过失则是一种客观的过失。所谓客观的过失,是指行为人的行为违反了一定行为标准,因而判定其具有过失。在缔约过失的情况下,行为人的过失表现在其违反了依据诚实信用原则所产生的义务,因此应当承担缔约过失责任。法国学者认为,诚信义务在合同的履行和合同的缔结过程中均能适用,在缔约过程中如恶意导致合同不成立,就应承担责任。① 因此,在相对人请求无权代理人承担缔约过失责任时,其应当证明无权代理人具有过失,即证明无权代理人违反了基于诚实信用原则所产生的如实告知其是否享有代理权限的义务,造成了相对人的损失,应承担损害赔偿责任。

(三) 相对人的选择决定了是否以无权代理人具有过错为要件

依据上述规定,相对人可以选择请求无权代理人履行债务或者承担损害赔偿责任,如果相对人选择请求无权代理人承担赔偿责任,则无权代理人应当赔偿相对人信赖利益损失,该赔偿范围不得超过履行利益。根据我国《民法总则》第171条的规定,相对人可以在履行债务和损害赔偿的责任形式中作出选择。因此,在确定无权代理人的责任时,应当依据相对人请求的无权代理人承担何种责任形式,从而确定无权代理人是否应当具有过错。

然而,如果允许相对人进行选择,是否意味着无权代理人责任的构成要件完全由相对人的选择决定? 笔者认为,责任性质不同,责任的构成要件本应不同,相对人选择无权代理人承担何种性质的责任,就决定了无权代理人责任成立的要件。换言之,相对人的选择不同,无权代理人所承担的责任性质也会存在差别,其构成要件自然也不同。

此外,《民法总则》第171条以保护善意相对人为目的,即如果相对人是善意的,其可以请求无权代理人实际履行债务或进行损害赔偿,这有利于保护交易安全。但该规定可能不利于保护特殊情况下的无权代理人的利益。在有些场合,无权代理人可能并没有过错,例如,无权代理是因为授权不明而产生的,或者授权期限已经终止但无权代理人并不知情,此时,一概要求无权代理人承担继续履行债务的责任形式,则对其过于严

---

① François Terré, Philippe Simler, Yves Lequette, Droit civil, Les Obligations, 8e éd., Dalloz, 2002, p.434.

苛。在这方面,《德国民法典》第 179 条区分了无权代理人是否有过错而分别确定其责任,即在无权代理的情形下,相对人有权请求无权代理人履行债务,但在代理人就其无代理权并不知情时,其仅应负有赔偿对方因信赖该代理权而遭受的损害的义务。该规定具有一定的合理性,这一经验值得借鉴,即在认定无权代理的效力时,既要区分相对人的善意与恶意,也应当区分代理人的善意与恶意,以妥当认定其责任。

四、无权代理人责任因相对人善意或恶意而有不同

善意相对人是指不知道且不应当知道代理人没有代理权的相对人。《民法总则》新增了有关相对人的规则:一是确定了善意相对人可以请求无权代理人履行债务或赔偿损失。《民法总则》第 171 条第 3 款规定:"行为人实施的行为未被追认的,善意相对人有权请求行为人履行债务或者就其受到的损害请求行为人赔偿,但是赔偿的范围不得超过被代理人追认时相对人所能获得的利益。"二是规定了恶意相对人应依据其过错承担责任。《民法总则》第 171 条第 4 款规定:"相对人知道或者应当知道行为人无权代理的,相对人和行为人按照各自的过错承担责任。"

《民法总则》之所以要区分相对人的善意与恶意而分别作出规定,主要原因在于:一方面,从法律上看,相对人的善意体现了交易安全,因为相对人在与无权代理人从事交易时,其没有必要花费巨大的成本查询代理人的代理权限,只要其有足够的理由相信代理人有代理权即可,其信赖利益也应当受到保护,而保护善意相对人的利益就是保护交易安全。所以,《民法总则》强调对善意相对人的保护,这在一定程度上也是强调对其信赖利益的保护。另一方面,恶意相对人是有过错的,而且其可能与无权代理人之间成立通谋关系,至少可以认为,在相对人明知代理人无代理权而仍与其订立合同时,属于自甘冒险。① 德国通说认为,法律所保护者在于第三人的信赖,在第三人明知无代理权仍与之实施代理行为时,自涉风险不值得保护。因此,如果第三人知道代理人缺乏代理权限,则其并不享有请求权。② 而在相对人应当知道代理人无代理权时,相对人不知该事实具

---

① 参见纪海龙:《〈合同法〉第 48 条(无权代理规则)评注》,载《法学家》2017 年第 4 期。
② 参见 Larenz/Wolf, Allgemeineer Teil des Bürgerlichen Recht, 9. Aufl., C. H. Beck, 2004, S. 908, Rn. 35, 转引自杨代雄:《民法总论专题》,清华大学出版社 2012 年版,第 262 页。

有一定的过错,此时,法律并不需要对其提供类似于善意相对人的保护。

依据《民法总则》第 171 条的规定,无权代理人的责任因相对人善意或恶意而有不同,具体表现在无权代理人的责任形式和赔偿的范围等方面,具体而言:

第一,从责任承担来看,在无权代理行为未被追认后,善意相对人可以在履行债务和损害赔偿的责任形式中进行选择,这种选择权不仅尊重了善意相对人的意志,而且也是最大限度地保护其利益,从最有利于维护其意志和利益出发,这是最有效的保护其利益的方式。但在相对人为恶意的情形下,其将丧失这种选择的权利。

问题在于,在相对人为恶意的情形下,其是否就不享有对无权代理人的请求权?按照德国通说,在相对人恶意的情形下,其对无权代理人不享有请求权。[1] 我国《民法总则》第 171 条第 4 款规定:"相对人知道或者应当知道行为人无权代理的,相对人和行为人按照各自的过错承担责任。"从该条规定来看,其并没有提及恶意相对人是否对无权代理人享有请求权,但该条也未否定恶意相对人对无权代理人的请求权,而只是规定了"相对人和行为人按照各自的过错承担责任",因此,如果相对人因无权代理所遭受的损失较大,而其过错程度较轻,则其应当有权向无权代理人提出请求。同时,从该条规定来看,在相对人为恶意的情形下,"相对人和行为人按照各自的过错承担责任",这实际上是规定相对人与行为人按照其过错分担因无权代理所导致的损失,无权代理所导致的损失主要是相对人的损失,由相对人与无权代理人根据其过错分担损失,实际上也肯定了相对人对无权代理人的请求权。

第二,从赔偿的范围来看,在相对人为善意时,相对人可以选择请求无权代理人履行债务或者赔偿信赖利益损失。而在相对人为恶意时,则应当根据相对人与无权代理人过错的程度,确定二者的责任分担比例。有观点认为,在相对人明知代理人无代理权时,应当由无权代理人与相对人平均分担信赖利益的损害;而在相对人因过失不知代理人无代理权时,则相对人所分担的损害不应当超过损害总额的二分之一。[2] 笔者认为,《民法总则》第 171 条第 4 款的规定并没有对相对人与无权代理人的责任

---

[1] 参见 Larenz/Wolf, Allgemeineer Teil des Bürgerlichen Recht, 9. Aufl., C. H. Beck, Müchen, 2004, S. 908, Rn. 35, 转引自杨代雄:《民法总论专题》,清华大学出版社 2012 年版,第 262 页。

[2] 参见张家勇:《论无权代理人赔偿责任的双层结构》,载《中国法学》2019 年第 3 期。

进行上述区分,而只是根据双方的过错对损害产生的影响而认定其各自的责任。

第三,关于损失的分担问题,依据《民法总则》第171条第3款的规定,如果相对人为善意,则其有权请求无权代理人承担赔偿责任,此时并不存在损失的分担问题。而在相对人为恶意的情形下,则会出现依据双方过错分担损失的问题。依据《民法总则》第171条第4款的规定,相对人知道或者应当知道行为人无权代理而仍然与代理人实施民事法律行为,此时,如果代理行为没有被追认,则相对人无权依据《民法总则》第171条第3款的规定选择请求无权代理人履行债务或者赔偿损失,而应当由相对人与无权代理人根据双方的过错分担损失。在相对人为恶意的情形下,如果被代理人不予追认,该合同既不能约束被代理人,也不能约束代理人,该合同应当属于无效合同,代理人与相对人对损害的分担应当是对因合同无效而给当事人造成损害的分担,应当属于信赖利益损失的分担问题。相较于《民法总则》第171条第3款的规定,法律对恶意相对人的保护相对较弱。

应当指出的是,《民法总则》第171条第4款的规定不同于代理人和相对人恶意串通的责任,在无权代理人与相对人恶意串通的情形下,《民法总则》第164条第2款规定:"代理人和相对人恶意串通,损害被代理人合法权益的,代理人和相对人应当承担连带责任。"代理人和相对人恶意串通与《民法总则》第171条第4款所规定的情形可能发生混淆,但笔者认为,二者属于不同的情形,区别在于:其一,代理人和相对人是否存在串通不同。在前者情况下,代理人和相对人具有恶意串通损害被代理人的故意;而在第二种情形下,相对人只是知悉代理人缺乏代理权的事实,而并未与代理人恶意串通损害被代理人的利益。其二,代理行为的效力不同。在恶意串通的情形下,依据《民法总则》第154条的规定,该代理行为应当属于无效民事法律行为;而在第二种情形下,该无权代理行为应当属于效力待定的民事法律行为,在被代理人追认的情形下,该合同仍然属于有效合同。其三,在代理人和相对人恶意串通的情形下,代理人可能有代理权,其只是滥用了代理权;而对《民法总则》第171条第4款所规定的情形而言,代理人并没有代理权,属于无权代理。其四,责任不同。在恶意串通的情形下,依据《民法总则》第164条第2款的规定,代理人和相对人需要对被代理人承担连带责任;而在第二种情形下,则是相对人与无权代理人按照其各自过错分担损失。

值得探讨的是,如果相对人是善意的,有合理的理由相信无权代理人是有权代理的,那么有可能符合表见代理的构成要件时,为什么相对人不依据表见代理的规则请求被代理人履行债务,而选择请求无权代理人履行债务呢?笔者认为,在此情形下,虽然相对人是善意的,但其并不一定符合表见代理的构成要件,例如,被代理人对代理权外观的形成并没有可归责性,此时,相对人只能请求无权代理人承担责任,而不能请求被代理人承担责任。当然,在符合表见代理的构成要件时,相对人应当有权选择依据表见代理或狭义无权代理的规则提出请求。在相对人选择依据表见代理规则提出请求时,其有权请求被代理人履行债务;在相对人选择依据狭义无权代理提出请求时,其有权依据《民法总则》第171条第3款的规定请求无权代理人履行债务或者赔偿损失。

五、无权代理人的赔偿范围

在善意相对人请求无权代理人赔偿损失时,其可以主张的赔偿范围如何?严格地说,如果允许相对人请求无权代理人履行合同,则相对人同样可以要求无权代理人赔偿履行利益损失,但如果相对人不主张无权代理人履行合同,而主张赔偿损失,从《民法总则》第171条第3款的规定来看,"赔偿的范围不得超过被代理人追认时相对人所能获得的利益",这就意味着,在无权代理行为没有被追认时,对相对人最为有利的方式是请求无权代理人履行债务,但如果相对人不愿与无权代理人订立合同,此时,相对人只能请求损害赔偿,但赔偿的范围不能超过履行利益。

当然,《民法总则》第171条第3款只是规定了无权代理人的赔偿范围不得超过"被代理人追认时相对人所能获得的利益",这实际上是明确了无权代理人赔偿范围的上限,但并未明确赔偿范围究竟为信赖利益抑或履行利益。[①] 关于此种情形下无权代理人赔偿责任的性质,存在三种不同的观点:一是信赖利益说。此种观点认为,如果相对人选择损害赔偿,则只能请求赔偿信赖利益,因为无权代理人的责任性质为缔约过失责任,且《民法总则》第171条第3款中既然规定以履行利益为上限,则该赔偿

---

① 参见李适时主编:《中华人民共和国民法总则释义》,法律出版社2017年版,第536—537页。

责任在性质上应当是信赖利益赔偿。① 二是履行利益说。该说认为,为与履行债务的责任形式相适应,相对人可以主张的应当是履行利益的损害赔偿②,否则会形成法律的漏洞③。三是相对人自由选择说。该说认为,相对人可以自行选择信赖利益或履行利益的赔偿,但是需要完成的证明内容不同。④ 上述观点从不同角度解释了《民法总则》第 171 条第 3 款中关于赔偿范围的规定,得出了不同的结论。

笔者认为,无权代理人责任范围的确定也应当依据其责任性质进行判断。从《民法总则》第 171 条第 3 款的规定来看,"赔偿的范围不得超过被代理人追认时相对人所能获得的利益",这显然是将无权代理人的赔偿责任性质界定为缔约过失责任。缔约过失的行为使得双方之间的缔约关系被破坏,其带来的损害是他人因信赖合同有效成立而遭受的损害,由于合同不成立或无效的结果所遭受的不利益即为信赖利益(das Vertrauensinteresse,reliance interest)的损失。大陆法系又将信赖利益称为消极利益或消极的契约利益,主要包括因信赖无效的法律行为为有效所遭受的信赖损害。⑤ 例如,在意思表示的相对人信赖某意思表示有效,但因为表意人的过失使得意思表示被撤销的场合,意思表示的相对人就遭受了信赖利益的损害。信赖利益不同于履行利益,信赖利益赔偿的目的是,使得当事人处于如同合同未曾订立时一样的状态;而履行利益赔偿的结果是,让当事人的财产状况达到如同合同被完全履行一样的状态。富勒对这一区分作出准确的描述:"我们可判给原告损害赔偿以消除他因信赖被告之允诺而遭受的损害。我们的目的是要使他恢复到与允诺作出前一样的处境。在这种情况下受保护的利益可以称为信赖利益。——我们可以使被告支付这种履行的金钱价值,在这里我们的目标是使原告处于假如被告履行了其允诺,原告应处的地位。在这种情况下所包括的利益,我们可以称为期待利益。"⑥正是因为善意相对人请求无权代理人赔偿损失的依据

---

① 参见王浩:《论无权代理人的责任——对〈民法总则〉第 171 条的一种解读》,载《华东政法大学学报》2017 年第 6 期。
② 参见王利明主编:《中华人民共和国民法总则详解》(下册),中国法制出版社 2017 年版,第 774 页。
③ 参见陈甦主编:《民法总则评注》(下册),法律出版社 2017 年版,第 120—121 页。
④ 参见潘重阳:《无权代理人对善意相对人责任之析分——以〈民法总则〉第 171 条第 3 款的解释为中心》,载《华东政法大学学报》2019 年第 3 期。
⑤ 参见史尚宽:《债法总论》,1990 年自版,第 278 页。
⑥ L. L. Fuller and William R. Perdue, The Reliance Interest in Contract Damages:1, 46 The Yale Law Journal 52(1936).

是缔约过失,因此,就赔偿范围而言,这一赔偿的范围应当限于信赖利益,即相对人信赖无权代理人具有代理权而遭受的损害。① 而信赖利益的赔偿范围不得超过履行利益,即无权代理行为被追认时相对人所能获得的利益。当然,在例外的情况下,如果行为人的行为违反了保护义务或者告知义务而致使他人损害的,损害赔偿的范围也可能大于信赖利益。②

---

① 参见迟颖:《〈民法总则〉无权代理法律责任体系研究》,载《清华法学》2017年第3期。
② 参见韩世远:《合同法总论》(第二版),法律出版社2008年版,第127页;林诚二:《民法债编总论——体系化解说》,中国人民大学出版社2003年版,第426页。

表见代理构成要件之我见[*]

我国《合同法》第 49 条第一次在法律上规定了表见代理的构成要件,然而对该规定的内容,学者的看法并不相同。从制度的规范目的来看,如果认为表见代理制度的唯一目的在于保护相对人的利益以维护交易安全,则应放宽表见代理的构成要件,使善意相对人合理信赖的所有无权代理行为都转化为有权代理。如果认为法律确定表见代理的目的,既在于保护交易安全也要适当兼顾被代理人的利益,则应当对表见代理的构成要件作出适当的限定。笔者认为,保护相对人的利益和交易的安全,无疑是表见代理制度设立的目的,然而法律设立表见代理制度并非完全不考虑被代理人的利益。不能认为在无权代理人从事无权代理行为以后,相对人只要有合理的理由相信其具有代理权,在任何情况下,该行为都构成表见代理。因为相对人虽然有理由相信无权代理人有代理权,但如果相对人是非善意的,或者相对人的信赖有过失等,则并不构成表见代理。还要看到,在我国市场经济发展初期,交易秩序尚未真正建立,企业之间的信用也有待于进一步加强,为了防止无权代理人假冒他人名义招摇撞骗、损害他人的利益,也有必要严格限定表见代理的构成要件以适当保护被代理人的利益。因为在实践中,"表见代理责任已经使许多企业陷入债务泥潭,成为吞噬企业资产的黑洞,威胁企业生存的隐形杀手"[①]。为此,根据《合同法》第 49 条的精神以及我国的司法实践,本文拟就表见代理的构成要件作如下探讨。

一、表见代理中无权代理人并没有获得被代理人的授权

表见代理属于广义的无权代理,因此只能在代理人无代理权而从事了代理行为的情形下发生。如果代理人具有合法的代理权,代理人的行

---

* 原载《四川大学学报(哲学社会科学版)》2000 年专刊。
① 李召亮:《表见代理——吞噬企业资产的黑洞》,载《中国资产新闻》1997 年 12 月 10 日。

为构成有权代理,而非无权代理。一般来说,表见代理主要是因为无权代理行为而产生,它是指行为人自始没有代理权、超越代理权或者代理权终止后所从事的无权代理行为。就此而言,表见代理仍然属于广义上的无权代理。当然,在一些例外情况下,表见代理也可能因被代理人的授权不明而产生。此时,代理人从事的代理行为获得了授权,其仅因授权不明而致代理行为逾越了权限。所以,从广义上理解,表见代理属于无权代理。也正是因为代理人无代理权而从事代理行为,因此,无论是狭义的无权代理还是表见代理,无权代理人从事的无权代理行为都可能给被代理人造成损害,无权代理人应当向被代理人承担损害赔偿责任,不能因为无权代理已转化为表见代理就免除无权代理人所应承担的损害赔偿责任。此外,无论是在狭义的无权代理中还是在表见代理中,相对人都享有撤销权。《合同法》第48条第2款规定:"相对人可以催告被代理人在一个月内予以追认。被代理人未作表示的,视为拒绝追认。合同被追认之前,善意相对人有撤销的权利。撤销应当以通知的方式作出。"该条规定既适用于狭义的无权代理,又适用于表见代理。当然,尽管表见代理属于广义的无权代理范畴,但它和狭义的无权代理在设立宗旨、构成要件、法律效果等方面仍然有着明显的差别。

根据《合同法》第49条的规定,代理人无代理权的情况包括以下三种:

第一,无权代理人自始没有代理权,即无权代理人从事无权代理行为时,从一开始就没有获得授权。在民法上,所谓授权行为是指被代理人授予代理人代理权的行为,它是一种单方的法律行为。被代理人的授权既可以向代理人作出,也可以向第三人直接表示其对代理人作出了授权,前者称为内部授权,后者称为外部授权。对外部授权而言,不仅明确的口头授权可以使第三人相信无权代理人具有代理权,而且被代理人对无权代理人从事的无权代理行为予以容忍,也可以使第三人相信无权代理人享有代理权。

在被代理人以明示的方法对特定的或不特定的第三人告知其对代理人授权以后,被代理人又撤销了对代理人的授权,此种撤销能否对第三人产生效力?笔者认为,内部授权的撤销,如果没有明确通知外部的第三人,则只能约束被代理人和代理人,不能约束第三人,应认定为无权代理。被代理人在作出限制和撤回代理权的意思表示以后,并没有及时收回代理证书及其他授权文件,无权代理人继续从事代理行为的,也有可能使第三人相信其具有代理权。如果被代理人在对代理人的代理权作出限制和撤销以后,又向第三人作出授权的表示或者容忍无权代理人从事无权代理行为,其内部撤回的意思表示与其外部授权的意思之间形成了一种矛盾,在此情况下也只能以外部行为为准,因为被代理人的外部行为已经使第三人相信无权代理人有代理权。

第二,代理人超越代理权。越权有两种情况:一是被代理人对代理人的授权范围是明确的,但代理人超越了授权范围。由于这种授权可能是一种内部授权,而第三人并不知道,因此第三人对代理人具有代理权可以产生合理的信赖。二是被代理人的外部授权是清楚的,但是内部的授权是不明确的。此时,应当以外部的授权为准。即使被代理人对代理人内部授权的权限也是非常清楚的,但代理人超越了授权范围,在第三人并不知情时,第三人也属善意。例如,被代理人授权代理人以每月5 000元的价格出租房屋,代理人以4 000元的价格出租,第三人并不知情,也应当认为构成表见代理。再如,如果授权的范围仅仅限于允许代理人与特定的当事人发生法律行为,且被代理人已经正式通知此种关于代理权的限制,则第三人不应当再对无权代理人具有代理权产生信赖,此时无权代理人代理行为后果不应由被代理人承担。然而,如果授权的范围不限于与特定的当事人发生法律行为,包括与众多的第三人发生法律行为,而被代理人又没有采取适当的通知方法使第三人知道其实际上并非如此授权,则在无权代理人与第三人发生法律行为时,同样会产生表见代理的法律后果。

第三,在代理权终止以后,无权代理人所从事的无权代理行为。此种情况主要是指在代理权终止以后,代理人继续从事代理行为。例如,因代理期限届满、代理事项完成、被代理人撤回授权等原因而使代理权终止,代理人仍然从事无权代理行为,而第三人仍相信其具有代理权。在我国,许多的公司、企业曾经授权业务员从事业务活动,在该业务员不再负责该业务时,甚至已经被公司、企业解雇的情况下,由于缺乏一种公告机制,第三人仍以为该业务员具有代理权。在这些行为能够使第三人产生合理信赖的情况下,就可以发生表见代理。被代理人因各种原因直接向代理人作出撤回其代理权的通知,第三人并不知道,在此情况下,代理人从事代理行为仍能使第三人相信其具有代理权。

二、第三人有合理的理由相信——权利外观

在表见代理的情况下,法律将使本人(名义上的被代理人)对善意的

相对人承担被代理人的责任①,其目的在于维护交易的安全。尽管在表见代理的情形下,代理人并无代理权,但从表面上能够使他人产生合理的信赖,即信任代理人具有代理权。在此情况下,法律没有理由要求相对人必须仔细与被代理人核对代理人是否有代理权及代理权的范围,也不能责成被代理人必须随时向公众公示其代理人及其权限。而相对人也只能凭代理人持有的授权委托书或被代理人的某些行为来判断代理人是否具有代理权。所以,只要无权代理人的行为已经使他人产生合理的信赖,即信任代理人具有代理权,构成权利外观,就可能形成表见代理。可见,构成表见代理必须具有权利外观。

权利外观是指被代理人的授权行为已经在外部形成了一种表象,即能够使第三人有合理的理由相信无权代理人已经获得了授权。② 根据《合同法》第49条的规定,构成权利外观必须符合三个条件:其一,相对人而不是其他人相信无权代理人有代理权。其二,相对人必须有合理的理由相信无权代理人具有代理权。如果在从事交易时,相对人不会或不应当相信无权代理人具有代理权,则不构成权利外观。对于什么是"合理的理由",则应视具体情形而定。我国民法理论通常认为,构成表见代理必须客观上存在着使第三人相信无权代理人拥有代理权的理由。③ 这实际上是指相对人具有正当理由相信代理人具有代理权。根据日本的判例和学说,对正当理由的判断通常要考虑基本权限与实际行为的关联性。如果代理人从事代理行为时,一般人在此情况下都会相信其有代理权,或者该行为具有足以推定代理人享有权限之事实,就可认定为具有正当理由。如被代理人给予代理人以具有代理权之名称,便能成为肯定正当理由之重要事由。有关是否存在合理理由的问题,应当由相对人举证。其三,确定一种权利的外观是否存在,关键要从第三人是否相信或者应当相信的角度来考虑。只有第三人已经而且应当相信无权代理人具有代理权的情况下,才能构成权利外观。具体判断是否构成权利外观可以从如下五个方面加以考量。

(1)特定的场所。这就是说,无权代理行为如果是在被代理人的场所实施的,则可以使他人相信无权代理人已经获得了被代理人的授权。例如,如果某人在公司或企业的特定营业场所以该公司雇员的身份与相对

---

① 参见李开国:《民法基本问题研究》,法律出版社1997年版,第254页。
② 参见王泽鉴:《债法原理》(第一册),1999年自版,第358页。
③ 参见奚晓明:《论表见代理》,载《中外法学》1996年第4期。

人实施了交易行为，应当认为相对人有合理的理由相信该人具有代表该公司或企业从事交易的代理权。

(2)无权代理人与被代理人的关系。因为特殊关系的存在会使他人相信无权代理人已获得被代理人的特别授权，或当然具有代理人的身份。例如，如果代理人与被代理人之间存在夫妻关系、父母子女关系、雇佣关系等特定关系，都可以依据具体的交易情况来认定相对人有正当理由信赖无权代理人具有代理权。[①] 如果无权代理人与被代理人并不存在某种特殊的关系，除代理人展示授权证明，第三人便不应有合理的理由相信无权代理人具有代理权。例如，相对人到被代理人处还款，但在被代理人处未见到被代理人而只遇到某个声称其与被代理人有亲属关系的人，相对人相信该人可以将偿还的钱款交给被代理人，便留下钱款给该人，后该人携款潜逃下落不明。此例中相对人即使有证据证明该人与被代理人具有亲属关系，也不能据此认为其具有代理权。

(3)无权代理人是否从事了与其职责相关的行为。例如，如果无权代理人是被代理人的高级管理人员，其对外以被代理人的名义与相对人从事了与其职责相关的民事活动，就可能使相对人有理由相信其具有代理权。

(4)被代理人对无权代理行为的发生所起的作用。例如，被代理人是否容忍无权代理人从事的无权代理行为、被代理人是否在代理权终止后收回代理证书及授权委托书。

(5)无权代理人在与相对人缔约时宣称其有代理权的根据。一般来说，无权代理人如具有以下文书或物件时，可以认为第三人有理由相信其拥有代理权：

第一，代理证书。这是直接证明代理人有代理权的文件。通常，代理证书应当记载有关代理事项、期限和内容。代理证书的表现形式包括用以证明代理人身份并明确代理权限范围的授权委托书、委托书或包含了授权内容的介绍信等。如果这些证书中没有明确规定代理的期限和内容，而无权代理人持有这些证书并与第三人订约，第三人便有理由相信其具有代理权；但如果证书中对代理权的期限和内容规定得非常明确，第三人没有仔细阅读，则不能认为第三人有合理的理由相信代理人有代理权。如果授权他人对外签订合同，但未给予正式授权委托书的，合同签订人的代理资格和代理权限应如何认定？对此须作具体分析。例如，如果合同

---

① 参见章戈：《表见代理及其适用》，载《法学研究》1987年第6期。

签订人用委托单位的合同专用章或者加盖公章的空白合同书签订了合同,应认为该单位授予了表见代理人以代理权,委托单位对表见代理人签订的合同,应当承担责任。如果表见代理人持有委托单位出具的包含了授权内容的介绍信签订合同的,应视为委托单位授予了代理权。如果委托单位已经开始履行合同,应视为对合同签订人的行为予以追认,因而对该份合同应当承担责任,需要继续履行的必须补办盖章等手续。①

第二,单位的印章。如果无权代理人持有单位印章,只要不是伪造的,第三人都有合理的理由相信其有代理权。但无权代理人仅仅持有单位负责人的名章,第三人是否可以据此相信其具有代理权?笔者认为,名章毕竟不同于公章,法律上对名章没有严格的管理制度,伪造名章较之于伪造公章更为容易。更何况一个人可以使用多个名章,但法人的公章只能有一个,所以相对人不能也不应仅凭无权代理人持有单位负责人的名章就相信无权代理人具有代理权。

第三,单位的介绍信。有时,单位介绍信已经包含了授权的内容,据此可以使相对人相信代理人具有代理权。如果介绍信中没有包含授权内容,则仅凭单位介绍信不能认为其具有代理权。这一点与一般意义上的授权委托书授权不明有所不同,因为单位介绍信通常不包括授权内容,它只是起到证明某人身份的作用。

第四,空白合同书。如果将能够证明代理人资格和代理权限的代理人与被代理人之间的内部空白合同向第三人出示,此时该内部合同具有代理权证书的作用。

第五,若代理人持有委任状、不动产交易时所用的权利证书、金钱借款关系中之借据,应认为代理人持有之物具有代理权之象征。②

三、相对人主观上是善意的、无过失的

(一) 关于相对人的善意

相对人主观上是善意的,才能使相对人应当受到保护;如果为恶意,则自己应当承担无权代理的后果。何谓相对人具有善意?对此学者存在

---

① 参见最高人民法院《关于在审理经济合同纠纷案件中具体适用经济合同法的若干问题的解答》(已失效)。
② 参见〔日〕四宫和夫:《日本民法总则》,唐晖、钱孟珊译,五南图书出版公司1995年版,第277—278页。

两种不同的理解。一种观点认为,善意是相对恶意而言的,是指相对人不应当知道某种情况(如不知道或不应知道代理人并无代理权)。第二种观点认为,善意是指主观上无过失。换言之,是指相对人在与无权代理人订立合同时,对于相信无权代理人具有代理权的事实,主观上没有过错。笔者认为,所谓主观上的善意,是指相对人不知道且无法知道无权代理人实际上没有代理权。所谓相对人具有善意,是指相对人不知无权代理人未获得授权,且在当时的情形之下,由于权利外观的形成使相对人根本不可能怀疑其未获得授权。如果相对人与无权代理人或者被代理人先前有过接触,了解到他们的实际情况,知道无权代理人不可能获得授权,或者根据一个合理谨慎的人的标准,在当时的情形下完全知道不应信赖无权代理人有代理权,就不能构成善意。

还应当指出,相对人必须是在与无权代理人从事交易时有理由相信其有代理权。如果在交易时就没有理由相信,而是以后相信无权代理人有代理权,也不能认为相对人在主观上是善意的。总之,权利外观是一种外部表象,可以使第三人相信代理人享有代理权。

值得探讨的是,无权代理人在外部表象上能使人相信其具有代理权时,是否还需要相对人主观上是善意的?我国有一些学者认为,《合同法》第49条仅提及了相对人有理由相信,而并未要求相对人必须是善意的。据此可以理解为,相对人有理由相信无权代理人具有代理权,就表明了其主观上是善意的。笔者认为,这一点是值得商榷的。一方面,权利外观的存在并不意味着相对人主观上就是善意的,尽管存在着权利外观,但相对人知道或者应当知道无权代理人没有代理权时,也不能认为相对人是善意的。例如,无权代理人假冒被代理人的名义从事无权代理行为,相对人对无权代理人的情况非常了解,则相对人主观上是非善意的。在此情况下,相对人仍然与无权代理人从事交易行为,不能构成表见代理。另一方面,权利外观的形成是一个发展的过程,无权代理行为在任何时候都可能形成权利外观,但是相对人的善意是指相对人在与无权代理人从事交易时不知且不应当知道无权代理人不具有代理权。如果在交易时不知且不应当知道,而在交易完成后知道的,也不妨碍善意的构成。但是在交易时,权利外观必须已经形成。如果当时没有形成,而是以后形成的,不能认为相对人主观上是善意的。还要看到,即使权利外观在交易时已经形成,但相对人依据交易的客观情况,应适当审核无权代理人是否真正获得了被代理人的授权;如没有予以审核,亦不构成表见代理。

（二）相对人必须是无过失的

如果要将相对人的善意作为表见代理的构成要件，还应当强调相对人的无过失。在善意的情况下，是否要考虑行为人的过失问题，对此有几种不同的观点。其一，单纯善意说。此种观点认为，第三者对于外观的信赖只要是出自善意就足够了，不考虑是否存在过失。只要第三人是善意的，即使有重大过失也要保护，如误认为某人是代理人，具有过失，但要看其是否为善意。其二，无重大过失说。此种观点认为，如有重大过失，则等同于故意，自然不应当受到保护。其三，无过失说。此种观点认为，第三者不能仅仅只是善意的，还必须是无过失的。保护正当的信赖，不能保护缺乏客观基础的信赖，有过失则不应当受保护。① 我国学者采纳了此种观点。所谓无过失，是指相对人不知道行为人没有代理权并非因疏忽大意或懈怠造成的。如果相对人明知行为人无代理权，或者应当知道行为人无代理权，却因过失而不知，则其对无权代理行为亦负有责任，因此在法律上没有必要对其进行保护。既然相对人是善意且无过失的，在交易过程中有理由相信无权代理人是有代理权的，倘使被代理人不承受此种无权代理行为的后果，则会导致任何人在与他人从事交易时都要向被代理人仔细核实代理人是否获得了合法授权及授权范围，这样无形中会增加大量的交易成本，使许多交易无法快捷顺畅地进行，最终妨碍市场经济的信用及正常交易秩序的建立。

笔者认为，相对人的善意与相对人的无过失，在许多情况下是密切联系在一起的。例如，相对人不应当相信代理人具有代理权却产生了误信，这既表明相对人是非善意的，也表明其是有过失的。相对人不知且不应当知道无权代理人是没有代理权的，由此也表明相对人是没有过失的。但相对人的过失问题与相对人的善意也不完全相同，相对人善意是指相对人对无权代理人没有代理权的事实是否知情。所谓相对人无过失，是指相对人对于代理人无代理权事实的不知情并非因其疏忽大意或懈怠所造成，即相对人主观上是没有过错的。一般来说，相对人对代理人的身份及权限并没有必要与被代理人进行核对，但应当对代理人出示的能证明其具有特定代理权的文件进行认真审核。如不予审核或审核不严，轻率地相信代理人具有代理权，则可以认为相对人具有过失。

---

① 参见〔韩〕李井杓：《韩国商法上的表见责任制度之研究》，载王保树主编：《商事法论集》（第三卷），法律出版社1999年版，第470—471页。

在考虑相对人是否具有过失时是否应当考虑代理人的过错问题？显然，表见代理的构成只应考虑被代理人的过错及过错程度的问题，而不应考虑代理人的过错。在一般情况下，表见代理人都是具有过错的，甚至绝大多数表见代理人都具有欺诈等恶意，但其过错程度不应影响表见代理的构成。

在此，我们需要区分误解和信赖的概念。在构成表见代理的情况下，相对人主观上对于无权代理人所具有的权利外观产生了一种正当的信赖，而这种信赖并不是一种误信。也就是说，相对人在与无权代理人订立合同的时候并没有对代理权产生错误认识，他的意识是自由的，他在选择自己的行为以及表达自己意愿的时候，并没有陷入一种错误的认识之中，他对于无权代理人具有代理权的事实是基于正当的信赖而作出的判断。假如是因为自己的误解而陷入一种错误的认识，就表明相对人是有过错的，相对人可以基于重大误解要求解除合同，但不能主张表见代理的效果。判断是误解还是正当的信赖，需要用社会通常标准和一般人的合理认识来进行。相对人在作出一种信赖判断的时候首先要根据其社会经验进行判断，如果根据一般的社会常识和生活经验，不能相信无权代理人具有代理权的，那么便不能成立表见代理。例如，相对人知道无权代理人仅仅是被代理人公司中的一位秘书、司机或者炊事员，根本不可能代理被代理人签订数额巨大的合同，除非得到了特别的授权，在此情况下，即使无权代理人持空白介绍信等，也不能认为其具有代理权，从而产生合理的信赖。

严格地说，相对人无过失是指无重大或一般的过失，也就是说，相对人的不知道不是因为其疏忽大意所造成的。如果仅仅只是具有轻微的过失则不应当否定表见代理的构成。例如，表见代理人持被代理人的介绍信与第三人订约，相对人尽管对此产生了合理的信赖，但是，如果相对人进一步地向被代理人核实无权代理人的身份，也可能不会与无权代理人订约，从这个意义上说，相对人也具有轻微的过失。但由于表见代理制度保护的是相对人的信赖利益和交易安全，因此轻微的过失在确定表见代理构成时不予考虑。但是，如果相对人确实存在着重大或一般的过失，就不应当构成表见代理。例如，甲在其承包的商店里向乙出售一件价值5 000元的西服，恰好有人打电话找甲，甲去隔壁接电话，甲嘱咐来看望他的朋友丙说："请帮我看管一下店，我马上回来。"甲出去以后，乙提出其有事不能久待，要求丙尽快将西服卖给他，丙提出要等待甲回来。后来丙见乙要走，于是答应代替甲出售该西服。双方经过协商，丙以4 000元的价格将西服出售给乙。甲打电话回来以后,得知西服以4 000元的价格被出售,表示不满,立即找到乙要求退款取回西服。乙予以拒绝,双方为此发生争议。甲起诉到法院要求撤销该买卖合同。在此案中,甲在临出去打电话时当着乙的面提出:"请帮我看管一下店,我马上回来。"据此,乙应当知道甲仅仅委托丙看管店,并没有授权丙出售该西服,乙不能从丙能够照看店的事实中得出丙有权出售该西服,更何况其要求丙尽快将西服卖给他时,丙提出要等待甲回来。由此可见,乙不能对丙能够出售西服产生合理的信赖。因此,乙对于丙的错误出售也是有过错的,可以说是非善意的,即他明知丙无权出售而催促其出售。当然,所谓相对人的过失与一般违反义务的过失行为不同,它并不产生损害赔偿的责任,而只是使相对人产生一种不能主张表见代理的后果。

将相对人须无过失作为表见代理的构成要件的主要意义,在于确定相对人在特殊情况下的审核义务。我们需要讨论的是,在无权代理人的行为已经形成某种权利外观的情况下,相对人是否具有进一步核实的义务。从我国《合同法》第49条的规定来看,其并没有提及该义务,理论界一般认为相对人没有此种义务。笔者认为,不能笼统地说相对人不负有任何核实的义务。因为认定权利外观的存在必须考虑特定的情况,权利外观存在的事实在不同的情况下是不同的,能够使相对人达到信赖的程度在不同情况下也有所不同。例如,无权代理人手持空白介绍信与手持被代理人公章的事实对相对人所造成的信赖是不一样的,对前者可能需要进一步核实,而对后者则不需要进一步核实。再如,被代理人曾经当面向相对人表示对无权代理人授权与无权代理人仅仅持有被代理人的空白介绍信是有区别的。另外,相对人对无权代理人的接触了解也会影响到他的信赖程度。例如,相对人知道无权代理人仅仅是被代理人公司中的一位秘书、司机或者炊事员,与他根本不知道无权代理人与被代理人的关系是不同的。

确定相对人在特殊情况下的审核义务的理由在于,首先是因为目前我国正处于社会转型时期,正常的市场经济秩序尚未真正建立,经济生活中的各种欺诈现象仍十分严重,不法行为人冒充各种身份诈骗,伪造证件、印章、信件、票据诈骗,假借单位或他人名义诈骗,可以说花样翻新,难以防范。① 为了防止因为无权代理人假冒他人的名义从事代理行为,尽量

---

① 参见王玉信:《警惕合同欺诈陷阱——对当前新型合同欺诈的调查分析》,载《中国经济快讯》2000年第19期。

减少这种行为造成的行为后果,应当赋予相对人一定的审核义务。此外,确定相对人在特殊情况下的审核义务的理由还在于:

第一,从防范能力上来看,相对人与被代理人相比,具有更强的能力从事这种审核行为,而被代理人在很多情况下是被动的,特别是对那些私刻他人公章、伪造他人文件等行为,更是防不胜防。相对人直接与无权代理人打交道,因此有机会在完成交易之前加以审核。某些审核甚至是非常容易的,如打一个电话就可以审核清楚,因此有必要进行审核。

第二,从经济效益上看,相对人履行这种审核义务并不需要付出较高的代价就可以大大减少因无权代理行为造成的严重后果,这从经济上讲也是有效益的。如果要被代理人去采取各种防范措施,其即便投入巨大的人力、物力也是很难防范的。如果相对人从事适当的审核行为可以阻止某些表见代理后果的发生,而相对人却不从事任何审核行为,反而要被代理人接受表见代理的后果,使其承受惨重的损失,这从经济上讲也是低效益的。

第三,从减少甚至避免相对人的损失来看,在某些情况下,相对人负有审核的义务,也有利于使相对人不会蒙受欺诈或遭受不必要的损失。例如,相对人在与无权代理人订约时,因相信其具有代理权,而不从事任何审查,便向无权代理人交付定金或者预付款,无权代理人携款潜逃,尽管相对人也可以要求无权代理人承担合同责任,但最终也可能会蒙受损失,所以为了自己不上当受骗或遭受损失,相对人也应当尽到一定的审核义务。此外,确立相对人在某些情况下的审核义务也是必要的。例如,被代理人在其公章丢失或被盗以后,及时在指定的报刊上刊登了公告,而相对人在没有了解公告的情况下对无权代理人假冒他人名义的行为不予审核,应当认为相对人是有过失的,相对人所主张的表见代理不能成立。

总之,确立相对人在某些情况下的审核义务,对于维护交易安全、防止欺诈、减少甚至避免相对人的损失是非常有利的。笔者认为,《合同法》未能对相对人的核实义务予以规定,从而使表见代理的适用范围过于宽泛,这有待于司法解释予以弥补。当然,完善民法的表见代理制度,尤其需要建立一整套公告制度,如撤销代理权的公告、公章遗失的公告、解除某人职务的公告等,这些公告应该由企业登记机关作出,任何第三人都可以免费查阅,一旦作出了公告,无论第三人是否查阅,在此基础上发生的无权代理都不产生表见代理的法律后果,第三人也无权要求被代理人给予信赖利益赔偿。

笔者认为,在如下情况中,即使形成了权利外观,相对人也应当负有进一步审核的义务:其一,合同标的数额较大或者对被代理人和相对人的利益影响较大,相对人不能简单地、轻率地与代理人订约。特别是对于一些标的额较大的交易,如果相对人仅仅凭借无权代理人手持的空白介绍信、合同书就匆匆与其订约,未免过于草率,由此也表明相对人可能具有某些过失。当然,如果相对人的核实需要付出昂贵的费用或者交易额不大时,要求相对人核实代理人的身份也是没有必要的。其二,相对人以前从未与无权代理人订立过合同,对无权代理人的个人情况毫不知情。在此情况下,不能轻率订约。其三,在需要谈判协商的交易中,相对人在大多数情况下需要进一步核实代理人身份。其四,相对人需要交付一定的定金或者预付款,相对人为了防止欺诈,也应当进一步核实。其五,相对人进一步审核的成本很低,如果在同一个城市内,打电话或直接派人询问均非常方便,相对人应当进一步审核。在现代社会中,由于通信工具的发达,要求其进一步核实,并没有过分加重其经济负担。

四、无权代理行为的发生与被代理人有关

在讨论表见代理的构成要件时,还需要讨论是否应当考虑被代理人对无权代理行为的发生是否具有过错的问题。换言之,在确定是否存在权利外观的情况下,应当考虑该权利外观是否是基于被代理人的意志而形成的。在我国《合同法》起草过程中,对此存在着不同的看法:一种意见认为,应当以被代理人的过错作为表见代理合同的要件,否则对被代理人是不公平的;另一种意见认为,表见代理最重要的特征就是相对人有正当理由相信行为人有代理权,而不考虑被代理人是否有过错。《合同法》总体上采纳了第二种意见。一般来说,表见代理合同的产生与被代理人的过错有关。例如,由于被代理人管理制度的混乱导致其公章、介绍信被他人借用或者冒用而订立了合同,被代理人在知道行为人以其名义与第三人订立合同而不作表示等。这都表明被代理人是有过错的。[1]

笔者认为,上述两种观点都不无道理,但首先必须指出,不宜以被代理人不存在过错作为表见代理的构成要件,因为如果将被代理人没有过错作为表见代理的构成要件,则会使表见代理行为很难构成。实际上,无

---

[1] 参见胡康生主编:《中华人民共和国合同法释义》,法律出版社1999年版,第85—86页。

权代理人所从事的无权代理行为,大都是违背被代理人的利益和意志的。被代理人在无权代理行为发生后,在绝大多数情况下,都会拒绝承认无权代理行为对自己产生效力。如果将被代理人不存在过错作为表见代理的构成要件,被代理人就会千方百计地证明自己对无权代理行为的发生没有过错,如说明被代理人不知情,不允许他人以自己的名义行为,等等,甚至在公章等丢失的情况下,也会主张自己已经尽到了注意义务或采取了各种合理的措施以表明自己没有过错。一旦被代理人证明自己没有过错就可以否定表见代理的构成,这就会使许多表见代理行为不能成立,尤其是相对人已经具有合理信赖的情况下,也因为被代理人没有过错而不能根据表见代理请求被代理人承担责任,这显然会使设立表见代理制度的宗旨和目的落空。所以,将被代理人是否具有过错作为表见代理的构成要件是不妥当的。从大陆法系国家的许多判例和一些学说来看,只要被代理人的行为与权利外观的形成具有一定的联系①,无论被代理人是否具有过错,被代理人都应承担表见代理的责任。例如,在德国法中,对归责事由的内容,权利外观学说形成时期的学者们认为,只要权利外观因当事人而形成就认定其应承担责任。这就是关于归责性标准的所谓惹起主义(das Anlassungsprinzip)或原因主义。② 据此,对法律外观的形成造成原因的人应无条件地承担责任。德国帝国法院的判例强调外观责任的客观性质而认定被代理人的过失并非外观成立必备的归责条件,只需证明被代理人为外观的形成提供了原因。③ 但是,有学者提出,外观即使不依被代理人的意思或过失,由被代理人造成原因或被代理人即使没有提供外观发生的原因,而存在必须保护第三者信赖的衡平上的理由时,被代理人的表见责任成立。这种观点也被德国联邦最高法院的一些判决所接受。④ 在日本,法院在确定表见代理的构成要件时也认为:"实际上本人责任的归属要素、基本权限与越权代理行为之相关性等,往往成为'正当理由'判断所考虑之对象,至于证明责任,大概而言于'正当理由'由第三人举证。而于恶意方面,则存在于本人一方,但从(正当理由)之现实机能考虑,似

---

① Vgl. Shramm, in: Münchener Kommentar zum BGB, §167, Rn. 57.
② 参见〔韩〕李井杓:《韩国商法上的表见责任制度之研究》,载王保树主编:《商事法论集》(第三卷),法律出版社1999年版,第466页。
③ 参见〔韩〕李井杓:《韩国商法上的表见责任制度之研究》,载王保树主编:《商事法论集》(第三卷),法律出版社1999年版,第466页。
④ Vgl. Shramm, in: Münchener Kommentar zum BGB, §167, Rn. 58.

不应深究严格意义上之证明责任。"①

笔者认为，不能以被代理人是否具有过错作为表见代理的构成要件，但又必须在确定表见代理的构成要件时考虑到权利外观的形成是否与被代理人具有关联性。只要被代理人的行为与权利外观的形成具有一定的牵连性，被代理人都应当承受表见代理的后果。但是，如果被代理人的行为与权利外观的形成并不具有牵连性，或者说权利外观的形成与被代理人毫无关系，则被代理人不应当承受表见代理的后果。从实践来看，主要有下列情形：其一，无权代理人假冒他人的名义与第三人订约，尤其是私刻被代理人的公章、伪造被代理人的营业执照或合同书等，被代理人对此毫不知情也无法加以防范。其二，在债的关系终止后，或者在被代理人的印章、支票、营业执照复印件、合同书等丢失或被盗以后，被代理人已经在指定的报刊上以合理的方式作出了公告，但无权代理人仍然以这些证明或文件与第三人订约，第三人因未见到这些公告而相信无权代理人具有代理权。其三，如果某个无权代理人伪造某个企业的名称并私刻该企业的公章与第三人订约，该无权代理人自己也不知道是否有该企业存在，但实际上确存在该企业，如果第三人相信无权代理人具有代理权，则此种权利外观与该企业没有任何关联。

笔者认为，在确定表见代理的构成要件时，尽管不应当将被代理人是否具有过错作为要件，但仍应适度地考虑被代理人的行为是否与无权代理有关。在上述情况下，由于该无权代理行为与被代理人无关，该行为的后果不应当由被代理人承担。其根据在于：其一，在上述情况下，这些权利外观的形成，不仅不是基于被代理人的意志产生的，而且与被代理人没有任何关联，被代理人甚至根本不知道无权代理人是谁，所以不可能推定被代理人具有任何授权的意思。其二，在上述情况下，被代理人无法控制无权代理行为的发生，即使作出巨大的投资也不能防范这些行为的发生。以公章被伪造的情况为例，被代理人即便尽到高度的注意义务，也难免发生公章等被伪造的情况，所以认为被代理人对公章的伪造应当负责的观点在法律上是难以成立的。公章等被伪造也不同于公章等被盗。在公章被盗以后，无权代理人利用被盗的公章招摇撞骗，也可以推定被代理人对被盗的物件的保管具有过错。因为如果被代理人尽到高度的防范义务，则可以防止公章等被盗，尤其当被代理人的物件被盗以后经过相当长的

---

① 〔日〕四宫和夫：《日本民法总则》，唐晖、钱孟珊译，五南图书出版公司1995年版，第277—278页。

一段时期没有发现,或者在发现以后没有及时公告,也表明其是具有过错的。然而,在公章等被伪造的情况下,被代理人即使尽到高度的防范义务,也不能防止公章被伪造,甚至不知道伪造的是何人或采取何种方法伪造。可见,被代理人对公章等被伪造的情况是不应当承担责任的。其三,在上述情况下,要被代理人承担表见代理的责任也根本不符合情理。因为表见代理的发生与被代理人毫无关系,却要被代理人负责,将会导致被代理人祸从天降,蒙受其无法预测的意外损失。其四,在无权代理行为与被代理人无关的情况下,要被代理人负责,可能会鼓励私刻被代理人的公章、伪造被代理人的营业执照或合同书等不法行为。

表见代理制度是为了保护善意第三人的信赖利益,维护交易的安全。那么,保护第三人是否就不考虑被代理人的利益呢?事实上,维护第三人的信赖利益与维护被代理人的利益不是截然对立的。我国民法和司法实践在善意取得制度方面,保护了善意第三人的利益,但是在维护第三人信赖利益的同时,为兼顾对所有人利益的维护,对赃物等不适用善意取得。这一理念实际上也可以适用于表见代理制度。诚然,表见代理制度不需要考虑私法自治,特别是不必考虑被代理人的过错以及被代理人的意志问题,但也不能对被代理人强加责任、罪及无辜。

在上述情况下,无权代理人既没有体现被代理人的意愿,也不能采用任何标准确定被代理人有过错,甚至与被代理人毫无关系,在此情况下要求被代理人承担表见代理的后果,和民法的公平原则是相悖的。因为在无权代理人私刻他人的公章等情况下,无权代理人是直接与相对人发生交易的,其并没有与被代理人接触。相对人可以从事适当的审核,因为相对人毕竟有机会防止无权代理行为所造成的后果,但被代理人没有能力采取措施予以防止。如果相对人尽到审核义务,就可以使无权代理人的目的落空。即使某些无权代理人私刻被代理人的印章或者利用现代科技伪造被代理人的印章、空白合同书以及单位介绍信等,其伪造的技术足以使得第三人无法区分真伪,相对人也可以采取其他方式,如通过与被代理人联系等方式确定代理人是否具有代理权。在此情况下,完全由被代理人负责,确实对被代理人不公平。

总之,笔者认为,在确定表见代理的构成要件时应当考虑权利外观的形成是否与被代理人具有一定的关系,如果不符合该要件则不应该产生表见代理的效果,被代理人也不应当承担表见代理的责任。

建立取得时效制度的必要性探讨*

取得时效(usucapion)，又称为占有时效，它是指占有他人的动产、不动产或其他财产权的事实状态经过一定的期限以后，将取得该动产或不动产的所有权或其他财产权。① 自罗马法以来，诉讼时效和取得时效均已存在。现行大陆法系国家的民法也大多确认了这两种时效。我国《民法总则》已经确认了诉讼时效，而对于立法中是否有必要确认取得时效，学术界存在着不同的看法。为此，本文拟对此谈一些粗浅的见解。

一、设定取得时效的必要性

取得时效制度起源于罗马法。在古罗马的《十二铜表法》上，取得时效被称为usucapio。该法规定了动产和不动产的取得时效分别为一年和二年。罗马法创设取得时效制度的主要目的是为了"使某些物的所有权不致长期地并几乎是永远地处于不确定状态，因为法律规定的取得时效期间对所有人寻找其物是足够的"②。

罗马法中取得时效的适用应当符合一定的条件，具体而言：一是占有人应当是合格的权利主体；二是时效取得的标的物应当是合格物；三是占有人对标的物的占有应当出于正当原因；四是占有人应当是善意的；五是占有应当经过法定期间，当然，对不同的标的物，占有的期间长短要求并不一致。③ 例如，依据《十二铜表法》第六表第3条的规定，土地的取得时效和追夺担保期间是二年，其他物的取得时效期间是一年。④ 梅因曾经指出，取得时效制度的设立是罗马人法律天才的创造，因为该制度提供了"一个自动的机械，通过这个自动机械，权利的缺陷就不断得到矫正，而暂

---

* 原载《甘肃政法学院学报》2002年第1期，收入时作了适当修改。
① 参见梁慧星、陈华彬编著：《物权法》(第二版)，法律出版社2003年版，第128页。
② 盖尤斯语，转引自黄风：《罗马法》，中国人民大学出版社2009年版，第138—139页。
③ 参见黄风：《罗马法》，中国人民大学出版社2009年版，第139页。
④ 参见费安玲主编：《罗马私法学》，中国政法大学出版社2009年版，第193页。

时脱离的所有权又可以在可能极短的阻碍之后重新迅速地结合起来"①。1804 年的《法国民法典》率先确认了取得时效制度,《法国民法典》第712 条规定:"所有权亦可因添附、混合和时效取得。"2008 年之前,《法国民法典》原来的第 2262 条规定:"一切诉讼,无论是对物诉讼还是对人诉讼,时效期间均为 30 年,主张此种时效的人无须提出一项权利证书,他人亦不得提出该人系出于恶意而为抗辩。"2008 年法国对时效制度进行了大幅改革,此条被直接废除。而改革后的第 2272 条仅规定了不动产的取得时效:"不动产取得时效的期限为三十年。但善意占有人取得时效的期限为十年。"1900 年的《德国民法典》将时效制度区分为取得时效和消灭时效,并在总则中规定了消灭时效,而在物权编中规定了取得时效(第 937—945 条),这一模式也为中华人民共和国成立前的民法所借鉴。

我国近代意义上的取得时效制度始于 1909 年的《大清民律草案》,而 1929 年的《中华民国民法典》亦将取得时效区分为动产所有权取得时效、不动产所有权取得时效和所有权以外其他财产权的取得时效来加以规定。中华人民共和国成立后,一直没有采纳取得时效制度。1986 年的《民法通则》只规定了诉讼时效,并未规定取得时效。在《物权法》制定过程中,就是否应当规定取得时效制度,曾经展开过争议。中国人民大学和中国社会科学院法学研究所的物权法建议稿中都建议设置取得时效制度,但这种主张并没有被立法所采纳。②《民法总则》在制定时,又提出了是否应当规定取得时效制度的问题,但后来该法并没有规定取得时效制度。在我国民法典制定中,关于物权编是否应当规定取得时效,仍存在不同的看法。

笔者赞成设立取得时效,但首先必须要认识取得时效的功能。概括而言,取得时效应当具有如下四项功能。

(一) 确定财产归属、定分止争

依罗马法学家的观点,取得时效存在的理由在于,防止占有与所有长期属于不同的人及因此产生的法律不安定状态。取得时效的这一传统的功能也被现代民法所采纳。根据法国法,取得时效的主要功能在于稳定和确认现有的所有权秩序:权利人仅仅需要援引占有的事实,而无须另行提供其他的权利证明,这通常足以维护其利益。③ 不过,在现代社会,由于

---

① 〔英〕梅因:《古代法》,沈景一译,商务印书馆 1959 年版,第 163 页。
② 参见尹田:《论物权法规定取得时效的必要性》,载《法学》2005 年第 8 期。
③ Anne Guégan, La nouvelle durée de la prescription: unité ou pluralité, in Plippe Casson et Philipppe Pierre (dir.), La réforme de la prescription en matière civile, Dalloz, 2010, pp. 20-21.

财产法律的完善,财产处于无主状态的现象大大减少。据此,有学者认为,取得时效适用的范围越来越窄,适用的频率也极低,因此,没有必要设置取得时效制度。① 不过,笔者认为,尽管如此,取得时效制度在实践中仍有其适用的必要性,一方面,我国社会目前仍处于转型时期,因财产权关系不清晰而引发的纠纷仍时有发生,甚至影响社会的稳定,而取得时效制度有利于定分止争,明确财产权的归属,这对于减少相关的财产权纠纷具有重要作用。另一方面,取得时效制度有利于维护既有的财产权秩序。在相关主体长时间占有、利用某项财产时,可能已经在该财产上形成了相对稳定的财产秩序,在符合取得时效适用条件的情形下,如果允许真正的权利人经过长时间之后仍然可以主张返还该财产,则将推翻在该财产上已经建立的法律关系,这无疑会给现有的财产秩序带来巨大的冲击。从这一意义上说,取得时效制度的建立还有助于尊重社会既存的新秩序。②

(二) 促进物尽其用,充分提高财产的利用效率

现代民法在价值取向上,既要保护所有权又要促进物的有效率利用,当两者发生冲突时,民法的一些制度(如时效制度)更倾向于后者。时效本身就体现了"法律保护勤勉者,不保护懒惰者"的原则。无论是诉讼时效还是取得时效都具有促使权利人积极行使权利从而提高物的使用效率的功能。财产的权利人虽然享有权利,但其长期"睡眠于权利之上",不主动行使权利,则不利于物尽其用。取得时效在实现物尽其用方面的作用表现在:一方面,其能有效地促使权利人积极行使权利,减少资产的浪费和闲置,从而充分发挥资产的利用效率。③ 相反,如果没有取得时效,物和权利的拥有者可以"躺"在权利上"睡眠",长期不行使其权利或者使其财产长期闲置不用,这将使物不能得到有效利用。另一方面,因为取得时效允许占有人在一定条件下取得占有物的所有权,就使占有人敢于把占有物投入流通,从而尽可能充分地发挥物的效用。物的占有人和权利的行使者如果能够经过一定的期限而取得其权利,就有可能努力增加其占有物或所行使权利的价值。④

---

① 参见吕维刚:《浅论我国〈民法典〉不应建立取得时效制度》,载《学术交流》2008 年第 7 期。

② 参见谢哲胜:《不动产所有权取得时效之客体立法政策之探讨》,载谢哲胜:《财产法专题研究》,三民书局 1995 年版。

③ 参见谢在全:《民法物权论》(上册,修订二版),三民书局 2003 年版,第 234—235 页。

④ 参见温世扬、廖焕国:《取得时效立法研究》,载《法学研究》2002 年第 2 期。

（三）维护社会秩序和交易安全

取得时效制度设立的目的就在于维护社会秩序的安定。如果权利的享有者在相当长的时间内不行使权利，而由他人在其财产之上行使某种权利，这种事实状态经过一定的期限，就形成了一定的秩序。法律为了维护这种秩序，就有必要设立取得时效制度。如果将这种事实状态推翻，不仅会影响财产秩序的稳定，也将会彻底否定对这种信赖利益予以保护的可能性，从而严重影响一种新的秩序的形成，妨害交易的安全。因此，立法者权衡现有的事实状态予以维持的必要性与保护所有人利益之间的关系，认为前者比后者更为重要，从而形成了取得时效制度。

设定取得时效制度的另一个重要原因在于维护交易安全。"不公正胜于无秩序。"在社会生活中，一定的事实状态的继续必然会产生一定程度的社会信赖，并据此形成一种信赖关系。占有人占有某项财产经过了一定合理的时间后，他人对该占有人的占有将形成一种合理的信赖，尤其是，如果占有人将其占有的财产转让给他人，第三人基于对占有人享有权利的信赖，而与占有人从事了交易行为，法律对此种交易也应当予以保护。保护此种交易中的信赖也就是维护交易的安全，因为第三人在从事交易时难以一一核实权利归属，只能通过占有的事实来判断转让人是否享有权利。如果这种信赖不能得到保护，交易人就没有安全感。在设立取得时效制度以后，交易当事人可以直接根据占有人占有某种财产经过相当时期的事实状态便可以相信占有人拥有权利，从而可以安心与占有人从事交易。

（四）有利于证据的收集和判断，并及时解决纠纷

一定的时间经过也会形成一定的财产秩序。某项财产被他人占有之后，如果年代久远，发生纠纷后难以取证查证。而在没有取得时效的情况下，财产的归属也长期处于不确定状态，将使得产权纠纷长久不能得到解决。如果要求当事人举证和法官查证，则往往在花费了大量的人力、物力以后，也未必能够找到具有一定证明价值的证据。如果法律规定了取得时效，只要确定占有人的占有经过一定的时期，符合取得时效制度规定的条件，法院就可以据此直接确定权利的归属，而不再就权利的归属问题进行进一步的调查取证，从而有利于证据的收集和判断，并及时解决纠纷。

有关取得时效制度在证据功能上的作用，日本学者历来分为实体法说和程序法说两种观点。程序法说认为，应当从权利真实性的推定出发来考虑取得时效制度的合理性。时效制度的目的不是为了保护非权利

人。当一定的时间经过,将造成证据不确定时,在证据不确定的情况下,一般应当采用自由心证的原则,由法官直接依据内心的确信来加以判断。但为了帮助法官形成心证,则需要寻求其他事实作为法定证据。这就有必要设立取得时效制度。占有人占有某项财产的事实,经过一定的期限,则可以认定其为权利的真实归属的凭据。所以,法院在诉讼过程中可以符合一定条件的事实状态作为权利归属的法定证据,而对占有人作出胜诉的判决。① 实体法说认为,从程序法上不能准确地解释时效制度设立的目的。不论是取得时效制度还是消灭时效制度,都是因为一定事实的既成状态,经过较长的期间以后,法律上应当对这种事实状态给予尊重和保护,同时,也对"眠于权利之上"消极不行使权利的权利人进行惩罚,以避免因其不行使权利而可能造成的社会资源的浪费。尤其是因一定事实状态的长期存在,使行使权利的人或者交易的第三人认为真实权利人已经放弃其权利的行使,或者事实上行使权利的人拥有真实权利,往往已经形成了主观上的信赖。如果长久"眠于权利之上"的权利人突然行使权利,将会破坏现有的财产秩序。② 笔者认为,这两种观点都有一定的合理性,但这两种观点都认为取得时效制度只具有某一方面的功能,而忽视了其另一方面的功能,从而都是不全面的。事实上,取得时效制度兼具证据的功能和保护权利的功能,二者是缺一不可的,所以,需要从实体法和程序法两个方面来认识取得时效设立的必要性。

在我国,否定取得时效制度价值的主要理由在于,该制度允许经过一定的时间后将他人的财产据为己有,不符合国家提倡的"拾金不昧""公物还家"等传统美德。笔者认为,取得时效制度的设定并不违背我国的传统道德。因为一方面,该制度是以不背离社会的公序良俗为其出发点的,我们要设定的取得时效制度有一个重要条件,即占有人必须是善意地、和平地占有他人财产,恶意占有不能基于取得时效制度而取得财产,这就不存在为哄抢财物提供法律"空隙"和有悖于我国传统美德的问题。取得时效只在承认占有他人财产且对其无权占有不知情的情形下才能取得此种财产权。另一方面,随着社会经济的发展,社会道德观、价值观也在发生着变化。所有权绝对的观念,已逐渐被放弃,法律也并不会一味保护"权利上的睡眠者",而是倾向于通过取得时效制度维护既定的事实状态,促

---

① 参见〔日〕川岛武宜:《民法总则(法律学全集)》,有斐阁1965年版,第548页。
② 参见〔日〕我妻荣:《新订民法总则》,于敏译,中国法制出版社2008年版,第400—401页。

使权利人积极行使权利,促进经济的发展。在这种情况下,取得时效制度的设定更符合现代道德观、价值观影响下的法律趋向。

二、善意取得制度不能代替取得时效制度

善意取得又称为即时取得,它是指动产占有人无权处分其占有的动产,其将该动产转让给第三人,受让人取得该动产时出于善意,则受让人将依法即时取得该动产的所有权或其他物权。按照一些学者的观点,善意取得制度存在的理由之一在于:因为第三人在受让财产时是出于善意的,因此可以即时取得对其受让的财产的所有权。而即时取得实际上就是一种瞬间时效,这一观点又称为即时时效说。① 在法国法中,取得时效主要是针对不动产,因为动产可基于占有规则即时取得所有权。根据《法国民法典》第 2276 条(原 2279 条)的规定,对于动产,占有相当于所有权证书;且动产可以适用善意取得。② 依据《德国民法典》第 937 条的规定,自主占有动产十年者,取得动产所有权。取得时效(Ersitzung)的目的就在于,通过承认长期、善意占有动产的占有人取得动产所有权,避免占有状况长期不符合所有状况,促使法律状况简单化,同时补充交往保护(der Verkehrsschutz)。③ 除此以外,取得时效的构成要件相对简单,仅要求善意占有人在长期一段时间内自主占有动产即可,从而减轻了真实所有人的举证责任,真实所有人无须举证证明存在善意占有人实施了取得动产所有权的行为,只需要举证证明占有人占有动产时间不足或非为善意即可。④ 据此,善意取得适用即时时效或瞬间时效(prescriptio instantanee usucapione momentanla),善意取得制度可以取代取得时效制度。我国也有一些学者赞成这一观点,认为在《物权法》中确认了善意取得制度以后,就没有必要再承认取得时效制度。笔者认为这一观点是值得商榷的。应当承认,善意取得制度和取得时效制度一样,都具有维护交易安全和促进物的有效利用的功能。一方面,两项制度都有利于维护市场经济的正常秩序。在广泛的市场交易活动中,从事交易的当事人往往并不知道对方

---

① 参见〔日〕我妻荣:《新订民法总则》,于敏译,中国法制出版社 2008 年版,第 403 页。
② Anne Guégan, La nouvelle durée de la prescription: unité ou pluralité, in Plippe Casson et Philipppe Pierre (dir.), La réforme de la prescription en matière civile, Dalloz, 2010, pp.20-21.
③ Vgl. Westermann/Gursky/Eickmann, Sachenrecht, 8. Aufl., 2011, §51, Rn. 2; BeckOK BGB/Kindl, BGB §937, 2018, Rn. 1.
④ Vgl. Staudinger/Wiegand, Vorbemerkungen zu §§937-945, 2011, Rn. 3.

是否有权处分财产,也很难对其在市场上出售的商品逐一调查。因此,只能对占有人的占有产生合理的信赖,所以,这两项制度都旨在保护交易相对人的信赖利益。另一方面,这两项制度都适用于占有体现的权属状况与真实的所有权状况出现了分离的情形。

由于善意取得适用于因法律行为引起的动产所有权变动,取得时效适用于非因法律行为引起的动产所有权变动。进而,就交往保护而言,取得时效发挥了补充善意取得的功能,因为取得时效制度直接使动产占有状况与所有权状况保持一致①,而善意取得只是使得交易第三人取得了动产所有权。因此,作为原始取得的具体方式,取得时效被认为是简化和理顺不清晰的法律状况的工具。② 当然,取得时效和善意取得的适用也存在相互排斥的现象。例如,在德国法上,虽然法律一直承认取得时效,但这一制度发挥作用的空间较小,这主要是因为善意取得在一定程度上排斥了取得时效的适用。③ 据此,反对说认为,设立取得时效以后,未必有现实意义,因为德国民法自设立该制度以来,实践中案例发生极少。这主要是因为要确定是否以所有人的意思公然、和平地占有,举证十分困难。同时,不动产因为有登记,很难适用取得时效。一般来说,只有当善意取得无法适用时,取得时效才能发挥作用。比如,动产买卖中出卖人不具有相应的民事行为能力,动产非基于所有人意愿脱离所有人控制(如动产被盗、遗失),甚至,动产占有非基于买卖合同而发生变动(占有人以为动产系无主物而占有)。④

笔者认为,善意取得制并不能代替取得时效制度,两者是相辅相成的。当然,善意取得制度和取得时效制度在功能上虽然具有相似性,但二者毕竟是两项不同的制度,存在一定的区别,具体表现在:

第一,取得时效是指占有他人的动产、不动产或其他财产权的事实状态经过一定的期限以后,将取得该动产或不动产的所有权或其他财产权。善意取得是指动产占有人或者不动产的登记权利人无权处分相关的动产或者不动产,其将该动产或者不动产转让给第三人,而受让人取得该动产或者不动产时不知或不应知出让人为无权处分,则受让人将依法即时取

---

① Vgl. Westermann/Gursky/Eickmann, Sachenrecht, 8. Aufl., 2011, § 51, Rn. 1.
② Vgl. MüKoBGB/Baldus, 7. Aufl., 2017, BGB § 937, Rn. 6.
③ Vgl. Staudinger/Wiegand, Vorbemerkungen zu §§ 937–945, 2011, Rn. 4; BeckOK BGB/Kindl, BGB § 937, 2018, Rn. 2.
④ Vgl. Staudinger/Wiegand, Vorbemerkungen zu §§ 937–945, 2011, Rn. 4; MüKoBGB/Baldus, 7. Aufl., 2017, BGB § 937, Rn. 9 f.; BeckOK BGB/Kindl, BGB § 937, 2018, Rn. 2.

得对该动产或者不动产的所有权或其他物权。前者维持的是客观上存在的一种时间持续的状态,而后者强调的是一种主观状态的善意。或者说,取得时效更注重客观事实,它虽然重视占有人的占有是否形成了一种自主占有的状态,但并不完全考虑主观状态是否为善意,因为一些国家的民法中承认在恶意状态下经过一定的期间也可以取得权利。同时,对占有人的主观状态是否为自主占有也常常采用推定的办法。①

第二,善意取得必须发生在有偿交易中,一般适用于通过买卖、互易等有偿行为来进行的交易。而取得时效则不限于通过交换而占有,其实际上大多适用于通过交易以外的赠与、继承、共同关系等行为而发生的情况②,无偿转让行为也可适用。甚至在根本不存在交易的情况下,民事主体因交易以外的原因而取得占有时,也可以适用取得时效。

第三,善意取得适用于善意受让人与无处分权的转让人之间的关系,受让人不直接与动产的所有权人发生关系;而取得时效是占有人与财产所有权人之间的关系,不直接涉及第三人。③ 无论是否存在交易第三人,占有人都可以基于取得时效而取得一定的财产权。

第四,二者在适用的客体范围上也是不同的。在比较法上,善意取得的客体一般仅限于动产,而且有一定限制,依法不能自由转让的动产,如枪支、弹药等限制流通物以及遗失物、盗赃物等非基于原所有人的意思而为他人占有的,不能适用善意取得。取得时效的客体除动产外,还包括不动产。对于依法不能自由转让的动产也可以适用取得时效。可见,实际生活中存在的一些动产权属不清的情形并不能通过善意取得制度来解决,因此,取得时效制度仍有存在的必要。

三、诉讼时效不能代替取得时效

一般认为,完整的时效制度包括取得时效和诉讼时效两部分。取得时效和诉讼时效都是各国普遍承认的,二者是相互对应、相辅相成的制度,都是时效制度的重要组成部分。各国的时效制度在立法体例上存在两种模式:一是统一主义,即将取得时效与消灭时效统一规定。中世纪的注释法学家着眼于取得时效与消灭时效有共同的法律本质,而主张两者

---

① 参见温世扬、廖焕国:《物权法通论》,人民法院出版社2005年版,第233页。
② 参见房绍坤等:《中国民事立法专论》,青岛海洋大学出版社1995年版,第71页。
③ 参见房绍坤等:《中国民事立法专论》,青岛海洋大学出版社1995年版,第71页。

为统一的法律制度。18世纪在制定《法国民法典》时,法国学者波蒂埃等人就主张此种观点,其认为,时间流转可取得权利或丧失权利,因此应当将两种时效统一规定。该观点被《法国民法典》所采纳。① 《日本民法典》也采取了此种立法例。二是分别主义,即将两种时效分别规定。以德国历史法学派创始人萨维尼(Savigny)为代表的学者主张,取得时效与消灭时效是两种不同的法律制度。② 两者在适用条件、法律效果等方面存在很大区别,因此应当在民法典的不同编章中分别规定。《德国民法典》采取了此种立法例,在总则中设立消灭时效,而在第三编物权中规定取得时效。我国《民法通则》已经确认了诉讼时效,相当于国外立法中的消灭时效,但并没有规定取得时效。

问题在于,仅有诉讼时效并不能解决诉讼时效届满以后的产权归属问题,因为诉讼时效的后果只是使义务人取得了一定的抗辩权,其并不能当然取得相关的财产权利。例如,依据《民法总则》第196条的规定,未登记的动产物权的权利人请求返还财产的权利需要适用诉讼时效制度,在诉讼时效经过后,该动产的权利人在请求占有人返还该动产时,占有人虽然可以提供时效抗辩,拒绝返还财产,但其并不能据此取得该动产的物权。这就可能使该动产的权利保护处于一定的不确定状态,有观点将其界定为所谓"权利真空"的现象。③ 据此,有一些学者曾提出建议,认为可以将该项占有物视为无主物,收归国有。这种看法显然是不正确的,因为一方面,这种做法实际上是以公权力不当地干预了民事关系;同时由于某人实际上已经对其事实上行使权利的状态形成一种利益,对这种利益予以没收,与我国法律保护民事主体合法权利的宗旨是相违背的。另一方面,由于某人事实上行使所有权的各项权能已经形成了一种稳定的事实状态,并构建了一种新的财产秩序,如果要将其占有的财产收归国有,实际上也会破坏现有的财产秩序,损害第三人的信赖利益。所以,取得时效制度对于确定产权归属方面的作用是其他制度不可替代的。

诉讼时效与取得时效虽然同为时效制度,都是指一定的事实状态持

---

① 参见朱岩:《消灭时效制度中的基本问题比较法上的分析——兼评我国时效立法》,载《中外法学》2005年第2期。事实上,当代法国民法学者已经不再支持法国民法典中统一规定消灭时效和取得时效的做法。

② Vgl. Savigny, System des heutigen römischen Rechts, Band 5, Berlin, 1841, S. 273 ff.; Zimmermann, Comparative Foundations of a European Law of Set-off and Prescription, Cambridge University Press, 2002, p.69.

③ 参见王胜明:《物权法制定过程中的几个重要问题》,载《法学杂志》2006年第1期。

续一定的期间,均要产生一定的法律后果,但二者是两种不同的制度,不可相互替代,其原因在于:

第一,二者的法律后果不同。诉讼时效期间届满后,将导致抗辩权的发生,权利人仍然享有权利,但如果其请求法院强制义务人履行义务,债务人有权基于诉讼时效期间届满的事实而提出抗辩。义务人虽然可以提出拒绝履行的抗辩,但却不能因此而获得该项实体权利。因此,即便相关财产已经由债务人占有,法院也不能以诉讼时效届满为由,确认债务人对该财产享有所有权。所以诉讼时效并不具有确认产权归属的功能,甚至其与权利取得本身并无直接的关系。而依取得时效制度,占有人长期、合法、善意并且不中断地占有他人之物,经过一定的期间,可以取得该物的所有权或其他物权。

第二,二者的制度功能不同。诉讼时效设计的功能主要在于督促权利人及时行使权利。取得时效虽然也有督促权利人及时行使权利的功能,但其功能更多的是在于对权利归属的确认,并维护交易安全和秩序。在取得时效届满后,基于占有人长期、合法、善意并且不中断地占有他人之物的事实,已使第三人产生信赖,且因第三人信赖该占有而形成一定的财产秩序,因此法律为稳定社会关系,需要确认取得时效制度。① 取得时效的设定,解决了诉讼时效未能解决的财产归属的不确定性问题,消除了在诉讼时效届满后出现的财产权利与其具体权能相分离的状态。

第三,二者的适用对象不同。诉讼时效主要适用于请求权,具体包括基于合同债权的请求权、基于侵权行为的请求权、基于无因管理的请求权、基于不当得利的请求权以及其他债权请求权。② 依据《民法总则》第196条的规定,除未登记的动产物权外,其他物权原则上不适用诉讼时效。而取得时效的适用对象主要是物权。一般认为,人格权、知识产权等权利不适用取得时效。

第四,二者的适用条件不同。诉讼时效是指权利人在一定期限内不行使权利,致使其权利的效力减弱。其适用的条件是权利人不积极行使权利并经过了法定期限。而取得时效是指以自己所有的意思,公开、和平、持续地占有他人的动产或不动产,达到一定的期限,从而可以依法取得所有权或他物权。由于前者的后果为丧失权利,后者则为取得权利,因此两者在适用条件上是不同的。

---

① 参见朱岩:《消灭时效制度中的基本问题》,载《中外法学》2005年第2期。
② 参见王泽鉴:《民法总则》,北京大学出版社2009年版,第411页。

当然,取得时效与诉讼时效之间也存在如何协调的问题。诉讼时效期间届满后,如果义务人提出抗辩,则其并不负有返还的义务,但义务人也不能取得该动产的物权,该动产的物权仍归属于原权利人,只是在权利人主张权利时占有人享有抗辩权而已。应当看到,《民法总则》第196条规定:"下列请求权不适用诉讼时效的规定:(一)请求停止侵害、排除妨碍、消除危险;(二)不动产物权和登记的动产物权的权利人请求返还财产;(三)请求支付抚养费、赡养费或者扶养费;(四)依法不适用诉讼时效的其他请求权。"从该条规定来看,采反面解释方法,不动产物权和登记的动产物权的权利人请求返还财产的,不适用诉讼时效,但对于未登记的动产物权而言,应当理解为可以适用诉讼时效。例如,在无权占有他人的古玩字画的情形中,所有权人对无权占有人享有的原物返还请求权,就可以适用《民法总则》确定的三年的诉讼时效。这就会产生一个问题,即在诉讼时效经过后,如果义务人提出时效抗辩,则其将无须返还该动产,但由于我国并未规定取得时效制度,义务人又无法取得该动产的物权,这样就会使相关的财产秩序长期处于不确定的状态。因此,《民法总则》的上述规定实际提出了相关的财产保护问题,需要取得时效制度加以解决。

四、取得时效制度具有其特定的适用范围

否定取得时效设立的必要性的一个重要原因在于,在现代社会,善意取得、诉讼时效等制度已经解决了取得时效所要解决的问题,取得时效在实践中适用的范围非常有限,因此法律上没有必要单独设立取得时效制度。① 笔者认为,这一看法是不妥当的,从实践来看,取得时效的适用范围是比较广泛的,具体而言,取得时效的适用范围包括了如下四种情况。

(一) 不动产登记发生错误的情形

取得时效的适用是否限于他人未登记的不动产,学理上经常发生争议。登记本身就具有定分止争的功能,所以,已经登记的财产原则上不适用取得时效制度。但在实践中,因各种原因仍然出现了许多登记错误的现象。尤其是因为我国登记机关采取的主要是一种形式审查方式,因此即便出现登记错误,可能也难以及时发现或更正,这就为取得时效的适用提供了可能。

---

① 参见吕维刚:《浅论我国〈民法典〉不应建立取得时效制度》,载《学术交流》2008年第7期。

因登记机构未尽到合理的审查义务造成登记错误的,登记机构应该承担赔偿责任。但是对于因此造成的产权纠纷,如果不及时解决,将会造成社会的不安定,就很难建立真正的财产秩序。取得时效的设定使长期占有该财产的非财产权人取得该财产的所有权或其他物权。在登记错误的情况下,如果登记的权利人转让该不动产,也可能适用善意取得的规则。但是,在不转让的情形中,或者在不符合善意取得构成要件的情形中,则需要借助取得时效制度确定不动产的归属。基于取得时效制度,如果第三人以自己所有的意思占有该不动产达到法定期限,也应当取得所有权。

在遗产被他人占有的情形中,也可能出现不动产登记错误,从而适用取得时效的情况。依据《物权法》第29条的规定:"因继承或者受遗赠取得物权的,自继承或者受遗赠开始时发生效力。"也就是说,在被继承人死亡时,被继承人的不动产所有权即移转给其继承人。依据《继承法》第8条的规定,继承权纠纷提起诉讼的期限为二年,但自继承开始之日起超过二十年的,不得再提起诉讼。也就是说,不动产遗产继承的诉讼时效最长为二十年,在该期间经过后,继承人不得再就该不动产主张权利,此时,如果该不动产的无权占有人不能依据取得时效取得该不动产的所有权 ,则该不动产所有权归属始终悬不能决。① 此时,就需要借助取得时效制度将该财产归属于占有人。

(二) 未登记的不动产

未登记的不动产有三种情形:一是依据现行法的规定,本身不需要办理登记。我国农村地区并没有建立完备的不动产登记制度,许多不动产并未登记;城镇也可能出现不动产未登记的情况。例如,双方共同合作建房,在房屋建成以后,在办理登记手续之前,共有人一方出国,未能主张房屋的产权,另一方误以为该方抛弃了其共有权益,从而以所有人的身份占有该房屋。经过相当长的时间以后,其能否基于时效取得该房屋的所有权,需要在法律上予以确定,否则极容易产生各种纠纷。因此,在取得时效设定以后,就可以解决这方面的权利纠纷。例如,1995年国家土地管理局颁布的《确定土地所有权和使用权的若干规定》第21条规定,"农民集体连续使用其他农民集体所有的土地已满二十年的,应视为现使用者所有"。该规定虽然也有值得完善之处,但其本意是确认了未登记的农村集

---

① 参见甘功仁、白彦、丁亮华:《取得时效制度的适用性研究》,载《现代法学》2002年第4期。

体所有的土地可以参照适用取得时效的原理。二是虽然依据现行法的规定,应当办理登记,但是因为各种原因而没有办理初始登记。例如,在推行不动产登记时,因各种原因,农村房屋没有办理初始登记。三是因现行法的规定,无法办理登记。例如,违章建筑通常是无法办理登记的。除第三种情形之外,前面两种情形,都有可能适用取得时效。

(三) 不动产权利

除房屋所有权以外,一些不动产权利如地役权、居住权、宅基地使用权、四荒土地使用权等,因为没有办理登记手续或因为登记错误,而由一方长期占有或使用,是否可以基于取得时效而取得所有权,需要进行确定。例如,农民甲长期在农村集体经济组织的某块土地上通行,历经数十年,农村集体经济组织没有提出异议,就应通过时效取得该通行地役权。

(四) 未登记和登记发生错误的动产

如前所述,依据《民法总则》第196条的规定,就已登记的动产请求原物返还,不适用诉讼时效。这是因为已登记的动产可以依据登记确定产权归属。但是,对于未登记的动产以及登记发生错误的动产,就难以通过登记制度确定产权归属。在实践中,未登记动产的范围是非常宽泛的,除了法律规定需要登记的动产(如船舶、航空器、机动车),大量的动产都是不需要登记的。例如,某人将他人存放在自己家中的字画,误以为是自己的,并作为自己的财产来保管;或者应当进行分割的遗产而没有分割,继承人之一长期以所有人的意思占有该遗产。在确定这些被长期占有的动产的归属时,需要通过取得时效制度来明确所有权。

总之,即使在《物权法》确认了善意取得等制度以后,依然有大量的有关产权归属的争议无法通过现行制度得以解决,仍然需要借助取得时效制度来解决。

问题在于,国有财产能否适用取得时效? 有学者认为,对于国有财产,特别是国有企业的财产,我们不妨承认取得时效制度的适用,以发挥取得时效的功能,使国有财产与一般私人财产拥有同等待遇,从而维护社会公平。[1] 罗马法上就有利用最长取得时效取得国家或者寺院财产的规定,现代各国也不是绝对禁止国有财产适用取得时效。笔者认为,为了体现对公私财产的平等保护,鼓励国有财产的流通,有必要承认对国有财产适用取得时效制度。尤其是为了促进经营性国有资产的流通和增值,不

---

[1] 参见温世扬、廖焕国:《取得时效立法研究》,载《法学研究》2002年第2期。

能给予它们特殊的法律地位,使之不受取得时效的限制。但是,对国有财产适用取得时效,应当作出更严格的条件限制。例如,在构成要件中可以增加善意要件,对一般的财产不一定要求善意,但对国有财产的时效取得,需要当事人必须是善意的,即对相关财产属于国有财产不知情。另外,对于国家所有的自然资源,以及一些重要的国有财产,可以基于法政策考虑,限制取得时效的适用。

五、结　语

我国现行立法没有规定取得时效制度,正在制定的民法典有必要设立这一制度。但首先需要明确取得时效的价值,就其设立达成共识;在此基础上,我们需要讨论对其究竟在民法典的何处予以规定的问题。从比较法上看,各国的规定并不完全一致,目前主要存在如下三种模式:一是以德国、瑞士等国家为代表,将取得时效置于所有权的一般规定中;二是以意大利为代表的国家则将其置于占有一节;三是以法国、日本为代表的国家则将其与消灭时效一起规定于总则或者附则中。① 笔者认为,在民法典的物权编之中就此作出规定是比较妥当的。因为取得时效主要解决的是物权的归属问题,主要功能在于定分止争,将其规定在物权编中符合取得时效应有的制度目的。具体来说,可以在"所有权取得的特别规定"一章中予以规定。不过,取得时效的适用对象并不限于所有权,因此,在"所有权取得的特别规定"一章中规定取得时效时,还需要设置相应的准用性规范,从而使其也可以适用于其他物权的取得。

---

① 参见温世扬、廖焕国:《取得时效立法研究》,载《法学研究》2002 年第 2 期。

民法的适用

民法案例分析的基本方法探讨*

所谓案例分析方法,是指采用一种规范严谨的方法探讨每一个个案,以准确地认定案件的事实,并正确适用法律,保障裁判统一与公正。法学方法论有各自的历史背景和学术传统。英美法系国家注重归纳法和论题式的思维,往往采用 case by case 的分析方法;而以德国为代表的大陆法系国家则强调演绎法和体系化的思维,并构建了请求权基础分析等方法来分析案例。尽管案例分析方法各异,但都是针对案例而建立的一套比较规范的分析方法。案例分析方法不仅是一种案件事实的分析方法,同时也是法律解释的工具,并且是一种正确的法律思维方式。在分析案例的过程中,每个人都有自己的思维习惯,这些思维习惯未必不能实现对案例的正确分析,但是如果没有一套规范的分析方法,法律共同体内部就缺乏方法论上的统一性,难以避免在讨论问题时的各说各话的现象。因此,探讨正确严谨的法律思维方式,掌握民法案例分析的基本方法,对于有效约束法官的自由裁量权,保证法官依法裁判,维护法律的安定性,培养合格的法律人才,都具有十分重要的意义。本文拟就两种类型的案例分析方法谈一点粗浅的看法。

为便于本文的分析,试举"美容失败案"为例:受害人甲到乙美容院做美容手术,在手术前,乙向甲承诺该手术会达到一定的美容效果,并许诺该美容手术没有任何风险,成功率为百分之百。乙在其散发的宣传单上明确承诺,"美容手术确保顾客满意""手术不成功包赔损失"。据此,甲同意乙做美容手术。美容院便外请一名专家从事手术,结果该手术失败,导致甲面部受损,甲因此承受了极大的精神和肉体痛苦。后甲向法院提起侵权诉讼要求赔偿医疗费、住院费、误工费、精神损失费等。但一审法院认为,该案应是一种合同,而不是侵权案件。本文将结合该案,就民法案例分析的基本方法展开讨论。

---

* 原载《政法论坛》2004 年第 2 期,收入时有改动。

一、法律关系分析方法

所谓法律关系分析方法,是指在案例分析中,通过理顺不同的法律关系,确定其要素及变动情况,从而全面地把握案件的性质和当事人的权利义务关系,并在此基础上通过司法三段论的适用以准确适用法律,作出正确判决的一种案例分析方法。所谓法律关系是指"由法律规定的生活关系"①,即法律规范所调整的那部分社会关系。社会关系是包罗万象、复杂多变的,其中并非所有的社会生活关系都由法律调整而形成法律关系,法律仅是截取有法律干预之必要的那部分社会关系,构建成法律关系,塑造为法律秩序。

法律关系之所以可以成为一种案例分析的基本方法,或成为三段论中连接的一种基本方法,其主要原因在于:其一,在成文法背景下,立法者在制定成文法过程中,已经对社会生活关系加以类型化并确定调整范围,因此,成文法所调整的社会关系就上升为法律关系。成文法所设计的诸种法律效果也是相应于特定的法律关系而言的。那么,要分析某一个具体案件争议中的法律效果,就需要对案件中的各种事实予以剪裁,将那些符合法律调整的社会关系挑选出来,判断其法律效果,也即对案件作出裁判。其二,法律关系是截取社会生活关系的一部分而形成的,正如萨维尼所指出的,"并非人与人之间的所有关系都属于容易接受并需要法的这种界定的法领域"②。社会生活关系要上升为法律关系,必须存在一个形式要素,即必须存在法律规定。因此,法律关系分析方法就是要剔除不受法律调整的那些社会生活关系,从而在特定案件事实与规范人们行为的法律之间建立起准确的联系。其三,法律关系本身构成了民法的体系。我国正在制定的民法典就是以法律关系为主线而构建起来的,民法典总则分为权利主体、权利客体、权利的变动、法律行为(变动的原因);民法典分则为法律关系具体内容的展开,即各种民事权利(包括物权、合同债权、人格权、婚姻家庭中的权利、继承权)。因而整个民法的内容,不外乎法律关

---

① 〔德〕迪特尔·梅迪库斯:《德国民法总论》,邵建东译,法律出版社2000年版,第50页。
② 〔德〕萨维尼:《萨维尼论法律关系》,田士永译,载郑永流主编:《法哲学与法社会学论丛》(七),中国政法大学出版社2005年版,第5页。

系之主体、客体、权利义务及其变动和变动的原因。① 所以,法律关系分析方法与民法典的体例也是相契合的,采用法律关系分析方法也有利于准确理解与适用民法典规则。其四,正确运用法律关系分析方法,有助于限制法官恣意裁判,保证法律的安定性。法律推理本是一个演绎过程,采取司法三段论模式:大前提是"找法",即寻找应当适用的法律规范;小前提是确定案件事实;最后以法律为依据,以事实为准绳,将抽象规范适用于具体案件,得出结论,即判决意见。但实践中裁判说理严重不足,尤其表现在就大小前提的连接缺乏说理,甚至一些判决结果不是法律推理的产物。至于这个判决是如何被首先确定的,却是一个黑箱。② 之所以出现此种情况,很大程度上是因为法官职业群体尚未形成作为职业共同体共识的方法与职业思维习惯,而法律关系分析方法是法律职业共同体养成职业思维习惯共识的一种重要方法。正确运用法律关系分析方法,要求加强判决的说理性,法官不能仅仅凭个人的经验断案,必须正确运用特定案例分析方法,采取循序渐进的方式,使得司法成为一个技术性的过程,使裁判具有同一性、精确性和可预测性。

法律关系分析方法主要具有如下三个特点:

第一,它以法律关系为媒介,实现司法三段论中大小前提的有效连接。在法律关系分析方法中,需要经历一个从最初的案件事实到最终的案件裁判结论的复杂过程。采用法律关系分析方法,就是为了通过一定的工具,实现这一复杂过程的有序开展。这一过程主要包括如下环节:案件事实→法律关系→法律规范→案件裁判。法律关系分析方法着眼于对案件事实的考查,在此基础上适用法律,其要求对案件事实进行准确的定性,确定其属于何种性质的法律关系。在此基础上,对法律关系三要素的全面考查,尤其要考查法律关系的变动情况。在分析和判断案件事实和法律适用时,需要确定不同法律关系、法律关系的性质和权利义务内容,从而全面地把握案件的性质和当事人的权利义务关系,在此基础上进一步适用法律。

第二,它既是对事实要件的分析方法,也是对法律事实的分析方法。法律关系分析方法的特点在于:一方面,它是从事实的定性出发来进行分析。这就是说,采用法律关系分析方法,需要从法律关系着手把握案件事实,准确地确定事实要件。另一方面,其要从法律关系性质着手,确定规

---

① 参见郑玉波:《民法总则》,三民书局1979年版,第63—65页。
② 参见王涌:《被倒置的和被省略的法律推理》,载《法制日报》2000年2月27日。

范要件,从而准确地适用法律。所以法律关系分析方法也是一种法律适用的方法,能够以法律关系为媒介,把事实和法律有效地连接起来。

第三,它是法律人的一种基本思维方法。法律关系分析方法是法学最基本的分析方法和分析框架,它不仅是一种案例分析的方法,而且也可适用于法学研究和民法体系的构建。法学的考查对象即是特定的法律关系,任何法律问题不外是法律关系的分析与综合。法律人分析法律现象都要考查是否存在法律关系、法律关系的性质如何、构成要件如何。只有从法律关系着手,才能够从纷繁复杂的案情事实中理出头绪,所以法律关系分析方法也是法律人应当具备的一种基本思维方式。

法律关系分析方法的运用可分为如下步骤:

(一) 明确争议点及与其相关的法律关系

"法官的任务就是解决诉讼当事人的争议。"①整个司法三段论的起点是当事人的争点。因为民事案件主要是实现当事人的主张。当事人的主张或请求确定了法院审理的范围。因此,在适用三段论时,也应当确定当事人的请求和主张。在确定当事人的请求和主张时,确定争点非常重要。

从法律上来看,争点实际上就是双方当事人争议的焦点。对争点本身的分析方法,也是一种分析方法,适用于案情复杂但是争点比较集中的案件。通过对争点的分析,可以直接进入案件的实质部分,从而抓住案件的要害。一般来说,争点可以从如下三个方面来判断:其一,从原告起诉时提出的诉讼请求来分析。如果原告的请求仅仅只是确认合同无效或者请求对方承担违约责任,那么,争点就集中在合同是否无效,或者一方是否依约履行合同方面。其二,从双方当事人的请求和反请求来明确争点。例如,原告要求被告支付装修款,而被告提出装修不合格,要求其承担违约责任。因此,双方的争点就在于,被告是否按照合同约定履行了装修义务,装修的质量是否符合合同的约定。只要装修符合合同约定,被告就应当支付装修款,原告也不必承担违约责任。所以,尽管当事人提出了两个请求,但是,其关键在于,被告是否按照合同约定履行了其装修义务。其三,考虑一方的请求和对方的答辩。通过双方之间的请求和答辩,我们可以发现哪些是双方有争议的问题,从而确定争点。比如,原告提出被告没有履行合同约定的出资义务,其中包括没有提供土地以及支付 500 万元

---

① Read v. J. Lyons & Co. Ltd [1947] AC 156,175.

的现金。而被告提出,其已经交付了土地,只不过没有及时办理登记过户手续。对于没有支付500万元现金,被告并没有否认。因此,双方对于没有现金出资是没有争议的,争议的焦点在于,没有办理土地使用权的过户登记是否构成违反出资义务,而不在于是否实际交付了土地。原告提出,被告没有办理土地使用权的过户登记,使公司不能办理该权利的抵押,从而使得公司和股东都遭受了损失。笔者认为,争议的焦点既然是在是否办理过户登记方面,原告的请求将集中在该土地使用权是否应过户到公司名下。争点的分析就是将纷繁复杂的案件进行分析,寻找其中最关键、最核心的有争议的问题,即围绕该核心关系还有哪些"有关联的法律关系",二者关系如何。以上述"美容失败案"为例,争议的焦点究竟是顾客与美容院之间是否存在合同关系,还是美容院的单方面承诺是否构成合同的有效条款? 在分析当事人的争点过程中,也要判断原告所请求的内容,以及其所提出的请求与所提供的依据。

(二) 区分社会生活关系与法律关系,选择具有法律意义的社会生活关系

在诸多事实中,要将那些具有法律意义的事实挑选出来,作为进入下一个环节的基础。对每个具有法律意义的事实予以准确的界定,在法律上界定其属性和名称,上升为法律事实。例如,好意施惠关系不构成民法上的债权债务关系,朋友亲戚相聚交谈、邻里之间相互串门等也不产生法律意义,应当排除在法律关系的考查之外。区分社会生活关系和法律关系这两种关系的原因在于:其一,因为事实发现并非全部生活事实的发现,法律人要根据法律判断一个问题是不是应当纳入法律制度的范围内来解决。① 法律人要分析和判断的是法律事实,是可以引发法律后果的事实,而不是单纯的生活事实。例如,朋友之间喝茶、聊天,这些事实属于情谊行为,并不会纳入法律的视野。生活事实是否纳入法律的视野,这本身也需要进行一定的法律价值判断,要结合行为的性质、后果等来判断。其二,法律事实只是法律真实,而不是客观真实,因为法律事实是依据证据来确定的法律事实,它是事后推演出来的,虽然可以接近客观真实甚至可能就是客观事实,但是,在绝大多数情况下,它与客观真实不能完全等同。其三,当我们分析法律事实的时候,就要确定一定的法律关系,法律关系

---

① 参见葛洪义:《法律方法的性质与作用——兼论法律的结构及其客观性》,载葛洪义主编:《法律方法与法律思维》(第3辑),中国政法大学出版社2005年版,第145—164页。

分析的核心就是要解决法律关系的性质问题。例如,某人从商场购物出门,被商场门口堆放的杂物绊倒摔伤,这一事实涉及其究竟是合同关系、侵权关系还是缔约过失责任关系?当确定了该法律关系的性质时,我们实际上已经在一定程度上确定了其法律后果。再如,甲将其从乙处借来的手表擅自出售,这里我们就判断其涉及侵权关系、合同关系、不当得利关系等。

(三) 界定法律关系的性质

法律关系本身是法律所调整的社会关系,当我们分析法律关系的时候,实际上就是运用法律来确定当事人之间权利义务的内容,已经包含了法律运用和解释在其中。这就是说,法律关系的性质确定,表明法律人已经运用法律来解释事实,并实现法律与事实的连接,也就是说,法律人要运用法律的眼光来分析看待法律现象。所以,法律关系的性质确定,不单纯是事实发现过程,也是法律的价值判断过程。例如,在"美容失败案"中,适用侵权法或合同法会导致不同的法律后果。尽管该案中存在着医疗关系,但长期以来,司法实践一直将其作为侵权案件处理。因此,在分析该案时,应当首先确立法律关系的性质,对不同的法律关系,适用不同的法律规范,从而得出不同的法律结论。

在简易案件中,法律关系可能相对比较简单,法官能够轻易判断其中的法律关系。但是在一些疑难案件中,一个案件可能涉及多种法律关系,其中既有民事法律关系,又有刑事法律关系,还可能会有行政法律关系。这就首先需要梳理这些法律关系,即便是单纯的民事法律关系,对其中相应的民法概念、民法规则与民法制度的内涵、外延、法律特征、构成要件等,必须作认真的分析,如分析其究竟是合同关系、侵权关系、无因管理关系还是不当得利关系。确定不同的法律关系的性质对于确定当事人的权利义务影响很大。以上述"美容失败案"为例,其究竟是美容院的违约还是侵权?如果是违约,则究竟违反了何种性质的合同;如果是侵权,则属于哪一种类型的侵权行为。

(四) 分析考查法律关系的要素

1. 对法律关系主体的确定

在具体民事法律关系中,一般都要有双方或多方当事人参加,如需要确定谁向谁主张权利,是否与法律关系发生直接的利害关系,是否具有适格的诉讼主体资格等。尤其是需要确定具体的主体是谁,因为民事法律关系的每一方主体可以是单一的,也可以是多数的。案件事实的主体并不能等同于法律关系的主体。如无民事行为能力人实施侵权行为,因其依法不承担责任,从而其本身一般不能成为侵权责任关系主体。再如,公司职员实施的职务侵权行为,承担责任主体可能是公司。所以,首先需要确定法律关系的主体。通过确定主体,也有助于判断诉讼当事人。因为当事人不能确定,就无法确定合格的原告和被告。在确定法律关系主体时,我们应当注意如下四点。

第一,要区分不同性质的法律关系中不同的主体,例如,在上述"美容失败案"中,美容院外请一名专家从事手术,那么在该案中,外请的专家与受害人之间是何种关系,如果此案是一个一般的过错责任,外请专家单独作为行为人,应当对其负责。但如果是医疗损害责任,外请专家只是医院的医务人员,因此美容院是责任主体。

第二,要区分法律关系的内部效力和外部效力,并据以确定法律关系的不同主体。例如,某餐馆服务员与顾客争吵,将顾客打伤,如果餐馆承担了对受害人的赔偿责任,餐馆可以依据相关法律对直接造成损害的服务员进行一定的追偿。这样就形成了两种法律关系,餐馆和受害人之间是外部关系,餐馆和服务员之间是内部关系。这两种法律关系中的责任主体是不一样的。这一点尤其表现在共同责任中,数个行为人都有义务对外即对受害人承担责任,但在其所承担的份额超出了自己应当承担的份额时,将形成对其他义务人的追偿关系。这其中,就存在外部关系和内部关系的区分。

第三,要准确界定债务人和债务履行辅助人(包括代理人、使用人等)、债权人和受领辅助人等。通常情况下,后者都属于前者的组成部分。例如,甲乙之间订立合同,甲欠乙若干数额的钱款。后来,丙向乙表示,其自愿偿还甲对乙的欠款。这首先就涉及法律关系主体的判断,在第三人表示愿意代偿的情况下,其是否可以替代债务人成为合同的当事人。依据《合同法》的规定,此时,其并没有成为新的债务人,所以,乙不能请求丙承担义务。因而,丙不是合同当事人,不能成为法律关系的主体。

第四,要考虑个人在民事活动中不同的身份。例如,虽然某人在合同中签字,但其是以公司的法定代表人的身份签字的,一般由公司作为合同当事人。此外,还要特别考虑主体的权利能力和行为能力的问题,这涉及年龄和智力的判断。无论是在违约还是在侵权法律关系中,行为能力的判断仍然具有其重大的意义,尤其是在合同关系中,行为能力的判断往往是合同关系存在与否的基础。①

2. 对法律关系内容的确定

法律关系的内容就是当事人之间具体的权利和义务。明确当事人之间具体的权利和义务,从而正确地解决纠纷,是我们识别法律关系的重要目的。民事法律关系的内容指民事主体的权利和义务。这种权利义务内容,是民法调整的社会关系在法律上的直接表现。任何个人和组织作为民事主体参与民事法律关系,必然要享有民事权利和承担民事义务。法律关系的内容是当事人的权利、义务,权利义务决定着当事人之间的关系类型,明确权利义务的性质、效力、行使对于分析案件具有重要意义。但是,明确合同权利义务并非一蹴而就的,在具体案件中,我们应以当事人之间已经确定的权利义务为线索,明确当事人的权利义务。例如,债权为对人权,具有相对性,只能在当事人之间发生拘束力,原则上只能对相对人主张;物权为对世权,任何第三人的侵害皆产生排除妨害及侵权责任。以上述"美容失败案"为例,如果是一个医疗合同关系,则医疗机构的允诺就可能转化为合同的内容;而在侵权中,此种允诺只能作为判断过错的一种义务标准。

3. 对法律关系客体的确定

所谓法律关系的客体,是法律关系所指向的对象,通常认为,法律关系的客体包括物和当事人的行为。认识法律关系的客体,也有助于我们明确具体的法律关系类型,从而最终确定当事人之间的权利义务。这主要是因为,法律关系的客体往往能够决定具体法律关系的类型。在民法中,物权关系的客体主要是物,而债权关系的客体则是当事人的行为。例如,合同约定应当以种类物交付,但是当事人以特定物交付,这涉及标的物的确定。客体的判断涉及法律关系的确定。例如,甲借乙的摩托车不还,甲提出乙曾欠甲钱款若干,至今没还,所以,其不返还摩托车。因为甲的"留置"与乙的欠款不是同一法律关系,所以不能享有留置权,因此应当将其看作两个法律关系,分别处理。

(五) 对法律关系要素变动的确定

在确定法律关系的性质之后,对裁判案件的思考,需要对法律关系的基本要素以及法律关系要素的变动情况进行考查。这就是说,法律关系

---

① 参见王泽鉴:《法律思维与民法实例:请求权基础理论体系》,中国政法大学出版社2001年版,第26页。

本身也是动态发展的过程,当法律关系的要素确定之后,可能会随着时间的变化而变化,为了正确地识别具体法律关系,我们对这些要素的变化也应予以关注。具体来说,法律关系的变动要考查如下情况。

第一,法律关系主体的变化。主体可能随着标的物的移转或者当事人之间新的约定而变化,债权让与、债务承担等均属于主体变化的典型形态。

第二,法律关系客体的变化。例如,在房屋购买中,实际交付时因为建设市政设施,导致公共绿地面积与约定不符;再如,租赁房屋由原来约定的二层改为三层。

第三,法律关系内容的变化。法律关系内容的变化包括法律关系的发生、变更、消灭。法律关系不是一成不变的,而是根据客观事件以及当事人的意志和行为发生法定的或意定的相应变动,如权利的取得、丧失,权利内容或效力的变更等。所谓历史方法,是指就案例事实发生的过程,依序检讨其法律关系。[①] 例如,甲乙之间经过长时间的磋商,拟合作建立合营企业。在这一过程中,双方曾经达成多次初步协议和书面协议,但直到半年后,才将一份正式的书面协议送有关机关报批,而报批的协议和先前的很多协议并不一致。如果要以"记流水账"的方式考查,很多事实的考查都是毫无意义的,因为法律上认可的就是报批的协议。在报批之前,当事人还处于缔约阶段,只有报批以后,当事人之间才正式确立合同关系。正是从这个意义上说,历史方法具有其局限性。从该案可以看出,法律关系经常发生变动,法官主要考查变动中的法律关系,尤其是在审判活动中,法官应当主要围绕诉讼请求和当事人的争点以及法律关系的变动情况来展开分析,不能采用"记流水账"的方式来判案,否则,会陷入细节繁多的案件事实之中。当事人之间的权利义务也可能会因为时间的经过(如时效届满)发生变化。

第四,法律关系变动的原因。法律关系的变动必有其原因,法律关系之所以发生变动,其原因在于特定的法律事实的发生。法律事实分为自然事实和人的行为,自然事实又包括事件和状态,行为包括合法行为、违法行为等。值得注意的是,社会生活中出现的事实,并非都与法律关系有关,并非都能产生一定的法律效果。例如,朋友亲戚相聚交谈、当事人的内心思想感情表达等,不可能产生法律意义。凡是能够产生一定的法律

---

① 参见王泽鉴:《民法思维:请求权基础理论体系》,北京大学出版社 2009 年版,第 33 页。

意义、具有一定的法律价值的事实,都可以成为法律事实。法律事实不仅能引起当事人预期的特定的法律效果,也能引起当事人预期之外的其他法律后果。例如,当事人订立的合同符合法律的强制性规范且不违反社会公共利益时,就能够产生合同法律关系。如果该合同是无效合同,则不引起当事人预期的法律后果。

第五,法律关系存在的时间和地点对于案例分析也具有重要影响。时间对于时效期间和除斥期间的计算、要约与承诺期间的计算、清偿期的到来、失权的效果等具有重要意义。地点对于清偿地的确定、风险负担、司法管辖、准据法的适用等具有重要意义。

(六) 考查法律适用

法律关系是沟通大前提和小前提的桥梁,所以,在对案件事实根据法律关系进行定性和整理之后,就要依据案件的法律关系性质寻找可供适用的法律规范,以及最密切联系的法律规则,这一过程就是司法三段论运用的过程。上述对法律关系的考查实际上是对事实的客观分析,在确定法律关系的事实之后,进一步探讨法律规范搜寻的问题,即查找适用核心关系与有关联的法律关系的法律规范。应当采用"拉入视野"(in-Betracht-Ziehen)技术,即要找到相应的法律领域,一步步接近与事实最密切的法律规则。① 在这个过程中,实际上仍应按司法三段论模式展开。不过,在案例分析的过程中,运用司法三段论公式,不是首先寻找大前提,而是先确定小前提,即对事实进行认定,然后再寻找大前提。因为法官必须首先接触和认识案件事实,对事实有了基本的了解后,才能有目的地寻找法律规范。在确定了小前提后,按照司法三段论方式推理,将小前提套入大前提,最后得出结论,即判决结果。所谓"以事实为依据,以法律为准绳",就是对司法三段论的推理过程的高度概括。②

法律关系分析方法需要运用司法三段论,但绝非如法律适用的机械论者所想象的完全是司法三段论逻辑的演绎过程,它还涉及大前提和小前提如何连接的问题,而联结点的确定必须有赖于法律解释。在法律适用的机械论者看来,法官好像一个自动售货机,只要把法律条文和法律事实像硬币一样投进去,判决就会像商品一样自动蹦出来,这显然是一种脱离实际的想法。法律规范的内涵并非一目了然,法律概念的内涵和外延

---

① 参见〔德〕齐佩利乌斯:《法学方法论》,金振豹译,法律出版社2009年版,第126页。
② 参见梁慧星:《裁判的方法》,法律出版社2003年版,第5页。

的边界具有一定的模糊性,必须经过解释才能明确其含义并适用。而且,法律规范所指引的对象也是不确定的,法律概念的所指和立法本意间可能因社会变迁而不一致。此外,法律认定的事实也只是相对的真实,而非绝对的客观真实。这一切都决定了法律的适用绝非是一个机械的过程,而需要发挥法官的主观能动性。

在分析过程中,必须保证小前提、大前提都必须是正确的,其结论才可能是正确的。但不是说二者都正确了,结论就一定正确,因为这里还涉及一个二者如何联结的问题。具体来说,必须要根据法律关系的性质来判断、搜寻相关法律规范,例如,若是合同关系则主要搜寻《合同法》的有关规定。在此过程中,要区分法律规范的性质是任意性规范还是强制性规范,因为它涉及当事人的约定能否排除法律优先适用的问题。以上述"美容失败案"为例,如果将其作为合同纠纷,则首先应该确立合同的内容,然后在合同已经成立并有效的情况下,应该按照合同的约定来处理纠纷。如果当事人的明示担保达到某种效果,则意味着合同内容已经包含此种条款,如果不构成明示担保,则美容院的承诺不构成合同条款。如果适用侵权纠纷,就应当适用《侵权责任法》的相关规定来处理。在该案中,适用《侵权责任法》或《合同法》会导致不同的法律后果,且涉及是否需要进行医疗事故鉴定等问题。其次,正是在法律规范与法律关系的连接上,有必要进行法律解释,即通过解释来确定某项法律规范能否适用。在进行法律解释时,要对法律规范的构成要件和法律后果进行整体的理解和把握。法律规范的构成要件和法律后果之间连接的密切性越高,得出结论的可靠性越大。如果大前提和小前提都是正确的,但是它们之间的连接度很低,或根本不发生真正的连接,则判决结果仍然可能是错误的。例如,仍以上述"美容失败案"为例,如果按照侵权案件处理,就需要根据《侵权责任法》第 54 条的规定,来解释美容活动是否属于诊疗活动、美容院是否属于医疗机构、外请专家是否属于医疗机构的工作人员、外请专家的行为是否属于医疗机构的过错以及行为与结果之间是否存在因果联系等问题。

法律关系分析方法的特点是在运用司法三段论时,先考虑案件的小前提,然后再考虑案件的大前提,但这并不意味着要将事实问题和法律问题截然分开。严格地说,法律关系分析方法所确定的事实并不是单纯的事实,而是法律意义上的事实。例如,关于法律关系性质的界定,本身就是事实问题和法律问题的结合。在对事实问题进行判断的时候也不能离开法律规定而单纯论之,所以,法官在裁判时目光应当在大前提和生活事实之间往复流转。①

二、请求权基础分析方法

请求权基础分析方法(die Subsumtion)又称为归入法、涵摄法,是指通过寻求请求权基础,将小前提归入大前提,从而确定请求权是否能够得到支持的一种案例分析方法。② 运用请求权基础分析方法来分析案例,其构造为"谁得向谁、依据何种法律规范、主张何种权利"。依此,解题的主要工作在于探寻得到支持一方当事人向他方当事人有所主张的法律规范和依据。有学者将请求权基础的运用称为"找法",即寻找该请求权的实体法依据,尤其是现行法律依据。③ 例如,在前述"美容失败案"中,首先要确定原告究竟要提起何种请求,如果其主张赔偿后续医疗费用、精神损害赔偿费等请求,则属于侵权损害赔偿请求权;如果其主张退还医疗费用,则应当属于违约请求权。因此,在分析的过程中,应当逐一地对其究竟适用《侵权责任法》或《合同法》进行判断。

请求权基础分析方法的特点在于,通过考查当事人的请求权主张,寻求该请求权的规范基础,从而将小前提归入大前提,最终确定请求权是否能够得到支持的裁判结论。其考查以当事人的请求权为基础展开,因此,它要首先探讨请求权的基础理论,再探讨请求权基础分析方法在分析案例中的具体运用。采取请求权基础分析方法的好处在于:因该方法逐一检索,因此很少会遗漏请求权,也不会遗漏法律条文的适用,因为在讨论请求权能否成立的时候必然要检索积极要件与消极要件,所以可以发现抗辩权是否存在。这一方法之所以运用得十分广泛,是因为请求权基础的寻找,是处理实例的核心工作,请求权基础是每一个学习法律的人必须彻底了解、确实掌握的基本概念及思考方法。④ 作为基础的思维方法,法学方法是每一个法律人入门的必修功课,它有助于培养法律人共同的学

---

① 参见〔德〕卡尔·拉伦茨:《法学方法论》,陈爱娥译,五南图书出版公司1996年版,第184页。
② 参见王泽鉴:《法律思维与民法实例:请求权基础理论体系》,中国政法大学出版社2001年版,第200页。
③ 参见张俊浩主编:《民法学原理》,中国政法大学出版社1991年版,第84—85页。
④ 参见王泽鉴:《法律思维与民法实例:请求权基础理论体系》,中国政法大学出版社2001年版,第50页。

术思维和话语,排除对话和交流的障碍,不至于出现思路迥异、各说各话的现象。但是,在实践中,人们可能对此种方法产生误解,即认为只要确定了请求权基础,就找到了应当适用的大前提。事实上,在某些情况下,确定了请求权基础确实可以找到最密切联系的规则,但请求权基础规范又不限于某个法律条文。例如,在上述"美容失败案"中,如果受害人选择了侵权请求权,仅仅依据《侵权责任法》第6条第1款确定请求权基础是不够的,法官还必须援引该法第54条关于医疗损害责任的规定。

从实践来看,请求权基础分析方法是适用于给付之诉的一种操作性较强的方法。但是,此种方法也具有其一定的局限性。表现在:其一,按照此种方法,要对可能涉及的各种请求权逐项进行检索,如无权处分涉及侵权请求权、合同请求权、不当得利请求权等。按照此种分析方法,必须要进行逐一的检索,失之烦琐。同时,有时还会陷入多项请求权之中,必须要熟悉各种请求权才能很好地运用,否则难以把握。其二,请求权基础就是指请求权的法律依据,也就是说具体适用的法律条文。但我国由于民法典还没有颁行,现行法体系比较杂乱零碎,难免有许多法律疏漏,请求权体系尚不完备,检索起来有一定的困难,如完全依照现行法律检索请求权,可能因法律本身的疏漏而导致法律适用的困难。其三,请求权基础分析方法有其限定的适用范围。在确认之诉、形成之诉中,由于不涉及给付之诉,因而请求权基础分析方法就难有适用的余地。例如合同无效、合同不成立、单方法律行为的争议,确认物权、确认继承权,以及合同撤销、解除等争议。此时就需要运用法律关系分析方法加以解决。其四,请求权基础分析方法不能揭示法律关系的构成要素和内在结构。例如,它不能揭示争议的法律关系的客体,而客体有时在案例分析中又具有重要意义,所以,此时仍有赖于其他的方法,如法律关系分析方法的运用。

对请求权进行检索时应当考虑请求权的先后顺序,将请求权作为一个完整的体系并在这个体系之中进行先后顺序的考虑。但这只是一个学理上的方法,是对法官裁判以及法律学人研究案例具有指引作用的操作指南和思维方法,但不是法律明文规定的裁判规范,并不具有强行性。请求权基础分析方法在适用中通常分为如下八个步骤。

(一) 判断请求权关系的存在

请求权基础分析方法适用的主要对象是给付之诉,为此,首先要判断特定的诉讼究竟是确认之诉、形成之诉,还是给付之诉。因为请求权基础分析方法主要适用于给付之诉,如果当事人提出的不是给付之诉,则该方法就没有适用的余地,此时应当采取法律关系分析方法。在确定了可以适用该方法后,应当判断请求权关系的主体和内容,即谁基于何种理由向谁提出何种请求。以上述"美容失败案"为例,法官在运用请求权基础分析方法时,首先应当认定其属于给付之诉的范围,并且确定具体的请求关系,即受害人请求美容院承担损害赔偿责任。

(二) 请求权检索

请求权检索,是指对待决案件可能涉及的请求权基础进行检验和验证。在具体的诉讼中,原告可能提出了请求,但并未指明请求权的基础,例如,原告只是提出赔偿损失,但没有指出是基于什么请求权而提出的。在一般情况下,如果原告已经明确地指明了请求权,法官就没有必要进行检索,按照私法自治原则,只能在原告所确定的框架内确定请求权基础。例如,在责任竞合的情况下,《合同法》第122条规定:"因当事人一方的违约行为,侵害对方人身、财产权益的,受损害方有权选择依照本法要求其承担违约责任或者依照其他法律要求其承担侵权责任。"如果原告已经选择了违约或者侵权,要求被告赔偿,法官只能在原告选择的范围内进行裁判。但如果原告只是要求赔偿,而没有作出选择,则法官就要进行请求权基础的检索。

1. 考查原告的请求可能涉及的请求权

在原告提出请求之后,其可能涉及多个请求权。例如,原告主张损害赔偿,就可能涉及违约损害赔偿、侵权损害赔偿、合同解除后的损害赔偿、合同无效后的损害赔偿等。原告主张返还财产,就既可能涉及物权请求权,也可能涉及侵权请求权,甚至可能涉及不当得利返还请求权。

2. 确定各种请求权的类型

笔者认为,根据民法的各个法律制度,即根据请求权的基础关系的不同,可将请求权分为如下几类:违约、侵权、占有返还、不当得利、无因管理、缔约过失请求权等。具体如表1:

表 1 请求权分类

请求权类型	法条列举
违约请求权	《合同法》第 107 条
侵权请求权	《侵权责任法》第 6、7 条;《物权法》中排除妨害、消除危险、恢复原状、损害赔偿请求权（《物权法》第 35、36、37 条）
占有返还请求权	《物权法》第 34 条
不当得利返还请求权	《民法总则》第 122 条
无因管理费用返还请求权	《民法总则》第 121 条
缔约过失请求权	《合同法》第 42、43 条
知识产权请求权	《著作权法》第 46 条、《商标法》第 53 条等

这些请求权各具特点，它们在适用中所要求的构成要件以及所产生的法律效果各不相同。例如，不当得利返还请求权与侵权请求权的区别在于：不当得利返还请求权并不要求证明返还义务人具有过错，而侵权请求权原则上要求有过错；不当得利返还请求权的成立是以得利为前提的，而侵权请求权必须以损害为前提。这就决定了，适用不同的请求权，受害人所应举证的事实是不同的，其应根据不同请求权的特点来选择。

3. 请求权分析的逻辑顺序

民法上的请求权是由一系列的请求权所组成的体系。这些请求权包括合同上的请求权、侵权上的请求权、不当得利请求权、无因管理请求权、缔约上过失的请求权等。这些请求权组成了一个有机的整体，形成了一个请求权的完整体系。德国学者梅迪库斯认为，请求权是一个完整的体系，它是由合同的请求权、缔约过失请求权、无因管理请求权、物权请求权、不当得利和侵权的请求权所构成的体系。① 各种请求权在同一案件中同时并存或发生冲突时，应该确定各项请求权在行使上的先后顺序，以形

---

① 关于请求权体系，参见 Dieter Medicus, Bürgerliches Recht, Carl Heymanns Verlag, 1999, S. 5-9 f. 。

成一种体系的观念。他认为,请求权的顺序也应当按照上述顺序排列,这种观点不无道理。据此,笔者认为,考查任何一个民事案件,必须要分析请求权的体系,在原则上,请求权的体系应当按照如下顺序来确定:

第一,考查请求权的先后顺序应将合同上的请求权作为第一顺序加以考虑,合同作为特定人之间事先约定的关系,确定了当事人之间的权利义务,只有首先从合同关系着手,才能向其他关系展开,即合同上的请求权与其他的请求权发生密切联系时,应首先考虑适用合同上的请求权。[1]

第二,缔约过失请求权。按照梅迪库斯的看法,缔约过失的请求权与合同的请求权是不可分割的,甚至可以包含在合同的请求权之中,因为无论是在合同的缔结过程中还是在合同终止以后,都会涉及缔约过失的请求权。[2] 但笔者认为,这两项请求权应当分开。缔约过失的请求权适用于双方无合同关系的情况,而基于违约的请求权乃是以有效合同的存在为前提。如果存在合同关系,则属于合同责任;若不存在合同关系,则可以考虑缔约过失责任。缔约过失请求权仅次于合同请求权,优先于其他请求权。

第三,无因管理请求权。无因管理请求权与合同关系极为类似,无因管理也常常与合同有密切联系。但合同上的请求权应优先于无因管理上的请求权。所谓无因,是指无法律上的原因,包括无法定的义务或约定的义务为他人管理事务。如果管理人和被管人之间事先存在着合同关系,管理人是依照约定管理他人的事务,则管理人负有管理的义务,不构成无因管理。所以,合同请求权与缔约过失请求权应当优先于无因管理请求权,但由于无因管理本质上是一种合法行为,一旦无因管理请求权能够成立,则不应当适用其他请求权。所以,无因管理请求权应当优先于其他请求权。

第四,物权请求权。物权请求权是指基于物权而产生的请求权,也就是说,当物权人在其物被侵害或有可能遭受侵害时,有权请求恢复物权的圆满状态或防止侵害;在物权受到侵害的情况下,首先应当采用物权请求权对物权进行保护。这是因为物权请求权具有优先于债权请求权的效力。如在破产程序中,所有人对其物享有取回权,此种取回权实际上是由

---

[1] 参见王泽鉴:《法律思维与民法实例:请求权基础理论体系》,中国政法大学出版社 2001 年版,第 72—73 页。

[2] 关于请求权的顺序,参见 Dieter Medicus, Bürgerliches Recht, Carl Heymanns Verlag, 1999, S. 6。

所有物返还请求权而派生的,当然应优先于一般债权而受到保护。再如,所有物返还请求权一般不受诉讼时效的限制,所以物权请求权较之于侵权请求权更有利于保护受害人,因此,原则上物权请求权应当优先于侵权请求权而适用。

第五,不当得利和侵权的请求权。因为不当得利和侵权行为都是法律禁止和限制的行为,广义上都属不合法的行为。按照合法行为成立则排除非法的逻辑,首先应当考虑是否存在其他以合法行为为基础的请求权,如果其他请求权不能适用,则最后才能适用不当得利和侵权的请求权。因此,不当得利和侵权的请求权应当置于最后的顺序。至于不当得利和侵权的请求权两者之间,何者应当优先考虑,应当根据具体情形判断。例如,甲未经乙许可,在乙的门前停放车辆2周,甲因此省去了停车费1 000元。在此案中,乙既可以侵权请求甲赔偿,也可以不当得利请求甲返还。在前者,乙可以甲省去的停车费作为自己的损失;在后者,乙可以甲省去的停车费作为甲的获利。以侵权为由提出请求,受害人必须证明加害人的过错;而以不当得利为由提出请求,受害人不必证明得利人的过错。从这个意义上,有人认为,不当得利请求权可以优先主张。但是,如果无法证明被告的获利,则应当优先考虑以侵权为由请求赔偿。

笔者认为,上述顺序只是寻找请求权基础的思路,循着此种思路,可以保障法律分析的严谨性。但是,不能机械地理解这一顺序,尤其是对于经过长期法律训练的法官来说,其可以凭借自己的知识和经验,仅仅检验若干特定案件中可能产生的请求权。在选择某一项请求权之后,应当进行必要的说理论证。

正确了解民法的请求权体系对于培养分析和运用法律的体系观念,从体系上把握整个民法的知识、制度和规范,从而正确适用民法规则具有十分重要的意义。当然,在责任竞合的情况下,如果当事人已经在竞合的请求权之中作出了选择,则法官无须再考虑竞合的问题;如果当事人没有进行选择而同时提出两种甚至多种请求,则法官应当通过释明,由当事人选择一种最有利于保护其利益的请求权。以上述"美容失败案"为例,受害人主张精神损害赔偿,则法官只能根据侵权来保护受害人的利益。通常情况下,违约责任中的履行利益并不包括精神损害,因为基于合同发生的交易关系中,所有类型的价值都通过价金等因素被转化成为经济价值加以体现,即便合同履行的结果对债权人具有精神意义,也已在合同的对价中体现出来(如对于某物超出一般的出价等),所以,履行利益通常的表现形式是财产价值,合同法原则上不保护精神损失。从这种意义上说,违约损害赔偿中很难包括精神损害的内容。如果适用侵权责任赔偿固有利益损失,就应当考虑受害人因此遭受的人身伤害、财产损失和精神损害,具体表现为医疗费、护理费、误工费、精神损害赔偿等。

(三) 请求权的初步锁定

通过对请求权逻辑顺序的考查,可以逐渐排除一些与案件事实不符合的请求权。例如,在"美容失败案"中,如果原告只是要求赔偿精神损害,法官就只能确定侵权请求权,而不能再讨论违约的请求权。在请求权的锁定过程中,一般要采取如下三种方法。

第一,对请求权的排除。通过对请求权逻辑顺序的考查,可以逐渐排除一些与案件事实联系不密切的请求权。以上述"美容失败案"为例,受害人主张赔偿精神损害,就可以排除合同责任,因为我国目前的法律规范并不支持在违反合同情况下的精神损害赔偿。如果受害人要求美容院重新做手术并达到其承诺的效果,则属于合同请求权,因此可以排除侵权的请求权。

第二,对请求权的选择,即在可能的几项请求权中选择一种。选择锁定就意味着原告要确定一种请求权,也就是要选择一种对其最为有利的请求权提出主张或提起诉讼。只有在请求权锁定后,才能够开始进行一种请求权基础的分析。

第三,请求权的并用。例如,原告要求停止侵害、消除危险、赔偿损失等,如果可以支持原告的所有请求,就会出现请求权的并用。

(四) 请求权基础的分析

请求权基础既可以是法律规范,也可以是合同、遗嘱等具有法律效力的其他法律依据。正如有学者指出,此种可供支持一方当事人得向他方当事人有所主张的法律规范,即为请求权规范基础,简称请求权基础。①此处所说能够支持请求权的规范基础,与我们通常所说的裁判规则存在一定的区别,严格地说,裁判规则的含义更为宽泛。请求权基础的分析过程可以分为以下三个步骤。

首先,应当找出对应该请求权的具体法律规定。在前述"美容失败案"中,如果法官适用《侵权责任法》,那么依据该法第 54 条的规定,此时,

---

① 参见〔德〕迪特尔·梅迪库斯:《德国民法总论》,邵建东译,法律出版社 2000 年版,第 50 页。

受害人应当证明医疗机构及其医务人员具有过错。如果按照合同处理，则应当援引违约责任承担的一般法律规则，依据《合同法》第107条来确立违约方的责任。但如果适用《合同法》，则甲不需要证明乙的过错，而只需要证明乙的医疗活动违反了合同约定，即可以要求其承担违约责任。

其次，对所寻找的法律规范进行分类和定性。其中，有些法律规范不能单独地作为请求权的基础，例如，已经由当事人约定排除的任意性规范、不完全法条（如说明性法条、限制性法条）等。至于引用性法条、拟制性法条也不能独立成为请求权基础，必须与其他相关法条配合才能构成请求权基础。此外，程序性规范也不宜单独作为请求权的基础。

在前述"美容失败案"中，如果按照侵权处理，则需要具体查找如下几个方面的法律规定：一是要确立被告是否有过错，并援引《侵权责任法》第54条的规定来确立被告的责任。二是关于损失的确定。如果按照合同处理，在前述"美容失败案"中，乙在其散发的宣传单上明确承诺，"美容手术确保顾客满意""手术不成功包赔损失"。该宣传单在合同订立后已经成为合同的内容，虽然乙许诺"手术不成功包赔损失"在损害赔偿的计算方法上仍然不甚明确，但是，其确定了赔偿范围，即手术不成功所造成的损失。笔者认为，只要手术不成功造成了原告的财产损失，都是被告可以合理预见到的财产损失，依据《合同法》第113条的规定，都应当属于其赔偿的范围。因而，受害人甲不必对因果关系单独举证证明。但是，如果该案适用侵权责任，受害人不仅要证明损害，而且要证明损害与被告行为之间的因果关系。三是关于免责事由。在前述"美容失败案"中，由于不存在约定的免责事由和免责条款，如果适用合同责任，乙必须证明不可抗力存在。而事实上，在该案中，不可抗力并不存在，所以，其依据法定免责事由，很难被免除责任。但是，如果适用侵权责任，其免责的可能性就大大提高，例如，如果乙证明，甲在治疗过程中未配合其进行手术活动，或者证明限于当时的医疗水平该手术难以成功，则依据《侵权责任法》第60条的规定可以部分或全部地免除责任。还应当看到，如果适用合同责任，则原则上原告应当负有证明被告有违约行为的义务。①

最后，要将该规范构成要件进行具体的分解。在前述"美容失败案"中，如果适用《侵权责任法》第54条的规定："患者在诊疗活动中受到损害，医疗机构及其医务人员有过错的，由医疗机构承担赔偿责任。"那么，

---

① 参见〔德〕克里斯蒂安·冯·巴尔、乌里希·德罗布尼希主编：《欧洲合同法与侵权法及财产法的互动》，吴越等译，法律出版社2007年版，第47页。

需要将医疗损害责任的构成要件具体确定为从事诊疗活动、患者遭受损害、主体是医疗机构及其医务人员,并且该主体具有过错。只有将侵权责任的构成要件分解为过错、损害事实、因果关系等,才能够具体适用这一规定。此外,如果受害人主张精神损害赔偿,《侵权责任法》第 22 条规定:"侵害他人人身权益,造成他人严重精神损害的,被侵权人可以请求精神损害赔偿。"有必要将精神损害赔偿的条款具体分解为侵害人身权益、受害人遭受精神损害、精神损害后果严重,只有全部满足了这些要件才能适用精神损害赔偿条款。在这个分解过程中,需要运用法律的解释方法对法律规范进行准确的解释。

(五) 连接

连接是指把事实要件与法律规范相对应,将确定的事实要件归入(或涵摄)到法律规范的构成要件中去。具体来说,连接要经历对案件事实的性质认定、分解、整理,并按照规范要件确立出事实要件,最后将事实要件归入法律规范规定的要件。如图 1 所示:

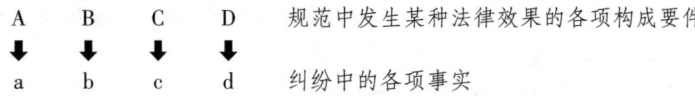

图 1　构成要件与事实

如果争议事实被分解后一一对应地符合了法律规范的构成要件,就应当支持原告的请求权。在前述"美容失败案"中,要就案件的客观事实即小前提,与《侵权责任法》第 54 条分解出来的规范要件进行一一对应,从而判断是否能够满足原告的请求权。

(六) 消极规范构成要件的检索

所谓消极规范构成要件,是相对积极规范构成要件而言的。一般来说,规范构成要件被称为积极规范构成要件,而消极规范构成要件就是否定积极规范要件的要件,通常就是指抗辩事由或免责事由。如果客观事实满足了该条件或要件,则请求权仍不能成立,通过对积极或消极规范要件的考查,事实上是从正反两方面来考查请求权基础。例如,前述"美容失败案"中,如果乙证明,甲在治疗过程中未配合其进行手术活动,或者证明限于当时的医疗水平该手术难以成功,则依据《侵权责任法》第 60 条的规定就可以部分或全部地免除责任。当然,抗辩权的行使必须严格遵循法律规定的行使条件和程序,不能违反法律规定而行使权利,或滥用抗辩权,否则,不能发生抗辩的效果。

(七) 对请求权变动状态的考查和确定

从特定案件来看,其请求权的确定也可能要结合其变动状态进行考查,才能得出准确的结论。例如,当事人之间的合同已经变更或终止,则请求权也要随之予以重新考查。尽管通过对请求权基础的考查,能够确定请求权已经成立,但是如果请求权已经发生了变动,就要进一步分析变动的原因和情况。

(八) 请求权竞合与聚合

所谓请求权竞合,是指同一法律事实产生了多项请求权,当事人可以选择其中一项行使。所谓请求权聚合,是指同一法律事实产生了多项请求权,当事人可以一并行使。例如,在房屋租赁期间届满之后,承租人拒不返还房屋,而且将其转租。出租人既可以依据违约责任请求返还房屋,也可以依据不当得利请求返还转租所得的租金。从方法论的层面来看,竞合和聚合的区分对于请求权检索具有重要意义。在竞合的情况下,法官只能确定一种请求权,请求权基础也据此确定。而在聚合的情况下,法官可以确定数个请求权,并且要各自确定其请求权基础。关于责任聚合与竞合的区分,首先要依据法律规范,如果合同有约定,则依据约定。如果都没有,则可以依据公平、正义的理念认定责任,即不能使一个人因一项违法行为而遭受两次惩罚,也不能使一个人因一次损害而得到两次赔偿。

三、请求权基础分析方法与法律关系分析方法的比较

请求权基础分析方法与法律关系分析方法都是在实践中运用得比较广泛的适用法律的方式。首先,应当看到,法律关系分析方法是法学最基本的分析方法和分析框架,它不仅是一种案例分析方法,而且适用于法学研究和民法体系的构建。法学的考查对象即是特定的法律关系,任何法律问题不外是法律关系的分析与综合。请求权基础分析方法更侧重于对案例进行分析。就案例分析方法而言,法律关系分析方法是一种独特的连接方法,较之于请求权基础分析方法,其具有如下优点:

第一,在存在多种复杂的法律关系时,能够条分缕析地分析各种权利义务,通过对法律关系的分析和把握,将各种法律关系区分开来,以不同的法律关系确定当事人的法律权利和义务。以上述"美容失败案"为例,

实践中,多数意见认为此类情况应按照侵权处理,毕竟《侵权责任法》对医疗损害责任有明确规定,以此能够较好地保护患者的利益。但笔者认为,这样的认识可能还过于简单化。从案情来看,当事人之间毕竟已经形成了合同关系,原告对被告的承诺已形成了充分的信赖,被告的行为已经符合了违约责任的构成要件,简单地否定违约责任的存在而将其纳入侵权责任范畴,与该案的具体实情不符。其原因在于:首先,由于当事人之间已经形成了医疗合同关系,受害人甲对乙享有合同债权,这种债权就是请求其进行美容服务的权利。其次,当事人之间医疗合同的内容是可以确定的。从乙的允诺及其宣传单中的允诺等中,可以确定该合同的内容。

第二,排除非法律关系的因素,即在区别法律关系与非法律关系的基础上,将考虑对象聚焦于法律关系。社会规范系统是一个多元的体系,许多生活关系由道德、风俗、习惯、宗教等社会规范调整,法律并不介入,如民法学说上所谓"好意施惠关系""自然债务"等理论,即揭示出此种社会关系不由法律调整,因此不能形成法律关系,从而也不能通过法律渠道予以救济。例如,甲乙二人素来交好,甲邀请乙到家里做客,此为好意施惠关系,由当事人的私人友谊调整,而不构成民法上的债权债务及违约责任问题。

第三,把握法律关系的要素。民事法律关系的要素是指构成民事法律关系的必要因素,任何民事法律关系都由几项要素构成,要素发生变化,具体的民事法律关系就随之变更。从微观层面看,由于一项法律关系通常涉及主体、客体、内容等要素,一组社会关系正是通过诸种要素而被认定为特定法律关系的。这也意味着,每一个要素将决定特定社会关系的法律关系定性,要素的变动也很可能因此引起法律关系的变动。民事法律关系要素仅限于三个,即主体、客体和内容,这是任何法律关系都应具备的,民事法律关系也不例外。因此,把握了法律关系的要素,也就能够把握案件的事实要件,并以此寻找规范要件。

第四,把握法律关系的变动。以民法为例,从民事法律关系出发,我们不但可以把握整个民事关系的产生,还能够把握民事权利变更、发展、消亡的整个变动线索。民事法律关系是有章可循的。民事权利是民事法律关系的核心。在权利受到侵害时,法律关系转变为一种民事责任关系。以物权的变动为例,某个民事主体可以通过劳动创造物品,从而获得对该物品的所有权,其后将该物品转让给他人,使他人继受取得该物品的所有权,在买受人死亡时还可以通过遗嘱将该物移转给他的继承人。在他人侵犯所有人对该物的所有权时,权利人便享有物权请求权,可以诉求法院的保护。物从产生、流转再到消灭,都处于某一个特定的法律关系之中,我们总能从法律关系的角度来把握特定的物在法律和生活中的角色。这也正如有学者指出的:"时间维度与空间维度的交织造就了法律关系活生生的结构,使之成为一个具备历史性的体系。"① 民事法律关系都是不断变化、发展的,考查任何一种民事法律关系都应当了解变动的原因及变动的效果,这就意味着必须查找一定的法律事实,但是法律事实毕竟是外在于法律关系的,它是将抽象的法律规范与具体的法律关系加以连接的中介,它本身并不属于法律关系的要素。因为只有在考查法律事实之后才能明确其引发了何种法律关系,而在明确了该种法律关系之后已经无须再考查法律事实了。

第五,有效地连接事实和法律。法律关系分析方法是从法律关系着手,或以法律关系为媒介,将事实和法律形成一种有效的连接,法律关系被德国学者梅迪库斯称为"私法的工具",因为法律关系是连接大前提和小前提的桥梁。因此,法律关系分析方法是法学最基本的分析方法和分析框架,是寻找与事实最密切联系的法律规则的有效模式。

但是,法律关系分析方法也不能代替请求权基础分析方法,如前所述,请求权基础分析方法具有自身的独特特点,而且已经在德国等国家长期运用,是经实践证明行之有效的方式,被认为是培养法律人的流水线。虽然我国目前司法实践中对请求权基础分析方法尚未予以高度关注,但是今后此种方法的优点将逐渐显露,并受到司法实践的重视。

两种方法之所以不能相互替代是因为两者存在如下区别:其一,适用范围不同。请求权基础分析方法主要适用于给付之诉,而法律关系分析方法的适用范围更为宽泛,几乎没有限制。因为在一种法律关系中,可能有多项权利,而不仅仅包括请求权,即使是给付之诉,也可以适用法律关系分析方法。尤其是在存在多种复杂的法律关系时,法律关系分析方法能够条分缕析地分析各种权利义务。通过对法律关系要素结构的分析,能够把握整个民事权利的逻辑体系,并可以通过分析法律关系的变动过程,把握法律关系产生、变更、消灭的脉络。其二,分析过程不同。请求权基础分析方法是先找出法律规范,再将事实"归入"其下;而法律关系分析方法主要是先找事实后找法。当然,在事实分析过程中也离不开对法律

---

① 杨代雄:《私权一般理论与民法典总则的体系构造——德国民法典总则的学理基础及其对我国的立法启示》,载《法学研究》2007 年第 1 期。

规范的解释和运用。请求权基础分析方法是在检索过程中一次性完成；而法律关系分析方法是在对法律事实分析的基础上，适用法律规范。请求权基础分析方法可以采取一种各个要件逐一探讨的方式；而法律关系分析方法无法将各个要件分别归入法律规范，只能在既定的事实上，整体地进行法律的适用。其三，分析思路不同。法律关系分析方法着眼于案件事实的考查，在此基础上适用法律，在这种方法中，要把案件事实分析与法律适用作为两个步骤分别适用。请求权基础分析方法则侧重于探究请求权的规范基础，注重将事实与法律结合起来考查。法律关系分析方法要对法律关系三要素进行全面考查，而不仅仅是对法律关系的某一特定内容，即请求权的考查。而请求权基础分析方法则是通过考查当事人主张的请求权，探究其法律基础和事实依据，其考查范围限于与请求权相关的法律事实和规范基础。采用法律关系分析方法，可以高屋建瓴地分析各种法律关系。一种法律关系中，可能有多个权利，而不仅仅包括请求权。其四，适用的规范不同。请求权基础分析方法中所适用的规范是请求权基础，而法律关系分析方法中所适用的是所有裁判依据，不限于请求权基础。

与法律关系分析方法相比较，请求权基础分析方法由于逐一检索请求权体系，可避免遗漏；并且不必将案件事实的所有法律关系纳入考查视野，只需把握与请求权相关的法律事实和法律规范即可，不必从头考查那些无重大关联的法律事实，因而适用较为便捷。[①] 此外，在大多数案件中，当事人的主张都以请求的方式表现出来，诉讼上的争议多为给付义务的争议，请求权基础分析方法也能适应实务的需要。在适用中，此种方法可以弥补法律关系分析方法的不足。例如，法律关系分析方法只注重对法律规范的分析，而没有注重对合同、遗嘱等请求权基础的分析。再如，法律关系分析方法更多地重视对法律关系的把握，但缺乏对请求权基础系统的考查和检索。而请求权基础分析方法可以弥补这些缺陷。因为这一原因，德国法学界比较推崇请求权基础分析方法。

总之，笔者认为，请求权基础分析方法与法律关系分析方法这两种方法都是民法案例分析的基本方法，二者各具特点，又互有融合交叉，因而不可有所偏废。

---

① 参见王泽鉴：《法律思维与民法实例：请求权基础理论体系》，中国政法大学出版社2001年版，第45页。

关键词索引

B

本土性　74,81,299,377,418,468
表见代理　97,233,266,364,408,440,661,670,671,687
不动产权利　159,714
不确定概念　456,461,487,493,499
不实陈述　632

C

惩罚性损害赔偿　648,649
抽象性　133,345,444,485,493

D

代理　13,122,233,311,365,403,431
单行法　83,133,143,154,157,159,341,411
《德国民法典》　24,82,176,184,467,615
登记制度　85,88,294,599,714
独立成编　43,230,267,313,321,434
独立性　7,265,575,656,658

F

法典化　132,139,149,151,222,341
法典中心主义　148,298,429

法官造法　163
《法国民法典》　23,167,168—173,185,398
法律关系　6,39,176,272,359,392,613,720,739
法律关系分析方法　720,739
法律行为　177,182,201,232,243,245,393,403,605,664
法律漏洞　79,339,386,463,499
法律渊源　66,149,365,447,482
法律原则　470,476,477,489,500
法人　10,54,56,265,311,416,424,526
法人目的财产说　525
法学方法　176,202,211,351
《法学阶梯》　40,167,180,317,350
负面清单　48,84,241,594,599

G

改革开放　27,44,72,289,303,315,317,321,397
个人破产　602
个人信息　52,235,268,279,293,313,425
公序良俗　68,69,79,246,346,451,473,706
国家法人拟制说　525

国家法人说 524,526
国家所有权 74,99,519,529,563
过错 38,339,502,503,509,511,514,518,676,698,737

H

涵摄 194,494,738
合法性 266,474,610,614
合伙协议 65,311,567,664
合伙组织体 65,567
合同漏洞 66,461,464,480
合同无效 138,490,638,645,731
合同效力 256,298,650,673
合宪性解释 93,94,97,105,109

J

价值补充 488,493,497
揭开公司的面纱 544,549,553,603
具体化 103,203,238,490,493,499
具体性 79,124,188,193,345

K

开放性 78,182,344,415,446,488
科学性 146,191,223,334,591,599
可撤销制度 631,639,645

L

类型化 335,493,500,720
理性化 337
利益位阶 206
两权分离 554,557,561,565
罗马法 23,40,149,167,317,451,605,631,702

M

民法案例分析 719
民法典编纂 191,201,286,348,412
民法基本原则 398,476,477,478
民法解释学 309,315,326,365,489
民法体系 7,22,39,136,222,364,722
《民法通则》 72,144,233,334,395,403,609
民法渊源 66,153,465
《民法总则》 198,413,418,424,681
民商分立 110,114,404,439
民商合一 110,146,147,404,436,580
民事权利 42,101,144,231,354,389,413,415,424,740
民事责任 62,160,197,332,335,391,394,404,547
民事主体 33,160,310,330,388,391,401,519,574,576

M

默示授权 659,665,666

N

内心确信 471,472
内在体系 39,41,132,342,343,350,411,432

P

潘德克顿学派 39,174,190,350,409,623

Q

期待利益 644,647,648
欺诈行为 232,611,630,635,641,645,654
强行法 68,456,460,511
侵权法救济功能 506
请求权基础分析方法 730,739
取得时效 428,702,707,709,712
去法典化 133,161,223,410
权利外观 689,693,699,700

R

人格权 24,29,34,218,233,267,274,292,433,626
人格尊严 28,105,196,208,210,292,434
人文关怀 22,45,260,419,431

S

三段论 194,473,720,722,728
善意第三人 311,654,660,661,701
善意取得 97,364,707,709,713
商法总则 146,385,405,442,
商品关系 5—9,12,18
商事特别法 146,298,343,385,406,446,626
商事习惯 440,447,466,480,481
社会主义市场经济 98,100,289,361,376,641
时代性 288,313,377,415,418
实践性 74,377,414
市场主体法律制度 85,585

授权不明 667—670,680,688,692
授权行为 656,688,690
双重属性 103,420,488,489,568,570,581,583
双重所有结构 560
私法效果 610,613
私法自治 25,48,76,84,241,330,385,446,457,621,645
私权保障 51,53,415
诉讼时效 385,398,428,431,702,709,712

T

特别条款 484
体系化 74,132,148,198,223,413,431,719
退出制度 601

W

外在体系 22,41,350,432
网络侵权 276,289,313,372
委托合同 623,658,660,662—664
无权处分 97,224,611,708,731
无权代理 311,335,433,661,671,687
无因性 625,659,664
物权行为理论 178,393,403,625

X

习惯 66,465,721,740
习惯法 67,465—468,475,478
《学说汇纂》 167,173,174,180,317,350,452

Y

一般条款　79,201,203,346,483
意思表示　56,227,266,399,426,
　　605,612,615,685
有限责任　529,532

Z

责任竞合　644,732,735
责任能力　502
准入制度　76,241,594
总分结构　182,187,226,270

法律文件全简称对照表

全　　称	简　　称
中华人民共和国民法总则	民法总则
中华人民共和国侵权责任法	侵权责任法
中华人民共和国婚姻法	婚姻法
中华人民共和国民法通则	民法通则
中华人民共和国经济合同法	经济合同法
中华人民共和国涉外经济合同法	涉外经济合同法
中华人民共和国继承法	继承法
中华人民共和国担保法	担保法
中华人民共和国公司法	公司法
中华人民共和国城市房地产管理法	城市房地产管理法
中华人民共和国保险法	保险法
中华人民共和国票据法	票据法
中华人民共和国合伙企业法	合伙企业法
中华人民共和国合同法	合同法
中华人民共和国物权法	物权法
中华人民共和国土地管理法	土地管理法
中华人民共和国宪法	宪法
中华人民共和国立法法	立法法
中华人民共和国收养法	收养法

(续表)

全　称	简　称
中华人民共和国专利法	专利法
中华人民共和国商标法	商标法
中华人民共和国著作权法	著作权法
中华人民共和国海商法	海商法
中华人民共和国水污染防治法	水污染防治法
中华人民共和国大气污染防治法	大气污染防治法
中华人民共和国固体废物污染环境防治法	固体废物污染环境防治法
中华人民共和国海洋环境保护法	海洋环境保护法
中华人民共和国环境保护法	环境保护法
中华人民共和国消费者权益保护法	消费者权益保护法
中华人民共和国土地管理法	土地管理法
中华人民共和国劳动法	劳动法
中华人民共和国劳动合同法	劳动合同法
中华人民共和国企业破产法	企业破产法
中华人民共和国产品质量法	产品质量法
中华人民共和国食品安全法	食品安全法
中华人民共和国渔业法	渔业法
中华人民共和国海域使用管理法	海域使用管理法
中华人民共和国反不正当竞争法	反不正当竞争法
中华人民共和国妇女权益保障法	妇女权益保障法
中华人民共和国中外合资经营企业法	中外合资经营企业法
中华人民共和国外资企业法	外资企业法

(续表)

全　称	简　称
中华人民共和国企业破产法(试行)	企业破产法(试行)
中华人民共和国技术合同法	技术合同法
中华人民共和国中外合作经营企业法	中外合作经营企业法
中华人民共和国乡镇企业法	乡镇企业法
中华人民共和国拍卖法	拍卖法
中华人民共和国证券法	证券法
中华人民共和国农村土地承包法	农村土地承包法
中华人民共和国个人独资企业法	个人独资企业法
中华人民共和国刑法	刑法
中华人民共和国行政许可法	行政许可法
中华人民共和国反垄断法	反垄断法
中华人民共和国刑事诉讼法	刑事诉讼法
中华人民共和国人民检察院组织法	人民检察院组织法
中华人民共和国人民法院组织法	人民法院组织法
中华人民共和国地方各级人民代表大会和地方各级人民政府组织法	地方各级人民代表大会和地方各级人民政府组织法
中华人民共和国全国人民代表大会和地方各级人民代表大会选举法	全国人民代表大会和地方各级人民代表大会选举法
中华人民共和国会计法	会计法
中华人民共和国保险法	保险法
中华人民共和国劳动争议调解仲裁法	劳动争议调解仲裁法
中华人民共和国企业法人登记管理条例	企业法人登记管理条例
中华人民共和国公司登记管理条例	公司登记管理条例

(续表)

全　称	简　称
中华人民共和国民法典(草案)	民法典(草案)
中华人民共和国民法总则(草案)	民法总则(草案)
最高人民法院《关于贯彻执行〈中华人民共和国民法通则〉若干问题的意见(试行)》	民法通则意见
最高人民法院《关于适用〈中华人民共和国担保法〉若干问题的解释》	担保法司法解释
最高人民法院《关于适用〈中华人民共和国婚姻法〉若干问题的解释(二)》	婚姻法司法解释(二)
最高人民法院《关于适用〈中华人民共和国合同法〉若干问题的解释(二)》	合同法司法解释(二)
联合国国际货物销售合同公约	国际货物销售合同公约
国际统一私法协会国际商事合同通则	国际商事合同通则

《民法通则》《民法总则》与《民法典》对照表

《民法通则》	《民法总则》	《民法典》
第1条	第1条	第1条
第2条	第2条	第2条
第3条	第4条	第4条
第4条	第6条	第6条
第5条	第7条	第7条
第6条	第10条	第10条
第7条	第8条	第8条
第8条	第12条	第12条
第9条	第13条	第13条
第10条	第14条	第14条
第11条	第17条	第17条
第11条	第18条	第18条
第12条	第20条	第20条
第13条	第21条	第21条
第13条	第22条	第22条
第14条	第23条	第23条
第15条	第25条	第25条
第16条	第27条	第27条
第17条	第28条	第28条
第18条	第34条	第34条
第18条	第35条	第35条
第18条	第36条	第36条

(续表)

《民法通则》	《民法总则》	《民法典》
第19条	第24条	第24条
第20条	第40条	第40条
	第41条	第41条
第21条	第42条	第42条
	第43条	第43条
第22条	第45条	第45条
第23条	第46条	第46条
第24条	第49条	第49条
第25条	第53条	第53条
第26条	第54条	第54条
第27条	第55条	第55条
第28条	（删除）	（删除）
第29条	第56条	第56条
第30条	（删除）	第967条
第31条	（删除）	（删除）
第32条	（删除）	第969条
第33条	（删除）	（删除）
第34条	（删除）	第970条
第35条	（删除）	第972条
		第973条
第36条	第57条	第57条
	第59条	第59条
第37条	第58条	第58条
	第60条	第60条
第38条	第61条	第61条
第39条	第63条	第63条

(续表)

《民法通则》	《民法总则》	《民法典》
第 40 条	第 72 条	第 72 条
第 41 条	第 76 条	第 76 条
	第 77 条	第 77 条
第 42 条	（删除）	（删除）
第 43 条	第 62 条	第 62 条
第 44 条	第 67 条	第 67 条
第 45 条	第 68 条	第 68 条
	第 69 条	第 69 条
第 46 条	第 72 条	第 72 条
第 47 条	第 70 条	第 70 条
第 48 条	（删除）	（删除）
第 49 条	（删除）	（删除）
第 50 条	第 89 条	第 89 条
	第 90 条	第 90 条
第 51 条	（删除）	（删除）
第 52 条	（删除）	（删除）
第 53 条	（删除）	（删除）
第 54 条	第 133 条	第 133 条
第 55 条	第 143 条	第 143 条
第 56 条	第 135 条	第 135 条
第 57 条	第 136 条	第 136 条
第 58 条	第 144 条	第 144 条
	第 145 条	第 145 条
	第 146 条	第 146 条
	第 148 条	第 148 条
	第 149 条	第 149 条
	第 150 条	第 150 条

(续表)

《民法通则》	《民法总则》	《民法典》
第58条	第153条	第153条
	第154条	第154条
	第155条	第155条
第59条	第151条	第151条
第60条	第156条	第156条
第61条	第157条	第157条
第62条	第158条	第158条
第63条	第161条	第161条
	第162条	第162条
第64条	第163条	第163条
第65条	第165条	第165条
第66条	第164条	第164条
	第171条	第171条
第67条	第167条	第167条
第68条	第169条	第169条
第69条	第173条	第173条
第70条	第175条	第175条
第71条	（删除）	（删除）
第72条	（删除）	（删除）
第73条	（删除）	（删除）
第74条	（删除）	（删除）
第75条	（删除）	（删除）
第76条	第124条	第124条
第77条	（删除）	（删除）
第78条	第93条	第297条
	第101条	第305条

(续表)

《民法通则》	《民法总则》	《民法典》
第79条	（删除）	第319条
第80条	（删除）	（删除）
第81条	（删除）	（删除）
第82条	（删除）	（删除）
第83条	第84条	第288条
第84条	（删除）	（删除）
第85条	（删除）	第465条
第86条	（删除）	第517条
第87条	（删除）	第518条
第88条	（删除）	第509条
第89条	（删除）	（删除）
第90条	（删除）	（删除）
第91条	（删除）	第555条
第92条	（删除）	第985条
第93条	（删除）	第979条
第94条	第123条	第123条
第95条	（删除）	（删除）
第96条	（删除）	（删除）
第97条	（删除）	（删除）
第98条	第110条	第110条
第99条		
第100条		
第101条		
第102条		
第103条		
第104条	第128条	第128条
第105条	（删除）	（删除）

(续表)

《民法通则》	《民法总则》	《民法典》
第106条	第176条	第176条
第107条	第180条	第180条
第108条	（删除）	（删除）
第109条	第183条	第183条
第110条	（删除）	（删除）
第111条	（删除）	第566条
第112条	（删除）	第585条
第113条	（删除）	第592条
第114条	（删除）	第591条
第115条	（删除）	第566条
第116条	（删除）	（删除）
第117条	（删除）	（删除）
第118条	（删除）	（删除）
第119条	（删除）	第1179条
第120条	（删除）	第995条
第121条	（删除）	第1191条
第122条	（删除）	第1202条
第123条	（删除）	第1240条
第124条	（删除）	第1229条
第125条	（删除）	第1258条
第126条	（删除）	第1253条
第127条	（删除）	第1245条
第128条	第181条	第181条
第129条	第182条	第182条
第130条	（删除）	第1168条
第131条	（删除）	第1173条

(续表)

《民法通则》	《民法总则》	《民法典》
第132条	（删除）	第1186条
第133条	（删除）	第1188条
第134条	第179条	第179条
第135条	第188条	第188条
第136条	（删除）	（删除）
第137条	第188条	第188条
第138条	第193条	第193条
第139条	第194条	第194条
第140条	第195条	第195条
第141条	第204条	第204条
第142条	（删除）	（删除）
第143条	（删除）	（删除）
第144条	（删除）	（删除）
第145条	（删除）	（删除）
第146条	（删除）	（删除）
第147条	（删除）	（删除）
第148条	（删除）	（删除）
第149条	（删除）	（删除）
第150条	（删除）	（删除）
第151条	（删除）	（删除）
第152条	（删除）	（删除）
第153条	第180条	第180条

（续表）

《民法通则》	《民法总则》	《民法典》
第 154 条	第 200 条	第 200 条
	第 201 条	第 201 条
	第 202 条	第 202 条
	第 203 条	第 203 条
	第 204 条	第 204 条
第 155 条	第 205 条	第 1259 条
第 156 条	第 206 条	（删除）

后　　记

在本书编辑过程中,北京大学出版社蒋浩副总编辑、中央财经大学王叶刚副教授、中国人民大学潘重阳博士等人在文集的体例安排、文章的筛选编辑等方面提出了许多有益的建议,北京航空航天大学李昊副教授提供了《民法通则》《民法总则》与《民法典》对照表,在此一并致谢。